中华帝制的精神源头

——秦思想的发展历程

田延峰 著

宝鸡文理学院陕西省重点学科建设经费资助

人民出版社

目录 CONTENTS

序

黄留珠

　　秦，在中国历史上是一个伟大的开创时代。不过，人们对秦开创性贡献的理解，一般都限于政治方面：认为秦始皇扫灭六国，建立多民族大一统帝国，奠立了中国国家形态的范式；秦王朝实行的以皇帝、三公九卿、郡县制为基本内容的中央集权政治制度，则奠定了中国历代政制的基础。所谓"二千年来之政，秦政也"（谭嗣同语）、"自秦以后，朝野上下，所行者，皆秦之制也"（恽敬语）、"百代都行秦政法"（毛泽东诗）等，皆是对此做出的经典性表述。至于秦在思想方面有何作为，大家并不十分清楚。甚或有舆论认为，秦人只重实践，缺乏思想理论。

　　如今呈奉给读者的这册《中华帝制的精神源头——秦思想的发展历程》（以下简称《秦思想》），正是为解答这个问题而面世的一部学术专著。该著对秦族、秦国、秦帝国三个历史时期的秦思想，分为"秦的祖先世系与思想"，"秦的立国与思想"，"雍城时代的思想变化"，"商鞅变法的思想导向"，"秦国法思想的总结"，"《吕氏春秋》、《韩非子》的思想"，"秦帝国时期的思想"七章，做了系统而全面的论述。其向世人揭示了秦思想的多元与复杂，展现了秦思想所经历的多个主题——巫术文化与史官文化、"子孙饮马于河"战略思想、"错法成俗"变法观、富强论与法的意识形态、和谐论与权力论以及帝制国家理论。像如此详尽专论秦思想的著作，迄今为止，似乎并不甚见。从这种意义上讲，此著应该说是一部填补空白之作。

《秦思想》的作者田延峰博士，毕业于古都西安的百年老校西北大学。这里深厚的历史文化积淀，滋润着学子的心田，使之先天具有一种研究周秦汉唐文化的灵性。延峰本科学的是考古专业，硕士阶段学习的是历史文献专业，博士阶段则攻读思想史。这样的学历，使他无论在运用考古资料与文献资料方面，抑或在理论思维方面，均具有某种优势。当年他撰写博士学位论文选定秦思想史这个难度较大的题目后，我作为导师，十分赞赏他学术攻坚的勇气，并也深信凭他的实力是一定能够胜利完成的。后来果然不出我之所料，学位论文无论外审还是答辩，均得到一致好评。特别是八十多岁高龄的著名学者石兴邦先生，对他的文章给予极高的评价，竟写下了洋洋数千言的肯定性评语。可惜由于时间关系，延峰的博士论文未及完成秦帝国思想的部分，留下了一点小小的遗憾。走出学校后，他在工作岗位上又花费多年光阴，终于补上了这一课，完成了现在这样一部完整的秦思想史专著。这无疑可算得上十年磨一剑了！

当然，任何一部学术著作，不管作者怎样努力，也很难做到百分之百的完美无缺。《秦思想》一书虽然勾画出了一个相当完整的秦思想发展历程，对各个历史阶段秦思想的面貌做了力所能及的论述，但毕竟只是一家之言。其究竟是否还原了历史的真相，还有待进一步的检验。另，因种种客观条件的限制，作者的学术视野还需要进一步开阔，对一些前沿问题亦需要更多关注。凡此种种，还敬请广大读者有所斧正。

值此《秦思想》由人民出版社正式出版之际，除了向作者表示衷心的祝贺外，特地写了如上的一些话，意在介绍某些书本以外的信息，以有助于读者更全面地了解本书。

是为序。

2010 年 12 月 23 日
草于西北大学桃园区锵音阁

秦思想研究概说

秦的发展经过了一个曲折、艰难、辉煌、速亡的过程，就像划过广袤天际的一颗耀眼的彗星，其光芒晄人眼目，也使人久久难以忘怀，发人深省，令人沉思。作为智慧象证的秦思想，是秦实现意志、认识世界、创造奇迹、发展文明的结晶，在历史的长河中绵延不绝，融合发展，影响巨大。

一

本书以秦各个时期的思想主题与内容为主要研究对象，并进一步揭示中华帝制的精神源头。秦的发展经过了一个曲折、艰难、辉煌、速亡的过程，就像划过广袤天际的一颗耀眼的彗星，其光芒炫人眼目，也使人久久难以忘怀，发人深省，令人沉思。作为智慧象征的秦思想，是秦实现意志、认识世界、创造奇迹、发展文明的结晶，在历史的长河中绵延不绝，融合发展，影响巨大。具体而言，秦思想的意义主要有以下几个方面。

一、研究秦思想有助于加深对中国古代社会特质的认识。西周末期和春秋初期，秦不过是刚刚登上政治舞台的蕞尔小国，在风云际会、英雄辈出的春秋战国这个历史大变革时期，秦由小到大，脱颖而出，最后统一了列国，建立了一个君主专制集权统治的大帝国。这个大帝国虽然只不过存在了十五年的时间，就土崩瓦解。但是，秦所创立的政治体制一直延续到清朝的灭亡，历时二千余年，所谓的"二千年之政，秦政也"。从秦开始，男耕女织的自然经济占据主导地位，父权小家庭成为社会的细胞。秦帝国是统一的多民族国家，拥有广阔的疆域。秦的崛起对形成统一的民族意识、奠定中华民族的文化心理结构模式，发挥了重要作用。春秋战国是中国古代社会发生巨变的时代，秦走过的道路如此的引人注目，充分吸引了学者们的注意力，君主专制集权统治国家的形成是其中的一个关键。通过秦思想的研究可以探寻秦称帝而治的历史轨迹，理解中国古代社会的特质和中国人曾经的精神历程。

二、秦思想的发展本身具有独特性。春秋战国时期思想文化方面呈现出空前的繁荣，学人或称之为"'哲学的突破'的阶段"，或称之为"轴心时代"，其要点有三：独立的知识阶层兴起；思想文化具有民间性；学派并立，百家争鸣。各家各派对宇宙、人生、自然、社会进行思考并提出自己的解释，"经过系统化之后，在宇宙秩序、人类社会和物质世界，几个方面都发展出一套完整而别具一格的看法"[1]。秦思想的发展则有自己的独特之处。在秦国，知识阶层被严格地规范于政治体制之内，思想文化以官方和君主意志为主导，不存在不同的学派，最后也形成了一套独特的思想。秦思想是怎样形成的，在秦的发展中发挥了怎样的作

---

[1] 余英时：《士与中国文化》，上海人民出版社 1987 年版，第 29 页。

用，具有哪些特点等等，都是值得认真思考的。

三、秦思想在中国古代思想史上占有重要地位。从中国古代思想的发展来说，战国时期是诸子蜂起、百家争鸣的时代，汉代是百川汇海、统一融合的时代。秦处于两者之间，宛如连接两岸的桥梁，在中国古代思想发展中有着不可替代的作用。站在20世纪初期新旧学术转折点上的梁启超，本着发扬中国传统学术的目的，曾撰述《中国学术思想变迁之大势》，其中有关于秦学术思想的特点及价值的论断："及战国之末，诸侯游士，辐辏走集，秦一一揖而入之。故其时西方之学术思想，烂然光焰万丈，有睥睨北南东而凌驾之之势。申不害，韩产也；商鞅，魏产也。三晋地势，与秦相近，法家言勃兴于此间，而商鞅首实行之，以致秦强。逮于韩非，以山东功利主义与荆楚道术主义合为一流，李斯复以儒术缘附之，而李克李悝等亦兼儒法以为治者也。于是所谓秦晋派者（北西派）兴。"① 梁启超主要从"人之精神"评议中国学术思想，见解有其独特之处。学术思想是思想史的重要内容，梁启超的话，恰如其分地反映了秦思想是中国古代思想史链条上一个不可或缺的环节。

四、对秦思想的系统研究还很少。就目前所见，对秦思想的系统研究只有徐卫民、贺润坤所著《秦政治思想述略》②。其他主要是对某一专题进行研究。

二

秦亡之后，继起的汉王朝曾对秦的"暴政"进行了激烈的批判。汉代对秦政的批判不乏合理性成分，但意识形态的色彩也非常浓厚，多有不实之辞。汉代之后，秦成为中国古代历史上暴虐的代名词，秦始皇和夏桀、商纣、隋炀帝等一起成为暴君的符号。中国古代对秦政、秦始皇的认识主要是从伦理道德和以史为鉴的角度出发的，对秦思想鲜有突破性的评述。

20世纪初期，在新史学思潮的推动下，整个史学研究面貌焕然一新，秦史、秦思想的研究有了新的进展。20世纪前半期的秦思想研究特点主要有以下几个方面。

首先，秦思想与子学研究密不可分。诸子学研究是晚清时期出现的学术热点，在对《商君书》、《吕氏春秋》进行研究整理的基础上，对秦思想的研究逐步

---

① 梁启超：《中国学术思想变迁之大势》，《饮冰室合集》，中华书局1989年版。

② 徐卫民、贺润坤：《秦政治思想述略》，陕西人民教育出版社1995年版。

展开。商鞅变法、法治思想、农战政策、《吕氏春秋》与战国诸子的关系等是研究的重点问题。对法家思想的研究不再局限于"严刑峻法"，而是上升到"法哲学"的高度来认识。研究中出现的一个趋势，就是将商鞅、韩非、吕不韦等更紧密地和秦的兴盛衰亡结合在一起，齐思和《商鞅变法考》详细考证了商鞅的生平、变法措施及实效，以揭示商鞅变法的意义及其在历史上的地位。[1] 郭沫若《韩非子的批判》指出韩非的学说全部为秦所采用，《吕不韦与秦王政的批判》通过分析吕不韦和秦始皇在思想上与政见上的绝对对立，揭示了秦思想的特质。[2] 蒙文通《法家流变考》认为"法家莫不以富国强兵为事，故非徒'不别亲疏，不殊贵贱，一断于法'而已也"，农、兵、纵横皆为法家之事，"在农以致富，兵以致强，而纵横则为外交术"。他还认为，儒法为周秦新旧思想之主干，实即周、秦二时代，二民族不同文化之反映而已，"法家之士多出三晋，而其功显于秦，则法家固西北民族之精神，入中夏与三代文物相渐渍，遂独成一家之说"。其说独树一帜。在《论墨学源流与儒墨汇合》一文中，蒙文通指出自《墨子·备城门》以下诸篇，为秦墨之书。[3] 秦的统一和子学的终结也是学者们瞩目的问题。陈启天出版了《商鞅评传》，对商鞅、《商君书》及其思想予以综述。[4] 对《吕氏春秋》，则多认为是错抄之作。

其次，秦汉史研究推动了秦思想研究。新中国成立前，出版了吕思勉的《秦汉史》和翦伯赞的《秦汉史》[5]。吕著有《秦汉学术》和《秦汉宗教》两个专章，但《秦汉学术》认为"秦始皇及李斯，……而欲复诸政教合一之旧，于道可谓大悖"，论秦甚少。《秦汉宗教》则对秦的祭祀、方术、五德终始说、求仙活动等有所论述。翦著有《秦代的意识形态及其变化》一章，对秦的焚书坑儒、文字与艺术、宗教等进行了论述。

第三，疑古思潮在 20 世纪前半期有很大的影响，作为古史辨派创始人的顾颉刚在许多学术研究领域都有开创性的贡献。他所著的《五德终始说下的政治和历史》专门讨论邹衍的五德转移说及其在政治上和历史上所产生的影响，有关章节就秦对五德终始说的实践进行了研究。《秦汉的方士与儒生》则旨在说明秦汉

① 齐思和：《商鞅变法考》，见齐思和：《中国史探研》，河北教育出版社 2000 年版。

② 郭沫若：《十批判书》，东方出版社 1996 年版。

③ 蒙文通：《古学甄微》，巴蜀书社 1987 年版。

④ 陈启天：《商鞅评传》，商务印书馆 1934 年版。

⑤ 吕思勉：《秦汉史》，上海古籍出版社 1983 年版。翦伯赞：《秦汉史》，北京大学出版社 1999年第二版。

的方士与儒生在大一统的社会背景下，怎么样运用阴阳五行的思想创立政治学说和政治制度，为秦汉时期各个历史阶段的统治集团服务。《秦汉统一的由来和战国人对于世界的想象》研究了地理观和政治统一的关系。在疑古思潮中，阴阳五行思想得到深入挖掘，学者们各有创见，其中多关涉秦对五德终始说的实践。①

在秦史研究中，焚书坑儒、秦灭亡的原因、对秦始皇的评价、秦统一度量衡、货币、文字、博士、秦的政治制度等论题以及新中国成立前的社会史论战，都涉及了秦思想。

20世纪50年代，侯外庐等先生撰著的《中国思想通史》第一卷、第二卷的出版，促进了秦思想的研究。整个50年代，秦思想主要是在新的史学理论的指导下，对商鞅变法、焚书坑儒、秦始皇等重新进行评价。秦汉之际政治和思想的转型研究有了新的进展。随着"十年动乱"的开始，正常的学术研究遭到破坏。文革期间，秦思想研究受极"左"思潮的操纵，"儒法斗争"、"反复辟"成为主调，完全歪曲了学术研究的方向。

从70年代末期开始，秦思想研究逐步进入了一个新的阶段，新史料、新问题、新视角、新成果层出不穷，使秦思想研究日新月异。在这个时期，新史料的发现最有意义。70年代，秦始皇兵马俑和云梦睡虎地秦简被发现。自80年代开始，不断有新史料出土，如秦公一号大墓的发掘、秦都城的调查与发掘、青川木牍、天水放马滩秦简、龙岗秦简、王家台秦简、秦封泥、秦骃祷病玉版、里耶秦简的发现、礼县秦公墓的抢救性发掘等。新史料的出土为秦思想研究不断开拓出新的研究领域。

自云梦睡虎地秦简出土后，秦的法律制度再次引起了学者们的思考，成为研究热点。秦简的文字、秦律的渊源、内容、刑罚等都得到了深入的探讨，论著众多。秦法律制度的发展变化对秦法律思想的研究很有启迪，高敏、商庆夫、刘海年、黄留珠、崔永东，台湾的畬宗发、吴福助、日本的崛毅、工藤元男等都有专论。这些论著梳理了秦法律思想的发展，认识到了秦律中有合理的宽刑主义的主张及波动。

睡虎地秦简《日书》是学者们关注的另一个热点。天水放马滩秦简《日书》简文公开后，更多的专家学者投入这一领域的研究。饶宗颐、曾宪通对《日书》初步进行了全面研究。西北大学林剑鸣先生组织的"《日书》研读班"将《日书》视为"秦国社会的一面镜子"，偏重思想文化的研究。何双全对天水放马滩秦简

---

① 顾颉刚等：《古史辨》第二册、第三册、第五册，上海古籍出版社1982年版。

的研究比较全面。以后研究文章和专著日多。刘乐贤、吴小强、王子今等均出版了专著。港台和日本学者也发表了大量论文。秦的价值观念、宗教信仰、政治思想、阴阳五行、社会风俗等得到了不同角度的论述。

　　秦思想的多元综合性得到了确认。顾炎武在《日知录》卷十三《秦纪会稽山刻石》中说:"然则秦之任刑虽过,而其坊民正俗之意固未始异于三王也。汉兴以来,承用秦法以至今日者多矣,世之儒者言及于秦,即以为亡国之法,亦未之深考乎?"① 顾炎武实际上注意到了汉代以来对秦思想文化的偏见。在 20 世纪初期的诸子学研究中,有些学者从学术源流等方面分析了商鞅、韩非子等思想中的儒道成分,郭沫若撰写了《秦楚之际的儒者》一文,指出秦焚书坑儒后,还有一部分儒者在秦朝任官②。但秦思想的多元综合性真正引起热烈反响是在 80 年代及其以后。云梦睡虎地秦简的整理者曾敏锐地看到《为吏之道》中有不少地方与《礼记》、《大戴礼记》、《说苑》等相同,很多文句属于处世哲学一类。高敏随之发表了《秦简〈为吏之道〉中所反映的儒法合流倾向》一文③、刘海年发表《从秦简〈为吏之道〉看秦的治吏思想》④、吴福助《秦简〈为吏之道〉中所反映的法儒道思想交融现象剖析》⑤,对同一问题作了进一步的研究。以后关于这方面的研究日渐增多。熊铁基《秦汉新道家》中有专章对秦代的道家学者与道家思潮予以专门论述,认为"过分强调秦代是'以法为教',似乎通过'焚书坑儒'真正就禁止了'诗书百家语',那是绝对与历史事实不符的"⑥。杨宽认为"吕不韦主编《吕氏春秋》,综合采用儒家、法家、兵家和阴阳家的政治学说,准备用做完成统一的指导思想。而秦始皇则以卫鞅、韩非的法家学说为主,而兼采阴阳家和儒家学说来为他的统一事业服务"⑦。结合秦汉简牍,战国晚期墨家在秦的活跃得到进一步的探究。汉墓出土的《尉缭子》残简引起尉缭及其思想在秦统一中的作用的争论。

---

① 顾炎武:《日知录》,岳麓书社 1994 年版,第 468—469 页。

② 郭沫若:《秦楚之际的儒者》,见《中国古代社会研究》(外二种),《青铜时代》,河北教育出版社 2000 年版。

③ 高敏:《秦简〈为吏之道〉中所反映的儒法合流倾向》,见《云梦秦简初探》,河南人民出版社 1979 年版。

④ 刘海年:《从秦简〈为吏之道〉看秦的治吏思想》,《社会科学论丛》1979 年第 4 期。

⑤ 吴福助:《秦简〈为吏之道〉中所反映的法儒道思想交融现象剖析》,见吴福助:《云梦秦简论考》,文津出版社 1994 年版。

⑥ 熊铁基:《秦汉新道家》,上海人民出版社 2001 年版,第 58 页。

⑦ 杨宽:《战国史》,上海人民出版社 1998 年版,第 450 页。

王家台秦简对《易》在秦的流传提供了佐证。

从地域文化的角度研究秦与诸国文化的区别及文化融合也多有建树，李学勤、林剑鸣、黄留珠、王子今、梁云等学者各有论著。秦始皇兵马俑博物馆出版了《秦文化论丛》第一辑到第十四辑、《秦俑·秦文化丛书》对秦思想文化的研究起到了推动作用。其中，徐卫民、何润坤的《秦政治思想述略》是关于秦政治思想研究的第一本通论性著作。

传统的秦思想论题也并未受到冷落。关于商鞅、《商君书》、吕不韦、《吕氏春秋》及其思想的论文、专著很多，《商君书》、《吕氏春秋》与其他诸子的比较研究成为一个重要方向。其他的秦思想论题的研究也非常热烈。在这个时期，冯友兰的《中国哲学史新编》得以修订重印。冯著以"过秦"、"宣汉"把握秦汉思想转型。任继愈主编的《中国哲学发展史》，在先秦、秦汉卷试图突破汉人的诸子分类，对秦帝国思想用专章论说。李泽厚的《中国古代思想史论》全面剖析了秦汉思想的发展脉络。葛兆光的《七世纪前中国的知识、思想与信仰世界》则试图从"一般知识、思想与信仰世界"架构剖析秦汉思想发展。此外，还有多本《秦汉思想史》出版。

三

以往的秦思想研究虽然取得了一些成果，为后来者提供了经验和启示，但也存在一些问题。

第一，对秦思想的认识需要重新定位。秦思想的重要性不容置疑，但在学术研究中的情况却并非如此，秦思想往往被简单化处理。胡适的观点就是一个典型的例子，一方面他对秦思想的重要性有所认识，"秦是一个得志的强国，有吞并天下的野心，故凡可以有为的人才，可以实行的思想，在秦国都有受欢迎的机会。故吕不韦、李斯的思想里很少玄想的成分，而很多实用的政论。秦学也侧重自然主义，也提倡无知无为的君道，而同时又特别反对偃兵，又特别提倡变法的哲学；他提倡个人主义，提倡贵生重己，却还没有出世的意味；燕齐海上的阴阳家言已在混合之中了，但神仙方术之说还不见称述（秦始皇统一之后，大信神仙之事，此是齐学的胜利）。故秦学还不失为一个有为的国家的政术，虽然称道无为，而韩非、李斯的成分很浓厚，故见于政治便成为秦帝国的急进政策"。另一方面，他又认为，"十年的秦帝国只留得一篇李斯焚书议代表那第一帝国的思想"，以"统一的局面在思想史上的最大影响便是思想的倾向一尊"，将秦思想轻轻带过。① 这种做法也成为思想史撰述中的一种惯常的处理方式，如断代史以秦汉相联，有多种有影响的《秦汉史》，而思想史则多将秦省略，直接命名为《两汉思想史》。② 秦思想被有意无意之间忽略了。现在这种情况有所变化，有以《秦汉思想史》为名的专著，并对《吕氏春秋》的思想及相关问题作了探讨，但对秦思想发展的脉络仍缺乏整体把握，对秦帝国思想的认识还比较薄弱。至于商鞅变法以前的思想，更是所论寥寥。

第二，秦思想研究的思路需要加以调整。对秦思想重视不够的原因之一是受传统子学研究思路的影响。汉代曾对先秦学术和思想进行了积极的总结。司马谈在《论六家之要指》中将先秦思想划分为阴阳、儒、墨、名、法、道德六家，首先将法家列为一个学派，并概括其思想要点："法家不别亲疏，不殊贵贱，一断于法，则亲亲尊尊之恩绝矣。可以行一时之计，而不可长用也，故曰'严而少恩'。若尊主卑臣，明分职不得相逾越，虽百家弗能改也。"（《史记·太史公自序》）与司马谈差不多同时代的淮南王刘安主编的《淮南子》一书，则从时代发展的需要阐述了法家思想的演变（《淮南子·要略》）。刘向、刘歆父子整理群书时，列法家为九流之一。东汉班固《汉书·艺文志》则沿用刘说。在20世纪初期，章太炎、胡适等人就"诸子出于王官"之说是否成立，进行了激烈争论，但仍恪守汉人关于先秦学术的分野，这在很大程度上成为思想史研究的金科玉律。以诸子部勒先秦思想对从整体上把握思想发展有优越之处，但对秦思想的研究却不尽如人意，因为秦国的诸子学并不发达。

第三，秦思想的内容需要重新认识。以法家思想代替秦思想，秦思想即是法家思想，这种认识根深蒂固。法家思想的起源，《汉书·艺文志》说是出于"理官"，《淮南子·要略》认为产生于齐桓公时，后经三晋在秦孝公时传入秦国。认为法家思想就是秦思想，忽略了秦孝公以前的思想发展；以法家思想代替秦思想还简化了秦思想的内涵。如从文献资料、秦刻石、秦简、秦吉语印等多种证据来看，秦在统一之前就明确提出了以"忠"、"孝"为核心的道德要求，这是秦思想的重要变化，却仍有学者坚持认为睡虎地秦简中的《为吏之道》"系六国人杂抄之作"，"我们若用此卷来解释秦国的'法治'，恐有未谛之处"③。此外，秦的

① 胡适：《中国中古思想史长编》，见《胡适学术文集·中国哲学史（上）》，中华书局1991年版，第320、330、343页。

② 如金春峰《汉代思想史》，祝瑞开《两汉思想史》、于首奎《两汉哲学新探》，徐复观《两汉思想史》等。

③ 马雍：《读云梦秦简〈编年记〉书后》，见《云梦秦简研究》，中华书局1981年版，第33页。

巫术、天命、礼乐、阴阳五行、对诸子的吸纳、帝国时期的思想主题等，无不体现出其主导思想的多元性与复杂性。秦思想是发展变化的，绝不是汉人所说的"法家"可以概括得了的。所以，"法家"不等于秦思想。

第四，秦思想研究的史料需要进一步拓展。秦史的研究资料相对比较缺乏，春秋以前的资料更少，这在很大程度上影响了秦思想的研究。对秦思想的研究应该充分利用考古资料，文献资料中的《战国策》等也应该受到充分重视。

四

对秦思想研究，首先要加以说明的是"秦地、秦人"问题。关于秦思想，林剑鸣先生有种看法："在秦国的历史上，自春秋战国到统一以后，没有一个堪称思想家的秦人，也没有一部秦人的理论著作出现，虽然在秦国曾经有百里奚、由余、商鞅、范雎、吕不韦、李斯、尉缭等政治家、军事家，并对秦的发展曾作出重大的贡献，但是他们中没有一个是秦人，而且，其主要贡献也在于实践，并非思想、理论。"[①]林先生所说的秦思想家是以秦地秦人为标准的，实际上，秦的统治地域从西周后期开始就是不断变化的，与之相应的是秦统治下的民族、人口也是不断变化的。过分拘执于秦地、秦人，使得秦思想的研究难于展开。

在这里，我们将秦视为一个社会集合体加以研究。"一个社会集合体是由在某个领域中相互有关系的人组成的，而这种关系一般来讲他们同另一集合体的人在这个领域中的关系更多、更密切。其次，集合体内部的关系结构紧密并形成体系。最后，具有上述特征的人的集合体也相当于一个决定其成员地位、角色和行为的文化集合体。"也就是说，社会集合体主要可以分为两部分：人的要素和文化要素，价值、准则、信仰、习惯、技术、方法、行为构成了文化的内容。社会集合体的一致性在很大程度上取决于文化共同点。政治社会学重视国土对人类互动作用体系的作用，但更多地把国土看做一种文化现象，强调"地理既是历史的女儿，又是历史的母亲"，"问题的关键不在事物本身，而在于人们对事物的看法"[②]。

其次，秦思想的"理论性"与精神气质。历史上的秦确实未曾出现过像孔子、

---

① 林剑鸣：《从秦人价值观看秦文化的特点》，《历史研究》1987 年第 3 期。

② ［法］莫里斯·迪韦尔热著，杨祖功、王大东译：《政治社会学——政治学要素》，华夏出版社 1987 年版，第 18、45、54 页

孟子、老子、庄子一样伟大的思想家，但这并不表明秦缺乏思想。如果思想是指具有严密逻辑，通过范畴、概念的分析构建完整的体系性的理论经典，那么秦确实比较欠缺。而思想一词具有更大的包蕴性，在广义上并不专指那些理论经典，思想史同样关注社会群体思维、宗教、语言与神话等。美国学者本杰明·史华兹认为思想（thought）"可以包含认知、推理、意向性、想象力、情感、惊叹、困惑以及不能够在计算机上轻易编程模拟的意识生活的许多其他方面的内容"。思想（thought）相对于观念（ideas）和知性思想（intellectual）来说语义边界是不确定的。① 另外，在人类社会发展的早期，从一个族群的道德、政治组织、艺术、宗教和科学诸方面都可以把握其气质的独特之处。族群的精神气质包含着他们生活的风气、特征、品性，是其道德与审美的方式与基调，标志着他们对自己和所处世界的根本态度。精神气质与世界观念不仅互相影响，而且可以说二者互为基础。② 所以，即使秦的历史上没有出现伟大的思想家，也不妨碍我们对秦思想进行研究。

第三，秦思想的主题。从西周末期到秦朝的灭亡，秦的发展经历了秦族、秦国、秦帝国三个阶段，其影响力伴随着政治、军事的成功不断增强，秦思想的发展及影响也是如此，其主导思想是至关重要的内容。所以，本书把秦的主导思想的发展变化作为主要研究内容。主导思想指的是基于社会价值观之上的，占据主流地位，具有导向性的社会思想潮流，其具体内容包括秦固有的、或在其发展过程中形成的、能够深刻体现思想特质的普遍观念，如关于人、自然和超自然的特征及关系的观念，关于时间、空间和因果关系的观念，关于行为和道德的原则等。在秦的历史上，不同时期主导思想的变化形成了不同的思想主题。将秦的主导思想作为主要研究对象，可以避免秦思想研究内容的空泛或漫无边际。

第四，秦思想的时代性问题。秦曾僻处今甘肃东部和关中西部一带，就其文化而言，有地域性特征，但正如黄留珠先生之言："秦文化既是地域文化，也是全国文化。而且由于秦在中国历史上特别重要的地位，所以秦文化内涵中全国性的东西要远远大于和重于地域性的东西。这样，我们从秦文化中看到的地域特色也就势必相对地少于其他地域文化。在许多方面，甚至不允许从地域的角度而必

---

① ［美］本杰明·史华兹著，程钢译：《古代中国的思想世界》，江苏人民出版社2004年版，第1页。

② 转引自陈来：《古代宗教与伦理——儒家思想的根源》，生活·读书·新知三联书店1996年版，第7页。

须站在超地域的高度去介绍秦文化。"[1] 思想文化自然包含在"文化"之内，所以，黄留珠先生的看法对秦思想研究同样是适用的。秦与相邻的诸侯国、游牧部族长期处于战争状态中，但思想文化的交流一直没有中止。秦思想就是在交流融合中发展的，其地域性的特色融汇在超地域性的思想洪流中，成为一个时代的重要思想内容。

第五，秦思想研究必须结合秦的社会实践。侯外庐先生提倡思想史和社会史研究相结合，要求从社会史的演进中寻找思想史演进的原因，注重思想观念、范畴的研究，探求人类思想的发展与个别思想学说的关系等。[2] 余英时又提出思想史研究的"内在理路"说："每一个特定的思想传统本身都有一套问题，需要不断地解决，这些问题，有的暂时解决了，有的没有解决，有的当时重要，后来不重要，而且旧问题又衍生新问题，如此流转不已。"[3] 葛兆光则认为在精英思想和实际生活之间存在着"一般知识与思想"。[4] 具体到秦思想研究来说，不能脱离春秋战国时期剧烈的社会变动，不能脱离秦的历史发展和社会实践活动，这是一种实践中的思想，思想的实践。

第六，秦思想研究框架的预设。一个人类社会集合体往往面临着社会发展过程中出现的问题与困境，解决问题、摆脱困境的思考往往成为公众生活和政治活动的依据。思想发展的规律总是从特殊到一般，从具体到抽象。就秦思想的发展而言，它的理论化程度经历了一个由低到高的发展过程。本书以秦思想发展过程中的问题为核心对秦思想进行研究，先通过社会和知识背景、文化规则、制度选择、战略选择等透视秦对具体的社会问题的思考，再进一步分析一个时代的思想潮流，进而把握理性思维和秦的精神面貌。

---

[1] 黄留珠：《秦文化琐议》，《秦汉历史文化论稿》，三秦出版社2002年版，第104页。

[2] 侯外庐：《韧的追求》，生活·读书·新知三联书店1985年版，第267页。

[3] 余英时：《中国传统思想的现代诠释》，江苏人民出版社2003年版，第158—159页。

[4] 葛兆光：《七世纪前中国的知识、思想与信仰世界——中国思想史》（第一卷），复旦大学出版社1998年版，第13—17页。

"鸟身人言"
——秦的祖先世系与思想

秦的早期历史比较渺茫，要描绘其思想世界则更为困难，但也不是完全无迹可循，秦的始祖传说、非子以前的祖先世系就给我们提供了一些线索。通过秦的始祖传说、祖先世系研究秦早期的即西周和春秋初以前的思想世界，对解决其他的学术问题也有帮助。

一、玄鸟不是图腾

祖先崇拜是中国人根深蒂固的思想观念之一，它的产生和血缘宗族的团聚、生产技术的传承、终极关怀的寻求等等都有密切的关系。在部落氏族社会中，人们凭借血缘确定相互之间的社会关系，并以此为依据，和其他的部落氏族相区别。中国的原始农业发展又比较早，在距今七八千年的黄河流域的前仰韶文化时期，已经开始出现了原始农业。原始农业的耕作技术和经验是逐步总结出来的，耕作技术和经验主要靠年长的先辈传承给后辈，从而使先辈享受了更多的尊重与崇拜。在与自然和其他部落氏族的斗争中，人们相信祖先的亡灵可以庇佑和赐福后代，并开始祭拜祖先亡灵，从而出现了严格意义上的祖先崇拜。当然，祖先崇拜并不是理性思维的结果，相反，它在开始的时候就是非理性的活动，和原始崇拜、巫术鬼神有密切的关系，反映了那个时期人们的思想世界。

秦同样有祖先崇拜的观念，对祖先进行祭祀，并编排祖先世系。秦的始祖传说、祖先世系见于《史记·秦本纪》。《史记·秦本纪》记载的始祖传说如下：

> 秦之先，帝颛顼之苗裔，孙曰女脩。女脩织，玄鸟陨卵，女脩吞之，生子大业。大业娶少典之子，曰女华。女华生大费，与禹平水土。已成，帝锡玄圭。禹受曰："非予能成，亦大费为辅。"帝舜曰："咨尔费，赞禹功，其赐尔皂游。尔后嗣将大出。"乃妻之姚姓之玉女。大费拜受，佐舜调训鸟兽，鸟兽多驯服，是为柏翳。舜赐姓嬴氏。

秦的始祖传说声明他们是帝颛顼的后裔，始祖名大业，是女脩吞玄鸟卵而生。第二代先祖名大费，又叫柏翳，有助禹平水土和佐舜调训鸟兽的大功，因而被赐姓嬴氏。秦的始祖事迹是否可信？它是完全真实的还是完全虚构的？这是了解秦早期历史的一个重点。理性的认识是秦的始祖事迹属于传说，但不是神话。神话最大的特征是有神，以神的事迹和神的谱系为核心。神话反映远古时代的人们对世界起源、自然现象及社会生活的理解，也是人们的一种情感宣泄。秦的始祖事迹显然不是神话，其中并无神的活动，只是让人们感知了神的存在，叙述的是人的历史。对这种历史，也不能将它完全视为一般的历史事实，它是历史传说。

徐旭生给传说时代下了一个定义："我国，从现在的历史发展来看，只有到殷墟时代（盘庚迁殷约当公元前一千三百年的开始时），才能算做进入狭义的历史时代。此前约一千余年，文献中还保存一些传说，年代不很可靠，我们只能把它叫做传说时代。"① 很明确，他所说的传说时代是指文字产生以前的历史时期，传说则是人们对历史的口头描述。值得注意的是，传说并不仅仅产生于史前时期，成熟的文字出现以后，传说仍继续产生、流传、演变。《辞海》对传说的释义为："指民间长期流传下来的对过去事迹的记述和评价，有的以特定的历史事件为基础，有的纯属幻想的产物，在一定程度上表现了人民群众的愿望与要求。"顾颉刚《与钱玄同先生论古史书》提出了"层累地造成的中国古史"，"时代愈后，传说的古史期愈长"，"时代愈后，传说中的中心人物愈放愈大"。② 他的目的在于考辨古史系统的真伪，但从另一方面说明了历史时期传说的兴盛。历史传说的一个很重要的特点，就是"总有它历史方面的质素核心，并不是向壁虚造的"③，但也确实有虚造的成分，因此完全可以说传说有虚有实，真伪参半。

《史记·秦本纪》所记述的始祖大业、大费的生活时代在舜时，关于他们的事迹应该主要靠口头传承，因而它同样具备传说有虚有实、真伪参半的特点。在历史研究中，区分历史传说的真伪虚实是难点，对秦人早期的历史研究是同样的。秦早期历史茫昧不明。关于秦人的来源有东来说、西来说之争，至今尚无定论。④ 虽然近年秦人东来说更为盛行，但也有若干的环节还需要更充分的证据。

秦的始祖传说中的一个关键就是玄鸟，这是特别需要加以考察的问题，它和秦人的来源、秦人的族属、秦文化的源头等问题密切相关。玄鸟以往被很多学者认为是秦的图腾。林剑鸣先生《秦史稿》说："秦和殷都留下与玄鸟有关的祖先产生的传说，反映了他们的祖先曾经有过共同的'图腾崇拜'，就是燕。""秦和殷的祖先都以燕为图腾。"⑤ 随着甘肃礼县大堡子秦公墓地的发现，关于秦的图腾又有了新说，即秦人在甘肃已经将图腾由玄鸟转化为鸱枭，进一步认为："秦文公时期秦人在以'玄鸟'（燕子）为图腾的同时，又崇拜带有西戎强悍霸气性质

---

① 徐旭生：《中国古史的传说时代》，文物出版社 1985 年版，第 20 页。

② 顾颉刚：《与钱玄同先生论古史书》，见《古史辨自序》（上），河北教育出版社 2000 年版。

③ 徐旭生：《中国古史的传说时代》，第 20 页。

④ 关于此问题的综述，可参见王学理、梁云：《秦文化》，文物出版社 2001 年版，第 122—126 页。

⑤ 林剑鸣：《秦史稿》，上海人民出版社 1982 年版，第 19 页。

的猛禽鸥鹃。"① 或以为秦图腾源于古老的史前社会的阳鸟图腾崇拜，阳鸟图腾是日图腾部族与鸟图腾部族结合后形成的一种复合图腾。② 还有秦以熊、虎、鹿为图腾等等的说法。总之，关于秦图腾的说法是多样的，想象是奇特的。

秦图腾为熊的说法出于卫聚贤。他在《赵秦楚民族的来源》一文中认为楚是以熊为图腾的，秦、赵姓"嬴"，"嬴"与"熊"本为一字，楚、秦、赵之先均以熊为图腾。③ 今又有学者又以礼县赵坪圆顶山出土的"兽流扁体盉"、四轮车型器的造型为依据，认为这是"嬴秦与熊图腾的考古新证"，指出："熊与虎、玄鸟共同出现，可推知嬴秦族信奉的神话动物虽有多样性，但以熊、虎、玄鸟为主。"④ 以鹿为秦图腾的根据是秦常常被以鹿喻指，如《汉书·蒯通传》云"秦失其鹿，天下共逐之"，再就是鸟图腾的飞廉是"鸟首鹿身"。⑤ 所有的这些关于秦图腾的说法，都不否认玄鸟是秦图腾，或从玄鸟说加以衍生，所以，秦图腾为玄鸟说是最关键的。以玄鸟为秦图腾的说法值得商榷，秦图腾的变化历程恐怕也有疑问。

图腾（Totem）在18世纪末期到19世纪作为一种原始部落的文化现象充分引起了文化人类学家的注意，在西方掀起了图腾文化研究高潮，许多著名的学者都对图腾进行了深入研究，但是，非常遗憾，学者们对图腾意义的认识并不一致。20世纪初期，图腾及相关研究传入中国，并在中国引起了相当大的反响，为中国学术界所接受。新中国成立后的学者使用"图腾"一词则更多地是遵奉经典著作的结论，恩格斯《家庭、私有制和国家的起源》说："摩尔根举出易洛魁人的氏族，特别是塞讷卡部落的氏族，作为这种原始氏族的古典形式。这个部落内有八个氏族，都以动物的名称命名：（1）狼，（2）熊，（3）龟，（4）海狸，（5）鹿，（6）鹬，（7）苍鹭，（8）鹰。"与此相关的习俗有：氏族的任何成员都不得在氏族内部通婚；同氏族人必须互相援助、保护，特别是在受到外族人伤害时，要帮助报仇；氏族有固定的人名或几套人名，在全部落内只有该氏族才能使用这些人名，因此，氏族个别成员的名字，也就表明了他属于那一氏族，氏族的人名一开始就自行带来氏族的权利；氏族可以接纳外人入族。"塞讷卡部落有一种传

① 徐日辉:《秦早期发展史》，中国科学文化出版社2003年版，第26页。

② 祝中熹:《早期秦史》，敦煌文艺出版社2004年版，第13—14页。

③ 卫聚贤:《赵秦楚民族的来源》，见康世荣，南玄子主编:《秦西垂文化论集》，文物出版社2005年版。

④ 叶舒宪:《秦文化源流新探——熊图腾与中原通古斯人假说》，《学术月刊》2006年第6期。

⑤ 孙新周:《岩画·鹿石·嬴秦民族寻根》，《天津师范大学学报》2007年第4期。

说，'熊'和'鹿'两个氏族是最初的氏族，其他氏族都是从这两个氏族分化出来的。"① 恩格斯在很大程度上是使用了摩尔根的研究成果，所以《家庭、私有制和国家的起源》的副标题是《就路易斯·亨·摩尔根的研究成果而作》。经典著作对古史研究有很强的指导意义。

今天，文化人类学的研究不断进展，早期进化论所认为的那种文化是以一种齐一的、单线条的、从简单到复杂、从蒙昧到野蛮到文明的进化方式普遍受到质疑，它忽视了文化的多样性，无法对文化演化与变异的细节作出更令人信服的解释。是不是所有的民族都经过了一个图腾时代同样让学者们心存疑虑。张光直曾对国内学者的图腾研究提出批评，认为过于随意。他指出："图腾"是"亲属"和"标记"，要确定图腾必先确定氏族，确定氏族并不一定能确定图腾。② 国内也有学者指出，目前的古史研究中存在着泛图腾化的现象，表现为缺乏规范，随意比附，不论文献早晚，不管文化背景，不做认真考证，给古史研究带来消极影响。在秦史研究不断深入之际，有必要对秦图腾研究进行反思，使秦史研究更为科学规范。

现代学者认为图腾崇拜的主要内容有：奉某种动物、植物或自然物为族群的图腾，相信群体自身与所奉图腾物之间存在某种超自然的亲缘关系或血缘关系；将图腾物作为族群的象征性的标志和徽章，形成一系列有关禁忌，拥有图腾圣物和图腾圣地；由图腾崇拜而产生宗教制度和宗教仪式，最主要的有图腾禁忌制度、图腾繁殖仪式、图腾巫术仪式等。③ 据此，确定图腾应主要从外在的表现形式和思想观念两方面着手。

图腾在外在的表现形式上是一种标志，是一种稳定的图案或徽标。图腾用于一个氏族区别于其他氏族，标志一个群体，被授予每一个氏族成员作为身份证明。作为标志的图腾在氏族中被广泛使用，出现在"房屋的墙上、独木舟的两边、武器上、日用品上和坟墓上，而且还出现在人的身体上"④。每一个氏族成员都会设法使自己具有图腾的外貌。"赖纳茨（Reinach）更具体地说这个名称便是指一氏族人所奉为祖先、保护者及团结的标志的某种动物、植物或无生物。""做图腾的物并无限制，但实际上以动植物为多。"在澳洲图腾的传说中，图腾便是祖先

① 《马克思恩格斯文集》第四卷，人民出版社 2009 年版，第 99、103 页。
② 张光直：《考古人类学随笔》，生活·读书·新知三联书店 1999 年版，第 120—122 页。
③ 吕大吉：《宗教通论学新编》，中国社会科学出版社 1998 年版，第 486—491 页。
④ ［法］爱米尔·涂尔干著，渠东、汲哲译：《宗教生活的基本形式》，上海人民出版社 1999 年版，第 141—145 页。

的化身，是人、神、动物三者的结合体，创造万物；美洲的图腾与崇拜者的关系多数是保护者而不是祖先。崇拜同一图腾的同氏族者，互认为亲属，有密切的关系，不得互相婚配。①

秦的始祖传说中，"玄鸟陨卵，女脩吞之，生子大业"，玄鸟与秦的祖先有一定的关系，但玄鸟并不被认为是直接的祖先，玄鸟也不是秦族的保护者。而且，在秦早期历史的研究中，现在无法确认玄鸟是秦族区别于其他氏族的标志，无论是考古资料和文献资料都没有提供这方面的确凿的证据，哪怕是最简单、抽象的族徽也罢。

这里要说的是，在先秦时期，对鸟的喜爱与重视是一种普遍现象。在新石器时代，鸟造型的器物和鸟纹装饰的器物，在各地的文化遗存中都有发现。如典型的鸟造型的器物有庙底沟的陶鹗鼎、大汶口文化鸟喙形流陶鬶、良渚文化水鸟型陶壶、半坡型鸟头形盖钮等。鸟纹装饰也很普遍，仰韶文化庙底沟型彩陶上的鸟纹还演化为几何图案。② 商周青铜器上的凤鸟纹包括凤纹和各种鸟属的图案。但在商代早期和中期的青铜器纹饰中，很少以鸟作为主题的，"天命玄鸟，降而生商"似乎没有什么反映。到了商末周初及西周昭穆之时，青铜器纹饰中凤鸟纹大量出现，西周早期到穆王、恭王，有人称之为"凤纹时代"。③ 其他材质的器物装饰鸟纹或鸟造型也很多。从新石器时代到商周，鸟造型的器物和鸟纹饰在长江、黄河流域各地的考古学文化中都程度不同地存在着，不能被确定为某个氏族或某个地域的特有标志，更不能认为它就是秦族的标志。在研究中不能不分时间、地域、具体情况，只要看见鸟纹就认为是图腾，甚至连汉代纬书中的材料也不作分析地加以使用。

至于秦图腾由玄鸟转化为鸱枭的说法，也很难使人信服。图腾的分化是由氏族分化引起的。甘肃礼县等地所出鸱枭形金箔饰片，从时间上说最早不过是西周晚期，树轮校正年代为公元前1085—前791年。鸱枭形金箔饰片应该主要是墓葬中葬具的装饰物，上有钉眼。除了鸱枭形外，还有金虎、口唇纹鳞形、云纹圭形、兽面纹盾形、目云纹窃曲形金箔饰片。④ 要说其中的鸱枭形金箔饰片是由玄鸟转化来的图腾，是秦族区别于其他氏族的标志，太勉强了。且不说鸱枭不是秦

① 林惠祥：《文化人类学》，商务印书馆1991年版，第233—236页。

② 吴山：《中国新石器时代陶器装饰艺术》，文物出版社1982年版。

③ 马承源：《中国青铜器》，上海古籍出版社1988年版，第331—332页。

④ 韩伟：《论甘肃礼县出土的秦金箔饰片》，《文物》1995年第6期。

族的专有标志，图腾专用于墓葬中的葬具装饰似乎没有例证，玄鸟如何转化为鸱鸮也无线索可寻。如果认为鸱鸮形金箔片是秦图腾，那就几乎可以指认考古发现中的任何装饰性的图案是图腾，图腾就真的要在今天的学术研究中泛滥成灾了。

图腾崇拜必然形成与之相应的图腾禁忌制度、图腾崇拜仪式。图腾是神圣的，信奉某物为图腾，一般便不得杀害或食用某物。图腾崇拜能够激发宗教情感，使氏族成员也获得了神圣性，并蕴涵着宇宙论的体系和类的观念。所有的这些与图腾相关的观念性的东西在秦文化中不见踪影。林剑鸣先生《秦史稿》中以玄鸟为燕，列举殷甲骨卜辞中将燕同"吉"、"惠"这样的好字眼联系起来，并卜而祀之，以见其崇敬的程度。① 有学者指出，甲骨文"惠"字为语气副词，表示强调、必要和肯定的语气。《诗经》中的"惠"有同样的用法。② "吉"在甲骨文中是占问的结果，贞问，结果为吉，"吉"恐怕不是形容燕子的形容词。况且在秦文化中也没有这样的例证。相反，秦人倒可能是一个善于捕鸟的氏族。传世品中有一件广折肩铜冠，上有铭文，铭文外框为亚字形，内有一鸟下坠一物，又名之为捕鸟形族徽，它最初出自西方的陕、甘一带，有学者将这个善于捕鸟的氏族与秦的先祖联系起来。③ 如果这种说法是真实的，秦人就是善于捕杀鸟的氏族，那就完全违背了特别受到重视的图腾禁忌。在有些氏族中，确实有个别时候杀食图腾的行为，但这种行为主要是想从图腾获取力量，是一种崇拜，和违背禁忌不可同日而语。

图腾观念出自于母系氏族时代，图腾在母系氏族时代最为兴盛。从秦的始祖传说来看，玄鸟最初传自母系，即女脩，但女脩又是颛顼的后代，追溯的又是父系，这很矛盾。同时，秦的始祖传说使大禹治水时秦族的第二代大费才开始出现的记载无法解释。按照这个记载，这时是夏王朝出现的前夜，距母系氏族时期或旧石器中晚期已经非常遥远了。将帝颛顼和女脩、玄鸟联系起来更不是母系氏族的特征。④ 有学者研究商的始祖问题指出："从图腾的角度讲，那种把简狄、玄鸟、帝喾三者捏合在一起的说法，也应该是后起的、次生的形态。这是因为在

---

① 林剑鸣：《秦史稿》，第 16 页。

② 季旭升：《从古文字谈诗经中几个特殊的"惠"字的解释》，《于省吾教授百年诞辰纪念文集》，吉林大学出版社 1996 年版。

③ 刘军社：《先周文化研究》，三秦出版社 2003 年版，第 181 页。

④ 刘宝才先生也认为秦的始祖传说不可能发生于母系社会，而是迟至父系社会末期才发生的。见刘宝才：《关于女脩吞玄鸟卵生大业的讨论》，见其《求学集》，陕西人民出版社 2004 年版。

图腾起源中恰恰是不承认其父亲作用的。"[1]这对研究秦的图腾问题也有一定的参考。还有学者用"戴天头"的婚俗解释秦的始祖传说。[2] 当然，即使是这样认识，也依然无法解释图腾作为标志和图腾禁忌制度、图腾崇拜仪式的缺失。

诚然，从理论上说，要在原始时代的地下遗物中确断图腾标志，是非常困难的。但在文献资料中也不见任何图腾观念的踪影，既无禁忌又无崇拜，不清楚玄鸟在人们的社会组织和精神生活中究竟占据着怎样的地位，在这种情况下，贸然地指认玄鸟是秦图腾是不是过于草率？

玄鸟说是不是图腾的次生形态？也不能作肯定的回答。从图腾的角度来说，原始人发明了神话，目的在于在人和动物之间建立谱系关系，使一方成为另一方的亲戚，通过共同起源说明他们之间的共同性质。即使不认为人诞生于动物或植物的氏族社会，也相信图腾所附有的力量和功效。图腾崇拜是一种对非人格宗教力的崇拜，而且在已经不再以图腾为基础的社会组织中，是依然可见的。也正因为此，图腾是神圣的、高于个人并先于个人的社会力量，成为社会成员信仰、服从和崇拜的对象。[3] 秦的始祖传说不是神话，玄鸟和人之间无谱系关系，也看不见对相关的非人格宗教力的崇拜，玄鸟也不具有高于个人并先于个人的社会力量。

对女脩吞玄鸟卵的传说，应该从其本身去分析。《史记索隐》说："非生人之义也"，即大业出生和一般人不一样。《史记·殷本纪》载帝次妃简狄吞玄鸟卵生契，与女脩吞玄鸟卵的传说基本相同。《史记索隐》说："契生尧代，舜始举之，必非子。以其父微，故不著名。"这不过是说契的父亲没有什么显赫的名声罢了。大业、契出生的传说的结构基本相同，重点在于说明他们的出生不同于一般人。有什么不同？《诗·商颂·玄鸟》："天命玄鸟，降而生商。"契的出生因之具有了神性背景，玄鸟是沟通神人的中介。契和大业的出生模式使一族一姓具有了神圣性，从而子孙绵延，昌盛发达，最后成就了伟大功业，他们本人都被奉为各自的始祖。夏、周也有类似的始祖传说。《论衡·奇怪篇》："禹母吞薏苡而生禹，故夏姓曰姒。"《绎史》卷十二引《随巢子》说禹的儿子启是涂山氏化为石，裂石而生。夏人的始祖传说有石说、熊说和薏苡说等多种。《诗·大雅·生民》说周的始祖弃，又名后稷，是其母姜嫄履上帝足迹而生。因为他的降生太过奇怪，姜嫄将其

① 王震中：《帝喾并非商之始祖》，《殷都学刊》2004 年第 3 期。

② 杨向奎：《宗周社会与礼乐文明》，人民出版社 1997 年版，第 259—268 页。

③ ［法］爱米尔·涂尔干：《宗教生活的基本形式》，第 252—261 页。

第一章 "鸟身人言"——秦的祖先世系与思想

抛弃，但他每每受到牛羊、樵夫和群鸟的卫护。他长大成人后，精于农耕，名为后稷，成为周的始祖。

夏、商、周、秦始祖诞生的传说是所谓感生，即感天而生，感神而孕。许慎《五经异义》引《春秋公羊传》云："圣人皆无父，感天而生。"许慎《说文解字》释"姓"："古之神圣，母感天而生子，故曰天子。"其中的动植物等只不过是天人沟通的一种媒介。感生在汉代谶纬中达到了登峰造极的地步，凡是帝王、圣人降生必有异貌、神异、有其母无其父等等。到后来，非同凡响的人出生时，就有紫气冲天、瑞鸟云集、祥云笼罩之类的说法了。玄鸟等传说是所谓的感生说，目的在于说明君主统治权力的合理性、合法性是天命神受。

感生的说法应该是巫术思维留下的结果。杨向奎先生认为，古代历史经过了三个阶段：（1）神述历史，天人不分；（2）"巫"述历史，天人渐分；（3）"史"述历史，天人已分。《天问》中以后稷为上帝的元子，所以得到鸟兽的保护，这是天人未分的历史；《周颂》与《大雅》中说姜嫄履帝武而生后稷，虽被抛弃，但得到各方面的救护，后来后稷只能"配天"而不是"天"，这减少了人中神的成分，是"巫"传历史；孔子可以说是第一代史学家，所谓的"述而不作，信而好古"。① 在秦的始祖传说中，女脩吞玄鸟卵生子大业，大业也是人，天人渐分，这种历史同样是"巫"述历史。

玄鸟是秦图腾，并且被作为秦人东来说的重要依据之一，我们这里并无意否认秦人东来说。玄鸟是不是秦图腾和秦人东来说是两个问题，对一个问题的辨析并不意味着对另一个问题的完全否定。这里所强调的是秦人具有感生思想，它是巫术留下的痕迹。另外，即使认为玄鸟传说是一种鸟崇拜，也应该考虑到崇拜对象、形式、观念等等，这样全面、细致、科学的思考更有利于完善与之相关的观点。

二、"鸟身人言"

《史记·秦本纪》记载：秦的先祖"大廉玄孙曰孟戏、中衍，鸟身人言。帝太戊闻而卜之使驭，吉，遂致使驭而妻之"。传统注释认为"鸟身人言"就是身体是鸟而能人言，这自然是不可信的。王明信先生认为，"鸟身"应属上读，中衍鸟身，即中衍刺飞鸟于其身；"人言"应属下读，即有人将中衍的情况言之于

---

① 杨向奎：《宗周社会与礼乐文明》，第363页。

帝太戊。① 杨大忠先生认为"鸟身人言"就是中衍身上刺着鸟的文身，却会说殷商人的语言。② 以上考证探赜索隐，发人深省。然窃以为其义未尽。

就中衍"鸟身人言"而言，将"鸟身"释为文身图案为鸟，确实是一个进展。在文献记载中，我国古代一些民族中有文身的习俗，《礼记·王制》："东方曰夷，披发文身，有不火食者矣。南方曰蛮，雕题交趾。"但中衍为什么是"鸟身人言"的形象，其深层次的原因是什么，还不是特别明晰。从文化的角度而言，其中所蕴涵的文化意义更应受到重视。我们这里认为"鸟身人言"应该是巫术文化遗留下来的印记。

巫术通常是通过一定的仪式表演，利用和操纵某种超人的神秘力量来影响人类生活或自然界，以达到人的一定的目的。专门从事巫术的人就是巫师。巫术属于人类历史上最早的文化现象之一，和人类早期的精神生活、原始崇拜、国家起源等有非常密切的关系。

我国历史上关于巫术的最著名的传说是"绝地天通"。根据《国语·楚语下》记载的"绝地天通"的传说来看，中国上古时期曾经有过一个"家为巫史"的时代，即家家祭祀、人人作巫的时代。后来，巫觋经历了一个专业分化的过程，出现了专门的巫觋。颛顼进行了进一步的改革，"乃命南正重司天以属神，命火正黎司地以属民"，是谓"绝地天通"。"绝地天通"的传说具有非常重要的意义，它反映了在中国古代国家形成过程中，君主把持了行使巫术的权力，管理巫术事务的官员是国家权力机构的最重要的组成者。

"绝地天通"的传说和嬴秦很有关系。"绝地天通"的改革是在颛顼的主持下进行的，而嬴秦自认为是颛顼之后。《史记·秦本纪》："秦之先，帝颛顼之苗裔，孙曰女脩。"秦公一号大墓所出的残磬的铭文也说："高阳有灵。"③ 高阳是颛顼的号。颛顼所命的"司天以属神"的南正重和秦的先祖同出颛顼。《山海经·大荒西经》："颛顼生老童，老童生重及黎，帝令重献上天，令黎邛下地。"如此，重也是颛顼之后。"绝地天通"的传说显示，从文化渊源上来说，秦和巫术文化摆脱不了关系。

嬴秦在商代显赫一时，秦文化和商文化有密切的关系，而商人以崇鬼重巫而著名。《墨子·非乐上》："先王之书汤之《官刑》有之，曰：'其恒舞于宫，是为

---

① 王明信：《〈史记·秦本纪〉"鸟身人言"辨》，《河北师范大学学报》2002 年第 6 期。

② 杨大忠：《〈史记·秦本纪〉"鸟身人言"刍议》，《文史杂志》2006 年第 1 期。

③ 王辉：《秦出土文献编年》，台北新文丰出版公司 2000 年版，第 33 页。

巫风。'"《史记·殷本纪》:"伊陟赞言于巫咸。巫咸治王家有成,作《咸艾》,作《太戊》。""帝祖乙立,殷复兴,巫咸任职。"甲骨卜辞中也有众多关于巫的记载。可见巫在商代政治生活中的地位是非常重要的,和商王朝关系密切的嬴秦不能不受其影响。而嬴秦从商末周初开始活动于西汉水流域。西汉水本身是嘉陵江的支流,属于长江水系。长江流域巫鬼之风浓厚,这可能对嬴秦也有熏染。

像嬴秦先祖中衍那样人鸟合体的形象在《山海经》中屡屡出现。《西山经》:"有兽焉,其状马身而鸟翼,人面蛇尾,是好举人,名曰孰湖。有鸟焉,其状如鸮而人面,蜼身犬尾,其名自号也,见则其邑大旱。"在《山海经》中还有"鸟身人言"的记述,《西山经》:"又西百八十里,曰黄山,……有鸟焉,其状如鸮,青羽赤喙,人舌能言,名曰鹦䳇。"《山海经》中记载的人鸟合体的形象还很多,鸟身而能人言的只此一例。

《山海经》中人鸟合体而和秦有更直接的关系的是句芒。《海外东经》描述句芒的形象:"东方句芒,鸟身人面,乘两龙。"《山海经》中没有说句芒是否会说话,但在《墨子》中出现的句芒会说人言,并且和秦穆公相关。《墨子·明鬼下》记载了一个故事:"昔者郑(秦)穆公当昼日中处乎庙,有神入门而左,鸟身,素服三绝,面状正方。郑(秦)穆公见之,乃恐惧,奔。神曰:'无惧!帝享汝明德,使予赐女寿十年有九,使若国家蕃昌,子孙茂,毋失。'郑(秦)穆公再拜曰:'敢问神名?'曰:'予为句芒。'"① 在《墨子·明鬼下》记载的故事中,句芒鸟身人言,是上帝的使者,奉上帝之命,赐予秦穆公十九年寿命。《山海经》中的鹦䳇"人舌能言",句芒是"鸟身人面";《墨子·明鬼下》中的句芒是上帝的使者,鸟身人言;而秦的先祖中衍也是"鸟身人言"。中衍的"鸟身人言"和句芒的"鸟身人言"是相似的。从《山海经》、《墨子·明鬼下》记载的故事看,"鸟身人言"不是一般的风俗。

《山海经》中有众多的人鸟合体、人兽合体的形象,要搞清楚它们的意义,首先要清楚《山海经》是一本什么性质的书。在先秦时期的典籍中,《山海经》以内容神奇、风貌独特而著名。对《山海经》的成书时间大家有不同的看法,但其材料来源必早则是无可置疑的。《汉书·艺文志》将《山海经》列入《数术略·形法家》,是史、卜用于占验吉凶之书。以后,关于《山海经》又有地理、语怪、

---

① 《墨子》毕沅注曰:《山海经》郭璞注引此作"秦穆公",《太平御览》、《太平广记》引"穆"作"缪"。孙诒让进一步引《玉烛宝典》、《论衡·福虚篇》、《无形篇》、《北齐书·樊逊传》等证明此处应为"秦穆公"。见孙诒让《墨子闲诂》,中华书局2001年版,第227页。

小说等说。鲁迅指出《山海经》是巫书①，他的这个观点得到了大家的普遍赞同。《山经》于每山必言主司之神，以及祭祀所用的糈毛牲币，正是巫进行降神祭祀、祈祷诅咒活动的依据，各山川所产药物及其效果，则是巫医的范围。至于巫舞，在《山经》中也不乏记载。《海经》的成书则和秦汉间的神仙方士很有关系。②总的说来，《山海经》和巫术很有关系，即使不是专门的巫书，也是施行巫术的参考书。

对于《山海经》中句芒等人鸟合体、人兽合体的形象，张光直认为是"通天地的配备"，进而认为"商周青铜器上的动物纹样乃是助理巫觋通天地工作的各种动物在青铜彝器上的形象"。③中衍作为秦的祖先，当然不可能真的是人鸟合体，只有一种可能，就是他具有巫的身份，从事巫的活动，施行巫术时有特别的装束和特别的行为，可能是鸟的装束和对鸟的模拟，这在巫术中是常见的。

《史记·大宛列传》中太史公曰："至《禹本纪》、《山海经》所有怪物，余不敢言之也。"但他偏偏在《史记·秦本纪》中记载了秦的先祖中衍"鸟身人言"，和《山海经》中的句芒等具有同样的形象，这不是偶然的。司马迁著《史记》使用的材料很多，《汉书·司马迁传赞》评价《史记》："其文直，其事核，不虚美，不隐恶，故谓之实录。"所以，司马迁所记必有所本，秦的先祖中衍"鸟身人言"的情况确实曾经存在过。拨开历史的面纱，中衍"鸟身人言"的形象其实是巫术文化的印记，秦在商代及其以前曾经经历过一个巫术兴盛的时代。

三、屈肢葬

这里，要特别说一说秦的屈肢葬问题，这也是与巫术有关系的一个问题。考古学上关于秦文化的认识始于 20 世纪 30 年代宝鸡斗鸡台周秦墓葬的发掘。近20 年来，随着毛家坪遗址、礼县大堡子和圆顶山秦墓、西汉水上游周秦遗址的发现，西周时期的秦文化面貌越来越多地显现出来。

墓葬是考古发掘中最常见的遗迹，葬俗和随葬品透露出古代人类的思想观念，如对生命的思考、对死亡的敬畏、对死后世界的幻想等等，反映秦思想特色

① 鲁迅:《中国小说史略》，见《中国现代学术经典——鲁迅　吴宓　吴梅　陈师曾卷》，河北教育出版社 1996 年版，第 16—17 页。
② 袁行霈:《〈山海经〉初探》，《中华文史论丛》1979 年第 3 期。
③ 张光直:《中国青铜时代》，生活·读书·新知三联书店 1999 年版，第 435 页。

的是秦墓区别于其他墓葬的葬俗——屈肢葬。屈肢葬指的是墓中尸体四肢蜷曲。屈肢葬并不仅仅存在于秦墓中，到了战国时期，黄河流域的秦、韩、魏、赵、燕等国都程度不同地流行屈肢葬。不过，秦墓中的屈肢葬四肢蜷曲特甚，和其他地区的屈肢葬有所区别。20 世纪 80 年代在甘肃甘谷县盘安乡毛家坪发现了西周时期的秦文化遗存。毛家坪遗址中西周时期的秦墓共 12 座，墓向均朝西，均为屈肢葬，其中 8 座墓中的死者身体蜷曲特甚。[1] 毛家坪西周秦墓和东周秦墓的文化特征一脉相承，屈肢葬作为秦墓最主要的特征在西周早中期就已显现出来。此后，这种蜷曲特甚的屈肢葬在秦墓中一直非常流行，延续到了秦的统一。屈肢葬在关中秦墓中占到了 90% 的比例，而且贵族葬中也流行屈肢葬。[2] 屈肢葬是不是秦文化中的原生性的因素有争论。有一种观点，认为秦墓中的屈肢葬并不是秦文化本来的因素，而是外来的文化因素。但不可否认的是，蜷曲特甚是秦墓中屈肢葬的重要特点。从现在的考古发现来看，秦墓中屈肢葬在西周早中期就已经有了，而且，在以后的历史时期中数量众多。当一种文化因素已经成为一个文化最显著的特征时，它从某种程度上就反映其所具有的普遍的思想观念。

屈肢葬作为一种葬俗，对其含义多有争议。第一种说法认为屈肢葬使死者头屈至膝间呈胎儿状并面向西方，意味着生命的结束如日落归西，人随日走，模仿胎儿形象以便转世投胎；第二种说法认为秦屈肢葬"仿象'鬼之所恶'的'窋（屈）卧'"，"防止鬼物侵扰死者"；第三种说法认为屈肢葬就是用绳索将死者手脚捆绑起来，防止死者灵魂向活人作祟；第四种说法认为屈肢葬是奴隶葬仪。由于贵族采用屈肢葬，奴隶葬仪的说法自然不能成立。转世投胎的说法也有疑问，且不说这时是否有转世投胎的观念，当时的人体解剖学知识恐怕没有发展到能够准确知道婴儿在母腹中的姿势。[3] 第二种说法和第三种说法则有很大的是处。所谓"窋卧"，当即蜷屈而卧。《说文·穴部》："窋，物在穴中貌。"窟穴中卧，必当蜷体屈肢。古人"推生事死，推人事鬼"，"死如事生，亦不背亡"。睡虎地秦简《日书·诘咎》："鬼之所恶，彼窋卧、箕坐、连行、奇立。"窋卧为"鬼之所恶"，所

---

[1] 甘肃省文物工作队、北京大学考古学系：《甘肃毛家坪遗址发掘报告》，《考古学报》1987 年第 3 期。

[2] 赵化成对陕西关中春秋战国至秦的中小型秦墓葬式做了统计，秦墓总数为 452 座，其中葬式不明者 80 座、直肢葬 34 座、屈肢葬 338 座，屈肢葬数量占 90%。这一数据随着考古发现现在应该有些变化，但屈肢葬所占的比例不会有大的变化。统计数据见赵化成：《寻找秦文化渊源的新线索》，《文博》1987 年第 1 期。

[3] 见王学理、梁云《秦文化》对此问题的综述，第 192—193 页。

以入葬时为防止鬼物侵扰，很自然地会依照生前世俗将尸体摆置作"窟卧"之状。① 另一方面，防止死者的鬼魂侵害活人也有可能。

屈肢葬反映了秦普遍存在的巫术和鬼神观念。灵魂鬼神的观念是所有的原始崇拜中最重要、最基本的一种。中国在旧石器晚期和新石器仰韶文化中就表现出灵魂鬼神的观念。春秋时期，灵魂鬼神的说法非常普遍。《左传》昭公七年说："附形之灵为魄，附气之神为魂"，"人生始化曰魄，既生魄，阳曰魂。用物精多，则魂魄强，是以有精爽至于神明。匹夫匹妇强死，其魂魄犹能凭依于人，以为淫历。"《说文解字》："人所归为鬼。"《释言》："鬼之为言，归也。"人死后，灵魂分为魂和魄。魂凭依气，四处飘荡；魄凭依人的身体，可埋于地下。魂大约相当于人的精神；魄大约相当于人的官能。在人们的思想意识中，死者的魂魄能够伤害活人。秦屈肢葬蜷曲特甚，是人为地造成的，恰好表现出对人肢体官能的限制。

灵魂鬼神观念作为一种世俗生活中的思想观念，在比较长的时间里应该没有很大的变化。在云梦睡虎地秦简《日书》中，记载了众多的鬼神。神中有许多"夭（妖）神"，它们是某些鸟兽虫豸及风云雷火化成的精灵。在秦人的心目中，妖神的地位十分低下，与鬼处于同一层次，是人们厌恶驱赶的对象。《日书》中关于鬼的资料比较集中，鬼的名称形形色色，鬼的功能仅在于作祟害人：如攻击人、牺居人家、迷惑人、戏弄人、纠缠人、威吓人、夜敲人门、调戏妇女、责备人、使人做噩梦、骚扰人之牲畜、与人家妇女偷情、入人宫室等。"鬼恒夜敲人门，以歌若哭，人见之，是凶鬼。""人卧而鬼夜屈其头。"秦人把父母及祖先的亡魂也视为鬼，认为亲、祖的亡灵也经常作祟，危害后代。秦人对鬼采取了驱赶和消灭的态度。用桃木为弓，用牡棘为矢，以鸡毛为羽，见鬼则射之；用粪便驱赶鬼；用火攻、水攻、土攻除鬼；等等。对鬼魂附于人身，则用药物等驱除之。巫术则非常普遍，巫或觋大量存在于秦国社会。"斗，利祠及行贾，贾市吉，娶妻妻为巫。""生子男，为巫为觋。"②

死者魂魄能够伤害生者是一种普遍观念，《日书》记载了秦国众多的巫师用巫术以驱赶鬼神，防止鬼神伤害活人，秦的屈肢葬则是对人体官能的限制，所

---

① 王子今：《秦人屈肢葬仿象"窟卧"说》，《考古》1987年第12期。又见王子今：《睡虎地秦简（日书）甲种疏证》，湖北教育出版社2003年版，第344—347页。

② 关于《日书》中的鬼神，参见李晓东、黄晓芬：《从〈日书〉看秦人鬼神观及秦文化特征》，《历史研究》1987年第4期。

以，屈肢葬也应该是对死者所行的一种巫术。在死者死了之后，对死者的尸体施行巫术并予以处理，甚至进行捆绑，形成了蜷曲特甚的屈肢葬。甘肃甘谷的毛家坪遗址发现的秦墓有西周中晚期的，从源头上可以考虑秦墓中的屈肢葬是嬴秦在商末周初迁居于西垂后，巫术文化和当地风俗结合形成的一种葬俗，并且一直延续下去。

四、政治权威

人类社会的发展受社会文化环境的规范、选择与淘汰，人神二元世界、非理性和理智互相消长，不断变化。从思想发展的角度而言，对人和人类社会的重视有可能压倒鬼神的世界，人的理智有可能战胜非理性的因素，但是夹杂于其中的现实需要，常常使思想发展的趋势变得不明朗。秦文化发展的总的趋势是理性因素不断增强，这种变化在西周时期就开始了，通过祖先世系及政治权威的分析，可以看出这个趋势。

《史记·秦本纪》叙述了一个非子之前的秦的祖先世系。从《史记·秦本纪》所追述的祖先世系来看，商代以前记述的更多的是嬴姓的共同祖先。在西周初期的关键时期，秦世系更详细地记述从季胜到造父一支，而不是秦嬴。秦嬴的直接世系在西周的女防以后才逐渐清楚起来。从女防开始，经旁皋、太几、大骆三代，就到非子，成为附庸。秦的始祖传说与祖先世系都存在令人疑惑的地方，这点和姓氏结合起来观察则更为明显。

在姓氏研究中，我国的姓氏进化被划分为三个阶段：第一阶段是母系遗传的姓的阶段。姓在母系氏族社会中，是为了区别不同的婚姻集团的。第二阶段是母系遗传的姓与父系遗传的氏并存的阶段。一些显赫的男性领袖人物在生产和战争中的作用越来越重要，在社会中地位越来越高，为了把自己和其他同姓的男子区别开来，于是起一个称号叫做氏，以父系遗传，姓和氏于是合而为一，姓即氏，氏即姓。这个阶段下限可到战国时期。第三阶段是父系遗传的姓氏阶段。在姓氏进化的第二阶段和第三阶段初期，姓氏相当不稳定，氏族被征服就会改变姓氏，被统治者要随其主子的姓氏，民族同化、人口迁移对姓氏进化影响非常大。[1] 秦为颛顼高阳氏之后，在助禹平水土和佐舜调训鸟兽后获赐为嬴姓，应该是第二阶

---

[1] 参见杜若甫、袁义达:《中国姓氏的进化及不同的方言区的姓氏频率》,《中国社会科学》
1993 年第 4 期。

段出现的姓氏。

秦的赐姓过程与文献所记载的赐姓制度有所不同。《左传》隐公八年众仲论姓氏的起源时说："天子建德，因生以赐姓，胙之土而命之氏。诸侯以字为谥，因以为族。"从这个记载来看，姓是天子分封诸侯时所赐。从历史事实来看，西周有命氏制度，无赐姓制度。命氏意味着天子封赐土地，即"胙之土"。又《国语·周语下》记太子晋所云："唯有嘉功，以命姓受祀，迄于天下。"禹有功，"度之于轨仪，莫非嘉绩，克厌帝心，皇天嘉之，祚以天下，赐姓曰姒，氏曰有夏"。从这里来看，姓是皇天所赐。这个记载大约更加符合历史事实，在最初，姓和土地的获得是和宗教神权紧密结合在一起的。

文献关于赐姓制度的记载虽有歧异，但有两个方面是共同的：一是始祖获得赐姓。商的始祖契被赐姓为子，周的始祖弃被赐姓为姬，只有秦是在始祖大业之子大费时被赐姓。在《史记·秦本纪》中，大业无事迹可记，大费则有助禹治水的大功德。这个小小的差异与"选建明德"、"因生赐姓"的说法出现了矛盾，因而也成为疑问。二是赐姓必有大功。大费即柏翳，他受赐嬴姓本身也很奇怪。大费原来就因助禹平水土有功获赐皂游，禹本人受赐玄圭。《尚书·禹贡》注："禹功尽加于四海，故尧赐玄圭以彰显之。言天功成。""功"是赐姓的最重要的依据，所以传说时代的人物很多都具有"文化英雄"的形象。大费有助禹平水土的大功，但当时并未获得赐姓，后来佐舜调训鸟兽，才获赐姓。这是为什么？难道是助禹平水土的功劳不够大？这是难于解释的。另外，大业是否就是皋陶？柏翳和伯益是否一人？难于确证。根据《世本》，皋陶是偃姓而非嬴姓。《史记·陈杞世家》："柏翳之后，至周平王封为秦，垂、益、夔、龙，其后不知所封，不见也。"据此，柏翳和伯益是两人。丁山认为女脩生大业"盖是牵牛织女的恋爱故事的变相"[1]，这种观点还可以讨论，但也是要说明秦的始祖传说并不能完全当做史实。大业娶女华也证明了这一点。《史记·秦本纪》说女华是少典之女。《史记·五帝本纪》则说黄帝是少典之子，颛顼是黄帝之孙，女脩又是颛顼之孙，大业是女脩之子。大业和女华相差五代，两人怎么会结成夫妻？

在关于秦祖先世系的叙述中，抵牾之处非常明显，有些成为今天学术争论的问题。《史记·秦本纪》记载了申侯对周孝王说："昔我先骊山之女，为戎胥轩妻，生中潏。"蒙文通认为这是证明秦是戎族的证据，胥轩名前冠以戎字，骊山之女

---

[1] 丁山：《古代神话与民族·自序》，商务印书馆 2005 年版，第 3 页。

为骊戎之女。秦人的祖先中潏的父母都是戎族，后代自然也是戎族。[①]《汉书·律历志》："骊山女亦为天子，在殷周间。"现在对这段史料一般都是采取否定的态度，认为非信史，但也没有更合理的解释。另外，既然中潏已经归周，为何其子蜚廉、其孙恶来仍然事奉商王，和周对抗。对造父幸于周穆王，平息徐偃王作乱的故事，《史记正义》引《古史考》："徐偃王与楚文王同时，去周穆王远矣。且王者行有周卫，岂得救乱而独长驱日行千里乎？""并言此事非实。"还有嬴姓西迁的问题，聚讼纷纭，争论不已。

按《史记·秦本纪》的说法，舜时赐柏翳嬴姓。但这个姓秦人是不是一直保留下来了？不能肯定。秦人曾为商王御，御是奴隶的劳动，周初秦人也是奴隶。[②]从这点来看，秦人嬴姓的父系统系可能曾经中断过。奴隶是不应该有姓氏的。即使是贵族，一旦沦为奴隶，便会"亡其氏姓，踣毙不振"。也就是说，从姓氏的角度来说，由于秦人身份的改变，秦人嬴姓的父系统系可能并不是一直延续的，与之相关的对祖先的祭祀也不可能是延续不断的。而秦发展的历史事实显然并不是如此。[③]

对于以上所列举的秦世系存在的问题要一一强行疏解，现在看来是困难的。在秦的早期史研究比较热的情况下，对秦的始祖传说、祖先世系有一个正确的理解非常重要。司马迁著《史记》，其史料来源非常广博，有先秦典籍、历代谱牒、国家档案、调查所得等。他对史料的选择去取也非常慎重，《史记·三代世表》："故疑则传疑，盖其慎也"，没有依据或是阙疑的内容绝不妄增。他著《史记·秦本纪》主要依据《秦记》。关于《秦记》，《史记·六国年表》："秦既得意，烧天下《诗》《书》、诸侯史记尤甚，为其有所刺讥也。《诗》《书》所以复见者，多藏人家，而史记独藏周室，以故灭。惜哉，惜哉！独有《秦记》，又不载日月，其文略不具。"《史记·秦始皇本纪》后所附秦襄公至秦二世的秦历代国君的在位年数和葬地，就是依据《秦记》的。正因为秦的历史有《秦记》为据，虽然粗疏简略，但比史记被烧的其他诸侯国，史料还是丰富一些，故《汉书·司马迁传·赞》说："其言秦汉，详矣。"《史记·秦本纪》虽然记载秦在文公时才设立史官，但从考古发现的有铭青铜器来看，有西周晚期的，秦的历史记载在西周晚期就有了。《史

---

① 蒙文通：《秦为戎族考》，《禹贡》1936年第6卷第7期。转引自康世荣、南玄子主编：《秦西垂文化论集》。

② 黄灼耀：《秦人早期史迹初探》，《学术研究》1980年第6期。

③ 秦可能是通过婚姻关系归顺周的，在西垂也有独立的地位与作用，不应该是奴隶。详见下章。

记·秦本纪》所记载的秦的始祖传说、祖先世系应当是依据《秦记》原来就有的内容撰作的，它反映了当时秦人的价值取向和思想观念。

秦的祖先世系的内容结构与秦人的政治权威的出现有关。政治权威指政治权力的掌握者，他所拥有的权力和所处的地位得到了大家的承认，是合法的。马克斯·韦伯认为政治权威分为三种类型：传统合法性，权力建立在悠久的习惯上；法定合理的合法性，权力建立在一套符合逻辑的法律条文之上，并且得到共同同意，权力的源泉寓于合法秩序；特殊威信合法性，就是承认领袖，他的威望和影响是权力的源泉。任何权力都不可能只依靠一种类型的合法性，几种类型的权威几乎总是结合在一起的。所有的政治权威都是制度性的，权威的概念解释了社会结构的一个基本要素，即在一个集体中一般都有一些符合一定章法的角色体系，它使处于这种地位的人有权让处于其他地位的人服从自己，而且后者也认为这样做是合法的。①

从秦的历史发展来看，秦的政治权威的出现在非子时期，非子是秦人的第一个政治权威。周孝王让非子主马于"汧渭之间"之前，非子就已经在嬴姓聚居的犬丘得到了普遍拥护，才有"犬丘人言之周孝王"，非子从而受到周王室的注意。作为政治权威，非子首先是以特殊威信——"好马及畜，善养息之"，为大家所瞩目。政治权威权力的合法性"是由于本集体的成员或至少是多数成员承认它为权力"，得不到承认的权力不合法，只不过是一种强制的力量。权力的合法性是一些合理性和辩解性的东西，它"唯一的基础和来源是它符合本集体价值和标准体系所规定的合法性设想，而且本集体内部一致同意这种设想"②。西周王室分封非子为附庸，名义上是非子养马有功，同时说明非子本人是秦人的政治领袖。

在非子之前，从女防到大骆，秦人政治权威出现的可能性较小。《史记·秦本纪》说："女防生旁皋，旁皋生太几，太几生大骆，大骆生非子。以造父之宠，皆蒙赵城，姓赵氏。"如果这个记载真实的话，从女防到非子都曾居住在赵城，而且姓赵氏，没有独立地占有土地，依附于造父之族。西迁后，非子曾居犬丘，后来到汧渭之会才发展起来，邑于秦。大骆的嫡子成也不具备政治权威的条件，他完全依附申侯，如果不是申侯极力庇护，他根本就不能立足。大骆的嫡子成居

---

① ［法］莫里斯·迪韦尔热著，杨祖功、王大东译：《政治社会学——政治学要素》，第120—124页。

② ［法］莫里斯·迪韦尔热著，杨祖功、王大东译：《政治社会学——政治学要素》，第116—117页。

于犬丘，后被西戎所灭。庄公破西戎，才重新占领了犬丘，并居于犬丘，也许就在这时，这个地区的嬴姓才被整合统一到一起。

根据考古调查，在商代的早中期，代表犬戎、古羌族遗存的寺洼文化、刘家文化占据着西汉水上游，没有理由认为秦人在商代以前已经来到了这一地区。商末，以先周文化为代表的关中西部文化进入该地区，刘家文化不复存在；西周早期，周文化的遗址显著增加。商末和西周早期的周文化因素可能和《史记·秦本纪》中所说的中潏"在西戎，保西垂"有关。西周中期遗存较为薄弱，有文化萧条的迹象。西周晚期到春秋初期，这一地区经历了一个文化繁荣的阶段，西周晚期陶器随处可见，遗迹分布十分广泛。① 这和西周晚期秦为附庸、进而为大夫、立国的发展道路是吻合的。

秦人政治权威的出现，凝聚和凸显了"秦嬴"族群。嬴姓早有，历史上也曾经非常引人注目，但秦嬴在非子时才逐渐显赫起来，所以，在《史记·秦始皇本纪》后太史公曰：嬴姓"及殷夏之间微散。至周之衰，秦兴，邑于西垂"。秦嬴更多地彰显了地缘文化的意义，是秦地的嬴姓，秦是地名，嬴是姓氏。《史记·秦本纪》：非子"号曰秦嬴"，"秦嬴生秦侯"，原因就在于此。在非子之前，《史记·秦本纪》称他们嬴姓，不称"秦嬴"。需要说明的是，《说文解字》释"秦"："伯益之后所封国。地宜禾，从禾，舂省。一曰：秦，禾名。""秦"字原来字形是双手持杵，中臼，下双禾。秦嬴为伯益之后，甘肃礼县大堡子所出秦公器恰好有未省"臼"的"秦"字。新石器大地湾文化证明这个地区是最早栽培禾类植物的地方之一。可以肯定，"秦嬴"的"秦"作为地名是指关陇地区的一个具体地方。

"秦嬴"还意味着非子之族与以成为首的嬴姓大骆之族的区别。西周实行的是宗法制度，宗法制度下宗嗣由嫡长子继承。大骆之族的嫡长子是成，不是非子。在成和非子之间可能曾发生了权力的争夺，成依靠申侯，非子依靠西周王室。争夺中，不见非子谦让，争夺的结果如《史记·秦本纪》的记载，西周王室让非子"邑之秦，使复续嬴氏祀，号曰秦嬴。亦不废申侯之女子为骆嫡者，以和西戎"。成和非子平分秋色，成保住了嫡子地位，非子被另外分封到秦，"号曰秦嬴"。按照西周的制度，接受周王室分封，分族而居，就应该另外立宗，并且有一个"氏"，就像《左传》隐公八年所说的"胙之土而命之氏"，命氏的一种就是以所居邑名为氏。非子"号曰秦嬴"，应该也有以所居邑名为氏的意思，但没有明确，原因大概有两个：一是秦为"附庸"的地位太低，没有明确秦为氏；另一

① 张天恩：《甘肃礼县秦文化调查的一些认识》，《考古与文物》2004 年第 6 期。

个是大骆之族不久就被西戎所灭，秦嬴成为这个地区嬴姓唯一的主导者。从非子"号曰秦嬴"开始，"秦"作为族名，一直到后来的国名，流传了下来。

政治权威的崛起对文化的发展具有决定性的意义。张光直认为，就世界范围来看，文明的产生：一种以人与自然关系的改变为契机，通过技术的突破，通过生产工具和生产手段的变化引起社会的质变；另一种则以人与人关系的改变为主要动力，他在技术上并没有大的突破，而主要是通过政治权威的建立与维持开创了一个新时代。如果说前者在兴起的时候突破了自然生态系统的束缚，并与旧时代之间产生了断裂；后者则从史前继承了各种制度、观点与仪式。[①] 非子时生产技术的进步远不足以引起社会的质变，秦政治权威的出现改变了社会关系，需要相应的文化建构，以非子为首的秦人自然地将文化建构的目光投向周的宗族文化。

秦的祖先世系的整理，同时也是一个文化的建构过程，人们重视什么，叙述哪些事情，是从族群的境遇和需要出发的，是现实的选择。正是这种文化建构将秦族的历史和现实联系起来。对祖先世系的整理和对祖先的祭祀本质上是一种祖先崇拜活动，它可以加强族群成员的认同感和凝聚力。这种祖先崇拜活动又是和古代的政治、宗教密不可分的，政治往往借助宗教神学的力量，政治和宗教使政治权威的地位得到加强，使他的姓氏和父系系显赫起来。

宗法制下宗子拥有的最重要的权力首先是对祖先的祭祀，西周王室让非子"复续嬴氏祀"，非子拥有了这种权力。在非子"复续嬴氏祀"的过程中，可能对祖先世系进行整理加工，一味地追根溯源使原来口头传说的内容虽然固定下来，但有取向的文化建构使问题也随之而来，所以，《史记·秦本纪》关于秦的祖先世系的记述有那么多的矛盾。

从一般的关于祖先历史的叙事特点来说，应该是历史久远的比较简略，时间距离越近的越详细，共同祖先的历史比较简略，直系祖先的历史比较详细。《史记·秦本纪》记述的秦的祖先世系不大符合这个特点，关于始祖女脩、大业、大费的事迹、夏商时嬴姓的活动、西周时嬴姓旁支季胜、孟增、造父叙述比较详细，对秦的直系祖先一笔带过，主要记述了非子的事迹。这种特点并不是司马迁有意为之，而是秦在对祖先世系的整理中文化建构留下来的痕迹，反映的是当时记述的秦的祖先世系的本来面貌。

秦始祖传说的意义与商、周是一样的，即本宗族是神圣的。对始祖诞生传说

---

① 张光直：《考古学专题六讲》，文物出版社 1986 年版，第 17 页。

的重视是商、周、秦共同的特征，目的都在于说明始祖是感天而生、感神而孕，具有神性的背景。夏、商、周时的祖先崇拜和对至上神的崇拜紧密结合在一起。殷商时，祖先之灵"宾于帝"，周时，祖先神克配上帝，要崇天敬祖。秦的始祖传说的结构与商、周始祖传说的结构是相同的，女脩吞玄鸟卵生大业；秦公一号大墓所出残磬铭文中也有祖先神配天的观念。

《国语·鲁语上》专门提出了祖先享受祭祀的原则："夫圣王之制祀也，法施于民则祀之，以死勤事则祀之，以劳定国则祀之，能御大灾则祀之，能扞大患则祀之。非是族也，不在祀典。"《礼记·祭法》有类似的说法。这种对祖先的要求可以追溯到史前时期的文化英雄，部落酋长以自己的行为表率和创造贡献赢得拥护。在宗法社会中，祖先之功是决定宗族政治地位的重要因素。《史记·秦本纪》对这点最为重视。大费曾辅佐大禹治水有功，被预言"尔后嗣将大出"，后又辅佐舜驯养鸟兽，得到赐姓。商时嬴姓祖先世代有功，故嬴姓多显。到周时，秦人祖先的功业似乎说服力不强。一是申侯所说的中潏"在西戎，保西垂"；二是造父幸于周穆王，协助周穆王平息徐偃王之乱，但造父是嬴姓旁枝，不是秦的直系。对祖先功业的极力渲染是为了说明政治权威的合法性，是为了肯定宗族的政治地位，秦人是深知这一点的，但事实似乎并不尽如人意。

宗族首领继承了祖先的地位和权力，需要向祖先报恩，也需要向祖先学习，还常向祖先请示报告，希望得到祖先的帮助和保佑。宗族首领也要向宗族成员作出表率，发扬祖先的功业。周后稷以稼穑闻名，"公刘虽在戎狄之间，复修后稷之业，务耕种，行地宜"；"古公亶父复修后稷、公刘之业，积德行义，国人皆戴之"；"公季修古公遗道"；西伯"遵后稷、公刘之业"（《史记·周本纪》）。积极从事农业生产，成为周人历代相传的事业。秦人的祖先给人的印象就是善于驯养鸟兽、善御，大费"佐舜调训鸟兽"，费昌"为汤御"，孟戏、中衍为帝太戊御，"造父为穆王御"，一直到非子，"好马及畜，善养息之"。驯养鸟兽和驾车似乎成了秦人一贯的事业，将秦人驯养鸟兽和驾车与继承和发扬祖先功业结合起来、和秦人政治权威地位的巩固结合起来考虑就更容易理解了。

通过以上的研究，可以说秦的始祖传说、祖先世系凸显的是秦嬴宗族及其政治权威，它的文化取向主要是宗法文化，试图用宗族的神圣性、祖先的功业、宗族的历史来强化政治权威的地位和秦嬴宗族当时的政治地位，团结宗族成员，凝聚宗族力量，反映了秦嬴宗族所处的社会环境和现实的文化需要，并成为一种文化资源。秦的始祖传说、祖先世系的文化价值更应该受到重视。秦的祖先世系中虽然存在着种种问题，但从文化转型的角度来看，它相对于巫术文化，依然体现出很强的理性因素。

五、文化转型

在秦的历史发展中，理性的增强逐步淡化了巫术文化的气质，推动其实现了文化转型。文化转型是旧的主导性的文化模式被新的主导性文化模式所取代。秦早期的文化转型就是巫术文化的主导地位逐步被史官文化所取代。巫术文化是以巫师为核心的、以神秘为本位的非理性的自在文化；史官文化是以史官为核心的、以重人为本位的理性的自觉文化。史官是礼乐文化的承载者，史官文化主要是以人的自觉思考和对知识的理性追求为特征。巫史交替意味着非理性的自在文化被理性的自觉文化所取代。

中国古代的史官设立非常早，《吕氏春秋·先识》说："夏之将亡，太史令终古执图法以谏桀；殷之将亡，内史向挚载其图法，出亡之周。"商代的甲骨卜辞中常常可以见到"史"的踪迹。三代史官的职能主要有两方面：一方面是人事，保管典籍、记录时事、起草文书、宣达王命、讲颂史事等；另一方面是神职，参与卜筮、祭祀，掌管天象、历法等。由于早期史官在职能上也属于神职，史与巫相提并论，被视为同一类人物，常常"巫史"连称，反映了在夏、商时期有可能是巫史不分，巫史合一。这种带有浓厚巫术色彩的官员或称之为巫官，它同样是巫术文化兴盛的表现。就是在西周及其以后的时期，史也常常被列为神职人员，《礼记·礼运》："王前巫而后史，卜筮瞽侑皆在左右。"马王堆帛书《易传·要》记载孔子的话说："我后其祝卜矣。吾与史巫同途而殊归者也。祝巫卜筮其后乎。"这说明史与巫曾经具有同一文化渊源。

史、巫的明确分途应是在西周时期发生的。西周时期，史官系统获得了进一步的发展。在传世的西周文献中，史官出现的次数很多；在金文中，史官也很常见。西周王室的政府组织中，太史寮和卿事寮是并立的两大组织，反映了当时政府事务日繁，政府组织扩大。史官系统本身又分化为大史、内史、作册三个系统。内史由于常在王左右，变得最为有权。这时史官的职能虽然没有脱离宗教事务，但是，保管典籍、记录时事、起草文书等成为他们工作中更重要的一方面，《礼记·玉藻》云："动则左史书之，言则右史书之。"史官系统的发展与其职能的变化，和西周时期"天命靡常"、"敬德保民"，更加重视伦理与人事的思想有很大关系。与此相应的是，巫的地位下降，巫术活动逐渐退缩，"史巫同途而殊归"开始了。

秦早期的文化转型主要发生在西周和春秋初期。秦在立国之前，受周文化的影响，巫术活动受到一定的冲击，礼乐文化有一定的发展。从现在的考古发现来看，秦人在西汉水流域较早就开始了定居的农业生活，礼乐制度的构建在秦襄公之前就开始了。在西周中晚期的小型秦墓中随葬石圭极其普遍，甘谷毛家坪八座西周秦墓座座出圭，多者十件，少者一件。[1] 圭不是一般的器物，而是一种重要的礼器。不其簋是最早的一件秦青铜器，它可能是秦庄公即位之初的器物。[2] 甘肃礼县大堡子秦公墓出土的青铜礼器属于西周晚期到春秋初期，这个地方还发现了成套的编钟和大型建筑基址。[3] 礼县圆顶山秦春秋贵族墓出土鼎、簋、壶、盘、尊等礼器。[4] 秦对礼乐文化的认同和学习，对巫术发挥了抑制作用。秦西周晚期和春秋初期的青铜器上出现了铭文，这是史官文化发展的证据。秦文公时占领了岐以西之地，收周余民而有之，进一步吸收和融合了周文化。

秦国历史上史官文化占据主导地位的标志性事件是秦文公时史官的设立。《史记·秦本纪》记载，秦文公十三年（前753年），秦国"初有史以记事"，即正式设立了史一类的官职。从此，史官成为秦国国家机器的最重要的组成部分，秦文公时有"史敦"，秦穆公时有"内史廖"等。史官的设立和发展，同时标志着秦国知识阶层的更替。随着史官的设立和发展，作为最早的专业化的知识分子——巫，失去了在政治生活中的主导权，而让位于"史"。

阎步克先生在论及史官的"主书主法"之责与官僚制产生的关系时，对秦史官系统的发展有精彩的论述。从发展方向而言，史官系统在秦获得了重要发展，尤其是史官的"主书主法"之责受到了前所未有的重视。这种发展方向和春秋战国时期官僚制的发展是分不开的。这时候宗教、文化和行政职能分配与"分官设职"架构的转型加快，各种称"史"之官地位沉浮不一；从另一方面看，主书主法者在国务中发挥的作用，其实是越来越大了而不是相反。秦后来有地位显赫的内史、御史大夫等，还有众多的"有秩史"。秦国称"史"之官数量众多，工作繁忙，甚至还催生了一些虽不称"史"但性质相近的官职，传发书奏的"尚书"就是一例。"史"的扩张势头至汉不衰。"史"以其"主书主法"在政治领域获得发展，而秦的史官系统是西周和汉代之间的最主要的衔接者，其他诸侯国的史官

---

[1] 王学理、梁云：《秦文化》，第13页。

[2] 李学勤：《秦国文物的新认识》，《文物》1980年第9期。

[3] 早期秦文化联合考古队：《2006年甘肃礼县大堡子山祭祀遗迹发掘简报》，《2006年甘肃礼县大堡子山21号建筑基址发掘简报》，《文物》2008年第11期。

[4] 甘肃省文物考古研究所、礼县博物馆：《礼县圆顶山春秋秦墓》，《文物》2002年第2期。

系统不如秦发达。①

史官的设立和发展大大增强了秦国的政治理性。《史记·秦本纪》：秦穆公时的内史廖就曾向国君献计：给戎王送"女乐，以夺其志"，并离间戎王与谋臣由余的关系，这个计策得到穆公的采纳，从而取得对西戎战争的胜利。《史记·封禅书》：秦文公曾经梦到黄蛇，疑神疑鬼，咨询"史敦"。在秦国，史是最接近国君的一种官职，其职责近似于后来供咨询的博士，在政治活动中发挥着重要的作用。《史记·封禅书》记载秦缪公梦见上帝，"史书记而藏之府"。史官职掌记言记事，起草文书章奏，管理宪令图籍，为总结治国经验提供了条件，为制定治国原则提供了指导。

史官的发展也大大增强了秦的历史意识。史官原有的宗教文化背景、天文星象知识和现实政治的实用性、理智性很容易结合起来，大大拓展了思想界限。他们注重探求事物之间的联系，对春秋战国时期的社会发展尽量给予合理的解释。秦国有自己的史著《秦记》；春秋时期秦德公以"德"为谥；战国时期特别注重"时势"，实行变法，从历史角度对社会发展进行解释；统一时热衷实践"五德终始说"，等等。这些都可以在"史"的发展上找到根据。司马迁在《史记·太史公自序》中追述先世说："司马氏世典周史，惠襄之间，司马氏去周适晋。晋中军随会奔秦，而司马氏入少梁。"司马氏家族长期在秦国任职。正是司马迁将"究天人之际，通古今之变，成一家之言"作为指导思想，撰作了被称为"千古之绝唱，无韵之离骚"的《史记》。作为一部私人撰述的通史著作，除了时代的特征外，其家族的历史传统的影响不可忽视。

秦早期的巫史交替经历了西周和春秋初期，时间是比较长的。对这种文化转型过程中的冲突与矛盾，现在难于有详细的了解。不过，从秦早期文化转型的方式来说，主要是通过对周文化要素的吸收和整合实现了文化转型，这个特点是非常明显的。

文化转型常常是由新的文化要素和旧的文化要素整合形成新的文化精神。由于秦国发展的特殊途径和生存形势的现实需求，滋生出了实用主义的倾向，凡是有利于其统治的文化因素都被包容进来。所以，在秦文化中还残留了比较多的巫术文化的迹象。

在秦立国后，巫术活动仍不鲜见。《史记·秦本纪》：文公"二十七年，伐南山大梓，丰大特"。《史记正义》引徐广说："今武都故道有怒特祠，图大牛，上

---

① 参见阎步克：《史官主书主法之责与官僚政治之演生》，《乐师与史官》，三联书店2001年版。

生树本，有牛从木中出，侯见于丰水之中。"《史记集解》引六朝《录异传》的记载，更为神奇："秦文公时，雍南山有大梓树，文公伐之，辄有大风雨，树生合不断。时有一人病，夜往山中，闻有鬼语树神曰：'秦若使人披发，以朱丝绕树伐汝，汝得不困耶？'树神无言。明日，病人语闻，公如其言伐树，断，中有一青牛出，走入丰水中。其后牛出丰水中，使骑击之，不胜。有骑坠地复上，发解，牛畏之，入不出，故置髦头。汉、魏、晋因之。武都郡立怒特祠，是大梓牛神也。"张守节按："今俗画青牛障是。"六朝的《玄中记》、《搜神记》有类似的记载。《录异传》的记载中，增加了两个非常关键的元素，一个是用"以朱丝绕树伐汝"，另一个是树断后，"有一青牛出，走入丰水中"。在巫术活动中，经常借用某种物质实体来操纵超自然的神秘力量，"朱丝"应该就是这种物质实体，即巫术的工具，而骑士披发也符合巫师行使巫术的方式，所以，秦文公砍伐大梓树的传说有着浓厚的巫文化的色彩。①

《史记·十二诸侯年表》记秦德公二年（前676年）事："初作伏，祠社，磔狗邑四门。"《史记·秦本纪》：德公"二年，初伏，以狗御蛊"。张守节《史记正义》解释说："六月三伏之节起秦德公为之，故云初伏。伏者，隐伏避盛暑也。""蛊者，热毒恶气为伤害人，故磔狗以御之。""磔，禳也。狗，阳畜也。以狗张磔于郭四门，禳却热毒气也。《左传》云皿虫为蛊。顾野王云谷久积变为飞虫也。"秦德公二年六月初伏，在雍城的四门，用"磔狗"的方法禳除热毒恶气对人的伤害。虽然《史记》没有说这个仪式具体由什么人施行，但很显然，这个仪式是希望能够操纵超自然的神秘的力量达到人的目的，具有巫术活动的特点。

《史记·李斯列传》、《盐铁论·刑德》等均记载商君之法有"刑弃灰于道"。以往认为这是秦轻罪重罚的典型；或者认为这关涉消防，弃灰中有火，易于引起火灾；或者与畜马的禁忌有关，马性畏灰，马驹遇之辄死。其实，"灰"在巫术中的作用是非常重要的，具有祛邪厌胜的神力。从睡虎地秦简《日书》"诘咎"之术中有关"灰"的内容看，以"灰"避去鬼害凶殃的意识十分明显，"弃灰于道"不能排除"排祸咎移于行人"的危害。所以，"刑弃灰于道"可能有巫术文化的背景，在商鞅变法时，危害他人的一些巫术被进一步禁止。②

《墨子·迎敌祠》提到一种四方设坛迎敌的巫术，行巫术的为"灵巫"；《诅

---

① 参见阳清：《秦"大梓神牛"传说及其巫文化气质》，《黑龙江·民族丛刊》2007年第3期。
② 参见王子今：《秦"刑弃灰于道者"试解》，《陕西历史博物馆馆刊》第8辑，三秦出版社2001年版。

楚文》中的一篇为《巫咸文》；云梦秦简《日书》中记载了众多的巫觋的活动；放马滩秦简《日书》中提到巫医；王家台秦简《归藏》中提到"巫咸"。《史记·封禅书》记载，汉高祖六年（前201年）在长安"置祠祝官、女巫"，其中就包括秦巫，"祠社主、巫保、族累之属"。这些都说明巫术文化在战国中晚期的秦国和秦代的社会生活中仍然有一定的市场。

文化转型为秦的社会发展带来了极大的活力，推动了秦国社会的飞速发展。秦能被立为诸侯，积极学习礼乐文化，进入关中以后迅速崛起，建构起新的政治机制，经济社会不断进步，秦穆公时控制的疆土东至黄河，与这种文化转型有不可分割的关系。另外，由于秦的文化转型包容了旧的文化要素，所以，秦还有较多的巫术文化的残留。林剑鸣先生曾对秦汉政治生活中的神秘主义进行了探讨，根据云梦睡虎地秦简指出，《日书》与律令共同陪葬于生前为官的墓主身边，说明两者往往集于一身，在秦国的政治生活中，卜筮、视日、占梦等迷信活动具有很大影响。[①] 通过对秦早期文化转型的探讨，我们可以说秦文化体现出更多的神秘性的重要原因之一是残留的巫术文化的影响。

六、小结

秦的始祖传说、祖先世系和相关的考古资料为探索秦早期的思想世界提供了线索。

在秦始祖传说中，玄鸟是一个关键。玄鸟以往被认为是秦图腾，其他关于秦图腾的说法，都不否认玄鸟是秦图腾，或从玄鸟说加以衍生。先秦时期，在我国长江和黄河流域对鸟的喜爱与重视是一种普遍现象。在早期秦史的研究中，无法确认玄鸟是秦族区别于其他氏族的标志；相应的图腾崇拜仪式、禁忌、观念都不存在；图腾的转化没有依据；玄鸟也不具有高于个人并先于个人的社会力量；秦始祖传说的出现距图腾兴盛的时期已经相当远了。所以，玄鸟不应该是秦图腾，而是感生说，目的在于说明政治权力的合理性、合法性是天命神受，这是巫术思维的结果。

秦人在商及其以前可能经过了一个巫术兴盛的时代。"绝地天通"的传说和嬴秦很有关系，商人崇鬼重巫对秦有所影响，秦的先祖中衍"鸟身人言"和《山海经》等书中的人鸟合体非常相似。《山海经》是一部和巫术关系紧密的书，书

---

① 林剑鸣：《秦汉政治生活中的神秘主义》，《历史研究》1991年第4期。

中的人鸟合体、人兽合体的形象的功能被认为是协助巫觋沟通天地，所以，中衍"鸟身人言"也应该是巫术的印记。中衍具有巫的身份，从事巫的活动。秦墓中的屈肢葬是秦在商末周初迁居于西垂后，巫术文化、灵魂观念和当地风俗结合形成的一种葬俗。

秦嬴宗族所处的社会环境和现实的文化需要，促使秦文化的理性不断增强。非子以前的秦的祖先世系的内容结构与秦人的政治权威的出现有关。非子是秦人的第一个政治权威，他的出现凝聚和凸显了"秦嬴"族群，并对祖先世系加以整理。秦祖先世系的整理过程本身成为一个文化的建构过程，其取向是宗法文化，刻意用宗族的神圣性、祖先的功业、宗族的历史来强化政治权威和秦嬴宗族当时的地位，团结宗族成员，凝聚宗族力量。

秦文化的理性不断增强，推动秦在西周和春秋初期经历了一次文化转型，巫术文化被史官文化所取代。巫术文化是以巫师为核心的、以神秘为本位的非理性的自在文化；史官文化是以史官为核心的、以重人为本位的理性的自觉文化。史官是礼乐文化的承载者，史官文化主要是以人的自觉思考和对知识的理性追求为特征。秦史官文化确立的标志性事件是文公时史官的设立。史官文化大大增强了秦的政治理性和历史意识，为秦的发展带来了活力。但巫术文化在秦还有较多的残留，这是秦文化表现出更多神秘性的重要根源。

時祭与天命
——秦的立国与思想

在秦的历史上，秦的立国是一件大事，这标志着秦正式以独立的政治力量登上了政治舞台。秦很早就和西周王室有直接的接触，完整系统的西周国家制度为秦提供了现成的范本，而建立相似的制度也适合当时秦人的境遇。但秦所处的当时的社会环境毕竟已经不同了，在发展过程中，和西周时期相似的制度折射出不同的思想观念。

一、秦的立国

秦的立国一般认为是秦襄公时。公元前 770 年，秦襄公以兵护送周平王东迁，周平王封秦襄公为诸侯，赐之岐以西之地。但实际上秦的立国远不是这么简单，需要认真地加以辨析。

根据《史记·秦本纪》的记载，秦在周孝王时"分土为附庸"。何为附庸？《孟子·万章下》："不能五十里，不达于天子，附于诸侯，曰附庸。"孟子强调依附于诸侯为附庸。《礼记·王制》的说法基本相同。《诗经·鲁颂·閟宫》："乃命鲁公，俾侯于东，锡之山川，土田附庸。"这是附庸的实例。秦不是一般的附庸，它有自己独立的地位。从《史记·秦本纪》来看，秦是依附于周王室的附庸，这不符合《孟子》、《礼记》依附于诸侯为附庸的说法。从秦当时所处的复杂环境来看，秦虽然名为附庸，所发挥的作用绝不是附庸。在关于甘肃礼县秦文化的调查中，调查者发现寺洼文化遗址的分布主要集中在今县城西南雷神庙、石沟坪一线以南的西汉水两岸台地，其北则很少发现；周秦文化遗址则分布在雷神庙、石沟坪以北地区。调查者指出："试想使用着两类不同考古学文化的人群，同时居住在一条河沟的南北，将会出现一个什么样的场景呢？"[①] 在讨论秦文化与周边文化的关系时，有学者敏锐地观察到："在当时的西戎眼中，将秦人视为与周王室等同，在周王室眼中，则是把秦人当做可以为自己对抗西戎的力量，而在秦人眼中，自己与西戎的关系或敌或友，则是与周王室与西戎的关系息息相关。"[②] 这样的观点比将秦人简单地称为"附庸"的看法无疑要深刻得多。在当时多元的利益格局中，秦是以自己的作用和力量存在的，并不是单纯地依附于周王室，或依靠周王室的保护而存在。

秦对周王室的最大支持就是对西戎的阻挡，这也是他们在陇东立足的根本。秦对西戎采取的主要手段是和亲与战争。《史记·秦本纪》记载申侯曾对周孝王说："昔我先郦山之女，为戎胥轩妻，生中潏，以亲故归周，保西垂，西垂以其故和睦。"[③] 这段话还存在着难解之处，不过有两点是明确的：一是秦和申在商末

---

① 张天恩：《甘肃礼县秦文化调查的一些认识》，《考古与文物》2004 年第 6 期。

② 滕铭予：《秦文化：从封国到帝国的考古学观察》，学苑出版社 2003 年版，第 57 页。

③ 蒙文通先生曾以此条史料结合《汉书·律历志》的记载，证明秦的祖先"郦山之女"在殷

周初就有婚姻关系；二是因为这种婚姻关系秦归顺周，并为周保西垂。申为姜姓之国，戎族，先周时期就与姬姓世为婚姻，周太王、王季之妃等皆称"太姜"即是。申和周、秦都有婚姻关系，从而使周、秦也亲近起来。秦和申的婚姻关系使其在西戎中有一定的影响，易于和西戎相处，从而使"西垂"和睦。秦和西戎的婚姻关系不止于中潏，有可能延续多代，这种婚姻关系对秦和睦西戎发挥了重要作用，所以，《史记·秦本纪》又言：周孝王"亦不废申侯之女子为骆适者，以和西戎"。西周王室重视的也正是秦和西戎的婚姻关系所发挥的作用。这样秦也不可能是奴隶的身份。

对于西周早、中期的秦和西戎的战争，还缺乏直接的资料，甘肃礼县大堡子山遗址似乎有间接反映。大堡子山遗址曾经采集到西周早期的鬲裆，可能在西周早期就有聚落存在。现在的大堡子山遗址地理位置险要，正好扼守在永坪河与西汉水的交汇处，西汉水河道正好在这里收缩迂曲。大堡子山遗址类似"台城"，即紧贴台地的崖边夯筑城墙，从城外看陡峭，从城内看低矮。[①] 这种形势易守难攻，军事色彩非常突出。

周王室对秦的最大支持就是军事上的支援和政治地位上的肯定。在秦和西戎的战争中，周王室首先给予秦人兵力的支援。《史记·秦本纪》："周宣王乃召庄公昆弟五人，与兵七千人，使伐西戎，破之。"其次是对秦人进行物质援助。不其簋铭文中，伯氏对不其说："汝以我车宕伐猃狁于高陶"，"弗以我车函（陷）于艰"。伯氏为周王室大臣，不其借用其战车在对猃狁的战争中取得了胜利。[②] 第三，周王室和秦人缔结婚姻关系。不其簋为器主为其"皇祖公伯、孟姬"所作。不其的祖父公伯的妻子为姬姓，这是嬴姓和姬姓联姻的证据。第四，周王室不断提升秦人的政治地位。非子分土为附庸；庄公为西垂大夫；襄公始国，列为诸侯。

周间为天子，并成为"戎胥轩"的妻子，所以秦人的祖先来自西戎。林剑鸣先生认为此条史料不可靠。《史记·秦本纪》两次提到了中潏"在西戎，保西垂"的事，从先周文化进入西汉水流域的时间和秦祖中潏"在西戎，保西垂"的时间大致契合来看，这条史料仍有历史真实的内容，不可全然否定。蒙先生和林先生的观点见于林剑鸣：《秦史稿》，上海人民出版社1981年版，第30页注⑤。

① 梁云：《西新邑考》，《中国历史文物》2007年第6期。

② 对不其簋中伯氏的身份有不同看法，陈梦家认为伯氏即秦庄公，郭沫若认为伯氏是周王室的大臣虢季子白。近又有贾海生认为伯氏即南仲。李学勤先生修正了过去的看法，认为"伯氏"在文献和金文中有排行、族氏、爵称等用法，伯氏应是周王室的大臣。贾海生：《论不其簋铭中的伯氏即南仲》，《北方论丛》2005年第2期。李学勤：《补论不其簋的器主和年代》，《早期秦文化研究》，三秦出版社2006年版。

非子"分土为附庸"是关键的一步，这句话的重点是"分土"而不是"附庸"，它意味着周王室对秦占有土地的肯定。

从非子到秦庄公、襄公，秦政治权威的地位比较牢固，而这点主要是靠与西戎你死我活的战争巩固的。秦人政治领袖作为军事首领的色彩非常鲜明。秦仲时，西戎灭犬丘大骆之族，秦仲伐戎，死于戎；庄公昆弟五人伐西戎，不其簋铭文说"及戎大敦搏"，破之；庄公长子世父击戎，为戎所虏，过了一年才被放回；襄公伐戎至岐，卒。在激烈的战争中，秦人政治领袖的地位得到提升，成为西垂大夫，进而到襄公时成为诸侯。后世的儒家学者对秦多有非议，但对秦和西戎激烈的战争形势也看得很清楚，对《诗·秦风·小戎》，《毛诗正义》云："美襄公也。备其兵甲，以讨西戎。西戎方强而征伐不休，国人则矜其车甲，妇人能闵其君子焉。"在战争的过程中，秦争取到了周王室的支持。秦与姬姓联姻，特别是与周王室联姻，极大地提高了秦人的社会地位和政治地位。秦襄公将他的妹妹嫁给丰王为妻，扩大和增强了秦的同盟阵营。

秦在被立为诸侯之前的实力到底如何？这一点现在难于作出确切地估计。林剑鸣先生估计在春秋之前秦人的人口有数万之众。[1] 或认为秦在襄公时有一军的兵力，一军约万人。[2]《国语·郑语》史伯对郑桓公说："夫国大而有德者近兴。秦仲、齐侯，姜、嬴之隽也，且大，其将兴乎。"郑桓公在周幽王八年任王室司徒，史伯所说的"秦仲"当指秦襄公。这时秦襄公尚未被封为诸侯，但已被视为"国"，而且"大"，"将兴"，说明秦是一支不可忽视的力量。从实际来看，秦的实力可能更强一些，不然，秦襄公也不会在周王室危机时，"将兵救周，战甚力"，并用武力护送平王东迁。实力——军事力量，是秦人立国的基础。

在秦庄公、襄公、文公时期，秦发展的战略思想是向东进入关中，进而控制岐西之地。在这一战略思想的指导下，秦占领的地域越来越大。秦庄公破戎之后，兼并了大骆之族原来控制的犬丘；秦襄公二年（前777年）徙都汧；秦襄公曾伐戎至岐。秦占领的地域并不都是来自于周王室的分封或允许，特别是秦人进入关中，应该是逐步渗透和蚕食在先，这才有秦襄公二年（前777年）徙都汧的举动，而在襄公七年(前770年)，秦才被封为诸侯，赐之岐以西之地。《国语·郑语》云："及平王之末，而秦、晋、齐、楚代兴，秦景、襄于是乎取周土。"这里的"秦景"当为秦襄公之前的秦庄公。秦庄公、襄公掠取周王室的土地当时清

① 林剑鸣：《秦史稿》，第26页。
② 郭淑珍、王关成：《秦军事史》，陕西人民教育出版社2000年版，第325页。

清楚楚，人所共知。对所占领的土地，秦人的态度是两方面的：一方面强调这是"祖先的土地"，文公至汧渭之会，说："昔周邑我先秦嬴于此，后卒获为诸侯"；另一方面采取了神秘主义的态度，文公"乃卜之，占曰吉，即营邑之"(《史记·秦本纪》)。与此相应的是，秦占领的地域上的人口不仅仅限于秦嬴宗族，还包括被秦所征服的戎族，到秦文公占领了岐以西之后，包括大量的周余民。可以说，到秦文公时，"秦"原来指称的秦嬴宗族已经完全被秦国所取代，"秦人"也主要指秦国人。

在矛盾错综复杂、社会动荡不安的两周之际，在秦人正在崛起的时期，周秦关系并不是非常亲密和融洽，而是充满了利害冲突和斗争，结果是秦获得了进一步的发展。这一时期的最大事件莫过于"平王东迁"，秦在其中获得了很大利益。有学者指出《史记·秦本纪》、《史记·周本纪》等有关周秦关系的记载不确。西周末，周幽王欲立褒姒之子伯服为太子，原太子宜臼逃奔其舅父申侯之国，由此形成了幽王、伯服为首的周王室阵营和太子宜臼为首的申、缯及犬戎联军。秦襄公最初是支持幽王、伯服为首的周王室阵营，太子宜臼是敌对的一方。幽王被犬戎联军所杀后，太子宜臼惧怕原支持幽王的秦军，只得东迁洛邑。[①] 有学者进一步分析指出，宜臼为王的时间不是如《史记·周本纪》所言在幽王死后，而是在幽王死前就被申侯、鲁侯、许文公等拥立于申，称"天王"。幽王死后的政治形势并非如《史记·秦本纪》所言，即由秦襄公护送平王东徙洛邑，而是有一段"二王并立"局面，与"天王"针锋相对的是虢公翰拥立的"携王"。携王被杀于晋文侯二十一年（前760年），周二王并立的局面才告结束。秦与戎势不两立，最初坚定地站在幽王一方。幽王死后，秦面临的抉择是或者拥戴天王，或者拥戴携王。秦襄公要利用的是周王室的传统威信，而并不拘泥于秦与幽王、伯服的旧有关系，特别是幽王、伯服死后他更没有必要与王室正统的代表人物——天王相敌对，由支持幽王和伯服，随形势变化转而支持平王。秦襄公乐得受到正式册封，可以名正言顺地在八百里秦川开拓疆土。周秦双方各得其所，可谓皆大欢喜。"秦襄公攘伐戎狄是真心实干，尊崇周王则只是虚与委蛇。他先尊幽王，后尊平王，都是在谋求秦的发展，并非为复兴周室而效犬马之劳。"[②] 与秦人不断地蚕食和扩大土地结合起来看，这个评论可以说是非常精当的。

对周王室封秦为诸侯，大家都没有什么异议，但仔细研读文献，这一事件还

---

① 王玉哲：《周平王东迁乃避秦非避犬戎说》，《天津社会科学》1986年第3期。

② 晁福林：《论平王东迁》，《历史研究》1991年第6期。

是显示出迥异寻常的地方。《左传》对这一事件没有记载,《史记·周本纪》语焉不详,《十二诸侯年表》则说:秦"始列为诸侯",只有《秦本纪》记载较详:"周避犬戎难,东徙洛邑,襄公以兵送周平王。平王封襄公为诸侯,赐之岐以西之地。曰:'戎无道,侵夺我岐、丰之地,秦能攻逐戎,即有其地。'与誓,封爵之。"一般解释是岐、丰之地为周王室的祖业、根基,平王之所以拱手赏赐于秦,是因为岐、丰之地这时并不在平王手里,平王以空头支票笼络正在崛起的秦国。其实,这段周王室分封秦为诸侯的文献,最关键的是最后五个字:"与誓,封爵之。"誓是为了取信,本质上来说是缔结社会关系、建构社会秩序的一种形式,从参与者相互之间的关系可以分为两种。一种是上对下的训诫之词,大致的意思是下如果不怎么样,上一定会对其施于惩罚,《左传》文公十八年:"(周公)作《誓命》曰:'毁则为贼,掩贼为藏。窃贿为盗,盗器为奸。主藏之名,赖奸之用,为大凶德,有常无赦。在九刑不忘。'"另一种是誓言的意思,参与者共同宣誓,如果不遵守誓言,神灵要施于惩罚。这一种誓很有一点在神灵面前人人平等的意思。春秋是盟誓的高潮时期,第二类的誓非常流行。周王室分封秦的"誓"肯定不是第一种,应该是第二种,"誓"的内容大约就是"戎无道,侵夺我岐、丰之地,秦能攻逐戎,即有其地",这是周王对秦作出的保证,也是特别的一种封爵的形式。

西周分封要举行非常严肃庄重的册命礼。册命礼多在宗庙举行,青铜器铭文中所见的册命礼格式主要包括时间、地点、受册命者、册命辞、称扬辞、作器、祝愿辞七部分。西周晚期册命格式最为完备,如颂鼎铭文除了上述七部分外,还有记录王位、授册、宣命、受册、反纳瑾璋于王等部分,册命辞里又有命官、赏赐、勉励三个内容。①《史记·秦本纪》记载周王室对秦的分封是"与誓,封爵之",不是通过举行册命礼分封的。之所以如此,大约有几个原因:一是周平王狼狈东迁,没有举行册命礼的条件,因为这时候周王室宗庙所在的岐、丰之地被戎所占;二是周平王迫于形势,不得不承认秦的诸侯地位;三是秦有所图,逼迫周平王作出承诺,然后才护送周平王东迁。对于誓,《礼记·曲礼下》:"约信曰誓,莅牲曰盟。"《说文解字》:"誓,约束也,从言折声。"誓是口头表达的个人意愿。在当时的形势下,周天子威信扫地,不得不以誓的形式作出封秦为诸侯的承诺。《史记·秦本纪》所记载的也不是誓的全文,后边应该还有如果不遵守誓言,如何如何的内容。周王室封秦为诸侯的形式也反映了这个时期的周秦关系和秦谋

① 马承源:《中国青铜器》,第361—362页。

求发展的愿望。

秦被封为诸侯是在公元前 770 年，但实际的立国过程要更长一点。秦作为一个政治实体——诸侯国的建立的标志，是它的统治组织的建立。罗曼·赫尔佐克认为："看来，现在只剩下组织——更确切地说是长期设立的统治组织——可以考虑充作我们所寻求的识别国家的标准了。而组织，就意味着在其成员之间进行任务分配，或者换句话说，它表明已经有一些有某些人专职担任或者至少是连续担任的职务存在。"①

秦的统治组织显然不能说秦襄公时才出现。礼乐制度是西周时期国家制度的主体，宗法制以及设官分职形成了国家的组织结构。《史记集解》引《毛诗序》曰："秦仲始大，有车马礼乐侍御之好也。"礼乐制度的构建在秦襄公之前就开始了。②秦最初是以秦嬴宗族的形式崛起的，宗法制度的一些重要内容，如宗庙制度、公墓制度等，在西周晚期到春秋初期的秦都存在着。

春秋时期，秦的礼制得到进一步的发展。秦以礼乐制度作为主要统治制度得到秦国国君的明确表述，秦穆公曾对戎王使者由余说："中国以诗书礼乐法度为政。"（《史记·秦本纪》）这里的"中国"包括秦国在内，秦人自以为是华夏族，以别于戎狄。当时的秦国贵族，大都精通"诗书礼乐"，在重要的场合，往往依据礼制，通过赋诗表达自己的意见。秦穆公会见流亡至秦的晋公子重耳，双方就通过赋诗表达他们的想法。《石鼓文》是刻石纪念一类的文字，结构整齐，绘声绘色；在《诗经》中有《秦风》十篇，是春秋时期秦国的诗歌，无论是从文字方面还是从思想方面，都不比《诗经》中其他作品逊色。在传世文物和考古发掘中，秦国春秋时期礼乐器的数量相当可观。

秦以礼乐制度和宗法制度作为基本的国家制度，有很深的文化认同的原因。甘肃甘谷毛家坪遗址发掘后，人们对西周早中期秦文化的面貌有了更清晰地认识。从毛家坪遗址来看，遗址和墓葬中所出的陶器，表现出和关中的西周文化很大的一致性。毛家坪遗址与西周文化最大的差异表现在葬俗方面，毛家坪秦墓中死者的葬式是蜷曲特甚的屈肢葬，这一点是最终确定毛家坪遗址是秦文化遗存的坚实依据。毛家坪遗址出土的石斧、石刀、纺轮等生产工具也表明秦人在西周早中期时从事农业生产活动，并不像过去所认为的那样，秦人在周孝王时仍过着游

---

① ［德］罗曼·赫尔佐克著，赵荣恒译：《古代的国家——起源与统治形式》，北京大学出版社 1998 年版，第 6 页。

② 参见本书第一章"文化转型"一节的相关内容。

牧生活。西周晚期的秦青铜器继承了西周青铜器的风格。春秋时期，秦一再宣称他们是中国的华夏族，甚至明确地说他们是颛顼高阳氏之后，这在文化方面是有依据的。也就是说，秦还是认可西周王朝的统治模式，接受了相应的制度与文化。当然，在秦的发展过程中，秦的政治制度和组织也形成了一些自己特有的内容，如秦国特有的庶长一职，在新开拓的土地上设县等。

从以上这些方面看，秦的立国首先是一个过程，从非子到襄公，实力不断增强，地域不断扩大，制度逐步完善，一直到文公时完全占领了歧西之地，以地域为特征的秦国完全形成。在秦的立国过程中，军事实力与军事手段是最主要的基础，这为秦的国家体制打上了深深的烙印，向东发展的战略思想发挥了很强的指导作用。

秦在西周晚期到春秋初期的周秦关系中处于主导地位。考察秦的立国过程，对西周晚期的周秦关系可以有个新的认识，秦由附庸、西垂大夫到诸侯，不过是西周王室对事实的承认而已，西周晚期的周秦关系也不是单纯的主从关系。西周初期分封的诸侯，一类是周王室的同姓，即所谓的兄弟之国、姬姓之国，另一类则是异姓。当时分封异姓有多种原因，或者因为有亲戚关系，或者因为是有功之臣，或者因为他们具有相当力量而愿意服从周朝的统治，或者是为了加强对原来夷狄地区的统治。秦无疑是属于后者的情况。从非子时期开始，在周王室、西戎、秦的势力犬牙交错的对峙中，秦有独立的地位，并不断巩固自己的地位，利用各种矛盾和机会发展自己的势力。秦就是在这样的形势下主要靠自己的艰苦努力成长起来，周王室分封秦襄公为诸侯，不过是履行最后的手续而已，因为这时周王室在当时的形势下实在是无能为力了，只能眼睁睁地看着包括秦在内的诸侯的崛起。秦因此也从名义上获得了与其他诸侯平等的地位，《史记·秦本纪》："襄公于是始国，与诸侯通使聘享之礼。"

二、時祭与天命思想

秦的立国与其時祭、天命思想直接相关。《史记·秦本纪》、《史记·封禅书》都记载，秦襄公立西時，祠白帝。時祭的对象是天帝，或称之为上帝。以后，这种祭祀天帝的活动在秦一直延续着。文公立鄜時，祠白帝；宣公立密時，祠青帝；灵公立上時，祠黄帝，立下時，祠炎帝；献公立畦時，祠白帝。襄公立西時祭祀的用牲为骝驹、黄牛、羝羊，《史记·秦本纪》说各三，《史记·封禅书》说各一，《汉书·郊祀志》亦曰各一，莫衷一是。文公立鄜時祭祀，《史记·秦本纪》说用三牢,《史记·封禅书》说用三牲,记载亦有不同。秦人开始祭祀天帝,用牲却与中原的牛、猪、羊不一,马在西周和中原诸侯的祭礼中不见,多见以马或车马陪葬。或以为"秦用三牲是游牧民族的祭法,而混有农业民族祭法的成分"①。总之,秦的畤祭是非常隆重的,具有自己的特点。秦春秋早期的青铜器秦子簋盖铭文有"畤"字②,虽然铭文不全,难于准确了解相关的内容,但也说明秦的畤祭是非常重要的。

畤祭渊源于民间,徐中舒指出:"秦国诸畤,出于当地传说,其初均为民间祠祀,所祭之庙为杂合体,其与五行配合乃后来之事。畤为峙立之意,民间所祭杂神,可能在田中立石以祭,属原始拜物教。"③还有学者认为以畤为祭,当是农民向上天祈求农业丰收的活动。④秦的畤祭源于原始的民间祭祀,这一点大致是不错的,但民间祭祀为什么会上升为秦的国家祭祀呢?还不是很清楚。关于畤的本意,《说文解字》释畤:"天地五帝所基址,祭地。"从这里来看,结合学者们对畤祭渊源的考证,畤祭的本意是祭地,不是祭天帝。《史记索隐》:"畤,止也,言神灵之所依止也。亦音市,谓为坛以祭天也。"畤是神所下临停留的地方。秦畤祭将原来的祭地转化为祭天帝,但祭地的迹象还在。

畤祭的形式在《史记集解》、《史记索隐》中有解释。对秦献公立畦畤,《史记集解》引晋灼的说法:"《汉注》在陇西西县人先祠山下,形如种韭畦,畦各一土封。"《史记索隐》引《汉旧仪》:"祭人先于陇西西县人先山,山上皆有土人,山下有畤,列如菜畦,畦中各有一土封,故云畤。"《三苍》云:"畤,埒也。"《史记集解》、《史记索隐》所说的显然是位于西犬丘的西畤的情况,畦畤和西畤是相似的。从《史记集解》、《史记索隐》的描述看,畤祭的形式是封土为坛,每个封土四周围以矮墙,就像整整齐齐的菜畦一样。

2004 年,早期秦文化考古队对礼县鸾亭山祭祀遗址进行了发掘。鸾亭山山顶的祭祀遗址应是秦西畤的一部分⑤,其祭坛为一不规则的圆形,原是自然山脊

---

① 赵卫邦:《秦祠白帝解》,见孙楷撰,徐复订补:《秦会要订补》,中华书局 1959 年版。

② 见李学勤《论秦子簋盖及其意义》、董珊《秦子姬簋盖初探》两文,俱刊《故宫博物院院刊》2005 年第 6 期,第 21—26 页、27—32 页。李、董两先生对簋盖命名、器主、铭文断句、铭文训释等各不相同。但对铭文的第一个字都认定为"畤"字,且认为这件簋盖为春秋早期的器物。

③ 转引自汪受宽:《畤祭原始说》,《兰州大学学报》2002 年第 5 期。

④ 汪受宽:《畤祭原始说》,《兰州大学学报》2002 年第 5 期。

⑤ 梁云:《对鸾亭山祭祀遗址的初步认识》,《中国历史文物》2005 年第 5 期。

的一部分，被人为挖断形成的。祭坛南北径约 25 米，东西径约 35 米。坛面由北向南倾斜，最高点与下面的台地高差为 8 米。在圆坛周缘有平地起夯的汉代夯土围墙，在它的西南部没有完全闭合。[①]"形如种韭畦，畦各一土封"可能是祭坑的排列形状。考古发现证明了秦的西畤是以坛祭天。

祭祀天帝是古代最重要的祭祀活动，古人专称为"郊"，就是在郊外举行的意思。按照礼的规定，只有天子才可以举行郊祀大典。秦刚列为诸侯，就开始祭祀上帝，明显地是种破坏礼法等级的僭越行为。故《史记·六国年表序》中说：

> 太史公读秦记，至犬戎败幽王，周东徙洛邑，秦襄公始封为诸侯，作西畤用事上帝，僭端见矣。《礼》曰：天子祭天地，诸侯祭其域内名山大川。今秦杂戎狄之俗，先暴戾后仁义，位在藩臣而胪于郊祀，君子惧焉。

太史公仅仅把秦的畤祭看做"秦杂戎狄之俗，先暴戾后仁义"，显然是用后来的、道德的眼光把问题简单化了。对上帝的祭祀在雍地有久远的历史，《史记·封禅书》："自古以雍州积高，神明之隩，故立畤郊上帝，诸神皆聚云。盖黄帝时尝用事，虽晚周亦郊焉。"《史记·封禅书》："自未作鄜畤也，而雍旁故有吴阳武畤，雍东有好畤，皆废无祠。"可见，在秦畤祭之前，畤祭就已经存在了。秦继承了在今甘肃东部和陕西西部早已有之的畤祭传统并加以发扬。

畤祭源于民间祭祀，有悠久的传统，本意是祭地。秦将原来用于祭地的畤祭转化为对天帝的祭祀，并赋予了它新的意义。秦立畤祭祀的天帝中，对白帝的祭祀有三处，白帝最受重视，所以先分析秦对白帝的祭祀。

对秦襄公最初举行的畤祭，《史记·封禅书》记载较详，"秦襄公即侯，居西垂，自以为主少暤之神，作西畤，祠白帝"。秦被封为诸侯，名义上占有了岐西之地。而在这之前，秦人应该已经在今甘肃的礼县、清水、天水一带拥有相当强的实力，并且将触角伸到关中。在这种背景下，秦襄公立西畤，祭祀白帝少暤。秦获得对今甘肃东部、陕西关中西部地区的名义上的统治权和立西畤祭祀白帝少暤紧紧地联系在一起。

秦文公立鄜畤祭白帝，和占有土地的关系表达得更为明确。周王室在秦襄公

---

① 早期秦文化联合考古队：《2004 年甘肃礼县鸾亭山遗址发掘主要收获》，《中国历史文物》2005 年第 5 期。

时分封给秦的岐西之地只是一张空头支票，秦真正占领岐西之地是在秦文公时。秦文公四年（前762年）到达汧渭之会，《史记·封禅书》记载，文公到汧渭之会后，卜居之而吉。文公又"梦黄蛇自天下属地，其口止于鄜衍。文公问史敦，敦曰：'此上帝之征，君其祠之。'于是作鄜畤，用三牲郊祭白帝焉"。文公梦见的是黄蛇，史敦的解释则强调"此上帝之征"。也就说，文公到汧渭之会得到了上帝的肯定，这成为文公在此地建都的定心丸，是他向关中进军的祥瑞之兆，文公十年（前756年）立鄜畤，就是对"上帝之征"的回应。在古代社会里，宗教的力量是巨大的，秦在文公十六年（前750年）就完全占领了岐西之地。

《史记·封禅书》记载，秦献公时，"栎阳雨金，秦献公自以为得金瑞，故作畦畤栎阳而祀白帝"。根据《史记·秦本纪》，作畦畤是在秦献公十八年（前367年）。与作畦畤相联系的是在此之前的秦献公十一年（前374年）周太史儋见献公，并说："周故与秦国合而别，别五百岁复合，合十七岁而霸王出。"①"霸王"是霸主和王号的结合，意味着战国时的强国、大国。秦献公十六年（前369年）已经出现了"桃冬花"的异常现象。秦献公十八年（前367年）的"栎阳雨金"被认为是非常明确的祥瑞之兆，于是秦立畦畤祭祀白帝。祭祀白帝和"雨金"开始结合在一起，带有阴阳五行的色彩。"栎阳雨金"的祥瑞之兆和立畦畤祭祀白帝是与"霸王"联系在一起的，表达了在新的形势下秦国新的奋斗目标。

秦襄公、秦文公、秦献公立畤祭祀白帝，都是在秦国占领土地、扩张势力的时候。秦对白帝的祭祀似乎刻意宣传一个规律，秦发展到那里，白帝下临的祥瑞之兆就经常出现在哪里。据《史记·秦本纪》，秦襄公时正是秦崛起的时候；秦德公初居雍城大郑宫，"以牺三百牢祠鄜畤"，占卜的预兆是"后子孙饮马于河"；秦文公时秦占领了岐西之地，"收周余民而有之"；《左传》襄公十四年："昔秦人负恃其众，贪于土地，逐我诸戎"，这大概是指秦穆公对西戎的战争；秦献公雄心勃勃，"徙治栎阳，且欲东伐，复缪公之故地，修缪公之政令"。这些不是偶然的巧合，说明秦对白帝的祭祀和土地扩张、政治诉求是分不开的。

---

① 周太史儋来到秦国，给秦献公分析了周秦关系演变的趋势，预言秦国将成为霸王，这件事情大约非常重要，《史记》在《周本纪》、《秦本纪》、《老子韩非列传》、《封禅书》分别予以记载，但文字略有差异。《史记·秦本纪》云："十一年，周太史儋见献公曰：'周故与秦合而别，别五百岁复合，合七十七岁而霸王出。'"《周本纪》、《封禅书》的差别主要是最后一个数字，"七十七"为"十七"。中华书局《史记》认为《秦本纪》"七十七"前一个"七"为衍文，当为"十七"。《老子韩非列传》的记载差距较大，"离"、"合"二字相反，最后一个数字为"七十"，当有讹误。

秦将土地扩张和政治诉求与白帝少暤联系在一起主要有几个方面的原因。首先，秦有强烈的天命思想。既然宣传受命于天，秦所占有的土地是上帝授予的，就必然要祭祀上帝。

第二，少暤和秦人的关系非常密切。《史记·秦本纪》说秦是颛顼高阳氏的后裔，凤翔秦公一号大墓出土的残磬铭文也说秦为高阳之后。颛顼和少暤的关系非同一般。《山海经·大荒东经》："东海之外大壑，少昊之国。少昊孺帝颛顼于此，弃其琴瑟。"郝懿行注云："《说文》云：'孺，乳子也。'《庄子天运篇》云：'乌鹊孺。'盖育养之意也。"也就是说，少暤曾养育过颛顼。基于这层关系，秦对少暤非常重视。

第三，秦祭祀白帝是一种主动的变革。少暤原是东夷部落的首领。秦关于白帝的祭祀中，白帝少暤一直是天帝的形象。这个转化，主要是秦实现的。祭祀天帝毕竟不是单纯的宗教行为，带有强烈的政治色彩。在西周时期，帝是至上神、主宰神。秦最早祭祀的白帝少暤是西方之神，这不同于西周时期的帝。《礼记·曲礼下》说："天子祭天地，祭四方"，"诸侯方祀"。根据周礼的规定，天子才能祭天地四方，以宣示据有天地四方。诸侯只能"方祀"。在周王室还存在、各个诸侯国热衷于"尊王攘夷"的情况下，秦祭祀西方之神，有以"方伯"自居的意思。秦最初所立的西畤、鄜畤祭祀的是西方之神少暤。这种变通，既宣扬了天命思想，又不至于太过突兀。

秦人自认为是"受天命"而建国的。1978 年，在陕西宝鸡县（今陈仓区）杨家沟公社太公庙大队发现秦公钟、秦公镈。钟镈均有铭文。宝鸡县出土的秦公钟、镈制作时间被定为秦武公时期。[1] 秦武公在位时间约为公元前 697—678 年。铭文开篇即说："秦公曰：我先祖受天命，赏宅受或（国）。"赏宅是说接受封邑，受国是说列为诸侯，这两件事都是先祖受命于天。铭文接着说：威武神勇的文公、静公、宪公谨慎敬畏地对待蛮方，神灵在天。公及王姬曰：我作为后辈，每时每刻都虔诚恭敬地祭祀上天，祈求多福，表明心意，团结在周围的卿僚们，安定和谐，尽心竭力，小心翼翼地接受授于我们的光明的德性，安定国家，和谐万民，正百蛮，即其服。制作声音和谐的宝钟，用优美的钟声回报皇公，祈求更大的福惠，长寿万年。我秦公在位，承当大命，眉寿无疆，普有四方。其康宝。

宋吕大临《考古图》卷七第九至十一页收录了秦公钟（实为镈）铭文，传说1921 年出土于甘肃天水、现藏中国历史博物馆的秦公簋铭文，内容都与秦武公

① 卢连成、杨满仓：《陕西宝鸡县太公庙村发现秦公钟、秦公镈》，《考古》1978 年第 11 期。

钟、镈内容相似，均有秦公受天命的内容。不同的是，秦公钟、秦公簋铭文中有"十又二公"，究竟是哪位秦公所铸，认识还不一致，具体时代尚有争议。①秦公钟："秦公曰：不（丕）显朕皇且（祖）受天命，竈（奄）又（有）下国。"秦公簋："秦公曰：不（丕）显朕皇且（祖）受天命，宓宅禹责（迹）。"几件铜器的铭文还表示了对天命的敬畏。凤翔秦公一号大墓出土的残磬铭文中亦有"申绍天命"的字样。②秦公一号大墓所出残磬铭文意为秦景公祈求上天以无境之土地赐予秦；秦的先祖神灵常在，得以配天，接受祭祀；祭祀时宗庙气氛庄严肃穆。秦以谁配天，史无明文。残磬铭文又有"上帝是瞵"，意为上帝专注地看着，后世子孙修德慎行，才能继承天命。③

秦的天命思想通过秦武公钟、镈、秦公钟、秦公簋、秦景公墓残磬铭文等反映出来。这些器物中最早的秦武公钟、镈铸造的时间也在武公在位的公元前697—678年，距秦的立国已经七八十年时间了，但不能因此说秦的天命思想是这个时候才产生的。秦的天命思想的出现最晚也在秦襄公立西畤祭白帝的时候，甚或更早一些也说不定。由于秦献公还立畦畤祭白帝，所以天命思想在春秋、战国时期的秦国一直存在。

秦的天命思想是对周天命思想的继承和发挥，同时又有地域文化的原因。《史记·封禅书》说雍州自古有祭祀上帝的传统，应当是实有其事。比较宗教学的研究表明，亚洲北部一些大的图兰族部落的同源而不相近的方言中的同一个神名不仅发音相似，而且通过它们在华语、蒙古语和突厥语的发展过程，发现它们在来源上有联系。不论在上述哪一个语言中，这个神的名字的第一个意思总是"天"，其次指"上帝"，最后泛指"众神和精灵"。这个字的变化是和这些民族的宗教变化同时发生的，即是说最先用"天"这个字来表示，后来就形成了"天神"。天神在神话中的表现形式越来越多，逐渐分为众多的神，众神终于形成"神"的观念。④我国学者研究得出的结论可以与比较宗教学研究相互印证："天道在西北"反映了天神——山岳崇拜的地理特征，并与东方奉行日辰——上帝崇拜的平原文化圈形成了相对峙的一个大文化圈，东方平原文化圈与西方高原山岳文化圈的各

---

① 秦公钟、秦公簋的作器者有成公、穆公、共公、桓公、景公五说，大抵总是在春秋中期。参见李零：《春秋秦器试探》，《考古》1979年第6期。

② 王辉：《秦出土文献编年》，第42—43页。

③ 王辉：《秦出土文献编年》，第33—39、42—43页。

④ ［英］麦克斯·缪勒著，陈观胜、李培茱译：《宗教学导论》，上海人民出版社1989年版，第86—92页。

自特征十分明显。① 秦长期活动在西部地区，不可避免地受地域文化的影响。

周人和秦人崛起于渭水中上游的陕西西部和甘肃东部，他们共同选择了天命思想，除地域文化因素，还有生产与生活方式的原因。这一带是我国原始农业起源和发达的地区之一，新石器时代早期就分布有大地湾文化，原始人种植黍、粟、油菜等植物。2001 年，在宝鸡关桃园遗址的前仰韶文化地层中发现了一批骨粗，其年代距今约 8000 年左右，是我国目前长江以北时代最早、数量最多的一次考古发现，更加证实了这一地区是中国旱地农业起源的最早地区之一。② 仰韶文化时期，渭水流域的仰韶文化遗址面积大、堆积厚、文化遗物丰富。种植粟、黍等作物，使用的工具有斧、锄、铲、磨盘、磨棒等。龙山文化时期，原始农业有了进一步的发展。从古史传说来说，炎帝族起源于今宝鸡地区的姜水，炎帝是耒耜的发明者。周族的祖先后稷，"及为成人，遂好耕农，相地之宜，宜谷者稼穑焉，民皆法则之"（《史记·周本纪》）。近年发现的甘肃甘谷毛家坪秦文化遗址，墓葬形制、随葬器物组合、陶器造型、装饰等与西周墓葬一脉相承，如不是屈肢葬，甚至很难把它从西周遗存中区分开来。文化面貌的一致性说明秦人早就像周人一样从事农耕定居生活。原始农业的一个重要的局限，就是受自然条件的影响较大，雨雪风雹都可能造成毁灭性的灾害。黄土高原的干旱少雨更加强了自然界的影响力，使人类对自然界产生畏惧和祈求的心理，进而产生了对自然的象征"天"的崇拜，并发展出天命思想。自然与人类生存的密切联系又容易发展天人感应的思想，这点成了它主要的发展方向。

秦立畤祭天帝和天命思想的结合是秦的国家起源论。西周时期是天祖分离为二，郊祭上天，宗庙祭祖，又以祖先神配天。《史记·封禅书》："《周官》曰，冬日至，祀天于南郊，迎长日之至；夏至日，祭地祗。""周公既相成王，郊祀后稷以配天，宗祀文王于明堂以配上帝。"天命思想是周人代殷的依据和政治生活的重要内容，并从中衍生出伦理观念和政治批判精神，所谓"天命靡常"、"天意在民"和"惟德是依"。天命思想和西周宗法体系相联系，周的文王、武王受命掌握政权，其他氏族则没有这种资格。正如侯外庐先生指出的："上帝与天命的思想是周人的建国思想"，周人的天命论是"国家起源论"。③ 秦虽然是周王室分封的诸侯，但如前节所述，分封的形式比较简单，甚至是周王室被迫承认秦的诸侯

---

① 王晖：《商周文化比较研究》，人民出版社 2000 年版，第 89—103 页。

② 刘明科：《宝鸡关桃园遗址早期农业问题蠡测》，《宝鸡社会科学》2003 年第 4 期。

③ 侯外庐、赵纪彬、杜国庠：《中国思想通史》第一卷，人民出版社 1957 年版，第 76、86 页。

地位，这对在周秦关系中已经占据主导地位的秦来说当然是不满意的，所以，秦选择了畤祭天帝和天命思想作为其国家起源论。相比较而言，秦立畤祭天帝和天命思想的结合具有这么几个特点：立畤祭天帝最初源于民间；将天帝一分为五，立畤祠祭；天帝更多地和土地联系在一起；以祥瑞等方式表示天帝下临，保佑秦人扩张土地，发展势力，融合文化；对君主的行为和道德约束不强，容易随意联系和附会。

在畤祭和天命思想的主导下，经过整理，秦的宗教祭祀进一步秩序化了。在西周末到春秋初期，秦初步形成了以天帝为核心的祭祀体系。首先是祭帝；其次是祖宗祭祀，在凤翔马家庄发现了秦春秋中晚期的宗庙遗址，在此之前的宗庙还没有发现，但不会没有；第三是各类杂祀，如人先祠、陈宝祠、怒特祠等；第四，祭祀体现出很强的包容性，即以天帝、祖宗祭祀为主包容其他各类祭祀；第五，在祭祀中形成了相应的礼仪规范；第六，祭祀所体现出来的信仰核心是天神信仰和灵魂信仰。在秦的宗教祭祀活动中，秦国国君的祭祀权力得到确认，祭祀具有自己的特色。"唯戎与祀，国之大事"，立国过程中的秦首先使宗教祭祀规范化，使宗教成为国家制度和权力的重要组成部分。

三、礼乐制度及思想

秦的立国正是所谓"礼崩乐坏"开始的时期，秦给人们的印象也是以军事上的强大而著称的，这往往给人一种误解，以为秦的礼乐制度不发达，但事实上，秦在最初立国时，国家制度的主体恰恰是礼乐制度。秦的礼乐制度可以通过历史记载的有关活动、考古发现的有关礼乐器、《诗经·秦风》和《石鼓文》等资料进行了解。

关于西周时期礼的分类主要有两种。一种是将礼分为吉、凶、宾、军、嘉五礼。《周礼·大宗伯》："以吉礼事邦国之鬼神示"；"以凶礼哀邦国之忧"；"以宾礼亲邦国"；"以军礼同邦国"；"以嘉礼亲万民"。这显然是从国家制度层面对礼的把握和分类，其中吉礼包括祀昊天上帝、日月星辰等，祭社稷、五祀、五岳、山林川泽、四方百物等，享先王；凶礼包括丧礼、荒礼、吊礼、恤礼等；宾礼包括四季朝聘、时聘；军礼包括大师之礼、大均之礼、大田之礼、大役之礼、大封之礼；嘉礼包括饮食之礼、冠昏之礼、宾射之礼、飨燕之礼、脤膰之礼、贺庆之礼。另一种分类将礼分为冠、昏、丧、祭、乡、相见六礼，见于《礼记·王制》，这主要是着眼于社会生活中人生的礼仪规范而言的。梳理秦的礼制应该按照前一种分类来进行，这也正是《七国考》、《秦会要》等书的思路。以《秦会要订补》中对礼的分类为线索，结合考古发现，对秦西周末期到秦穆公时期和礼乐相关的主要活动可予以归类如下。

吉礼。

郊祭：襄公时立西畤祠白帝，祭祀的用牲为骊驹、黄牛、羝羊，《史记·秦本纪》说各三，《史记·封禅书》说各一，《汉书·郊祀志》亦曰各一。文公立鄜畤祠白帝，《史记·秦本纪》说用三牢，《史记·封禅书》说用三牲。德公元年（前677年），以三百牢祭于鄜畤，雍之诸祠自此兴。《史记·封禅书》说：始皇封禅时，"其礼颇采太祝之祀雍上帝所用，而封藏皆秘之，世不得而记也"。

社稷：《史记·十二诸侯年表》载，德公二年（前676年），初作社。

宗庙：《礼记·曲礼》："君子将营宫室，宗庙为先，厩库为次，居室为后。"据此，秦在西犬丘、平阳、雍城等都城曾立宗庙进行祭祀。雍城的宗庙遗址在今凤翔马家庄，属于春秋中晚期的秦宗庙。

陈宝：《史记·秦本纪》载文公获"若石"于陈仓北阪城，以一牢祠，命曰"陈宝"。

凶礼。

西垂陵区：位于甘肃礼县永坪乡赵坪村的大堡子山。1993年3—11月对该墓地进行了抢救性发掘，对其中的两座中字形大墓、1座瓦刀形车马坑、9座中小型墓葬进行了清理。两座中字形大墓有封土，墓主人的葬具为木椁漆棺，有殉人。车马坑内原有殉车4排，每排并列3乘，每车两服两骖，计4匹马。永兴乡赵坪村亦有一处墓地。

雍城陵区：位于陕西凤翔县西南8公里处。陵区东西长7公里，南北宽3公里。西、南、北侧均有宽2—7米、深2—6米的隍壕。陵区内已探出44座大墓。平面作中字形、甲字形、凸字形、刀把形、目字形和圆坑6种，组成13座陵园。隍壕可划分为三种类型：一是双隍型。以双马蹄形内隍围绕中字形主墓，再以中隍环围主墓、附葬墓及车马坑。二是单隍型。主墓两侧无内隍，仅以中隍环围主墓和车马坑。三是组合型。几座陵园共用中隍或陵中套陵。经发掘的秦公1号大墓平面呈中字形，重棺重椁，墓内填泥积炭，填土中有男女殉人。平民墓葬区在城南郊。

从西垂陵区、雍城陵区的情况看，秦的凶礼一定非常完备。

宾礼。

《史记·秦本纪》："襄公于是始国，与诸侯通使聘享之礼。"

《秦会要订补》卷七列举秦穆公以前与诸侯朝聘二十五事，其中穆公时二十次，包括朝聘、入王、入邻君、入质、盟会、来贺、馈遗等。

军礼。

《诗序》："《驷驖》，美襄公也。始命，有田狩之事焉。"

《史记·秦本纪》载，文公三年（前763年），以兵七百人东猎。四年（前762年），至汧渭之会。

《水经·渭水注》："文公十九年（前747年），感伯阳之言，游猎于陈仓。"

《艺文类聚》二、《御览》十三引《尚书中侯》："秦伯出狩于咸阳。"（"咸阳"《初学记》一引作"咸陵"。）

《史记·秦本纪》、《尚书·秦誓》载，穆公三十六年（前624年），复使孟明等将兵伐晋，大败晋人，封殽中尸，誓之。

嘉礼。

《史记·秦本纪》载，穆公十五年（前645年），晋君夷吾使太子圉来质于秦，秦妻子圉以宗女。

《国语·晋语四》、《左传》僖公二十三年载，晋公子重耳在秦，秦伯归女五人，怀嬴与焉。……乃归女，而纳币，且逆之。

《左传》僖公二十四年载，穆公二十四年（前636年），晋侯重耳逆夫人嬴氏以归。

以上三事，属于婚姻。

《史记·秦本纪》载，穆公三十七年（前623年），伯西戎，天子使召公过贺以金鼓。

《国语·晋语四》："秦伯享公子如享国君之礼，子余相如宾。卒事，秦伯谓其大夫曰：'为礼而不终，耻也。'"

《国语·晋语四》："明日宴，秦伯赋《采菽》，子余使公子降拜。秦伯请辞。子余曰：'君以天子之命服命重耳，重耳敢有安志，敢不降拜？'成拜卒登，子余使公子赋《黍苗》。……秦伯赋《鸠飞》，公子赋《河水》。秦伯赋《六月》，子余使公子降拜。秦伯降辞。子余曰：'君称所以佐天子匡王国者以命重耳，重耳敢有惰心，敢不从德？'"

有关秦礼仪活动的记载比较简略，但仍然可以以管窥豹，对秦的礼乐制度有所认识，而各种礼乐器的发现和出土，为认识秦的礼乐制度提供了新的资料。

礼乐器将礼乐制度具象化，传世的、考古发现的各种礼乐器可以使我们直观地了解当时的礼乐制度。近年来，关于秦国早期礼乐器的发现接连不断，在相当大的程度上改变了学者们对秦国早期历史的印象。这里列举秦西周末期到春秋早期的部分重要的礼乐器。

不其簋盖。传世，现藏中国历史博物馆，有铭文 151 字，属周宣王时器物，器形、纹饰、字体和西周晚期器物相同。

不其簋。山东省滕县城郊后荆沟村墓葬出土，器底铸铭 151 字，内容与不其簋盖相同。

上海博物馆从香港购回秦公鼎 4 件、秦公簋 2 件。鼎一、鼎二铭文为"秦公乍铸用鼎"，鼎三、鼎四铭文为"秦公乍宝用鼎"，簋一、簋二铭文为"秦公乍宝簋"，属西周末期到春秋初期的器物，但比西周青铜器略显粗糙。另 1 件无铭簋应属同一批器物。

上海博物馆新藏秦公镈、龙纹方壶、龙纹列鼎。秦公镈 1 件，鼓部中央有铭文"秦公乍铸□□钟"，属春秋早期的器物，同样形制和纹饰的无铭文镈日本 MIHO 博物馆和台湾私家各收藏 1 件；龙纹方壶 1 对，属春秋早期的器物；龙纹列鼎 5 件，具有春秋早中期秦国青铜鼎的显著特征。

纽约秦公壶。秦公壶 1 对，形制、花纹与著名的颂壶相似，器口内壁有铭文两行 6 字，属西周末期到春秋初期的器物。

伦敦秦公壶。秦公壶 1 件，有铭文两行 5 字，属春秋早期秦器。

缴获鼎、簋。鼎可辨识出个体的有 7 件，器腹内壁铸铭文"秦公作铸用鼎"；簋 4 件，器内底与盖内有铭文。

石磬。5 件。

秦公钟。美籍华裔收藏家藏 3 件，日本 MIHO 博物馆藏 4 件。

秦子钟。日本 MIHO 博物馆藏 4 件。

秦子簋盖。新出现秦子簋盖 1 件，已残，盖内有铭文 41 字，年代当属春秋早期。

大堡子山乐器坑。乐器坑（K5）位于秦公大墓 M2 的西南部，相距约 20 米。长 8.8 米，宽 2.1 米，残深 1.6 米，坑口距地表深约 1.92—2.06 米，东西方向。坑内乐器分为两排。坑内南排木质钟架（仅存朽痕）旁依次排列 3 件青铜镈和 8 件甬钟，同出 3 件铜虎；北排磬架（仅存朽痕）下为 2 组 10 件石磬，均保存完好。青铜镈一大二小，最大的一件通高 65 厘米，舞部及镈体部以蟠龙纹为主要装饰，四出扉棱为透空的纠结龙纹，造型华美；鼓部素面，有铭文 20 余字。该镈与上海博物馆收藏的秦公镈以及宝鸡太公庙出土的秦武公镈近似，年代为春秋早期。

西山遗址。M2003 出土铜器有鼎 3 件、簋 2 件、短剑 1 件、戈 1 件、铜鱼

16 件，玉器有璧、圭、璋、戈、玦、管，陶器有鬲、盂、甗、罐及海贝等。据随葬器物特点推断，该墓年代当在西周晚期。在遗址区发现马坑 7 座、牛坑 1 座、狗及其他动物坑 3 座。其中 K404—K407 位于遗址东部的一处夯土平台上。夯土台南北长约 17.5 米，东西宽约 18 米，在台近南沿处，挖有 4 个长方形浅坑，每坑各埋 1 匹马。马作俯身状，口中含铜质马衔，两侧有骨橛，马身下铺芦席，尾部置铜鱼。在该组马坑的近旁，有一直径 1.6 米的圆坑，编号为 K408，坑中埋有羊头、马肢骨与牛肢骨。K403 是 1 个大坑底部有 2 个小坑、小坑中各埋 1 匹马的埋牲形式。经鉴定，埋的马都是接近成年的马驹。这些与墓葬区不属同一区域的马坑和牛坑，设有专门的地域，埋置讲究，应与某种重大的祭祀活动有关。①

春秋早期的礼器墓。在春秋早期的秦墓中，户县 82M1 随葬 7 鼎 6 簋；随葬 5 鼎 4 簋的有陇县边家庄 M1、M5、户县宋村 M3、户县南关 74M1；随葬 3 鼎 2 簋的有灵台井家庄 M1、宝鸡姜城堡墓、宝鸡南阳村 M1、M2。

考古发现和研究证明，在春秋至战国早期，与关东六国相比，秦国的铜礼器组合变化比较缓慢，一直保持着以鼎、簋为核心的组合，很少有新器种的创新，而同期的关东各国铜器却由"鼎、簋、壶"向"鼎、豆、壶"转变，各种新器种、新工艺层出不穷，争奇斗艳，令人目不暇接。春秋秦墓随葬铜器逐渐明器化是一个重要趋势，在战国的早、中期，秦墓铜礼器的面貌发生了全面变化，严格的鼎、簋等礼器组合瓦解，更多的礼器之外的生活实用铜器出现。这个时间大致和秦献公、孝公时期衔接。

诗是礼乐制度的重要组成部分，《史记·孔子世家》："三百五篇孔子皆弦歌之，以求合韶、武、雅、颂之音，礼乐由此可得而述，以备王道，成六艺。"西

---

① 以上礼乐器的发现见李学勤：《秦国文物的新认识》，《文物》1980 年第 9 期；万树瀛：《滕县后荆沟出土不其簋等青铜器群》，《文物》1981 年第 9 期；李朝远：《上海博物馆新获秦公器研究》，《上海博物馆馆刊》第七集；李朝远：《上海博物馆新藏秦器研究》，《上海博物馆馆刊》第九集；李学勤、艾兰：《最新出土的秦公壶》，《缀古集》，上海古籍出版社 1998 年版；李朝远：《伦敦新见秦公壶》，《中国文物报》2004 年 2 月 27 日；戴春阳：《礼县大堡子山秦公墓地及有关问题》，《文物》2000 年第 5 期；祝中熹、李永平：《遥望星宿——甘肃考古文化丛书·青铜器》，敦煌文艺出版社 2004 年版，第 116 页；李学勤：《论秦子簋盖及其意义》，董姗：《秦子姬簋盖初探》，《故宫博物院院刊》2005 年第 6 期；早期秦文化联合考古队：《2006 年甘肃礼县大堡子山祭祀遗迹发掘简报》，《文物》2008 年第 11 期；《甘肃礼县西山遗址发掘取得重要收获》，《中国文物报》2008 年 4 月 4 日。

周到春秋时，在礼仪场合，诗分为歌和诵两种。歌诗配以乐舞，诵诗常称为"赋"，春秋时的诵诗常常表达宾主的某种意愿。这种情况在秦国也很流行，前所列举的秦穆公用宴宾之礼接待重耳，双方赋诗，就是很好的例证。《左传》襄公二十九年记载了吴国公子季札来聘于鲁国、观周乐的过程，其中有对秦诗的评价："为之歌秦，曰：'此之为夏声，夫能夏则大，大之至也，其周之旧乎？'"夏与雅通，《墨子·天志下》引诗《大雅》曾作"大夏"。《论语·述而》："子所雅言，《诗》、《书》、执礼，皆雅言也"，"夏声"、"雅言"大约就是标准音，"歌秦"就被视为标准音。现在不能判定季札所观的"歌秦"是否全是今本《诗经》中的《秦风》，但季札观周乐的时间是周景王元年（公元前 544 年），距孔子删诗的时间已经很近了，他又是在鲁国观周乐，"歌秦"至少应该包括今本《诗经》中的《秦风》的部分诗篇。

《诗经》中的《秦风》十篇分别是《车邻》、《驷驖》、《小戎》、《蒹葭》、《终南》、《黄鸟》、《晨风》、《无衣》、《渭阳》、《权舆》。对《秦风》各篇的完成时代多有争议，但它们主要形成于周末和春秋早、中期应该是没有问题的。由于《国风》多是民歌，以往学者更重视其文学价值，多从观风俗的角度了解《国风》所代表地区的风气习惯，透视秦人的尚武精神。《汉书·地理志》就说："天水、陇西山多林木，民以板为室屋，及北地、上郡，皆迫近戎狄，修习战备，高上气力，以射猎为先。故《秦诗》曰'在其板屋'；又曰'王于兴师，修我甲兵，与子偕行'。及《车邻》、《驷驖》、《小戎》诸篇，皆言车马田狩之事。汉兴，六郡良家子选给羽林、期门，以材力为官，名将多出焉。"王照圆《诗说》云："而秦犹雄厉，或以为水土使然。……且帝王不易民而治，彼强悍战斗之俗，独非忠厚仁让之道欤？……秦晋之风多剽急，而少舒缓之体。……晋音迫促，秦音雄大。"[①] 但实际上，《秦风》作为礼乐文化的载体，还展现了礼乐制度中的飨礼、车舆、田狩、丧礼等各个方面。

《车邻》、《权舆》与飨礼。飨礼是西周、春秋时天子、诸侯、卿大夫之间流行的招待贵宾的隆重礼仪。飨礼也有以本国的卿大夫为宾的。飨礼可以分作如下礼仪程序：戒宾、迎宾之礼，通知并迎接宾客；献宾之礼，宾主之间饮酒的礼仪；作乐，乐舞和歌唱；正式礼乐完毕后的宴会和习射。《车邻》分三段：第一段为宾客乘车前来，"寺人"通报，可见主人是秦国的君主；第二段、第三段是宾主作乐的情景，其中提到了"并坐鼓瑟"、"并坐鼓簧"，"簧"，就是笙。飨礼中的作

① 转引自马非百：《秦集史》（下），中华书局 1982 年版，第 520—521 页。

乐一般用"瑟"、"笙"伴奏，也有用"箫"的。《车邻》中提到的"瑟"、"簧"不是秦本有的乐器。李斯《谏逐客书》："夫击瓮叩缶，弹筝搏髀，而歌呼呜呜快耳者，真秦之声也。"（《史记·李斯列传》）"瑟"、"簧"是秦在构建礼乐制度的过程中所引入的乐器。《权舆》云："夏屋渠渠"，"每食四簋"。"簋"是一种重要的食器，按礼制，"四簋"是卿大夫的等级才能使用的礼仪。《权舆》也是缛礼的反映。

《驷驖》与田狩。在西周时期有"大蒐礼"，具有军事检阅、军事演习和军事部署的性质，完整的"大蒐礼"前半部为教练之礼，后半部借用田猎进行演习。"蒐"和"狩"原来都是田猎的名称，后来成为军事训练和演习的名称。春秋时已只有临时举行的"大蒐礼"，有的仍然借用田猎来进行的。《驷驖》一诗描述了"公"田猎的盛况，"公"当指秦国的君主，田猎不是一般意义的游猎，而是军事演习性质的田狩。《正义》："今襄公始受王命为诸侯，有游田狩猎之事，园囿之乐焉，故美之也。诸侯之君，乃得顺时游田，治兵习武，取禽祭庙。""此说猎事，止应调习田马而已，而云四种之马皆调之者，以其田猎所以教战，诸马皆须调习，故作者因田马调和，广言四种皆习也。"

这里需要提一下著名的《石鼓文》。《石鼓文》是刻于十个鼓形石上的十首诗作，最初发现于唐代。《石鼓文》为春秋时期秦的刻石现在已经没有争议，但具体是秦国的哪位国君在位时所刻则争议很大。①《石鼓文》虽未收于《诗经》，但十首诗作与《诗经》中的诗作非常类似。对《石鼓文》的性质，过去有"猎碣"之说，应该是接近事实的，诗作直接描写了田猎的盛况。《而师》中提到"天子□来"，"嗣王始□"，是刚即位的周天子到秦国并参加了田猎活动。《汧沔》描述了在汧水捕鱼的情景。《灵雨》描写了雨后河水暴涨、乘舟渡河的景象。《吾水》提到"嘉树则理，天子永宁。日隹（惟）丙申，昱＝薪＝"。《田车》、《銮车》、《车工》描写了围猎的盛况，对车马的整齐雄健、君子的齐心协力着笔尤多。从《石鼓文》的内容来看，表现的应该是大规模的"田狩"的过程，属于军事性质的礼乐活动。

《小戎》与车舆制度。西周、春秋时，车是身份等级的象征，车战是战争的主要形式，并形成了系统的车舆制度，《小戎》一诗再现了当时的驷马兵车。"小

---

① 《石鼓文》的时代有襄公、文公、德公、穆公、惠文王诸说。近年裘锡圭主张石鼓诗作于襄公时，而刻石则在春秋晚期或战国早期。王辉从文字风格、诗作内容、语汇、风格等方面主张作于秦景公时期。见王辉：《秦出土文献编年》，第48页—53页。

戎"是相对于"元戎"而言的,《小雅·六月》:"元戎十乘,以先启行。"元戎即大戎。《史记·三王世家·集解》引《韩氏章句》:"元戎,大戎,谓兵车也,车有大戎十乘,谓车缦轮,马被甲,衡扼之上尽有剑戟,名曰陷军之车,所以冒突先启敌家之行伍也。"郑玄《笺》:"此群臣兵车,故曰小戎。"群臣所乘小戎兵车在元戎之后。《小戎》概括了驷马兵车的基本形制,言及车马的系驾方式、立乘茵席、车毂加固、马的颜色、驾车方式、车载盾牌与兵器等等,使驷马兵车的形象跃然纸上。①

歌诗和诵诗都是用于表达某种意愿的。《秦风》中的《蒹葭》表达了对"伊人"无限的爱慕之意;《晨风》表达了"未见君子"、"忧心钦钦"、"忧心靡乐"、"忧心如醉"的思念担忧之情;《终南》则是对"君子"的赞美之词,最后表达了对"君子"的祝福:"佩玉将将,寿考不忘";《渭阳》则是一首送别诗。《诗序》云:"穆公纳文公,康公时为太子,赠送文公于渭之阳,念母之不见也。我见舅氏,如母存焉。及其即位,思而作是诗也。"康公为太子送晋文公不见史籍,而宗法制度下的异姓均可称舅,所以这一首诗从根本上来说还是表达了送别之意。《蒹葭》、《晨风》、《终南》、《渭阳》所表达的爱慕、思念、相见、赞美、祝福、送别构成了人际交往中的完整情境,在相关的礼仪活动中歌或诵都可以充分地表达人们的思想感情,所以,这几首诗同样是礼乐制度的反映。

《无衣》是首慷慨激昂的战歌,其中的"修我戈矛"、"修我矛戟"、"修我甲兵"带有备战的性质。吟诵《无衣》,可以在战前鼓舞士气,激发斗志,战时并肩战斗,奋勇杀敌。《黄鸟》记述秦穆公死后子车氏三良从死的史实,哀婉动人,作者以"彼苍者天,歼我良人"发泄自己的怨气,与丧礼的气氛很吻合。

秦在立国之前活动于陇东地区,这里距西周王室所在的关中地区不远,秦又臣服于西周王室,很早就受礼乐文化的影响。在西周中晚期的小型秦墓中随葬石圭极其普遍,甘谷毛家坪八座西周秦墓座座出圭,多者十件,少者一件。圭不是一般的器物,而是一种重要的礼器。西周时有"命圭"制度,《考工记·玉人》郑玄注:"命圭者,王所命之圭也,朝觐执焉,居则守之。"圭也是作为受封土地的信物,《史记·晋世家》有周成王桐叶封弟的故事,《吕氏春秋·重言》:"援梧叶以为圭。"《诗经·大雅·崧高》记述周宣王分封申伯时说:"我图尔居,莫如南土。锡尔介圭,以作尔宝。往近王舅,南土是保。"秦墓中随葬石圭现象和礼乐文化是相关的。

---

① 参见扬之水:《说〈秦风·小戎〉——〈诗经〉名物新证之一》,《中国文化》1996年第1期。

　　从秦有关的礼仪活动、考古发现的礼乐器、《秦风》所反映的礼乐制度等方面来看，在周末春秋之际秦的立国过程中，秦构建了比较完备的礼乐制度。秦的礼乐制度是对西周礼乐制度的学习，但这并不意味着秦的礼乐制度等同于西周礼乐制度。秦所构建的礼乐制度体现了自己的一些特点。

　　秦的礼乐制度表现了秦地的风俗。在探讨礼的起源上，有一个很重要的观点，就是礼源于俗。秦的礼乐制度虽是一种次生的文化形态，但它和秦地是密不可分的，在这一点上，《秦风》最为明显。《诗经》中的"风"，本身源于地方民歌。《汉书·地理志》云："凡民函五常之性，而其刚柔缓急，音声不同，系水土之风气，故谓之风；好恶取舍，动静无常，随君上之情欲，故谓之俗。"所以，从《秦风》中可以看到秦地风俗的影子。《汉书·地理志》就特别强调《小戎》中的"在其板屋"是天水、安定一带固有的房屋建筑。《车邻》中的"阪有漆，隰有栗"，"阪有桑，隰有杨"，"漆"、"栗"、"桑"、"杨"是当地的物产和植被，其中的漆树早已被人们所利用。《蒹葭》一诗则描写了白露凝霜，水边的芦苇一片苍黄，露水未干，在阳光下闪烁生辉的景象。《终南》、《晨风》也都描写了当地的植被和景物，其中的"终南"就是今天的秦岭。《渭阳》一诗所说的"渭阳"就是渭河北岸。《汉书·地理志》又说："故秦地于《禹贡》时跨雍、梁二州，《诗·风》兼秦、豳两国。"这实际上是包含秦国后来占领的整个关中地区、概括《诗经》中的《秦风》、《豳风》而言的，《秦风》所表现的风俗仍主要指今甘肃天水和陕西宝鸡一带。秦的祭祀、丧葬等方面都有自己的特点，应该是与风俗、传统有关的。

　　秦的礼乐制度相对于其他诸侯国更多地发挥着政治和军事的功能。春秋时期，礼乐制度发展的一个重要的方面就是仪式化和娱乐化，特别是随着"郑、卫新声"的出现，礼乐更多地被用于纵情享乐的需要。秦的礼乐制度不是这样子的。秦的礼乐制度首先明确了君主的祭祀权利，国君通过時祭天帝表明自己受命于天，拥有至高无上的权力，并且使秦的祭祀进一步秩序化。秦还通过礼乐制度的构建进一步明确了社会等级秩序。从非子为附庸到襄公为诸侯，从僻处西汉水流域到文公占领岐西之地，秦的地位上升非常迅速，发展非常快，其政治权力的实施、内部统治的安定，正是通过礼乐制度象征的社会等级实现的。在西周末期到春秋早期的秦礼器墓中，"鼎、簋、壶"为核心的礼器非常严格，不同的鼎簋组合象征不同的社会等级，确定社会成员的身份地位。根据秦墓中的列鼎制度，秦在周末和西周早期建立了卿、大夫、士这样的完备的社会等级。在礼乐制度之下，整个的社会成员必须受礼的制约，不能脱离礼的控制，君主的统治就是这样实现的。"彝器表现一种政权的形式"，"礼器就是所获物与支配权二者的合一体，由人格的物化转变而为物化了的人格"①，这对认识秦的礼乐制度的功能是非常适用的。

秦的礼乐制度也蕴涵着统治者"教训正俗"的意义。秦尚武好战是自古以来的一致认识，这点又多是从《秦风》获得的直接感受。《汉书·赵充国辛庆忌传》赞云："山西天水、陇西、安定、北地处势迫近羌胡，民俗修习战备，高上勇力鞍马骑射。故《秦诗》曰：'王于兴师，修我甲兵，与子偕行。'其风声气俗自古而然，今之歌谣慷慨，风流犹存耳。"朱熹《诗集传》说："秦人之俗，大抵尚气概，先勇力，忌生轻死，故其见于诗如此。"这只看到了问题的一面。秦的建国过程非常艰苦，无论是与西戎的斗争，还是襄公立国、土地的扩展，无不是通过战争的方式实现的。通过礼乐教化，可以培养军事意识，保持战斗精神，进行军事训练，做好备战，所以，礼乐的军事功能在秦进一步强化。《秦风》中田狩、车马等内容给人的印象非常突出，表现出一种慷慨之情、悲壮之意。同时，我们也要看到，在周末和春秋早期的秦礼乐器中，钟、镈、磬非常突出。《礼记·乐记》："乐统同，礼辨异"；"乐自中出，礼自外作"。通过音乐，和谐社会和宗族，激发社会成员的情感，凝聚力量，这也是秦非常重视的内容。

秦的礼乐制度使臣下对君主的人身依附关系得到加强。秦国君主有更大的权威，对臣下有更大的人身支配权，这点充分反映在秦墓的从死、殉人现象上。在西周晚期到春秋时期，中原地区殉人之风渐衰，而秦还保留了较多从死、殉人的习俗。据《史记·秦本纪》：秦武公二十年（前678年），"武公卒，葬雍平阳。初以人从死，从死者六十六人"。实际上，从死和殉人在秦有更悠久的历史，礼县西周晚期秦墓、大堡子山秦公墓就有殉人。秦的从死、殉人风气在秦穆公、秦景公时达到高潮。"穆公卒，葬雍。从死者百七十七人"，连秦之"三良"奄息、仲行、鍼虎也在从死之列，秦民作《黄鸟》之诗哀之。秦公一号大墓是秦景公之墓，椁室四周的台阶上有殉人166具，靠近椁室有棺椁齐备的"箱殉"72具，用薄木棺盛殓的"匣殉"94具。秦公一号大墓从死、殉人数量之多让人吃惊。②在秦墓殉人中，从死者、殉人的等级差距较大是个突出现象，身份最高的棺椁齐备，有随葬品；其次是只有单棺，也有少量随葬品；身份最低的无棺无椁，甚至身带刑具，或被斩杀。从死者、殉人中有相当大的一部分是奴婢，这自然毫无疑问，还有一些从死者、殉人的身份可能不是奴婢。《史记正义》引应劭说对"三良"

① 侯外庐、赵纪彬、杜国庠：《中国思想通史》第一卷，第15页。
② 王学理、梁云：《秦文化》，第152—153页。

从秦穆公死予以解释："秦穆公与群臣饮酒酣，公曰：'生共此乐，死共此哀。'于是奄息、仲行、鍼虎许诺。及公薨，皆从死。""三良"，《史记·秦本纪》说是穆公之臣，《史记正义》引《左传》及杜预注说是秦大夫子车氏之三子。总之，"三良"绝非奴婢，"三良"从穆公死不应视为一般意义上的殉葬。

从死和殉葬应该区别。秦之"三良"从穆公死是出于君臣之义，依礼从死。西周到春秋时期，君臣关系的确立，有"委质为臣"的制度，又称"策名委质"。"策名"就是指"策命"礼，由君主颁布给臣下命书，任命官职、授予任务和权利。"委质"指"委贽"礼，由臣下拜见君上，以表示对君上的臣服、忠心，并承担对君应尽的义务。①"策名"，又或释为名字书于策上，古者始仕，必先书其名于策。② 经过"策名委质"，君臣关系得以确定，臣下对君主必须效忠而无二心，直到身死为止。这种君臣关系，不仅仅是确立双方的权利、责任和义务，而且臣下个人对君主有很强的人身依附关系，君臣关系甚至超过父子关系。《左传》僖公二十三年记载，狐突的儿子狐毛、狐偃追随重耳流亡在秦，晋怀公立，执狐突，说："子（指狐毛、狐偃）来则免。"狐毛、狐偃对答说："子之能仕，父教之忠，古之制也。策名委质，贰乃辟也。今臣之子，名在重耳，有年数矣。若又召之，教之贰也。父教子贰，何以事君？"结果晋怀公杀了狐突。《国语·晋语九》也说："委质为臣，无有二心，委质而策死，古之法也。"一经"策名委质"，臣下可以时刻为君主而死。秦墓有较多的从死者、殉人，国君墓的从死者中有些是亲近之臣，应该就是按照礼的要求从死的。君臣依附关系的进一步强化也可能是西周到春秋时期秦墓普遍随葬石圭的重要原因，石圭是君臣关系的象征。

秦的礼乐制度的特点表明它具有更强的规范性、约束性和强制性，适应秦当时发展的需要和整个社会形势。

秦礼乐制度是礼乐制度的转型与发展，它的构建也是春秋礼乐思想发展的重要的社会基础。"礼崩乐坏"是对西周末期和春秋时期礼乐制度的一个基本认识，旧的制度处于崩溃之中，新的制度正在酝酿萌芽。"礼崩乐坏"在很大程度上指的是对传统礼乐制度的僭越，如《论语·八佾》中孔子对季氏"八佾舞于庭"的愤怒。从礼乐制度本身的发展来说，"礼崩乐坏"远远不能概括这一时期礼乐制度的全部。作为一种国家的基本制度，这一时期礼乐制度有更受重视的一面，有

---

① 杨宽：《西周史》，上海人民出版社 1999 年版，第 810—819 页。
② 杨伯峻：《春秋左传注》，中华书局 1981 年版，第 403 页。

了新的发展。用鼎制度是礼制的重要内容，严格的用鼎制度形成于西周、春秋之际，春秋时这一制度最完善的时期，战国中后期走向衰落。在春秋时期，关于礼的记述达到了非常详细的程度。秦作为一个新兴的诸侯国，它所构建的具有自身特点的完备的礼乐制度，是在新的形势下对礼乐制度发展的代表。在《礼记·礼运》所说的"故坏国、丧家、亡人，必先去其礼"的时代，秦正通过礼乐制度的构建悄然崛起，这和"礼崩乐坏"形成了鲜明的对比。所以，这种"礼崩乐坏"不是礼乐制度的衰亡，而是转型。

春秋时关于礼的论述有两种趋势：一种趋势强调礼作为一种制度的客观依据是天地，强调礼作为社会规范的强制性；另一种趋势则将礼的基础归属人的心理情感，强调遵守礼的自觉性。前者强调的是作为国家制度的礼乐；后者强调的是道德完善意义上的礼乐。在这些关于礼的论述中并没有直接提到秦的礼乐制度，但不能忽视秦的礼乐制度在当时的影响。季札在鲁国听过"歌秦"。司马迁在《史记·孔子世家》中指出："孔子之时，周室微，而礼乐废，诗书缺。追迹三代之礼，序书传，上纪唐虞之际，下至秦缪，编次其事。"这里提到"秦缪"绝非偶然，应是对秦礼乐制度的影响的一种认识。《史记·孔子世家》："齐景公与晏婴来适鲁，景公问孔子曰：'昔秦穆公国小处辟，其霸何也？'对曰：'秦，国虽小，其志大；处虽辟，行中正。身举五羊，爵之大夫，起累绁之中，与语三日，授之以政。以此取之，虽王可也，其霸小矣。'"孔子删定的《诗经》中保留了《秦风》，删诗的一个原则就是"去其重，取可施于礼仪"（《史记·孔子世家》）。秦的礼乐制度在当时广为人知，以至孔子大赞秦穆公"处虽辟，行中正"，删诗时保留了《秦风》。礼乐思想不可能脱离历史，如果从历史中选出两个代表，作为国家制度的礼乐的代表没有比秦更合适的了，道德完善意义上的礼乐的代表则是保存周礼的鲁。鲁继承了西周的礼乐制度，直接衍生了孔子的礼乐思想；而秦在西周末期和春秋初的崛起以及礼乐制度的建构，无疑也是非常有影响的。

从国家制度的角度看，春秋之时，社会活动的规范和程序，主要采取了礼的形式，礼乐被视为国家政治制度的主体。《左传》隐公十一年："礼，经国家，定社稷，序民人，利后嗣者也。"《左传》昭公十六年："礼，王之大经也。"礼作为最重要的制度，是君主必须予以重视的规范，是国家统治的基础。统治的稳固、事业的发达、上下尊卑的秩序、君主权威，都必须以礼作为支持。《左传》昭公十三年："叔向曰：国家之败，有事而无业，事则不经；有业而无礼，经则不序，有礼而无威，序则不共，……是以明王之制，使诸侯岁聘以志业，问朝以讲礼，再朝而会以示威。……志业于好，讲礼于等，示威于众。"

春秋时对礼的认识有了很大的改变，礼的依据被认为是天地，是自然规律。《左传》昭公二十五年：

> 子大叔见赵简子，简子问揖让、周旋之礼焉。对曰："是仪也，非礼也。"简子曰："敢问，何谓礼？"对曰："吉也闻诸先大夫子产曰：'夫礼，天之经也，地之仪也，民之行也。'天地之经而民实则之。则天之明，因地之性，生其六气，用其五行，……是故为礼以奉之。"……简子曰："甚哉！礼之大也。"对曰："礼，上下之纪，天地之经纬也，民之所以生也，是以先王尚之。故人之能自曲直以赴礼者谓之'成人'。大，不亦宜乎！"

以天地规律为依据的国家制度的"礼"和日常人际关系中的"仪"被明确地区分开来。《左传》昭公二十六年，晏子对答齐侯说："礼之可以为国也久矣，与天地并。"可见，以礼为天地之大经，是当时一种普遍的看法。

礼作为当时最重要的社会规范，发挥着"别贵贱，序尊卑"的作用，维护着当时的社会秩序，所以，礼有很显明的强制性、规范性和权威性。《国语·鲁语》说："夫礼，所以整民也"，《左传》哀公十五年："以礼防民。"最能体现礼的强制性特征的是礼刑互补、礼刑结合，所谓"礼不下庶人，刑不上大夫"。礼的约束作用依靠刑的强制来维系，刑的运用又以礼的原则为指导。礼要"威"，《左传》襄公三十一年记载北宫文子对卫侯说："有威而可畏，谓之威，有仪而可象，谓之仪。"礼保证了君主的权威，这是君主要认真领会的精神，礼是"行其政令，无失其民"，礼是体现君主权威、显示君主权力的工具。

论述礼的另一种意义的代表是孔子。孔子重礼，《论语》中论礼的条目很多，孔子的礼与仁密不可分，礼是以仁为基础的。《八佾》："人而不仁如礼何？人而不仁如乐何？"仁是一种自我修养，是道德主体的自觉活动，《颜渊》：子曰："克己复礼为仁。一日克己复礼，天下归仁焉。为仁由己，而由人乎哉？"《述而》："仁远乎哉？我欲仁，斯仁至矣。"《里仁》："有能一日用其力于仁矣乎？我未见力不足者也。"仁的实践是道德主体的自我选择，仁并不远人，关键是要愿意呈现它且认真地践履它。仁是为人的本质，是推己及人的胸怀，《雍也》："夫仁者，己欲立而立人，己欲达而达人。"仁是孔子思想的核心观念，仁最重要的特征就是奠基于人的心理情感之上，"把道德律从氏族贵族的专有形式拉下来，安置在一般人的心理要素里，并给以有体系的说明，这可以说是孔子在中国古代思想史的伟大功绩"①。"孔子认为，人必须有真性情，有真情实感。这就是'仁'的主要基础。"②也由于强调这种内在的心理依据，'仁'不仅仅得到了比'仪'远为优越的地位，而且也使'礼'实际从属于'仁'。"③孔子重视"直"，将"孝"作为"仁"的根本，将"爱"作为"仁"的主要内容，强调"忠恕之道"，显得温情脉脉，充满仁爱。这种仁爱是由亲子之爱推衍开来的，体现的是"亲亲"原则，有浓厚的父系血缘色彩。仁比礼更具有优先性，与仁相统一的礼，虽然也强调"君君、臣臣、父父、子子"的上下尊卑关系，但更主要的内容是父系血缘和亲情原则。也正因为此，孔子更重视礼的精神，《阳货》："礼云！礼云！玉帛云乎哉？乐云！乐云！钟鼓云乎哉？"有些时候，孔子将礼看做仁的完善和统一，《卫灵公》："知及之，仁能守之，庄以涖之，动之不以礼，未善也。"作为一种更重视人的道德完善的礼乐，它的强制性和构建新的社会秩序的能力不强，因而对现实政治的影响力非常有限。

春秋时礼乐思想的阐述，不仅仅是衰落贵族对逝去的韶华的感怀，也不只是对礼崩乐坏的愤怒，或是在愤怒下对礼乐的强制性、规范性的强调，而是以秦、鲁等为代表的礼乐的社会实践活动为基础的。将作为国家制度的礼乐和作为道德完善意义上的礼乐区分开来更有利于把握周末春秋时期礼乐制度发展变化的全貌，更突出地显示了秦和鲁所具有的礼乐文化的代表意义。《诗序》云秦立国之初"未能用周礼"，未必尽然。秦礼乐制度及思想只是不太符合以仁爱为基础的儒家礼乐思想而已。对秦礼乐制度及思想的发掘，也许能弥补历史的断裂，使得人们对秦的崛起和发展有更深刻的认识。

四、宗族与宗法制度的转型

礼乐和宗族制度互为表里。宗族制度对中国社会具有持久而深刻的影响。秦在西周和春秋时期在社会组织形式上实行的是宗族制度。在西周时期，秦是聚族而居。在进入关中及其相当长的一段时期内，宗族制度是秦最主要的社会组织制度。

首先，秦有宗庙制度。秦在西犬丘就应该有宗庙制度。在凤翔马家庄发现

---

① 侯外庐、赵纪彬、杜国庠：《中国思想通史》第一卷，第 156 页。

② 冯友兰：《中国哲学史新编》（上），人民出版社 1998 年版，第 149 页。

③ 李泽厚：《中国古代思想史论》，安徽文艺出版社 1994 年版，第 26、12 页。

了春秋时期的秦宗庙遗址。马家庄 1 号建筑遗址平面为长方形，南北残长约 76 米，东西宽约 87.6 米，面积约 6660 平方米，由门庭、中庭、堂寝及东西厢组成，为一个四周有围墙的封闭式建筑群。在其中庭等处发现埋有牛、羊、车等的祭祀坑一百多个，是多次祭祀的结果。根据建筑布局及祭祀坑的情形推断，1 号建筑应是一处宗庙建筑。2 号建筑遗址和 1 号建筑遗址有着密切联系。马家庄 1、2 号建筑遗址西距马家庄 3 号建筑遗址约 500 米。3 号建筑遗址由五进院落和五座门庭组成，南北全长 326.5 米，北端院落宽 86 米，南端院落宽 59.5 米，面积 21849 平方米，四周有夯土围墙，构成一个封闭式建筑群。根据建筑布局，推测其应为一处朝寝遗址。①《仪礼释官》："周礼建国之神位，右社稷，左宗庙，宫南乡而庙居左，则庙在寝东也。"秦宗庙遗址的布局符合这条记载。宗庙是祭祀祖先、宗族团聚、决定大事、举行典礼等的场所，政治和军事上的事务都要到宗庙请示汇报。宗庙对于加强宗族凝聚力，巩固宗族团结，明确等级秩序，强化宗族的战斗力量有着重要作用。

其次，秦有族墓制度。西周、春秋时期，宗族成员合族而居，死后同一宗族的成员往往葬入同一墓地，形成族墓制度。族墓分为两种：一种叫"公墓"，埋葬的是贵族；一种是"邦墓"，埋葬的是"国民"。1959—1960 年，在宝鸡福临堡清理了 10 座春秋秦墓，规格较高的 M1 遥据北部正中，其余各墓在它南部排成两排，形成一个精心规划、排列整齐的家族墓地。②陇县边家庄墓地发掘了 33 座春秋时期的秦墓，其中有 8 座五鼎四簋和 3 座三鼎二簋的铜礼器墓，可能是埋葬秦国宗室贵族的"公墓地"。③陇县店子墓地发掘了东周至秦代的秦墓共 244 座，可能是埋葬城邑及近郊国人的"邦墓地"。④秦墓的发现比较多，但资料比较零散，随着研究的进一步深入，秦的族墓制度研究应该会有大的突破。

---

① 陕西省雍城考古队：《凤翔马家庄一号建筑遗址发掘简报》，《文物》1982 年第 2 期；韩伟：《马家庄秦宗庙建筑制度研究》，《文物》1982 年第 2 期；尚志儒、赵崇仓：《〈凤翔马家庄一号建筑遗址发掘简报〉补正》，《文博》1986 年第 1 期；韩伟：《秦公朝寝钻探图考释》，《考古与文物》1985 年第 2 期。

② 中国科学院考古研究所宝鸡发掘队：《陕西宝鸡福临堡东周墓葬发掘记》，《考古》1963 年第 10 期。

③ 尹盛平、张天恩：《陕西陇县边家庄一号春秋墓》，《考古与文物》1986 年第 6 期；陕西省考古研究所、宝鸡市考古队等：《陕西陇县边家庄五号春秋墓发掘简报》，《文物》1988 年第 11 期；肖琦：《陕西陇县边家庄出土春秋铜器》，《文博》1989 年第 3 期。

④ 陕西省考古研究所：《陇县店子秦墓》，三秦出版社 1998 年版。

第三，秦有公族。春秋初期，秦国是嬴姓宗族联合其他异姓贵族的统治。秦从附庸到立国，本身经过了一个从秦嬴宗族到秦国的发展变化。秦国的政治军事权力和公族势力是一致的，"公族"是最主要的政治军事力量。"公族"本指公之同族，又指管理公族的人而言。近年被人们所重视的"秦子"青铜器，为认识秦国早期的公族提供了线索。"秦子"青铜器现共发现四戈一矛，秦子盉两件（现藏美国），秦子簋盖，秦子钟（现藏日本），礼县大堡子山秦子"乐器坑"出土三件镈、八件甬钟，时代属于春秋早期。[1] 在现藏广州博物馆的秦子戈（《殷周金文集成》11353）上有"秦子乍造公族元用"的铭文，意为"秦子监造，公族使用"的意思。秦子矛（《殷周金文集成》11547）铭文与之相同。澳门珍秦阁收藏的秦子戈上有"秦子乍造左辟元用"的铭文。现藏故宫博物院的秦子戈（《殷周金文集成》11352）有"秦子乍造中辟元用"的铭文。李学勤先生认为既有"左辟"、"中辟"，必然有"右辟"。左、中、右"辟"显然是秦国所特有的一种军事编制，类似于左、中、右三师的设立。综合起来，秦子戈、矛铭文反映了这样一个事实，秦子监造戈、矛，为由公族组成的军队使用，公族组成的军队分为左、中、右"辟"。

公族及公族组成的军队是社会稳定的基础，公族内部的斗争常常造成政治的动荡。据《史记·秦本纪》：宪公（《秦本纪》为宁公，秦武公钟、镈铭文为宪公，据改）卒后，大庶长弗忌、威垒、三父废太子而立出子为君。"出子六年（前698年），三父等共令人贼杀出子。出子生五岁立，立六年卒。三父等复立故太子武公。武公……三年（前695年），诛三父等而夷三族，以其杀出子也。"这是秦国一次剧烈的政治斗争，其中大庶长是祸乱之源。庶长是秦国特有的官职，"在孝公以前，庶长每有擅权废立之事"，拥有很大的权势。[2] 近来，有学者对澳门珍秦斋收藏的秦伯丧戈、矛铭文进行考释，认为伯丧极有可能就是大庶长弗

① 对于"秦子"究竟指谁，学者们还有不同的意见，有学者认为指出子，或认为指即位称"公"前的秦国早期的某位国君。王辉：《秦出土文献编年》，第28—30页；近年发表的相关文章有王辉、萧春源：《新见铜器铭文考跋二则》，《考古与文物》2003年第2期；李学勤：《秦子新释》，《文博》2003年第5期；李学勤：《论秦子簋盖及其意义》，董珊：《秦子姬簋盖初探》，《故宫博物院院刊》2005年第6期；赵化成、王辉、韦正：《礼县大堡子山秦子"乐器坑"相关问题探讨》，《文物》2008年第11期；王伟：《从秦子簋盖语词说到秦子诸器》，《宁夏大学学报》2008年第5期。
② 马非百：《秦集史》，第876页。

忌，是秦国当时执政的正卿。① 大庶长弗忌等立出子，废出子，出子在位时辅政，后又立武公，掌管军队，很可能是秦国国君的同族，掌管着公族，才有如此大的权势。②"庶长"一名的意思是庶人之长。"庶长"可能是原有的称呼，在秦列为诸侯之后，沿用了原来的称呼。以庶长为首的公族左右着秦国的政局，对秦国的君位继承制度有非常大的影响，怀公四年（前425年），庶长鼌与大臣围怀公，怀公自杀；出子二年（前385年），庶长菌改杀出子及其母，迎立献公。一直到孝公时，庶长才渐渐失去威权。

秦国除秦宗室同姓的公族外，存在异姓贵族。秦公一号大墓出土的残磬铭文有"百生（姓）"，即指秦国的异姓贵族。③ 在频繁的战争中，出现了异姓甚至异族的军事贵族。④ 宗法制度之下，很讲究同姓和异姓的关系，除同姓不婚外，诸侯祭祀时，每有异姓助祀。同姓同宗的关系比异姓关系亲近，《左传》襄公十二年："凡诸侯之丧，异姓临于外，同姓于宗庙，同宗于祖庙，同族于祢庙。"《左传》隐公十一年："周之宗盟，异姓为后。"秦在占领岐西之地后，"文公遂收周余民有之"，有些异姓贵族是自然的事。从葬穆公的"三良"，为秦大夫子车（《史记·秦本纪》为"子舆"）氏之子，子车氏显然不是赢姓。当然，在秦国赢姓宗族联合其他异姓贵族的统治中，赢姓宗族无疑是主导。

第四，秦国存在世官制度。西周和春秋时期曾奉行世官制度，公门有公，卿门有卿，贱有常辱，贵有常荣，子孙相承，官职世袭。世官制和宗族组织两位一体，紧密结合。20世纪初期，甘肃天水出土的秦公簋有"咸畜胤士"四字，陈直先生指出："胤士为父子承袭之世官，《说文解字》：胤，子孙相承续也，从肉，从八，象其长也，从幺，象重累也。又《说文》训咸皆也，悉也，训畜，积也。本铭谓：'悉积官职子孙相继承。'"⑤ 宝鸡杨家沟太公庙出土的秦公钟、镈铭文有"胤士咸畜"，《考古图》所著录的秦公钟（实为镈）铭文有"咸畜百辟胤士"，都是同样的意思。在文献中，百里奚子孟明视，蹇叔子西乞术、白乙丙相继为卿士，皆为世官。就是商鞅变法后，秦的世官制的遗存仍然以新仕进制度的一种补

---

① 董珊：《珍秦斋藏秦伯丧戈、矛考释》，《故宫博物院院刊》2006年第6期。

② 王辉：《秦出土文献编年》，第29页。

③ 王辉：《秦出土文献编年》，第37页。

④ 滕铭予认为在春秋早中期，秦在与北方文化的军事行为中，有获得贵族身份的军事贵族。

　　滕铭予：《秦文化：从封国到帝国的考古学观察》，第72—74页。

⑤ 陈直：《读金日札　读子日札》，中华书局2008年版，第68—69页。

充形式继续存在于政治生活中。[①]春秋时期，与世官制度相应的是秦国建立起了卿、大夫、士这样的身份等级制度。

第五，在秦穆公以后，公族人物依然得到重用，在政治、外交、军事上多有建树。今见于史传的春秋时期的秦国公族人物有公子白、公子宏、小子憖、公子縶、公子铖、公子蒲、公子虎等。从他们的出路来说，第一种情况是获封食邑。如公子白是武公之子，未能即位，封平阳；公子铖是桓公之子，封于徵衙。他们的身份都是先君之子。公子白封平阳，是因为武公卒后其弟德公即位，对公子白有所补偿。公子铖则是有宠于桓公。第二种情况是出使结盟、率军为将、担任大夫等官职。小子憖率军参加了城濮之战，参与了践土之盟、翟泉之盟；公子縶任大夫，代表秦国出使晋国，在立晋惠公、晋文公为君的过程中发挥了重要作用，并与晋大夫盟于郇；公子蒲、公子虎率军救楚；公子铖也曾代表秦国与晋国缔结盟约。从以上情况看，在秦穆公及其以后的时期，秦国的公族依然有很大的影响。

宗族与宗法是不可分割的。秦的立国是在周末和春秋之际，整个社会有了很大的变化，宗法制度本身也在发展。以往多认为秦的宗法制度不严格，但实际上对其宗法制度的具体内容了解并不多。现在，越来越多的考古资料为深入研究秦的宗法制度提供了条件。对秦宗法制度的研究可以反映秦思想文化的特质。通过对秦宗法制度的解剖，对宗族制度本身也可以加深认识。

王国维《殷周制度论》说："周人制度之大异于商者，一曰'立子立嫡'之制，由是而生宗法及丧服之制，并由是而有封建子弟之制，君天子臣诸侯之制；二曰庙数之制；三曰同姓不婚之制。"《殷周制度论》又说："惟在天子诸侯，则宗统与君统合，故不必以宗名。"[②]宗统与君统的结合确立了同一宗族内部宗族成员之间的嫡庶、亲疏、等级和世袭权力等，也确立了和异姓宗族的关系，形成了金字塔式的社会结构。如是说，宗法制度应该包括嫡长子继承制、宗法（大宗、小宗）及丧服制度、分封制、宗庙制、族外婚制。杨宽则从宗庙制度、族墓制度、姓氏、名字制度、族外婚制和贵族的等级内婚制、嫡长子继承制、族长主管制、家臣制度、贵族的各种相互关系等方面把握西周的宗法制度。[③]宗法制度的核心是宗族组织与国家政治组织的合二为一，是社会组织结构与国家权力结构的合

① 黄留珠：《秦汉仕进制度》，西北大学出版社1985年版，第7—11页。

② 王国维：《殷周制度论》，见《观堂集林》，中华书局1984年版。

③ 杨宽：《西周史》，第426—450页。

二为一。侯外庐先生说:"周代的宗法制度便是盟主而兼贵族的维新制度。"① 张光直将三代的制度表述为:"以血缘纽带维系其成员的社会集团左右着政治权力,这就是中国古代国家最显著的特征。再者,各氏族自身也按照血缘关系而高度层序化了。每一个氏族都由若干个宗族群所组成,同一宗族的成员都经由明确的谱系联为一体。单个宗族,甚至每个宗族中的单个成员,其政治地位都有高下之分。""三代的世系制度尚不十分清楚,但宗系决定政治地位这个大原则是无可置疑的。"②

综上所述,宗法制度的核心主要有以下几点:一是宗族组织结构普遍存在;二是实行分封制,并形成了和分封等级相适应的政治权力层级,高一级的封君拥有支配低一级封君的权力,并有责任保护、帮助他们,低一级的封君有义务服从并支持上一级的封君;三是天子是天下的共主,各级封君在责任和义务之外,权力相对独立;四是异姓被纳入了宗族和权力层级之中,结成了宗盟;五是周天子和各级封君的地位由嫡长子继承;六是个人的政治和社会地位决定于宗族的地位;七是形成了一系列相应的制度,如杨宽所列举的内容。在这些核心里面,宗族组织结构的普遍存在和由于分封制而形成的权力的层级结构、嫡长子继承制是最主要的,相应的制度是其表现形式。

秦具有普遍的宗族组织结构,并有宗庙、族墓、世官等制度,公族在政治和军事中发挥着重要作用。但秦的嫡长子继承制以及是否存在和分封制相适应的权力的层级结构的情况还需要进一步辨析。

首先是嫡长子继承制。秦国从襄公时起就建立了严格的君位继承制度,其核心是太子制度,每一位君主在位时确立太子作为君位继承人,子为太子,子死立孙,这一制度原则上是不可破坏的。考察秦国襄公到穆公时的君位继承情况,襄公非庄公长子,庄公长子为世父,世父让其弟襄公为太子;襄公卒,文公即位,文公为襄公之子;文公太子为静公,文公四十八年(前 718 年)静公卒,未享国,静公的长子被立为文公太子,文公卒,即位,是为宪公;宪公太子为长子武公,宪公卒,太子武公不得立,立出子;出子六年(前 698 年),三父等贼杀出子,立故太子武公;武公有子一人名白,武公卒,不立白,立其弟德公;德公卒,长子宣公立;宣公卒,不立其子,立其弟成公;成公卒,不立其子,立其弟穆公。秦从襄公到穆公共九位国君,另有不享国者一人。在这一时期,秦确立了太子制

---

① 侯外庐、赵纪彬、杜国庠:《中国思想通史》第一卷,第 77 页。

② 张光直:《美术、神话与祭祀》,辽宁教育出版社 2002 年版,第 3 页。

度，除襄公本人外，太子原则上立子，特别是文公太子静公卒，静公的长子被立为文公太子即位，说明在秦国君位继承制是不可轻易改变的。出子、武公、德公之间的兄弟相继，是发生了激烈的宫廷斗争，真正的兄终弟及只有成公、穆公。与此相应的是整个春秋时期，兄终弟及并不是秦国的君位继承制的主导，穆公之后，从康公一直到躁公，共十代九位君主在位，其中哀公太子夷公早死，不享国，哀公卒，立夷公子，是为惠公，其他都是稳定的传子制。躁公卒，立弟怀公，结果引起了内乱，一直到献公政治局面才重新稳定下来。

从以上秦国的君位继承情况来看，秦国的君位继承制度应该是严格的。从秦襄公时秦国就确立了君位继承制度，其核心是太子制度，太子制度、太子不享国立太子之子的制度得到有效实施。以往认为秦国缺乏严格的嫡长子继承制的观点[①]值得商榷。王国维在《殷周制度论》中说到："夫舍弟而传子者，所以息争也。兄弟之亲本不如父子，而兄之尊又不如父，故兄弟间常不免有争位之事。……故有传子之法，而嫡庶之法亦与之俱生。"[②]嫡长子继承制的最终目的在于稳定政治局势，维持统治。在秦国，政治上的动荡恰好是传子制被破坏的前后出子时期，出子、武公时期和躁公到出子时期，这显然不是巧合，从反面说明了秦国君位继承制被普遍接受，是不可动摇的，破坏这种制度会带来政治上的动荡和危机。

和其他诸侯国比较，秦国的君位继承制度是较为严格的。春秋时期，各诸侯国的政治斗争尖锐复杂，和秦相邻的晋国，就不止一次地发生过君位之争。鲁国是保存"周礼"的诸侯国，但《史记·鲁世家》载叔牙说："一继一及，鲁之常也。"《史记集解》引何休说："父死子继，兄死弟及。"根据统计，从公元前770年到公元前476年，鲁、卫、晋、郑、齐、宋、楚七国，即位为君者共114人，通过正常方式即位的，即由国君生前确定太子或其他的君位继承人即位的为69人，约占总即位君数的61%，其他的都是以强力自立或被其他势力所拥立的非正常即位方式。[③]即使是西周时期，懿王卒后，即位的孝王为懿王叔父。孝王卒后，懿王之子夷王才又即位。非常纯粹的嫡长子继承制在历史上几乎找不到例证，理想和现实之间有一定的差距是可以理解的，去除理想主义的成分，秦国的君位继承制符合嫡长子继承原则。

① 林剑鸣：《秦史稿》，第98页。

② 王国维：《殷周制度论》，见《观堂集林》。

③ 参见朱凤瀚：《商周家族形态研究》（增订本），天津古籍出版社2004年版，第449页《春秋七国国君君位继承方式统计表》，该表统计了春秋时期鲁、卫、晋、郑、齐、宋、楚七国国君的君位继承情况。

嫡长子继承制的理论主要出于《左传》、《公羊传》等，其精髓是《公羊传》隐公元年所谓的："立适以长不以贤，立子以贵不以长。"《公羊传》的说法尤其详密，这带有很强烈的儒家政治理想的色彩，连王国维也不无疑虑地说："顾皆后儒充类之说，当立法之初，未必穷其变如此。"①认为秦国早期缺乏严格的嫡长子继承制是从夷狄之辨的角度看待问题。《公羊传》等对秦有严重的文化歧视，视秦为夷狄，《公羊传》僖公三十三年："晋人及姜戎败秦于殽。其谓之秦何？夷狄之也。"《穀梁传》同条云："不言战而言败，何也？狄秦也。"《公羊传》昭公五年："秦伯卒。何以不名？秦者，夷也。匿嫡之名也。其名何？嫡得之也。"何休注："嫡子生，不以名令于四竟，择勇猛者而立之。"这一点如果是指庄公以前的秦嬴宗族，还有一定的可商之处，如果是指襄公以后的秦国，则不符合事实，秦国从襄公时起就建立了严格的君位继承制。

其次是分封制。周初通过封邦建国的方式将土地分封给诸侯，目的在于"封建亲戚，以藩屏周"。诸侯又将一部分土地分封给卿、大夫作为采邑。这种分封制构成了西周时期国家的主要统治形式。分封制主要存在于西周初期，春秋时期，分封制逐步被"食邑"所取代。林剑鸣先生认为秦国没有实行分封制，秦国的宗族子弟无尺土之封，充其量不过有"食邑"而已，把"食邑"的赋税作为收入，没有直接的统治权。《史记·秦本纪》记载秦武公的儿子白"封平阳"。但在秦宪公时，平阳就是秦都。武公时依然如是。所以，秦是不可能将平阳封给白的。②对于新占领的土地，秦设县进行统治。秦武公十年（前688年），消灭邽、冀之戎，在当地设县。秦武公十一年（前687年），在郑、杜设县。秦穆公十五年（前645年），秦在河东之地"置官司"。秦国不进行分封，权力集中于国君手中，可以积聚更多的力量；不进行分封，国君的权力由间接变为直接，从而具有集权的特点。

从以上方面来看，秦国普遍存在着宗族组织，有宗庙、族墓、世官等制度，有严格的君位继承制，但不实行分封制，没有形成和分封制相适应的权力层级。这些制度保证了秦国君主在宗族、政治、宗教方面的权力，呈现了秦国宗族和宗法制的基本面貌。稳定的君位继承制度保证了政治的稳定；不实行分封制，占领的土地直接由君主控制，表现了血缘关系向地缘关系的发展；宗庙制度体现了宗法的亲亲原则；族墓制度反映了聚族而居、聚族而葬的宗族存在状态。

---

① 王国维：《殷周制度论》，见《观堂集林》。
② 林剑鸣：《秦史稿》，第80—81页。

从以后的中国古代国家的社会结构和政治形态的发展趋势来看，商鞅变法到秦统一之后，五至七口的一家一户的小家庭成为中国古代社会的细胞，但汉及以后宗族组织和宗族观念长期作为中国古代社会的一种自我调节机制依然存在；秦建立了君主专制集权统治，实行了郡县制，权力主要掌握在君主手中，但以后朝代中主要依靠"食邑"赋税供养的封君制在大部分朝代都存在着。所以，春秋初期秦的宗族、宗法制度所表现出来的特点也是一种转型期的特点。

"国家也有自己的特性"，国家的特性取决于自己走过的道路以及面临的环境。侯外庐先生指出："东方文明途径，应该特别重视（1）因战争而产生的权力的提高；（2）族长传统的沿袭。"[1] 侯先生的这个论断对于秦尤其适合，族长传统得到沿袭，更重要的是因战争而产生了权力的提高。强调礼乐的依据，重视礼乐制度的规范性、强制性、权威性，宗法制度表现出来的过渡形态，这是一种悄然发生的变化。对于秦来说，这些趋势特别鲜明，是在立国之初就表现出来的特色和个性，是秦自己独特的发展道路决定的，是对环境的适应。同时，这种变化也是内在的，是从体制和制度的变化开始的。当时这种变化也许是一种无意识，包容在礼乐和宗法的构建之中，声势不如战国时期的变法轰轰烈烈，但确是向那个方向发展的一个前奏。

五、小结

秦被封为诸侯是在公元前 770 年，但从实际情况考察，秦的立国具有特殊性。秦作为附庸有自己独立的地位和作用，并不是单纯地依附周王室。从非子到秦庄公，秦政治权威的地位非常稳固，在被封为诸侯之前，已经拥有了相当强的军事力量，并积极谋求向关中渗透。在两周之际，周秦关系微妙而复杂，秦利用社会形势的动荡谋取了很大的利益。周王室对秦的分封没有使用册命礼，而是通过"誓"的形式承诺列秦为诸侯，而秦在此之前就已经开始了统治组织的建构。所以，秦的立国是一个过程，周王室的分封只是特殊的形势下对事实的承认而已。周王室对秦的分封反映出在西周末和春秋初期的周秦关系中，秦占据了主导地位。

秦的立国与其時祭、天命思想直接相关。秦将原来民间的時祭转变为对天帝的祭祀，反映了秦人扩张土地的愿望和政治诉求。秦人虽然是由周王室分封为诸

---

[1] 侯外庐、赵纪彬、杜国庠：《中国思想通史》第一卷，第 74 页。

侯的，但显然对此很不满意，自认为是"受天命"而建国的，有非常强烈的天命思想。秦的天命思想是对西周天命思想的继承和变革，又有地域文化的因素，并受生产和生活方式的影响。在時祭、天命思想的主导下，秦的宗教祭祀进一步秩序化了。

秦国家制度的主体是礼乐制度，文献记载、考古发现等都证明了这一点。秦的礼乐制度反映了秦地风俗，和其他诸侯国相比发挥着更重要的政治和军事功能，蕴涵着统治者"教训正俗"的意义，使臣下对君主的人身依附关系更强，具有规范性、约束性和强制性。春秋时"礼崩乐坏"只说明了礼乐制度变化的一个方面，当时关于礼的论述有两种趋势：一种趋势强调礼作为一种制度的客观依据是天地，强调礼作为社会规范的强制性；另一种趋势则将礼的基础归属于人的心理情感，强调通过修养增强遵守礼的自觉性。应该说秦国和鲁国作为典型，分别代表了这两种观点的社会基础。

在西周时期，秦是聚族而居。立国后，秦有宗庙制度、族墓制度、世官制度，公族在政治和军事中发挥着重要作用，宗族观念在秦国同样有非常重要的影响。同时，秦有比较严格的君位继承制度，太子制度、子死立孙的制度原则上不可触动，否则会引起政治动荡。秦国没有实行分封制，也没有形成和分封制相应的权力的层级结构。这些情况表明秦的宗族、宗法制度表现出一种社会转型期的特点，这是由秦自己独特的发展道路决定的。

"子孙饮马于河"
——雍城时代的思想变化

秦德公元年（前677年）迁都雍，秦开始了一个新的时代。在以后二三百年的时间里，除战国初期的政治动荡外，秦的政局相对比较稳定。雍城是秦的政治中心，同时作为沟通关中和陇东、关中和巴蜀的交通要冲，作为关陇地区的经济文化中心，有着举足轻重的影响。正是在定都雍城的时期，秦在各方面都获得了持续性的发展，秦思想也出现了若干新的因素。上一章的论述中，有些问题已经涉及秦雍城时代的思想观念，本章不再重复。本章主要关注这一时期秦思想的新变化。

一、定都雍城

秦在进入关中之后，其政治中心曾几经迁徙。《史记正义》引《帝王世纪》：秦襄公二年(前776年)徙都汧。①《史记·秦本纪》记载，秦文公三年(前763年)徙居汧渭之会。②秦宪公二年(前714年)，徙居平阳。③秦德公元年(前677年)迁都雍。从公元前776年至公元前677年，在近一百年左右的时间里，秦四迁都城，迁都不可谓不频繁。秦频繁迁都的原因是什么？在先秦时期，迁都并不少见，迁徙最为频繁的是商。商王朝建立之前有八迁，商王朝建立之后五次迁都，一直到盘庚迁殷，才稳定下来。周王朝在建立之前，曾由邰迁到豳，又由豳迁到周原。周武王营建丰、镐，周平王东迁洛邑。综观先秦时期迁都的原因，不外乎以下几个方面：一是经济与环境的原因。先秦时期的商人、周人都主要从事农业生产，而以畜牧业作为补充。周人更加重视农业生产。农业生产对环境的依赖比较大，适宜的自然条件有利于耕作，一旦自然环境恶化，不适宜于农作和生存，就不得不迁徙到别处。二是军事的原因。从军事上考虑，都城所在的地形要有军事上的优越性，最好是依山临水，易守难攻，安全稳固。当都城受到敌方的威胁，无法保证安全时，就只有迁都。三是政治的原因。古代交通不太发达，都城作为政治中心，要充分考虑国家对各地的控制和管理，一般要选在国之中央。这些因素对理解秦的迁都也有启发。

秦人在商末周初开始生活在西汉水上游。西汉水为嘉陵江的支流，属长江水系，发源于甘肃礼县北部与天水市秦州区南部接壤处的黄土丘陵区，有南北两个源头，南源发源于寨子山，北源发源于长板梁，在天水市秦州区西南部的天水镇汇合，始称西汉水。西汉水由东北向西南流经天水市秦州区天水镇、礼县盐官镇

① 汧邑地望可能在陇县东南乡的磨儿原。见张天恩：《边家庄春秋墓地与汧邑地望》，《文博》1990年第5期。

② 汧渭之会的争议比较大，一说在今眉县附近，或认为在陈仓、魏家崖、李家崖、卧龙寺西北等。徐卫民认为应在汧水以东的魏家崖一带。徐卫民：《秦都城研究》，陕西人民教育出版社2000年版，第59—63页。

③ 1978年在宝鸡县（今陈仓区）杨家沟公社太公庙大队发现秦公钟、秦公镈，很可能平阳就在这一带。卢连成、杨满仓：《陕西宝鸡县太公庙村发现秦公钟、秦公镈》，《文物》1978年第11期。

等，过礼县县城后折而向南。天水市属于温带大陆性季风气候和亚热带气候的过渡地带，秦州区苏城到北道区立远以南属于北亚热带气候，降雨由东南向西北逐渐减少。南部亚热带林区年降水量为 800—900 毫米，中东部山区雨量在 600 毫米，渭河北部不及 500 毫米。天水市的地势西北高，东南低。北部为黄土沟壑，东部、南部为山地。天水市西南部与礼县相邻。西汉水流经的地区两岸也属于黄土丘陵地区，温带大陆性季风气候，年降水量在 500 毫米左右。整个西汉水上游的天水镇、盐官镇等自然环境基本一致。史前时期，这里的气候可能要温暖湿润一些，并早有先民定居，考古发掘和调查表明，这一带分布着大地湾一期文化、师赵村一期文化、仰韶文化、马家窑文化、齐家文化、寺洼文化等。这些史前文化的先民们主要从事农业生产，兼营畜牧业、狩猎，过着定居生活。特别是寺洼文化，被认为是古羌族文化，其绝对年代为公元前 1400—前 700 年，相当于商末至西周晚期，其先民们也从事农业生产，经营畜牧业，过着稳定的定居生活。[①] 寺洼文化的先民们和秦人共居于西汉水流域，没有理由认为秦人主要从事畜牧业。甘谷毛家坪遗址的文化面貌表现出与关中地区西周文化的诸多相似性，出土的石斧、石刀、纺轮等从事农业生产的工具，陶器组合都为鬲、盆、豆、罐等，表明二者具有相同的以农业为主的经济类型。[②] 所以，可以很肯定地说，秦人在西汉水流域也是以农业为主的。

非子所居的秦邑，《史记集解》引徐广注："今天水陇西县秦亭也。"《史记正义》引《括地志》云："秦州清水县本名秦，嬴姓邑。《十三州志》云秦亭，秦谷是也。周太史儋云'始周与秦和而别'，故天子邑之秦。"传统注释都认为秦邑在清水。清水县因清水而得名。清水即今牛头河，故称清水，又名桥水。清水的支流，流经张家川回族自治县的后川河被认为即是秦水，或认为秦邑可能在张家川回族自治县城南的瓦泉一带。[③] 牛头河发源于关山西侧，是渭河支流。清水县地貌以黄土沟壑为主，张家川回族自治县的地貌以山地为主，中西部为黄土丘陵。

秦从陇东进入关中主要有两条道路。一条道路为汧水道，又名陇道，翻越陇山沿汧河河谷到陕西陇县。另一条道路为渭水道，沿渭河河谷东进，到达陈仓。[④]

---

① 谢端琚:《甘青地区史前考古》，文物出版社 2002 年版，第 9、11、23、24、35、38、50、52、65、71、88、98、114、115、121、190、192、229 页。

② 滕铭予:《秦文化:从封国到帝国的考古学观察》，第 52 页。

③ 徐日辉、徐卫民等持此观点。见徐卫民:《秦都城研究》，第 48—50 页。

④ 汧水道的具体路线又可分为回中道、陇坂道、咸宜道。其中咸宜道开通较晚，秦人主要走回中道、陇坂道。渭水道张天恩认为宜用文献中的陈仓狭道，因为其东段拓石以东的渭水

关中指西起今宝鸡峡，东到潼关的渭河冲积平原，南依秦岭，北接陕北黄土高原，相比较而言，各方面的条件都比陇东优越。《战国策·秦策一·苏秦始将连横说秦惠王章》描述关中："田肥美，民殷富，战车万乘，奋击百万，沃野千里，蓄积饶多，地势形变，此之谓'天府'，天下之雄国也。"西汉刚建国时，娄敬建议汉高祖建都关中："秦地被山带河，四塞以为固，卒然有急，百万之众可具也。因秦之故，资甚美膏腴之地，此所谓天府者也。陛下入关而都之，山东虽乱，秦之故地可全而有也。"（《史记·刘敬叔孙通列传》）《史记·留侯世家》："夫关中左殽函，右陇蜀，沃野千里，南有巴蜀之饶，北有胡苑之利，阻三面而守，独以一面东制诸侯。诸侯安定，河渭漕輓天下，西给京师；诸侯有变，顺流而下，足以委输。此所谓金城千里，天府之国也。"这三种对关中的评说一个是战国时期，两个是汉初，但都认为关中是"天府之国"。司马迁在《史记·货殖列传》里说："关中自汧、雍以东至河、华，膏壤沃野千里，自虞夏之贡以为上田，而公刘适邠，大王、王季在岐，文王作丰，武王治镐，故其民犹有先王之遗风，好稼穑，殖五谷，地重，重为邪。"从这些对关中的评说来看，关中有这么几个优势：一是土地肥沃，便于农耕；二是交通顺畅，蓄积丰富；三是地形优越，安全稳固；四是农耕发达，传统悠久；五是政治中心，向心力强；六是民风淳朴，不为奸邪。秦进入关中，在经济上可以进一步发展农业，拓展交通，积蓄财富；在军事上易守难攻，具有地理优势；在政治上占据周王朝的政治中心，增强影响力。另外一点，西周礼乐文化积淀几百年，良好的人文环境对秦也有很大的吸引力。这些因素是秦东进关中的主要原因。

秦在进入关中之后所居的汧东临汧河，汧河是渭水支流。汧渭之会、平阳、雍城都处于关中西部的渭水中游。渭河在宝鸡峡以东至扶风段，南眺秦岭，北岸为黄土台塬。雍城就在渭河北边的黄土台塬上的今陕西省凤翔县。汧、汧渭之会、平阳距离雍城的距离都不远。汧渭之会和平阳距离雍城更近。秦从陇东到关中，气候没有大的变化，这一带气候也是温带大陆季风性气候，年降雨量约在600毫米左右，周秦时期更温暖湿润一些。

秦最终定都雍城首先是这里的地理环境更为理想。秦雍城遗址的北边被压在

河谷河水湍急，悬崖峭壁，难于展开大的行动。拓石以下的线路有两条。一条沿六川河到城隍庙，经赤沙、通洞到拓石。另一条经太寅、甘峪、晁峪、坪头，到城隍庙。张天恩：《古代关陇通道与秦人东进关中线路考略》，徐卫民、雍际春主编：《早期秦文化研究》，第47—60页。

今凤翔县城之下。凤翔的地势西北高，东南低。西北部为平缓丘陵，西南为汧河河谷。中、东、南部为黄土台塬，地势平缓，起伏不大。雍城位于雍水之北。雍水源于城西北三十里的雍山，今名后河。此外，凤翔还有横水河等，水资源比较丰富。相比而言，汧的地理位置不够开阔，平阳则存在地势低洼的缺点。其次，雍城毗邻西周原来的岐邑之地。从大周原的范围来说，周原包括渭河以北的凤翔、岐山、扶风、武功等县的黄土台塬地区，雍城本身在大周原范围内。这使秦可以充分利用周的政治向心力资源和丰富的文化资源，无疑具有政治上和文化上的优越感。第三，从关陇的整体环境来说，雍城具有地理优势。雍城西依陇山，曲径蜿蜒，控制着西去的交通要冲，和秦人的老家相连；东望关中，地势开阔，可以沿渭河顺流东下，交通和漕运都很便利；南眺秦岭，山势连绵，山中栈道是沟通汉中、巴蜀的咽喉。总之，定都雍城，对秦的发展是十分有利的。

雍城时代指的是秦建都雍城的时期，与此相关的是秦是否曾迁都泾阳、栎阳的问题。秦建都雍城的初始时间是在秦德公元年（前 677 年），对此没有什么疑义，但秦都迁离雍城的时间却有分歧。一种观点认为秦在灵公时期曾从雍迁都泾阳，依据是《史记·秦始皇本纪》后附的《秦记》："肃灵公，昭子子也。居泾阳。享国十年。"献公时期一度从泾阳迁都栎阳，依据是《史记·秦本纪》：献公"二年（前 383 年），城栎阳。""二十四年（前 361 年），献公卒，子孝公立。""十二年（前 350 年），作为咸阳，筑冀阙，秦徙都之。"孝公《求贤令》："献公即位，镇抚边境，徙治栎阳，且欲东伐，复穆公之故地，修穆公之政令。"《史记·货殖列传》："献（孝）公徙栎邑。"这样，雍城作为秦都城的时间是公元前 677 年——公元前 423 年。另一种观点认为秦不曾以泾阳、栎阳为都城，在孝公十二年（前 350 年）直接从雍迁都咸阳。在迁都咸阳前，雍城一直是秦的都城。《史记·商君列传》明确地说道："作为筑冀阙宫廷于咸阳，秦自雍徙都之。"栎阳的考古勘探和试掘发现的主要是秦代和汉代的城址，而《史记·六国年表》载：献公十一年（前 374 年），"县栎阳"，《史记·魏世家》亦云：魏武侯"十三年（前 374 年），秦献公县栎阳"。国都怎么会设县呢？"县栎阳"至少表明栎阳是与蒲、蓝田、善明氏地位等同的地方政权。因此，我们认为秦都于雍城的实际时间为公元前 677 年——公元前 350 年。①

---

① 以上争议见刘荣庆：《秦都栎阳本属史实》，《考古与文物》1986 年第 5 期；王子今：《栎阳非秦都辨》，《考古与文物》1990 年第 3 期；徐卫民：《秦都城研究》，第 90—107 页；田亚岐、张文江：《秦置都雍城年限考辩》，《文博》2003 年第 1 期。

这里主张雍城时代的时间是公元前 677 年——公元前 350 年。之所以如此，主要是从秦思想发展的角度考虑，从秦德公到秦孝公时期，秦战略思想是一脉相承的，具有连续性，一直以"子孙饮马于河"为主导。

二、"子孙饮马于河"

对于战略，《辞海》的解释分为狭义和广义。狭义的战略指的是"军事战略"，是对战争全局方略的筹划与指导。广义的战略超越了局部战争，指的是对更大范围、更高层次的重大问题的整体筹划与指导。《中国大百科全书》的解释基本相同。就秦从周末到雍城时期的战略思想来说，战略目标明确，具有强烈的军事色彩，是对当时的战争形势提出的计划和策略。在秦的整个的雍城时代，饮马于河的战略思想的指导意义又超越了纯粹的战争，具有全局性和整体性。

秦从西周末期到建都雍城，其战略思想经过三次转变。第一次是在西周末期，其战略思想是进入关中。第二次是在进入关中之后，秦急于在关中站稳脚跟，以占领岐西之地为目标。第三次是秦德公迁都雍城的同时，正式确立秦的战略思想是饮马于河。当然，饮马于河的战略思想的表达方式比较特别，主要采取了一种神秘主义的表达方式。《史记·秦本纪》记载："德公元年（前 677 年），初居雍城大郑宫。以牺三百牢祠鄜畤。卜居雍。后子孙饮马于河。"鄜畤为秦文公所立，时为秦祭祀天帝的场所。秦德公在鄜畤祭祀天帝，并就居雍进行了占卜，占卜的结果是"后子孙饮马于河"。神秘主义的表达方式是历史发展过程中政治和宗教结合的产物，不能掩盖的是"子孙饮马于河"从此成为秦雍城时代的战略思想，对秦的发展具有非常重要的意义。

饮马于河的战略思想是秦东进战略的进一步发展。在此之前，秦在文公时控制了岐西之地，将岐以东献给周王室只是一个姿态，秦并没有停止东进的步伐。新发现的秦伯丧戈铭文："秦政（正）白（伯）丧，戮政西旁（方），……肇尃（抚）东方。"意为：秦的正卿伯丧，在西方布政陈教，……安定镇抚东方。伯丧戈为春秋早期的秦兵器，据传出土地点为眉县的常兴，伯丧应是文献所见的大庶长弗忌。[1] 这说明春秋早期的秦一直把向东发展作为主要的方向。

在秦向东扩展的过程中，还有一个在渭河北岸向北、向东北扩展的过程。宪公二年（前 714 年）迁居平阳，并出兵讨伐荡社，第二年灭了荡社。关于"荡社"

---

① 董珊：《珍秦斋藏秦伯丧戈、矛考释》，《故宫博物院院刊》2006 年第 6 期。

的具体位置，《史记正义》引《括地志》说在始平（今兴平）或"三原"。荡社大约在今三原和兴平之间。也就在这之后，秦和梁、芮发生接触。《左传》桓公四年（前708年）："秋，秦师侵芮，败焉，小之也。冬，王师、秦师围魏，执芮伯以归。"《水经注·河水》引《纪年》说是周师、虢师围魏，"取芮伯万而东。九年，戎人逆芮伯万于郑"。不过，《左传》桓公十年（前702年）又说："秋，秦人纳芮伯万于芮。"这时，秦国开始干涉芮国的内政。武公时继续向东、东北进军。武公元年（前697年），讨伐彭戏氏，到华山之下。彭戏氏，《史记正义》："盖同州彭衙故城是也。"彭衙在今白水县东北，已经直逼梁、芮了。在宪公、武公时期，秦向北占领了泾水流域，并将势力扩展到了洛水一线，对梁、芮产生了更大的威胁。迫于秦的压力，秦德公元年（前677年）、秦成公元年（前663年），梁伯、芮伯两次朝秦。

饮马于河是秦在新的形势下确立的新的战略指导思想。从秦德公元年（前677年）到秦孝公十二年（前350年），秦都于雍城总共327年，这段时期成为秦国历史上非常重要的雍城时代。秦的雍城时代在秦的发展史上具有承前启后的重要地位，在此之前秦逐步在关中西部站稳了脚跟，在此之后秦因为商鞅变法开辟了一个新的时代。这段时期也是中国历史上一个剧烈变化的时期，秦的发展又反映了这个历史时期的某些特点。秦的发展和它雍城时代的战略思想是分不开的。

饮马于河的战略思想确立了秦雍城时代的发展目标，即将秦国控制的地域扩展到黄河一线，并争夺向东进入中原地区的要道。秦要进入中原，一条路线是沿渭河向东通过崤函要道，再就是渡过黄河直接进入今山西。春秋时期，秦一直没有打通崤函要道，一度从今咸阳以东转向东南扩张。秦要渡过黄河，则位于今韩城、合阳一带的芮国、梁国恰好处于东进的要冲，是渡过黄河进入晋地的门户，不可避免地成为秦想要占领的目标。

秦确立饮马于河的战略思想，首要目标是争夺东进的渡口。对"子孙饮马于河"，《史记正义》载："卜居雍之后，国益广大，后代子孙得饮马于龙门之河。"龙门在芮国。芮国、梁国控制的地区是渡河最便利的地方。《左传》桓公三年（前709年）："芮伯万之母芮姜恶芮伯万之多宠人也，故逐之，出居于魏。"芮伯万奔魏可能就是直接渡河。《左传》僖公六年（前654年）："晋侯使贾华伐屈。夷吾不能守，盟而行。将奔狄，郤芮曰：'后出同走，罪也，不如之梁。梁近秦而幸焉。'乃之梁。"夷吾奔梁也可能是渡河至梁。秦穆公二十年（前640年），秦灭梁、芮。秦送公子重耳入晋的路线就非常明确，《左传》僖公二十四年（前636年）：

重耳"济河，围令狐，入桑泉"。令狐、桑泉都在今山西临猗县，和陕西合阳隔河相望，显然，重耳就是从这一带渡河的。《史记·秦本纪》：秦穆公三十六年(前624年)，秦派孟明等人伐晋，"渡河焚船，大败晋人，取王官及鄗"。《史记·晋世家》亦云：晋襄公"四年，秦缪公大兴兵伐我，度河，取王官，封殽尸而去"。《左传》文公三年记载大致相同。三处俱言秦军先渡河，则王官肯定在山西。杨伯峻《春秋左传注》引《水经·涑水注》："涑水有西经王官城北"，王官当在今山西闻喜县西。此次秦兵伐晋，先自西渡河而东，取王官，再自北而南，于茅津渡河，经崤函返回秦国。沟通黄河两岸的古龙门渡、夏阳渡就在芮国、梁国所在地区，当时的这些隔河往来，充分说明了其地理形势的重要性。

其次，秦确立饮马于河的战略思想是要和晋国争夺河西地区。河西地区大致包括黄河以西、华山以北的今陕西韩城、合阳、白水、澄城、大荔、华阴、华县等市县。晋献公时，晋国开始强大，占领了河西部分地区，《史记·晋世家》："当此时，晋强，西有河西，与秦接境，北边翟，东至河内。"但晋国占领的河西地区应不包括梁国和芮国，这时的梁、芮还在，与秦比较亲近。《史记·秦本纪》记载，秦穆公九年（前651年），秦派兵送晋公子夷吾归国时，夷吾的许诺是："诚得立，请割晋之河西八城与秦。"夷吾被立为国君后又反悔，没有割地给秦国。秦晋韩原之战中，晋君夷吾被俘，才将河西地区献给秦国，这时秦国控制的地区东至于河。《左传》僖公十五年（前645年）记载，秦穆公时秦甚至一度在河东"置官司"。秦穆公二十年（前640年），秦灭掉了梁、芮。但好景不长，秦穆公三十三年（前627年），随着殽之战的大败，秦国的势力受到遏制，晋国势力再次进入了河西地区。接下来的秦晋彭衙(今陕西白水县东北）之战中，秦又受挫，晋夺取了汪（今陕西澄城县西）。以后漫长的时期，秦、晋在河西地区反复拉锯，争战不已。

饮马于河的战略思想一直到战国秦孝公时期，都是秦发展的指导思想。《史记·秦本纪》记载秦孝公《求贤令》的初衷是战国初的"三晋攻夺我河西地"，秦孝公对此耿耿于怀，认为是极大的耻辱，决心要"复缪公之故地，修缪公之政令"，"以河为界"。这是对"子孙饮马于河"战略思想的又一种表述。其中的"会往者历、躁、简公、出子之不宁，国家内忧，未遑外事"，反映了秦国内部的政治斗争。但这一时期，秦的战略思想并未变化，东向和魏国的争战依然非常激烈。

在饮马于河的战略思想指导下，秦国发展目标明确，力量集中，融入了列国争霸的大势中，成为当时的霸主强国。司马迁在《史记·十二诸侯年表》中论及春秋时期的形势说：

> 是后或力政，强乘弱，兴师不请天子。然挟王室之义，以讨伐为
> 会盟主，政由五伯，诸侯恣行，淫侈不轨，贼臣篡子滋起矣。齐、晋、
> 秦、楚其在成周微甚，封或百里或五十里。晋阻三河，齐负东海，楚
> 介江淮，秦因雍州之固，四海迭兴，更为伯主，文武所褒大封，皆威
> 而服焉。

"霸"又作"伯"。司马迁显然认为秦就是当时的霸主强国。司马迁的看法很有渊源。《史记·周本纪》说："平王之时，周室衰微，诸侯强并弱，齐、楚、秦、晋始大，政由方伯。"《史记·郑世家》记载郑桓公与太史伯的对话，郑桓公问："周衰，何国兴者？"太史伯回答说："齐、秦、晋、楚乎？"《左传》襄公二十七年（前546年），宋国的大夫向戌积极活动，想要召开弭兵之会，赵孟对向戌说："晋、楚、齐、秦，匹也。晋之不能于齐，犹楚之不能于秦也。"可见，春秋时的人们就认为齐、楚、秦、晋是互相匹敌的大国。

春秋霸主有所谓"五霸"。至于"五霸"具体指的是哪五位诸侯国的国君，则有不同的说法。"五霸"的称呼最早出现在《左传》成公二年（前589年），"四王之王也，树德而济同欲焉；五伯之霸也，勤而抚之，以役王命"。但《左传》中并没有说"五霸"指的是哪五个人。《荀子·王霸》："如是，则兵劲城固，敌国畏之，国一綦明，与国信之，虽在僻陋之国，威动天下，五伯是也。……故齐桓、晋文、楚庄、吴阖闾、越句践，是皆僻陋之国也，威动天下，强殆中国，无他故焉，略信也。是所谓信立而霸也。"《墨子·所染》中也有关于"五霸"的说法："齐桓染于管仲、鲍叔，晋文染于舅犯、高偃，楚庄染于孙叔、沈尹，吴阖闾染于伍员、文义，越句践染于范蠡、大夫种。此五君者所染当，故霸诸侯，功名传于后世。"可见，战国晚期人们认为的"五霸"主要指齐桓、晋文、楚庄、吴阖闾、越句践，秦国并没有哪位君主被列为霸主。汉代出现了新的"五霸"说，秦穆公被视为"五霸"之一。《白虎通·号·三皇五帝三王五伯》："或曰：五霸，谓齐桓公、晋文公、秦穆公、楚庄王、吴王阖庐也。""或曰：五霸，谓齐桓公、晋文公、秦穆公、宋襄公、楚庄王也。"两种说法略有不同，但都将秦穆公列于"五霸"。《孟子·告子下》赵岐注、《吕氏春秋·当务》高诱注、《风俗通义·皇霸·五伯》等均以齐桓公、晋文公、秦穆公、宋襄公、楚庄王为"五霸"。以后出现的"五霸"说也多将秦穆公列于其中。应该说汉代人将秦穆公列于"五霸"的看法是准确的，

而宋襄公则显然不够霸主的资格。

在霸主问题上，"国"和"人"既相联系又有区别。"国"应是指有实力的、对春秋政局有重大影响的大国；"人"应是指将大国实力发展到顶峰时期的国君。这样问题就清楚多了。不是有实力的大国，很难影响春秋时期的政局。一些小国或弱国的个别国君，虽然在个别的时期因为个别事件曾经煊赫一时，但没有使整个国家强大起来，很快就烟消云散，更多的时期处于被动挨打的境地，不宜被列于霸主，如郑庄公、宋襄公等。在春秋晚期和战国初期，吴、越的发展势头很强，吴王阖闾、夫差、越王句践的传奇故事被人们所熟知，但也是昙花一现，和齐、晋、秦、楚的整体实力比起来，有所欠缺。司马迁在《史记·十二诸侯年表》中强调齐、晋、秦、楚"更为伯主"，是非常准确的。其中晋后来分为韩、赵、魏三国，再加上燕国，"战国七雄"的格局在春秋时期就已经奠定了。

从战国到汉代，关于霸主的标准基本是一致的，霸主实际上就是有实力的大国。《荀子·王霸》说"兵劲城固，敌国畏之"；《孟子·公孙丑上》说"以力假仁者霸，霸必有大国"；《孟子·告子下》说"五霸者，搂诸侯以伐诸侯者也"。霸主依靠强大的实力，以"尊王攘夷"为号召，以讨伐、会盟为手段，左右着春秋政局。《白虎通·号·三皇五帝三王五伯》："霸者，伯也。行方伯之职，会诸侯朝天子，不失人臣之义。""霸犹迫也，把也。迫协诸侯，把持王政。"《风俗通义·皇霸·五伯》："霸者，把也，驳也。言把持天子政令，纠率同盟也。"正以为如此，主张仁义，推崇王政的儒家对霸主持批评的态度，《论语·季氏》孔子说："天下有道，则礼乐征伐自天子出；天下无道，则礼乐征伐自诸侯出。……天下有道，则政不在大夫。天下有道，则庶人不议。"荀子也说："仲尼之门人，五尺之竖子，言羞称乎五伯。"（《荀子·仲尼篇》）战国、汉代关于霸主的描述抓住了春秋时期霸主政治的实质，霸主强国是春秋政治的主导，列国在霸主的主导下，共拥周天子。

秦国在春秋时期属于霸主强国，与此相关的佐证有五个方面：一是秦的发展非常迅猛。从非子居犬丘养马到襄公立国（前770年）大约为一百二十余年时间，从襄公立国（前770年）到穆公十六年（前644年）在河东"置官司"为一百二十余年时间，秦从附庸发展成为一个强大的诸侯国，从僻处西汉水流域到居有关中、"以河为界"。秦在周王室衰落、列国并立的社会背景之下，不断地拓展占有的空间，显示出生机勃勃、不断进取的活力，大有后来居上的趋势。

二是秦独霸西戎。西周末年和春秋初年，秦主要是和戎狄进行战争。秦穆公时对戎狄的战争取得了决定性的胜利。秦穆公刚一即位，"自将伐茅津，胜之"，接着又赶走"陆浑之戎",成就了"益国十二,开地千里,遂霸西戎"的事业。为此,"天子使召公过贺穆公以金鼓",这就是秦孝公《求贤令》中所说的"天子致伯",秦穆公独霸西戎的事业得到了周天子的承认。秦穆公以后,秦和戎狄之间的战争仍接连不断,厉公时伐大荔、緜诸、义渠,惠公时伐緜诸,到战国时期惠文王在位时,平定了义渠之乱,使义渠之君称臣。经过长期的战争,盘踞于关陇地区的戎狄部族或被秦赶走,或臣服于秦,或被吞灭、融合于秦。

三是秦和晋在军事上曾长期抗衡。秦向东发展,"子孙饮马于河"的主要敌手就是晋国。在秦穆公时,秦晋之间虽然有短暂的、表面的秦晋之好,但矛盾和冲突是最主要的。从秦穆公时开始,双方大战不断,小战频繁,兵连祸结,暴骨疆场。晋全力争夺河西,秦也曾深入河东,但在春秋时期都没有取得压倒性的胜利。《左传》襄公二十六年(前547年)记载秦公子鍼入晋"修成",即缔结和约。晋叔向说:"秦、晋不和久矣。今日之事,幸而集,晋国赖之。不集,三军暴骨。"可见旷日持久的秦晋战争对晋人的影响。晋国是春秋时期理所当然的大国、强国,在各种春秋"五霸"说中,只有齐桓公、晋文公没有争议。晋国在晋襄公、晋景公、晋悼公时期国力都比较强盛。秦国能够长期和晋国抗衡,本身说明秦国的强盛和晋国可以相匹敌。

四是秦的经济获得了长足的发展。秦在进入关中之后,特别是在秦文公"收周余民有之,地至岐"之后,秦的农业经济有了进一步的发展。秦国的冶铁术在我国早期的冶铁业中占据重要地位。秦国铁器的出土以雍城为中心,北起灵台,西至陇县,南到宝鸡,东及长武,几乎遍及当时秦国的整个中心区域。最能代表秦国农业发展水平的是《左传》僖公十三年(前647年)记载的秦穆公十二年的"泛舟之役"。当时晋国发生了饥荒,向秦国求援。"秦于是输粟于晋,自雍及绛相继,命之曰'泛舟之役'。"《史记·秦本纪》的记载略同。如此大规模的粮食运输反映了秦的粮食产量是相当可观的。另外,《史记·秦本纪》还记载秦穆公向戎使由余炫耀秦国的"宫室、积聚",使由余惊叹不已。秦简公七年(前408年),秦国"初租禾"(《史记·六国年表》)。这推动了农业经济的发展。秦的畜牧业、手工业、建筑业等也获得了很大的发展。

五是秦对春秋时期的政治格局有关键影响。王夫之《读通鉴论·叙论一》谈及春秋时期的政治格局说:"及乎春秋之世,齐、晋、秦、楚各据所属之从诸侯以分裂天下。"齐、晋、秦、楚通过结盟,形成各自同盟阵营。在秦穆公时期,秦楚两国就联合起来共同对付晋国,《诅楚文》:"昔我先君穆公及楚成王,是戮力同心,两邦若一。绊以婚姻,袗以斋盟。曰莱万子孙,毋相为不利,亲卬大沈厥湫而质焉。"秦和楚虽小有摩擦，但大多的时候保持着比较稳定的联盟关系，俨然形成了秦楚对抗晋齐的局面。当然，晋齐关系远不如秦楚关系融洽。在秦晋抗衡中，晋国的同盟阵营很大，如：在秦桓公时的麻隧之战中，参加晋国盟军的有周王室的刘康公、成肃公、齐、鲁、宋、卫、郑、曹、邾、滕等十余国；在秦景公十八年（前559年）的棫林之战中，晋国率领齐、鲁、宋、卫、郑、曹、莒、邾、滕、薛、杞、小邾十二国击败秦军。所以，秦晋对抗实际是两大同盟的对抗，当时大部分诸侯国都卷入这种局面中。春秋末年，长江下游的吴国开始壮大，晋国拉拢吴国，实施所谓的"罢楚"之策，以削弱楚国。公元前506年，吴国向楚国进攻，一直打到楚国的都城郢。楚国向同盟秦国求救。秦哀公派子蒲、子虎率兵救楚，击败吴军，挽救了楚国。秦以及秦楚同盟可以说是和整个的春秋政治格局息息相关，绝不是可有可无的配角，而是不断登台，以主角的身份演出一幕又一幕的大戏，影响着春秋政局的走向。春秋时列国争霸的结果是："弑君三十六，亡国五十二，诸侯奔走不得保其社稷者不可胜数。"齐、晋、秦、楚等国各领风骚，成为显赫一时的霸主强国。

如上所述，秦国作为一个诸侯国在春秋时期属于霸主强国，而作为个人，秦穆公是秦国春秋史上最杰出的国君，使秦国的国力上升到顶峰，为秦国发展奠定坚实基础。秦穆公名任好，公元前659年——公元前621年在位。秦穆公在主观意识上积极地谋求称霸功业，如将兴修的宫殿称为"霸城宫"（《史记·高祖本纪·正义》引《三秦记》），又将关中的兹水改名霸水"以章霸功"（《汉书·地理志》）。他在位期间的作为主要有三个方面。一是继续和戎狄进行战争，并取得了重大的胜利。穆公元年（前659年），讨伐茅津之戎。穆公二十二年（前638年），迁陆浑之戎于伊川。穆公三十七年（前623年），讨伐西戎，"益国十二，开地千里，遂霸西戎"[①]。二是重贤用贤。这是秦穆公最为人所称道的地方。秦穆公重用的百里奚原为虞国大夫，被晋献公俘虏，秦穆公以五羊皮赎之，并任命为大夫，号五羊大夫。百里奚又推荐了蹇叔。其他的有来自晋国的丕豹、随会，有戎人由余。孟明视则为百里奚之子，白乙丙、西乞术为蹇叔之子。这些人在秦国的发展中发挥了重大作用。[②] 三是重民惠民。秦穆公很重视"民"的力量，以给予"民"

---

① 见《史记·秦本纪》。其他记载则有差异。《韩非子·十过》云："益国十二"；《史记·李斯列传》云："并国二十"；《史记·匈奴列传》则曰："秦用由余谋，西戎八国服于秦"；《汉书·韩安国传》为"并国十四"。

② 秦重用外来的贤者主要见于秦穆公时期，在这之后到秦献公之前，秦的宗族力量仍有重要的影响。

实际利益获得他们的拥护。四是积极向外开拓，扩大秦国的影响。秦在穆公九年（前651年）派兵护送逃亡在外的晋公子夷吾回国即位，是为晋惠公。穆公十一年（前649年），会同晋国伐戎以救周。穆公二十四年（前636年）派人护送晋公子重耳回国即位，是为晋文公。秦还试图攻郑，并灭了郡。这些都显示出秦的勃勃雄心。秦穆公和齐桓公、晋文公相比，可以说毫不逊色。

对于秦穆公的评价，史家多有肯定，甚至认为他是具有世界影响的人物，"穆公时代秦在西方强大起来，并在这里建立了统一的政权，不仅对以后的秦王朝统一中国有积极作用，而且对世界历史也有一定影响"①。

论者认为秦穆公不能列于霸主，多引用《史记·秦本纪》中的话："秦僻在雍州，不与中国诸侯之会盟，夷狄遇之。"对这句话应该具体分析。秦在春秋时期确实没有主持过大规模的会盟，但秦以及秦楚同盟和以晋齐为首的中原诸侯的对抗，是当时整个的政治格局中最重要的部分，它的影响是整体的、长期的，并不是只局限于关中。"不与中国诸侯之会盟"并不仅仅是秦受封闭的地理环境的限制，触角不能伸向中原，更重要的是从秦穆公时的殽之战后，秦和以晋为首的中原诸侯处于敌对状态，甚至周王室都曾加入以晋为首的一方，这种状态一直持续到公元前546年的"弭兵之会"。"弭兵之会"后秦晋之间在秦哀公、惠公、悼公时有短暂的休战，但在秦哀公时，秦曾发兵救楚，到秦厉公时，秦和魏、韩之间战火重启。春秋会盟最主要的功能之一就是缔结军事同盟，秦和以晋为首的中原诸侯处于敌对状态，怎么会会盟呢？当然，秦这时候还不善于利用诸侯之间错综复杂的矛盾分化瓦解敌对一方。商鞅变法之后，分化瓦解的手段就被秦利用得炉火纯青，从而形成了战国时期"合纵"、"连横"的政治格局。另外一方面，春秋时期还通过会盟确认霸主地位，并且要得到周天子的承认，但这只是一种形式，霸主最重要地还是要依靠实力胁迫诸侯与周王室，处于风雨飘摇中的周王室只不过应召与会而已。"夷狄遇之"是从华夷之辨的角度看问题，无需赘言。

秦迁都咸阳之后，战略思想有了变化，就是贾谊《过秦论》里所说的"秦孝公据殽函之固，拥雍州之地，君臣固守而窥周室，有席卷天下，包举宇内，囊括四海之意，并吞八荒之心"，从而开始了又一个新的时代。

---

① 林剑鸣：《秦史稿》，第51页。

三、多元文化因素及其整合

我国古代文化的多元因素正在越来越受重视，正如有学者指出的那样："我国古代的王朝及诸侯国，每每是由多民族构成的，其考古学意义的文化面貌更为复杂。不管是夏、商、周，还是吴国、楚国、秦国，其统治范围内，都不会是一种单纯的文化，我们也不宜以一种文化去代表历史上的夏、商、周、或吴、楚、秦。""自远古以来，中国各地区文化彼此交流融会，其影响每每是双向的，不能执著于中原影响边远，事实上边远地带也常影响中原。"①这一点无疑对认识秦文化的丰富内涵具有积极意义。

秦在穆公时期，控制的地区东至于河，基本上占领了整个关中地区和陇东，奠定了秦国疆域的基础，秦孝公将其称之为"为后世开业"（《史记·秦本纪》）。关中成为秦的根本基业。战国初期，魏国虽然在黄河以西设立了西河郡，秦曾一度退守洛河一线，但以关中为国本的格局没有动摇。"关中"成了比较固定的秦的代名词，"关中"和"秦地"大体上是一致的，"至关中"和"入秦"的含义也是基本相同的。《史记·货殖列传》明确关中的范围是："自汧、雍以东至河、华"，同时又认为"天水、陇西、北地、上郡与关中同俗"，说明在秦汉时期关中、陇东在文化上有很大的相似性。这种文化上的相似性是在历史发展过程中文化整合的结果，秦对这一地区的文化整合具有不可替代的重要作用。

雍城时代，秦的政治、经济和文化中心是关中西部的宝鸡和陇东的天水一带。早在新石器时期，这个地区就是多种文化的交汇之处，不同性质的文化既互相交流，又存在一定的差异。甘肃秦安大地湾遗址一期遗存是新石器时代早期文化的典型代表，同类型的文化遗址主要分布于陕西关中和甘肃陇东地区的渭水中上游，经过发掘的遗址有天水西山坪、临潼白家、渭南北刘、华县老官台等，其绝对年代经高精度的树轮校正为公元前 6220——前 5360 年。在大地湾一期遗存之后，同一地区分布着师赵村一期文化，或称之为北首岭下层。师赵村一期文化在汉水上游也有分布。这一文化的典型遗址有天水市师赵村、宝鸡市北首岭、南郑县龙岗寺、西乡县李家村等。师赵村一期文化的绝对年代为公元前 5300——

---

① 李学勤：《缀古集》，上海古籍出版社 1998 年版，第 99、112 页。

前4900年。① 新石器时代中期，仰韶文化的分布西边达到了甘肃、青海的东部；主要分布于甘、青地区的马家窑文化的分布东起泾、渭上游。仰韶文化和马家窑文化关系密切，马家窑文化早期的石岭下类型明显地受仰韶文化庙底沟类型的影响。甘青地区的齐家文化和陕西龙山文化，即客省庄二期文化，有频繁的交流。

在商周时期，陇东、关中分布着多种不同类型的文化，如寺洼文化、辛店文化、郑家坡文化、刘家文化、商文化、周文化、秦文化等，犬牙交错，此消彼长。寺洼文化因首先发现于甘肃省临洮县寺洼山而得名，主要分布在甘肃省东起合水县，西至卓尼县，北入庆阳市，南抵武都县的区域之内，在宝鸡、凤县等地区有少数遗址，其绝对年代为公元前1400——前700年，相当于商末到西周晚期。寺洼文化的陶器以马鞍口双耳罐为代表，并伴出鼎三足器、袋足鬲、腹耳罐、豆和器盖等组合的陶器群。生产工具有石斧、锛、刀和陶纺轮、弹丸等。铜器有刀、戈、镞、矛、剑等武器和铃、泡、镯等装饰品。墓葬流行长方形竖穴土坑墓，葬式有仰身直肢葬、二次扰乱葬和火葬等多种。辛店文化在黄河上游及其支流渭河、洮河、大夏河、湟水等流域都有分布，大夏河和湟水流域的分布比较集中，在陕西宝鸡市郊的石嘴头、晁峪、姬家店等地发现辛店文化的遗物。辛店文化的绝对年代为公元前1400——前700年。彩绘双勾纹（羊角纹）的双耳彩陶罐和瓮是最典型的器物，有带肩石斧等石器，有以动物肩胛骨或下颌骨制成的骨铲等骨器。辛店文化的房屋形制较单一，主要是长方形的半地穴式建筑，但窖穴发现较多，而且分布密集。墓葬除常见的竖穴土坑墓外，还有竖穴偏洞墓、带龛墓和石棺墓。葬式流行仰身直肢葬和二次葬，少数为屈肢葬、俯身葬、侧身直肢葬，同时还有合葬墓。② 郑家坡文化以陕西武功县郑家坡遗址为代表，主要分布在西安、耀县以西，秦岭北坡以北，千河以东，甘肃庆阳以南这样一个区域。郑家坡文化时代大约在距今4300——4000年。郑家坡文化时代的陶器以联裆鬲、深腹盆、折肩罐、甗、盂、钵、豆、盘、簋、敛口瓮等为典型器物，陶器上装饰绳纹、几何印纹图案、附加堆纹等。郑家坡文化的墓葬为竖穴土坑墓，葬具一般为一棺，也有一棺一椁者。墓主头向基本向北，葬式为仰身直肢葬。随葬品主要为生活用具和装饰品。郑家坡文化来源于龙山时期的双庵类型文化，是周族灭商前的文化，即先周文化。刘家文化以陕西扶风刘家遗址得名，以偏洞室墓、高领袋足鬲等代表性遗存为特征，分布在东到西安，北到平凉，西到宝鸡，南到秦岭

---

① 谢端琚：《甘青地区史前考古》，第7—10、21—23页。

② 谢端琚：《甘青地区史前考古》，第187—197、173—185页。

北坡这样一个范围内。陶器主要为高领袋足鬲、腹耳罐、双耳罐、单耳罐等。陶器装饰绳纹、几何折线等。刘家文化的墓葬主要为偏洞室墓，墓主葬式多为仰身直肢葬，此外有屈肢葬和侧身直肢葬。随葬品主要为生活用具和装饰品。刘家文化来源于齐家文化，可能是姜姓羌族文化。在陇山以西还没有发现商代铜器，陇山以东渭水流域的商代铜器可以根据相关遗址划分为若干区域，主要有金陵河、千河、漆水河、泾河、冶峪河、石川河、沣河、灞河、浐河文化区。根据陶器，关中东部分布着老牛坡·北村商文化，关中西部分布着壹家堡类型文化。其中壹家堡类型文化被认为和秦文化有非常密切的关系。此外，在泾水支流的黑河流域还分布着碾子坡文化。① 之后为周文化、秦文化。

这一文化上的复杂现象，和这一带特殊的地理环境有密切的关系。在陇东和关中之间横亘着陇山，渭河之南为秦岭。陇山山体大致为南北走向，海拔高度在 2000 米至 2900 米左右，长约 240 公里，从宁夏南部向南延伸，一直到达宝鸡以西的渭河北岸，隔开了陇东和关中。秦岭西起甘肃南部，横贯陕西西部和河南西部。秦岭——淮河为中国地理上最重要的南北分界线。秦岭以北最重要的河流是渭河。渭河发源于甘肃省渭源县，流经甘肃清水县，贯穿陇山山脉，进入陕西境内，东至潼关汇入黄河，长 810 余公里。《山海经·海内东经》："渭水出鸟鼠同穴山，东注河，入华阴北。"北魏郦道元《水经注·渭水》："渭水出首阳县首阳山渭首亭南谷山，在鸟鼠山西北，此县有高城岭，岭上有城号渭源城，渭水出焉。"有众多的小河发源于秦岭、陇山。其中泾河是渭河最大的支流，发源于宁夏，流经甘肃及陕西的长武、彬县、永寿、淳化、礼泉、泾阳，在高陵注入渭河。河流的冲刷将黄土台塬分割成块。水是生命的源泉。从新石器时代到商周时期，人类主要沿着河流生活、迁徙、繁衍，遗址也主要分布在河流两岸，而且主要是在支流。河流加上山地丘陵的阻隔，容易形成相对独立的区域。人类活动于其间，就会形成相对独立的文化区域。人类沿着河流迁徙，不同的文化又会发生接触，从而互相影响。所以，在陇东到关中地区从新石器时代到商周时期，存在着众多的不同类型的文化并互相影响。② 秦人从陇东的礼县、天水、清水等出发，穿越了陇山，并在关中西部建都，从而使陇东和关中成了一个整体，为文化的整

---

① 参见刘军社：《先周文化研究》，三秦出版社 2003 年版，第 43、46、49、62、117、118、131、132、133、134、135、142、143、164—174、175、180、194、211 页。

② 参见刘军社：《水系·古文化·古族·古国论——渭水流域商代考古学文化遗存分析》，《华夏考古》1996 年 1 期。

合奠定了基础。

文化整合是各种文化协调为整体的过程，它不是简单的集合，而是经过选择、涵化、融合而达到新的适应，因而是文化创新的过程。秦人在西垂就已经接受了周文化，在春秋早、中期，开始形成了自己的文化特点。葬具为一棺一椁或多重棺椁的较大秦墓中出土的青铜礼器组合为鼎、簋、壶、盘、扁体小口盉或匜（二者出其一），或有甗。鼎为立耳无盖，浅腹，平底，蹄状足；簋有盖，垂腹，圈足，或在器身及圈足上饰兽头；壶为椭方形垂腹，有盖。春秋中期，纹饰出现了细密的蟠螭纹，其中鼎从口沿到器身近底处遍布纹饰。青铜礼器的形体都较小，出现明器化的趋势。仿铜陶礼器出现，器物的组合以鼎、簋、壶为主，或有盘、匜、豆和甗，形制和同时期的青铜礼器相近，但有个别的簋出现假腹，器表多饰彩绘，仿铜器花纹。陶器中出现了圜底釜、三足喇叭口罐等。无盖的鼎、簋、方壶、仿铜陶礼器、喇叭口罐，特别是喇叭口罐，成为秦文化区别于其他地区文化的、最具有自身特点的器物。[①]

这一时期，秦文化和西北游牧文化依然有较多的接触。这些游牧民族和定居生活的汉民族在生存方式、生活习惯方面有较大差异。《后汉书·西羌传》："所居无常，依随水草；地少五谷，以产牧为业。"《史记·匈奴列传》："逐水草迁徙，毋城郭常处耕田之业"，"宽则随畜，因射猎禽兽为生业，急则人习战攻以侵伐，其天性也"。秦族曾杂居于戎狄之间，与戎狄进行了长期战争。秦文化和周边的戎狄文化互相影响，大量的戎狄因素融入秦文化中，对秦文化发挥着不可忽视的作用；同样，秦国的发展，也极大地影响了西北地区的民族文化。

相传出土于甘肃礼县的秦金箔饰片，被推定为西周中晚期，上面的口唇纹、目云纹、窃曲纹同样是西周铜器的流行纹样。两件金虎身上用朱砂描出"Ｖ"形纹，与雍城瓦当图案相似。又有学者指出这种手法在阴山岩画有发现。甘陕一带缺少金矿，有人推测礼县的金器原料来自河西走廊，或更靠西北的阿尔泰地区。铲脚袋足鬲一直是众多学者关注的戎狄文化因素。从甘谷毛家坪遗址来看，春秋时突然出现了一批以铲脚袋足鬲为特征的遗存，它应当属于从寺洼文化分离出来的一种戎人遗存，说明一些戎族已开始与秦人杂居共处了。到了战国中晚期，这一外来因子已融入秦文化中。[②]

---

① 滕铭予：《秦文化：从封国到帝国的考古学观察》，第62—63页。

② 梁云：《试论秦文化与戎、狄青铜文化的关系》；黄留珠主编：《西北大学史学丛刊》4，三秦出版社2001年版。

宝鸡益门村二号春秋墓出土了 104 件金器，81 件玉器，黄金总重量达 3 公斤以上，没有关中秦墓常见的铜陶礼器；该墓出土了 70 余件马具，不见秦墓中常见的车器；出土的兵器多为短兵器，但不见秦墓中常见的戈、矛等长兵器。但该墓的所出的金柄铁剑和金首铁刀的形态属于秦器风格，其他器物的形态也多与秦器相同或相似。该墓兼具北方系青铜文化和秦文化因素，墓主可能是穆公时臣服于秦的戎人君长，或者是其族人、子女。在益门村出土了三把金柄铁剑，引发了关于"秦式短剑"的热烈讨论。一种意见认为"秦式短剑"源于西周柳叶形短剑，它自成系统，是"典型的中原文化的短剑样式"；第二种意见认为"秦式短剑"应属于北方草原直刃短剑的大系统，是北方戎狄部落直接传入秦的，不能算做秦文化的本来因素；第三种意见认为，"秦式短剑"是秦文化与北方青铜文化结合的产物，是秦人模仿了北方草原的短剑样式，又揉入了自身文化特点而自行铸造的。看来，"秦式短剑"上的北方草原因素不可忽视。益门村二号墓还出土了三件金带钩、一件玉带钩和一件铜带钩，出土了七件金带扣。带扣是北方民族的常用品。① 此外，与秦文化遗存还共出了两件铜鍑，这是活跃在北方草原地区古代民族文化的代表性器物。春秋晚期到战国早期，秦文化中的三足瓮、双耳器也可能是受北方地区古代文化因素的影响而出现的。② 秦文化中洞室墓、侧室墓、顺室墓也都是受戎狄文化的影响。秦晋骑兵兵种的建立更是学习戎狄文化的结果。③

　　在秦墓中，还出现了巴蜀文化和吴、楚文化的因素。巴蜀文化的因素有敞口、圆腹、圜底的陶釜，整体呈柳叶形、柄身连铸、无格、无首、柄上有双穿的铜剑。吴、楚文化的因素有春秋晚期出现的带格、柱茎、有首剑；柳叶形、曲口骹、单钮的铜矛；吴越特征的戈；楚国地区常见的浴缶。④

　　秦文化和戎狄文化等的传播和交流，是两种文化直接接触而引起的，可称之为直接传播。此外，文化的间接传播也应该受到重视。间接传播指的是文化要素通过媒介，如商人，传播到并不相邻的社会中。中国与西方的交流至迟在商周时期就已经开始，这种交流主要是通过丝绸之路和古代海上交通进行的。文化交流从来都是双向的，中国古代文明的结晶被传播到中亚、欧洲，乃至更远的地方，

① 梁云：《试论秦文化与戎、狄青铜文化的关系》；黄留珠主编：《西北大学史学丛刊》4，三秦出版社 2001 年版。

② 滕铭予：《秦文化：从封国到帝国的考古学观察》，第 65、89 页。

③ 梁云：《试论秦文化与戎、狄青铜文化的关系》。

④ 滕铭予：《秦文化：从封国到帝国的考古学观察》，第 87、88、89 页。

我们也从西方学到了许多有益的东西。秦的政治中心位于甘肃天水、礼县和陕西宝鸡地区，势力向北延伸到今宁夏，向西达到今甘肃中部，与众多流动的戎狄有着广泛的接触。秦所控制的地区，正是后来丝绸之路的必经之地，秦和中亚、欧洲的交流是可能的。

成书于公元前四、五世纪的古波斯弗尔瓦丁神赞美诗称中国为"赛尼"。《旧约·以赛亚书》有"希尼"一词。"赛尼"、"希尼"就是"秦"的音译。后来这一词由西方传向印度，变成"支那"。直到今天，许多国家还称中国为"支那"、"china"。据推测，在秦穆公时期，戎、狄的流徙，使"秦"成为域外诸民族对中国的称呼。① 戎狄的流徙对文化的传播和交流发挥了重要作用。秦在春秋时期开创了中国纪念碑式大型石刻的历史先河，后来的石人石兽在中原突兀兴起，与欧亚草原文化，尤其是阿尔泰语系游牧人古代艺术不无联系。②《史记·秦本纪》载：德公二年（公元前676年）"初伏，以狗御蛊"，《史记·封禅书》："作伏祠，磔狗邑四门以御蛊灾。"服虔注云："周时无伏，秦始作之。"孟康注："六月伏日初也，周时无，至此乃有之。"这些记载都指明，"伏日"在秦以前是没有的，至秦才注意到并立了这一节令。新中国成立前有学者认为伏日乃是从伊兰(即伊朗)传入秦国的，有学者则认为是秦的创造。③ 如果说关于"伏日"的起源还存在争议的话，以摄提格等十二个奇怪名称作为十二岁名称，似乎都是译音，肯定来自中亚或欧洲。④ 早期铁器在秦国有较多发现，因而引起了关于我国冶铁术（块炼铁技术）可能源于西亚、中亚的讨论。关于秦和西亚、中亚的文化交流，相关研究很少，但文化交流的事实的存在则是不容否认的。

文化传播并不是像水面上激起的同心圆波纹一样，以整齐的、不断扩展的圆圈向外扩展。与此相反，文化传播是一个学习和选择的过程，只有那些和社会状况最和谐的东西才会被选择和吸收。从现在的发现和研究来看，秦吸收的文化因素主要是三类：一是与权力和战争有关的器物和技术；二是与农业有关的历法等；三是生活消费品，奢侈品。这些文化因素被秦有规律地加以运用，加快了秦的发展与进步。这种由文化融合产生的推动力，贯穿了秦的整个历史过程，并形成了

---

① 林剑鸣：《秦史稿》，第50—51页。

② 林梅村：《古道西风——考古新发现所见中西文化交流》，三联书店2000年版，第156—157页。

③ 林剑鸣认为立伏为秦的创造；新中国成立前，岑仲勉认为是从伊朗传入的。见林剑鸣：《秦史稿》，第93—94页。

④ 马非百：《秦集史》（下册），第780—782页。

新的文化共同体。

秦国剑的使用即是一例。在春秋战国时，剑是权力和威势的象征。《左传》襄公二十三年，"宣子谓鞅曰：'矢及君屋，死之！'鞅用剑以帅率，栾氏退，摄车从之。"军队中的军官以剑作为权杖，指挥士兵冲锋陷阵。从秦始皇兵马俑的发掘看，一号坑共出完整的青铜剑17件，残段8件，剑茎12件，"武士俑所配备的兵器，主要是弓弩和长兵，短兵剑是辅助性的兵器"[①]。所以，剑可能最初只是军队中的军官和将领佩带，是军官身份的标志和指挥作战的权杖。作为权杖，剑具有不可置疑的权威，秦王赐白起剑，就是逼令他自杀的。《史记·秦始皇本纪》："己酉，王冠，带剑。"冠礼和剑密切地联系在一起。秦始皇在行冠礼、佩剑之后，才开始亲政，剑作为权杖的意义显而易见。春秋战国时期，战争非常频繁，又是一个新的权力机制和社会等级形成的过程，秦国的军事贵族阶层在战争中有了很大的发展，剑作为一种兵器，作为权力的象征，正是适应了这种需要而被纳入到秦文化中。

秦国的冶铁技术在我国早期冶铁业中占据重要地位。陕西陇县边家庄春秋早期墓曾出土了铜柄铁剑，陕西长武县春秋早期墓出土了铁匕首；陕西凤翔雍城秦公大墓出土了铁铲、铁锸；雍城春秋中晚期宗庙遗址出土了铁锸；陕西宝鸡益门春秋墓出土铁器二十余件；甘肃灵台景家庄春秋早期秦墓出土铜柄铁剑。铁器出土地点以秦都雍城为中心，北起灵台，西至陇县，南到宝鸡，东及长武，几乎遍及当时秦国的整个区域。[②]

文化整合也改变着人们的宗教信仰、行为规范、心理情感和思想观念，并形成了新的文化模式。在饮马于河的战略思想指导下，在文化整合的冲击下，秦在思想观念方面，主要出现了对阴阳五行思想的综合和以"德"为代表的深层次的价值观念的变化。前者可以看做是周文化的进一步发展，后者可以看做是更多地受战争环境和戎狄文化的影响。

四、阴阳五行与天人感应思想

阴阳五行思想对中国人的影响非常大，具有非常深厚的社会基础和久远的渊源。阴阳五行思想是中国古人对宇宙结构的一种把握，也是关于宇宙运动变化的

---

① 《秦始皇兵马俑一号坑发掘报告》，文物出版社1998年版，第301页。

② 见樊志民：《秦农业历史研究》，三秦出版社1997年版，第13页。

一种认识，同时是一种普遍的知识，涉及各个学派和学科，其中既有科学性，又有神秘性。司马谈《论六家之要旨》说："尝窃观阴阳之术，大祥而众忌讳，使人拘而多所畏，然其序四时之大顺，不可失也。""夫阴阳、四时、八位、十二度、二十四节各有教令，顺之者昌，逆之者不死则亡，未必然也，故曰'使人拘而多畏'。夫春生夏长，秋收冬藏，此天道之大经也，弗顺则无以为天下纲纪，故曰'四时之大顺，不可失也'。"（《史记·太史公自序》）这里指出了阴阳之术禁忌众多，但又注意顺应自然规律，抓住了其最重要的特点。

在阴阳五行思想的发展过程中，有两个重要的环节。一个是阴阳和五行被分别用于揭示宇宙和人事的运动和变化，成为一种思想观念。阴阳本指光照的向阳和背阴，后来引申为阴阳二气的消长变化。如周幽王三年发生地震，伯阳父解释说："周将亡矣。夫天地之气不失其序。若过其序，民之乱也。阳伏而不能出，阴迫而不能蒸，于是有地震。"（《国语·周语上》）地震是一种自然灾害，"天地之气"表示一种自然秩序，但其落脚点却是说明"民之乱也"，"周将亡矣"，其神秘性不言而喻。五行有可能和商代的方位术数化以及天象观测、历法有关，或者和对"五材"的五种物质及其五种属性的认识有关。从《左传》、《国语》中众多的五味、五色、五声等观念来看，可能是当初人们对事物分类的一种方式，并从中概括出金、木、水、火、土"五材"或五种属性。阴阳五行思想发展的另一个重要的环节就是阴阳和五行的结合。阴阳五行思想在战国中晚期形成以阴阳和金、木、水、火、土为骨干，包容万物，兼及人事的宇宙运行图式。这种图式见于《吕氏春秋·十二纪》、《礼记·月令》，以及《管子》中的《幼官》、《四时》、《五行》、《轻重》诸篇。以子思和孟子为首的思孟学派发展出儒家的五行说；邹衍将阴阳五行用于解说历史发展和朝代更迭。秦统一后曾采用了邹衍的五德终始说，自以为水德。秦帝国的这个举措并不是偶然的，而是有一定的历史渊源作为基础。

阴阳五行思想的一个重要特征是变化生克，阴阳、上下、奇偶、刚柔、四时、五方、五色、五德等互相转化，相生相克，是运动的而不是静止的。完整的阴阳五行图式出现于战国中晚期，但不表明阴阳五行思想这时出现。阴阳五行思想的出现可以追溯到商代。商代干名制度、周代丧葬制度、婚姻制度、用鼎制度、殷周时期的方位选择、四方风与时令、墓葬腰坑中的狗巫术、战争观念等都透露出阴阳五行思想的影子。① 占卜、数术更是追溯阴阳五行思想起源的重要线

---

① ［日］井上聪：《先秦阴阳五行》，湖北教育出版社 1997 年版。书中对商周的阴阳五行思想做了细致的叙述。

索。阴阳五行思想作为一种"日用而不知"的普遍知识浸染到中国古人社会生活和生产的方方面面，在秦国也是同样的。

在秦国许多社会现象中都可观察到阴阳五行思想的蛛丝马迹。《左传》鲁僖公十五年（前 645 年）秦穆公准备讨伐晋国，卜徒父筮之，大吉。秦穆公细问，卜徒父作了详细的解释："三败，必获晋君。其卦遇蛊曰：'千乘三去，三去之余，获其雄狐。'夫狐蛊，必其君也。蛊之贞，风也；其悔山也。岁云秋矣，我落其实，而取其材，所以克也。实落材亡，不败何待？"卜徒父用卦象结合时令变化说明了秦必克晋、俘获晋君的理由，秦为风，晋为山，风经山上，故附会有落实取材之象，还涉及了动物雌雄、季节更替等。清人王引之《春秋名字解诂》举有"秦白丙字乙"、"郑石癸字甲父"、"楚公子壬夫字子辛"、"卫夏戊字丁"四例，认为是木生火、水生木、金生水、水生土之义。这种结论是从五行与干支搭配得出的。按五行与天干的搭配，出现东方甲乙木、南方丙丁火、中央戊己土、西方庚辛金、北方壬癸水的配置，互相生克。王引之列举的秦白丙字乙，即秦穆公时的卿士白乙丙。曾参与殽之战。

据考证，秦尚水由来已久。[1] 秦有水神崇拜，有嫁女于河伯的习俗，嬴姓本为水德。《左传》僖公十五年（前 645 年）追述当初晋献公准备把伯姬嫁到秦国时进行的卜筮。史苏占之曰："不吉"，并分析说："震之离，亦离之震。为雷为火，为嬴败姬。"洪亮吉《春秋左传诂》引服虔曰："离为日，为火。秦，嬴姓，水位。一至五有坎象，水胜火，故为嬴败姬。"服虔所说的嬴姓为水于《左传》是有内证的，《左传》哀公九年（前 486 年）："晋赵鞅卜救郑，遇水适火，占诸史赵、史墨、史龟。…史墨曰：'盈，水名也；子，水位也；名位敌，不可干也。炎帝为火师，姜姓其后也。水胜火，代姜则可。'"晋国赵鞅为嬴姓，嬴、盈古音同。史墨谓"嬴"为水名实际上是说"盈"为水名；而赵氏为救郑所攻之宋为子姓，亦当"水位"，故有"名位敌，不可干"之说。但伐姜姓齐国则可，因齐姜氏是为"火师"的炎帝之后，赵氏率兵攻齐则合"水胜火"之符征。同样，秦亦为嬴姓，合当"水位"，史苏卜筮秦晋联姻将有"嬴败姬"之兆，也就是说为水位的嬴秦将胜筮卦为雷为火的姬姓晋国。这说明，秦尚水为时人所知。

在秦国，阴阳和五行最初在医学中被结合起来。春秋时，秦国的医学已经相当发达，阴阳五行思想成为医学中诊断病情和解释病因的理论。《左传》昭公元

---

[1] 王晖：《秦人尚水德之源与不立黑帝時之谜》，《秦文化论丛》第三辑，西北大学出版社 1994 年版。该文列举卜徒父之筮、白乙丙之名所蕴涵的阴阳五行思想等，本书多有参考。

年（前 541 年），晋平公生病，向秦国求医，秦景公派医和为晋平公看病。医和先用自然的观点得出诊断结果："非鬼非食，惑以丧志。良臣将死，天命不佑。"即晋平公的病不是由于鬼神，也不是由于饮食，而是迷惑于女色，以至于丧失心志，不可救药。晋平公追问："女不可近乎？"医和用音乐作为比喻，说明人的生活应该保持"平和"，如果破坏了"平和"，则会致病，接着医和进一步剖析病因："天有六气，降生五味，发为五色，征为五声。淫生六疾。六气曰阴、阳、风、雨、晦、明也，分为四时，序为五节，过则为灾：阴淫寒疾，阳淫热疾，风淫末疾，雨淫腹疾，晦淫惑疾，明淫心疾。女，阳物而晦时，淫则生内热惑蛊之疾。今君不节，不时，能无及此乎？"医和有天人一体、天人感应的思想。天人之间的联系是"六气"，这"六气"完全是自然现象或物质，不含任何神秘意味，和黄老思想中的"精气"也完全不同。从天到人则表现了一种空间的观念，四时则表现了以自然节奏把握时间的观念。人体则是一个机能平衡的系统，一旦破坏了平衡，就会生病。在这里，五味、五色、五声为六气所生。六气（含阴阳二气）、五味、五色、五声、六疾、四时、五节联系起来，形成了一个简单的天人宇宙运动图式，这是阴阳五行思想的初步整合。

把阴阳五行思想与天命、上帝结合在一起是秦思想的又一重要倾向。秦国所祭祀的五色帝，是阴阳五行思想在政治和宗教中的具体应用。秦祭祀的白帝和颜色、方位相搭配，这已经有了五行的因素。后来的青帝、黄帝、炎帝也和颜色、方位搭配，并逐步形成了秦的五帝说。① 除了阴阳五行思想本身在秦国有深厚的基础这个重要原因之外，秦五帝说的形成还有其深刻的思想和社会的原因。五帝说的完善也体现了秦阴阳五行思想的形成和发展。

首先，《山海经》对秦的五帝说的形成有非常大的影响。白帝少暤作为西方之神最初出现于《山海经》，《西山经·西次三经》："又西二百里，曰长留之山，其神白帝少昊居之。"暤、皞、昊异体相通，少暤、少昊为一人。《山海经》中记载了黄帝、炎帝、白帝，没有记载青帝、黑帝。黄帝、炎帝、白帝也还没有系统地和方位搭配起来，但《山海经》中有四方神。《海外东经》："东方句芒，鸟身人面，乘两龙。"《海外西经》："西方蓐收，左耳有蛇，乘两龙。"《海外南经》："南方祝融，兽身人面，乘两龙。"《海外北经》："北方禺强，人面兽神，珥两青蛇，践两青蛇。"禺强，郭璞注云："字玄冥，水神也。"《山海经》中四方神的观念在

---

① 我国古代史书中的五帝说总共有六种组合，此外还有天上的五帝说。见刘起釪：《古史续辨》，中国社会科学出版社 1991 年版，第 97—106 页。秦的五帝说是五天帝说。

秦国有所传播，《墨子·明鬼下》记载了上帝使者句芒赐秦穆公增寿十九年的故事。深受《山海经》四方神观念影响的秦将帝和方位搭配起来是自然的事情。

其次，出于现实政治的需要。秦立密畤祠青帝在秦宣公四年（前672年），与此相联系的是一件重要的事情，秦"与晋战河阳，胜之"。中华书局《史记·秦本纪》标点没有将立密畤、战河阳两件事断开，"四年，作密畤与晋战河阳，胜之"。从句读的角度来看未必妥当，但从两件事的关系来看，却很能说明问题。河阳在今河南、陕西交界之处。秦晋河阳之战，因记载简略，不大受人们重视，甚至认为它是不大可能的，实际上它是秦晋关系史上一次重大事件，是春秋时期的秦晋首战。正因为如此，秦国非常重视，立密畤，祠青帝，祈求保佑。在后来完备的阴阳五行说中，青帝为木德。《吕氏春秋·应同》中五行相胜的说法对木德的叙述是："凡帝王之将兴也，天必先见祥乎下民。……及禹之时，天先现草木秋冬不杀，禹曰'木气胜'，木气胜，故其色尚青，其事则木。"《史记·封禅书》也说："夏得木德，青龙止于郊，草木畅茂。""青"字正是取其草木生长，一片青绿，生机盎然之意。秦人在和东边的晋的冲突中，创造出了东方之帝青帝，希望在青帝的保佑下，能够战胜晋国，向东发展。秦宣公时，五行相胜的说法还处于创造之中，距完备的距离很远，所以，立密畤祠青帝不是在东边，而是在渭水之南，或是取南边近日，草木生长茂盛之义。作为天帝的青帝太昊是秦的特别创造。

第三，文化融合的结果。秦灵公三年（前422年）在吴阳立上畤、下畤，祠黄帝、炎帝，历史已经步入了战国初期。秦对于黄帝、炎帝的祭祀仍然是对天帝的祭祀。云梦睡虎地秦简《日书》甲种《行》："凡是日赤帝恒以开临下民而降其英（殃），不可具为百事，皆（毋）无所利。""句（苟）毋（无）值赤帝临日，……毋（无）所大害。"[1]其中从上天降临的赤帝就是五天帝中的炎帝。

秦畤祭黄帝、炎帝的原因和白帝、青帝有所不同。黄帝、炎帝在雍地有比较久远的历史渊源和影响。《国语·晋语》云："昔少典娶于有蟜氏，生黄帝、炎帝。黄帝以姬水成，炎帝以姜水成，成而异德，故黄帝为姬，炎帝为姜，二帝用师以相济也，异德之故也。"据徐旭生考证，炎帝氏族的发祥地在今陕西境内渭水上游一带，黄帝氏族的发祥地大约在今陕西的北部，与炎帝氏族的居住地并不很远。[2] 黄帝、炎帝的传说在秦雍城及其周围有所传播是肯定的。由于雍城原就有

① 王子今：《睡虎地秦简日书甲种疏证》，第247页。
② 徐旭生：《中国古史的传说时代》，第40—45页。

武畤、好畤，或许还有对黄帝、炎帝的祭祀。秦将黄帝、炎帝转化成了天帝，并进行畤祭。这一时期，秦在和大荔、义渠等戎狄部落的战争中取得了重大胜利。秦厉公十六年（前461年），秦出兵灭大荔；秦厉公三十三年（前444年），伐义渠，虏其王。另外，秦在外交方面有所成就，有蜀人、楚人、晋人来赂，赊诸乞援，越人来迎女等事。晋国则发生了韩、赵、魏灭掉智伯的变故（《史记·秦本纪》、《六国年表》）。但这一时期也是秦国内部政治斗争比较激烈的时期。秦躁公卒，从晋国回国的躁公之弟立，是为怀公。怀公被大臣围杀，立躁公太子昭子之子，是为灵公。黄帝、炎帝是华夏集团的领袖。秦以"中国"自居，祭祀黄帝、炎帝有昭示正统，稳定政治局势，融合文化的意义。

秦的五帝说在《吕氏春秋》中得到进一步的整理。《吕氏春秋》本身是文化融合的结果，同时又是在秦统一前夕编撰的，一个很重要的目的是为秦的统一服务。它将阴阳、五方帝和五方神、季节、方位等搭配起来，使之成为一个完整的系统，阴阳五行的消长生克表现为宇宙事物的运动变化。《吕氏春秋·十二纪》记载：东方之帝是太皥，其神句芒；南方之神是炎帝，其神祝融；中央之帝是黄帝，其神后土；西方之帝是少皥，其神蓐收；北方之帝是颛顼，其神玄冥。《吕氏春秋》对五方帝和五方神的整齐化，标志着秦的五方帝系统的最后完成。

五帝之中，秦不立黑帝之畤。王晖先生认为，秦人把颛顼看做始祖所自出之帝，当对颛顼行禘礼，祭于始祖之庙，不为颛顼立郊祠。[1] 这种分析有一定的道理。另外，战国中晚期，秦国统一的趋势已经非常明朗，秦昭王十九年（前288年）曾谋求与齐同时称帝，至秦始皇时期建立了统一的大帝国。黄帝、炎帝、白帝、青帝毕竟是方位神，秦帝国建立过程中已经开始探求和实践新的祭天礼仪，以适应大一统统治的需要。到汉代，虽然刘邦曾自认为是黑帝，但后来的发展是汉武帝时在五方帝之上又立了太一，五帝变成太一之佐。所以，秦出于统一大势的考虑，也许根本就未立黑帝之畤。

秦的五帝说中有符应、祥瑞的内容，如文公时"黄蛇自天而降"，献公时"栎阳雨金"等。自然和人事结合在一起的神秘主义倾向在西周末已经出现，类似的例子在《国语》、《左传》中有许多，这是早期的灾异谴告，如前所引的著名的伯阳父论地震。秦祭祀的是五色帝，上帝的意志通过符应、祥瑞、灾异表达给人。阴阳五行成为天人感应的中间媒介。阴阳与五行、阴阳五行与天命、上帝结合的趋势是一种自觉的思想整理。

---

① 王晖：《秦人尚水德之源与不立黑帝畤之谜》，《秦文化论丛》第三辑。

秦的天命思想最初和周的天命思想相似，是对西周天命思想的继承。天帝作为人格神，决定着人事的兴衰和政治的成败。先王的神灵配天，护佑着子孙。但是，秦的崛起毕竟是西周晚期的事，天命思想受到种种怀疑，其至高无上的神圣权威已经发生了动摇。春秋时期的政治家子产明确地说："天道远，人道迩，非所及也，何以知之?"（《左传》昭公十八年）周内史叔兴说："吉凶由人。"（《左传》僖公十六年）西周到春秋、战国时期，天文星象观测的进步，使人们对作为自然规律的"天道"有了更精确的掌握。在《诗经》中就有火、箕、斗、牛、室、昴、毕等星宿名称。在湖北随县曾侯乙墓出土的漆箱盖上画有完整的二十八宿图，北斗位于中间。《春秋》中共记载了公元前 722 至公元前 481 年间的三十七次日食，经用现代天文学方法检验，其中三十一次是准确的。历法的编定有很大进步，推算比较准确。①《史记·秦始皇本纪》记载秦国在秦宣公时"初志闰月"。中国古代天象的观测记录，其根本目的是为人事提供依据，所谓的"历象日月星辰，敬授人时"，并不将天作为绝粹的自然进行研究。在这种情况下，传统的天命思想失去了存在的基础，但思想的发展并未走向对天命的绝对否定，在对天的自然特性有一定认识的前提下，天命思想转而走向天人感应思想。

天人感应思想的核心是相信天和人之间存在着某种神秘的联系，天象变化或异常的自然现象象征着人事的祸福，人事变动会引起天象变化或异常的自然现象。天这时既不是单纯的自然，也不是完全的神格，而是两者的合二为一。秦文公时，秦开始祭祀"陈宝"。《史记·封禅书》说："文公获若石云，于陈仓北阪城祠之。其神或岁不至，或岁数来，来也常以夜，光辉若流星，从东南来集于祠城，则若雄鸡，其声殷云，野鸡夜雊。以一牢祠，命曰陈宝。"《史记·秦本纪》："文公十九年（前 747 年），得陈宝。"或以为"陈宝"即陨石，秦视为祥瑞之兆，故设祠祭祀。② 这实际上是天人感应的思想，自天而降的陨石、黄蛇、雨金等是符应、祥瑞，是秦获天命的象征，不是像周文王、武王那样直接"受天命"。这种天人感应的思想在秦一直延续下去。

灾异谴告更明确地反映了天人之间的感应。彗星被认为可以带来灾祸，火星、金星的逆行不吉。《史记·六国年表》依据《秦记》详细记载了战国时代彗星出现的年代，如秦历公七年（前 470 年）、十年（前 467 年）都有"慧星见"、秦孝公元年（前 361 年）"慧星见西方"等；秦躁公元年（前 435 年）"六月雨雪"、

---

① 陈遵妫：《中国古代天文学史》，上海人民出版社 1955 年版。

② 马非百：《秦集史》（上），第 7—8 页。

秦献公十六年（前369年）“民大疫”等；《史记·秦本纪》记载：秦穆公十四年（前646年）“秦饥”、秦献公十六年（前369年）“桃冬花”等。

天人感应思想和巫术性的联想有联系，但更主要的是区别。以研究原始文化而著名的泰勒认为巫术思维的特性是联想，“人早在低级智力状态中就学会了在思想中把那些他发现了彼此之间的实际联系的事物结合起来。但是，以后他就曲解了这种联系，得出了错误的结论；联想当然是以实际上的同样联系为前提的。以此为指导，他就力求用这种方法来发现、预言和引出事变。而这种方法，正如我们现在所看到的这种，只有纯粹幻想的性质”①。弗雷泽将巫术分为两大类型：一是顺势巫术（或称模拟巫术），一是接触巫术。顺势巫术所依据的思维模式是“相似律”，即基于“相似”的联想而建立的，同类相生或果必同因。接触巫术所依据的是所谓“接触律”，即基于“接触”的联想而建立的，“物体一经互相接触，在中断实体接触后，还会远距离的互相作用”②。天人感应思想并没有对“帝”、“天”进行批判和否定，本身包含有强烈的神秘色彩，但受人们对天道—宇宙自然法则认识的影响，比巫术、宗教思想体现出更多的理智因素，并不是纯粹的幻想。天人感应思想还有很强烈的实用主义色彩，虽然是机械的，但一切都围绕着人事和社会来进行。西周末期和春秋战国时期，天人感应思想逐步发展，与之相反的是，巫的地位越来越低。《史记·天官书》说：西周晚期以来，星气阴阳之说盛行，“所见天变，皆国殊窟穴，家占物怪，以合时应，其文图籍机祥不法”，反映了这个时期天人感应思想的发展。

天命思想之所以会向天人感应思想转化，是因为如上所述天命思想受到种种怀疑，其至高无上的神圣权威已经发生了动摇，这是一个很重要的原因。秦人立国时间还不长，实力较小，以天人感应的模式表示天命，就显得委婉一些，不致引起激变。另一方面，天人感应思想的出现与农业生产、天文历法的发展有密切的关系。这种天人感应思想构成了西周天命思想向汉代天人感应思想过渡的环节。

秦的阴阳五行思想是中国古代阴阳五行思想发展过程中的重要环节，在春秋时期就在医学中尝试将阴阳五行结合起来，在政治和宗教中有意识地加以运用，

---

① ［英］爱德华·伯纳特·泰勒著，连树声译：《原始文化》，上海文艺出版社1992年版，第122页。

② ［英］詹·乔·弗雷泽著，徐育新、汪培基、张泽石译：《金枝》，大众文艺出版社1998年版，第19—21页。

并向天人感应的方向发展，为战国晚期阴阳五行思想的总结奠定了基础。阴阳五行思想的核心是阴阳五行的生克变化，这也反映了秦国当时求变发展的观念。

五、德的观念

秦对多元文化的综合，体现在价值观念方面，是发展了具有鲜明特点的"德"的观念。

"德"的内涵非常复杂。关于"德"的起源，李玄伯认为"德"是原始社会时期图腾的性质，最初说同德即等于说同姓（性），同一氏族的人具有同一德性。"较后各团交往渐繁，各团的字亦渐混合，有发生分义的需要，性与德的意义逐渐划分，性只表示生性，德就表示似性非性的事物。"[①]斯维至分析《左传》僖公二十五年所载"德以柔中国，刑以威四夷"的话，指出"这个德字不止宽大、恩德的意思，而是包含氏族传统的习惯法的意思。因此古人所谓德治，也就是用传统的习惯法来治理社会或国家，它决不是空洞的、抽象的、无实际内容的"。西周时期"礼乐就是德治的具体内容"。[②]郭沫若则指出："从《周书》和'周彝'看来，德字不仅包括着主观方面的修养，同时也包括着客观方面的规模——后人所谓'礼'。"[③]西周时期，"德"由内在的德性转向外在的行为规范。但"德"并未脱离天命神学的束缚，如侯外庐先生指出"德以对天，孝以对祖"，"德"是天命的依据。[④]还有学者认为殷周时的"德"，"似乎是符合神意，主要是天（或上帝）的身心双方面的行为、态度，并仿效神的本性多施恩惠"[⑤]。春秋时期，"德"的多种含义并存，如德行、恩惠等。《论语》中的"德"有四种意思：一是行为，作风，品质，"君子之德风，小人之德草"；二是恩德，恩惠，"以德报德"；三是道德，"为政以德"；四是品质，"称其德也"。[⑥]

1978年，陕西省宝鸡县太公庙所出钟镈铭文中有"翼受明德"的话。"翼"

---

① 李玄伯：《中国古代社会新研》，上海文艺出版社 1988 年影印本，第 184 页。

② 斯维至：《说德》，《人文杂志》1982 年第 6 期。

③ 郭沫若：《先秦天道观之进展》，《中国古代社会研究·青铜时代》（外二种），河北教育出版社 2000 年版。

④ 侯外庐等：《中国思想通史》第一卷，第 94 页。

⑤ ［日］窪田忍：《中国哲学思想史上"圣"的起源》，《学人》第一辑，江苏文艺出版社 1991年版。

⑥ 杨伯峻：《论语译注》，中华书局 1980 年，第 301 页。

为严肃谨慎的意思，《诗经·大雅·烝民》："小心翼翼。"这里的"明德"意思复杂。由于铭文前言"我先且（祖）受天令（命），（赏）宅受或（国）"，又言"刺（烈）刺（烈）邵（昭）文公、静公、宪公，不坠于上"，所以，"明德"和克配上天的先祖有密切的对应关系。秦公钟和秦公簋又言"穆穆帅秉明德"，"帅"为遵循的意思，《国语·周语上》："能帅旧德。"注云："帅，循也。""秉"为执持的意思，《广雅·释诂二》："秉，持也。"这说明"明德"不是纯粹的道德修养，而是可以遵循和掌握的规范。这与秦国的礼乐制度有关，因为"德"的内容如前所述，在西周时期包括指礼乐制度。就这一点来说，这种"德"的观念是传统的，仍不能体现秦"德"的特点。

春秋时期，"明德"还有恩惠的意思，《左传》隐公八年："冬，齐侯使来告成三国。公使众仲对曰：'君释三国之图，以鸠其民，君之惠也。寡君闻命矣，敢不承受君之明德。'"

鲁隐公八年（前715年），经过齐侯的斡旋，宋、卫、郑三国讲和。齐侯派人将此事告知鲁隐公。鲁隐公让众仲对答齐侯使者，其中的"君之惠也"与"君之明德"相对，显见"明德"有恩惠的意义。

秦"德"的特点就是发展了"德"的恩惠意义。秦"德"的形成与戎狄文化有密切的关系。秦穆公时，戎使由余入秦，向秦穆公陈述戎夷之政，"上含淳德以遇其下，下怀忠信以事其上。一国之政，犹一身之治，不知所以治，此真圣人之治也。"（《史记·秦本纪》）由余所述的戎狄部族的上下关系，和中原地区华夏族的诗书礼乐之政不同，上对下有恩，给部属带来了现实的利益，下则对上报答以"忠信"，甚至不惜"以躯偿矣"，并明确地说这是"淳德"。由余所述的"德"的内容实质是以恩惠与回报为主体的价值观念。汉代贾谊《新书·礼》还引用由余的话说："干肉不腐，则左右亲；苞苴时有，筐篚时至，则群臣附。官无蔚藏，腌陈时发，则戴其上。上少役之，则下以躯偿矣。"同时引用《诗》说："投我以木瓜，报之以琼琚；匪报也，永以为好也。"这个意思就更为明确了。秦穆公对由余非常欣赏，用计离间由余与戎王的关系，使由余为秦所用。由余后来在穆公"霸西戎"的过程中发挥了重要作用。由余说："上含淳德以遇其下，下怀忠信以事其上"是戎夷之政，可见这种德的思想在当时的"中国"并不流行，秦也不以这种"德"相标榜。在与戎狄部落的接触中，在艰难的发展过程中，秦"德"发生了变化。

对以恩惠与回报为主体的"德"的明确认识和主动地加以运用，主要是在秦穆公时期。《史记·秦本纪》记载了一个与之相关的故事。秦晋韩原之战时，秦开始战局不利，秦穆公为晋军所围，有"歧下食善马者三百人"冲破重围，解救了秦穆公，扭转战局，反而擒获晋君。为什么会这样呢？《史记·秦本纪》追述道："初，缪公亡善马，歧下野人共得而食之者三百余人，吏逐得，欲法之。缪公曰：'君子不以畜产害人。吾闻食善马肉不饮酒，伤人。'乃皆赐酒而赦之。三百人者闻秦击晋，皆求从，从而见缪公窘，亦皆推锋争死，以报食马之德。于是缪公虏晋君以归。"这个故事颇富传奇性，其要点在于说明秦穆公施恩而得到回报。秦穆公对歧下野人施恩是无意的，但结果给了他一个总结现实的机会，把恩惠与回报运用到实际的政治中去。秦晋峤之战后，秦国继续重用战败的将领孟明等人，孟明等人有一番举措：

> 孟明增修国政，重施于民。赵成子言于诸大夫曰："秦师又至，将必辟之，惧而增德，不可挡也。诗曰：'毋念尔祖，聿修厥德。'念德不怠，其可敌乎。"（《左传》文公二年）

从秦穆公施恩于歧下野人，无意之中得到回报，到孟明等人"重施于民"，正好反映了秦对"德"的认识和自觉运用的过程。

秦"德"作为一种政治手段被运用于两个方面：一是用来缔结君臣关系；另一方面是用来处理与其他诸侯的关系。

春秋时期，随着周王室的衰落，权力机制发生了很大的变化，原来主要靠血缘维系的上下主从关系开始动摇。受戎狄社会关于权力的标准、信仰和价值的影响，秦改造了西周以来的"德"的思想，用来构建君臣关系。秦"德"以现实利益为基础，以恩惠与回报为内容，功利色彩浓厚而道德意味淡薄，特点非常突出。在用"德"构建的君臣关系中，恩惠是某个君主所赐，回报也应是给君主个人。"德"完全个人化了，用"德"构建的君臣关系是一种新的君臣关系。

春秋时期，周天子只是名义上的"共主"，诸侯国之间为争霸而结成一个个势力集团，"德"被用于处理国与国的关系，以争取盟友，获取利益。秦所面临的对手首先是晋国。秦穆公时，秦晋关系几经反复，其中始终贯穿着"德"的观念。

根据《左传》记载，春秋时的晋国在晋献公死后，发生了内乱，公子夷吾、重耳出奔于外，由奚齐继位。奚齐被里克杀掉之后，"晋郤芮使夷吾重赂秦以求入，曰：'人实有国，我何爱焉？入而能民，土于何有？'"夷吾凭借秦国的力量继承君位，是为晋惠公，但他不感激秦国。鲁僖公十三年（前647年），晋国发生饥荒，又向秦国求援，秦国君臣有一场商议，核心在于施恩能否得到回报：

> 秦伯谓子桑："与诸乎？"对曰："重施而报，君将何求？重施而不报，其民必携；携而讨焉，无众，必败。"谓百里："与诸乎？"对曰："天灾流行，国家代有。救灾，恤邻，道也。行道，有福。"丕郑之子豹在秦，请伐晋。秦伯曰："其君是恶，其民何罪？"秦于是乎输粟于晋，自雍及绛相继，命之曰泛舟之役。（《左传》僖公十三年）

在秦国君臣的讨论中，施恩与回报被看做是民心所向的依据，是一个原则。违背了这个原则会导致"无众，必败"的结果。第二年，秦国也发生饥荒，向晋国求救，晋国予以拒绝，晋大夫庆郑云："背施，无亲；幸灾，不仁；贪爱，不祥；怒邻，不义。四德皆失，何以守国？"（《左传》鲁僖公十四年）庆郑将背弃恩施视为失德的行为。鲁僖公十五年（前645年），秦晋发生韩原之战，晋军大败。晋惠公向庆郑求援。庆郑云："善忘而背德，又废吉卜，何我之载？郑之车不足以辱君避也。"（《左传》鲁僖公十五年）结果，晋惠公被秦军俘虏。庆郑的行为与其说是意气用事，不如说是对晋惠公背德的反叛。在韩原之战这一年的十月，秦晋在王城会盟，晋阴饴甥与秦穆公之间有番对话：

> 十月，晋阴饴甥会秦伯，盟于王城。秦伯曰："晋国和乎？"对曰："不和。小人耻失其君而悼丧其亲，不惮征缮以立国也，曰：'必报仇，宁事戎狄。'君子爱其君而知其罪，不惮征缮以待秦命，曰：'必报德，有死无二。'以此不和。"秦伯曰："国谓君何？"对曰："小人戚，谓之不免；君子恕，以为必归。小人曰：'我毒秦，秦岂归君？'君子曰：'我知罪矣，秦必归君。贰而执之，服而舍之，德莫厚焉，刑莫威焉。服者怀德，贰者畏刑，此一役也，秦可以霸。纳而不定，废而不立，以德为怨，秦不其然'。"秦伯曰："是吾心也。"改馆晋侯，馈七牢焉。（《左传》僖公十五年）

阴饴甥以报怨与报德巧妙地打动秦穆公，使晋惠公得到善遇，很快放归。这一年晋国又发生饥荒，秦国再次送粮救灾，秦穆公说："姑树德焉，以待能者。"（《左传》僖公十五年）国与国的关系完全是一种利益关系。而晋国和秦国一样，与戎狄族有广泛的接触，对以利益为核心的德，很快地接受了。

春秋时期，孔子主要发挥了"德"的道德意义，提倡道德修养和道德行为。孔门弟子有以"德行"著称者，"德行：颜渊、闵子骞、冉伯牛、仲弓"（《论语·先进》）。对"德"的恩惠的意义，孔子也有所认识，但并无特殊的阐述，《论语·宪问》："或曰：'以德报怨，何如？'子曰：'何以报德？以直报怨，以德报德。'"《老子》又名《道德经》，其中的"德"是"道"的显现与作用。[①] 又有学者指出《道德经》中的"德"："指万物有得于道的部分，所谓'德者得也。'事物有得于道的一部分而形成自己的形体和特性。因此德有恩惠德泽的意思。"[②]

相比较而言，秦"德"主要体现于政治行为之中，是一种根植于人们社会实践之中的价值理念，是价值选择和价值判断的标准，是处理君臣关系、国与国关系的依据，是西北民族精神与中原思想文化的结合体，道德和神秘的意味都大大减弱，更多地体现出功利的特性。在旧秩序崩溃、新秩序还未完全建立起的形势下，秦比其他诸侯国更加主动地总结和运用它，使它很快地流传开来。秦孝公任用商鞅变法后的相当一段时间里，推行的是绝对的功利价值观，这不是偶然的，是有"德"的观念作为社会基础的。

六、小结

秦在进入关中之后，几经迁徙，最终定都雍城，从而开启了秦的雍城时代。秦在定都雍城的同时，确立了其战略思想是"子孙饮马于河"，具体说来，就是要和晋争夺秦东进的渡口和河西之地。这个战略思想具有全局性和整体性，一直延续到战国的秦孝公时期，对秦的发展有非常重要的作用。在饮马于河的战略思想指导下，秦晋之间在军事上长期抗衡，秦的经济社会获得了发展，独霸西戎，秦楚结盟，对春秋的政治格局具有举足轻重的影响，因之成为当时的霸主强国。秦穆公尚贤用贤、重民惠民、西服戎狄、积极开拓，将秦的国力推向了高峰，理所当然地应列入霸主之列。

秦跨越陇山，定都雍城，将关陇连为一体，为文化整合奠定了基础。从考古学上观察，这一时期的秦文化形成了自己的特点，仿铜陶礼器、喇叭口罐等文化因素引人注目。同时，秦文化和西北的游牧文化依然有较多的接触。秦文化和周边的戎狄文化互相影响，大量的戎狄因素融入秦文化中，对秦文化发挥着不可忽

---

① 陈鼓应：《老子注译与评价》，中华书局 1984 年版，第 148 页。

② 金春峰：《汉代思想史》，中国社会科学出版社 1997 年版，第 33 页。

视的作用；同样，秦国的发展，也极大地影响了西北地区的民族文化，甚至可能和西亚、中亚等地存在着文化的交流。巴蜀、吴、楚等地的文化因素也出现在秦文化之中。秦文化对新的文化因素有选择地加以吸收，主要是三类：一是与权力和战争有关的器物和技术；二是与农业有关的历法等；三是生活消费品，奢侈品。文化整合也改变着人们的宗教信仰、行为规范、心理情感和思想观念，并形成了新的文化模式。

在全局性、整体性的战略思想的推动下，在文化整合的冲击下，秦在思想观念方面，主要是对阴阳五行思想的综合和以"德"为代表的深层次的价值观念的变化。前者可以看做是周文化的进一步发展，后者可以看做是更多地受战争环境和戎狄文化的影响。

阴阳五行思想作为一种日用而不知的知识在秦国同样有深厚的基础，并得到了进一步的发展。首先，在医学中初步将阴阳五行结合起来，形成一个简略的运行系统，用以解释和诊断病情。其次，在政治和宗教中运用阴阳五行，对其加以整合，秦的五帝说就是具体的表现。期间，《山海经》的影响、现实政治的需要、文化融合的作用都不可忽视。第三，秦的阴阳五行思想发展的方向是将天命思想转变为天人感应。秦的阴阳五行思想是中国古代阴阳五行思想发展的重要环节，其体现出来的变化生克的观念，反映了这一时期秦的发展变化观。

春秋时期，德有恩惠的意义。秦德主要就是发挥了德的恩惠意义，这种德的内容实质是以恩惠与回报为主体的价值观念。秦穆公时，开始对这种德有了明确的认识，主动地加以运用，一是用来缔结君臣关系，二是用来处理国与国的关系。秦德具有功利色彩，是西北民族精神与中原思想文化的结合体。

"错法变俗"
——商鞅变法的思想导向

　　秦孝公任用商鞅变法，使秦国兵革大强，在当时的列国兼并战争中开始处于优势地位。商鞅变法是一种自上而下的强制性的制度变迁，主要是通过一系列的法令、政策来实施的，是思想和社会实践的结合。通过变法，秦国建立了新的社会制度，彻底改变了社会结构及价值观念，对社会和思想的发展具有导向性作用。

一、力政求强

以建构新的制度体系为中心的变法活动可以追溯到春秋时期齐国的管仲变法。管仲所实行的四民分业定居、"相地而衰征"等措施本身就是一种制度的改良。秦晋韩原之战中晋惠公被秦国俘虏，晋国为了挽救危局，"作爰田"、"作州兵"。"作爰田"承认了因开垦私田而变动的田地疆界；"作州兵"将兵役和军赋扩大到了"州"。晋文公时，晋国曾实施了"郭偃之法"。《商君书·更法》："郭偃之法曰：'论至德者不和于俗，成大功者不谋于众。'"《国语·晋语四》记载了一些晋文公继位后的革新措施，包括改良生产工具，提高劳动者的生产积极性；既有"尚贤"，也有"亲亲"，但以"亲亲"为主的用人政策；实行"君食贡"的制度等。这些可能和"郭偃之法"有关。公元前594年，鲁国"初税亩"，按田亩多少征税，公元前590年，"作丘甲"。公元前538年，郑国"作丘赋"。"作丘甲"和"作丘赋"都是按地区范围征收军赋。这些变法的措施，使国君能够征收更多的军赋，兼有经济和军事的性质。

在改良和实行各种新制度的同时，各国纷纷制定和颁布成文法。公元前621年，晋国在夷举行"蒐"这种军事演习性质的大典，"宣子（赵盾）于是乎始为国政，制事典，正法罪，辟刑狱，董逋逃，由质要，治旧洿，本秩礼，续常职，出滞淹。即成以授太傅阳子与大师贾佗，使行诸晋国以为常法。"（《左传》文公六年）"夷之蒐"时赵盾所制定的"常法"，内容非常驳杂，既有刑法，也有行政法，还有礼仪，反映了成文法制定初期的复杂性。《左传》襄公九年（公元前564年）记载，宋国的正卿乐喜（司城子罕）颁行了一项防火法案。公元前536年，郑国的子产"铸刑书"，将成文法正式公布出来。公元前501年，郑又有《竹刑》。公元前513年，晋铸刑鼎，铸范宣子制定的刑书。从"夷之蒐"时赵盾所制定的"常法"的内容来看，成文法的制定和颁布与变法活动是统一的。不过，成文法的正式颁布确实比较重视刑法，"铸刑书"、"铸刑鼎"等就是最好的说明。这里的原因当然最重要的是对社会稳定和治安的重视，如《晋书·刑法志》所说的，李悝著《法经》，"以为王者之政，莫急于盗贼"。

战国时期是所谓的"大争之世"，诸侯国相互攻杀兼并，各诸侯国内部也在争权夺利，结果是弱小的诸侯国被强大的诸侯国吞并，社会阶层发生剧烈的流动，新的国家统治机制和政治权威逐步形成。王夫之慨叹这个时期是"古今一大变革之会"，确如其言。春秋和战国时期都是"争"的时代，但特点有所不同。顾炎武曾总结道：

> 如春秋时，犹尊礼重信，而七国则绝不言礼与信矣。春秋时，犹宗周王，而七国则绝不言王矣。春秋时，犹严祭祀，重聘享，而七国则无其事矣。春秋时，犹论宗姓氏族，而七国则无一言及之矣。春秋时，犹宴会赋诗，而七国则不闻矣。春秋时，犹有赴告策书，而七国则无有矣。邦无定交，士无定主，此皆变于一百三十三年之间，史之阙文，而后人可以意推波助澜者也，不待始皇之并天下，而文武之道尽矣。[1]

顾炎武所说的"一百三十三年之间"，指的是从《左传》所记的最后年代周贞定王二年（公元前467年）到《战国策》所记开始的年代周显王三十五年（公元前334年）。这一百三十三年，由于缺乏文献记载，历史的叙述不连贯。从这前后的社会风俗看，这段时间社会发生了剧烈的变化。顾炎武也谈到"不待始皇之并天下，而文武之道尽矣"。也就是说，秦统一所建立的专制主义中央集权制的基本要素出现了。这是一个非常敏锐的观察，制度框架的打破与创新是这段时期及其前后一段时间的主题。其原因则是战争和各诸侯国内部的权力斗争，并由此推动了富国强兵理论和君主专制统治的思想的产生。

相对于春秋时期，战国时期的战争是赤裸裸的，是更为直接的土地兼并。各诸侯国不再在名义上拥护周王，相互之间的战争更为激烈，战争规模大，持续时间长，参与兵力多，杀戮异常残酷。同时，军队的装备得以改进，讲求战术战法，出现了许多著名的军事家。通过战争，小的诸侯国很快被兼并殆尽，主要剩七个大的诸侯国，号称"战国七雄"。在攻杀兼并中，总的趋势是走向统一。

战争事关国家的生死存亡，为了取得战争胜利，必须进行积极的改革，以满足战争的需要。激烈的战争刺激了经济社会的发展，也迫使各个诸侯国以变革求生存。从制度变迁的角度而言，当时各个诸侯国变革的方向主要是两方面，一是"富国强兵"，一是强化君主权力，树立政治权威。这两个方面又是互为表里，不可分割的。"富国强兵"使国家能够在对外的战争中取得更多的胜利，增强君主

---

[1] 顾炎武著，黄汝成集释，秦克诚点校：《日知录集释》，岳麓书社1994年版，第467页。

的威信，有助于君主集权；强化君主权力可以使国家在战争中发挥最大能量，争取战争的胜利，维持国家的生存和壮大。这两个方面的变革，使国家进入了一种战争机制，对君主专制统治的形成具有决定性的作用。

战争中的军事家和政治家们明确地认识到战争与政治、经济、文化的关系。从战争的目的出发，改革的思想扩展到政治、经济等所有的社会领域，形成了一场深入的社会变革。在此基础上，出现了"富国强兵"的理论。对战争与政治、经济的关系的自觉认识至少可以追溯到春秋时期。冯友兰认为，齐国在管仲改革时实行的就是一种"富国强兵"政策。[①] 士、民、工、商，四民分业，世代相传，不相混杂，可以使他们安心于他们的职业，有利于社会生产和军事活动。同时，管仲"作内政而寓军令"，把社会组织和军事组织统一起来，使军队焕发出更强的战斗力。

战争是双方你死我活的斗争，需要更多的理性。在春秋末期，出现了孙武这样杰出的军事家和《孙子兵法》这样的兵学圣典，对战争中的战略战术以及战争与政治、经济的关系作了细致入微的剖析。孙武的军事思想得到了社会实践的检验。孙武是春秋末期的齐国人，曾在吴国为将。吴在春秋末期日渐强大，接连击败楚国和越国，这与吴国的改革、与孙武的军事思想有密切关系。

《孙子兵法·计第一》开篇就强调了战争对于国家的重要性："兵者，国之大事。死生之地，存亡之道，不可不察也。"接着从战略上强调敌我双方强弱的对比计算，对比计算的主要内容是"五计七事"。"五计"包括道、天、地、将、法。道是政治原则，得道多助，失道寡助，战争要得到广泛的支持，要求绝对的思想统一，"道者，令民与上同意也，故可以与之死，可以与之生，而不危也"[②]。天、地指的是天时地利，将、法指的是将领的素质、能力和军法。"七事"是"五计"的进一步具体化，包括："主孰有道？将孰有能？天地孰得？法令孰行？兵众孰强？士卒孰练？赏罚孰明？""五计七事"里面不包括经济的因素，这不表明孙武对相关因素的忽视。在《孙子兵法》的其他篇里，孙武曾总结战争对人力、物力和财力的依赖：

> 凡用兵之法，驰车千驷，革车千乘，带甲十万，千里馈粮；则内外之费，宾客之用，胶漆之材，车甲之奉，日费千金，然后十万之师举

---

① 冯友兰：《中国哲学史新编》（上），人民出版社1998年版，第124—127页。

② "危"为"诡"的通假字。李零：《〈孙子〉十三篇综合研究》，中华书局2006年版，第8页。

矣。《孙子兵法·作战第二》

　　是故军无辎重则亡，无粮食则亡，无委积则亡。《孙子兵法·军争第七》

　　战争消耗巨大，没有坚实的经济基础难于胜利。孙武提出的解决办法是"兵贵胜，不贵久"的速胜思想，并论述了"因粮于敌"、"役不再籍"等原则（《孙子兵法·作战第二》）。"因粮于敌"指的是粮食要尽量取之于敌，补充自己；"役不再籍"指的是尽量减少与战争相关的力役。正是从经济的角度出发，《孙子兵法》将战争视为万不得已的手段，"故上兵伐谋，其次伐交，其次伐兵，其下攻城"（《孙子兵法·谋攻第三》）；要认识到战争对国家的危害，战争消耗人力，使内部空虚，百姓贫困，引发危机，甚至颠覆国家。毛泽东在抗战时提出了著名的持久战，这是非常时期、非常背景下的非常战略，但从普遍的情况来看，持久战对战争双方的损害都很大，对发动战争、入侵的一方来说，旷日持久的战争更为不利。毛泽东是从受侵略的一方立论的，孙武是从发动战争的一方论说的，双方殊途同归。总的来说，《孙子兵法》仍是一部比较纯粹的军事著作，但对相关的经济、政治问题的思考是深入透彻的。在山东临沂银雀山汉墓竹简《孙子兵法》残简中，有一篇《吴问》，以吴王与孙子问答的形式，讨论了晋国六将军的经济改革及其成败。这篇佚文虽然不一定是孙武亲撰，但从实践的角度进行的总结仍然是中肯的。

　　春秋末期的越国被吴国击败后，越王勾践"卧薪尝胆"，进行了一系列的改革，"十年生聚，十年教训"。这些改革大部分是经济领域的，劝民农桑，发展生产，鼓励生殖，增加人口，提倡"非身之所种则不食，非其夫人所织则不衣"、"旱则资舟，水则资车"等（《国语·越语上》）。《史记·货殖列传》说："计然之策七，越用其五而得意。"从《越绝书》中的《计倪内经》来看，主要有以下五点：任人唯贤，"有道者进"；赏罚分明，奖励忠谏；实行"平粜"，平衡谷价；发展贸易，流通物资；蓄积"食钱布帛"，防备灾荒。越国最后依靠雄厚的经济实力和军事力量击败吴国。

　　越王勾践是最后一个霸主，又是第一个霸王。他在平吴之后，曾北上争霸，"与齐、晋诸侯会于徐州，致贡于周。周元王使人赐勾践胙，命为伯。勾践已去，渡淮南，以淮上地与楚，归吴所侵宋地于宋，与鲁泗东方百里。当是时，越兵横行于江、淮东，诸侯毕贺，号称霸王"（《史记·越王勾践世家》）。虽然后来的项羽更为有名，但越王勾践才是史书记载的中国历史上第一个霸王。越王勾践的作为仍是霸主的姿态，他与诸侯会盟，向周王朝贡，得到周王室认可，并主持公道，归还了楚、宋、鲁部分土地，但他已被称为"霸王"。"霸"与"王"是两个不同的概念。霸者虽为大国，拥有强大的实力，名义上仍是周王的臣下，并以拥立周王为号召。王在西周时为周王的专称，意味着最高的支配权和控制权。春秋时的周王室虽已衰落，表面上仍被诸侯尊重。春秋末期出现的"霸王"称号则完全漠视了周王的存在，表现了一种以实力决定权力的观念。故《史记索隐》云："僭而称王也。"

越之所以称"霸王"，与南方的楚、吴等早已称"王"有关。楚国在西周中后期与西周王室冲突不断，形成一种强大的离心力量。周昭王曾亲率大军征伐楚国，结果大败，昭王本人南征而不归，身死汉江。周宣王时，西周王室对楚国的战争才取得了一些胜利。早在西周末期和春秋早期，楚、吴等国就已相继称"王"。春秋时期，楚国多次图谋向北发展，争霸中原，楚庄王曾问周王室鼎之轻重，直接向周王挑战。而整个春秋时期，中原尚无一家诸侯称"王"。越王勾践称"霸王"，是将霸主和南方早已流行的"王"的称号结合起来。"霸王"称号的出现代表了一个新的诸侯兼并时代的到来。长江流域的楚、吴、越在这个社会转折时期的政治格局中发挥的作用是不可忽视的。

要想成为"霸王"，必须先是强国。"强"在战国初期有具体的内容，主要包括土地、人口和雄厚的军事实力。韩、赵、魏攻灭智伯是战国初期的一件重要的事情，其间凭借军事实力对土地的争夺给人留下深刻的印象。《墨子·非攻》："昔者晋有六将军，而智伯莫为强焉。计其土地之博，人徒之众，欲以抗诸侯，以为英名。攻战之速，故差论其爪牙之士，皆列其舟车之众，以攻中行氏而有之。以其谋为既已足矣，又攻兹范氏而大败之。"智伯先后灭掉了中行氏和范氏，拥有广阔的土地，众多的人口和军力，成为晋国六卿中最强大的。之后智伯又向韩、魏、赵强索土地。韩康子给了土地，魏宣子想不给，赵葭谏曰："彼请地于韩，韩与之；请地于魏，魏弗与，则是魏内自强，而上怒知伯也。然则其错兵于魏必矣。"劝魏宣子不要自恃强大，惹怒智伯，赵则坚决拒绝了智伯的要求（《战国策·赵策一·知伯帅赵、韩、魏而伐范、中行氏章》）。后来，赵、魏、韩灭掉智伯之后，瓜分了其土地。赵氏在灭智伯之前已收复中牟（今河南鹤壁西）、兴兵灭代（今河北怀安、蔚县以西，山西阳高、浑源以东一带），再加上瓜分的智氏的土地，成为疆域面积仅次于楚的大国，《史记·赵世家》云："于是赵北有代，南并知氏，强于韩、魏。"成为强国是当时各国努力的目标。

越在称霸之后不久就衰落了，"霸王"的称号却流传到中原。最先谋求"霸王"

称号的是战国初期的魏国。魏文侯曾任西门豹治邺，西门豹说："臣闻王主富民，霸主富武，亡国富库，今王欲为霸王也，臣故蓄积于民，君以为不然，请升城鼓之，甲兵粟米，可立具也。"（《淮南子·人间训》）"霸王"要以"甲兵粟米"为保证。魏文侯死后，继立的魏武侯继续谋求"霸王"之号，吴起对魏武侯说："河山之险，信不足保也，是伯王之业，不从此也。……从是观之，地形险阻，奚足以霸王矣。"（《战国策·魏策一·魏武侯与诸大夫浮于西河章》）吴起的意见是紧紧依靠"河山之险"不足以成为霸王。魏武侯死后，子立，是为魏惠王。魏成为中原最早称王的诸侯国。"霸王"称号也流传到了秦国。据说周太史儋见秦献公说："周故与秦国合而别，别五百岁复合，合十七岁而霸王出。"①

由"强"的内容发展出"富国强兵"的理论。战国初期，积极谋求"霸王"称号的魏国曾任用李悝、吴起等人。《汉书·艺文志》著录有《李子》三十二篇，班固自注："名悝，相魏文侯，富国强兵。"魏国在李悝的主持之下行"尽地力之教"、"平籴法"，鼓励农民积极生产，尽可能提高单位面积的粮食产量，稳定粮食价格，大大增加了粮食收入，故《汉书·食货志》云："行之魏国，国以富强。"吴起在魏国则主要是训练武卒，在军事上战胜秦国。看来，李悝当时已对"富国强兵"的理论进行了阐释，并在魏国进行了实践。

吴起在魏国时曾与商文争功，吴起举三事自负，其中一事是"治百官，亲万民，实府库，孰与起？"（《史记·吴起列传》）可见吴起的兴趣并不只限于军事。吴起到楚国后实行的一些改革措施，反映了他也是一位"富国强兵"理论的实践者。《史记·吴起列传》记载吴起的变法措施云："明法审令，捐不急之官，废公族疏远者，以抚养战斗之士，要在强兵，破驰说之言纵横者。"《吕氏春秋·贵卒》记载吴起之言道："荆所余者地也，所不足者民也，今君王以所不足，益所有余，臣不得而为也。"《战国策·秦策三·蔡泽见逐于赵章》记范雎对吴起的评价："吴起事悼王，使私不害公，谗不蔽忠，言不取苟合，行不取苟容，行义不顾毁誉，必有伯主强国，不辞祸凶。"其最终目的也在"强兵"、"伯主强国"。

春秋末期和战国初期的"霸王"之争直接推动了"富国强兵"理论的产生。从李悝、吴起等人的思想和实践来看，所谓的"富国强兵"就是使国家拥有能够支持大规模战争消耗的经济基础，拥有精锐、强大的军事力量，以及对这些经济、军事力量的控制和使用。"富国强兵"理论抓住了兼并形势的要害，明确了

---

① 《史记·秦本纪》，又见于《史记·封禅书》、《史记·周本纪》、《史记·老子韩非列传》，文字略有不同。

列国的改革方向，是列国希望达到的目标。从吴、越、魏、楚等国的改革来看，主要是采取了一些具有针对性的措施，集中在发展生产，增加国家收入，鼓励生育，增殖人口，训练军队，改善装备等方面。这些改革的措施在较短的时间里都收到了明显的效果，暂时达到了兵革大强的目的。但是，如果仅仅停留在权宜之计的层面，或者是局限于单纯的军事角度，显然不能真正实现比较长久的富国强兵。"富国强兵"需要与之相适应的一套制度予以保证，如果不能做到这一点，那改革所取得的短期效应可能很快会烟消云散。所以，改革的深层次问题是变法，即建构新的制度体系。

在春秋战国之交，各诸侯国内部的权力争夺非常激烈，这种政治斗争对加强君主权威、强化君主权力的作用不可低估，并进一步推动了改革的进程。"富国强兵"和政治权力的争夺交织在一起，成为实行君主专制统治的现实基础。那些夺取了权力的新的统治者，更能深刻地认识到权威动摇和权力丧失的严重后果，千方百计地防备重蹈覆辙，加速催生了君主专制统治理论。

春秋战国之交最为人瞩目的权力斗争就是三家分晋和田氏代齐，《史记·六国年表》论及战国时的形势说：

> 是后陪臣执政，大夫世禄，六卿擅晋权，征伐会盟，威重于诸侯。及田常杀简公而相齐国，诸侯晏然弗讨，海内争于战功矣。三国终之卒分晋。田和亦灭齐而有之，六国之盛自此始。务在强兵并敌，谋诈用而纵横短长之说起。矫称蜂出，誓盟不信，虽置质剖符犹不能约束也。

春秋后期，晋国的政权被知、范、中行、韩、赵、魏六卿把持。六卿诛杀了栾氏、祁氏、羊舌氏等公族。六卿之间也发生了斗争，范氏、中行氏先亡。韩、赵、魏三家联合起来，在公元前453年灭掉了知氏。公元前403年，韩、赵、魏列为诸侯。齐国的田桓子以"大斗出"、"小斗入"的方法争取民众，得到了民众的拥护。田釐子继续争取民众，分化瓦解并消灭了拥护齐国国君的贵族。田成子时打败了齐简公任用的监止，在公元前481年杀死了齐简公，把持了齐国的政权。公元前386年，田和列为诸侯。

三家分晋和田氏代齐是夺取政权的政治斗争的结果，但其间也是实行和建立新制度的过程。三家分晋过程中曾改革经济制度，废除了百步为亩的制度，不同程度的扩大了亩制，实行地税制。范氏、中行氏以一百六十步为亩；知氏以一百八十步为亩；韩、魏以二百步为亩；赵氏以二百四十步为亩。① 田氏则"上请爵禄而行之群臣"（《韩非子·二柄》）。关于三家分晋和田氏代齐过程中的新制度的实施，由于文献失载，能够了解到的不多，但有理由确认这个时期及其以后的一个阶段，君主专制统治的若干基本要素已经出现，并逐步得到推广。

官僚制度是君主专制统治的主要内容，春秋晚期到战国初期，官僚制度已经开始发展。春秋末期，在一些诸侯国出现了以粮食为俸禄的官僚，《史记·孔子世家》记载孔子在鲁国和卫国做官时的俸禄都是"粟六万"。《论语·雍也》："原思为之宰，与之粟九百。"原思为"宰"的俸禄是"粟九百"。所以，《论语·宪问》说："邦有道，谷。邦无道，谷，耻也。"战国初期的魏国，魏成子为魏文侯相，"食禄千钟"（《史记·魏世家》）。当然，这个时期官员的俸禄主要是年俸。俸禄制度的实行使国君在任用和罢免官员方面有更大的权力，也有利于国家选拔人才。与官僚制度相关的是春秋晚期到战国初期已经开始建立符玺制度，军权集中于国君手中。国君对有功之臣随时进行奖赏，魏惠王赏赐吴起之后"田二十万"（《战国策·魏策一·魏公叔座为魏将章》）。对地方行政的视察和监察制度已经出现。春秋初期，开始出现了县。春秋末期，晋国出现了郡，《左传》哀公二年记载赵简子作战时的誓词说："克敌者上大夫受县，下大夫受郡。"后来演变为郡县两级行政组织。成文法的颁布，如前所述，在春秋时期已经开始，在各国的变法中，得到进一步的强化，李悝在魏国著《法经》，吴起在楚"明法审令"。

春秋晚期到战国初期的制度变迁是整体性的，包含了军事、经济、政治等各个方面，推动制度变迁的最直接的因素是"富国强兵"的要求和各诸侯国内部激烈的政治斗争。战国时期的社会经济发展迅猛，铁工具普遍使用，农业生产技术提高，科学技术有突出成就，各诸侯国国君将土地颁赐给有功者，土地买卖流行，一家一户的小农经济逐步成为社会经济基础，这些方面无不与由于战争和政治斗争引发的激烈竞争紧密相关。旧的制度框架由于不能适应新的社会形势和新兴的社会集团的需要而被逐步淘汰。各诸侯国变法的方向是统一的，即通过变法达到"富国强兵"，强化君主权力，一系列的新制度的构建都是围绕着这个中心进行。这是一个充满了创新精神的时代，新的社会制度呼之欲出。

这个时代的制度变迁也提示我们，法家的思想不仅仅是法制，应该从"富国强兵"和君主专制统治理论两个方面去把握他们的思想，这两个方面是相互关联的。法家的地位和作用和其他诸子比起来尤为重要。战国时期思想文化方面呈现

① 杨宽：《战国史》，上海人民出版社 1998 年第 3 版，第 166 页。

出空前的繁荣，现在学人多称之为"哲学的突破"的阶段，或称之为"轴心时代"，其要点有三：一是独立的知识阶层兴起；二是思想文化具有民间性；三是学派并立，百家争鸣。各家各派对宇宙、人生、自然、社会进行思考并提出自己的解释，"经过系统化之后，在宇宙秩序、人类社会和物质世界，几个方面都发展出一套完整而别具一格的看法"[①]。但从制度变迁的角度来看，那些曾被视为"显学"的诸子儒、墨、名、法、阴阳、道德，除了阴阳是一种普遍的知识与学问外，真正在社会实践中居于主导地位的是法家。法家是在社会变革之中兴起的，是在社会变革中发展的。商鞅变法后的秦国，知识阶层被严格地规范于政治体制之内，思想文化以官方和君主意志为主导，不存在不同的学派，最后也形成了一套独特的思想。这和人们印象中的诸子蜂起，百家争鸣有很大的差距。法家作为一群改革家，投身于当时的社会变革之中，在实践中总结和提高，发展出一整套的思想理论，主导了当时的社会发展。

秦孝公继位时，《史记·秦本纪》描述当时的形势说：

> 孝公元年，河山以东强国六，与齐威、楚宣、魏惠、燕悼、韩哀、赵成侯并。淮泗之间小国十余。楚、魏与秦接界。魏筑长城，自郑滨洛以北，有上郡。楚自汉中，南有巴、黔中。周室微，诸侯力政，争相并。

《逸周书·度训》："力争则力政，力政则无让。"《大戴礼记·用兵》："诸侯力政，不朝于天子。""力政"包括了各诸侯国尽一切力量争取对外战争的胜利，也包括了各诸侯国的积极变革以及统治模式的演变，可以概括这一时期社会发展的特点。

二、秦国的步伐

秦的变法活动开始得比较晚，但秦对其他诸侯国的变法活动并不是不清楚。对秦来说，变法的信息来自两个方向，一个是来自南方，一个是来自东边的晋。春秋晚期，秦与楚保持着比较好的关系。楚被吴击败后，求秦出兵伐吴。秦哀公三十二年（前505年），秦发兵五百乘救楚，大败吴国的军队。吴国曾起用伍子

[①] 余英时：《士与中国文化》，上海人民出版社1987年版，第29页。

胥和孙武整顿国政。秦应楚的要求出兵和吴军作战，并击败吴军，这固然显示了秦国的军事实力不能小觑，也说明，秦对吴、楚情况肯定有相当的了解。秦厉公时，蜀、楚来"赂"，即献礼。秦与南方的信息渠道继续保持畅通。相对而言，晋对秦的影响更大。虽然春秋晚期秦、晋之间战事连绵，但信息沟通从未被切断。《史记·六国年表》说：秦厉公时，晋人和楚人来"赂"。如果说这次晋人来"赂"的具体情况不太清楚，那么智氏家族奔秦则肯定会将当时晋国六卿的改革情况带到秦国。秦厉公二十五年（前452年），"智开与其邑人来奔"（《史记·秦本纪》）。《史记正义》说："开，智伯子。伯被赵襄子等灭其国，其子与从属来奔秦。"《史记·六国年表》又记载：秦厉公二十九年（前448年），"晋大夫智宽率其邑人来奔"。智开、智宽等人在危急关头到秦国寻求政治避难，使秦国对晋国的情况了如指掌。

秦晋之间的人员来往并不是单向的，这使春秋战国之际的秦晋关系更为复杂。秦景公时，秦国的公子铖就曾逃到晋国，秦哀公即位后又回到秦国（《史记·秦本纪》）。战国初期的秦国一度出现了政治混乱，相继有两位君主自晋归立。① 躁公死，"怀公从晋来"。灵公死，"简公从晋来"（《秦记》）。怀公、简公何时因何原因到了晋国，居于晋国多长时间，文献失载，付诸阙如。不过，怀公归秦前，晋君已经仅剩绛、屈沃等地，反而向韩、赵、魏之君朝见，这种巨变肯定会给他强烈的刺激。简公归国前，正是魏文侯在位的时期。魏文侯以段干木、田子方等人为师，任用李悝等人改革。简公应该对此有切身的体会。简公在位时，曾进行了一些改革，应该和他对魏改革的亲历有关。秦国改革中，外来因素的影响至关重要。

战国初期，秦改革的步伐逐渐加快。秦简公在位时，实行"令吏初带剑"、"令百姓初带剑"、"初租禾"等措施，集中进行了一次改革。秦献公在位时，"止从死"、"为户籍相伍"、"初行为市"、推广县制，改革的幅度更大。秦在战国初期的改革具有一定的连续性，成为后来秦孝公时彻底改革的先声。

秦是最早设县的诸侯国之一。县作为一种地方行政区划单位经过长期演变而最终形成。最初出现的是"县鄙之县"，即国、野制度下国都之外的郊野地带，常称之为"都鄙"、"县鄙"，是一种泛称；其次出现的是"县邑之县"，是地域逐渐清晰的邑居之所，春秋时楚国的灭国置县、晋国的采邑之县即为"县邑之县"；

---

① 《史记·秦本纪》："庶长改迎灵公之子献公于河西而立之。"《正义》："西者，秦州西县，秦之旧地，时献公在西县，故迎立之。"如此，秦只有两位君主自晋归立，而非三位。

战国时形成了"郡县之县"，成为中央集权制下的一级行政机构。春秋时的县和战国时的县性质有所不同。春秋时楚、晋等国实行的是县大夫世袭制，战国秦汉时的郡县制，是随着小农经济的广泛出现、贵族世袭制的瓦解和君主专制集权的产生而形成的。县最初主要是设置于边地，有军事防御的性质，后来才扩展到内地，县的政治和军事权力逐步集中在君主手中。① 秦在春秋时期就已经设县。秦武公十年（前 688 年），秦灭掉了邽、冀之戎后，在当地设县；秦武公十一年（前 687 年），秦又在郑、杜设县（《史记·秦本纪》）。秦设置的这种县或许还是"县鄙之县"。在战国初期，秦继续在关中东部等边地设县。秦厉公二十一年（前 456 年），在频阳（今陕西富平东北）设县（《史记·秦本纪》）。秦惠公十年（前 389 年），秦在陕（今河南三门峡西）设县（《史记·六国年表》）。秦献公时在蒲、蓝田（今陕西蓝田西）、善明氏、栎阳（今陕西临潼东北）设县。这些县多设置于边地，军事色彩强烈。县制的推广，进一步加强了边防，强化了君主权力，使地域性国家的特点更加清晰。

《史记·秦本纪》和《史记·六国年表》都记载秦国"简公六年（前 409 年）令吏初带剑"。另外，在《史记·秦始皇本纪》后附的《秦记》中又有"其（简公）七年（前 408 年）……百姓初带剑"。林剑鸣先生曾敏锐地观察到"吏"和"百姓""带剑"非同寻常，这是秦国制度变化的一个表现。

剑是身份的标志，对这一点大概没有什么不同的意见，《史记·吴太伯世家》记载了"季札挂剑"的故事："季札之初使，北过徐君。徐君好季札剑，口弗敢言。季札心知之，为使上国，未献。还至徐，徐君已死，于是乃解其宝剑，系之徐君冢树而去。"林先生首先认为"徐君是徐国最大的奴隶主"，强调季札是吴国的贵族。② 其实，这个故事除了渲染徐君、季札之间感人至深的友谊之外，更重要的是季札因为"为使上国"，不能赠剑，也就是剑是季札作为国家使者的象征。因为剑有非常重要的象征意义，国君佩剑从春秋时期开始流行起来，尤其是南方的吴、越。今天，当年制作精美的吴王剑和越王剑屡屡面世。从这个意义上说，"吏"和"百姓""带剑"被视为"许多人不顾身份的限制，连身为'吏'和'百姓'的人也竟然佩起剑来了"，恐怕不妥。即使社会上有佩剑这种风气流行，也没有必要由国君下令所有的老百姓佩剑。追根究底，这里的"吏"和"百姓"的

① 杨宽：《战国史》，第 227—228 页。另，日本学者也指出了春秋和战国县的性质不同。[日]西嶋定生著，武尚清译：《二十等爵制》，国际文化出版公司 1992 年版，第 353 页。

② 林剑鸣：《秦史稿》，第 161—162。

身份是值得探究的。

阎步克指出："'吏'这一称呼与指称贵族的'士'不同。'士'是守礼的'君子'，兼有封建身份、礼乐教养和行政执事，原是一种更具弥散性的角色；而'吏'则是个纯粹功能性的称呼，不及其封建身份和礼乐教养。""'吏'是仅就其治人理事而言的。""在行政之'事'日益发展为一个自主领域，并更多地按照理性原则组织起来的时候，那种起于州部、发于卒伍、因能受任而治人理事之专业领俸文官，也就顺理成章地用'吏'作了他们的通称：'吏生于事也。'"① 如此说来，"吏"主要指领取俸禄的官吏，"令吏初带剑"是命令官员们佩剑。剑作为官吏身份的象征，更加增强了他们的权威性。这说明秦国的官僚制度得到了一定程度的发展，并发挥着越来越重要的作用。

"令百姓初带剑"中的"百姓"也不是普通老百姓。"姓"本义是女子所生的子女。子女相为亲，相组为族，所以广其义，姓可作族属、族人解，亦可以进一步将之理解为泛称的"族"的意思。商、周时只有贵族才有姓，而庶民和奴婢没有姓，所以，"百姓"在商、周时指贵族。② 金文中有"百生（姓）"、"多生（姓）"。《尚书·盘庚下》："今予其敷心腹肾肠，历告尔百姓于朕志。"《诗经·小雅·天保》："群黎百姓，遍为尔德。"毛传："百姓，百官族姓也。"秦公一号大墓出土的残磬铭文有"百生（姓）"，指秦国的异姓贵族。③ "令百姓初带剑"中的"百姓"很可能指这种异姓贵族，他们因军功而受到重视。从考古学文化观察，"秦文化集团的变化与重组，似乎与燕与鲁都有不同，其中最突出的差别即在于秦文化在其立国之初就出现了不是因原有的贵族地位、而是因主要与北方文化的军事行为中获得贵族身份的军事贵族"④。在简公时期，这些军事贵族的地位受到进一步的肯定，并普遍地享有了佩剑的特权。

"初租禾"是秦简公时期的一个重要举措。它和鲁国的"初税亩"是相似的，即按照土地的面积征收实物地租。"初租禾"的目的是将所有的土地纳入国家税收的范围，增加国家税收的总量。秦简公时期"初租禾"的具体内容不得而知，也没有相关的田制改革的资料。"初租禾"这一措施恐怕主要还是和"富国强兵"的思想联系在一起。

---

① 阎步克：《士大夫政治演生史稿》，北京大学出版社 1996 年版，第 135 页。

② 朱凤瀚：《商周家族形态研究》（增订本），天津古籍出版社 2004 年版，第 12—14 页。

③ 王辉：《秦出土文献编年》，第 37 页。

④ 滕铭予：《秦文化：从封国到帝国的考古学观察》，第 73 页。

秦献公宣布实行的"止从死"不能简单地视为禁止人殉。从死和一般的人殉有一定的区别。从死更多的是依礼而行、表示忠诚的行为，从死者的身份不是奴婢，甚至是地位很高的人，从死者和死者之间是一种依附性很强的主从关系，他们受礼的强制与约束从死。至少从表面上来说，除强迫从死的以外，从死者一般都表示愿意从死，并享有相应等级的棺椁等。人殉则是以活人作为殉葬品，殉葬者的身份是奴婢，他们的意愿完全不需要征求，常是被处死之后被埋入墓葬。"天子杀殉，众者数百，寡者数十；将军大夫杀殉，众者数十，寡者数人。"（《墨子·节葬》）秦这时"止从死"，一方面是春秋以来重人思想的发展以及对于人生命的珍爱，如孔子所呐喊的："始作俑者，其无后乎！"（《孟子·梁惠王上》）另外则可能跟秦国官僚制度的逐步出现和发展有关。秦简公"令吏初带剑"，说明"吏"这类领取俸禄的官僚在秦国已经是很有影响的一类人。官僚制度之下的君臣关系不同于礼制宗法制度之下的主从关系，官僚主要依靠工作资历、工作成绩受职任事、领取俸禄，这使他们和君主的关系发生了变化，一般情况下不再具有很强的依附性，虽然也要求他们忠诚于君主，但要求他们从死逐步地变为不可能了。在这种情况下，秦国废止了从死的制度。当然，从死和人殉在此后的秦国并没有消亡，从死者主要限于君主的近侍内臣，官僚制之下的官员从死应该是没有了。

"为户籍相伍"是建立户口登记制度，按照"伍"这种单位将老百姓编织起来。"伍"是一种军事组织，实行"为户籍相伍"，在于把秦国控制下的人口统统编制于军事组织之中。

从战国初期到献公时期的改革来看，秦国正处在剧烈变革的前夜。其制度的变革反映了秦国社会结构的深刻变化，变化的趋势有四：一是君主是变革的主导，君主专制集权的趋势有所加强。县制的推广、官僚制的发展都是其表现。二是军国主义的倾向有所加强。军事贵族地位的强化、"为户籍相伍"的实行等都说明了这点，特别是在《史记·六国年表》中有这样一条记载：秦献公二十一年（前364年），"章蟜与晋战石门，斩首六万，天子贺"。《史记·秦本纪》记载大致相同。这似乎说明斩首为功的制度并不是商鞅变法时才开始出现的。三是"富国强兵"的理论有一定的影响，有怀公、简公这样的从晋国归来的君主，秦国想不受影响都难，所以实行了"初租禾"等。四是宗族制度的变革似乎是很重要的内容，"令百姓初带剑"、"止从死"等都是迹象，"为户籍相伍"也有这方面的意义。秦国的变革是深刻的，其步伐恐怕也不宜称之为慢。秦国内部关于君位继承的激烈的政治斗争应该和这种变革有关，最重要的是后来的商鞅变法在秦国具有相当的社会基础，和秦国战国初期的变法相联系，这是需要注意的。

三、商鞅其学

秦孝公即位后，发布《求贤令》，表明战胜敌国的强烈愿望："宾客群臣有能出奇计强秦者，吾且尊官，与之分土。"（《史记·秦本纪》）秦孝公将战国初期秦的失利主要归咎于秦国内部的政治动荡，希望能够东伐，恢复秦穆公时的故地，"以河为界"，而这些都着落在一个"强"字上。富国、强兵、霸王的理论对于渴望"求强"的秦国来说是非常适合的。正在这时，商鞅来到秦国，为秦带来了需要的东西。"富国强兵"理论在秦国得到实践和完善。

商鞅是卫国国君的后代，原名叫"卫鞅"。生年不详，公元前 338 年，秦孝公死，商鞅被杀。商鞅之祖为卫国国君，诸侯之子曰公子，诸侯之孙曰公孙，公孙之子以王父之字为氏，故又名公孙鞅。后来秦封他为商君，历史上称他为商鞅。商鞅虽为国君后裔，但到他这一代时早已衰落。商鞅曾作过魏相公叔座中庶子。公叔座很欣赏商鞅才干，曾向魏惠王推荐过商鞅，末得到重视。商鞅学识渊博，能力出众，精通多家学说。[①]

（一）刑名之学

司马迁在《史记·商君列传》中说："鞅少好刑名之学。"这一点应有所本，也非常重要。"刑名"即"形名"，就是所谓"名实"。"名"是名号；"实"是某个名所指的实际的内容。"名实"问题是春秋战国时期重要的社会问题和哲学问题。春秋时期，由于社会形势的发展变化，"名实"问题变得突出起来。最初是现实中的名与实是否相符的问题，后来逐步成为讨论事物的概念与内容的哲学问题。

对商鞅影响比较大的是针对社会现实问题的刑名之学。春秋时郑国的邓析针对刚刚颁布的成文法，任意解释，"以非为是，以是为非。是非无度，而可与不可日变。所欲胜因胜，所欲罪因罪"（《吕氏春秋·离谓》）。邓析的行为引起了郑国社会的动荡，后来当政者杀掉邓析，才平息了动荡。孔子曾提出过"正名"，他所说的不是一般的名实关系，而是针对当时贵贱上下之序的破坏和种种僭越现象，企图用古代形式规定现实世界。[②] 战国时的刑名之学，重视名实结合，据实

---

① 林剑鸣:《秦史稿》，第 177 页；"商鞅对战国时各派的理论主张均有所涉猎"。郑良树:《商鞅评传》，南京大学出版社 1998 年版，第 84 页，也有类似的观点。

② 侯外庐等:《中国思想通史》第一卷，第 168 页。

求名。墨家提出"取实予名"的理论，即根据事物的发展变化而予之以名，重视社会进步。马王堆汉墓出土的帛书《经法·道法》："虚无有，秋稿（毫）成之，必有刑（形）名。刑（形）名立，则黑白之分已。""是故天下有事，无不自为刑（形）名声号矣。刑（形）名已立，声号已建，则无所逃迹匿正矣。""逆顺死生，物自为名。名刑（形）已定，物自为正。"任何事物都有形有名，将形名结合起来可以正确地判断是非，认识事物。事物是发展变化的，必须根据事物的发展变化和本质属性确定事物的名称和概念。这种刑名之学，充分肯定了社会的进步，要求对现实世界中种种新的事物予以正确的认识，改变旧的思想观念，与战国社会的发展变化相适应。刑名之学的重点是社会政治领域，《经法·四度》："美亚（恶）有名，逆顺有刑（形），请（情）伪有实，王公执□以为天下正。"刑名之学是为当政者正确处理问题服务的，这与偏重于纯粹逻辑的名家公孙龙子等不同。

商鞅所好的刑名之学与申不害主张的刑名应该有所联系。[①] 申不害与商鞅差不多同时，死于公元前 337 年，比商鞅晚一年。《史记·老子韩非列传》说："申子之学，本于黄老而主刑名，著书二篇，号曰《申子》。"申不害曾"以术干韩昭侯"，《申子·大体篇》云：

> 为人君者操契以责其名，名者天地之纲，圣人之符；张天地之纲，用圣人之符，则万物之情无所逃之矣。
>
> 昔者尧之治天下也以名，其名正则天下治，桀之治天下也亦以名，其名倚而天下乱，是以圣人贵名之正也。主处其大，臣处其细。以其名听之，以其名视之，以其名命之。

《申子·大体篇》所论的是一种君主统治之术，要求君臣之位尊卑明确，君主以"名"考察臣下所作所为之"实"，后来发展成为"循名责实"、"综核名实"的思想，"名"为官员职责，"实"为工作效能、业绩。这是刑名之学在具体政治中的一种运用。

申不害的目的在于建立君主的绝对权威，实现君主专制统治。《申子》云："今

---

① 钱穆根据《韩非子·定法》对申不害的评议，认为"申子所以为治，与商君绝异"。见《先秦诸子系年》，商务印书馆 2001 年版，第 277 页。但从刑名之学的角度看，他们在名实相符、循名责实的思想方面是一致的，不能说绝无关系。

人君之所以高为城郭而谨门闾之闭者，为寇戎盗贼之至也。今夫弑君而取国者，非必逾城郭之险而犯间门之闭也，蔽君之明，塞君之听，夺之政而专其令，有其民而取其国矣。"君主应该牢牢地控制臣下，"明君如身，臣如手。君若号，臣如响。君设其本，臣操其末。君治其要，臣行其详。君操其柄，臣事其常"。为了保证君主的专制统治，申不害主张君主以"术"御臣。申不害所讲的术，主要是指任用、监督、考核臣下的方法，就是《韩非子·定法》所说的："术者，因任而授官，循名而责实，操生杀之柄，课群臣之能者也。"其中不乏权术诡计，阴谋欺诈，使君主能"独视"、"独听"、"独断"。申不害对政治权术的重视使他的思想和同时期的其他人不同。后来的韩非对"术"的强调，则和申不害一脉相承。申不害虽然屡言"法"，但"法"在他的思想中从属于"术"，不占重要地位。

春秋后期到战国早期，各诸侯国都程度不等地发生了夺取政权的斗争。为了防止同样的事再度重演，一些思想家讲求统治之术，以便于君主更好地统驭臣下和民众，形成了"刑名之学"。在激烈的兼并战争中，"刑名之学"与"富国强兵"理论结合起来，加快了君主专制统治的步伐，推动了战国官僚体制的发展。

（二）李悝、吴起之教

商鞅在魏时期，距李悝、吴起等人在魏国的变法不远，深受他们的影响，对"富国强兵"的理论非常熟习，并在秦国进行了积极的实践和进一步的总结。[①]商鞅自魏入秦时，携带着李悝所著的《法经》。《法经》今已亡佚[②]。据《晋书·刑法志》：

> 秦汉旧律，其文起自魏文侯师李悝。悝撰次诸国法，著《法经》，以为王者之政，莫急于盗贼，故其律始于《盗》、《贼》，盗贼须劾捕，故著《囚》、《捕》二篇。其轻狡越城、博戏、假借不廉、淫侈逾制，以为《杂律》一篇。又以其律具其加减，是故所著六篇而已。然皆罪名之制也。商君受之以相秦。

秦孝公任用商鞅变法时，商鞅用"徙木之行必信"的方式表达变法的决心，对将一根木头从国都的南门移到北门的人重赏五十金，"以明不欺"。吴起在魏国

---

① 钱穆对商鞅受李悝、吴起遗教的影响多有考辩，见《先秦诸子系年》，第263页。

② 对商鞅携《法经》入秦，学人多有怀疑，或认为秦律自有其源头。曹旅宁：《秦律新探》，第一篇《秦律探源》，中国社会科学出版社2002年版。

时采取过类似的方法。这种方法的目的在于树立新法的威信，对推动变法很有意义。

《汉书·艺文志》著录有"《公孙鞅》二十七篇"，这是商鞅的著作。可见商鞅还是一位军事家。商鞅的兵家之术应该是在游历魏国时所习。《汉书·刑法志》云："雄桀之士，因势辅时，作为权诈以相倾覆。吴有孙武，齐有孙膑，魏有吴起，秦有商鞅，皆禽敌立胜，垂著篇籍。……世方争以功利，而驰说者以孙、吴为宗。"吴起在魏国的时候训练军队，攻中山，治西河，取得赫赫战功。魏惠王时期，用公叔座为将，与韩起战浍北，大获全胜。魏惠王重赏公叔座，他不敢接受，这样说："夫使士卒不崩，直而不倚，挠拣而不辟者，此吴起余教也。"那时吴起已死，惠王还"索吴起之后，赐之田二十万"（《战国策·魏策一·魏公叔座为魏将章》）。商鞅曾为公叔座的中庶子，肯定耳濡目染，对吴起的兵家学说非常熟悉。《荀子·论兵》中临武君云："兵之所贵者执利也，所行者变作也。善用兵者，感忽悠闇，莫知其所从出，孙、吴用之，无敌于天下，岂必待附民哉！"孙卿子云："故齐之田单，楚之庄蹻，秦之卫鞅，燕之缪虮，是皆世俗之所谓善用兵者也。"从孙武、吴起到商鞅，都是出色的军事家。

战争最讲究变化无形。孙武所著的《孙子兵法》一书，总结了以前的战争经验，对我国古代军事思想的发展产生过重大的影响。用兵讲求变化，虚虚实实、真真假假、声东击西，所谓"兵者，诡道也"（《孙子兵法·计第一》）。孙武观察到了战争中敌我、攻守、胜败、奇正、虚实等一系列现象，并认识到它们是可以转化的，如"乱生于治，怯生于勇，弱生于强"（《孙子兵法·势第五》），"逸能劳之，饱能饥之，安能动之"（《孙子兵法·虚实第六》），等等，要求为将者善于变化，把握变化，战胜敌方。为将者，要根据自然环境的不同而变化，熟悉"天"、"地"两方面的情况，"天者，阴阳、寒暑、时制也"；"地者，远近、险易、广狭、死生也"（《孙子兵法·计第一》）。作战时，要根据敌我的情况用兵，变化无穷，"凡战者，以正合，以奇胜。故善出奇者，无穷如天地，不竭如江海"（《孙子兵法·势第五》）。"故兵无常势，水无常形；能因敌变化者，谓之神。"（《孙子兵法·虚实第六》）《孙子兵法》有专门的《九变篇》，论述战争中根据实际情况灵活用兵的原则。《孙子兵法》中的"变"是主动变化，将主体的主观能动性放在第一位，根据时势，主动采取措施，以争取胜利。

值得注意的是，在《孙子兵法》中有明显的阴阳五行思想的影子。"终而复始，日月是也。死而复生，四时是也，声不过五，五声之变，不可胜听也。色不过五，五色之变，不可胜观也。味不过五，五味之变，不可胜尝也。"（《孙子兵法·势第五》）"故五行无常胜，四时无常位，日有短长，月有死生。"（《孙子兵法·虚实第六》）这也许是变易思想的更根本的根源。

军事上这种"变"的思想是战争经验的总结，阴阳五行思想在秦国本来就有广泛的社会基础。军事思想中关于"变"的理论对政治、经济等领域的改革有所影响，要求根据形势主动变革，以实现了强大的目标，"富国强兵"理论的提法和发展本身就说明了这一点。

（三）杂家学说

战国初期的魏国汇集了很多学者，除李悝、吴起外，还有儒家学者卜子夏、田子方、段干木等人。这些贤士备受尊重，对魏国的强大发挥了作用。魏国的环境有利于多种学说的成长和融合，也使商鞅在魏国受到了多家学说的熏染。商鞅的老师尸佼就是一位兼通多家学说的"杂家"。

《汉书·艺文志·杂家》中著录有《尸子》二十篇。班固自注说："名佼，鲁人，秦相商君之师。鞅死，佼逃入蜀。"根据班固的说法，商鞅以尸佼为师，"鞅谋事、计划、立法、理民，未偿不与佼规也"。关于尸佼的生平今天已难于考索。《史记·孟子荀卿列传》说："楚有尸子长卢。"《史记集解》以为"尸子长卢"就是尸佼。刘向《别录》和《史记集解》则以为是晋人。尸子的国别有鲁、楚、晋三说。商鞅曾居于晋国，尸佼为商鞅之师，所以尸佼为三晋人士的可能性较大，后随商鞅入秦，协助商鞅变法。商鞅死后，逃亡入蜀。

至于尸佼学说，近代学者略有考证。钱穆说："《后汉书·注》：'佼作书二十篇，内十九篇陈道德仁义之纪，内一篇言九州险阻水泉所起。'与刘向所谓'尸子非先王之法，不循孔氏之术'，而为商君师者不类，盖亦各言其一端。"[1] 实际上，《汉书·艺文志》既列尸佼为杂家人物，那么就是混融了多家学说，不专主一家之学。《汉书·艺文志》说"杂家"的特点是："兼儒墨、合名法，知国体之有此，见王治之无不贯。"那么，尸佼的思想体现出多种倾向，就不足为奇了。尸佼的思想"融合了儒、墨、道、法各家，和孟轲、荀卿、商鞅、韩非等人的思想都有相通之处；对农家许行也有影响"[2]。

商鞅入秦后，曾向秦孝公说以"王道"、"帝道"、"霸道"等不同的治国之术，分别代表了不同的思想倾向，也说明商鞅熟悉多家学说，但是他在魏国的活动，以及对魏国政治军事实践的认识仍是最主要的。商鞅熟习"富国强兵"之术，精

---

① 钱穆：《先秦诸子系年》，第315—316页。
② 祝瑞开：《先秦社会和诸子思想新探》，福建人民出版社1981年版，第138—141页。

通"刑名之学"，了解多家学说，这使他能通过比较，提出适于秦国现状的思想理论。

（四）《商君书》

关于商鞅的思想资料，除《史记》、《战国策》、《韩非子》等书中的一些篇章外，最重要的就是《商君书》。《汉书·艺文志》著录《商君书》五卷二十九篇，今实存二十四篇。现在的研究表明，《商君书》并非一人一时之作，其中不乏商鞅本人的作品。但哪些是商鞅本人的作品，哪些是商鞅后学所作，则有很大的争议。[①]高亨、郑良树吸收前人的成果，进行了综合研究，但仍然没有得出一致的结论。高亨认为《垦令》、《靳令》、《外内》是商鞅所撰，《境内》的内容与《韩非子·定法》中记述的有关商鞅变法的内容相近，但不能肯定是商鞅所作；另外有五篇，即《更法》、《错法》、《徕民》、《弱民》、《定分》肯定是商鞅死后所作，有七篇是作者献给秦国君主的书奏，即《算地》、《错法》、《徕民》、《赏刑》、《君臣》、《禁使》、《慎法》。[②]郑良树充分吸收了前人的研究成果，从文法、字词、思想等方面对《商君书》逐篇进行了研究，确定了各篇的时代，以为商鞅在世时完成的作品有《更法》、《垦令》、《境内》、《战法》、《立本》及《兵守》等六篇，秦统一时期完成的作品有《君臣》、《禁使》及《定分》等三篇，其他各篇是战国中后期逐步所作。[③]关于《商君书》的思想，高亨认为"都符合商鞅的思想实质，没有重大的自相矛盾之处"[④]。郑良树认为，商鞅死后，反而"形成一个学派，继续发扬商鞅的思想，甚至于影响秦国政治"[⑤]。

以上关于《商君书》的讨论都是很有意义的。从本章的研究角度出发，我们更加重视《商君书》中内容和制度有关的篇章，这是出于以下原因的考虑：第一，商鞅在秦国的变法主要以"令"的形式进行的，是一种自上而下的强制性的制度变革，从而在秦国建立了一种新的统治模式和相应的政治制度，变法的措施和建立的制度是商鞅思想的反映。所以在研究商鞅思想时，除了充分吸收前人文献学的研究成果外，以变法的措施和建立的制度为线索勾勒商鞅变法的思想导向是最重要的。第二，商鞅改革的措施及所建立的制度为当时的人所熟识。《战国策·秦

---

① 张觉认为《商君书》当是秦国主管图书档案的御史编定的，大部分是商鞅遗著，被编入了少许他人著作。见张觉：《商君书校注·前言》，岳麓书社2006年版。

② 高亨：《商君书作者考》，《商君书注译》，中华书局1974年版。

③ 郑良树：《商鞅及其学派》，上海古籍出版社1989年版，第139—157页。

④ 高亨：《商君与商君书略论》，《商君书注译》。

⑤ 郑良树：《商鞅及其学派》，第255页。

策一·卫鞅亡魏入秦章》记载孝公死后，商君告归。有人游说秦惠王说："今秦妇人婴儿，皆言商君之法，莫言大王之法。""商君之法"是对商鞅改革的措施及所建立制度的流行称呼。《史记·商君列传》记载商鞅逃亡时，客舍的客人说："商君之法，舍人无验者坐之。"一直到战国末期，这种称呼仍在延续，《韩非子·五蠹》："藏商、管之法者家有之。"第三，云梦秦简的出土，使人们对秦的法律及其思想有了更深刻的认识。云梦秦简中的一些内容确实是商鞅之后制定的，但也有一些律文内容同《韩非子》、《史记·商君列传》、《战国策·秦策》等书中有关商鞅变法的内容与精神实质是一样的，特别是有关官制、地方行政机构，除极少几处提到郡、郡守及太守等非商鞅时的制度外，其余大都与商鞅时的秦国制度相符合。[1]

《商君书》中和制度、改革措施相关的最重要的篇章是《垦令》和《境内》。《商君书·更法》："遂出垦草令。"今《垦令》每一小节后均有"则草必垦矣"，全篇共出现过二十次，语气不像"令"。从《垦令》内容来看，主要是要消除一切对农业生产有不利影响的因素，通篇都反映了重农思想，所以认为今《垦令》就是秦国颁布的法令显然是不对的。本篇每一节都提出一条法令，然后对其作用、意义、效果予以说明，带有论证的性质。[2]《垦令》的一些有关法令与云梦秦简的秦律内容一致。《垦令》："令送粮无取僦，无得反庸。"云梦秦简《效律》："上节（即）发委输，百姓或之县（僦）及移输者，以律论之。"所以，《垦令》应该能够反映商鞅变法时的相关法令的内容及精神，可能是商鞅亲著。《境内》全篇记载一些制度，以关于户籍、军队和战争方面的制度为多，而以军功爵制为主。《境内》的一些内容，在秦简中有相似的内容出现。《境内》："四境之内，丈夫女子皆有名于上，生者著，死者削。"云梦秦简《秦律杂抄》："有为故秦人出，削籍，上造以上为鬼薪，公士以下刑为城旦。游士律。"《境内》很可能是商鞅变法时相关的法令残篇。《战法》、《立本》与《兵守》似是兵法。《垦令》和《境内》，一为重农，一为重战，反映了商鞅的农战政策。

实行农战政策是商鞅变法的核心之一。除了《垦令》和《境内》外，《商君书》中的《农战》主要论述了"凡人主之所以劝民者，官爵也；国之所以兴者，农战也"的思想，提出了"作壹"的观念。"作壹"即国家实行官爵只用于奖励农战的政策，百姓才能够专心于农战，才能够达到主尊国强的目的。《去强》也阐发了"作壹"

---

① 有关官制、地方行政机构的一致参见高敏：《商鞅〈秦律〉与云梦出土〈秦律〉的区别和联系》，《云梦秦简初探》，河南人民出版社 1979 年版。

②《垦令》带有论证的性质参见张觉：《商君书校注》，第 9—10 页。

的观念，不过这篇的核心是论述怎样才能"强"、"王"。《去强》涉及了"以强去强者弱，以弱去强者强"的观念，认为通过"国富贫治"、"战事兵用"的手段弱民，则可以国强；"作壹"则可以国强；"重刑轻赏"、"以刑去刑"则可以国强；实行严格的户籍制度则可以国强。《算地》的核心是"故为国之数，务在垦草；用兵之道，务在壹赏"。"垦草"是开垦荒地；"壹赏"与"作壹"相近。其中论及"名"、"利"、"数"、"术"等观念。《农战》、《去强》、《算地》诸篇主要围绕农战、"作壹"进行阐释，最直接地反映了商鞅的思想。

对《说民》，有一种看法认为它是《去强》后半篇的注释，因为《说民》与《去强》语多重复，这种看法恐怕还值得斟酌。从思想观念来看，《说民》主要论述"法"与"刑"的思想，"法"字八现，而《去强》只在前半篇出现了一次"以治法者强"。所以，应该说《说民》是以"法"的思想为主导对相关观念进行阐释，与《去强》有本质的区别，比《去强》晚一些。《弱民》的内容与《去强》也有相似之处，但也是以"法"思想为主的。其他言"法"的篇章有《更法》、《开塞》、《壹言》、《错法》、《靳令》、《修权》、《赏刑》、《画策》、《外内》、《君臣》、《慎法》、《定分》等，而且这些篇章很多都透露出晚出的痕迹。《更法》称"孝公"，这是秦孝公死后的谥号，因此，历来认为此篇非商鞅所著。另外，本篇与《战国策·赵策·武灵王平昼闲居章》非常相似。《弱民》记述了公元前278年破鄢、郢事，此时商鞅已去世60年。《错法》提及秦武王时的力士乌获。《修权》有"论贤举能而传焉"的思想，与商鞅以功授爵的思想有区别。《定分》以"天子"、"天下"为说，是秦统一以后的口吻。

从《商君书》各篇的内容来看，最主要的可分为两类：一类主要阐释农战政策及其思想，不涉及或很少涉及"法"的思想；一类则主要以阐释"法"的思想为主，而且有晚出的迹象。也就是说，《垦令》、《境内》等和制度相关的篇章与商鞅变法的关系最直接；其次是《农战》、《去强》、《算地》等阐释农战政策的篇章；再其次是以"法"思想为核心的篇章。这是一个很重要的启示，即系统的"法"思想是后来才逐步完善的。韩非子曾批评商鞅言法而不言术："商君虽十饬其法，人臣反用其资，故乘强秦之资数十年而不至于帝王者，法虽秦饬于官，主无术于上之患也。"（《韩非子·定法》）郭沫若据此认为商鞅的用法不用术，正是前期法家富有进步性的地方，因为"纯粹法家以富国强兵为目标"[1]。这是符合秦国用商鞅变法的初衷的。从思想发展的逻辑来看，法思想体系的建立也是逐步的，从法

---

[1] 郭沫若：《前期法家的批判》，《十批判书》，东方出版社1996年版。

令制度到系统的法的意识形态，从实践到理论，从具体到抽象。李悝等人实践并提出了"富国强兵"的理论；商鞅在秦国进一步进行了实践，并初步酝酿了法的理论；商鞅之后，法的理论得到进一步的完善，形成了系统的意识形态。我们不能要求商鞅在开始变法时就有完整的法的理论体系。当然，这丝毫无损于商鞅思想的意义，不用为此而遗憾。本章主要从《商君书》及其他有关商鞅变法的法令、制度出发研讨其思想导向，"法"思想则放在下章论述。

四、"错法成俗"

商鞅取得秦孝公的信任后，曾就变法问题和甘龙、杜挚进行了辩论。通过辩论，从理论上阐明了变法的必要性，坚定了秦孝公变法的决心。商鞅在秦国的变法是在公元前359年开始的。三年之后，他被任命为左庶长。秦孝公十二年（前350年），商鞅被任命为大良造，变法的力度进一步加大。

商鞅变法是一场与时俱变的彻底变革，这场彻底的变革是从建立新的制度以改变社会风俗开始的，我们在这里将它称为"错法成俗"。"错法成俗"语出《商君书·立本》。"错"借为"措"，设立、建立的意思。[①]"错法成俗"就是通过建立法度以养成风俗。《立本》提出国家用兵、取得胜利的具体步骤："凡用兵，胜有三等：若兵未起则错法，错法而俗成；而用具。此三者必行于境内，而后兵可出也。"作者清楚地表明，当军队没有出动的时候，要建立法度；法度建立以后，才能养成风俗；风俗养成以后，战守的器物才能具备。《立本》又说："兵生于治而异，俗生于法而万转，过势本于心而适于备势。三者有论，而强可立也。"《立本》可能出自商鞅之手[②]，"错法"、"成俗"、"出兵"也确实反映了商鞅变法的基本思路。《壹言》也表达了同样的思想："夫圣人之立法、化俗，而使民朝夕从事于农也，不可不知也。"《垦令》："古圣人之为国也，观俗立法则治，察国事本则宜。不观时俗，不察国本，则其法立而民乱，事剧而功寡。"[③]"错法成俗"的这

---

① 高亨：《商君书注译》，第86页。张觉则以为是"施行"的意思。张觉：《商君书校注》，第84页。

② 陈启天怀疑《战法》、《立本》、《兵守》三篇都是商鞅的遗作。郑良树认为《战法》及《立本》二篇的思想与商鞅本人的重法重政完全符合，而不同于孙武、孙膑、尉缭等人，其作者也许就是商鞅本人。见郑良树《商鞅及其学派》，第75—83页。

③《垦令》说："圣人非能以世之所易胜其所难也，必以其所难胜其所易。"所以，"观俗立法"仍然是要用法改变风俗，而不是顺应风俗。

种思路在秦国一直延续下去。云梦秦简中的《语书》是秦王政二十年（公元前227年）南郡郡守腾颁发给本郡各县、道的一篇文告，其中就有通过法度端正风俗的内容：

> 是以圣王作为法度，以矫端民心，去其邪避（僻），除其恶俗。……凡法律令者，以教道（导）民，去其淫避（僻），除其恶俗，而使之之于为善殹（也）。

南郡是秦昭王时期在新占领的楚国北部地区设置的新郡，到秦王政二十年（前227年），已经过了半个世纪，秦的统治在这一地区还不十分稳定。《语书》的内容反映了秦对新占领的地区，采用同样的"错法成俗"的思路，以稳定秦的统治。

什么是"俗"？《说文解字》："俗，习也。"《周礼·天官·太宰》："六曰礼俗，以驭其民。"注："俗谓昏姻之礼，旧所常行者谓俗，还使民依行，使之入善，故云以驭其民。"同书《地官·大司徒》："六曰以俗教安，则民不愉。"注："俗谓人之生处习学不同，若变其旧俗，则民不安而为苟且。若依其旧俗化之，则民安其业，不为苟且，故云以俗教安则民不愉。"《礼记·曲礼上》："入国而问俗。"注："俗谓常所行也。"由此可见，"俗"是长期形成的传统习惯。为了避免百姓的不适应感，避免造成社会动荡，先秦时期一种很重要的观点就是尊重"俗"，对改变"俗"采取慎重的态度。《礼记·王制》就反映了这种观点："凡居民材，必因天地寒暖燥湿。广谷大川异制，民生其间者异俗，刚柔、轻重、迟速异齐。五味异和，器械异制，衣服异宜。修其教，不易其俗。齐其政，不易其宜。中国戎狄，五方之民，皆有性也，不可推移。"

"俗"是在什么因素的作用下形成的？对于这个问题要一言以蔽之是困难的。概括地讲，"俗"表现在人类生产和生活的各个方面，如服饰、居住、婚姻、生育、丧葬、节庆、娱乐、生产、禁忌、崇拜等等。对"俗"的形成影响最大的是两个方面：一个是自然环境；一个是人类生产、生活方式和精神、情感的需要，两者结合起来形成了"俗"。所以，"俗"有地域性的差异和民族性的差异。"俗"又称为风俗。孔子说："移风易俗，莫善于乐。"（《孝经》）荀子说："广教化，美风俗。"（《荀子·王制》）司马迁在《史记·货殖列传》中详述了全国十个地区的风俗。

汉代，风和俗被明确地区分开来，"风"更多地指自然环境影响形成的习惯，

"俗"则指出于人的欲望、情感所形成的价值观及其行为模式。《汉书·地理志》："凡民函五常之性，而其刚柔缓急，音声不同，系水土之风气，故谓之风；好恶取舍，动静无常，随君上之情欲，故谓之俗。"《风俗通义·序》："风者，天气有寒煖，地形有险易，水泉有美恶，草木有刚柔也。俗者，含血之类，像之而生。故言语歌讴异声，鼓舞动作殊形，或直或邪，或善或淫也。"

以"俗"专指人的欲望、情感和相应的价值观、行为模式的观点可以追溯到战国时期。人性问题是战国时期诸子讨论的热点问题之一，儒家孟子主张人性善，道家主张人性自然，法家和荀子则主张人性恶。《老子》一书中说"不欲以静，天下将自正"，即人心不起贪欲就会归于自然的平静，天下才会趋于安定。人性恶的观点认为人所具有的本能的欲望是一切恶的根源，法家认为对此应该因势利导，从而促使社会形成新的风俗。对古人来说通过改变自然环境改变风俗是很困难的，在不进行大规模、远距离迁徙的前提下，只有彻底变革社会组织形式和生产方式，再加上明确的价值引导，才能达到变俗的目的。法家的这种观点是在战国早中期的富国强兵的实践中逐步形成的，变"俗"就是改变整个社会的行为模式及相应的价值观，关键在于形成与富国强兵需要相适应的社会价值观和行为模式，这种认识使富国强兵的实践最终演变为一场彻底的社会变革。

商鞅在秦国变法的着眼点是变俗。《史记·商君列传》以商鞅之口说："始秦戎狄之教，父子无别，同室而居。今我更制其教，而为其男女之别，大筑冀阙，营如鲁卫矣。"以往多认为这是商鞅变法中针对秦当时存在的落后习俗采取的措施，其实是不准确的。其中的"营如鲁卫"等颇令人怀疑。汉代的思想家贾谊十分生动地描述了秦人的风俗："商君遗礼仪，弃仁恩，并心于进取，行之二岁，秦俗日败。故秦人家富子壮则出分，家贫子壮则出赘。借父耰鉏，虑有德色；母取箕帚，立而谇语；抱哺其子，与公併倨；妇姑不相说，则反唇而相稽。其慈子耆利，不同禽兽者亡几耳。然并心而赴时，犹曰蹶六国，兼天下。"（《汉书·贾谊传》）贾谊所描述的这种风俗正是在秦国商鞅变法之后形成的，要点是"并心于进取"、"耆利"、"并心而赴时"，这也充分说明了商鞅变法不只是改变落后的社会风俗，重点改变的是人们的价值观念和行为模式。

法家认为"俗"是人性情的反映，人在本性上是自私自利的，这种本性表现出来是"情"，就是价值判断和行为，类似于现在所说的人之常情。"民之生（性），度而取长，称而取重，权而索利。""民之性，饥而求食，劳而求佚，苦则索乐，辱则求荣，此民之情也。"（《算地》）人自私自利的本性决定着人的价值判断和行为，容易形成流行一时的社会风气，即"俗"。云梦秦简《语书》："古者，民各有乡俗，其所利及好恶不同，或不便于民，害于邦。"人的这种性情可以为统治者所利用："夫民之情，朴则生劳而易力，穷则生知而权利；易力则轻死而乐用，权利则畏罚而易苦；易苦则地利尽，乐用则兵力尽。"（《算地》）人之常情，朴实就爱劳动，而不吝惜力气；穷困就会产生心机，而计较利害。不吝惜力气就会看轻死亡，乐于接受役使；计较利害，就畏惧刑罚，不怕艰苦。不怕艰苦，土地之利就会完全发挥出来；乐于接受役使，军事力量就会完全发挥出来。所以在治理国家时，必须观察、把握老百姓的这种心理状态，建立相应的制度，这是治国之要。"故圣人之为国也，观俗立法则治，察国事本则宜。不观时俗，不察国本，则其法立而民乱，事剧而功寡。"（《算地》）

人有自利的本性，君主要善于把握这一点，用于治理国家，成就功名，这是"数"，即规律。[①] 依据人性自利的规律确定具体的统治方法、策略，又被称为"术"。这里的"术"并没有阴谋权术的意思。《算地》："主操名利之柄，而能致功名者，数也。圣人审权以操柄，审数以使民。数者臣主之术，而国之要也。"君主掌握名利的权柄，能够取得功名，这是规律。圣人考察臣下职责来行使权力，考察规律来役使人民。这个规律就是君臣需要掌握的治国方法，这是治国的关键。所以，作为国家君主，要牢牢地把握"数"、"术"。《算地》："故万乘失数而不危，臣主失术而不乱者，未之有也。今世主欲辟地治民，而不审数；臣欲尽其事，而不立术，故国有不服之民，主有不令之臣。"如果不能掌握"数"、"术"，国家就有陷于混乱的危险。《壹言》总结说："故圣人之为国也，不法古，不修今，因世而为之治，度俗而为之法。故法不察民之情而立之，则不成。治宜于时而行之，则不干。故圣人之治也，慎为察务，归心于一而已矣。"君主最重要的是根据时势治理国家，衡量风俗而建立法度，这样才不会与时代、民情发生抵触，才能够取得成功。

吴起在楚国变法时，就曾经通过"立法"，试图统一楚国之俗。《史记·蔡泽列传》记蔡泽语说："吴起为楚悼王立法，卑减大臣之威重，罢无能，废无用，损不急之官，塞私门之请，一楚国之俗，禁游客之民，精耕战之士，南收杨越，北并陈、蔡，破横散纵，使驰说之士无所开其口，禁朋党以励百姓，定楚国之政，兵震天下，威服诸侯。"吴起的"立法"应该就是建立制度，"一楚国之俗"就是将楚国的社会价值观和行为模式统一到耕战上来。《战国策·秦策三·蔡泽见逐于赵章》所记与《史记·蔡泽列传》基本相同，不过，"一楚国之俗"作"壹

---

① 高亨：《商君书注译》，第 65 页注"数"为定律。

楚国之俗"。《韩非子·和氏》也说："吴起教楚悼王以楚国之俗。""以"当为"一"。

变俗的一个很重要的方面是变礼。汉初，众多的学者对秦的风俗进行了批评。《汉书·礼乐志》引用贾谊的话说："汉承秦之败俗，废礼仪，捐廉耻。"引用董仲舒的话说："至周末世，大为无道，以失天下。秦继其后，又益甚之。自古以来，未尝以乱济乱，大败天下如秦者也。习俗薄恶，民人抵冒。今汉继秦之后，无可奈何。"汉初对秦风俗批评的一个要点是秦抛弃了礼仪、仁爱，提出的措施是以礼乐教化端正风俗。但秦在立国前后曾着力于礼乐制度的建设，商鞅变法后礼乐制度作为政治制度的一种补充仍然存在，所以从变俗的角度出发，正确的理解是商鞅变法中曾着力于改变原来礼乐文化所倡导的社会风俗，而不是完全取消礼乐制度。正是这样一种变革，使原来作为国家制度主体的礼乐制度边缘化，而代之以新的制度体系。

《战国策·赵策二·武灵王平昼闲居章》记述了赵武灵王实行"胡服骑射"的经过。赵武灵王"胡服骑射"晚于商鞅变法，但它所阐述的变俗即是变礼的思想与商鞅变法是一致的。"胡服骑射"本身是一个变俗的举动，赵武灵王担心的是"必负遗俗之累"。"累"有批评、非难、反对的意思。[1] 肥义的对答是："今王即定负遗俗之虑，殆勿顾天下之议矣。"两人的对答中一再提到"遗俗"，即旧有的风俗。后来，赵武灵王的叔父公子成的回答对"遗俗"作了一个注释："中国者，聪明睿智之所居也，万物财用之所聚也，贤圣之所教也，仁义之所施也，《诗》、《书》、《礼》、《乐》之所用也，艺敏技艺之所试也，远方之所观赴也。今王舍此而袭远方之服，变古之教，易古之道，逆人之心，畔学者，离中国，愿大王图之。"原来，公子成坚持的是以仁义、《诗》、《书》、《礼》、《乐》为主导的"中国"传统。"服"是礼的重要内容之一，"胡服骑射"的根本是变礼的问题。赵武灵王的主张是："夫服者，所以便用也；礼者所以便事也。是以圣人观其乡而顺其宜，因其事而制其礼，所以利其民而厚其国也。""今卿之所言者，俗也。吾之所言者，所以制俗也。""制俗"即改变旧俗，也就是要改变旧的礼制所规定的服饰。赵文进谏时将问题说得更加清楚："当世辅俗，古之道也；衣服有常，礼之制也；循法无愆，民之职也。"赵造进谏："循法无过，循礼无邪。"赵武灵王对赵文、赵造一一进行了驳斥，坚定了变革的决心。

孔子的弟子有子说："礼之用，和为贵。先王之道斯为美；小大由之。有所不行，知和而和，不以礼节之，亦不可行也。"（《论语·学而》）礼的功用是以和为

---

[1] 何建章:《战国策注释》，中华书局 1990 年版，第 683 页。

贵，这种价值观已经不适应富国强兵的需要了，所以，变礼是必然的。礼乐宗法制度的社会基础是宗族制度。周代的政权与族权合一，所以，从某种意义上说，"俗"是与以"族"为单位的村社组织相对应的。秦国的建立过程中，同样具有族的观念与组织。商鞅变法中的建立法度以养成风俗，意味着对旧的风俗的否定。要否定旧的风俗，必然要否定和破坏旧的风俗的社会基础——"族"的组织与结构，而社会生产力的发展则为确立新的社会生产方式提供了可能。在变法中，随着旧的社会组织形式和社会生产方式的破坏，旧的风俗习惯被抛弃，从而实现整体的社会变革。

变法虽然在某种程度上就是变礼，但并不是取消礼，"礼"作为新的政治制度的补充在秦获得了新的发展。《商君书·画策》："所谓义者，为人臣忠，为人子孝，少长有礼，男女有别；非其义也，饿不苟食，死不苟生。此乃有法之常也。"《史记·礼书》载："至秦有天下，悉内（纳）六国礼仪，采择其善，虽不合圣意，其尊君抑臣，朝廷济济，依古以来。"《正义》云："秦采择六国礼仪，尊君抑臣，朝廷济济，依古来典法行之。"《通典》卷四十一《礼一》进而将上述史实概括为"秦平天下，收其礼仪，归之咸阳，但采其尊君抑臣，以为时用。"可见，秦国的礼制是存在的，秦帝国建立之后曾进行过整齐统一礼制的工作。[①]但变法之后的"礼"与商鞅变法前的"礼"完全不同了，礼主要是作为一种"礼仪"而存在着，发挥着形式和象征的功能。实际上，在变法过程中，对礼乐的抨击与批判首先是一种主导思想与非主导思想的斗争，正统与异端的斗争。通过变法，礼乐制度退出了国家制度主体的地位，但并没有消失，而是被纳入了新的制度体系之中。

价值观是社会成员评价事物、现象和行为的基本准则，它涉及社会生活的各个方面，并支配和调节着社会成员的情感和行为。秦的"错法成俗"目的在于高度统一社会成员的价值观，形成与"富国强兵"相适应的心理情感和行为模式，也意味着对社会进行彻底的变革。这种思想带有军事性的特点，《孙子兵法·计第一》所强调的"道者，令民与上同意也，故可以与之死，可以与之生，而不危也"，其中就蕴涵着统一价值观的思想。社会成员一致的价值观有利于凝聚社会力量，在战争中取得胜利。高度统一的价值观也意味着高度的服从，从而使君主权威大大强化，促进了君主的专制统治。但是，社会成员的价值观又是复杂和

[①] 黄留珠先生认为秦不仅重视军事，而且也十分重视礼制。见黄留珠：《秦礼制文化述论》，《秦汉历史文化论稿》，三秦出版社 2002 年版。

多样的，随着秦国疆域的扩展和战争的进展，高度统一的价值观很难长期维持下去，矛盾和冲突频频发生，就像云梦秦简《语书》中所提到的"今法律令已布，闻吏民犯法为间私者不止，私好、乡俗之心不变"，这为动摇秦的统治埋下了隐患。

五、军国主义思想导向

克劳塞维茨在《战争论》中为战争下了一个定义："战争无非是扩大了的搏斗"，"战争是迫使敌人服从我们意志的一种暴力行为"。在战争中，暴力的使用是没有限度的，"交战的每一方都使对方不得不像自己那样使用暴力，这样就产生一种相互作用，从概念上讲，这种相互作用必然会导致极端，这是我们遇到的第一种相互作用和第一种极端"。战争的目标是使敌人无力抵抗，"在我们没有打垮敌人之前，不能不担心会被敌人打垮，所以我们就不再是自己的主宰，而是不得不像敌人那样行动，就像敌人不得不像我们这样行动一样。这是第二种相互作用，它导致第二种极端"。战争使双方最大限度地使用力量，"尽可能地增加我们的力量，但是敌人也会这样做。这又是一个相互间的竞争，从纯概念上讲，他又必然会趋向极端。这就是我们遇到的第三种相互作用和第三种极端"。[①] 总之，战争的相互作用会导致暴力向极端化发展。

战争不是孤立的行为，战争也不是短促的一击，战争是所有的国家力量的综合使用。在双方军队搏杀于战场的后面，政治、经济、文化、国土、人口、盟友等方面的因素有重大的作用。战争的目标决定了国家力量使用的尺度。在战争中对敌方存在不为已甚、怜悯痛惜的情感是不实际的，也是十分可笑的，它会使人们不由自主地想起农夫与蛇的故事，最终受害的只能是自己。而战争暴力的极端化容易导致军国主义的产生和发展。所谓军国主义是指将军事力量视为国家安全的基础，并将国家完全置于军事控制之下，国家的政治、经济、文化等各方面均服从于战争的制度体系和思想。在战国大争的背景下，为了在战争中取胜，商鞅变法向军国主义发展，在秦国建立了军民合一的社会组织制度，最大可能地保证战争对粮食和兵员的需要，并试图在思想和行为方面控制整个社会。

---

① ［德］克劳塞维茨著，中国人民解放军军事科学院译：《战争论》，商务印书馆 1978 年版，第 23、26、27、28 页。

（一）什伍制度

商鞅变法时，实行严格的什伍制度，将老百姓按军事组织形式编制起来。相似的制度可追溯到齐国的管仲为政时的里轨制度，管仲称它是"作内政而寄军令焉"，是一种军政合一，寓兵于农的制度。它的具体内容如下：

> 五家为轨，轨为之长；十轨为里，里有司；四里为连，连为之长；十连为乡，乡有良人焉。以为军令：五家为轨，故五人为伍，轨长帅之；十轨为里，故五十人为小戎，里有司帅之；四里为连，故二百人为卒，连长帅之；十连为乡，故二千人为旅，乡良人帅之；五乡一帅，故万人为一军，五乡之帅帅之。……是故卒伍整于里，军旅整于郊。内教既成，令勿使迁徙。伍之人祭祀同福，死丧同恤，祸灾共之。人与人相畴，家与家相畴，世同居，少同游。故夜战声相闻，足以不乖；昼战目相见，足以相识。其欢欣足以相死。居同乐，行同和，死同哀。是故守则同固，战则同强。（《国语·齐语》）

国家用轨、里、连、乡的组织将百姓编制起来，作战时，每家出一人组成军队，相应的军队组织为伍、小戎、卒、旅、军；基层社会组织的领导为轨长、里有司、连长、良人，相应的军队的军官亦有轨长、里有司、连长、乡良人、五乡之帅。"是故卒伍整于里，军旅整于郊"，地方行政组织与军队组织互相对应，和平时期生产，战时则可立即组成军队。按地方行政组成军队，使战士互相之间非常熟悉，他们有共同的宗教信仰，有共同的利益，大大增强了军队的战斗力。

《史记·秦本纪》记载，秦国在献公十年（前375年），"为户籍相伍"。《史记·商君列传》记载，商鞅变法时又"令民为什伍，而相牧司连坐"。"伍"就是五的意思。"什"有两说，司马贞《史记索隐》引刘氏的说法："五家为保，十保相连。"根据他的说法，"五"家为一保，十保为"什"，"什伍"就是十个保。一个保有五家，十个保就有五十家了。另一种说法则认为"伍"为五家，"什"为十家。《续汉书·百官志》："里有里魁，民有什伍，善恶以告"，司马彪注说："什主十家，伍主五家，以相检察。"应以后说为是，《管子·立政》："什家为什，五家为伍，什伍皆有长焉。"

什伍制度首先是一种军事组织形式，《礼记·祭义》："军旅什伍，同爵则尚齿，而弟达乎军旅矣。"《周礼·天官·宫正》："会其什伍而教之道义。"经过商鞅变法之后，秦的行政基层组织"伍"与军队中的基层组织互相对应。在云梦秦简《封诊式》中，常见"士五（伍）居某里"、"某里士五（伍）"、"里人士五（伍）"、"同里士五（伍）"等说法。以往对士伍身份多有争议。据今人研究，秦汉时期的士伍，就是居住在里伍或什伍中的没有官职、没有爵位，但在户籍上有名的成年男子，即达到了服役年龄的男性公民。[①]"士伍"的称号与什伍制度有关。云梦秦简中，秦的地方行政组织有里、伍等，里有门有围墙，同伍之人称"伍人"。里有"典"，伍有"老"。军队组织中的伍，《商君书·境内》有记载："其战也，五人束薄为伍，……。五人一屯长。百人一将。"云梦秦简《秦律杂抄》也说：

> 军新论攻城，城陷，尚有棲未到战所，告曰战围以折亡，（假）者，耐；敦（屯）长、什伍智（知）弗告，赀一甲；伍二甲。

《秦律杂抄》中屯长、什伍并列，显见是不同的组织。什伍是军队中最基本的组织单位。从地方基层行政组织和军队中都有"伍"的组织来说，它和管仲的"作内政寓军令"，寓兵于农是同一性质的。秦在秦献公和秦孝公时两次实行过什伍制度，可能秦献公时的什伍制度实行得不够彻底，商鞅变法时彻底实行。通过实行什伍制，将秦国的百姓按军事编制组织起来，将国家置于高度的军事化基础之上。军队中对士兵的人身控制办法随后成为一种基层行政组织中的监察制度。《史记·商君列传》："令民为什伍，而相牧司连坐。不告奸者腰斩，告奸者与斩敌首同赏，匿奸者与降敌同罚。"其赏罚措施也是用战争中的斩敌首、降敌比附。秦国之所以在献公和孝公时连续进行这样的改革，其目的应该是要建立军事化程度更高的军政合一组织。

商鞅变法还普遍地推行了县制。《史记·商君列传》：秦孝：公十二年（前350年），"而集小乡邑聚为县，置令、丞，凡三十一县"。《史记·六国年表》："初聚小邑为三十一县，令。"《史记·秦本纪》："并诸小乡聚，集为大县，县一令，四十一县。"《史记·秦本纪》关于县的数量的记载可能有误。县开始设置于边地，军事色彩强烈。商鞅变法推行县制，固然是要把对地方的控制权收归中央，但县原来具有的军事特征和最基层的什伍制也应是统一的。这样，通过县、什伍等，秦国建立了一整套的军事化的行政组织。《商君书·画策》云："故举国而责之于兵"，殆非虚言。

---

① 朱绍侯：《士伍身份考辩》，《军功爵制研究》，上海人民出版社1990年版。

（二）实行分户令

秦国原来有宗族组织，在实行什伍制和县制的同时，必须瓦解原来的宗族组织。秦献公时曾"为户籍相伍"，但未见实行相应的瓦解宗族组织的措施，这可能使秦献公"为户籍相伍"的改革实行得很不彻底。商鞅则实行了相应的分户令。分户令与什伍制度互为表里，一方面实行什伍制度，建立新的社会组织，一方面实行分户令，瓦解原有的宗族组织。分户令禁止家族聚居，"民有二男以上不分异者，倍其赋"，"而令民父子兄弟同室内息者为禁"（《史记·商君列传》）。通过分户令，原来的宗族组织无法维系，老百姓被纳入到新的组织形式中。①

分户令还直接和战争有关。从管仲所推行的制度来看，战争发生时，每家出一人组成军队，"户"的多少关系到兵员数量。秦国的制度，十七岁始傅，即到达服役年龄，并予以登记，十八岁正式服役，有爵者五十六岁免老，无爵者六十岁才免老。秦的徭役分为"徭"和"戍"两类。"徭"为非军事性的各种役作；"戍"则属军事性质。秦徭役的种类主要有"更"和"戍"。"更"，达到服役年龄的人每年服劳役一月；"戍"，达到服役年龄的人一生必须在外戍守一年。此外还有材官，属"一岁力役"。如遇大规模的战争，服役者称为"从军者"，似不在"徭"和"戍"之列。这种兵役完全视战争的形势和进程，服役的年龄和时间并不确定。②

秦在商鞅变法后的户数还关系到徭役、赋税的多少。从秦赋税征收的实际情况来看，包括户赋、田租和各项杂赋等。户赋按户征收，秦孝公十四年（前348年）"初为赋"，对赋税制度进行全面改革，大概就是推行户赋。据云梦秦简，户赋征收的主要是钱和布。《商君书·垦令》："訾粟而税，则上壹而民平。"云梦秦简《法津问答》："匿户弗徭、使，弗令出户赋之谓也。"因为秦有按户征发徭役、征收户赋的政策。所以，户口登记和计算属于官吏的重要职责，云梦秦简《效律》："人户、马牛一以上为大误。"秦的田租是实物租，按土地缴纳粮食和蒭藁。征收户赋和田租的一个主要目的是供应军队和战争消耗，当然还有行政事务、国家祭祀等等的支出。商鞅变法时实行分户令正是为了通过增加户数来增加兵员数量和国家赋税收入。

---

① 西嶋定生认为商鞅变法中的分异法是针对边境地区的新邑的居民而言的。通过分异法，新邑的居民割断了和旧秩序的关系，而被纳入了新秩序中。西嶋定生：《二十等爵制》，第385页。本书认为分户令在当时的秦国是普遍实行的。

② 秦的徭役制度参见张金光：《秦制研究》，上海古籍出版社2004年版，第205—229页。

秦在商鞅变法后的家庭结构较小。云梦秦简对"同居"一词有解释，《法律问答》："可（何）谓'同居'？户为'同居'"，即同户就是同居。"同居"按秦国的法律，指的是以户主为中心的家庭成员相互间的关系。每一户都有户主，并有经官府认定的继承人，"官其男为爵后，及臣邦君长所置为后大（太）子，皆为后子"。后子，《荀子·正论》注："嗣子。"杨树达《积微居金文余说》卷一认为后子即作为嫡嗣的长子。① 经官方认可其子为爵位的继承人，以及臣邦君长立为后嗣的太子，都是"后子"。自己无子，可以兄弟之子为"后子"，如"士五（伍）甲毋（无）子，其弟子以为后，与同居。而擅自杀之，当弃市"。《秦律十八种》中的《金布律》："毋责妻、同居。"户主之妻与同居者并列，户主之妻不称"同居"。《法律答问》中有"父子同居"，"其弟子以为后，与同居"。"'同居，独户母之谓殴（也）'"，即同居就是同一户中同母的人。《汉书·惠帝纪》颜师古注："同居谓父母、妻子之外，若兄弟及兄弟之子等，见与同居业者"，显然不确。从"同居"和商鞅分户令来看，秦的家庭成员主要是户主夫妻及其未傅籍的子女，如户主曾是"后子"，则再加上父母和未傅籍的弟妹，一户的人口数不过三至八口左右，汉初晁错所说的"五口之家"应是指这样的家庭。

秦律对"同居"服兵役的情况有规定，《秦律杂抄》："戍律曰：同居毋并行，县啬夫、尉及士吏行戍不以律，赀二甲。"秦的服役年龄一般在十七至六十岁，如果是特殊情况，法律往往被置之不顾，《史记·秦本纪》记载秦赵长平之战紧张时，"秦王闻赵食道绝，王自之河内，赐民爵各一级，发年十五以上悉诣长平，遮绝赵救及粮食"。

献公时实行的"户籍相伍"的意义被认为在于取消了"国"和"野"的界限，凡秦国统治下的人民一律被编入"伍"，实际就等于在法律上承认原来"野人"与"国人"处于同样的关系。② 从商鞅变法时的什伍制度与分户令来看，其意义还在于彻底分割宗族制度，淡化血缘关系，增加赋税和兵员，将整个秦国置于更高的军事化基础之上。商鞅变法后的秦国，"伍"的结构中血缘的影子几乎没有，《法律答问》："可（何）谓'四邻'？'四邻'即伍人谓殴（也）。"完全是从地域上的相近划分"伍"，没有考虑血缘关系，血缘关系已转化为地缘关系。

（三）鼓励农耕

根据商鞅的思想，经济实力是军事行动的基础，体现在变法中的具体措施是

---

① 睡虎地秦墓竹简整理小组编：《睡虎地秦墓竹简》，文物出版社 1978 年版，第 160、182 页。
② 林剑鸣：《秦史稿》，第 173 页。

鼓励农耕。鼓励农耕，重视农业，并不是单纯的经济政策，它主要是为军事服务的。农业是当时最为稳定的、也是最为先进的生产部门，农民是国家军队的最重要的组成者，是当时国力的决定性因素，必须加以重视，故《史记·秦本纪》言："内务耕稼，外劝战死之赏罚。"

《史记·商君列传》记载商鞅发布的变法令中说："僇力本业，耕织致粟帛多者复其身。事末利及怠而贫者，举以为收孥。"努力耕织者免除其徭役；从事工商业或懈怠而导致贫穷者，全家没为奴婢。这个措施是非常严厉的。在春秋战国时，以"本""末"对举指事物的根本和末梢，说明其重要性的程度，并不乏其例。但明确地将农业称为"本业"，将工商业称为"末利"，将两者绝对地对立起来，则是一种极端的态度，使民间工商业的发展受到了很大的影响。另外，官营的手工业仍获得发展，为君主和各级官吏提供消费品，为战争提供精良的武器。

鼓励农耕和土地制度的改革是并行的。《史记·商君列传》说商鞅"为田开阡陌封疆"。《战国策·秦策三》蔡泽说：商君"决裂阡陌，教民耕战"。这是商鞅变法中的一件大事，影响重大。《汉书·地理志》："孝公用商君，制辕田，开仟陌，东雄诸侯。"《汉书·食货志》引董仲舒之言道："至秦则不然，用商鞅之法，改帝王之制，除井田，民得卖买，富者田连仟陌，贫者无立锥之地。"从这些记述来看，商鞅变法改变了旧的土地制度。

阡、陌为土地的疆界，《汉书·食货志》作仟伯，注说："仟伯，田间之道也，南北曰仟，东西曰伯。"封为地界的标志物，《周礼·封人》注："畿上有封，若今时界矣。"商鞅变法时"为田开阡陌封疆"，指的是破除了旧的"阡陌封疆"，设立新的"阡陌封疆"。商鞅变法后的秦国，对"阡陌封疆"的管理非常严格。1979 年在四川省青川县战国墓中发现的秦的《田律》木牍，记载了秦有关阡陌的制度。根据青川《田律》木牍，田宽一步，长八步，就要造畛，每亩地造两条畛，一条陌道；百亩为顷，修一条阡道。道宽三步，封高四尺，长宽与高度相称，埒高一尺，埒基厚二尺，每年八月修封埒，正疆界，刈除阡陌上的荒草，九月修路通渠，十月造桥梁，修堤坝，疏通河道，清除草莱。[①] 云梦秦简《法律答问》记载了秦的有关"封"的法律条文："'盗徙封，赎耐。'可（何）如为'封'？'封'即田千佰。顷半（畔）'封'殹（也），且非是？而盗徙之，赎耐，可（何）重也？是，不重。"《法律答问》的解释是私自移封，应判处赎耐，这种判处并不算重。

---

① 《四川省青川县战国墓发掘简报》，《文物》1992 年第 1 期。

新的"阡陌封疆"与旧的有何区别？由于"阡陌封疆"是土地亩制的划分界限，所以"阡陌封疆"的改变与亩制的变化有关。《说文解字》说："六尺为步，步百为亩。秦田二百四十步为亩。"唐代《一行算法》说："自秦孝公时，商鞅献三术，内一，开通阡陌，以五（当作'六'）尺为步，二百四十步为亩。"杜佑《通典》说："按周制，步百为亩，亩百给一夫。商鞅佐秦，以一夫力余，地利不尽，于是改制二百四十步为亩，百亩给一夫矣。"所以，"开阡陌封疆"的具体内容就是把原来"百步为亩"改为二百四十步为一亩。①《商君书·垦令》中涉及了亩的问题，"故为国分田数：小亩五百，足待一役，此地不任也；方土百里，出战卒万人者，数小也"。这是追述过去的"任地持役之律"，认为小亩也可以满足战争的需要，反之，当下则必须开垦耕地，扩大田亩才能满足需要。这从一个侧面也说明"开阡陌"是扩大田亩。

商鞅"开阡陌封疆"的目的是鼓励农民积极生产。《汉书·地理志》将商鞅"开阡陌"后建立的土地制度称为"辕田"。"辕田"又作"爰田"。"爰田"并非商鞅的首创，春秋时的晋国在与秦国的韩原之战中失败后，曾"作爰田"、"作州兵"。关于晋"爰田"的内容长期以来争执不已，但有一点是可以肯定的，"爰田"是为了提高生产积极性的一项措施，《国语·晋语三》云："且赏以悦众，众皆哭，焉作辕田。"有学者推断："盖晋惠既以大量田土分赏众人，自必变更旧日田土所有制，一也；所赏者众，公田恐难以满足，又不能不开阡陌以益之，二也。"②可能晋国当时也是通过增大亩制以团结民众，鼓励生产。到春秋末期，晋国六卿纷纷改革亩制，赵氏就采用了二百四十步的亩制。商鞅变法应是吸取了过去的成功经验，进一步加以发展。亩制增大，农民耕种的实际土地面积增大，按亩纳税后的剩余收获物增加，生产积极性提高，客观上推动了农业生产。

商鞅变法时颁布的《垦草令》，制定了详细的督促百姓耕垦土地的办法。今《商君书·垦令》似乎就是商鞅改革方案的说明。《垦令》所提到的办法具体而细致，如"无宿治"；"訾粟而税"；"无以外权爵任与官"；"以其食口之数赋而重使之"；"使商无得籴，农无得粜"；"声服无通于百县"；"无得取庸"；"废逆旅"；"壹山泽"；"贵酒肉之价，重其租，令十倍其朴"；"重刑而连其罪"；"使民无得

---

① 参见杨宽：《战国史》，第205页。另，秦的土地制度也有很多争议，如张金光认为秦通过商鞅变法实行了普遍的授田制，并形成了高度的土地国有化，不存在土地私有和土地买卖。"开阡陌"指的是开裂旧的贵族封邑的阡陌，树立授田制下的阡陌。见张金光《秦制研究》第一章《土地制度》。

② 参见杨伯峻：《春秋左传注》，第361—362页。

擅徙"；"均出余子之使令，以世使之，又高其解舍，概"；"国之大臣诸大夫，博闻、辨慧、游居之事，皆无得为，无得居游于百县"；"令军市无有女子；而命其商，令人自给甲兵，使视军兴；又使军市无得私输粮者"；"百县之治一形"；"重关市之赋"；"以商之口数使商，令之厮、舆、徒、重者必当名"；"令送粮无取僦，无得反庸，车牛舆重设必当名"；"无得为罪人请于吏而饷食之"等。这些措施的目的是要提高政府的办事效率，防止官吏贪污，减少社会闲散人口，尽量堵塞不从事农业生产而获利的途径，避免投机取巧，以免影响百姓生产，驱使百姓专心农耕。

什伍制度、分户令、鼓励农耕是一个整体。通过建立什伍制度，将整个的国家置于高度军事化的基础之上；实行分户令，以分割宗族组织，增加兵员和赋税收入；鼓励农业生产，为军事活动奠定坚实的经济基础。商鞅变法时实行这些改革措施的根本目的，就是在战争中战胜敌国，所以，政治、经济、文化等各方面均服从于战争，具有鲜明的军国主义导向。

六、尚功思想导向

尚功思想是在社会价值层面对百姓的引导，它本身也是军国主义的一个重要组成部分。商鞅变法中，把"功"作为授官予爵和获得各种政治经济利益的主要准则，积极鼓励百姓为君主建立功勋，构建君——臣——民的政治秩序。

（一）尚功思想的历史发展

秦尚功思想及相应政策的核心是对"功"的计算与追求，以"功"作为授予官爵的唯一准则，而尚功思想发展的历史过程更加凸显了其意义的不同。

西周时的赏功政策必须遵循礼的规定。对于诸侯大功，周王举行隆重的策命礼予以赏赐，《礼记·祭统》："古者明君爵有德而禄有功，必赐爵禄于太庙，示不敢专也，故祭之日一献，君降立于阼阶之南，南乡，所命北面，史由君右执策命之，再拜稽首，受书以归，而舍奠于其庙，此爵赏之施也。"《左传》僖公二十八年（前632年），晋文公大胜楚国，周王就举行策命大礼对其予以赏赐。其中策勋之策兼有盟誓的意义，并藏于盟府。《左传》僖公五年（前655年），宫之奇说："虢仲、虢叔，王季之穆也；为文王卿士，勋在王室，藏于盟府。"如果违反了礼的规定，即使有所成就，也不应该受到赏赐。《左传》庄公三十一年（前663年）夏六月，齐侯向周王献俘，受到了"非礼也"的指责，"凡诸侯有四夷之功，则献于王，王以警于夷；中国则否"。礼尚"尊尊、亲亲、贤贤"，所以西周时期的官爵封赏并不纯粹以"功"为准则。西周初期的大分封中，除了功臣之外，还有周王子弟以及夏、殷这样的亡国遗族。《汉书·诸侯王表》："所以亲亲贤贤，褒表功德。"《史记·太史公自序》："存亡国，继绝世。"

西周时期实行的是世官制度，官爵世袭，如虢季氏世代为"师"，微氏世代为史。但是，按礼，每一位周王新即位后，要对官爵重加册封，诸侯贵族对于属下也有同样的仪式。①重加册封时，祖先的功烈是子孙后代维系身份、地位的依据，和官爵有直接的关系。所以，各级贵族对祖先之功都非常重视。《左传》隐公九年（前714年）："官有世功，则有官族。"《左传》隐公三年（前720年）记载，宋穆公病中一再叮嘱他的儿子："吾子其无废先君之功。"许多西周青铜器铸有长篇铭文，颂扬祖先功烈，记述周王锡命，传遗子孙后代，其意义就在于此。

在世官制度下，"功"就不仅仅是个人的，而是和宗族利益密切相关的，故赏功多在宗庙进行。《左传》桓公二年（前710年）："凡公行，告于宗庙；反行，饮至、舍爵、策勋焉，礼也。"杨伯峻注："策，此作动词用，意即书写于简策。勋，勋劳。策勋亦可谓之书劳，襄十三年传'公至自晋，孟献子书劳于庙，礼也'可证。"②城濮之战后，晋文公接受周王策命，班师回晋，在宗庙"献俘、授馘、饮至、大赏"。在世官制度之下，宗族利益重于个人利益，对"功"的封赏事关宗族的兴衰，"功"一旦得到确认，得到封赏，整个宗族的地位就会巩固。因此，西周时期也重视功，这种对功的重视与宗族紧密联系，反映了西周社会等级凝固、缺乏流动的特点。

随着西周王室的衰落，对功的封赏生了重大变化。首先，各诸侯国国君自行封赏，打破了礼的规定。《左传》中有众多的"非礼也"的指责，其中包括许多对"功"的封赏。《左传》成公二年（前589年），"晋侯使巩朔献齐捷于周"，单襄公指责说："未有职司于王室，又奸先王之礼。"但晋国并不在意，反将三军扩充为六军，晋封六名有功者为卿。鲁国的季文子也因这次战役的功劳自行"立武宫"，作为纪念性的建筑，结果受到了"非礼也"的指责（《左传》成公六年）。《左传》襄公十九年（前554年）："季武子以所得于齐之兵作林钟而铭鲁功焉。臧武仲谓季孙曰：'非礼也。夫铭，天子令德，诸侯言时计功，大夫称伐。今称伐，则下等也；计功，则借人也；言时，妨民多矣，何以为铭？'"

---

① 杨宽：《西周史》，上海人民出版社1999年版，第364页；许倬云：《西周史》，三联书店2001年版，第228—229页。
② 杨伯峻：《春秋左传注》，第91页。

其次，由于战争的频繁与激烈关系到各诸侯国的生死存亡，军功受到特别重视。对军功的封赏直接给予个人，新的君臣关系萌生于其中。《左传》哀公二年（前493年）记赵鞅的誓词说："克敌者，上大夫受县，下大夫受郡，士田十万，庶人工商遂，人臣隶圉免。"不论是什么身份，只要个人克敌立功，就可受赏。《左传》襄公三年（前570年），"齐庄公为勇爵"，这是一种"设爵以命勇士"的举措。关于"勇爵"是否是爵位，还有争议，但正如学者所指出的，"'勇'不是单纯的勇为，必须是为其君主奋斗，他的勇被君主看做是功才可以。由此看来，这个勇爵是给对君主有功之人的褒赏，并且为赏此功而造成新的结合关系。"[1]君主通过赏功勉励别人为他奋斗，立功者通过"功"去获得直接的回报。随之，以对君主功劳大小为标准的新的爵制出现并逐渐获得发展。

第三，官僚政治的发展推进了赏功政策的变化。官僚政治的一个重要特点是考功计能，按勤务劳绩付给报酬。春秋战国时期，官僚制度不断地分化发展。特别是到了战国中期，大规模的变法活动催生了专制官僚体系，对官僚的考功计能因之成为政府管理的重要课题，大大推动了尚功政策和思想的发展。

春秋战国时期，各个诸侯国都有程度不同的尚功思想，但只有经过商鞅变法的秦国将其绝对化。秦国对功的追求与计算是精确的，并延伸到社会的各个方面；以功赐爵完全抛弃了原来的宗族组织、身份、地位，使所有的人站在同一个起跑线上。秦国的尚功思想与政策在价值观上对中国社会的影响是前所未有的。

（二）以功授爵

商鞅变法重"功"。最初，"功"是指其项具体的工作、事情。王力《同源字典》："工"是手工业工人，"功"是工作，"攻"是进行工作，三字同源。[2]《诗经·豳风·七月》："载缵武功。"传："功，事也。"又"上入执宫功"。郑笺："可以上入都邑之宅，治宫中之事也。"《小尔雅》亦云："载、功、物，事也。"工作时总要用力，所以《说文解字》释"功"："从力从工。"以积极努力的态度从事工作，就会有所成就、就会有所得，故《尔雅·释诂下》："功，成也。"《小尔雅》："功、胜也。"又，器物的精美、细致、坚利，亦可称"功"。《国语·齐语》："辩其功苦。"注："功，牢也，苦，脆也。"《管子·七法》："器械功则伐而不费。"概而论之，"功"是指事情、工作，进而可指用力而有所成就，有所得。从"功"的字源来看，首先是对事实的肯定，进而体现了一种注重结果、注重实效的价值理念。同

---

① ［日］西嶋定生：《二十等爵制》，第345—346页。
② 王力：《同源字典》，商务印书馆1982年版，第376页。

时，"功"还肯定了人的主观努力，将人的努力与结果统一在一起。

秦国的尚功思想与军国主义倾向紧密联系，可以看做是军国主义思想在社会价值层面的反映。在战争中破敌斩首，建立军功，根据军功授予官爵，是其首要原则。《史记·商君列传》："有军功者，各以率受上爵；为私斗者，各以轻重被刑大小。"这个原则被推向全社会，面向所有的阶层和所有的人，以彻底改变"无功可以得尊显"的故俗，即使是宗室子弟也不例外，"宗室非有军功论，不得为属籍"。《史记索隐》云："谓宗室若无军功，则不得入属籍。谓除其籍，则虽无功不及爵秩也。"除军功外的任何途径，都不应该获得官爵，"有功者显荣，无功者虽富无所芬华"。云梦秦简《法律问答》中有如下记载："内公孙毋爵者，当赎刑，得比公士赎耐不得？得比焉。""内公孙"是宗室后裔，其为"毋爵者"，可见宗室无军功不得赐爵的原则确实得到了贯彻。

为了赏功，秦国在商鞅变法时实行了新的爵制，传统的叫法是二十等爵制，今天有学者称之为赐爵制①，或径称为军功爵制②。这种爵制在商鞅变法时初具规模，完整的二十等爵大约是在秦统一前后形成的。

二十等爵制本身充满了强烈的军事色彩。据《商君书·境内》所说有"军爵"、"公爵"之别。梁人刘劭《爵制》对秦二十等爵的爵称来源有一个解释，即认为二十等爵中的许多爵称，都曾经是步卒、军吏、军将之后，或更准确地说，是各种军中等级之名。卫宏《汉旧仪》也有类似说法，尽管《汉旧仪》与《爵制》所释时有不同，但都认为爵称来自军职。秦史上确有不少左更、右更、中更、庶长率兵征伐的记载，其中有些是在商鞅变法之前，即是其证。后来这些称号逐渐演变为"禄位"、演变为"爵"，将领的军职另作称呼，军职与爵位便有一分为二之势。③ 李学勤从爵制发展的角度指出："秦爵是在周爵的基础上发展而来的，它的特点是同军制结合得更紧。"④ 新的爵制规定了爵位必须以功获得，其他的途径不能授爵。

从秦国在商鞅变法时确立的制度来看，"功"本身是精确的，可计算的。对于军功，主要是以斩获敌人的首级计算的，根据斩获的敌首授予相应的爵位、田宅、庶子等。

---

① 高敏：《秦的赐爵制度试探》，《秦汉史论集》，中州书画社 1982 年版。

② 朱绍侯：《军功爵制研究》。

③ 参见阎步克：《品位与职位》，中华书局 2002 年版，第 85 页。

④ 李学勤：《东周与秦代文明》，文物出版社 1984 年版，第 209 页。

能得甲首一者，赏爵一级，益田一顷，益宅九亩，除庶子一人，乃得入兵官之吏。

陷队之士知疾斗，不得斩首队五人，则陷队之士，人赐爵一级。（《商君书·境内》）

秦人……功赏相长也，五甲首而隶五家，是最为众强长久，多地以正。（《荀子·议兵》）

商君之法曰：斩一首者，爵一级，欲为官者为五十石之官；斩二首者，爵二级，欲为官者为百石之官；官爵之迁与斩首之功相称也。（《韩非子·定法》）

秦人以斩获的敌首计算军功，给人留下了血淋淋的残暴印象，所以齐鲁仲连称秦为"上首功之国"（《史记·鲁仲连列传》）。但这里的关键问题并不是秦人的残暴，而是对军功计算的机械和冷冰冰的态度。另外，据《商君书·境内》载，攻城略地亦可用来计算军功。

对于以军功授予官爵的制度是否完全按照某种固定的模式实行，黄留珠先生指出，其实行情况必然相当复杂，可能对因军功受官爵是有条件限制的，如高爵与低爵的区别等。[1] 这对进一步深刻了解军功受爵制度和尚功思想有重要意义。

秦对军功爵的颁赐有劳、论、赐的程序。"劳"是赐爵的主要根据，指军功与劳绩；"论"则是对功绩的评议与认定；"赐"则是赐爵，也包括随赐爵而来的其他赏赐。这个程序的存在说明了秦尚功政策是理性的和规范的。"论"的环节的存在进一步体现了"功"的目的性与可追求性。《商君书·境内》就记述了"论"的标准，达到标准的称为"盈"：

五人一屯长。百人一将。其战，百将、屯长不得斩首；得三十三首以上，盈论，百将、屯长赐爵一级。

能攻城围邑，斩首八千以上，则盈论；野战，斩首三千，则盈论。吏自操及校以上大将尽赏。行间之吏也，故爵公士也，就为上造也。故爵上造，就为簪袅。故爵簪袅，就为不更。故爵不更，就为大夫。爵吏而为县尉，则赐虏六，加五千六百。爵大夫而为国治，就为官大

① 黄留珠：《秦汉仕进制度》，西北大学出版社 1998 年版，第 25—26 页。

夫。故爵官大夫，就为公大夫。故爵公大夫，就为公乘、故爵公乘，就为五大夫，则税邑三百家。故爵五大夫，就为大庶长。故大庶长，就为左更。故四更也，就为大良造。皆有赐邑三百家，有赐税三百家。爵五大夫，有税邑六百家者受客。大将、御、参皆赐爵三级。故客卿相，论盈，就正卿。

斩首之功只能在战场上与敌军交锋时获得，但即使是烽烟遍地的战国时代，没有战争的时间也是很多的，而列国的兼并形势又使各诸侯国必须保持庞大的军队。为了稳定军心，激励士气，服兵役的时间成为衡量士兵勤务劳绩的标准，被称为"劳"。《商君书·境内》的记载表明在商鞅变法时就有"劳爵"的存在，"以战故，暴首三日，乃校三日，将军以不疑致士大夫劳爵。夫劳爵，其县过三日有不致大夫劳爵，能其县四尉，訾由丞尉"。高亨注："夫疑当作失，形似而误。失劳爵即搞错劳爵。"① 即如果搞错了"劳爵"，县衙门过了三天还没有给予士大夫"劳爵"，那就撤去该县四个尉官的职位，由县丞县尉来审判。《境内》所说的"劳"似乎主要指斩首为功，但有资料表明秦确实有计算劳绩的制度。云梦秦简《秦律杂抄》记有《中劳律》一则："敢深益其劳岁数者，赀一甲，弃劳。"即擅敢增加劳绩年数的，罚一甲，并取消其劳绩。中劳律之"中"字为满、超过之意，从简文和律名来看，是有关"劳"的计算的法律。②《军爵律》亦言："从军当以劳论及赐……"其所言的"劳"，显然只能理解为从军"劳绩"。

关于秦国劳绩的资料很少，西汉时期的情况可以为我们提供更深入的参考。从汉人的记述可以断定，"功"和"劳"是有区别的，功是一件一件计算的，劳是以多少年多少月多少日计算的，根据勤务状况，劳有增也有减。③ 司马迁在《报任安书》中说："不能累日积劳，取尊官厚禄，以为宗族交游光宠"，很清楚地表明了"劳"按勤务时日计算的特点。

对功劳的精确计算与追求不仅存在于军队和战争中，而且被扩展到社会的方方面面。商鞅变法的一个很重要的举措是推广县制，建立相应的从中央到地方的各级官僚队伍。官僚制度的基本特点是按层级确定职责、权力、报酬，规定相应的任职资格、考核标准、奖惩措施等。对官员的考核与奖惩，主要是以"功能"

---

① 高亨：《商君书注译》，第151页。

② 黄留珠：《读云梦秦简札记四则·〈中劳律〉释义》，见黄留珠著：《秦汉历史文化论稿》。

③ ［日］大庭修：《记汉代的论功升进》，见《简牍研究译丛》，中国社会科学出版社1987年版。

为标准的。在秦简中，可以看到佐、史、卜、司御、寺、府一类官府职役的承担者，他们大抵没有爵位，由官府按月提供廪食，是为"月食"。这种月食被认为与禄秩两存并用，不能混为一谈。

　　月食者已致廪而公使有传食，及告归尽月不来者，止其后朔食，而以其来日致其食；有秩吏不止。(《仓律》)

　　官啬夫免，复为啬夫，而坐其故官以赀赏（偿）及有它责（债），赀赛毋（无）以（偿）者，稍减其秩，月食以偿之。弗得居。(《金布律》)

　　官长及吏以公车牛廪及月食及公牛乘马之廪，可殹（也）。(《司空律》)

　　这种"月食"很可能用钱发放。"月食"制度显现了显明的官僚制特性，按月考核其功能，按月发放其口粮；提供相应的服务，则有相应报酬，食之多寡无定，视其事之繁简，功之上下，以岁时稽而均之。秦汉之际，它进而被用来待百官，百官皆考核功过，按月食俸。[①]

　　秦国对官员勤务劳债的具体考核方式有上计、巡察、考课等。上计是指地方官员每年年终将施政情形编为簿籍，呈送朝廷，以供审查。上计偏重于经济方面，如户口、垦田、赋税收入等，也兼及狱政。通过对计簿的审查来考核官吏的勤务劳债是很重要的一项内容。战国时，各国已普遍地实行上计制度。云梦秦简反映的秦的上计制度，主要是县直接上计于朝廷，说明秦置郡以前，县直接对中央负责，而秦简中的法律条文多颁行于秦普遍设郡以前。巡察是朝廷对地方、上级对下级的工作检查。考课即上级对下级的考核。云梦秦简《秦律杂抄》中有"内史各课县，大（太）仓课都官及受服者"。

　　《秦律杂抄·厩苑律》规定，在四月、七月、十月和正月评比耕牛。满一年，在正月举行大考核。考核中的最优者，称为"最"，最差者称为"殿"，并给相应的奖惩。奖惩的最主要的办法，就是增加减少劳绩。这种考课一直延伸到最基层的组织"里"，"有（又）里课之，最者，赐田典日旬；殿治（笞）卅"。基层官吏多为临民之职，为了争取在考课中取得好的成绩，必然要求辖下百姓按考课标准努力，"僇力本业，耕织至粟帛多者复其身"等法令就带有这方面的性质。至于达到什么标准才算"耕织至粟帛多者"已不得而知。《吕氏春秋·孟冬纪》中

[①] 参见阎步克：《品位与职位》第三章《从稍食到月俸》。

记载了秦国的手工业制度："命工师效功，陈祭器，按度程，毋或作为淫巧以荡上心，必功致为上，物勒工名，以考其诚，工有不当，必行其罪，以穷其情。"工师要对官府手工业工场的产品规格、生产进度、产品质量负责。用"物勒工名，以考其诚"的办法监管考核。工师还有权干预民间手工业的某些生产事宜。云梦秦简中《工律》、《工人程》中有一些律条就是秦有关的法律。[1]

秦国对功的精确的计算、赏功的严格程序、关于官僚勤务劳绩的考核等等，从军队、官僚阶层一直延伸到社会生产中，对功和勤务劳绩的追求与计算转变为社会生活中的普遍的、绝对的功利价值观念。

（三）秦人的功利性格

商鞅变法之后，对"功"的追求与计算养成了秦人的功利性格。在关东六国看来，秦为"虎狼之国"，有"虎狼之心"，崇尚"虎狼之行"，与其他国家迥然有别，《战国策·魏策三·魏将与秦攻韩章》说：

> 秦与戎、翟同俗，有虎狼之心，贪戾好利而无信，不识礼义德行。苟有利焉，不顾亲戚兄弟，若禽兽耳。此天下之所同知也，非所施厚积德也。

秦人以功利价值为取向，注重实利，追求效果，关心现实利害，斤斤计较，精于计算。在相对来说更注意仁义之兴废、礼乐之盛衰及道德之完善的人来说，秦人对功利的追求简直"同禽兽无几"了。汉代的思想家贾谊十分生动地描述了秦人的功利性格：

> 故秦人家富子壮则出分，家贫子壮则出赘。借父耰锄，虑有德色；母取箕帚，立而谇语；抱哺其子，与公并倨；妇姑不相说，则反唇而相稽。其慈子耆利，不同禽兽者亡几耳。然并心而赴时，犹曰蹶六国，兼天下。（《汉书·贾谊传》）

在秦国，作为臣下必须努力为君主立功以保持自己的地位，一旦失败或得罪君主，则可能前功尽弃。甘茂攻宜阳时，赵累就肯定甘茂能够攻下，原因是："甘茂，羁旅也，攻宜阳而有功，则周公旦也；无功，则削迹于秦。秦王不听群

---

[1] 吴荣曾：《秦的官府手工业》，《云梦秦简研究》，中华书局 1981 年版。

臣父兄之义，而攻宜阳，宜阳不拔，秦王耻之。臣故曰'拔'。"（《战国策·东周策·秦攻宜阳章》）后来甘茂果然倾尽全力攻下宜阳。

秦国群臣之间难免为了争功而勾心斗角。长平之战后，白起想要乘胜进军，有人游说应侯说："武安君所为秦战胜攻取者七十余城，南定鄢、郢、汉中，北禽赵括之军，虽周、召、吕望之功不益于此矣。今赵亡，秦王王，则武安君必为三公，君能为之下乎？虽无欲为之下，固不得已矣。……故不如……无以为武安君功也。"（《史记·白起列传》）应侯果然说动昭襄王，令白起撤军。后秦再次攻赵时，白起托病不出，激怒昭襄王，被迫自杀。战功赫赫、威动天下的一代名将就这样死去。这种争功的风气在军队中也不鲜见，云梦秦简中就记载了秦昭王四十一年（前266年）邢丘战役中士伍争首，互相杀伤，甚至杀害本军伤兵，割取首级冒功的案例。[①]

在秦国，斩首之功与官爵相称的政策极大地鼓舞了百姓的战斗热情，"民之见战也，如饿狼之见肉"，"父遗其子，兄遗其弟，妻遗其夫，皆曰：'不得，无返！'"（《商君书·画策》）"是父兄、昆弟、知识、婚姻、合同者，皆曰：'务之所加存战而已矣。'"（《商君书·赏刑》）秦国军队成为当时战斗力最强的。作战时，秦军士兵脚不穿鞋、头不戴盔、袒胸露臂、赤膊上阵、弯弓持戟、奋不顾身、左挈人头、右挟生房。"夫秦卒之与山东之卒也，犹孟贲之与怯夫也；以重力相压，犹乌获之遇婴儿也。夫战孟贲、乌获之士，以攻不服之弱国，无以异于堕千钧之重，集于鸟卵之上，必无幸矣。"（《战国策·韩策一·张仪为秦连横说韩王章》）所以有这样的说法："齐之技击不可以遇魏之武卒，魏之武卒不可以直秦之锐士。"（《汉书·刑法志》）强大的军队在秦国的兼并战争中发挥了重要作用。

关于秦人功利性格形成的原因有两种认识。一种观点认为是秦国风俗，是秦人性格中的固有因素，《淮南子·要略》说："秦国之俗，贪狼强力，寡义而趋利。"另一种观点认为是风俗、性格与秦政的结合，《吴子·料敌》："秦性强，其地险，其政严，其赏罚信，其人不让。"《吴子·料敌》中的说法无疑是恰当的，秦人的功利性格不是单纯的社会风俗，而是在秦政的引导下形成的。《荀子·议兵篇》云："秦人，其生民也不过陿陋，其使民也酷烈。劫之以势，隐之以陋，忸之以庆赏，鰌之以刑罚。使天下之民，所以要利于上者，非斗无由也。陋而用之，得而后功之，功赏相长也。五甲首而隶五家，是最为众强长久，多地以正。故四世有胜，非幸也，数也。"商鞅变法的基本思路是"错法成俗"，改革的政策导向塑造了秦

<hr>

① 《睡虎地秦墓竹简·封诊式·夺首》。

人的功利性格，形成了更适应富国强兵需要的风俗。这种功利性格也反映了秦人普遍的、而且是单一的功利价值观。

七、君主专制思想导向

商鞅变法的结果之一是导向了君主专制统治，国君是至高无上的权力拥有者，有绝对的支配权和控制权。专制君主可以把自己的权力直接延伸到每个个人和所有的社会领域，实现对整个国家的强制统治。君主的这种专制权力是如何形成的呢？这既是一个政治实践问题，也是一个思想问题。

（一）君主支配权和控制权的强化

西周时期实行分封制。"分封制下的诸侯，一方面保持宗族族群的性格，另一方面也势必发展地缘单位的政治性格。"[1]分封制下的大宗与小宗之间存在着上下主从关系，周王对诸侯、诸侯对臣下都有策命礼，形成了明确的层级结构。相应地，西周时期的权力结构是层级性的。周王是天下的共主，各诸侯对周王承担着种种责任和义务，但周王并不能越过诸侯直接对各国百姓实行支配。各诸侯国的国君又必须通过下一级封君实行统治。随着时间的推移，各诸侯国和周王室的疏离感越来越强，地缘政治色彩越来越浓，独立性越来越大，形成了强烈的离心力量。春秋战国时期，各诸侯国的地域文化特征非常明显，政治上则摆脱了周王室的控制，并逐步建立了君主专制统治。

君主专制统治的建立不是偶然的。春秋时期的一个很重要的政治主题就是"国不堪二"、"君命无二"，诸侯国的君主希望改变权力被分割的局面，实现权力独占。春秋末期到战国时期的社会动荡和各诸侯国的政权改革，如鲁国的三分公室和四分公室、六卿分晋、田氏代齐、郑国的争夺政权、戴氏代宋、燕国的禅让事件等，都是围绕着政权的争夺进行的。战国初期的魏国李悝变法、赵国公仲连改革、楚国吴起变法、韩国申不害改革、齐国邹忌改革，都程度不同地强化了君主权力。在各国的改革中，出现了以社会政治领域为主要对象，讲究君主统治术的"刑名之学"。这些都为专制君主统治的建立提供了经验和理论指导，而激烈的兼并战争为专制统治提供了发展的契机。战争强化了君主的支配权和控制权，使君主权力延伸到每个人身上。

秦国通过商鞅变法建立了系统的官僚制。官僚制是君主行使支配权和控制权

---

[1] 许倬云：《西周史》，第155页。

的工具。官僚制的基本精神是所谓"工具理性"，它表现为目的明确的、可计算的、合乎逻辑的、普遍主义的和系统的达到目的的手段。战国时期，官僚制有了很大发展。秦国官僚制的特点是军事官僚制，军功的提倡促成了社会的军事化，而在一定条件下的高度军事化，又意味着集权官僚制化。发达的军事组织与官僚制度之间，存在着天然的亲和性：在集权制、科层制、分工制、非人格性以及对于效能和纪律的刻意追求上，二者遵循的原则经常是内在贯通的。[①] 君主权力通过分科分层的官僚系统贯彻下去，为专制君主提供权力服务。

从君主专制统治的角度出发，秦国对官吏的效能和纪律非常重视，对官僚的职责明确规定，对行政程序、官僚作风制定了细密的规程，追求官僚机器运转的高效率。《商君书·垦令》保存了商鞅变法时制定的一些法规：

> 无宿治，则邪官不及为私利于民，而百官之情相稽。
>
> 上壹则信，信则臣不敢为邪。……上信而官不敢为邪，民慎而难变，则下不非上，中不苦官。
>
> 百县之治一形，则从，迁者不敢更其制，过而废者不能匿其举。过举不匿，则官无邪人。迁者不饰，代者不更，则官属少而民不劳。官无邪则民不教。民不教则业不败。官属少，征不烦。民不劳，则农多日。农多日，征不烦，业不败，则草必垦矣。
>
> 令送粮无取僦，无得反庸，车牛舆重设必当名，然则往速徕疾，则业不败农。
>
> 无得为罪人请于吏而食馈之，……。

在云梦秦简中可以见到一些类似的有关官僚效率的法律条文，如《行书》："行命书及书署急者，辄行之；不急者，日毕，勿敢留。留者以律论之。"这与《垦令》中的"无宿治"是颇为一致的。云梦秦简中有关于不许任用"废官"的法律条文，"废官"即犯法而被剥夺官职者。《除吏律》规定："任废官为吏者赀二甲。"这与《垦令》"过而废者不能匿其举"的精神是一致的。《垦令》"令送粮无取僦"，《效律》"上节（即）发委输百姓或之县就（僦）及移输者以律论之"。杨宽认为，秦律中除《法律答问》、《封诊式》外，其他各种法律"实质上是官府统治上需要

[①] 有关官僚制的"工具理性"等参见阎步克：《士大夫政治演生史稿》，第 7、232、233 页。

的各种规章制度"①。

秦简中有大量的关于官僚机构运行的法律条文，从劳绩的考课，到徭役之征发，从新旧官员的交接，到府库财货之出入，小到斗之衡定、火之预防、锦履之禁、版书之材、传食之差、公器之标识，大抵皆有可循之规章，有必遵之条文。这些法律条文即使不全是商鞅变法时制定，也与商鞅思想一脉相承。这些法律条文"显示了行政的法制化和规范的书面化所达到的程度"，它有效地保证了君主对社会的支配权和控制权得以实施。② 为了保证君主的命令得以顺利传达，秦制定了严格的文书传递制度。云梦秦简《行书》规定了不准搁压文书，传递文书应严格登记起止日期，出现失误及时报告，传递中的注意事项等等。对于"发伪书"的行为，要进行惩处。这对保证贯彻君主的权力有很大作用。

官僚制度的一个特点是按照成文法办事，注重形式和程序，这样也就必然滋生官僚主义，有时办事拖拉，效率低下。秦国对官僚机器效率的重视，当然也有针对官僚主义弊端的反对，但更主要的是保证君主的意志得到贯彻，中央的法令制度能够得到认真的执行，遇到重大事情有及时的反应。所以，秦国对官僚机器效率的追求，根本目的在于保证君主的控制权和支配权。

除了通过完整的官僚体系行使支配权和控制权之外，君主还通过户籍制度、什伍制度等，对社会资源进行控制和分配，以实现对所有人的人身控制和支配。

秦国有严格的户籍登记制度，《商君书·境内》："四境之内，丈夫子女皆有名于上，生者著，死者削。"登记在户籍上的人口，不得任意迁徙，必须为国家服役和纳税。此外，云梦秦简中有《傅律》，是关于服役年龄的法律。秦时的服役年龄在十七至六十岁，在十七岁时傅籍，有爵者五十六岁免老，无爵者六十岁免老。通过户籍与傅籍，每个人从一出生，就处于国家的控制和管理之下，一直到死。秦在战争中扩大领土，新领土上的人要登记户籍。这些人在秦简中称为"新秦人"。秦律特别重视人们的住所，法律文书中明确地写明"某里士伍甲"、"某里公士乙"，或"居某县某里"。

秦按什伍组织将百姓编制起来，这是一项军政结合的措施，还是一项人身控制的措施。同伍之人互相有监察纠举、告发犯罪的职责，如果没有举告犯罪，则要连坐。对连坐，《史记索隐》云："牧司谓相纠发也。一家有罪而九家连举发，若不纠举，则十家连坐。恐变令不行，故设重禁。"这项措施在秦的军队中同样

---

① 杨宽:《战国史》，第232—233页。

② 参见阎步克:《士大夫政治演生史稿》，第233页。

存在,《商君书·境内》:"其战也,五人束薄为伍,一人羽而轻其四人,能人得一首则复。"一伍之中,有一人逃跑,剩下的四个人必须每人斩获一个敌人的首级才能免罪。或许,互相监察纠举、有罪连坐的律令最初是用于军队中,后来与什伍制本身一样扩大到整个社会。秦的连坐法规定有:家属连坐,以户为限,同居、同室、同户之内,一人有罪,其余人连坐;邻里连坐,一家有罪,四邻连坐,四邻也即同伍之人,有的案件中,里典还要连坐;职务连坐,同级、上下级之间依法负有连带的刑事责任,但依据隶属关系的远近,承担的罪责不同。[①] 连坐法的目的是威胁和恐吓官吏、百姓服从君主的支配,预防犯罪。

正如很多学者注意到的那样,秦在商鞅变法时,为了推行以功授赏的原则,君主必须掌握相当数量的土地。其实不止是以功授赏,维持官僚机器的运转,供给频繁战争的消耗等,都需要数目很大的财富。君主必须能够调动庞大的社会资源,而能否调动社会资源,又是一个权力问题。君主专制权力很重要的一面就是尽量控制社会资源,通过财富的积累和社会资源的再分配实现社会控制。对于秦是否实行过"授田",还存在很大争议,但国家直接控制着数量可观的土地则没有疑问。除土地外,国家还控制着大量的生产资料,如耕牛、铁农具、种子等。农民要向国家按亩缴纳粮食、刍,还要缴纳户赋。国家对财富,特别是对粮食的储存与保管非常重视,制定了详细的律文。

由于生产直接关系国家收入的多少,所以国家对生产非常关注,庄稼的生长情况、自然灾害的影响、土地的开垦、是否按时令生产等,都要及时报告官府。对技术的控制也属于社会控制的一个方面。秦有大规模的官府手工业,生产技术不断改进,规范化生产程度很高,生产出兵器、工具、礼器和各种生活消费品。秦对商人进行打击,原因主要有商人往往逃避国家赋税,并造成劳动力、兵员流失。秦将大量的社会资源控制在政府手中,相对来说,使得广大百姓的生活趋于贫困,国富民贫,造成了一定的社会矛盾,但有利于专制权力的行使。

秦在商鞅变法时下令统一了度量衡。一是规定全国的度量衡都必须统一进位制度,即把升、斗、权、衡、丈、尺作划一规定;二是制造统一的标准的度量衡器,发到全国各地。商鞅变法时颁行的标准,流传至今的有"商鞅方升"。云梦秦简《工律》有官府校定度量衡器的法律条文。从专制君主的角度看,统一度量衡可以保证官僚效率,防止贪污损耗,使国家赋税能够迅速地征收。统一度量衡还可以使百姓更明确地了解变法的内容,所以,统一度量衡,根本的目的在于实

---

① 栗劲:《秦律通论》,山东人民出版社 1985 年版,第 207—216 页。

施君主权力，控制社会资源，通过社会资源的控制支配个人。

通过商鞅变法，秦建立了系统的军事官僚队伍，重视官僚队伍的纪律与效能，使君主的命令能够有效执行，并使用什伍制、户籍制、连坐法等，使君主的支配权和控制权笼罩了整个社会，达到了每个个人身上，实现了对整个社会的控制和支配。这种控制所具有的军事特点，使人确信战争是君主控制权和支配权强化的内在力量。

（二）君主的绝对权威性

《商君书·垦令》："上壹则信，信则臣不敢为邪。""上信而官不敢为邪，民慎而难变，则下不非上，中不苦官。"《史记·商君列传》记载有商鞅"徙木以为信"的故事。"信"是商鞅变法中非常重视的一个观念。

"信"是发达于春秋时期的一种社会道德观念。"信"从人从言，从人从口，反映"信"体现于言语之中。《说文解字》释"信"："信，诚也"，"诚，信也"。"信"、"诚"互训，说明"信"就是要言语诚实可靠；重要的是信守诺言。"信"不可离"守"离"行"，"食言"或"言爽"，均"非信也"。"信"是体现于诺言的关于责任与义务的品质，社会个体（集团或个人间）对一事约定了各自的权利、义务，就有了对此加以信守履行的义务，不得改变或追悔。我国古代"信"观念的发达始于政治盟约而非商业活动，这是一大特点。同一道德在不同社会联系中可能有不同意义，"信"亦如此。人神之间有"信"；列国外交中有"信"；君臣关系中有"信"；君主与百姓关系中有"信"；各族关系中有"信"。孔子对"信"有很多论述，"信"被推为立身之本，君子之行。春秋是新旧交替的时代，争雄诸侯已视"信"为"战之器"；而另一方面却认为"信以守礼"，"忠信，礼之器也"，"盟以信，礼也"，以"信"济"礼"，表达了天子——霸主——列国这种过渡的政治秩序。①

商鞅变法中所说的"信"指的是君主与臣下、百姓之"信"，其间的上下尊卑关系是明确的，其目的是展示君主政策法令的可信性，树立君主的权威。林剑鸣先生认为"徙木赏金"的故事体现了"明法"和"壹刑"的思想。所谓"明法"，就是要把法令公之于众，并让人们相信：此法必定执行；所谓"壹刑"，就是"刑无等级"，"无贵贱"。② 显然，商鞅变法中所追求的"信"是树立君主专制统治权威的一个手段，并不真正地讲求信用，也不将信用作为立身之本。这种"信"的观念不同于春秋时期的君主与百姓之"信"。春秋时期的一些君主非常重视百

---

① 参见阎步克：《春秋战国时"信"观念的演变及其社会原因》，《历史研究》1981 年第 6 期。
② 林剑鸣：《秦史稿》，180 页。

姓的力量，把团结百姓视为统治的首要原则，以"利民"为利益取向，用"信"规范自己的行为。"信，国之宝也，民之所庇也。得原失信，何以庇之？所亡滋多。"（《左传》僖公二十五年）"谚曰：'民保于信'，吾以信义也。"（《左传》定公十四年）"忠信可结于百姓。"（《国语·齐语》）商鞅变法所追求的"信"是"信"观念的一种变化。在君主专制统治逐步建立的过程中，君主被认为拥有无限的权威，一切人都应该服从这种权威，信用的观念变得淡薄了，只剩下赤裸裸的权力威胁，严刑酷法的恐吓，"斩立决"、"杀无赦"的喊声到处回荡。

秦的法律体现的是君主意志。秦律中有律、令、廷行事、式、程等。其中对"令"特别重视。商鞅变法时，"卒定变法之令"、《商君书》中有"垦草令"等。《商君书·定分》记载了秦的法官法吏制度，其中一再强调："有敢剟定法令、损益一字以上，罪死不赦。""有擅发禁室印，及入禁室视禁法令，及禁剟一字以上，罪皆死不舍。"法令是一个字都不能改的。汉武帝时杜周说的话最能反映令的本质："三尺安出哉？前主所是著为律，后主所是疏为令，当时为是，何古之法乎！"（《汉书·杜周传》）君主所下之令等同于法律，君主的意志就是法律。云梦秦简《法律问答》对"犯令"、"废令"有明确的解释："可（何）如为'犯令'、'法（废）令'？律所谓者，令曰勿为，而为之，是谓'犯令'；令曰为之，弗为，是谓'法（废）令'殹（也）。廷行事皆以'犯令'论。"令明确规定不要允许的，就是"犯令"；令规定必须做的，你偏不做，就是"废令"。犯令者、废令者有罪。"废令"、"犯令"的罪行，即使本人已经免职或调任，也应予追究。可见，君主的意志是不可违背的。对君主意志的违背就是对君主权威的挑战，是绝对不允许的。

对于老百姓来说，只剩下对君主权威的服从。《商君书》将"知""愚"对举，"知"指智慧，"愚"则是愚昧，主张变法的君主是作者心目中的智者，"故知者作法，而愚者制焉；贤者更礼，而不肖者拘焉"（《更法》）。智力上的差异是君主和被统治者各处其位的自然基础。"知"还指知识、学问，"愚"指缺乏知识学问的人。商鞅主张让百姓不要学习与农业生产无关的知识学问，断绝一切以知识学问获取官爵的途径，使百姓能够安心生产，尽力为君主服务。《商君书·垦令》："无以外权爵任与官，则民不贵学问，又不贱农。民不贵学问则愚，愚则无外交，则国安而不殆。""外权"，高亨注：外国势力。战国时代，说客们多游说诸侯，假借此国势力，求得彼国的官爵。[①] 说客是知识学问的掌握者，堵塞他们以知识

---

① 高亨：《商君书注译》，第 20 页。

学问求得官爵的途径，百姓就会安心生产。国家还要尽量限制知识学问掌握者的游居与迁徙，使一般农民无从掌握知识学问。

> 国之大臣诸大夫，博闻、辩慧、游居之事，皆无得为，无得居游于百县，则农民无所闻变见方。农民无所闻变见方，则知农无从离其故事，而愚农不知，不好学问。愚农不知，不好学问，则务疾农。知农不离其故事，则草必垦矣。(《商君书·垦令》)

商鞅不是一般的反智主义者，并不否定知识学问的社会价值，只是要通过限制知识学问的传播，使百姓专心一意服从君主的意志，统一于一个指导思想之下，规规矩矩、老老实实地耕作打仗。他将那些擅自迁徙、扰乱社会生产的农民称为"诛愚"，限制他们迁徙，"使民无得擅徙，则诛愚乱农农民，无所于食，而必农；愚心躁欲之民壹意，则农民必静。农静诛愚，则草必垦矣。"(《商君书·垦令》)对于有关百姓生产的知识，商鞅主张尽量创造环境，以利于学习传授，"壮民疾农不变，则少民学之不休，少民学之不休，则草必垦矣"(《商君书·垦令》)。商鞅的愚民思想是其君主专制思想的组成部分。

（三）利益导向与社会结构

通过以功授爵，可以获得非常丰厚的经济利益，享有一定的政治特权，这成为二十等爵得以实行的驱动力。有爵者可以获得土地、房屋、钱币，甚至还有"赐税"、"赐邑"；可以"给客"、畜养"私吏"，获得庶子；高爵对低爵拥有特权，可以役使无爵者，低爵必须服事高爵；诉讼时，由爵位高的人审讯爵位低的人；有爵者即有做官的资格；爵位可以赎罪、减刑、免刑；可以用爵位免除亲人的奴婢身份；根据爵位高低，享受不同的生活待遇；爵位可以由"后子"继承等。秦国以爵为本，爵重于官，一个重要的原因在于它获得的特权众多，远超相应的官职的收益，所以，有爵者虽有为官资格，但并不一定真要为官，云梦秦简《封诊式》中有不少"某里公士"、"某里五大夫"等有爵却没做官的人，这未必都是因为官缺有限或才干不够，也可能他们一番盘算之后，对入仕为吏兴味索然了。[①]商鞅变法中这种全面的利益诱导实际上是对人的自利本性的认定。

秦的尚功思想是以君主利益为取向的。君主作为商鞅变法的主导者，确立了"功"的内容，将以功授爵的原则推向整个社会。立功而获得爵位的人，从本质

---

① "以爵为本，爵重于官"的内容参见阎步克：《品位与职位》，第91页。

上说是为君主效力而获得报偿，如《汉书·百官公卿表》所言，二十等爵"皆秦制，以赏功劳"。有爵者获得的爵位、特权和利益又根据功劳的大小不同，分成不同等级，爵位本身构成了一个阶梯。从理论上来说，任何人都可以通过为君主立功而在这个阶梯上攀升，直到最高爵位。当然，在实际中是非常困难的，对秦的高爵与低爵的区分与攀升至今仍不清楚，但正如朱绍侯先生所言，秦爵的特点是："对于立有军功的人来说，从抽象意义讲，自一级爵公士至二十级爵彻侯，都可以逐级升迁。当然，爵级越高，就比较难于获得，这是情理中事，自不待言。"①

就有爵者来说，他们以各种特权与利益区别于无爵者。这样，在秦国就形成了君主、有爵者、无爵者这样的等级。商鞅变法时确定有官爵相称的原则，官可归入有爵者等级。有爵者与无爵者之间是流动的，任何人都可建立功勋，进入有爵者等级，有爵者也可能因为犯罪等原因失掉爵位，但以无爵者向有爵位者等级流动为主。在无爵位者等级中，奴婢可以通过军功等免除奴婢身份，这实际上给了奴婢法定的解放途径，从而使他们可以成为自由人甚至进入有爵者阶层。② 当然，以这种方式解放奴婢是非常缓慢的，也没有从思想上对奴婢存在的不合理性有什么反思，但这一个小小的缺口为奴婢解放掀开了帷幕，并逐步扩大。

从国家的产生来说，国家权力的产生是因为它能为人提供基本需要，包括粮食、安全、社会稳定等等，当出现行使权力的长期设立的统治组织时，就可以说国家产生了。所以，国家的产生，是因为能够符合人类的利益，有助于满足人类的需要，从而使人认可了国家权力与统治形式。就专制权力的产生来说，同样是得到了大多数人的支持与认可，他们能够从中获得相当的好处，这种好处得到社会的承认。美国的一些人类学家和社会学家称之为"社会名誉"。"社会名誉"可以是各种物质利益，也可以是社会地位、权力、荣誉等。"社会名誉"是产生权力和统治的一个重要源泉，谁成功地获得了对"社会名誉"的占有权，甚至垄断了它们，那么他就可以通过将这些财产授予别人的办法来达到让别人追随自己，进而达到统治的目的。③

秦国国君正是通过对"社会名誉"的垄断实现其统治的，这种方式后来被称为"赏"。要获得财富、名誉、权力、地位等，必须为君主效力。也只有为君主

---

① 朱绍侯：《军功爵制研究》，第 202 页。

② 高敏先生研究，秦的奴隶可以通过五种途径免除奴隶身份。《从出土〈秦律〉看秦的奴隶制度残余》，《云梦秦简初探》。

③ ［德］罗曼·赫尔佐克：《古代的国家——起源和统治形式》，第 87 页。

效力这一条途径，才可获得各种利益回报。"赏"不是单纯地激励士气，表彰典型，而是行使权力的一种方式。《商君书·壹言》："夫民之从事死制也，以上之设荣名、置赏罚之明也，不用辩说私门而功立矣。"这就是对"社会名誉"效果的一种认识。在秦国，通过为君主立"功"获得赏赐的人作为一种既得利益者，他们是国君的拥护者，这极大地强化了君主的地位与权力。尚功与君主专制紧密地结合在一起。

战国时期，秦与列国的战争非常频繁，因功而授爵的人数必定会相当多，他们形成了秦国君主专制统治的坚实基础，无爵者向有爵者的流动使这个基础不断得到加强。君—有爵者—无爵者初步显现出君—臣—民这样的秩序结构，新的社会出现了。所以，君主专制统治并不是某个个人的意愿，它实际上有着广泛的社会基础，某种程度上体现的是既得利益集团的意愿。

八、意义的分歧

公元前 338 年，秦孝公卒，太子驷继位，是为秦惠文王。太子驷在商鞅变法之初曾经犯法，商鞅以为"太子，君嗣也，不可施刑"，于是，"刑其傅公子虔，黥其傅公孙贾"（《史记·商君列传》）。双方素有积怨。不久，公子虔之徒诬告商鞅谋反。危急之中，商鞅逃回自己的封邑，组织徒属试图抵抗，但很快失败。商鞅被捕，处以车裂酷刑，全家被族灭。

商鞅变法是秦国乃至中国历史上的一件大事，学界对此没有什么异议，但是商鞅变法的意义，学界则有很大分歧。"以为三代相传之制，至商鞅而始坏。昔人以此为商君之罪，诋毁不遗余力；迩来学者又以此为商君之功，推崇无以复加。此诚所谓争年郑市，都无一是者矣。"[1] 肯定商鞅变法的极力推崇，否定商鞅变法的绝对批判，此外还有调和两者，部分肯定，部分否定。这种意义的分歧本身就构成了学术史上的一个有趣的问题。

在战国末期和秦统一、汉初时，对商鞅变法的赞赏之声较多。《韩非子》一书中多处提到"秦行商君法而富强"，"遂行商君之法，……是以国治而兵强，地广而主尊"。[2] 李斯对商鞅变法的积极意义认识更为深刻，他在《谏逐客书》中说："孝公用商鞅之法，移风易俗，民以殷盛，国以富强，百姓乐用，诸侯亲服，获

---

① 齐思和：《商鞅变法考》，《中国史探研》，河北教育出版社 2000 年版。
②《韩非子》中的《和氏》、《奸劫弑臣》等。

楚、魏之师，举地千里，至今治强。"（《史记·李斯列传》）贾谊《过秦论》："当是时也，商君佐之，内立法度，务耕织，修守战之具；外连衡而斗诸侯。于是秦人拱手而取西河之外。"商鞅在秦变法的成功和他个人的悲惨命运，形成了强烈的对比，充满了悲剧色彩，令人叹息，"故秦无敌于天下，立威诸侯，功已成，遂以车裂"（《战国策·秦策三·蔡泽见逐于赵章》）。太史公虽挖苦商鞅为"天资刻薄人也"（《史记·商君列传》），同时也承认商鞅变法的成功，《太史公自序》："鞅去魏适秦，能明其术，强霸孝公，后世遵其法。"商鞅变法为秦的统一奠定了坚实的基础，汉代王充《论衡·书解》说："孝公相商鞅，为秦开帝业。"

也就是从汉代开始，对商鞅变法的意义有了不同乃至完全相反的看法。《淮南子·泰族训》："然商鞅之法亡秦，察于刀笔之迹，而不知治乱之本也。"《览冥训》说申、商治国是"抱薪而救火，凿窦而出水"。《汉书·武帝纪》记载："丞相绾奏：'所举贤良，或治申、商、韩非、苏秦、张仪之言，乱国政，请皆罢。'奏可。"这就是著名的"罢黜百家"，商鞅的思想正式被排除在治国的指导思想之外。西汉昭帝刘弗陵始元六年（前81年）二月，召开盐铁会议。参加盐铁会议的大夫和贤良文学在许多问题上尖锐对立，双方进行了激烈的辩论。大夫认为秦之王天下，是由于商鞅变法；文学认为秦之亡天下，是由于商鞅变法（《盐铁论·非鞅》）。一是一非，观点截然不同。《史记·商君列传·集解》引刘向《新序·论》则试图调和这种对立，一方面认为秦的强大与兼并诸侯，"亦皆商君之谋也"；另一方面认为商鞅无信，只知严刑峻法，诸侯畏而不亲，如果有齐桓、晋文一类的君主，"驱天下之兵以伐秦，秦则亡矣"。汉代以后至清，对商鞅的批判成为主流观点。宋代苏轼有《论商鞅》一文，认为司马迁著《史记》有两大罪状："所谓大罪二，则论商鞅、桑弘羊之功也。"苏轼痛斥商鞅、桑弘羊二人："二子之名在天下，如蛆蝇粪秽也，言之则汙口舌，书之则汙简牍。二子之术，用于世者，灭国残民，覆族亡躯者相踵也。"① 商鞅在苏轼的文章中简直成了千古罪人。

在同一问题上出现截然相反的观点，原因是多种多样的，如学术背景、政治立场、现实利益、道德依据、个人情感等。对立的双方为了确立自己的观点都不遗余力地攻击对方，汉代盐铁会议上的双方就互相讽刺、挖苦、辱骂、恐吓，无不用其极。清末，国势日危，竞言变法，对商鞅倍加推崇。章炳麟在《检论·商鞅篇》中指斥以往对商鞅的抨击"是惑于淫说也甚矣"。梁启超提倡变法，主编《中国六大政治家丛书》，以商鞅为其中之一。到20世纪40年代，对商鞅变法的

---

① 苏轼：《苏轼文集》，中华书局1986年版。

意义更是推崇备至，"秦王政后来之所以能够统一中国，是由于商鞅变法的后果，甚至于我们要说秦汉以后的中国政治舞台是由商鞅开的幕，都是不感觉怎么夸诞的"①。新中国成立之后，阶级分析的观点盛行一时，商鞅被认为是地主阶级的先进代表人物，"站在这个新生的阶级方面，为新社会的诞生而坚决主张'变'的"②。近年，调和论又占上风，秦的统一与迅速灭亡都被认为是商鞅变法的结果。

在商鞅变法的意义认识方面，除了历史时代的差异所形成的学术背景和现实需要不同之外，有一个共同之处，即都是用结果评述意义，无论是"三代之制"的破坏、秦的统一、秦的灭亡乃至中国古代专制政体的建立等，都被认为是商鞅变法的结果。商鞅变法及其结果之间的因果关系是人们思考的重点。由于人们基于价值判断而重视的结果不同，造成了对商鞅变法意义的认识不同。这种思考方式进一步凸显了商鞅变法这一事件的重要性，人们无法忽视这一事件和众多的重要结果之间的联系。在人们强调的结果中，秦国的强大无疑是商鞅变法的直接作用，秦的统一和速亡也不能说和商鞅变法全无关系。总结一下以往对商鞅变法的意义的认识，改变一下思路，从社会和思想方面的特点去认识其作用，主要有以下几个方面：

第一，商鞅变法是一次有计划的改革活动。有计划并不是指商鞅变法时制定了类似于今天的"五年发展规划"一类的东西，而是指商鞅变法是有目标、有控制而言的。商鞅变法的目标就是秦孝公《求贤令》所渴望的"强"。围绕着"强"这个目标，商鞅精心设计和实施了在秦国的变法活动，变法的法令和整体的制度建构都是为了实现其既定目标。有控制是指变法的过程是可操控的，变法措施本身限制、规定和影响社会成员的思想和行为，利用奖励和惩罚引导社会成员的行为和价值观，协调个人和社会之间，以及社会各组成部分之间的关系。"强"和相关的"富国强兵"理论是在春秋末期到战国初期逐步产生的，并在一些国家进行了实践。商鞅变法吸收了这些实践经验，汲取了相关教训，使变法措施更加符合实际，也更为有效。

第二，战争与战争模式是商鞅变法中不可忽视的因素。商鞅变法是在战国这种大规模的战争非常频繁的社会环境中进行的，变法的最直接目的是使秦国在战争中取得胜利。商鞅变法变法也是成功的，达到了其预期的目标。商鞅变法之后不久，秦国在战争中开始不断取得胜利。秦孝公八年（前354年），秦在元里一

---

① 郭沫若：《十批判书》，东方出版社1996年版，第337页。

② 参见高亨：《商鞅与商君书略论》，《商君书注译》；林剑鸣：《秦史稿》，第197—200页；等。

战中大败魏国，攻取了魏国的少梁。秦孝公二十二年（前342年），商鞅率军用计俘虏了魏国的大将公子卬，又一次击败了魏军。战国时期对商鞅的充分肯定都是建立在秦国对外战争的一系列胜利的基础上的。如果没有这些军事胜利，很难想象商鞅会在战国时期得到肯定。商鞅变法之所以能够在战争中显现出效果，在于通过变法形成了一种适合当时战争的战争模式。这种战争模式就是军国主义、绝对的功利价值和君主专制统治的结合。战争模式使秦国获取了战争所需要的最大的经济和人力资源，战争也使社会各阶层和各集团获取了相应的利益，统一了人们的价值观念，从而使秦国成为一架适合战争的高效率的运转机器。商鞅被杀之后，"秦法未败"，之所以如此，还在于商鞅变法所构建的战争模式在战争中继续发挥着作用。

第三，商鞅变法是中国历史上一次整体性的社会变迁。社会学中所说的社会变迁不是一种价值判断，而是一种事实陈述。社会变迁实质上就是社会结构的变迁，社会结构的根本变迁面临的问题主要是社会解体和社会重组。整体性的社会变迁是指社会结构的整体变化以及由此带来的功能的彻底转变。[1] 从权力结构来说，西周时期的权力结构是等级性的，周天子是天下的共主，诸侯共拥周天子；诸侯在自己的封国之内是最高权力的掌握者，大夫拥护诸侯。礼乐宗法制度规定了天子、诸侯、大夫拥有的不同的权力。这种权力结构从西周末期以来不断受到挑战和破坏，新的权力结构逐步得到萌生和发展。经过商鞅变法，君主专制集权终于在秦国建立起来，君主有绝对的权威性，掌握着整个社会的支配权和控制权。官僚队伍作为君主行使权力的工具，依据成文法忠实地履行职责，实现君主对整个社会的统治。从社会组织结构来说，宗族组织是西周时期的社会基础，整个国家体现出很强的血缘关系色彩。宗族组织逐步瓦解，经过商鞅变法，个体的小家庭成为社会的细胞，男耕女织的自然经济成为最基本的经济模式，地缘关系取代了血缘关系。从社会等级结构来说，天子、诸侯、大夫、士的社会等级被君主、有爵者、无爵者替代，新的社会等级已经初步体现出君、臣、民这样的等级关系。可以说，商鞅变法彻底消解了旧的社会，重组了一个新的社会。当然，历史的发展不是突然开始的，商鞅变法也不是一刀斩断历史。在商鞅变法之前，社会变迁已经经过了较长的时期，商鞅变法是将这种长期积累的量变转化为一种质变。这种整体性的社会变革和一般的改良是完全不同的。经过商鞅变法形成的社会结构及其功能，在中国古代社会得以长期延续。

---

[1] 陆学艺主编：《社会学》，知识出版社1991年版。

第四，心理结构和价值观念的改造是商鞅变法的最主要的结果之一。思想的形成和延续都有其社会基础，商鞅变法的特点说明了他是怎样为军国主义、功利价值观和君主专制思想搭建社会平台的，从而形成了有利于其发展的社会土壤，主导了相应的价值观念、行为规范、社会风俗的变化。战国后期，在秦国得到延续的社会结构和战争模式对军国主义、功利价值观和君主专制思想的发展发挥着导向作用，这使秦国在以后的兼并战争中继续处于有利的地位，不断取得战争的胜利。李泽厚认为："思想史研究所应注意的是，去深入探究沉积在人们心理结构中的文化传统，去探究古代思想对形成、塑造、影响本民族诸性格特征（国民性、民族性）以及心理结构和思维模式的关系。"[①]从文化的角度来说，文化是群体的、共同的，它一旦生成，就对人具有强制和制约的作用。文化模式作为内在的民族精神、价值取向、习俗、伦理规范等构成的相对稳定的行为方式，以内在的、潜移默化的方式制约着每一个体的行为，并赋予人行为以根据和意义。商鞅变法本身就是对人们价值观念和心理结构的改造，这种价值观念和心理结构长期产生着影响，从而使商鞅变法在中国历史上的地位具有不同于任何一次改革的重要地位，对中国古代历史发展的影响不可估量。

九、小结

春秋末期和战国初期，诸侯国之间的战争和各诸侯国内部的权力斗争更加剧烈，并由此推动了富国强兵理论和君主专制统治思想的产生。激烈的战争使军事家和政治家越来越深刻地认识到战争和经济、文化等之间的关系，一些诸侯国的改革成功则提供了这方面的经验。春秋末期的越国经过一系列的经济改革变得强大起来，越王勾践率先称"霸王"。越国衰落之后，"霸王"的称号传到了中原，成为中原诸侯谋求的目标。要想成为"霸王"，必须先成为强国，强国则必须拥有广阔的国土、雄厚的经济实力和强大的军事力量，并由此而产生了"富国强兵"的理论。最先谋求"霸王"的魏国任用李悝、吴起进行改革，初步实践了"富国强兵"。"富国强兵"和各诸侯国内部的权力斗争交织在一起，加速催生了君主专制统治理论。变法的思想最早可能来自于军事家，更深的层次也许来自于阴阳五行学说。

秦在战国初期的改革开始得比较晚，秦的简公、怀公都是从晋国归来的，外

---

① 李泽厚：《中国古代思想史论》，安徽文艺出版社 1994 年版，第 295 页。

来的推动力对秦国的改革影响很大。秦国的一系列改革都是由国君主导的，军国主义的倾向有所加强，"富国强兵"的理论有一定的影响，宗族制度的变革是很重要的内容。这些改革和后来商鞅的改革是相联系的。

秦孝公即位后发布《求贤令》，希望能进一步加快改革的步伐，使秦国变得强大。这时候商鞅来到了秦国。商鞅学识渊博，精通多家学说，尤其擅长刑名之学，受李悝、吴起的影响很深，能够反映商鞅思想的除《史记》、《战国策》、《韩非子》等书中的一些篇章外，最主要的是《商君书》。从《商君书》各篇的内容来看，最主要的可分为两类：一类主要阐释农战政策及其思想，不涉及或很少涉及"法"的思想；一类则主要以阐释"法"的思想为主，其中一些篇章有晚出的迹象。本章主要从《商君书》及其他有关商鞅变法的法令、制度出发研讨其思想导向。

商鞅变法是从"错法成俗"开始的，即建立法度，养成风俗，从而改变整个社会的行为模式及相应的价值观，关键在于形成与富国强兵需要相适应的社会价值观和行为模式，这种认识使富国强兵的实践最终成为一场彻底的社会变革。同时，变"俗"在某种程度上也就是变礼，因为礼所体现的行为模式和价值观已不适应富国强兵的需要。但是，变礼并不是取消礼。在商鞅变法之后，礼乐制度被纳入了新的国家制度之中。"错法成俗"的目的在于统一整个社会的价值观，而社会成员的价值观往往又是复杂和多样的。随着秦的疆域的扩大，强制性地统一全社会的价值观隐藏着种种问题。

商鞅变法将秦国导向了三个方面：军国主义；尚功思想；君主专制统治。

军国主义导向。通过什伍制度，将老百姓按军事组织形式编织起来，而县的设置也有军事特点；户数本身关系到国家的赋税和兵员，通过实行分户令，彻底瓦解了原来的宗族组织，将老百姓纳入到新的统治秩序中，三至八口的小家庭成为社会的细胞，地缘关系取代了血缘关系；鼓励农耕、重视农业也不是单纯的经济措施，主要目的是为战争服务的。什伍制度、分户令、鼓励农耕将国家置于高度军事化的基础之上。

尚功思想导向。西周的尚功政策遵循礼的规定，礼尚"尊尊、亲亲、贤贤"，所以并不纯粹以功为准则。西周还实行世官制度，功和宗族利益密切相关。春秋时期，旧的赏功政策被打破，诸侯们自行封赏，军功受到特别的重视，官僚制又进一步推动了这种尚功制度。秦国实行斩首为功，以功授爵，使功变成精确的、可计算的东西。没有战争的时间，军队按照以时间计算的劳绩计算功劳。秦国对功的精确计算和追求一直延续到社会生产和生活的方方面面，变为一种普遍性的、绝对的功利价值观念。这种绝对的功利价值观念大大激发了秦国军队的战斗热情，增强了军队的战斗力，养成了老百姓的功利性格。

君主专制统治导向。商鞅变法在秦国建立了系统的官僚制度，重视官僚机器的效能和纪律，实行了户籍制度，什伍制度，统一了度量衡，控制社会资源，将君主的支配权和控制权延伸到每一个老百姓身上。商鞅变法极力树立君主的绝对权威，律令体现了君主意志，主张实行愚民政策，使老百姓只能服从君主的权威。秦国的君主还垄断了"社会名誉"，通过"社会名誉"的赏赐行使权力，使秦国出现了大批的军功利益阶层。作为既得利益者，他们是秦国君主专制集权的支持者和社会基础，新的君、臣、民的社会结构开始形成。

商鞅变法是一次有组织的社会变革，战争是其中不可忽视的因素，并形成了军国主义、绝对的功利价值观和君主专制统治相结合的战争模式。商鞅变法使秦国变得强大起来，更重要的是它是一次整体性的社会变迁，改变了中国古代社会的结构和功能，改造了人们的价值观念和心理结构，其影响无与伦比。

第五章

功利·功名·功业
——秦国法思想的总结

商鞅变法是思想和实践的结合，并初步酝酿了法的理论。商鞅变法之后，秦国对这种成功的经验不断进行总结提升，从而形成了系统的、概括性的法思想。在实践和理论总结中，具体问题从理论上得到了阐述，对法的认识更为深刻，同时法思想也在发生着渐变。

一、鼎的传说

西周时期，鼎是贵族身份等级的标志，并形成了严格的用鼎制度。战国时期，用鼎制度彻底衰落。但在春秋战国时期，却兴起了一种九鼎的传说，出现了对九鼎的争夺，与此相应的是各诸侯国的称王与称帝活动。在传说中，战国中晚期的秦国是九鼎的主要争夺者。

（一）寻找九鼎

鼎是最重要的礼器，按照西周制度，只有天子才可使用九鼎。西周前期已经形成完整形态的用鼎制度。西周懿、孝以后，用鼎制度进入到逐步被破坏的阶段。起初是一部分诸侯与天子之卿这一类的贵族僭用了天子之礼；随后几乎所有诸侯和某些诸侯之卿也僭用了天子之礼；最后是传统的鼎制发生大紊乱。[①] 当然，还有一种说法，鼎制在西周后期和春秋时才更加完善，战国中后期才走向衰落。与用鼎制度衰落相反的是，在春秋和战国时期，兴起了一种关于九鼎的传说。之所以说是"传说"，是因为它一方面具有历史的影子，另一方面与实际的用鼎制度并不相合，甚至带有历史神话化的色彩。如《墨子·耕柱》言道："鼎成三足而方，不炊而自烹，不举而自臧，不迁而自行，以祭于昆吾之虚，上乡！"历史中曾经存在过的鼎，被渲染成一种神异之物。作为一种传说，它是人类精神生活的产物，反映了社会现实和社会思想潮流。

在关于九鼎的传说中，九鼎是夏所铸，后来随着政权的转移迁于商，迁于周。九鼎在夏、商、周三代一脉相承。

> 昔者夏后开使蜚廉折金于山川，而陶铸于昆吾……。九鼎既成，迁于三国。夏后氏失之，殷人受之；殷人失之，周人受之。夏后殷周之相受也，数百岁矣。（《墨子·耕柱》）
>
> 昔夏之方有德也，远方图物，贡金九牧，铸鼎象物，百物而为之备，使民知神、奸。……桀有昏德，鼎迁于商，载祀六百。商纣暴虐，鼎迁于周。德之休明，虽小，重也。其奸回昏乱，虽大，轻也。天祚

[①] 俞伟超、高明：《周代用鼎制度研究》（中、下），《北京大学学报》1978 年第 2 期；1979 年第 1 期。

明德，有所底止。成王定鼎郏鄏，卜世三十，卜年七百，天所命也，周德虽衰，天命未改。鼎之轻重，未可问也。（《左传》宣公三年）

《战国策·东周策·秦兴师临周而求九鼎章》还仔细描述了周代殷时取九鼎的过程："昔周之伐殷，得九鼎，凡一鼎而九万人挽之，九九八十一万人，士卒师徒，器械被具，所以备者称此。"周用八十一万人搬取九鼎，这自然不是史实，而是战国游说之士的夸饰。

很显然，在上述关于九鼎的传说中，九鼎被视为国家统治权力的象征，谁据有九鼎，谁就掌握了天下的统治权。夏、商、周朝代的更替伴随着九鼎的迁移。九鼎反映的权力观念，是秦在战国晚期和统一后锲而不舍地搜寻九鼎的原因。

鼎本是仰韶时期甚至更早在磁山文化时期就已出现的普通炊器，后来因为祭祀成为盛放祭品的器皿，被赋予了神圣的意义。[1] 神圣性是鼎成为国家权力象征的重要原因。作为一种祭祀用具，鼎是沟通天人、神人关系的中介物。《墨子·耕柱》说：夏后氏铸鼎时，"是使翁难雉乙卜于白若之龟"。《左传》宣公三年说：鼎铸成后，"百物而为之备，使民知神、奸"，"用能协于上下，以承天休"。九鼎的功用就在于它能够沟通天人。九鼎的迁移，"非效鸟集乌飞，兔兴马逝"（《战国策·东周策·秦兴师临周而求九鼎章》）。谁据有九鼎，谁就掌握了沟通天人、神人关系的权力，成为天命的统治者。商周青铜器上装饰有庄严肃穆、狰狞神秘的动物纹饰，"实际上是当时巫觋通天的一项工具"。古代王朝之占有九鼎，便是通天手段独占的象征。[2] 在国家的产生阶段，宗教发挥了重要作用，神圣君权源于巫师；国家产生之后，宗教同样发挥着类似的作用，它赋予了君主权力以神圣性，强化社会成员对社会关系的认同和对政治制度的服从。先秦时期的政治和宗教没有明确的区分，九鼎的传说实际上是宣扬通过占有宗教权力强化政治权力，所以，《逸周书·克殷解》说武王伐纣之后，"乃命南宫百达史佚迁九鼎三巫"。史、巫是宗教事务的参与者，只有他们才能掌管九鼎。

九鼎还象征着对财富与资源技术的控制与占有。[3]"九"字在古文里本身就表示众多的意思。商周时期，贵族对众多青铜器的占有，以及用大批的青铜器为死者随葬，既是一种宗教行为，同时也是一种对财富的炫耀，死者在阴间仍要享

---

① 俞伟超、高明：《周代用鼎制度研究》（上），《北京大学学报》1978 年第 1 期。
② 张光直：《中国青铜时代》，第 457，467 页。
③ 张光直：《美术·神话与祭祀》，辽宁教育出版社 2002 年版，第 72—83 页。

用人间的荣华富贵。对财富与资源技术的控制与占有与政治权威的产生有关。在中国古代，确实存在过通过施舍聚民以树立政治权威的形象，而财富就是获得权力的条件。① 政治权威树立之后，行使政治权力攫取和控制财富，又是显示权威和保持权力的一种方式。青铜铸造业在中国古代曾盛极一时，创造了人类文明史上的辉煌。铸造青铜器必须占有资源，对铜、锡、铅等矿床的勘探、开发、控制，是青铜铸造业的必要条件。关于九鼎的传说中，"贡金九牧"，"折金于山川"，正是讲自然资源的控制。青铜器铸造过程非常复杂，从冶炼、制模、制范、合范、浇铸，到最后的修饰成型，需要大量的人力物力，需要很高的技术水平和很强的组织能力，才能使各个环节紧密衔接，顺利完成。这些只有掌握强大权力的人才可办到。对九鼎的庞大、装饰的复杂极尽夸饰，也有以此来炫耀对财富的占有，显示对资源、技术的控制的目的。侯外庐先生指出礼器的意义："礼器就是所获物与支配权二者的合一体，由人格的物化转变为物化了的人格。"② 很精辟地分析了礼器是政权象征的内涵。

鼎本身是社会等级及权力的象征。根据西周到春秋的用鼎制度，鼎和簋配合使用，天子是九鼎八簋，诸侯是七鼎六簋，大夫是五鼎四簋，士是三鼎二簋、一鼎一簋。秦国同样曾存在过类似的用鼎制度。春秋和战国早期的秦和东方六国的用鼎制度比较而言，双方存在一些差异：东方国家（如晋、虢）墓葬所出的铜列鼎普遍为实用器；而秦墓中祭器只存在于大夫以上级别的墓中，士以下级别的墓皆随葬微型化的铜礼器，即明器。东方国家的贵族墓葬中普遍随葬两套以上的列鼎（或正鼎），这一现象在秦墓中尚未发现。除了簋之外，东方国家墓葬中还流行敦、瑚、盖豆等新的盛食器，种类较西周大为增加，并有取代铜簋的趋势；秦墓则坚持西周时期用簋的旧传统。从这些方面来看，秦的用鼎制度似乎更严格、更传统。《礼记·檀弓下》："孔子谓：'为明器者，知丧道矣，备物而不可用也。哀哉！死者而用生者之器也，不殆于用殉人乎？其曰明器，神明之也。涂车刍灵，自古有之，神明之道也。'"孔子主张用明器，秦墓普遍用明器与孔子的主张很吻合，而东方六国则出现了礼器繁缛化的现象。战国中期以后，秦从根本上废除了用鼎制度：相当于以前铜五鼎（大夫）规格的墓普遍采用两件以下的铜鼎；废除了簋这一重要的食器，已不能形成礼器的组合；原来流行的仿铜彩绘铜礼器

---

① 常金仓：《穷变通久》，辽宁人民出版社 1998 年版，第 153—164 页。

② 侯外庐等：《中国思想通史》第一卷，第 15 页。

在战国中期以后突然绝迹。① 秦用鼎制度的这种变化当然和社会制度的重大变革有关，在这种情况下，秦还坚持寻找九鼎，就在于鼎所具有的象征意义。

春秋时，楚庄王曾派使者去周王室"问鼎"（《左传》宣公三年）。周王承认韩、赵、魏三国为诸侯时，"九鼎震"（《史记·周本纪》）。战国时，楚、齐、秦等国都兴师临周而求九鼎，周天子已完全不在诸侯的眼里。这些有关九鼎的故事未必全是事实，但透过这些故事仍可以窥见列国的兼并形势。

战国时的楚、齐等国都曾与秦争夺九鼎，说明在商鞅变法后的最初一段时间里，秦国虽然强大，但楚、齐等国仍与秦国可以抗衡，是列强并立的形势。随着秦国国势的进一步壮大，秦国成为九鼎的唯一争夺者。秦国最后是否取得九鼎，说法不一。《史记·周本纪》："周君王赧卒，周民东亡，秦取九鼎宝器。"《史记·封禅书》却说："其后百二十岁而秦灭周，周之九鼎入于秦。或曰宋太丘社亡，而鼎没于泗水彭城下。"又说："鼎迁于夏商。周德衰，宋之社亡，鼎乃沦没，伏而不见。"据此，秦并未得到九鼎。从《史记·封禅书》来看，原来还有周鼎归宋之说，"虑当时宋康行仁政，愚民厚德者，当有此言"。② 秦统一后，秦始皇巡游天下时，"过彭城，斋戒祷祠，欲出周鼎泗水，使千人没水求之，弗得"③。一直到汉代，对九鼎的寻找仍坚持不懈，并衍生出更为丰富的传说。传说中的九鼎本不存在，但对九鼎的争夺与寻找如此热心，本身又是一个神话历史化的过程，神话传说的内容被作为历史的真实，并按照理性的原则去追求。

春秋战国时期兴起九鼎的传说，是诸侯争夺天下统治权的一种曲折的反映，也折射出了一些政治思想特征。统治权的合理性仍然需要在传统中寻求，所以西周用鼎制度在被破坏和衰落后却兴起了九鼎的传说；天命神学的影响还很大，宗教可以随时被拿来为政治服务；统治权的重要内容之一是社会资源的争夺与控制。这样，原来旧的宗教神学思想在新的时期依然得到延续，而不是被彻底地抛弃。

关于九鼎的传说赋予了鼎非同寻常的思想内涵，对鼎的争夺与寻找又将九鼎的传说视为历史真实，其实质反映了战国中后期对统治权争夺以及对统治权合理

---

① 梁云：《周代用鼎制度的东西差别》，《考古与文物》，2005 年第 3 期。

② 钱穆：《先秦诸子系年》，第 372 页。

③ 秦始皇泗水求鼎的传说流传非常广，汉代画像石多有以此为题材的。这个传说的反秦色彩非常浓厚，司马迁在《史记》中已作了淡化。参见［日］鹤间和幸：《与秦始皇有关的各传说的形成和史实——打捞泗水周鼎失败和荆轲刺杀秦王未遂的传说》，《秦文化论丛》第六辑，西北大学出版社 1998 年版。

性的解释。九鼎的传说与当时的社会现状紧密联系，与之相对应的是列国的称"王"和称"帝"活动。

（二）称"王"与称"帝"活动

战国时中原诸侯最先称王的是魏国。公元前344年，"魏伐邯郸，因退为逢泽之遇，乘夏车，称夏王，朝为天子，天下皆从"（《战国策·秦策四·或为六国说秦王章》）。魏国在魏文侯时期任用李悝、吴起等人进行改革，实力很强，成为事实上的霸主。魏惠王称王凭借的是这种实力，《战国策·齐策五·苏秦说齐闵王章》说："昔者魏王拥土千里，带甲三十六万，其强北拔邯郸，西围定阳，又从十二诸侯朝天子……"历史的真实是魏惠王先从十二诸侯朝天子，秦国震恐。卫鞅进说魏王，认为魏王当处天子之位，故应是从十二诸侯朝天子在先，王服而自称为王在后。[1] 拥护魏称王的诸侯有宋、卫、邹、鲁、陈、蔡等，秦国、赵国亦曾赴会。

魏国的称王并未得到一致拥护，齐、楚等国极力反对，秦国则继续承认周天子的宗主地位，秦孝公十九年（前343年），"周致伯于秦孝公"（《史记·秦本纪》）。司马贞《索隐》云："伯音霸，又如字。"第二年，秦孝公派太子驷率戎狄九十二国朝周显王。齐、秦、赵等国不断发动对魏国的攻击。公元前341年，齐将田忌大败魏军于马陵，魏将庞涓自杀，太子申被俘。公元前340年，齐、秦、赵三国攻魏，卫鞅计擒魏公子卬，大破魏军。公元前338年，秦败魏于岸门。秦国势力的崛起得到诸侯和周天子的承认，"秦惠文王元年（前337年），楚、韩、赵、蜀来朝"，"二年（前336年），天子贺"（《史记·秦本纪》）。屡遭败绩的魏国为了摆脱困境，只得积极向齐国靠拢。公元前334年，魏惠王伙同韩国和几个小国的国君，到徐州朝见齐威王，尊齐威王为"王"，齐威王也承认魏惠王为"王"。就在这一年，周天子再次派使者到秦国致文、武胙。周王室虽与秦国关系密切，但齐、魏等国的称王深深地刺激着秦国。终于在公元前324年，秦惠文王也自称为"王"，邀请魏、韩之君入秦朝见，互相承认"王"号。此后，列国相继称"王"。

列国称"王"从形式上彻底抛弃了周天子的宗主地位，列国与周王室成为并立的"王"。列国虽然称"王"，但和西周时期的宗主政治有本质的区别，经过变法，各自独立，新的政治制度产生于其中。

在称王过程中，各国互相承认"王"号，列强仍可互相抗衡。若实力弱小，称王就会遇到阻力。公元前323年，"五国相王"，齐国就坚决反对中山国称王，

---

[1] 杨宽考证如此。见杨宽：《战国史料编年辑证》，上海人民出版社2001年版，第359页。

认为千乘之国的中山不配与万乘之国的齐国平等。各国为了增强自身的实力，纷纷在外交和军事上开展合纵连横活动。所谓"合纵"，即"合众弱以攻一强"；所谓"连横"，即"事一强以攻众弱"（《韩非子·五蠹》）。

秦在惠文王时期，夺取了魏国的河西、上郡，灭掉巴蜀，占领了楚国的汉中。秦武王时期，秦国攻占了韩国的宜阳，势力深入到中原地区。在秦惠文王、秦武王时期，列国尚能以楚、齐等国为领袖与秦国相争。在秦武王时期，齐、燕之间发生大战，两败俱伤，实力大大削弱。秦昭襄王时期，秦国在与列国相争中不断大胜，从韩、魏取得了大片土地，形成了秦国独强的局面。昭襄王时期的秦国是："西有巴、蜀、汉中之利，北有胡、貉、代、马之用，南有巫山、黔中之限，东有崤、函之固。田肥美，民殷富，战车万乘，奋击百万，沃野千里，蓄积饶多，地势形便。此所谓'天府'，天下之雄国也。"[①]

随着秦国的不断强大，秦国不再满足于和其他诸侯国并列为"王"，于是选定了"帝"作为秦国君主的称号。春秋战国时期，远古帝王的传说逐步系统化，在"王"之前还有"帝"，他们的历史更久远，成就的功业更伟大，因而"帝"被作为秦国君主的称号。公元前288年，秦昭襄王在宜阳自称西帝。因为齐国这时还有一定的实力，并且把黄帝作为陈氏远祖，所以秦派魏冉到齐国，尊齐湣王为东帝。齐湣王受苏秦的鼓动取消帝号，并出兵威胁秦国。秦昭襄王只得取消帝号，称帝活动就这样草草结束了。公元前287年，韩、赵、魏、燕、齐五国联合攻秦。联军徘徊观望，无功而返。公元前286年，苏代曾劝燕昭王以秦为西帝，赵为中帝，燕为北帝。燕昭王与苏代谋伐齐，取得成功。

秦国取消帝号后，并未停止征战的步伐，屡次大败楚国，于公元前278年攻下了楚都郢，以郢为南郡，楚国仓皇迁都于陈，一蹶不振。公元前260年，秦、赵两国之间爆发了长平之战，秦军大败赵军，坑杀四十万赵军降卒，大大削弱了赵国势力。赵孝成王九年（前257年），秦围邯郸，魏国劝赵国："赵诚发使尊秦王为帝，秦必喜，罢兵去。"在鲁仲连的坚持下，赵放弃了尊秦为帝的打算（《战国策·赵策三·秦围赵之邯郸章》）。秦在当时的列国征战中已经取得了绝对的优势。

战国中后期出现的诸侯称王与称帝活动，并不仅仅是要求升高地位。王和帝

---

① 《战国策·秦策一·苏秦始将连横说秦惠王章》和《史记·苏秦列传》俱以为是苏秦游说秦惠王之辞，但所说与秦惠王时的形势不合，杨宽认为是苏秦游说秦昭王之辞。杨宽：《战国史料编年辑证》，第620页。

都是最高权力的拥有者，称王和称帝实际上表现了一种瓜分权力、把持权力的愿望。当然，仅通过称王与称帝并不能真正拥有统治权力。在列国并立的形势下，权力的把持要依靠实力，秦国无疑具备了这个条件，但建立什么样的统治模式仍未确立，称王称帝活动则促进了关于新的政治形态的思考和实践，刺激了相关的思想理论的发展。

二、功利·功名·功业

战国中后期的称王称帝活动和功利思想潮流紧密联系。尚功政策的普遍推行，尤其是秦国绝对化的尚功政策的引导，加之列国兼并中生死存亡的刺激，使功利思想成为一种主要的社会潮流，汹涌澎湃。功利思想潮流又是对尚功政策的一种回应与支持，从而推动了社会发展。由于尚功政策要求百姓为君主立功，通过种种方法使百姓与君主利益保持一致，所以这种功利思想不同于在商品经济中发展起来的功利思想，它主要追逐的是政治军事功利，政治成功和以军事方式获取功利是其主要途径。相比较而言，追逐商业利益并不受人们重视，商品经济活动在秦国受到种种打压，重农抑商的倾向也降低了商业的地位，当时的商品经济难于把个人和社会、历史联系在一起。战国中后期，对功利的追求是全面的。列国并立，"邦无定交，士无定主"①，"务在强兵并敌，谋诈用，而从衡短长之说起"（《史记·六国年表序》）。纵横游说之士的活动助长了功利思想的发展。秦国"君臣并力进取"，才成就帝业。这种追求政治军事功利的思想潮流可以分为三个层次，即功利观、功名观、功业观。

（一）功利观

战国中后期，是否为君主立功，功的大小多少，与个人的官职、地位、财富、荣誉等息息相关。《战国策》反复强调："功多者其爵尊"，"功大者身尊"，"功成，名立，利附"；反之，"无其功而受其禄者辱"。赵国贤人子义感慨地说："人主之子也，骨肉之亲也，犹不能恃无功之尊，无劳之奉，而守金玉之重也，而况人臣乎？"（《战国策·赵策四·赵太后新用事章》）

尚功政策和思想大大激发了人们的进取意识，《战国策·燕策一·人有恶苏秦于燕王者章》中，苏秦将燕王比做"自覆之君"，而将自己比做"进取之臣"：

---

① 顾炎武：《日知录》卷十三，《周末风俗》。

　　且如孝如曾参，义不离亲一夕宿于外，足下安得使之之齐？廉如伯夷，不取素飧，武王之义而不臣焉，辞孤竹之君，饿而死于首阳之山。廉如此者，何肯步行数千里而事弱燕之危主乎？信如尾生，期而不来，抱梁柱而死。信至如此，何肯扬燕、秦之威于齐，而取大功乎哉？且夫信行者，所以自为也，非所以为人也。皆自覆之术，非进取之道也。

　　且夫三王代兴，五霸迭盛，皆不自覆也。君以自覆为可乎？……且臣有老母于周，离老母而事足下，去自覆之术，而谋进取之道，臣之趋固不与足下合者。足下者，自覆之君也；仆者，进取之臣也。

　　苏秦所说的"自覆"指的是固守信、廉、孝等道德，满足于个人修养的完善，无所作为，无益于国；"进取"则是锐意于功名利禄，建功立业，有所成就。《战国策·燕策一·苏代谓燕昭王章》也有类似的说法："仁、义者，自完之道也，非进取之术也。"伦理道德被认为无益于进取，仅仅是个人的人格完善，不具有普遍性的社会意义。

　　战国中后期，商品经济有了一定的发展，出现了"争利者于市"一类的说法，但是通过政治军事上的成功满足需要、获取利益仍是最主要的观念。吕不韦在邯郸经商时，"见秦质子异人，归而谓其父曰：'耕田之利几倍？'曰：'十倍。''珠玉之赢几倍？'曰：'百倍。''立国家之主几倍？'曰：'无数。'曰：'今力田疾作不得暖衣余食，今建国立君，泽可以遗世。'"（《战国策·秦策五·濮阳人吕不韦贾于邯郸章》）在吕不韦眼中，无论是农业、商业，获取的利益都无法与政治利益相比较。一般的纵横游说之士所追求的无非是"怀黄金之印，结紫绶于要，揖让人主之前，食肉富贵"（《史记·蔡泽列传》）。整个社会风气以官爵富贵为重，这方面苏秦的经历最具有典型性。他说："夫士业已屈首受书，而不能以取尊荣；虽多，亦奚以为。"（《史记·苏秦列传》）苏秦游说失败，穷困潦倒，回到家中，"妻不下纴，嫂不为炊，父母不与言"。苏秦于是发奋读书，头悬梁，锥刺股，说："安有说人主不能出其金玉锦绣、取卿相之尊者乎？"苏秦游说成功后，"革车百乘，锦绣千纯，白璧百双，黄金万镒，以随其后"。他的亲人的态度随之大变，"父母闻之，清宫除道，张乐设饮，郊迎三十里；妻侧目而视，倾耳而听；嫂蛇行匍伏，四拜自跪而谢"。苏秦奇怪嫂子为何变得如此谦卑，他嫂子的回答倒也很朴实："以季子之位尊而多金。"苏秦不由得感慨道："贫贱则父母不子，富贵则亲戚畏惧。人生世上，势位富厚，盖可忽乎哉！"（《战国策·秦策一·苏秦

始将连横说秦惠王章》）

对于国家来说，国君将争取利益放在首位是最重要的，"良医知病人之死生，圣主明于成败之事，利则行之，害则舍之，疑则少尝之，虽尧、舜、禹、汤复生，弗能改已"（《战国策·秦策三·范子因王稽入秦章》）。在列国并立、兼并战争激烈的形势下，占取别国土地被视为国家的"大利"、"美利"，这是国家利益的核心内容。在列国兼并中处于优势地位的秦国对此最为热衷，积极攫取别国土地，所谓"秦好利而无信"。《战国策·秦策一·司马错与张仪争论于秦惠王前章》记载了司马错与张仪曾就应先伐蜀还是伐韩的问题进行争论。司马错是这样分析的：

> 夫蜀，西僻之国也，而戎狄之长也，而有桀、纣之乱；以秦攻之，譬如使豺狼逐群羊也。取其地，足以广国也；得其财，足以富民缮兵；不伤众而彼已服矣。故拔一国而天下不以为暴；利尽西海而诸侯不以为贪。

司马错认为通过占领别国土地，可以扩张本国领土，掠取别国财富，壮大自身实力，威服别国。其他国家具有同样看法。韩国上党守将冯亭将上党献给赵国，平原君赵胜等人高兴地说："此坐而得城，大利也。"（《战国策·赵策一·秦王谓公子他章》）魏之故相范座献书给魏王说："臣闻赵王以百里之地请杀座之身。夫杀无罪范座，座薄故也；而得百里之地，大利也。臣窃为大王美之。"（《战国策·赵策四·虞卿请赵王曰章》）魏地皮氏位于今河津西，是秦国东进的战略要地，攻皮氏被视为秦国的"大利"（《战国策·魏策三·魏太子在楚章》）。

"利"还指有利的形势和环境。对个人来说，要特别注意投君主所好，揣摸同僚心思，争取下属支持，以保禄位长久，富贵长在。对国家来说，在复杂多变的列国关系中，要通过合纵连横，使本国处于有利的形势，以期获得更大利益。

"利"与"害"是相对而言的，可以互相转换，"或化于利，比于患"（《战国策·魏策四·八年为魏王章》）。在强国和弱国之间，"强受其利，弱受其害"（《战国策·赵策三·魏使人因平原君请于赵章》）。为了争取有利的形势和环境，必要时可以放弃一些眼前利益。在战争中，弱势的一方常常采取割地求和的方式换取喘息之机，以待东山再起；强势的一方则把土地作为交换条件或诱饵，争取与国，破坏敌方联盟。秦占领汉中后，甘茂就主张"天下有变，王割汉中以为和楚，楚必畔天下而与王"（《战国策·秦策一·张仪欲以汉中与楚章》）。齐、楚联盟，对秦国构成很大威胁，张仪到楚国求见楚王说："大王苟能闭关绝齐，臣请使秦王献商於之地，方六百里。若此，齐必弱，齐弱则必为王役矣。则是北弱齐、西德于秦，而私商、於之地以为利也。则此一计而三利俱至。"楚王大喜，说："不穀不烦一兵，不伤一人，而得商、於之地，方六百里，寡人自以为智矣。"（《战国策·秦策二·齐助楚攻秦章》）当然，秦国最后并未真的给楚国土地，但楚国上当与齐国绝交，使秦国的形势变得更加有利。

对功利的追求促使人们重视利害的计算，分析一件事带来的种种利害，以求趋利避害。《战国策·秦策二·陉山之事章》说：秦国想联合赵国伐齐，苏代献书穰侯，分析了其中的种种不利，打消了秦国的打算。《战国策·赵策四·五国伐秦无功章》说：五国伐秦无功，罢于成皋。赵国想和秦国讲和。苏代为奉阳君分析了讲和的六种不利后果，阻止了赵国与秦讲和。当然，《战国策》中的一些篇章常常带有夸饰的成分，但从其思路来讲，则有理性分析的因素。一般来说，都是以追求现实利益为目的，以客观形势、列国实力、地理环境等为依据，"皆计利形势自然之理"（《战国策·秦策二·齐助楚攻秦章》），力求得出合理的结果。这是一种功利理性。

功利观体现了现实的物质利益是人们追逐的目标，可以满足追求者的需要，与追求者的生产、生活和生存有直接关系，是个人实现自我价值的一个重要方面，也是诸侯国赖以生存和壮大的基础。功利观是尚功政策引导和列国争战所催生的，它的流行对整个的社会风气又有推波助澜的作用。从价值的角度来说，功利观所追求的目标是实用的、可以验证的物质利益，所以，这种功利观是战国后期功利思想的最基础的部分。

（二）功名观

功名实质上是名实问题。名是社会荣誉，也是名号；功即实，指所得利益、所建功业，是具体内容。功名观主张名实统一，名实并举，名利并重。

战国中后期的功名观首先主张社会名誉和所得利益的统一，名实相称，如在列国兼并中战胜敌国是一举两得，既得名，又得利。《战国策》指出列国追求的是"美名厚实"、"长利大名"、"显名厚实"、"名配天地不为尊，利制海内不为厚"。这种"名"完全依附于"实"，无"实"则无"名"，"谋泄者事无功，计不决者名不成"。要想显"名"必先求"实"，"尊主、强兵、显名"，"广土取尊名"，"功成、名立、利附"。"名"是以"实"为基础的，是对国家实力和成就功业的一种称誉和权衡。《战国策·燕策一·苏代谓燕昭王章》："善为事者，先量其国之大小，而揆其兵之强弱，故功可成，而名可立也；不能为事者，不先量其国之大小，不能揆其兵之强弱，故功不可成，而名不可立也。"

对个人而言，"名"意味着社会对个人的尊重，对个体价值的承认；"实"则是个人所建功业，是具有社会意义的事情。名实统一使个体价值和社会价值结合在一起，"名"可依附于"实"永久流传，"生命寿长，终其天年而不夭伤，天下继其统，守其业，传之无穷，名实纯粹，泽流千世，称之而毋绝，与天地终始"（《战国策·秦策三·蔡泽见逐于赵章》）。所以，人应该奋发进取，追求功名，"功废名灭，后世无称，非知也"，"故去忿恚之心，而成终身之名，除感忽之耻，而立累世之功"，"业与三王争流，名与天壤相敝"（《战国策·齐策六·燕攻齐取七十余城章》）。

战国中后期，随着兼并战争的进行，社会形势有了很大的发展变化，出现了许多新的社会现象，从名实统一的观点看，当时社会上存在着名实分离的现象。"今平原君自以贤显名于天下，然降其主父沙丘而臣之，天下之王尚犹尊之，眩于名，不知其实也。"（《战国策·秦策三·应侯曰郑人谓玉未理者璞章》）文中的"平原君"疑当为"安平君"。意思是说，安平君和李兑杀害主父（赵武灵王）于沙丘宫，赵惠文王作为人子不报杀父之仇，安平君竟然还做了赵惠文王的臣子，以贤显名于天下，这是典型的名不副实。当时，秦国独强的局面逐步形成，但尚无适当的名号对现实予以肯定。"今秦数世强矣，大胜以十数，小胜以百数，大之不王，小之不霸，名尊无所立，制令无所行，然而春秋用兵者，非以求主尊成名于天下也？昔先王之攻，有为名者，有为实者。为名者攻其心，为实者攻其形。……今将攻其心乎，宜使如吴；攻其形乎，宜使如越。夫攻形不如越，而攻心不如吴，而君臣、上下、少长、贵贱，毕乎霸王，臣窃以为犹之井中而谓曰：我将为尔求火也。'"（《战国策·韩策三·谓郑王章》）作为秦国来说，重要的是要有和强大相称的新的名。

在飞速发展变化的社会中，用旧的、不恰当的理论僵化地去规范社会现实，被认为是不可取的。有个寓言很好地说明了这一点："宋人有学者，三年反而名其母。其母曰：'子学三年，反而名我者何也？'其子曰：'吾所贤者，无过尧、舜，尧、舜名；吾所大者，无大天地，天地名。今母贤不过尧、舜，母大不过天地，是以名母也。'其母曰：'子之于学者，将尽行之乎？愿子之有以易名母也；子之于学也，将有所不行乎？愿子之且以名母为后也。'"（《战国策·魏策三·秦败魏于华魏王且入朝于秦章》）宋人经过三年学习后回到家中，见了她母亲直接称呼名字，理由是对尧、舜这样的贤君人们称名，对天地这样广大的时空人们称名，母亲贤比不上尧、舜，大比不上天地，所以也要称名。表现出学而不化、不知变通的迂腐、呆板。就战国晚期的社会形势来说，新的社会现实需要新的名号去肯定，需要新的理论去解释，形成新的名实统一。

功名观要求名实统一，追求长远利益，肯定社会名誉，抨击名实不一的社会现象，注重社会的发展变化，将名号与功利、精神与物质、个人与社会统一在一起，是功利观的进一步提升。

（三）功业观

在追逐功利、功名的社会潮流中，"功"成为评价政治成败、事业大小的标准，魏惠王称王之后，一再被称颂"功大而令行于天下"，因功业而享有威望，因威望而享有权力。纵横游说之士纷纷游说各国国君建立更大的功业，他们或说之以理，或动之以情，极力渲染，四处活动。这点正好适应了各国国君的愿望。对功业的描绘与理想的追求形成了风靡一时的功业观。

当时的建功立业是以"五帝三王五伯（霸）"为号召的，"三王不足四，五伯不足六"是常见的鼓动辞，即不难成为第四王，不难成为第六霸。"五帝三王五伯"是肯定诸侯兼并征战的一个依据，《战国策·秦策一·苏秦始将连横说秦惠王章》说："夫徒处而致利，安坐而广地，虽古五帝、三王、五伯、明主贤君，常欲坐而致之，其势不能，故以战续之。"《战国策·齐策一·秦伐魏章》说："古之五帝、三王、五伯之伐也，伐不道者。"虽然时人常称说"五帝三王五伯"，但具体指称哪几个人，却众说纷纭，歧义很多。据统计，从先秦到南北朝时期，各种组合的五帝说共有六种，其中三种形成于秦统一以前。五霸说也各不相同。《荀子·五霸篇》列齐桓、晋文、楚庄、吴阖闾、越勾践为五霸，是迄今所见最早的一个五霸说。《孟子·告子下》言说五霸，只举了齐桓公，赵岐《注》为它补充的五霸是：齐桓、晋文、秦穆、宋襄、楚庄。可见，战国后期出现的"五帝三王五伯"所指并不固定，人们之所以执著于"三、五"，是因为"三、五"具有神秘意义。[①]《史记·天官书》说："为国者必贵三、五"，"为天数者必通三、五"。战国中后期，与"五帝三王五伯"相对应的功业是帝业、王业、霸业。[②]

1. 霸业观

霸常常写做"伯"。霸业又称为"霸王之业"、"伯王之名"、"伯王之道"等。

---

① 刘起釪：《古史续辨》，中国社会科学出版社 1991 年版，第 92—106 页。

② 李开元认为至秦王朝为止的中国政治，可以规范为三种形态类型，即王业、霸业与帝业。李开元：《汉帝国的建立与刘邦集团——军功受益阶层研究》，生活·读书·新知三联书店 2000 年版，第 76 页。明确地酝酿王业、霸业与帝业三种政治形态则是在战国中晚期。

霸业观是从春秋时期的霸王政治发展而来的。齐桓公是第一个霸主，越王勾践是最后一个霸主。越王勾践又和以前的霸主不同，他称"霸王"而行霸主之事。到战国中后期，各国已相继称王，公元前256年，秦干脆灭掉了西周君。但是，霸主政治的影响依然很大，并出现了霸业观。

战国时的霸王已没有朝见周天子的义务，不同于春秋时的霸主，霸王凭借实力成为诸侯之长。《战国策·秦策三·秦客卿造谓穰侯章》记载有人劝穰侯说："秦封君以陶，藉君天下数年矣。攻齐之事成，陶为万乘，长小国，率以朝，天下必听，五伯之事也。""率以朝"意思的是率领小国聚会，即为小国诸侯的召集人。范雎至秦游说秦昭王说："王若欲霸，必亲中国而以为天下枢，以威楚、赵。赵强则楚附，楚强则赵附，楚、赵附则齐必惧，惧，必卑辞重弊以事秦，齐附，而韩、魏可虚也。"（《战国策·秦策三·范雎至秦章》）战国后期，秦国势力日强，抵抗秦国成为关东六国的要事，率诸侯抗秦者，亦可成霸，"莫如一韩、魏、齐、楚、燕、赵六国从亲以摈秦，秦必不敢出兵于函谷关以害山东矣！如是则伯业成矣"（《战国策·赵策二·苏秦从燕之赵章》）。可见，霸业观是以春秋时期的霸主政治为范本，主张保留周天子、列国并立、霸者主导的政局。

2. 王业观

夏、商、周三代称王而治，王业显然是仿效夏、商、周统治模式的。《战国策·秦策一·司马错与张仪争论于秦惠王前章》张仪说："亲魏善楚，下兵三川，塞辕辕、缑氏之口，当屯留之道，魏绝南阳，楚临南郑，秦攻新城、宜阳，以临二周之郊，诛周主之罪，侵楚、魏之地。周自知不救，九鼎宝器必出。据九鼎，桉图籍，挟天子以令天下，天下莫敢不听。此王业也。"张仪所说的王业是天子为天下的共主，主导政局，诸侯共拥天子。

战国后期的孟子和荀子都谈"王""霸"，其最高理想为王业。孟子看到了天下"定于一"的大势，但他反对用战争的手段兼并列国，对春秋时的霸主齐桓公等非常蔑视，《孟子·梁惠王上》记载了孟子的话说："仲尼之徒，无道桓文之事。"孟子主张建立王业，推行王政。孟子认为"王"与"霸"的区别是指导思想根本不同，《孟子·公孙丑上》说："以力假仁者霸，霸必有大国；以德行仁者王，王不待大——汤以七十里，文王以百里，以力服人者，非心服也，力不赡也；以德服人者，中心悦而诚服也，如七十子之服孔子也。"在孟子看来，"霸"行使的是强力，"王"推崇的是道德。王业是诸侯共拥天子，经济基础是"井田制"，政治核心是"仁政"。孟子主张人性善，他说的"仁"的重要内容是"不忍人之心"，《孟子·公孙丑上》："人皆有不忍人之心。先王有不忍人之心，斯不忍人之政。"推行"仁政"就是通过修己、忠恕等方式达到爱人、得民的效果，将"仁政"的实现寄托在道德修养上。

荀况到过秦国，对秦国的风俗、吏治、政事称赞不已，认为秦"四世有胜，非幸也，数也。是所见也。故曰：佚而治，约而详，不烦而功，治之至也。秦类之矣"（《荀子·儒效篇》）。从荀子对秦的称赞来看，秦国已经具备《荀子·王霸》中提出的无敌于天下的标准，"其法治，其佐良，其民愿，其俗美"，应该是属于"霸"了。但"霸"并不是荀子最高的政治理想，荀子最高的政治理想仍是"王"。实现"王"的方式是"力术止，义术行"（《荀子·强国篇》），即放弃强力，推崇道德。他对待"霸"的态度不同于孟子，"王"的观念则与孟子类似，即通过道德教化建立天子在位、诸侯共拥天子的"王业"。

3. 帝业观

战国中后期，秦常被称为"虎狼之国"，"虎狼之秦"等。"今秦者，虎狼之国也，兼有吞周之意。"（《战国策·西周策·秦令樗里疾以车百乘入周章》）"夫秦，虎狼之国也，有吞天下之心。""夫秦，虎狼之国，不可亲也。"（《战国策·楚策一·苏秦为赵合从章》）"且秦虎狼之国也，无礼义之心，其求无已，而王之地有尽。"（《战国策·赵策三·秦攻赵于长平章》）"然横人谋王，外交强虎狼之秦，以侵天下，卒有国患，不被其祸。"（《战国策·魏策一·苏子为赵合从说魏王章》）"秦与戎、翟同俗，有虎狼之心，贪戾好利而无信，不识礼义德行。苟有利焉，不顾亲戚兄弟，若禽兽耳。此天下之所同知也，非所施厚积德也。"（《战国策·魏策三·魏将与秦攻韩章》）以虎狼称秦，除了将秦视为夷狄这种歧视外，更主要的是以虎狼形容秦的凶残和贪婪，主要针对的是秦的斩首为功的政策和秦统一天下的野心。

秦吞并天下的大势已不可阻挡，东方六国对此看得也很清楚。"且夫秦之所以不出甲于函谷关十五年以攻诸侯者，阴谋有吞天下之心也。"（《战国策·楚策一·张仪为秦破纵联横章》）对秦吞并天下后将要建立的统治，其中之一称为帝业："彼秦者，弃礼义而上首功之国也，权使其士，虏使其民；彼则肆然而为帝，过而遂正于天下。"（《战国策·赵策三·秦围赵之邯郸章》）正是看到这种形势，韩王才说："请比郡县，筑帝宫，祠春秋，称东藩。"（《战国策·韩策一·张仪为秦连横说韩王章》）苏秦游说魏王亦有类似的话："今乃有意西面而事秦，称东藩，筑帝宫，受冠带，祠春秋，臣乃且为大王媿之。"（《战国策·魏策一·苏子为赵合从说魏王章》）纵横游说之士更是积极鼓动秦王："以大王之贤，士民之众，车骑之用，兵法之教，可以并诸侯，吞天下，称帝而治。""是故兵胜于外，义强于内；威立于上，民服于下。今欲并天下，凌万乘，诎敌国，制海内，子元元，臣诸侯，非兵不可。"（《战国策·秦策一·苏秦始将连横说秦惠王章》）显见帝业是以武力扫平天下，以"帝"为最高统治者，建立大一统的帝国。秦昭襄王时曾谋求称西帝。与帝业观相对应的是当时出现了对帝业的描述。马王堆汉墓出土的黄老帛书《十大经》诸篇中，一再借黄帝之口说："唯余一人，兼有天下。"显然也是主张以"帝"为最高统治者，建立统一帝国。《大戴礼记·五帝德》也有关于帝业的描述，很有可能出现于这个时期。

各家各派关于功业的不同观点显示了这是战国后期一个核心问题。功业观将集体、社会、国家的利益放在首要的位置，追求建立可以传承的事业，将个人与历史发展相统一，是战国晚期功利思想的最高层次。霸业观、王业观、帝业观是战国中后期出现的关于三种不同的政治形态的思考，是奠基于历史事实基础上的总结和对未来的构想之上的政治思想。三者在战国中后期的交互出现，反映了政治形态演变的复杂过程。这种功业观还昭示着一个重要的理念，有功在政治上就是合理的。这很难被今天的我们所全盘接受，但确实是真实的。

战国中后期的功利思想虽然常被提起，但又容易受到忽视，对其内涵缺乏分析，对其特点欠缺把握。从以上的情况看，战国中后期的功利思想可以分为功利、功名、功业三个不同层次。功利观是基础，追求的是物质利益、使用价值；功名观追求的是功利和名誉、个人和社会、物质和精神的统一；功业观将集体、社会、国家的利益放在首位，将个人和历史统一在一起。政治、军事途径是实现功利追求的最主要的途径。这种功利思想不同于一般的利己主义，它将个人利益和集体、国家利益紧紧联系在一起，追求个人利益是出发点，但有时为了集体、国家利益可以牺牲自我，为了整体利益可以牺牲局部利益，为了长远利益可以牺牲眼前利益，某种程度上又超越了个人利益。利益是功利追求的驱动力，战国时期的尚功政策和社会转型期建功立业的强烈愿望推动了功利思想的发展。但从更深层次来考虑，还有历史传统的原因。在族群的生存和发展历史中，对族群的集体利益的重视、西周家国不分的政治模式等，使个人的利益在集体面前显得无足轻重，长久的积淀形成了集体、社会、国家重于个人利益的观念。在战国中后期功利思想大行其道的社会背景下，依然要将个人利益和集体、社会、国家、历史联系在一起。这种功利观是在社会实践中显现出来的，在中国古代历史上是主导，它提倡个人的历史使命感和社会责任感，影响非常大。

秦是战国中后期最有影响力的国家，在合纵连横的活动中获益最多，历史发展的结果以秦的统一而告终。秦国是功利思想的推动者，同时深受功利思想发展的影响，功业观讨论的主要是秦将要建立什么样的政治形态。随着秦国的强大，建立理想政治形态的理论开始提前酝酿了。

三、纵横家与秦思想

战国中后期的功利思想和纵横家紧密地联系在一起。战国中后期，列国争战的最直接的目的是"广辟土地"，战争自然被认为是最有效的手段，《战国策·秦策一·苏秦始将连横说秦惠王章》说："今欲并天下，凌万乘，诎敌国，制海内，子元元，非兵不可。今之嗣主，忽于至道，皆惛于教，乱于治，迷于言，惑于语，沈于辩，溺于辞。以此论之，王固不能行也。"强国欲并天下，非兵不可；弱国为了生存，也不得不发展军事，以抵御强国的兼并。《战国策·赵策三·郑同北见赵王章》说："今人有操随侯之珠，持（百）丘之环，万金之财，时宿于野，内无孟贲之威，荆庆之断，外无弓弩之御，不出宿夕，人必危之矣。今有强贪之国，临王之境，索王之地，告以理则不可，说以义则不听。王非战国守圉之具，其将何以当之？王若无兵，邻国得志矣。"为了扩张和生存，列国间战争不断，烽烟遍地。纵横家在兼并战争中发挥了重要作用。

（一）纵横家

在激烈的战争中，列国展开了积极的外交活动，团结与国，建立联盟，离间对手，削弱敌国，这就是所谓的合纵连横活动，并出现了一批从事这种活动的纵横游说之士，这就是所谓的纵横家。《韩非子·五蠹》说："从者，合众弱以攻一强也；而衡者，事一强以攻众弱也。"很恰当地说明了合纵连横活动的特点。战国晚期，秦国强大，其他六国迫于秦国的威胁，纷纷争取盟国，力图联合抗秦；秦国利用六国之间的矛盾，从中破坏他们的团结，各个击破。《汉书音义》道："以利合曰从，以武力相胁曰横。或曰：南北曰从，从者，连南北为一，西乡以攘秦。东西曰横，横者，离山东之交，使之西乡以事秦。"[①]纵横家在政治外交上或合纵，或连横，明争暗斗，瞬息万变，直至秦统一全国。

对纵横家，《汉书·艺文志》引用孔子的话说："诵《诗》三百，使于四方，不能专对，虽多亦奚以为？"纵横家，"盖出于行人之官"，"言其当权事制宜，受命而不能受辞，此其所长也"。从《汉书·艺文志》所言来看，纵横家只是出使列国的使者，其思想特点并不明确，将纵横家与孔子联系在一起更是莫名其妙。

---

① 《资治通鉴》卷一，安王十五年胡三省注。

孔子、孟子等人虽也有游说之举，但他们与纵横家有本质的区别。孔子论仁爱、定《诗》《书》，崇礼乐，但并不得志。"孟子对梁王直以仁义而不及利者，所与言之人异故也。"（《资治通鉴》卷二，显王三十三年至三十四年）孟子所说所为和纵横家完全不同。

纵横家在当时大行其道，纵横游说之士自己的夸饰则加深了人们的印象。《战国策·秦策一·苏秦始将连横说秦惠王章》说苏秦道："当此之时，天下之大，万民之众，王侯之威，谋臣之权，皆欲决苏秦之策。不费斗粮，未烦一兵，未战一士，未绝一弦，未折一矢，诸侯相亲，贤于兄弟。夫贤人在，而天下服，一人用，而天下从。"纵横家的策谋被说成在列国外交中发挥决定作用的因素。《战国策·秦策二·齐助楚攻秦章》说："则此一计而三利俱至。""计听知覆逆者，唯王可也。计者，事之本也；听者，存亡之机。计失而听过，能有国者寡也。""计"被完全理解为阴谋诡计，忽视了其中的计算、计划的理性意义。纵横家因此而受到非议，"乃邪人为之，则上诈谖而弃其信"（《汉书·艺文志》）。

合纵连横活动主要存在于战国中后期，[①] 正是列国兼并最为激烈的时期，生死存亡使列国对自身利益更为重视。纵横家活动于列国之间，通过外交活动为君主谋取利益，同时攫取个人功利，功利追求是其思想主导。刘向《〈战国策〉书录》分析纵横游说之士的活动时说："至秦孝公，捐礼让而贵战争，弃仁义而用诈谖，苟以取强而已矣。夫篡盗之人，列为侯王；诈谖之国，兴立为强。是以传相放效，后生师之，遂相吞灭，并大兼小，暴师经岁，流血满野；父子不相亲，兄弟不相安，夫妇离散，莫何其命，泯然道德绝矣。晚世益甚，万乘之国七，千乘之国五，敌侔争权，盖为战国。贪饕无耻，竞进无厌；国异政教，各自制断；上无天子，下无方伯，力功争强，胜者为右；兵革不休，诈伪并起。当此之时，虽有道德，不得施谋；有设之强，负阻而恃固；连与交质，重约结誓，以守其国。故孟子、孙卿儒术之士，弃捐于世，而游说权谋之徒，见贵于俗。是以苏秦、张仪、公孙衍、陈轸、代、厉之属，生从横短长之说，左右倾侧。"刘向对纵横游说之士虽一再攻击，但同时也强调当时的形势是"为强"、"取强"、"争强"、"并大兼小"、"竞进无厌"、"以守其国"的时代，纵横家应运而盛。其实，纵横家和

---

① 徐中舒将战国的合纵连横活动分为五期，开始于魏国强大时期（公元前475—公元前370年），结束于秦的统一。合从连横之说主要存在于后三期中，即齐、秦并尊为帝（公元前333—公元前334）到秦的统一。徐中舒：《论战国策的编写及有关苏秦诸问题》，《历史研究》1964年第1期。

那些巧言虚辞，"辩智而国削"的空谈家不同，他们适应了兼并与生存的时代要求，以利益追求为核心，具有务实救世的一面。"德"的观念反映出他们的思想本质。

（二）纵横活动中的"德"

春秋时的列国关系主要靠盟誓和盟约调整约束。战国时期，盟约的可信性已无法保证，列国间主要靠"人质"确保对方覆行承诺。对这一变化，侯外庐先生指出："所以春秋霸主的盟约还有其相对的神圣性，而战国诸侯的'人质'便成了危机的标识了。在这样的氏族纽带正遭割断而地域财富的代表阶级称雄之时，权利义务在国际范围内就要改观，强者兼人而弱者图存。"[1] 再后来，"人质"也不能确保承诺，不顾"人质"安危而背信弃义的现象时有发生，没有作用的"人质"被称为"抱空质"。与之相应的是"德"成为战争之外调整列国关系的主要手段。吕不韦为了能使秦质子异人自赵归秦，游说赵国说："子异人，秦之宠子也，无母于中，王后欲取而子之。使秦而欲屠赵，不顾一子以留计，是抱空质也。若使子异人归而得立，赵厚送遣之，是不敢倍德畔施，是自为德讲。"（《战国策·秦策五·濮阳人吕不韦贾于邯郸章》）吕不韦通过分析"抱空质"与"德"的关系，打动了赵国，使异人顺利地自赵归秦。魏太子鸣为质于齐，魏王想见太子，朱仓对魏王说："何不称病，臣请说婴子曰：'魏王之年长矣，今有疾，公不如归太子以德之。不然，公子高在楚，楚将内而立之，是齐抱空质而行不义也。'"（《战国策·魏策二·惠施为韩魏交章》）胡衍设法要几瑟自楚归韩，他让韩国的相国公仲对魏王说："太子在楚，韩不敢离楚也。公何不试奉公子咎，而为之请太子。"又让人对楚王说："韩立公子咎而弃几瑟，是王抱虚质也。王不如亟归几瑟，几瑟入，必于韩权报仇于魏而德王矣。"（《战国策·韩策二·胡衍之出几瑟于楚章》）"德"与"抱空质"相对，所具有的意义显然超过了不起作用的人质。

"德"与"利"密切相关。魏、韩、齐三国攻秦而返，西周害怕魏向其借道，对魏王说："楚、宋不利秦之德三国也，彼且攻王之聚，以利秦。"魏王听说后，大为吃惊，立刻下令全军风餐露宿，兼程东归（《战国策·西周策·薛公以齐为韩魏攻楚章》）。秦对魏、韩、齐三国的恩惠，被视为对楚、宋的不利，西周正是利用了这一点，避免了魏国的借道威胁。正因为"德"与"利"密切相关，所以它和"害"是相对立的，有人劝说秦国的穰侯说："今攻齐，此君之大时也已。因天下之力，伐仇国之齐，报惠王之耻，成昭王之功，除万世之害，此燕之

---

[1] 侯外庐等：《中国思想通史》第一卷，第 637 页。

长利，而君之大名也。《书》云：'树德莫如滋，除疾莫如尽。'"（《战国策·秦策三·秦客卿造谓穰侯章》）"疾"即祸害的意思。

在兼并激烈的战国中晚期，"德"直接与土地相联系，所谓的"德博而地广"（《战国策·赵策二·秦攻赵章》）。有人对向寿说："公何不以秦为韩求颖川于楚？此乃韩寄地也。公求而得之，是令行于楚，而以其地德韩也；公求而弗得，是韩、楚之怨不解，而交走秦也。秦、楚争强，而公过楚以收韩，此利于秦。"（《战国策·韩策一·为公仲为向寿章》）"德"与"地"的联系反映了时代特征，凡是为别国增加了土地，扭转了不利的形势，带来利益和好处等，俱称为"德"，是恩惠的意思。

"德"对强国来说，有利其兼并；对弱国来说，有利其生存。强国对弱国施"德"，可以使弱国顺从自己；弱国对强国有"德"，可以依附强国暂时偏安。"夫先与强国之利，强国能王，则我必为之霸；强国不能王，则可以辟其兵，使之无伐我。然则强国事成，则我立帝为霸；强国之事不成，犹之厚德我也。"（《战国策·韩策三·谓郑王章》）对别国施"德"是为了使自己获得更大的、更稳定的利益，在生死存亡的局势中处于更有利的地位。在很多时候，既要获取相当利益，又要对别国施"德"。秦国攻下宜阳，威胁东周。楚国景翠进兵，"秦惧，遽效煮枣，韩氏果亦效重宝。景翠得城于秦，受宝于韩，而德东周"（《战国策·东周策·秦攻宜阳章》）。虞卿游说申君说："今燕之罪大而赵怒深，故君不如北兵以德赵，践乱燕以定身封，此百代之一时也。"（《战国策·楚策四·虞卿谓春申君章》）类似这样的例子不胜枚举。可见，"德"是功利、名实的统一。魏国伐赵，要求宋国出兵。宋国与赵国达成一致，出兵包围赵国边境的一座城池，但并不攻击，结果魏国退兵，解除了赵国的困境，"德施于梁，而无怨于赵。故名有所加，而实有所归"（《战国策·宋卫策·梁王伐邯郸章》）。这个举措满足了魏国的要求，又不得罪赵国，对于夹缝中的宋国来说一举多得。

"德"有君主施予恩惠的意思。《战国策·齐策六·貂勃常恶田单章》："内收百姓，循抚其心，振穷补不足，布德于民，外怀戎、翟，天下之贤士，阴结诸侯之雄俊豪英，其志欲有为也。""德"还有感激、感恩的意思，指接受别人的恩惠，或接受别国的恩惠，一定要感激对方。《战国策·秦策二·甘茂亡秦切之齐章》："甘茂贤人也，今秦与之上卿，以相印迎之；茂德王（指齐王）之赐，故不往，愿为王臣。今王何以礼之？王若不留，必不德王。""楚王因不罪景鲤，而德周、秦。"（《战国策·秦策四·楚使者景鲤在秦章》）"仪（指张仪）必德王（指楚王）。而惠子穷人，而王奉之，又必德王。此不失仪之实，而可以德惠子。"（《战国策·楚策三·张仪逐惠施于魏章》）由"德"的感激、感恩的意思发展出要自觉报答恩惠的观念，"人之有德于我也，不可忘也"（《战国策·魏策四·信陵君杀晋鄙章》）。甚至施与恩惠者可以理直气壮地要求接受恩惠者予以报答，"安成君东重于魏，而西贵于秦，操右契而为公（指韩公仲）责德于秦、魏之主，裂地而为诸侯，公之事也"（《战国策·韩策三·或谓韩公仲章》）。契是当时的信用凭证，刻字之后，剖为左右两半，即所谓左契、右契，双方各执一半。将"德"视为契，可见施"德"并不是无偿的，而是要追求更长远的回报。"德"所具有的利益色彩，决定了对方的回报不可能是非功利的。

"德"是战国中后期合纵连横的手段。纵横游说之士和各国纷纷用"德"拉拢与国，缔结盟友，希图回报，扩张利益，保存自己，"秦三世积节于韩、魏，而齐之德新加与。齐、秦交争，韩、魏东听，则秦伐矣"（《战国策·秦策三·谓魏冉曰楚破章》）。"今王（指秦王）广德魏、赵而轻失齐，骄也；战胜宜阳，不恤楚交，忿也。骄忿非伯〔王〕之业也。"（《战国策·秦策五·谓秦王曰章》）列国之间的关系完全建立在利益的基础之上。在列国兼并中，各国的利益多变而复杂，对"德"的积极运用使当时的形势更加云谲波诡、变化莫测。"德"的观念进一步体现了战国中后期以功利为主导的社会思想潮流和纵横家的功利思想特征。

（三）纵横家与秦政

秦国春秋时就已经自觉认识并积极运用"德"的观念。在战国中后期的合纵连横活动中，秦国的大臣张仪、范雎等人都是有名的纵横游说之士，秦国的合纵连横活动也最为成功。秦惠文王时期，张仪首先拆散魏、齐联盟，接着又破坏了齐、楚联盟，为秦国的扩张奠定了基础。在张仪的活动中，"德"是经常使用的手段，最典型的就是张仪拆散齐楚联盟。张仪对楚王说："大王苟能闭关绝齐，臣请使秦王献商、於之地，方六百里。若此，齐必弱，齐弱则必为王役矣。则是北弱齐，西德于秦，而私商、於之地以为利也。则此一计而三之利俱至。"（《战国策·秦策二·齐助楚攻秦章》）结果楚国断绝了和齐国的关系后，并未从秦国获得土地，齐、楚联盟破裂的受益者成了秦国。秦昭襄王即位之初，秦国攻打卫国的蒲（今河南长垣县西南）。胡衍分析当时的形势，"夫卫之所以为卫者，以蒲也。今伐蒲入于魏，卫必折而从之。魏亡西河之外，而无以取者，兵弱也。今并卫于魏，魏必强。魏强之日，西河之外必危矣。""公释蒲勿攻，臣试为公入言之，以德卫君。"（《史记·樗里子甘茂列传》）秦国为谋取更大利益，放弃攻蒲。范雎为秦相时，推行"远交近攻"的政策，"一饭之德必偿，睚眦之怨必报"（《史记·范雎列传》），将"德"的手段运用到炉火纯青的地步。

纵横家在秦国取得了很大的成功，加快了秦国的强大和兼并的步伐，这是纵横家对功利的追求和"德"的观念与秦思想互相契合的结果。秦国是纵横家纵横驰骋的舞台。蒙文通从研究法家的思想内涵出发认为："现于商鞅、李悝、吴起、范雎、尉缭之事，则知法家者，非徒务法而已，又多挟兵、农、纵横三者以俱，而达其富强之旨焉。"兵、农、纵横三者在"富国强兵"上是统一的。"观于商君之说魏惠王，范雎之说秦昭王，韩非书之《初见秦》、《说难》，凡李斯、韩非之相击难，岂不谂纵横术者所能为乎？"① 纵横家"德"的观念进一步说明了他们与秦思想的统一性。

需要强调的是，纵横家在秦国是被严格地纳入政治体制之内的。秦国在惠文王十年（前328年）由魏人张仪当国为相之后出现了以客出仕的高潮，秦高级官员的选拔，多"出于客"。秦国有客卿制度，从一定意义上看，客卿制度就是拜"客"为"客卿"的制度。商鞅变法之后，以客出仕与军功出仕结合起来。客在拜为客卿之后，一般还要率兵征战，经过严峻的战争考验，然后方能升迁拜为正卿或相。入仕对象需经过严格的军功考核，完全体现了商鞅变法所制定的"有军功者各以率受上爵"的原则。商鞅变法对以客出仕是一种规范，来到秦国的纵横家完全被纳入了军功爵制之中。②

纵横家与"游士"有本质的不同。"游士"之"士"是一个泛称。战国时期，"士分布在社会各个角落，上可为卿相，下可为士民、布衣"，"'士民'和'士庶人'是两个普遍流行的概念，社会上存在着一部分人既是士，又是民"。③ 秦国的"游士"主要指在秦的统治范围之内"游居"、"游学"之人。从《商君书》来看，"游士"有具体所指。"游士"首先指那些游手好闲、不劳而获的人，《垦令》云："则辟淫游惰之民，无所于食。"其次指通过交游建立关系、拉帮结派的人，《农战》云："亲戚交游合，则更虑矣。"第三指"游学"，通过游历增加知识学问。第四包括"言谈游说之士"，《农战》云："夫民之不可用也，见言谈游士事君之可以尊身也。"《算地》亦云："故事《诗》《书》游说之士，则民游而轻其君。""游士"对秦国的农战政策有不利影响，《农战》云："夫农者寡而游食者众，故其国贫危。"所以对"游士"要严厉禁止，"贱游学之人"，"……游居之事，皆无得为，无得居游于百县，

① 蒙文通：《法家流变考》，《古学甄微》，巴蜀书社1987年版。
② 黄留珠先生认为秦商鞅变法后的客卿制度是以客出仕的规范化发展。黄留珠：《秦汉仕进制度》，第39页。
③ 刘泽华：《战国时期的"士"》，《历史研究》1987年第4期。

则农民无所闻变见方"(《垦令》)。秦对"游士"有严厉的限制。云梦秦简《秦律杂抄·游士律》规定:"游士在,亡符,居县赀一甲;卒岁,责之。"游士居留而无凭证,游士所在的县要受到罚一甲的处罚。游士居留满一年,还要追加处罚。

"游士"并不等同于"纵横家",对"游士"的限制与"纵横家"在秦国的成功没有矛盾。"游士"在秦国的周游与活动,易于形成游离于政治体制之外的离心力量,干扰了商鞅变法之后秦国各类政策和制度的实施,所以受到了打击。这些"游士"显然与一心想通过为君主立功、成就个人功名、完全被纳入体制之内的纵横家完全不同。

纵横家和"游士"的本质区别是其主导思想。纵横家尚功利、重计谋、精攻战,努力为君主效力;"游士"则试图游离于政治体制之外,"游"只是一种行为的特点,并不一定有什么主导思想,即使有,也是与当时的农战功利思想相背离。当然,纵横家和"游士"之间的界限有时并不那么绝对。纵横家一旦脱离了体制,形成君主权力的离心力量,那它也就随之变成了被打击的"游士"。

秦还严厉限制"言谈"、"辩慧"之人。"言谈"、"辩慧"者以往被认为就是纵横家,[①]这也是一种误解。"言谈"者主要指那些花言巧语、烦言饰辞、脱离实际、投君所好以谋取官职的人,而纵横家在秦国则是要通过军功入仕的途径,并不仅靠"言谈"、"辩慧"。所以,对"言谈"、"辩慧"者的限制首先是对一种入仕途径的限制。《农战》云:

> 今世主皆忧其国之危而兵之弱也,而强听说者。说者成伍,道路曲辩,辈辈成群。民见其可以取王公大人也,而皆学之。夫人聚党与,说议于国,纷纷焉,小民乐之,大人说之。故其民农者寡,而游食者众。众则农者殆。农者殆则土地荒。学者成俗,则民舍农,从事于谈说,高言伪议,舍农游食,而以言相高也。故民离上,而不臣者成群。此贫国弱兵之教也。

"言谈"之士常常和《诗》、《书》连在一起,"辩慧"也常常和《诗》、《书》连在一起。《算地》云:"故事《诗》、《书》谈说之士,则民游而轻其君。"《农战》云:"农战之民千人,而有《诗》、《书》辩慧者一人焉,千人者皆怠于农战矣。"与《诗》、《书》的紧密联系说明"言谈"、"辩慧"者的知识构成和主导思想是儒家,与纵

---

① 郑良树:《商鞅评传》,南京大学出版社 1998 年版,第 272—273 页。

横家不同。

《史记·田完世家》："（齐）宣王喜文学游说之士。"孟子曾以"不得不辩"的态度周游列国，宣传他的思想，荀子也到过多个国家。汉代刘向说："故孟子、孙卿儒术之士，弃捐于世，而游说权谋之徒，见贵于俗。"孟子、荀子不等于纵横家，反映了一般的"言谈"、"辩慧"之士不是纵横家。再回头看看《汉书·艺文志》所引用的孔子的话，"诵《诗》三百，使于四方"，可知完全是牵强附会之辞，《诗》、《书》辩慧者正是纵横家排斥打击的对象。《汉书·艺文志》所著录的十二家纵横家的著作应和孔子、孟子没有什么关系。

就秦国而言，纵横家与一般的游说之士的区别在于他们被纳入了军功途径，他们的主导思想也与一般的游说之士有本质的区别。这一点是清楚的。明确了这一点，就不会对秦国既打击游士、限制言谈辩慧之人，同时又重用纵横家迷惑了。纵横家兴盛于战国中后期，是与列国并立、激烈兼并的形势伴生的，与"富国、强兵、广地"的思想理论紧密联系，运用"德"的手段为列国君主谋取利益，功利思想是其思想核心。纵横家在秦取得了很大的成功，他们的思想和秦思想是分不开的。

（四）纵横家与军功利益阶层

据统计，自秦惠文王至始皇时期先后有 22 人担任秦相。就这些人的籍贯来看，其中 15 人（占 68%）明确不是秦国人，另有 6 人籍贯不明，但从种种迹象判断，似乎也不是秦人，而籍贯明确属秦者仅 1 人而已；就本人身份而论，除樗里疾是秦宗室贵族，魏冉、芈戎、向寿是秦王室贵戚之外，其余 18 人（82%）基本上都具有客的身份，且其中 5 人系由客卿而拜相的，这 5 人是张仪、寿烛、范雎[①]、蔡泽、李斯。没有经过客卿而担任秦相的其他国家的人还有甘茂、屈盖、薛（田）文、楼缓、蔡泽等。[②] 吕不韦任秦相及以后暂且不论，从秦惠文王到秦昭襄王时期的秦相中，张仪、甘茂、楼缓、范雎、蔡泽等均是有名的纵横之士。从某种程度上说，正是张仪、甘茂、楼缓、范雎、蔡泽等这些被纳入秦的政治体制之内的纵横家主导着秦思想的发展。

对张仪、楼缓、范雎、蔡泽等，不少人把他们只看做善于利用形势的外交家。马非百《秦集史》对他们有所评价："而张仪之善于利用形势，已诚不可及

---

① 范雎或认为应为范雎。

② 黄留珠:《秦汉仕进制度》，第 35—39 页。

哉。""若楼缓者，则可谓终身为秦者也""楼缓之有助于秦，故不在张仪下矣"。①其实，他们的言行透露出他们决不只是外交家。统一之前的秦相既是最高的行政长官，也率兵打仗，是最高的军事长官。战国中晚期激烈的战争环境，对功利、功名、功业的追求，纵横家本身所具有的特点，使他们主动延续了商鞅变法所确立的思想导向。

张仪是魏国人。张仪到秦国后也曾经为将，率军出征，立有战功。《史记·张仪列传》记述比较明确的有两次："秦惠王十年（前328年），使公子华与张仪围蒲阳，降之。""仪相秦四年，立惠王为王。居一岁，为秦将，取陕。筑上郡塞。"当然，协助秦国国君称王是更大的功劳。张仪的思想和商鞅基本保持一致。张仪游说楚王时说："秦地半天下，兵敌四国，被险带河，四塞以为固。虎贲之士百余万，车千乘，骑万匹，积粟如丘山。法令既明，士卒安难乐死，主明以严，将智以武。虽无出甲，席卷常山之险，必折天下之脊，天下有后服者先亡。"（《战国策·楚策一·张仪为秦破纵连横章》）张仪在这番形势分析里面，重点渲染的是秦国强大的军事实力、雄厚的经济基础、严格的法令、高昂的士气、团结的君臣，这些都是商鞅变法希望达到的目的。这说明张仪本人对商鞅变法的措施和导向有很强的认同感。张仪与司马错争论伐蜀时说："臣闻之：'欲富国者，务广其地；欲强兵者，务富其民；欲王者，务博其德；三资者备而王随之矣。'"（《战国策·秦策一·司马错与张仪争论于秦惠王前章》）张仪在这里虽然引用的是他人的话，但表明通过富国强兵而称王同样是张仪的主张。虽然秦王最后听从了司马错的意见，但张仪富国强兵的思想是正确的。达不到富国强兵这样实力的国家，在张仪看来是岌岌可危的："楚虽有富大之名，其实空虚；其卒虽众多，言而轻走易北，不敢坚战；悉魏之兵，南面而伐，胜楚必矣。"（《战国策·魏策一·张仪为秦连横说魏王章》）"且夫约纵者，聚群弱而攻至强也。夫以弱攻强，不料敌而轻战，国贫而骤举兵，此危亡之术也。臣闻之，'兵不如者，勿与挑战；粟不如者，勿与持久。'"（《战国策·楚策一·张仪为秦破纵连横章》）在风云变幻的列国之间，张仪以秦国的实力作后盾，在外交上成就了显著的功绩。长期以来人们认为张仪不过是个徒逞口舌之辩、阴谋诡计百出的人，剥去这层面纱，张仪的思想本质仍是富国强兵。张仪是魏国人，这也昭示了他和商鞅的思想源头是一样的。

甘茂是楚人，《史记·甘茂列传》说他"事下蔡史举先生，学百家之术"，惠王时到秦，武王时任左丞相、右丞相。惠王时为将协助魏章略定汉中。武王刚即

① 马非百：《秦集史》（上），第158、162页。

位，蜀相壮等反，秦使甘茂定蜀。武王三年（前308年），甘茂为秦攻打韩的宜阳（今河南宜阳）。第二年，甘茂攻下宜阳，使秦的势力深入到了中原地区。昭王时，与樗里子伐魏的皮氏（今山西河间西），受权贵排挤而离开秦国。甘茂在秦国，主要得意于他的战功。楼缓是赵人，在秦昭王七年（前300年）曾经任秦相。（《史记·穰侯列传》）楼缓曾赞同并参与过赵武灵王的胡服骑射改革（《史记·赵世家》），与商鞅思想应该不会有太大的差异。

范雎是魏人。秦昭王三十六年（前271年），范雎到秦，先是"为客卿，谋兵事"。秦昭王四十一年（前266年），范雎为秦相（《史记·范雎列传》）。秦昭王五十二年（前255年），范雎死。范雎到秦时，距商鞅变法已近百年，但这一重大事件的影响依然很大。范雎称赞秦国"民怯于私斗而勇于公战，此王者之民也"（《史记·范雎列传》）。禁止私斗正是商鞅变法所采取的变革措施，"为私斗者，各以轻重被刑大小"（《史记·商君列传》）。范雎对商鞅的评价也非常高："夫公孙鞅之事孝公也，极身无二虑，尽公而不顾私；设刀锯以禁奸邪，信赏罚以致治；披腹心，示情愫，蒙怨咎，欺旧友，夺魏公子卬，安秦社稷，利百姓，卒为秦擒将破敌，攘地千里。……固义之至也，忠之节也。是故君子以义死难，视死如归；生而辱不如死而荣。士固有杀身以成名，唯义之所在，虽死无所恨。何为不可哉？"（《史记·范雎列传》）范雎的话显然是要以商鞅为榜样，尽身效忠。

范雎致力于完善秦国的政治制度。他上书秦王明确地提出："臣闻明主立政，有功者不得不赏，有能者不得不官，劳大者其禄厚，功多者其爵尊，能治众者其官大。故无能者不敢当职焉，有能者亦不得蔽隐。……语曰：庸主赏所爱而罚所恶，明主则不然，赏必加于有功，而刑必断于有罪。"（《史记·范雎列传》）在这里，范雎明确提出了功和能的区别、爵和官的不同以及刑和赏两种手段。有功者不一定管理能力强，有爵者不一定就能当好官。这种思想与商鞅变法中实行的绝对化的以军功授爵、官爵相称相比，无疑是一种进步。范雎的建议可能在秦国得到了一定的实施。从秦的仕进制度来看，除以"显耕战"为主外，还有"吏道"、"通法"等途径。"吏道"即指由"吏"选"官"的仕进途径而言，包括入吏和由吏入仕两个阶段。入吏主要是通过"推择（推举选择）为吏"与考试为吏，并且都要经过试用。由吏入仕主要通过考课制度实现。"通法"即通晓法令，就有可能入仕。[1]"吏道"和"通法"的标准肯定不限于军功，它更多地包含着为官的基本素质和基本技能，是对秦的仕进制度的补充。范雎在秦为相十余年，他的思

---

[1] 黄留珠：《秦汉仕进制度》，第51、64页。

想对秦仕进制度的发展肯定有很大的推动作用。

范雎在强化秦国君主的专制权威方面也发挥了更重要的作用。范雎所推崇的君主是掌握着刑赏大权的专制君主。他鼓动君主积极使用刑赏的手段，实现专制统治。"夫擅国之谓王，能利害之谓王，制杀生之威之谓王。"(《史记·范雎列传》) 当时，"太后擅行不顾，穰侯出使不报，华阳、泾阳等击断无讳，高陵进退不请"。在范雎的协助下，秦昭王果断地"废太后，逐穰侯、高陵、华阳、泾阳君于关外"，完全掌握了国家权力(《史记·范雎列传》)。在这之前，穰侯数度为相，虽然在对外战争中取得了一些胜利，但也出现了削弱秦王权力的危险兆头。经过范雎的谋划，危险解除了，君主的专制权利得到进一步加强。范雎在秦国发展的过程中所发挥的作用不可忽视。

至于蔡泽，他思想确有不同的地方，随后再论。

《韩非子·定法》中有这样一段话：

> 及孝公、商君死，惠王即位，秦法未败也，而张仪以秦殉韩、魏。惠王死，武王即
>
> 位，甘茂以秦殉周。武王死，昭襄王即位，穰侯越韩、魏而东攻齐，五年而秦不益一尺之地，乃成其陶邑之封；应侯攻韩八年，成其汝南之封。自是以来，诸用秦者，皆应、穰之类也。

从《韩非子·定法》中的这段话来看，一方面认为商鞅死后，秦法未败，另一方面又认为商鞅之后的张仪、甘茂、穰侯、应侯光是损害秦国的利益，损害秦王的利益，从而也成为事实上瓦解商鞅思想的人。这显然是不符合事实的论断。张仪入秦后，秦夺取了魏的上郡、河西，全部占领了河西之地，使秦国在战略上处于极其有利的地位。河西之地归秦，是秦魏两国斗争历史上一个重要里程碑。张仪拆散了齐楚联盟，夺取了楚的汉中、召陵，使秦国本土与巴蜀连成一片，不仅消除了楚国从那方来的威胁，而且使巴蜀丰富的物质资源畅通无阻地运向关中，这对秦国迅速壮大起了重要作用。甘茂为秦夺取了宜阳，使秦国的势力得到了进一步的扩张。范雎更是在权臣揽权、君权削弱的危急关头，扭转了事态。应该说，这一时期秦国得到了进一步的发展。

秦在商鞅变法及其以后形成了庞大的军功利益阶层。[1] 纵横家以客的身份在

---

[1] 李开元提出军功利益阶层的概念，见李开元：《汉帝国的建立与刘邦集团——军功受益阶层

秦国同样要走军功出仕的途径，本身就成为军功利益阶层的组成者，被纳入了政治体制之内。功本身也成为对他们行为的约束，使他们不能偏离商鞅变法所确立的基本方向。军功利益阶层是既得利益者，所以，他们也成为商鞅变法所构建的政治体制的支持者，成为商鞅思想传承的主力。张仪、范雎等纵横家由于在秦国身份、地位、所掌握的权力的重要性，在商鞅思想传承方面也发挥了更为重要的作用。这样说也许更准确，在秦国，纵横家和军功利益阶层沿着商鞅变法的思想导向前进，成为商鞅思想的发展者。

四、作为意识形态的法

社会存在决定社会意识。商鞅变法是一次彻底的社会变革，沿着商鞅变法的思想导向发展，必然要求建立一种全新的意识形态。对统治权力的争夺、对新的政治形态的思考、军功利益阶层的成长，使法这种思想在秦国得到了完善，成为系统化的意识形态。

在学术研究中，法在很多时候被认为就是法律，研究秦国的法思想就是研究法律思想。的确，法字古音废，有禁止、命令的意思，古代文献中，刑、律都可训为法。《尔雅·释诂》："刑，法也"，"律，法也"。《说文解字》："法，刑也。"所以，古代法的核心被认为就是刑。法有时的确指具体的法律，但从实际考察，秦国的法思想并不仅仅指有关法律的思想，它的内容不局限于成文法的产生和发展、法律的本质和作用等问题。一个非常明显的例证就是秦国的法律主要以"律"命名，秦简就是明证。另外，《商君书·算地》中有所谓"先王之正律"、"任地持役之律"；《徕民》有"先王制土分民之律"、"者（著）于律也"之语；《定分》用"法令"指具体的成文法。这些情况说明具体的法律和法是有一定区别的。齐思和在《商鞅变法考》中特别强调："法者制度之大名，周之六官，官别其守而陈其典，以扰义天下，是谓之法。故法家者流，则犹通俗所谓政治家也，非胶于刑律而已。"[1]其实，法概括各种具体制度，是与一定社会的经济和政治直接相联系的观念的总和，包括政治法律思想、道德、宗教、哲学、教育和其他社会科学等意识形式，是一种意识形态。

意识形态在今天的学术研究中本身是一个纷繁复杂、歧义丛生的概念。这

研究》。秦的军功利益阶层同样构成了当时政权的社会基础。

[1] 齐思和：《商鞅变法考》，《中国史探研》，河北教育出版社 2000 年版。

个词最初由法国的哲学家特拉西使用，其含义为关于观念的理论。后来，马克思、恩格斯在自己的著作中多次使用这个词。马克思、恩格斯在《德意志意识形态》中对该词使用最多。《德意志意识形态》使用该词有两种含义：一种是贬义的，专指当时德国流行的、受黑格尔哲学影响的思辨唯心主义；另一种含义是指和社会存在相对应的、"观念的上层建筑"①。后来，西方学者对意识形态概念进行了进一步的研究，特别是西方马克思主义的意识形态批判，使意识形态概念得到广泛的传播，产生了深远的影响。意识形态是社会意识中的一部分，是系统地、自觉地反映社会经济形态和政治制度的思想体系。意识形态是特定的利益集团，特别是统治阶级的观念形态。

在商鞅变法开始后，秦国就对建立新的政治形态进行实践与探索。从秦惠文王到战国晚期，秦仍以建立王业为主要目标。秦国在秦昭王在位时虽曾一度在宜阳自称西帝（前288年），但很快就取消了帝号。《商君书》里为秦设计的最终的政治目标是"王"。"王"以往被认为是指统一当时的中国。②其实未必尽然，在《商君书》中，"王"的条件有两个。首要条件是军事实力强大，进可攻，退可守，逢战必胜。《农战》云："夫国危主忧也者，强敌大国也。人君不能服强敌，破大国也，则修守备，便地形，抟民力，以待外事，然后患可以去，而王可致也。"《去强》云："怯民勇，勇民死，国无敌者强，强必王。""多力者王。""兵起而胜敌，按兵而国富者王。"这种"王"只是战无不胜，以强大的军事实力树立威望，类似于霸主。《商君书》有直接称"霸王"的，《慎法》云："故地少粟多，民少兵强，能行二者于境内，则霸王之道毕矣。""霸王"并不以统一天下为目标，而是以力威服诸侯，《韩非子·初见秦》一再强调："然则是一举而霸王之名可成也，四邻诸侯可朝也。"③"霸王"的观念很有影响力。另一个王的条件，指在国内建立君主专制统治，树立君主的绝对权威。这一点表述得很多，不用在此多谈。

《商君书》中确有以统一天下为目标的言辞，称为"王天下"。《开塞》云："故神农教耕，而王天下，师其知也。""故以王天下者并刑，力征诸侯者退德。"但《开

---

① 邢贲思：《意识形态论》，《中国社会科学》1992年第1期。
② 高亨《商鞅与商君书略论》说："王指统一当时的中国。"高亨：《商君书注译》。
③《韩非子·初见秦》与《战国策·秦策一·张仪说秦王章》大略相同。钱穆认为是昭王时策士所作，可能是蔡泽。见钱穆：《先秦诸子系年》，第553页。郭沫若认为是吕不韦所作。《〈韩非子·初见秦篇〉发微》，见郭沫若《青铜时代》。陈奇猷以为"此篇当出于韩非"。马非百认为出于蔡泽。见马非百：《秦集史》（上），第208—210页。都认为非张仪之言。

塞》一篇的著述可能是比较晚的时候，①"王天下"的观念不可能出现得更早。从"霸王"到"王天下"是个逐步发展的过程。商鞅变法之后的秦国，其主导思想首先是围绕着成为"霸王"展开的，其后，逐步向统一天下、建立帝国发展。但是，即使是秦国追求的"霸王"也和春秋时期的霸主政治有本质的区别，它同样是一种新的政治形态。法的意识形态的建立是秦国建立新的政治形态的需要。

《商君书》中明确提出秦国以"治、富、强、王"为政治目标，并积极构建与之相适应的新的社会秩序。"治、富、强、王"的政治目标已不同于秦孝公刚谋求变法时所提出的"复缪公之故地，修缪公之政令"，使秦国的领土东至于河。秦孝公刚谋求变法时所提出的目标相对比较单纯，"治、富、强、王"的目标更为系统和完备。以"治、富、强、王"为导向，秦国的统治集团总结历史经验，确立新的政治纲领，进一步明确行为准则、价值取向、社会理想，法思想于是被升华成一种意识形态。

"治"是《商君书》中出现频率最高的词之一，也是最关键的词之一，它同时是秦国君臣最关心的问题，是"富、强、王"的基础。"治"在《商君书》中有两个意思：一个是动词的"治"，是治理的意思；另一个是名词的"治"，即治理的效果良好或有效治理。《商君书》非常重视"治"。治的关键、根本，《商君书》称为"要"或"本"。

> 圣人知治国之要，故令民归心于农。（《农战》）
> 故圣人明君者，非能尽其万物也，知万物之要也。故其治国也，察要而已矣。（《农战》）
> 圣君知物之要，故其治民有至要。（《靳令》）
> 臣闻：古之明君错法而民无邪；举事而材自练；赏行而兵强。此三者治之本也。（《错法》）
> 是以强者必治，治者必强。富者必治，治者必富。强者必富，富者必强。故曰，治强之道三，论其本也。（《立本》）
> 圣君知物之要，故其治民有至要。（《靳令》）
> 此臣所谓三教（指壹赏、壹刑、壹教）也。圣人非能通知万物之要也。故其治国举要以致万物，故寡教而功多。（《赏刑》）

---

① 郑良树认为《开塞篇》不是商鞅亲著，成书时间在秦灭六国之前。见郑良树：《商鞅及其学派》，第59—60页。

"治"是中国古代政治的关键词语，涵盖了政治、军事、经济、文化等各方面，反映了建构政治秩序和行使政治权力过程中的主从地位和主客关系。"治"的主体是君主。他还必须有适用的工具，这些工具就是各级官僚，所以，《修权》说："国之所以治者三：一曰法；二曰信；三曰权。法者君臣之所共操也；信者君臣之所共立也；权者君之所独制也。"各级官僚从属于君主，唯命是从，是国家权力机器的组成部分。《禁使》说："上与吏也，事和而利异者也。""事和"即指君臣共同治国；"利异"指君臣利益不同。虽然《禁使》看到了君臣利益不同，但并没有因之否定君臣共同治国。"治"的对象一个是"国"。"治国"有时称为"为国"。"治"的另一个对象则是"民"，即普通百姓。"治"的主体与对象反映了他们之间的关系是治理与被治理、统治与被统治的关系。从"治"的角度出发，《商君书》着力论述了富与贫、强与弱、公与私等一系列的政治原则，从而构成了法这种意识形态的核心内容。

富与贫。富指老百姓积极从事农业生产，土地得到充分的开垦，国家有充足的财政收入。富又是强的基础，因为有雄厚的经济基础，在战争中战胜敌人的概率更大。如《去强》说："民不逃粟，野无荒草，则国富，国富者强。"国家最理想的政策就是达到农业生产和战争胜利两不误。如《算地》说："胜敌而草不荒，富强之功，可坐而至也。"《徕民》说："今以故秦事敌，而使新民作本，兵虽百宿于外，竟内不失须臾之时，此富强两成之效也。"

国富并不意味着民富，在《商君书》中，统一的观点认为民富并不见得就是好事情。人与人之间的贫富差别造就了不平等和奴役。《错法》指出："同列而相臣妾者，贫富之谓也。"《商君书》最看重的是个体家庭的富裕有可能损害国家的利益，个人的富裕有可能冲击君主的权威。所以，国家要富裕，但不一定让百姓富裕。《说民》："王者国不蓄力，家不积粟。国不蓄力，下用也。家不积粟，上藏也。"君主把国家的力量用于战争，使百姓家里没有存粮，粮谷都装在公仓里。当然，治国更重要的是要运用国家的权力使老百姓可贫可富，甚至是国富民贫。《去强》："治国能令贫者富、富者贫，则国多力，多力者王。"《说民》："治国之举，贵令贫者富，富者贫。贫者富，富者贫，国强，三官无虱。"在对待农民和其他职业的问题上，则主张要使农富而其他职业的人口贫穷，因为非农业人口的增长会影响国家的富强。《去强》还给这种贫富观提出了专门的名词："重富"、"重贫"。"国富而贫治，曰重富，重富者强。国贫而富治，曰重贫，重贫者弱。"《商君书》中的贫富观值得重视。在这种贫富观的主导下，虽然社会生产有所发展，社会财富有所增加，但并不见得老百姓的生存状态能够得到普遍改善、生活水平能够得到普遍提高。这和儒家的国家要藏富于民、使老百姓生活富庶的观点是截然不同的。

强与弱。《商君书》中的强与弱可以分为对外和对内而言。对外，强最直观的就是国力强大，《农战》："多力则国强。"《算地》："汤武致强，而征诸侯，服其力也。"国力包括两个方面，即强大的军事实力和雄厚的经济基础。强大的军事实力是国家在对外的兼并战争中取得胜利的保证，所谓的"强兵辟土"（《农战》），"战事兵用曰强"（《去强》），"所为强者，天下胜"（《画策》）。此外，还必须有充足的财力支持。富是强的基础，"国富者强"，"国好生粟于竟内，则金粟两生，仓府两实，国强"（《去强》）。"故出战而强，入修而富者，王也"（《外内》）。相反，如果国家没有强大的军事实力和雄厚的经济基础，那就是弱。在激烈的兼并战争中，弱者总是处于被动挨打的位置，《开塞》："今世强国务兼并，弱国务力守。"弱小的国家会被进一步削弱，进而被大国吞并。

对外的强与弱是明确的，对内的强与弱也需要加以注意。在国内也存在着强与弱的问题，国家权力和百姓之间被看做是谁胜谁的关系。胜者为强，反之为弱。"胜"是胜过、保持强势、居高临下的意思。《商君书》主张国家权力要胜过百姓，并保持强权，即国家权力强大，老百姓弱小。这样，国家才能集中力量，才能进一步增强国力。《说民》："民胜其政，国弱。政胜其民，兵强。"《画策》："能胜强敌者，必先胜其民也。"《弱民》："民弱国强；国强民弱。"为了始终保持国家权力对于老百姓的强势地位，国家要运用政治的手段削弱百姓的力量，降低老百姓相对于国家权力的地位，这样国家的力量才更加强大，称之为"重强"。反之，称之为"重弱"。《弱民》："故民之所乐民强，民强而强之，兵重弱。民之所乐民强，民强而弱之，兵重强。故以强重弱，弱重强，王。"

君主和百姓、君主和臣下由于权力强弱形成的关系就是势。《禁使》主张"贵势"，"故先王不恃其强，而恃其势；不恃其信，而恃其数"。君主依恃势就比如蓬草遇到了旋风，可以飞行千里，"故托其势者，虽远必至"（《禁使》）。

在强与弱的关系方面，《商君书》中还有一个专有的词"抟"。抟，《说文解字》："圜也。"《礼记·曲礼上》："毋抟饭。"抟的本义是把东西捏聚成团。《商君书》中多用"抟力"，意为凝聚力量。将各种力量凝聚在一起就强，力量分散就弱。《农战》："国力抟者强。""抟力"的目的仍主要是针对兼并战争，《农战》："人君不能服强敌、破大国也，则修守备，便地形，抟民力，以待外事，然后患可以去，而王可致也。""抟力"和"合力"是一个意思，"天下胜，是故合力"。"抟力"的反义词是"杀力"，即消耗力量。国家既要能凝聚力量，又要主动通过对外战争消耗力量，否则凝聚力量而无所用，在国内就会引发动乱。《壹言》："夫圣人之治国也，能抟力，能杀力。""抟而不化则不行，行而无富则生乱。""故治国者，其抟力也，以富国强兵也；其杀力也，以事敌劝民也。""故能抟力而不能用者必乱；能杀力而不能抟者必王。""抟力"的主张反映了秦国军国主义和君主专制的特点与主张，为了兼并战争要集中一切力量，并且要将这些力量集中在君主手中，在战争中不断强化君主对社会的控制权力。

公与私。在公私关系上，《商君书》主张严格地区分公私，尚公禁私，要求"公私之分明"，"故公私之交，存亡之本也"（《修权》）。公指以君主为代表的国家利益，有时候称之为"国利"。公主要体现在为实现秦国政治目标而实施的各项政策上；凡试图突破政策的规定，影响秦国的大政方针的行为就被称之为私，其中最主要的就是通过非农战的途径获得官爵、财富、名誉。《农战》："是故进则曲主，退则虑私所以实其私，然则下卖权矣。夫曲主虑私，非国利也，而为之者，以其爵禄也。"曲意逢迎君主，考虑自己的私利，就是为了谋取爵禄。《外内》："为辩知者贵，游宦者任，文学私名显之谓也。"所以，君主要坚决堵塞农战以外获得官爵等的途径。禁私也是加强君主专权的重要措施。

在《商君书》之前，还没有一本书是这样不厌其烦地列举各种各样的"私"。除了笼统地谈"私"外，《商君书》中还提到"私利"、"私交"、"私输粮者"、"私稽"、"私道""私作"、"私门"、"私劳"、"私德"、"私意"、"私议"、"私义"、"私勇"、"私名"、"私善"等。《史记·商君列传》中提到"私斗"。在各种私的行为中，"私交"指的是私人的结交，"私赏"指的是私人的赏赐，"私门"指的是私人的门路，"私劳"指的是为私人效劳，"私议"指的是私人的议论。这些私的行为除了影响秦国各项政策的贯彻执行外，还可能形成利益集团，从而影响君主的专制集权，要坚决禁止。如《说民》："塞私道以穷其志，起一门以致其欲。"《壹言》"不用辩说私门"，"上开公利而塞私门，以致民力，私劳不显于国，私门不请于君"。《外内》："文学私名不显。"

对于私形成的原因，《开塞》从历史的角度解释，认为是由于"亲亲而爱私"，即出于血缘亲情而亲爱自己的亲人，贪图个人的私利。尚公禁私的目的是将人们的思想和行为统一到秦国的指导思想和具体政策上来，统一到君主的专制统治上来，"不争则无以私意，以上为意"（《战法》），"如一而无私"（《定分》）。秦自商鞅变法以来，形成了军功利益阶层，尚公禁私也意味着对走"显耕战"道路的军功利益阶层权益和地位的充分肯定，因为他们获得财富和荣誉的方式和途径才被认为是正确的。

富与贫、强与弱、公与私等政治原则是秦国自商鞅变法以来的政治实践的总结，也是秦国在当时兼并列国的形势下所坚持的政治导向。富与贫、强与弱、公与私的政治原则明确了秦国兼并战争和对内统治的基本原则，区分了内外、上下、主从的关系。为了保证兼并战争的胜利，秦国必须保持充裕的财政收入和强大的军事力量，凝聚一切力量取得战争的胜利；对内则实行强权政治，富国贫民，或者使百姓可贫可富，尚公禁私；同时，要以君主利益为主导，强化君主专制统治，肯定军功利益阶层权益。这些政治原则是秦国政治思想的发展，适应了秦国兼并战争的需要，也使人们能够观察到君主专制统治是怎样在战争中一步一步强化的。《商君书》不是出于一人，但通书并没有大的矛盾，一个很重要的原因就是从前到后贯穿着这些基本的政治原则。这些政治原则主要通过农战、刑赏的手段加以实现。富与贫、强与弱、公与私等政治原则和农战、刑赏的手段，又都用"法"思想加以概括，成为法思想的核心内容。农战、刑赏及其和法的关系随后专门论述。这里，先讨论法思想中有关这些政治原则的内容。

《商君书》中，法被认为是权衡度数。权是秤锤，衡是秤杆，权衡泛指称量东西的用具；度数指称量物品所得的尺寸分量。权衡度数可以精确地度量物品，以权衡度数比喻法，是说法具有确定性，是客观的依据和标准。君主治国应该以法思想作为指针和行为准则。

> 故凡明君之治也，任其力不任其德，是以不忧不劳，而功可立，度数已立，而法可修。（《错法》）
>
> 先王县权衡，立尺寸，而至今法之，其分明也。夫释权衡而断轻重，废尺寸而意长短，虽察，商贾不用，为其不必也。故法者，国之权衡也。（《修权》）

法之所以是权衡度数，又是以"数"为基础的。《商君书》中多言"数"，将"数"和法联系在一起，甚至称之为"数治"。"数"一是指数量。众多的"数"是治国必须掌握的。"以商口之数使商。"（《垦草》）"举众口数，生者著，死者削。""强国知十三之数：竟内仓口之数、壮男壮女之数、老弱之数、官士之数、以言说取食者之数、利民之数、马牛刍藁之数。欲强国，不知国十三数，地虽利，民虽众，国愈弱至削。"（《去强》）"故为国分田，数小亩五百，足持一役，此地不任也。方土百里，出战卒万人者，数小也。"（《算地》）"田数不满百万。""三晋之亡于秦者，不可胜数也。"（《徕民》）二是"数"还有事物发展的客观规律和客观趋势的意思。①"为国之数，务在垦草。""主操名利之柄，而能致功名者，数也。""今世主欲辟地治民，而不审数；臣欲尽其事，而不立术，故国有不服之民，主有不令之臣。"（《算地》）"效功而取官爵，虽有辩言，不能以相先也。此谓以数治。"（《靳令》）"忠臣孝子有过，必以其数断。"（《赏刑》）"凡知道者，势，数也。""得势之至，不参官而洁，陈数而物当。""故遗贤去知，治之数也。"（《禁使》）三是"数"是客观的依据。根据依据、规律可采取相应的对策，称之为"术"。"度数已立，而法可修。"（《错法》）"圣人审权以操柄，审数以使民。数者臣主之术，而国之要也。"（《算地》）对数的精确把握，可以使君主掌握国家各方面的情况，及时对事物的发展变化作出正确的分析与判断，采取相应的策略，这被称为"数治"。在秦国的"数治"之上并没有其他的依据，如道之类，"数"本身就是依据和标准，这是这一时期秦国法思想的最重要的特点。

治理国家，必须强调法是"权衡度数"，只有这样才会取得好的效果。反之，忽视法是"权衡度数"，即使有法，也不能治理好国家。《壹言》："秉权而立，垂法而治，以得奸于上，而官无不，赏罚断而器用有度。若此，则国制明而民力竭，上爵尊而伦徒举。"君主掌握权力，确定法治，高高在上，洞察奸情，官吏没有奸邪，赏罚则有依据，器物有一定的制度，像这样，国家法度明确，百姓愿意尽力，朝廷的爵位尊贵，各种人等都会振作。相反，"法无度数，而事日烦，则法立而治乱矣"（《错法》）。当时的楚国屡战屡败，《弱民》分析说："地非不大也，民非不众也，兵甲财用非不多也，战不胜，守不固，此无法之所生也，释权衡而操轻重者。"当然，在某些地方，作者所提出来的"数"以今天的眼光看并不一定妥当，《禁使》就主张"遗贤去知，治之数也"，既否定贤者的作用，又否定智者的作用。

以法为治又可称为"治法"，《壹言》："凡将立国，制度不可不察也，治法不可不慎也，国务不可不谨也，事本不可不抟也。""治法"一词也见于《去强》。"治法"就是法治，坚持以法为治的指导思想。《去强》："以治法者强，以治政者削。""治大，国小；治小，国大。"治大，指的是治道大而无当；治小，指的是治

---

① 高亨注"数"为定律。见高亨：《商君书注译》，第65页。"数"在《商君书》中有数量、规律、策略等意思，三者之中有逻辑关系，因为掌握数量以及人性自利的特点而能把握事物发展变化的规律、趋势，根据事物发展变化的规律、趋势采取相应的治国策略，《商君书》中称之为"术"。关于数指人性自利的规律主要见于《算地》。可参见本书第四章的论述。

道小而专一。①《弱民》有专门的解释："法枉治乱；任善言多。治众国乱；言多兵弱。法明治省；任力言息。治省国治；言息兵强。故治大国小，治小国大。"可见，"治小"就是以法作为治理国家的唯一的指导思想。

以法为治才能保证国家的富强。以法为治，政务统一，官吏就没有奸邪，国家才能专注于根本，百姓才会致力于农业和战争，最后才能实现富强的目的。如果不坚持法治，国家不仅不会强大，反而会陷于危险的境地。《弱民》："背法而治，此任重道远，而无马牛；济大川，而无舡楫也。"语言、行为、事情都要以法衡量，才是高明之治。"故明主慎法制。言不中法者，不听也；行不中法者，不高也；事不中法者，不为也。言中法，则辩之；行中法，则高之；事中法，则为之。故国治而地广，兵强而主尊，此治之至也。"（《君臣》）总而言之，将法作为指导思想、行为准则、价值尺度，国家才会走向富强，进而成就王业。

法是统治人民的根本。"民本，法也。故善治者塞民以法，而名地作矣。"（《画策》）对于老百姓而言，法具有毋庸置疑的权威和强势地位，"法胜民，兵强"（《说民》）。以法为治才可以建立君主的稳固统治和相应的社会秩序。就当时的现实形势来说，如果有君主而没有法，它的害处和没有君主是一样的；有法而克服不了纷乱，和没有法一样。有利于天下老百姓的事情，没有比国家得到有效治理更重要的了；治理国家没有比建立君主更好的了；建立君主没有比任法更重要的了；任法而治没有比去除奸邪更急迫的。《开塞》："今有主而无法，其害与无主同；有法不胜其乱，与无法同。""夫利天下之民者莫大于治；而治莫康于立君。立君之道莫广于胜法。胜法之务莫急于去奸。"法和专制君主的统治紧密结合，不可分割。法确立之后，一定要认真实行。"法已定矣，不以善言害法"，"故法立而不革，则显民变计，计变诛止"（《靳令》）。一般的君主，德行并不超越旁人，智慧并不高于旁人，勇力并不强于旁人，然而臣民虽有智慧，也不敢暗算他；虽然有勇力，也不敢伤害他；虽然人数多，也不敢欺凌他。这些，就是由于有法的原因（《画策》）。为了保证国家秩序的稳定和国力的强大，《商君书》主张"法有"而"主变"，即法有常而主贵变，"法有，民安其次。主变，事能得齐。国守安，主操权，利。故主贵多变，国贵少变"（《弱民》）。这已经含有权谋诡计的成分了。

法是区分公私的指针。"任法"与"任私"是最严重的对立。"任法"也被称为"公"。"任法"与"任私"实际上是公和私的对立。君主不能有"私"。《修权》："君臣释法任私必乱。故立法明分，而不以私害法，则治。""世之为治者，多释法而

---

① 高亨：《商君书注译》，第44页注。

任私议，此国之所以乱也。""分"这里应该是指官员的名分、职责，通过公开的法令制度，确立官员的职责正是战国时期官僚制度发展的一个很重要的方面。君主不能抛开法度而凭自己的私意、好恶、亲情管理各级官吏，那样会引起混乱。所以，一定要区分公私，以法为治。《修权》进一步强调："惟明主爱权重信，而不以私害法。""故法者，国之权衡也。夫背法度而任私议，皆不知类者也。""公私之分明，则小人不疾贤，而不肖者不妒功。"作为君主要以法这种公开的标准与依据治理国家，重视法的权威与信用，这才是明君。如果君主不能排除"私"，听任"私"的流行，"私"就会像蠹虫一样损坏国家。"夫废法度而好私议，则奸臣鬻权以约禄；秩官之吏，隐下而渔民。谚曰：'蠹众而木折，隙大而墙坏。'故大臣争于私而不顾其民，则下离上。下离上者，国之隙也。秩官下吏隐下以渔百姓，此民之蠹也。故有隙蠹而不亡者，天下鲜矣。"（《修权》）"任私议"会导致臣下离心离德，争夺私利、鱼肉百姓、分裂民众，成为国家的蠹虫。"国乱者民多私义，兵弱者，民多私勇。"（《画策》）对于臣民的各种"私"，要用"法"的强制、引导、教化予以改变。

意识形态的法作为一种观念的总和，它的概括性是非常强的。对于法的这种概括性，以往也曾经有学者注意到，"商氏所谓法度，内容很多"[①]。明确了法是意识形态，法的"内容很多"就容易理解了。《尹文子·大道上》："法有四呈：一曰不变之法，君臣上下是也；二曰齐俗之法，能鄙同异是也；三曰治众之法，庆赏刑罚是也；四曰平准之法，律度权量是也。"《尹文子》所说的应该主要指意识形态的法的主要内容。

作为意识形态的法并不是凭空想象的，而是牢牢地扎根于当时的现实土壤中的。它代表了商鞅变法以来成长起来的军功利益阶层的思想，紧紧围绕富国强兵和君主专制这两个中心，包括了富与贫、强与弱、公与私等政治原则，以及为了实现"治、富、强、王"的途径等，涵盖了政治、法律、道德，是秦思想的很重要的理论提升。也正因为秦法概括的政治原则非常明确，所以秦的所谓的法治和今天的法治有本质的区别，今天的法治追求的是公平、公开、公正，两者不宜混为一谈。

法确定了秦国发展的方向，肯定了君主的专制地位，架构了君、臣、民这样的社会结构，概括了最基本的政治原则，具有绝对的权威性、指导性和方向性，成为秦国不可动摇的意识形态。法的意识形态要求秦国百姓的思想和言行都应该

---

① 冯友兰：《中国哲学史新编》（上），第108页。

以法为依据予以统一，为秦国的兼并事业而努力。

这里还需要再辨析一下礼、法关系。对于礼、法之别，以往学者们强调的较多，如礼、法显示的财产所有关系和阶级关系的形成有性质上的区别；礼、法在法律形式上有习惯法和成文法的区别；礼、法是两种对立的意识形态等。在《商君书》中除了抨击礼乐外，还体现了礼、法并行的一面。《更法》所记载的商鞅与甘龙、杜挚的辩难中，常常礼、法并举，如：

> 吾今欲变法以治，更礼以教百姓。
>
> 法者所以爱民也，礼者所以便事也。
>
> 是以圣人苟可以强国，不法其故；苟可以利民，不循其礼。
>
> 今若变法，不循秦国之故，更礼以教民，臣恐天下之议君。
>
> 三代不同礼而王，五霸不同法而霸。
>
> 知者作法而愚者制焉，贤者更礼而不肖者拘焉。
>
> 拘礼之人不足与言事，制法之人不足与论法。
>
> 法古无过，循礼无邪。
>
> 前世不同教，何故之法？帝王不相复，何礼之循？
>
> 各当时而立法，因事而制礼；礼、法以时而定。

礼、法并举意味着礼、法是同一意思。这里的礼、法应该主要指礼、法作为意识形态的概括性而言的。冯友兰指出："先秦人所谓法，也不是专指法律条文，其意义可以同礼一样广泛。"[1]实际上指出了意识形态的法具有思想观念总和的特点。礼、法并举意味着在系统性的法的意识形态形成之前，曾有过一个过渡的时期。在法的意识形态形成之后，礼、法并举就不存在了，礼乐制度只是国家制度的一个补充。

五、法与农战

商鞅变法时实行鼓励农耕的政策不是单纯的经济政策，其目的主要是使国家拥有进行战争的坚实的经济基础，所以从本质上说，这是一种军事色彩非常强烈的政策，是军国主义的一个表现。这种政策进一步发展成系统的农战思想，并且

---

[1]　冯友兰：《中国哲学史新编》（上），第107页。

被纳入了法思想的体系，成为法思想的内容之一。

农战思想就是重农重战、农战合一的思想。农战被认为是国家强大和兴盛的必由之路，并得到了多角度的表述。农战可以使国家兴盛，君主尊贵。《农战》："国之所以兴者，农战也。""国待农战而安；主待农战而尊。"农战能为国家带来声誉和实际的利益，从而富强。《算地》："夫治国者，能尽地利而致民死者，名与利交至。""故圣人之为国也，入令民以属农，出令民以计战。""利出于地，则民尽力。名出于战，则民致死。入使民尽力，则草不荒。出使民致死，则胜敌。胜敌而草不荒，富强之功，可坐而致也。"《徕民》主张招徕三晋之人从事农业。秦国的旧人被称之为"故秦"，主要从军作战；招徕的三晋之人被称为"新民"，主要从事农业生产。农业被称为"本"，是国家的经济根本。"今以故秦事敌，而使新民作本，兵虽百宿于外，竟（境）内不失须臾之时，此富强两成之效也。"《外内》则主张要将战场之利——边利完全给与战士，市场之利完全给予农民。"故为国者，边利尽归于兵，市利尽归于农。边利归于兵者强，市利归于农者富。故出战而强，入休而富者，王也。"国家由农战而兴盛，最后的目的仍然是成就王业。《慎法》："境内之民莫不先务耕战，而后得其所乐。故地少粟多，民少兵强，能行二者于境内，则霸王之道毕矣。"

农战思想主要是从战争的角度出发而言的。在兼并激烈的时代，烽烟四起，战火连绵，战争是国家自强、生存和兼并的最主要的方式。《开塞》："今世强国事兼并，弱国务力守，……故万乘莫不战，千乘莫不守。"《画策》："圣人知必然之理，必为之时势，故为必治之政，战必勇之民。是以兵出而无敌，令行而天下服从。"战国时期的战争常常旷日持久，如果经济上不如敌人，很难进行长期的作战，"食不若者勿与久"（《战法》）。战争也需要良好的兵员，组成最勇敢的军队。当时，农业有了飞跃性的发展，是最先进的生产部门，可以为战争提供稳定的经济支持。诸侯国要扩张土地，避免被兼并，则必须富国强兵，发展农业。农民的生活方式、生存状态使他们养成了性格朴实、容易驱使、胆小怕事、热恋故土等特点，这些都很适宜战争需要。将农民束缚在土地上，可以获得稳定的赋税收入，既有充足的兵源，又有忠诚的士兵，这是农战思想的着眼点。为了适应战争的需要，国家要培养和强化农民朴实木讷的性格，甚至愚民，这当然是不被人们所取的。

> 归心于农，则民朴而可正也，纷纷则易使也，信可以守战也。
> 夫民之亲上死制，以其旦暮从事于农也。

避农，则民轻其居。轻其居，则必不为上守战也。(《农战》)

属于农则朴；朴则畏令。

夫民之情，朴则生劳而易力，穷则生知而权利；易力则轻死而乐用，权利则畏罚而易苦；易苦则地利尽，乐用则兵力尽。(《算地》)

让农民一心一意从事农战的具体措施是"作壹"，"壹"即专一的意思。"作壹"就是农民专心于农战才能获得官爵，国家的官爵只用于奖励农战。《农战》对"作壹"阐释得最为完备和详细。《史记·商君列传》太史公曰："余尝读商君开塞、耕战书，与其人行事相类。""耕战"或以为就是"农战"。太史公以为"耕战书"是商鞅亲著。现在学者认为《农战》或出于商鞅死后不久。①《农战》认为：善于治理国家的人，最主要的是教化百姓专心从事农战取得官爵。老百姓看见君主的利禄从农战一个渠道出来，就会专心从事农战，不会偷懒，从而民风朴实，奸巧不生。老百姓意志专一，就少有欺诈，安于故居；国家就可以用赏罚勉励他们；用他们的力量进行对外战争。作为君主来说，要想强兵辟土，最重要的就是"作壹"，只用官爵奖励农战。实行重农重战的政策，国家就会富裕。这样，老百姓的力量就会被凝聚起来，国家就会强大，直至成就王业。凝聚老百姓的力量称之为"抟"。"故曰：王道作外，身作壹而已矣。""故惟明君知好言之不可以强兵辟土，惟圣人之治国作壹，抟之于农而已矣。"

农战之外的学习《诗》《书》、依靠外国势力、巧言辩说、经营商业、掌握技艺、崇尚智慧、提高道德修养等途径都不能获得官爵，这样才能保证国家的富强。《农战》中激烈反对三种途径，首先是"巧言虚道"，即花哨的语言，玄虚的道理。"今民求官爵，皆不以农战，而以巧言虚道，此谓劳民。劳民者其国必无力。无力者其国必削。"其次是"务学《诗》、《书》，随从外权，上可以得显，下可以求官爵"，即学习《诗》、《书》等，依靠外国势力。第三是"要靡事商贾，为技艺"，即从事工商业。如果可以通过这三种途径取得官爵，就会败坏社会风气，动摇国家的农战政策，削弱国家的力量。"国好言谈者削。故曰：农战之民千人，而有诗、书辩慧者一人焉，千人者皆怠于农战矣。农战之民百人，而有技艺者一人焉，百人者皆怠于农战矣。""夫民之不农战也，上好言而官失常也。"这些农战之外获取官爵的途径，会造成非农业人口的增加，白白消耗资源，却无益于农战，"境内之民，皆化而好辩乐学，事商贾，为技艺，避农战。如此则不

---

① 郑良树：《商鞅及其学派》，第27页。

远矣。国有事，则学民恶法，商民善化，技艺之民不用，故其国易破也。夫农者寡而游食者众，故其国贫危。""虽有《诗》、《书》，乡一束，家一员犹无益于治也。"言谈游说之士善于迷惑君主，谋取私利，"是故进则曲主，退则虑私所以实其私，然则下卖权矣。夫曲主虑私，非国利也，而为之者，以末货也。"基于从农战之外的途径获得官爵的弊端，要坚决予以杜绝。《农战》还具体提出了容易导致国家"敌至必削，不至必贫"的十类人物，"诗、书、礼、乐、善、修、仁、廉、辩、慧"，要求坚决去除。

《去强》的核心思想是强国弱民、富国贫民，"国富而贫治"，重点仍然是通过"作壹"在对外的战争中取得胜利，"兵行敌所不敢行，强"，"战事兵用曰强"，影响"强"的各种因素同样均应去除。为此，作者提出了所谓的"六虱"："曰岁；曰食；曰美；曰好；曰志；曰行。"岁虱指农民游惰，使年岁歉收；食虱指农民不务本业，白吃粮米；美虱指商人贩卖华丽的东西；好虱指商人贩卖好玩之物；志虱指官吏营私舞弊的思想；行虱指官吏贪赃枉法的行为。虱是害人之虫，故谓之虱害。①"六虱"实际是影响社会风气，危害国家强大的六种行为和思想。这种思想发展成为一种系统的"国害"的观念，凡属"国害"，必不利于农战，一定要压制或去之而后快。

《商君书》各篇所列"国害"②

《农战》	《诗》、《书》、礼、乐、善、修、仁、廉、辩、慧；随从外权；靡事商贾；为技艺；游食者；说者；学者。
《去强》	六虱：曰岁；曰食；曰美；曰好；曰志；曰行。有礼有乐，有《诗》有《书》，有善有修，有孝有弟，有廉有辩。
《说民》	辩慧、礼乐、慈仁、任举。
《算地》	《诗》、《书》谈说之士；处士；勇士；技艺之士；商贾之士。
《壹言》	辩说、技艺之民；游学之人。
《靳令》	六虱：曰礼乐；曰《诗》、《书》；曰修善；曰孝弟；曰诚信；曰贞廉；曰仁义；曰非兵、曰羞战。

---

① 参见高亨：《商君书注译》，第44页注。

② 参照郑良树：《商鞅评传》，第267页列表，有改易增加。

《赏刑》	博闻、辩慧、信廉、礼乐、修行、群党、任誉、清浊。
《弱民》	六虱：曰岁；曰食；曰美；曰好；曰志；曰行。
《慎法》	党任；言谈；誉言者；辩慧；仁义。

以上所列的"国害"，从知识的角度看有《诗》、《书》、礼、乐等；从道德修养的角度看有善、修、仁、廉、孝、弟、慈、诚、信、贞、义等；从行为的角度看有辩慧、随从外权、游食、说者、学者、谈说、非兵、羞战、博闻、群党、任誉、清浊、勇士、岁、食、美、好、志、行等；从职业的角度看有商贾、技艺；从人的生存状态来看有处士；从仕进的角度看有任举。可以说，"国害"的思想试图堵塞一切农战之外获得官爵的途径，试图防止一切影响农战的行为。这样，除了必须自觉地服从国家的政策导向，没有其他出路。其本质是用单一的、排他的价值观念否定其他一切价值观，并约束人们的行为，使之适合需要。

除《农战》、《去强》外，在《商君书》的其他篇中，"作壹"有些地方称为"壹"、"壹务"、"壹教"等，有的地方写为"一"，其内容也各有所偏重。《说民》："刑于九则六淫止；赏于一则四难行。六淫止则国无奸；四难行则兵无敌。民之所欲万，而利之所出一。民非一，则无以致欲，故作一。作一则力抟，力抟则强。"其中的"赏于一则四难行"，"赏于一"指的是赏功，"四难行"指的是"务农、力战、出钱、告奸"四件事。[1] 那么，《说民》中的"作一"就是通过"四难行"立功，不仅仅指农战。《画策》："能壹民于战者，民勇；不能壹民于战者，民不勇。""壹"指的是让百姓专一于战争。《赏刑》："圣人之为国也，壹赏，壹刑，壹教。壹赏则兵无敌；壹刑则令行；壹教则下听上。""所谓壹赏者，利禄官爵抟出于兵，无有异施也。""所谓壹刑者，刑无等级"，"所谓壹教者……"，"圣人之治国也，审壹而已矣"。这里的"壹"是统一的意思。概括起来，完整的"作壹"思想包括壹农战、壹刑赏、壹教三个方面。

农战是法思想的重要内容。《弱民》："故明主察法，境内之民无辟淫之心；游处之士迫于战阵，万民疾于耕战。"明君修明法度，国内的百姓就没有淫邪的念头；游说和隐居之士也被迫参加战争，万民都努力农作和战争。《壹言》："夫圣人之立法、化俗，而使民朝夕从事于农也，不可不知也。""故民之喜农乐战也，见

---

① 高亨：《商君书注译》，第57页注，认为"四难行"是"务农、力战、出钱、告奸"四件事。

上之尊农战之士，而下辩说技艺之民，而贱游学之人也。""故圣人之为国也，不法古，不修今，因世而为之治，度俗而为之法。"圣人建立法度，教化风俗，在于使百姓早晚从事于农耕，这是不能不知道的。所以百姓喜欢农战，是因为看见君主尊重农民和战士，抑制辩说和技艺者，卑贱游学之人。所以，治国最重要的是建立法度。如果没有法度，老百姓就不会努力耕战，从而削弱国家。"而今夫世俗治者，莫不释法度而任辩慧，后功力而进仁义，民故不务耕战。彼民不归其力于耕，即食屈于内。不归其节于战，则兵弱于外。"

秦由于实行重农重战的政策，推动了牛耕和铁制农具的广泛使用，农业生产发展非常迅猛。《战国策·赵策一·秦王谓公子他章》说："秦以牛田，水通粮，其死士皆列之于上地，令严政行，不可与战。"从云梦秦简看，秦的养牛业非常普遍，有官有耕牛和私有耕牛，对官有耕牛的考课非常频繁，对考课不合格者惩罚最为严厉，法律对养牛予以保护。秦国使用铁器的历史至迟可追溯到春秋初期，战国时期，秦已设置了铁官，《华阳国志》卷三说，秦惠王时蜀守张若治成都，"置盐铁市官并长丞"，秦律中有"右采铁"、"左彩铁"的官职。牛耕的普遍使用和冶铁业的发展，使农业成为最具革命性的生产部门，具有很大潜力。此外，秦国在秦昭王时，蜀守李冰还修建了大型水利工程都江堰。《史记·河渠书》说都江堰修成后，"此渠皆可行舟，有余则用溉浸，百姓飨其利。至于所过，往往引其水益用溉田畴之渠，以万亿计，然莫足数也。"秦国的农业生产技术也有了显著提高，青铜冶铸有了很大的发展。

秦国重视农业生产的思想确实收到了非常好的效果，在战国中后期，秦国是列国中最为富庶的国家。《战国策·楚策一·张仪为秦破从连横章》记载张仪游说楚王时，宣称秦国"虎贲之士百余万，车千乘，骑万匹，粟如丘山"。董说《七国考·秦食货》引魏文帝《典论》："当七国争斗，秦粟如山。"《史记·货殖列传》说："故关中之地，于天下三分之一，而人众不过什三；然量其富，什居其六。"《汉书·地理志》说："秦地天下三分之一，而人众不过十三，然量其富居什六。"云梦秦简也可以证实这种情况，其中有关粮食储藏、保管和使用的律条占有相当大的篇幅，条规细密。秦储藏谷物的单位为"积"，县以1万石为1积。1石合秦斤120斤，折合现代30.75公斤；则1积为120万秦斤，合30.75万公斤。咸阳以10万石为1积，栎阳以2万石为1积。栎阳、咸阳储藏的粮食数量十分惊人。[①]战国时秦的富庶远非他国可比。

---

① 参见吴福助：《云梦秦简论考》，文津出版社1994年版，第231—232页。

重农重战政策使秦国的军事力量愈来愈强，不断地在战争中取得胜利。秦国的军事领导权牢牢掌握在君主手中，军队的调用必须要有君主的命令，凡调动五十人以上必须要有君主的虎符来会合。杜虎符的铭文规定："兵甲之符，右在君，左在杜。凡兴士披甲，用兵五十人以上，必会君符，乃敢行之。燔燧之事，虽勿会符，行殹。"秦国的军队分为常备军和地方军队，兵种有步兵、骑兵、车兵、弩兵、水师等，训练有素，装备精良，供给充足，军法严格。"物勒工名，以考其诚"的督造制度保证了兵器的制造质量。秦国的兵器虽然主要以青铜兵器为主，但由于生产管理非常严格，制造技术优良，兵器非常锋锐。秦国军队的战斗力非常强。《韩非子·初见秦》描述当时秦国的军事："今秦地折长补短，方数千里，名师数十百万；秦国之号令赏罚，地形厉害，天下莫如也。以此与天下，天下可兼而有也。"（并见《战国策·秦策一》）秦国已经具备了兼并天下的实力。

六、法与刑赏

刑赏是法治的两种具体的手段。刑赏有时称之为赏罚。刑和赏可分开相对而言，也可连称。刑赏作为统治的两种手段，它的作用和意义在秦时得到了深入的探讨。

刑赏的一个作用是强迫和诱导百姓从事农战。胆小怯懦的农民，可以用刑罚威逼他们从事农战；贪财好利的农民，可以用赏赐吸引他们从事农战。《说民》："民勇，则赏之于其所欲。民怯，则杀之于其所恶。""怯民使以刑必勇；勇民使以赏则死。怯民勇，勇民死，国无敌者强，强必王。"[1] 之所以会如此，《算地》从人性的角度做了更透彻的分析，"羞辱劳苦者，民之所恶也。显荣佚乐者，民之所务也"。刑罚会给人们带来羞辱劳苦，从而被憎恶；赏赐会给人们带来显荣佚乐，从而被追求。所以，刑赏可以统一百姓的思想、意志和行为，发挥凝聚力量的作用，使百姓专心于农战，增强国家的综合力量，从而强大、称王。从《农战》来看，只要老百姓专心农战，养成农战的自觉性，就是没有刑罚和赏赐，老百姓也会积极从事农战。这时，刑赏只是推动农战的辅助措施。《农战》："壹则可以赏罚进也。""君修赏罚以辅壹教，是以教有所常，而政有成也。王者得治民之至要，故不待赏赐而民亲上，不待爵禄而民从事，不待刑罚而民致死。"在更多的地方，作者认为刑赏对百姓从事农战能发挥更直接的作用。

---

① 《去强》也有类似的说法。

刑赏被分开论述时，其作用各有所重。刑的作用更偏重于禁奸止过，维持稳定的社会秩序，维护君主的权威地位；赏的作用则主要用于鼓励百姓勇于作战，取得战争的胜利，或用于告奸立功。从这个方面来说，刑赏并不完全等同于现代法学中的刑罚理论。刑罚理论主要论述刑罚的适用性、强度、方式、方法等。刑赏主要是从政治的角度而言的，实际上是统治者行使权力的手段，它论及了刑罚理论，又不限于此。通过刑赏，君主权力得到有效实施，君主的权威性得到维护，君主专制统治得以实现。《修权》："凡赏者文也，刑者武也。文武者法之约也。""约"当为"要"，即纲要的意思。[①] 刑赏是法治的纲要，是文、武两种手段。文武之道，一张一弛，相辅相成，是君主专制统治的秘笈。

在国内统治方面，刑为主，赏为辅。《算地》："夫刑者所以禁邪也，而赏者所以助禁也。""故刑戮者所以止奸也，而官爵者所以劝功也。"刑罚用于禁止奸邪，赏赐主要发挥辅助的作用。在一个国家，重要的是发挥刑赏的作用，才能维持稳定的社会秩序，规范人们的行为。如果不能发挥刑赏的作用，社会就会动荡不安。如该受刑罚的人漏网，那么人们就不会以刑罚为苦，心存侥幸，去追逐私利。如显贵、荣光不出一门，权贵就会巧取名誉，追逐权势。这样，百姓就不怕犯法，刑罚就更加频繁；官吏不执行法令，刑罚就会错乱，从而滋生更多的奸邪之人。在这样的国家中，富人不能保有他们的财产，穷人不能安心从事他们的职业，土地荒废，国家贫穷，国君也缺少赏赐的财物。所以，要让人们憎恶刑罚，追求爵禄。如果相反，那是亡国的征兆。"故圣人之为治也，刑人无官位，戮人无官任。"（《算地》）《开塞》："故以刑治则民威（畏），民威（畏）则无奸，无奸则民安其所乐。"

《商君书》中，重刑主义的主张非常明确。所谓"以刑去刑，国治。以刑致刑，国乱"（《去强》）。重刑主义理论的目的是为了预防犯罪，对于轻罪实行重罚，可以使人们产生恐惧的心理，从而不敢轻易犯罪。而重罪轻罚，或者是罪刑相当，不会取得好的效果。"行刑重轻，刑去事成，国强；重重而轻轻，刑至事生，国削。"（《去强》）"故行刑重其轻者，轻者不生，则重者无从至矣，此谓治之于其治也。行刑，重其重者，轻其轻者，轻者不止，则重者无从止矣，此谓治之于其乱也。故重轻，则刑去事成，国强。重重而轻轻，则刑至而事生，国削。""重轻，刑去。"（《说民》）"以刑去刑，虽重刑可也。"（《画策》）重刑被认为是推行法治的必要的办法。轻刑虽然能将犯罪者绳之以法，但不能使人们产生畏惧，只会增

---

① 高亨:《商君书注译》，第 111 页注。

加受刑的人数。只有重刑，百姓才不敢犯法，才能一国皆善。

> 国皆有法，而无使法必行之法。国皆有禁奸邪、刑盗贼之法，而
> 无使奸邪、盗贼必得之法。为奸邪、盗贼者死刑，而奸邪、盗贼不止
> 者，不必得。必得而尚有奸邪、盗贼者，刑轻也。刑轻者不得诛也；必
> 得者，刑者众也。故善治者，刑不善而不赏善，故不刑而民善。不刑
> 而民善，刑重也。刑重者，民不敢犯，故无刑也，而民莫敢为非，是
> 一国皆善也。（《画策》）

重刑主义思想和秦国司法实践是完全一致的，秦律体现了这点。在刑罚的强度上，轻罪重罚，重罚预备犯和未遂犯，违法与犯罪同罚。在刑罚的适用范围上，实行家属连坐，邻里连坐，职务连坐。在刑罚的方式方法上，秦极尽残酷之能事。此外，对重刑还有若干加重的原则。政治犯罪重于刑事犯罪，对君主犯罪重于一般的政治犯罪；共犯重于单独犯罪，集团犯罪重于一般共犯，群盗重于一般集团犯，教唆未成年犯罪罪最重；累犯重罚，数罪加重，牵连犯从重处罚；故意犯罪重于过失犯罪，执法官吏犯所执法加重处理。[1] 重刑主义理论在秦国被制度化了，成了秦律的底色。云梦秦简中《法律答问》中的案例颇能说明问题。偷采别人的桑叶，虽赃值不满一钱，但却被罚服三旬的徭役。盗窃祭祀用的猪肾一只，虽赃值不满一钱，应判处耐为隶臣。[2]

在秦国，似乎曾发生了"重罚轻赏"和"重赏轻罚"的争论，两种观点相互对立。[3]

> 重罚轻赏，则上爱民，民死上；重赏轻罚，则上不爱民，民不死
> 上。兴国行罚，民利且畏；行赏，民利且爱。国无力而行智巧者必亡。
> （《去强》）

---

[1] 栗劲：《秦律通论》，山东人民出版社 1985 年版，第 200—221 页。

[2] 崔向东：《简帛文献与古代法文化》，湖北教育出版社 2003 年版，第 212—216 页。

[3] 郑良树认为有"重罚轻赏"和"重赏轻罚"的争论。郑良树：《商鞅及其学派》，第 223—229 页。蒋礼鸿认为："何谓轻赏？赏必当其功劳，不滥也。"蒋礼鸿：《商君书锥指》，中华书局 1986 年版，第 30 页。张觉亦认为是不滥加赏赐。张觉：《商君书校注》，第 41 页。本章认为蒋、张的看法是对的，但"重罚轻赏"和"重赏轻罚"的分歧是有的，主要是针对国内统治而言的，赏要慎重。

罚重，爵尊。赏轻，刑威。爵尊，上爱民。刑威，民死上。故兴国行罚则民利，用赏则上重。法详则刑烦；法烦则刑省。

故王者刑于九而赏出一。刑于九则六淫止；赏出一则四难行。六淫止则国无奸，四难行则国无敌。（《说民》）

治国刑多而赏少，故王者刑多而赏一，削国赏九而刑一。（《开塞》）

重刑少赏，上爱民，民死赏。重赏轻刑，上不爱民，民不死赏。（《靳令》）

"重罚轻赏"和"重赏轻罚"的分歧应该主要是针对国内的社会统治而言的。刑的主要功能之一是禁奸止过。《说民》认为"刑于九则六淫止；赏出一则四难行"。"六淫"，《商君书》中没有明确说明。"六淫"似指六欲，即耳欲、目欲、口欲、鼻欲、身欲、心欲。六欲过分，便是"六淫"。淫则作奸犯科。另一说是"六淫"指"六虱"，即岁、食、美、好、志、行。[1]"四难"主要指务农、力战、出钱、告奸四件事。[2]"四难"是人们所恶、难于做到的事。"六淫"是重刑的主要对象；"四难"是"赏一"的主要对象。"赏一"是统一赏赐的标准。《开塞》：

治国刑多而赏少，故王者刑多而赏一，削国赏九而刑一。夫过有薄厚，则刑有轻重；善有大小，则赏有多少。此二者，世之常用也。刑加于罪所终，则奸不去。赏施于民所义，则过不止。刑不能去奸，而赏不能止过者，必乱。故王者刑用于将过，则大邪不生；赏施于告奸，则细过不失。治民不能使大邪不生，细过不失，则国治。国治必强。一国行之，境内独治。二国行之，兵则少寝。天下行之，至德复立。此吾以杀刑反之于德，而义合于暴也。

《开塞》主张"刑多而赏少"和"刑多而赏一"，这两点都是针对于禁奸止过而言的。"刑加于罪所终，则奸不去"，仅仅满足于对犯罪者予以惩处，奸邪是不会断绝的。"赏施于民所义，则过不止"，赏赐仅仅用在百姓认为应该的行为上，过错是不会被禁止的。刑赏都应该发挥预防奸邪和过错的作用，"故王者刑用于将过，则大邪不生；赏施于告奸，则细过不失。治民不能使大邪不生，细过不

---

① 蒋礼鸿：《商君书锥指》，第38页。

② 高亨：《商君书注译》，第57页注。

失，则国治。国治必强"。重刑理论主张轻罪重刑，以恐吓的方式预防犯罪，所以刑罚肯定要重，而且用得多。赏在国内主要用于告奸，但要统一标准，而且要慎重。《开塞》关于"刑多而赏少"和"刑多而赏一"的论述，是对"重刑轻赏"的一个很好的系统说明。"重刑轻赏"有特定的所指，主要指在一个国家内部的统治中发挥的作用，所以，《开塞》总结说："立君之道莫广于胜法。胜法之务莫急于去奸。去奸之务莫深于严刑。故王者以赏禁，以刑劝，求过不求善，籍刑以去刑。"

在对外战争方面，赏依然是最重要的手段。《算地》："故为国之数，务在垦草。用兵之道，务在壹赏。""私赏禁于下，则民力抟于敌，抟于敌则胜。"《错法》："赏行而兵强。""行赏而兵强者，爵禄之谓也。爵禄者，兵之实也。""夫民力尽而爵随之，功立而赏随之，人君能使其民信于此如明日月，则兵无敌矣。"《外内》："民之外事，莫难于战，故轻法不可以使之。奚谓轻法？其赏少而威薄，淫道不塞之谓也。"打仗是要流血死人的事，仅靠刑罚恐吓百姓从军，效果并不见得很好；而重赏才能调动百姓的积极性，使他们觉得有利可图，主动从军，勇敢作战，这点符合人性自利的观点，也符合秦国的实际政策。《外内》论国家对外和对内的政策，认为对外的战争一定要用重赏来激励。

> 故欲战其民者，必以重法。赏则必多，威则必严，淫道必塞，为辨知者不贵，游患者不任，文学私名不显。赏多威严，民见战赏之多则忘死，见不战之辱则苦生。赏使之忘死，而威使之苦生，而淫道又塞，以此遇敌，是以百石之弩射飘叶也，何不陷之有哉？（《外内》）

君主应该积极运用刑赏两种政治手段治国，这在当时的形势下是容易认识的，但《赏刑》认为实际是"易知而难行也"，即容易认识，却难以做到。因为平凡的国君很难做到"壹赏"和"壹刑"。"壹赏"即统一赏赐；"壹刑"即统一刑罚。《赏刑》陈述了"壹赏"和"壹刑"的主张：

> 所谓壹赏者，利禄官爵抟出于兵，无有异施也。夫固知愚、贵贱、勇怯、贤不肖，皆知尽其胸臆之知，竭其股肱之力，出死而为上用也。天下豪杰贤良从之如流水。是故兵无敌而令行于天下。……战必覆人之军，攻必凌人之城，尽城而有之，尽宾而致之，虽厚庆赏，何匮之有矣！……善因天下之货，以赏天下之人。故曰，明赏不费。汤、武

既破桀、纣，海内无害，天下大定，筑武库，藏五兵，偃武事，行文教，倒载干戈，搢笏，作为乐，以伸其德。当此时也，赏禄不行，而民整齐。故曰，明赏之犹至于无赏也。

"壹赏"就是利禄官爵专出于军功，只要做到这一点，就可以使天下所有的人都为君主拼死效力，包括"知愚、贵贱、勇怯、贤不肖"，这样就可以无敌于天下了。重赏不用担心资源的匮乏，完全可以以战养战，依靠掠夺敌国的财富土地用来进行赏赐，所以是"明赏不费"。用战争的方式消灭了敌对势力，使天下归于太平，就用不着赏赐了，"明赏之犹至于无赏也"。

所谓壹刑者，刑无等级，自卿相将军以至大夫庶人，有不从王令、犯国禁、乱上制者，罪死不赦。有功于前，有败于后，不为损刑。有善于前，有过于后，不为亏法。忠臣孝子有过，必以其数断。守法守职之吏有不行五法者，罪死不赦，刑及三族。周官之人，知而讦之上者，自免于罪，无贵贱，尸袭其官长之官爵田禄。故曰：重刑，连其罪，则民不敢试。民不敢试，故无刑也。夫先王之禁，刺杀，断人之足，黥人之面，非求伤民也，以禁奸止过也。故禁奸止过，莫若重刑。刑重而必得，则民不敢试，故国无刑民。国无刑民，故曰：明刑不戮。……故曰：明刑之至于无刑也。

"壹刑"除了重申重刑理论外，具体阐述了以下几个问题：首先，强调了"王令"、"国禁"、"上制"、"王法"的绝对权威性，凡违犯者都"罪死不赦"，甚至要"刑及三族"，反映了刑罚为君主统治服务的特性，这也是"壹刑"的前提。其次，阐明了刑罚的适用范围是"刑无等级"，"自卿相将军以至大夫庶人"都不可免。第三，强调了从严从重、轻罪重罚的处罚原则，具体的刑罚有残酷的肉刑、处死和"刑及三族"等。对于知法犯法的官吏处罚更为严厉。第四，说明了减刑和免刑的原则，有功者、有善者、忠臣孝子都不能在犯罪后予以减刑，只有"知而讦之上者"的告奸者才可免罪，并可继承犯罪者的官爵、土地、俸禄。

刑赏作为政治手段，它的运用者主要是君主。所以，归根结底，刑赏是为君主专制统治服务的。刑赏思想的系统论述，是秦国君主专制统治发展的一个表现。

七、法与道德

从《商君书》的农战思想来看，似乎倾向于否定道德的价值和意义，"国害"理论要求去除一切不利于农战的因素，其中包括善、修、仁、廉、志、行、孝弟、诚信等等。其实，这只是问题的一个方面。如果不全面地考察《商君书》中法与道德的思想，对这个问题的认识将会是偏颇的。《商君书》在否定一些道德观念和道德行为的同时，主张建立与法思想相适应的道德观念，实际上是主张更新道德价值和道德标准。

《商君书》肯定法思想中包含着道德的因素。《去强》："刑生力，力生强，强生威，威生惠。惠生于力。"《说民》："刑生力，力生强，强生威，威生德。德生于刑。"《靳令》："力生强，强生威，威生德，德生于力。"① 在三个不同的地方，这句话的文字略有差异，但基本意思是一样的。"德"与"惠"相对应。刑罚产生实力，实力产生强盛，强盛产生威力，威力产生恩惠。"刑"是君主实施，"德"是君主所赐。君主以刑防止犯罪，使百姓免于刑罚，是君主对百姓的爱护，是君主对于百姓的恩赐。所以，以法为治本身就是道德的，不需要专门的德治。正因为以法为治可以给老百姓带来好处，所以，君主应该崇尚刑杀、强力。《错法》："故凡明君之治也，任其力不任其德，是以不忧不劳，而功可立也，度数已立，而法可修。""任其力不任其德"，法度才能修明。正因为"德"出于君主，治国实施重刑又被称为"至德复立"（《开塞》）。"德"出于君主避免了私德流行，避免了百姓接受私人的恩惠而为私人效力，这样才能达到富国强兵的目的。《错法》："功立而富贵随之，无私德也，故教流成。如此，则臣忠君明，治著而兵强矣。"

刑杀能够威吓百姓，减少犯罪，是道德的，暴力体现的是所谓的"义"。《开塞》："此吾以杀刑之反之于德，而义合于暴也。"君主实行强权、刑杀，才能推行仁义。《靳令》："力生强，强生威，威生德，德生于力。圣君独有之，故能述仁义于天下。"只是这种仁义和儒家孔孟所说的仁和仁义有本质的区别。《论语·颜渊》记载：孔子的弟子樊迟向孔子请教什么是仁，孔子回答"爱人"。《孟子·离

---

① 马王堆汉墓帛书《经法·论》中有"［强生威，威］生惠（慧）生正，［正］生静"。其中"强生威，威"四字整理者据《商君书·去强》补入，两者在思想上应有一定联系。见马王堆汉墓帛书整理小组编：《马王堆汉墓帛书·经法》，文物出版社1976年版，第28、31页注。

娄下》记载孟子说："仁者爱人，有礼者敬人。爱人者，人恒爱之；敬人者，人恒敬人。"孔子所说的仁是基于血缘关系之上的内在情感，是对人生命的珍爱和对人生存的关爱，进而成为一种最高的道德境界，甚至孔子认为自己还不是仁者。孟子将"仁义"归结于心的功能。孟子认为人有"心之四端"："无恻隐之心，非人也；无羞恶之心，非人也；无辞让之心，非人也；无是非之心，非人也。恻隐之心，仁之端也；羞恶之心，义之端也；辞让之心，礼之端也；是非之心，智之端也。"（《孟子·公孙丑上》）孟子所说的"仁"是一种内在的心理自觉，"义"是一种外在的伦理规范，"仁"和"义"都是心的功能，它们自然是统一的，是"仁义"。

《商君书》明确反对儒家的仁爱思想。《说民》："慈仁，过之母也。"《商君书》对仁义的解释是"吾所谓利者，义之本也。而世所谓义者，暴之道也"（《开塞》）。利益是义的根本，义就是暴力的原则。正因为利益是义的根本，所以，"今世之所谓义者，将立民之所好，而废其所恶。此其所谓不义者，将立民之所恶，而废其所乐也"。今世人们所说的义应是能够满足老百姓渴望得到的，废除老百姓所憎恶的。所谓不义，就是要建立老百姓所憎恶的，废除老百姓所喜爱的。实际上两者应该颠倒过来。"立民之所乐，则民伤其所恶。立民之所恶，则民安其所乐。"如果一味地满足老百姓的渴望，结果老百姓对他们憎恶的东西就会不以为意，反而受到伤害。立法重视老百姓所憎恶的，老百姓就会谨慎对待，从而得以享受他们所喜爱的。最好就是用重刑的手段，使老百姓不敢犯法，这才符合老百姓的利益。以利益作为义的根本，和墨家的思想很相似。《管子》也肯定义利统一。不过，《开塞》所说的义强调的是大多数人的利益，认为只有重刑的手段，才能予以保证。《画策》对这种仁义义观加以总结：

> 故曰：仁者能仁于人，而不能使人仁。义者能爱于人，而不能使人爱。是以知仁义之不足以治天下也。圣人有必信之性，又有使天下不得不信之法。所谓义者，为人臣忠；为人子孝；少长有礼；男女有别；非其义也，饿不苟食，死不苟生。此乃有法之常也。圣王不贵义而贵法，法必明，令必行，则已矣。

仁者能够怜悯别人，而不能使人怜悯。义者能够爱人，而不能使人相爱。所以，这样的仁义是不足以治天下的。圣人具有使人必信的品性，又有使天下之人不得不信的方法。所谓的义，是作为人臣的具有忠，作为人子的具有孝，年少年长的人之间有礼貌，男女之间有分别。如果不符合义，挨饿也不苟且吃饭，宁死也不苟且偷生。这些都是有法的恒常现象。因此，圣王不重视义而重视法度，法度必须明确，政令必须实行，这样就够了。《画策》这段话，先批评了儒家所追求的仁义无益于治，接着充分肯定了义等道德必须适应法的要求，如忠、孝等。这些道德已经是法规定的道德律令，虽然是同样的仁义、忠、孝等名词，但其思想内涵和儒家有本质的不同。《慎法》："故有明主忠臣产于今世，而能领其国者，不可以须臾忘于法。"明主忠臣是法治的产物。

从适应法思想、树立新道德出发，《商君书》提出了"以奸民治善民"的极端主张，反对善的行为，反对国家任用善民，认为"以奸民治善民"，才能使国家得到有效的治理，进而强大。《去强》："国以善民治奸民者，必乱，至削；国以奸民治善民者，必治，至强。"何为善？何为奸？《说民》："用善则民亲其亲。任奸则民亲其制。合而复者善也。别而规者奸也。章善则过匿。任奸则罪诛。过匿则民胜法。罪诛则法胜民。"任用善民，老百姓就会亲爱自己的亲人；任用奸民，老百姓就会尊重国家的法制。"善"就是兼顾别人，掩盖别人的罪恶；"奸"就是只顾自己，监视别人的行为。君主表彰善民，犯罪就会被包庇；任用奸民，犯罪者就会被诛杀。犯罪被包庇，就是百姓胜过法度；犯罪者被诛杀，就是法度胜过百姓。显然，善民是重视血缘亲情，因之包庇犯罪者的人；奸民是不顾血缘亲情而以法治为准绳的人。善民、奸民使人想起《论语·子路》中所记载的一件事，叶公告诉孔子说："我们那儿有个坦白直率的人，他父亲偷了羊，他便告发。"孔子说："我们那里坦白直率的人和你们的不同：父亲替儿子隐瞒，儿子替父亲隐瞒，直率就在其中。"孔子所说的"父为子隐"、"子为父隐"大概就属于《商君书》中所说的善民的行为；叶公所说的"证父攘羊"者大概就属于《商君书》中所说的奸民的行为。很显然，在实行法治的社会里，善民的行为虽然符合人情，却会破坏法治；奸民的行为虽然违背人情，却有利于法治的实施。"以奸民治善民"，宣告了基于血缘亲情基础上的道德观已经不适合法治的要求。奸民不顾亲情，不顾友谊，胆大敢为，维护法治，他们的行为虽为重视血缘亲情的人们所不齿，但更符合新的要求。

《商君书》列举了提倡善行的不利之处。一是容易引起违法犯罪的奸邪行为。《去强》："国为善，奸必多。"《弱民》："上舍法，任民之所善，故奸多。"对这种情况，君主应该采取的针对性的措施是不提倡基于血缘亲情基础之上的善行，而以法为唯一的行为准则。《君臣》："法制设而私善行，则民不畏刑。"《赏刑》："有善于前，有过于后，不为亏法。忠臣孝子有过，必以其数断。"只有实行法治，

才能一国皆善，"故不赏善而民善。赏善之不可也，犹赏不盗"。"求过不求善，籍刑以去刑。"（《开塞》）二是巧言虚道流行，容易破坏法所规定的农战刑赏的政策。《慎法》："世之所谓贤者，言（善）正也。所以为善正，党也。听其言也，则以为能，问其党以为然，故贵之不待其有功，诛之不待其有罪也。此其势正是污吏有资，而成其奸险；小人有资，而施其巧诈。"人们所谓的贤者是良善正直的人，这是出于他们同党的称誉。君主听他的言论，认为他是贤能；问他的同党，都认为属实。不待有功就给予官爵；不待有罪就加以刑罚。这种情况，正好使贪官污吏有所凭借，成就他们的奸险；使小人有所凭借，施展他们的巧诈。《靳令》："任功则民少言，任善则民多言。"《弱民》："法枉治乱，任善言多。"君主应该坚持法治，杜绝善言。"法已定矣，不以善言害法。""以刑治，以赏战，求过不求善。"（《靳令》）"所谓'治主无忠臣，慈父无孝子'，欲无善言，皆以法相司也，命相正也"。（《画策》）

在具体的道德规范中，《商君书》特别重视"忠"。《农战》："下卖权，非忠臣也，而为之者，以末货也。"《错法》："如此，则臣忠君明，治著而兵强矣。"《修权》："授官予爵，不以其劳，则忠臣不进。"《画策》："所谓义者，为人臣忠；为人子孝。"《慎法》："有明君忠臣产于今世，而能领其国者，不可须臾忘于法。"很显然，"忠"的规范已经从属于法。

道德是衡量人的行为正当与否的观念标准，它从属于意识形态，往往是统治集团根据自身的利益需要而创造的精神产物。《商君书》中所反映的道德观念，就是秦国在建立法这种意识形态的过程中形成的，和农战、刑赏有更多的联系，并希望通过强制性的手段普遍推行。它对仁、义、忠、孝的解释，对奸民、善民的认识，和儒家等有本质的区别，反映了它的特殊性。这些独特的观念说明，秦国正在努力建立与法相适应的道德秩序，使道德观念随着社会的经济、政治和文化的发展变化而变化。

八、法的功能

法作为意识形态，是社会存在的反映，但同时对社会存在的发展发挥着巨大的作用。在秦国，法主要发挥着解释、美化、教育的功能。

（一）法的解释功能

秦在商鞅变法之后，逐步建立起了君主专制集权统治的国家，这是中国古代政治形态的一个重要变化。《商君书》中的相关篇章对国家的产生及政治形态的演变进行了阐释，目的在于对现实政治进行合理的解释。

对于国家，《商君书》认为它是人类社会发展到一定历史阶段的产物。在国家产生之前，普遍地经过了一个没有君主的社会。随着经济社会的发展，人口的增多，人和人之间产生了斗争，社会出现了混乱；为了消除混乱，建立秩序，于是出现了国家和君主。《开塞》："古者，民藂生而群处，乱，故求有上也。然则天下之乐有上也，将以为治也。"《君臣》："古者未有君臣上下之时，民乱而不治。是以圣人列贵贱，制爵位，立名号，以别君臣上下之义。地广，民众，万物多，故分五官而守之。民众而奸邪生，故立法制、为度量，以禁之。是故有君臣之义、五官之分、法制之禁。"也就是说，君主和相应的国家制度是为了适应人们对社会秩序的要求而产生的。这种观点和《墨子·尚同》关于国家起源问题的论说是比较相似的："天下乱也，至如禽兽然。无君臣上下长幼之节，父子兄弟之礼，是以天下乱也。明乎民之无正长，以同天下之义，而天下乱也，是故选择天下贤良圣智辩慧之人，立以为天子，使从事乎一同天下之义。"《墨子·尚同》更明确地指出君主是人们共同推举的，其他诸侯官吏也是举贤荐能的结果。被人们推举出来的君主，他们的权力是大家赋予的，有序的生活是人们的共同愿望。国家起源问题一直是政治学、历史学研究中受到关注的问题，不同的学者有不同的观点。《商君书》等指出了国家起源的历史必然性，这是有意义的地方。这种国家起源论的依据是什么？作者没有明确说明，其取向应该主要是现实的，它对社会秩序的特别重视显示出秦国法治所追求的方向的历程。

关于人类社会的发展，《开塞》分为上世、中世、下世三个阶段。上世是依靠血缘维系的社会，所以人们以亲情作为政治的规范与准则；中世是依靠道德维系的社会，所以人们"立中正"、"上贤"、"说仁"；下世是依靠君主与官僚制度统治维系的社会，所以人们尊重官吏。作者将人类社会的发展看做是从血缘、道德向君主专制统治发展的历程。

> 天地设而民生之，当此之时也，民知其母而不知其父，其道亲亲而爱私。亲亲则别，爱私则险，民众，而以别险为务，则民乱。当此时也，民务胜而力征，务胜则争，力争则讼，讼而无正，则莫得其性也。故贤者立中正，设无私，而民说仁。当此时也，亲亲废，上贤立矣。凡仁者以爱利为务，而贤者以相出为道。民众而无制，久而相出为道，则有乱。故圣人承之，作为土地货财男女之分。分定而无制，不可，故立禁。禁立而莫之司，不可，故立官。官设而莫之一，不可，

故立君。既立君，则上贤废而贵贵立矣。然则，上世亲亲而爱私，中世上贤而说仁，下世贵贵而尊官。上贤以道相处也，而立君者使贤无用也。亲亲者以私为道也，而中正者使私无行也。此三者非事相反也，民道弊而所重易也，世事变而行道异也。(《开塞》)

《开塞》关于人类社会发展的叙述，其目的并不是对这个问题本身做多么深入的论证，重点在于说明"世事变而行道异也"(《开塞》)，即社会发展变化了，治道也应不同，应该与时俱进，实行变法。在当时的社会形势下，必须实行以法为治。这是其最终的落脚点，也申明了法是时代的产物。《开塞》认为在当时是"强国事兼并、弱国务力守"，必须把握住社会的脉搏，理性地分析当时的变化，坚决地实行法治，"立君之道莫广于胜法"。从社会现实出发，不能盲目地"法古"，甚至不能拘守于现代世俗的看法。"圣人不法古，不修今。法古则后于时，修今则塞于势。"[1] 在上古时代，人们行为的出发点是"爱私"。中世时人们通过道德约束"私"，下世时人们通过君主与官僚制度、"法"约束"私"。"法"超越了"私"和道德，道德被认为落后于时代，无益于治，"私"则被认为是"民生之"就具有的品性，与法是对立的。只有法才能适应时代的需要。《商君书》的佚文《六法》也说："今时移而法不变，务易而事以古，是法与时诡，而事与务易也。""故圣人之治国也，不法古，不循今，当时而立功，在难而能免。"[2]

《商君书》和《史记·商君列传》都记载了商鞅与甘龙、杜挚的辩论，《商君书》的记载更为详明。《商君书》中的记载篇名为《更法》[3]，更法与变法同意，全篇以"变"为辩论核心，反映了变法思想。

变法的"变"为"改变"、"更改"的意思。秦孝公虽然有"求强"的愿望，同意商鞅的变法主张，但心中仍有疑惑，所以将商鞅、甘龙、杜挚等人召集在一起，进行了讨论，"虑世事之变，讨正法之本，求使民之道"。秦孝公首先说出了自己的犹豫，"今吾欲变法以治，更礼以教百姓，恐天下之议我也"。甘龙、杜挚主张"不易"、"不变"，因循旧的礼俗法度治理国家，这样就不会有人议论批评君主了。商鞅则坚决主张变法，指出"法者所以爱民也；礼者所以便事也。是以

---

[1] "不修今"的"修"当为"循"。《群书治要》引《商君书》佚篇曰："圣王之治国也，不法古，不循今。"蒋礼鸿：《商君书锥指》，第53页。

[2]《六法》见高亨《商君书注译》后附录。

[3]《更法》开篇即言"孝公平画"。孝公为谥号，所以，本篇历来被认为不是商鞅亲著，但反映了变法争论的实际情况。

圣人苟可以强国，不法其故；苟可以利民，不循其礼"。并指出一般的"学者"、"常人"之所以不同意变法是"安于故习"、"溺于所闻"，进而从历史发展的角度论述了随着时代的变化要制定适应时代需要的政治法度，不应一味地因循旧的礼俗法度。

> 三代不同礼而王；五霸不同法而霸。(《更法》)
>
> 前世不同教，何古之法？帝王不相复，何礼之循？伏羲、神农教而不诛，黄帝、尧、舜诛而不怒。及至文、武，各当时而立法，因事而制礼。礼法以时而定。制令各顺其宜。兵甲器备，各便其用。臣故曰：治世不一道，便国不必法古。汤、武之王也，不循古而兴。殷、夏之灭也，不易礼而亡。然则反古者未可非，循礼者未足多也。君无疑矣。(《更法》)

《画策》进一步从历史的角度论证变法和重刑的必然性：

> 昔者昊英之世，以伐木杀兽，人民少而木兽多。黄帝之世，不麛不卵，官无供备之民，死不得用椁。事不同，皆王者，时异也。神农之世，男耕而食，妇织而衣，刑政不用而治，甲兵不起而王。神农既没，以强胜弱，以众暴寡，故黄帝作为君臣上下之义，父子兄弟之理，夫妇妃匹之合；内行刀锯，外用甲兵。故时变也。由此观之，神农非高于黄帝也，然其名尊者，以适于时也。故以战去战，虽战可也。以杀去杀，虽杀可也。以刑去刑，虽重刑可也。
>
> 昔之能制天下者，必先制其民者也；能胜强敌者，必先胜其民者也。故胜民之本在制民，若冶于金，陶于土也。本不坚，则民如飞鸟禽兽，其孰能制之？民本，法也。故善治者塞民以法，而名地作矣。

昊英、神农、黄帝时代的特点、社会形势各不一样，所以他们的指导思想和政治手段也不一样，当今时代是法的时代。面对战争，只有用战争的手段才能取得胜利，只有刑杀才能适应战争的需要，才能维护必要的社会秩序，才能获得名誉和土地。

《商君书》还注意到法要有相对的稳定性，以便于遵守和"制民"，君主本人则要追求多变，以更好地维护君、臣、民的政治秩序，达到驭领臣民的目的。"法有，民安其次；主变，事能得齐。国守安，主操权利。故主贵多变，国贵少变。"（《弱民》）这种"多变"与"少变"的思想已不同于开始变法时"与时俱变"的口号了，对法强调的更多的是"法已定矣"，"法立而不革"（《弱民》）。变法与法的稳定性是相对而言的。法要随着时代的进步而变化，但当法适应了时代的需要，适应了统治者的需要之时，法就需要相对的稳定性了。

商鞅与甘龙、杜挚的辩论体现了变法重"时"与"事"的特点。《更法》中商鞅一再强调"疑事无功"，"愚者闇于成事"，"礼者所以便事也"，"拘礼之人不足与言事"，"各当时而立法，因事而制礼。礼法以时而定，制令各顺其宜"。"时"最初指自然时间，《说文》："四时也。"《论语·阳货》："天何言哉？四时行焉，百物生焉，天何言哉？"春夏秋冬四时的季节变化与人们的生活和生产有密切的关系。对自然的把握，是人们进行生产活动的重要条件，尤其是对自然依赖很强的农业生产，必须抓住四季变化的规律。进而，人们把"时"推衍到人事上，讲求审时度势，把握时机、时势。战国时期，各家各派都非常重"时"。商鞅变法关于"时"的思想特点，是将自然时间转化为历史时间，"时"指历史时代的不同、历史形势的发展变化，提出因时俱变，根据时代的不同采取不同的统治方式，进行"变法"、"更礼"。"时"与"变"自然地联系在一起。

"事"最初指渔猎耕作之事，随着社会进化、国家产生之后，社会的公共管理成为政事。《说文解字》："事，职也。"在殷周史料中，"事"已常常特指国家政事。如《左传》成公十三年："国之大事，在祀与戎。"《国语·周语上》："王曰，史帅阳官以命我司事"，韦昭注："司事，主农事也。"总之，祀事、戎事、农事、讼事，皆王朝大事。"事"特指"政事"这样一点，甚至还延续到了后世。汉代时王朝旧制旧典，就称为"故事"。《论衡·程材》："然而儒生务忠良，文吏趋理事。……儒生所学者，道也；文吏所学者，事也。"这里"事"指的就是政事。①商鞅所论之"事"自然不是指一般意义的事情，而是指国家政事。"事"与"功"则有密切的关系。

商鞅变法尚功利，《更法》记载商鞅的话说："疑行无名，疑事无功。"引用郭偃的话说："成大功者不谋于众。"和商鞅辩论的甘龙、杜挚也以功利作为反对变法的依据，"不劳而功成"，"利不百，不变法；功不十，不易器"，反映了强烈的功利思想倾向。最初，"功"是指某项具体的工作、事情。王力先生《同源字

---

① 阎步克：《士大夫政治演生史稿》，第47页。

典》："工"是手工业工人，"功"是工作，"攻"是进行工作，三字同源。①《诗经·豳风·七月》："载缵武功。"传："功，事也。"又"上入执宫功"。郑笺："可以上入都邑之宅，治宫中之事也。"《小尔雅》亦云："载、功、物，事也。"工作时总要用力，所以《说文解字》释"功"："从力从工。"以积极努力的态度从事工作，就会有所成就、就会有所得，故《尔雅·释诂下》："功，成也。"《小尔雅》："功，胜也。"又，器物的精美、细致、坚利，亦可称"功"。《国语·齐语》："辩其功苦。"注："功，牢也；苦，脆也。"《管子·七法》："器械功则伐而不费。"概而论之，"功"是指事情、工作，进而可指用力而有所成就，有所得。从"功"的字源来看，首先是对事实的肯定，进而体现了一种注重结果、注重实效的价值理念。同时，"功"还肯定了人的主观努力，将人的努力与成绩结果统一在一起。

从君主个人的角度而言，主张因时变法，其目的在于追求政治成功，建立不同凡响的事业。个人的声誉、地位、利益和历史发展、政治成功联系在一起，不单纯地追求个体的快乐和幸福，而是注重通过具有社会意义、历史价值的事情实现个体价值，"成事"、"成功"等说法将最后的结果提升到首要地位，将"时"、"事"、"功"结合在一起。

《商君书》阐释了国家的起源、人类社会的发展以及实行法治的必然性，其核心思想是与时俱进、实行变法。同时，《商君书》主张将个人和社会发展、历史潮流结合起来，投身于建功立业，才能实现个人的价值。这可以说是对个人、社会、历史的一个总体的解释。解释本身也发挥着大造舆论的作用。它是自上而下的思想宣传，对于巩固秦国的发展具有非常重要的意义。

（二）法的美化功能

法作为意识形态，既具有理想性，也具有现实性。就其理想性而言，它确立了圣人政治为理想的政治类型；就其现实性而言，它鼓励君主追求圣人政治，并将其加以美化。

《更法》中秦孝公用简明的语言说明了君臣各自的责任和义务："代立不忘社稷，君之道也；错法务明主长，臣之行也。"继承君位不能忘了社稷国家，这是为君的原则；通过建立法度努力使君主成其光明，这是人臣的行为。孝公之言所强调的君之道和臣之行，说明了变法所必须遵守的一个重要的前提条件，变法本身是自上而下的，巩固君主地位，强化君主权力，自然而然是变法的重要目的。商鞅对这一点有明确的认识，认为变法完全取决于君主本人的意愿，君主要有所

---

① 王力：《同源字典》，商务印书馆 1982 年版，第 376 页。

谓的"高人之行"、"独知之虑",不需要考虑百姓的任何意见。商鞅变法的具体形式最初是以君主之"令"进行的,如《变法令》、《垦草令》等。这种"令"是秦国在变法中颁布的成文法,具有无比的权威性。《韩非子·定法篇》说:"法者,宪令著于官府,刑罚必于民心;赏存乎慎法,而罚加乎奸令者也。""令"是成文的、公开的、普遍的和强制的,充分显示了君主在变法中的核心和主导地位。君主所具有的这种地位使人们将政治理想的实现寄托在他的身上。

《更法》中,商鞅说:"是以圣人苟可以强国,不法其故;苟可以利民,不循其礼。"甘龙说:"圣人不易民而教,知者不变法而治。"将理想中的君主称为"圣人",从此成为一种惯例。《商君书》中,除《更法》外,《农战》、《算地》、《开塞》、《壹言》、《错法》、《靳令》、《徕民》、《赏刑》、《画策》、《定分》等篇都有类似的称呼。由于《商君书》中的个别篇章可能成于秦帝国时期,如《定分》①,所以这种称呼也应该一直延续到秦帝国时期。

对于"圣人",顾颉刚认为它最初只是"声入心通","闻声知情"的意思,演绎为"通达","通晓"。最初的"圣人"不过是"聪明"、"多智"、"能干"、"明德"的人,没有什么神秘的意思。春秋战国时代的社会动乱使人们期望能够出现一个伟大人物结束战争,实现统一,这个理想人物被称为"圣人",并被赋予了种种神秘色彩。到了汉代,纬书中关于圣人神异的记载,更是发展到了顶点。②日本学者认为:"圣"的古字形中保存着上古的巫术·宗教性意识形态之下造字的痕迹,西周时代的"圣"是通达和领会神意,殷周时代的王实际上是伟大圣人,即最高巫师,体现了巫术·宗教与政治没有明确区分的文化特征。西周末期和春秋时期,"圣"的观念出现两大趋向,一是坚持西周圣人(或圣王)的基本内容,另一是怀疑天(或上帝)的至善性,从而提出"天道自然"观念。"圣人"的神秘性不是后来增加的,而是原来就有的。③两种观点有很大不同,但都认为春秋战国的"圣人"具有神秘的色彩,具有神圣性。

商鞅变法之后,圣人几乎成为理想君主的专用称呼,"圣人治国"、"圣人为国"的说法在《商君书》中屡屡出现。《农战》:"故圣人明君者,非能尽其万物也,知万物之要也。故其治国者,察要而已矣。""圣人知治国之要,故令民归心于

---

① 《定分》中有郡县、诸侯、天子、天子之吏、丞相等名词,又有"一兔走,百人逐之,非以兔也"等语,应是秦统一以后的作品。参见郑良树:《商鞅及其学派》,第129—138页。

② 顾颉刚:《"圣"、"贤"观念和字义的演变》,《中国哲学》第一辑,三联书店1979年版。

③ [日]窪田忍:《中国哲学思想史上"圣"的起源》,《学人》第一辑,江苏文艺出版社1991年版。

农。"这里，肯定"圣人"在知识上无法穷尽万物，但能把握住万物的关键，能把握住治理国家的关键。"圣人"怎么会懂得"治国之要"呢？《商君书》认为："圣人"懂得事物发展的必然规律，了解历史形势的发展变化，根据必然规律和历史形势的发展变化治理国家。《画策》："圣人知必然之理、必为之时势，故为必治之政，战必勇之民，行必听之令。"圣人还是具有创造性的君主。圣人的创造性经常用"作"字来描述，意味着着他的思想与政策是前所未有的创新。《农战》："凡治国者，患民之散而不可抟也，是以圣人作壹，抟之也。"《开塞》："故圣人承之，作为土地货财男女之分。"这种"圣人"基本与道德没有联系。在这种关于圣人的描述中，圣人按照事物的必然规律、历史形势的发展变化治理国家。《墨子》、《管子》、《荀子》等书中都有类似的观点，即圣人是明于治乱治道、具有治理天下能力的人。

圣人是秦国塑造的理想君主的形象，这个理想君主又不同于儒家、道家。孔子心目中的圣人必须具备三个条件：生而知之；要修己，有崇高的德行；要能博施济众，安定百姓。孟子继承了孔子的圣人观，为圣人增加了十分神秘的色彩。《孟子·尽心下》："大而化之之谓圣，圣而不可知之之谓神。"道家的圣人则是道法自然、无为而治的君主。在《商君书》中，圣人被认为能够"不法古、不修今"、推行变法（《开塞》、《壹言》），可以"观俗立法"、"度俗为法"、"立法化俗"（《算地》、《壹言》），可以实行农战、"治国作壹"（《农战》、《算地》），可以以法为治、实行重刑（《赏刑》、《画策》、《定分》）。《商君书》中的篇章，常常对所论述的问题条分缕析，最后用"故圣人……"的句式加以总结。可以说，凡是法思想所涉及的内容及秦国"治、富、强、王"的目标都能够被圣人所实现，圣人是以法为治的化身。

理想的自然是美好的。《商君书》中常常用古代圣王比拟以法为治的圣人。《更法》强调："前世不同教，何古之法？帝王不相复，何礼之循？"从历史发展的角度证明变法的必然性，列举的古代圣王有伏羲、神农、黄帝、尧、舜、汤、文、武。《算地》提到的"必以其所难胜其所易"的有尧、舜、汤、武。《开塞》将"取之以力，持之以义"的汤、武作为楷模。《错法》有"三王五霸"。尧、舜、汤、武最受称道："且古有尧、舜，当时而见称。中世有汤、武，在位而民服。此三王者，万世之所称也，以为圣王也。"（《徕民》）在《商君书》看来，古代圣王的所作所为符合法的精神，才取得了非凡的功业。

昔汤封于赞茅，文王封于岐周，方百里。汤与桀战于鸣条之野，武王与纣战于牧野之中，大破九军，卒裂土封诸侯，士卒坐陈者，里有书社。车休息不乘，从马华山之阳，从牛于农泽，从之老而不收。此汤、武之赏也。故曰：赞茅、岐周之粟，以赏天下之人，不人得一升；以其钱赏天下之人，不人得一钱。故曰：百里之君而封侯其臣，大其旧，自士卒坐陈者，里有书社，赏之所加，宽于牛马者，何也？善因天下之货，以赏天下之人。故曰：明赏不费。汤、武既破桀、纣，海内无害，天下大定，筑五库，藏五兵，偃武事，行文教，倒载干戈，搢笏，作为乐，以申其德。当此时也，赏禄不行，而民整齐。故曰：明赏而至于无赏也。（《赏刑》）

《赏刑》的核心是"壹赏"、"壹刑"、"壹教"。上所引的一段一方面肯定"利禄官爵抟出于兵"，另一方面肯定"善因天下之货，以赏天下之人。故曰：明赏不费"。其对汤武的赞赏溢于言表。赞美理想，当然对君主有鞭策作用，同时也是对为实现理想而不懈努力的现实的充分肯定，是对秦国以法为治的政治的赞美。

《商君书》中，还将理想君主称为"明主"、"明君"、"明王"，含义和圣人观念、圣王政治是一样的。在文献资料中，秦国君臣对秦国政治公开的讴歌和赞颂很少见，而通过圣人观念、圣王政治予以赞美就巧妙得多了。美化也是一种舆论宣传，重点集中在君主本人身上。

（三）法的教育功能

秦在发展和完善法思想的过程中，非常重视教育。这种教育不是一般的文化知识的教育，而是一种意识形态的教育，试图通过教育达到统一思想、统一意志、统一行为的目的。教育的内容主要是法思想所包含的农战和刑赏。《农战》："善为国者，其教民也，皆作壹而得官爵，是故不官无爵。""君修赏罚以辅壹教，是以教有所常，而政有成也。"若不坚持以农战和刑赏教民，而听任百姓"务学诗书"、"随从外权"、"靡事商贾"、"为技艺"、"说者成伍"、"以言相高"，那么，"民以此为教者，其国必削"，"民以此为教，则粟焉得无少，而兵焉得无弱也"，"此贫国弱兵之教也"（《农战》）。其教育的出发点仍然是富国强兵。

《赏刑》系统地提出了"壹赏"、"壹刑"、"壹教"的主张。"壹赏"、"壹刑"、"壹教"又被称为"参教"，是最重要的教育内容，"此臣所谓参教也"（《赏刑》）。"壹赏"就是统一赏罚，利禄官爵专出于军功，鼓励百姓通过军功获得官爵。在战争中，利用别国的物质财富进行赏赐，叫"明赏不费"。战争胜利，百姓可以过上和平安定的生活，"故曰：明赏之犹至于无赏也"。"壹刑"就是"刑无等级"，不论身份、地位，不论有功、有德，凡是犯罪，"不为损刑"，"不为亏法"。刑罚的作用是"禁奸止过"。要"禁奸止过"，没有比重刑更有效的了。重刑会使百姓恐惧，不敢以身试法，可以减少犯罪，叫"明刑不戮"。这样可以达到海内大治，"故曰：明刑之犹至于无刑也"。"壹教"就是用"能战者践富贵之门"、"强梗焉，有常刑而不赦"教育百姓，使百姓养成乐于战争的习俗，"此臣之所谓明教之犹至于无教也"。

秦国教育的目的在于养成乐战重刑的社会风俗。这种社会风俗和治、富、强、王是统一的。如果没有形成这种社会风俗，人们忍受饥寒而不愿意通过战争获得爵禄福贵，那对国家来说是非常危险的。《靳令》："有饥寒死亡，不为利禄之故战，此亡国之俗也。"对于处于激烈的兼并战争中的秦国来说，这既是经验的总结，又是军国主义的说明。这种教育本质上是一种价值观的教育和行为模式的训练，以形成整齐划一的价值观和行为模式。

作为一种意识形态教育，秦国的教育带有强制和命令的性质，《慎法》："故吾教令：民之欲利者，非耕不得；避害者，非战不免。"在教育的形式上，这种教育与文化教育和知识教育也不同，它更多依靠刑赏等手段和典型性示范来对大众加以引导，并且在中国历史上影响深远。

九、法与法家

法家在传统思想史、哲学史研究中，是先秦诸子中的重要一派。在对秦国的商鞅变法和法思想进行系统的观察之后，我们在这里对法与法家的关系及法家本身谈一些基本的看法。

将法家作为先秦诸子的一派提出的是汉人。司马迁的父亲司马谈在《论六家之要旨》中说："夫阴阳、儒、墨、名、法、道德，此务为治者也，直所从言之异路，有省有不省耳。""法家严而少恩，然其正君臣上下之分，不可改矣。""法家不别亲疏，不殊贵贱，一断于法，则亲亲尊尊之恩绝矣。可以行一时之计，而不可长用也，故曰'严而少恩'。若尊主卑臣，明分职不得相逾越，虽百家弗能改也。"《论六家之要旨》确定了法家在先秦诸子中的地位，同时指出了其思想特点是"一断于法"、"尊主卑臣"。

《汉书·艺文志》承袭刘向、刘歆《七略》的说法，在《诸子略》中专门分出"法家"，并指出："法家者流，盖出于理官，信赏必罚，以辅礼制。""及刻者为之，则无教化，去仁爱，专任刑法而欲以致治，至于残害至亲，伤恩薄厚。"

《汉书·艺文志》提出了著名的"诸子出于王官"说，同时强化了人们对法家专任刑法、残酷无仁的印象。

相比于《论六家之要旨》、《汉书·艺文志》，《淮南子·要略》关于"商鞅之法"的论述更值得注意。《淮南子·要略》追述了齐桓公时期的形势及《管子》一书的产生；齐桓公之后齐景公在位时齐国的衰落及"晏子之谏"的出现；六国诸侯"各自治其境内，守其分地，握其权柄，擅其政令，下无方伯，上无天子，力征争权"的形势及纵横之术的产生；韩国申不害制定律令及刑名之书的产生；"秦国之俗，贪狼强力，寡义而趋于利，可威以刑，而不可化以善，可劝以赏，而不可厉以名，被险而带河，四塞以为固，地利形便，蓄积殷富，孝公欲以虎狼之势而吞诸侯，故商鞅之法生焉"。《淮南子·要略》更加注重社会形势和学术思想的关系。从齐桓公及《管子》一书的产生到秦孝公及"商鞅之法"的产生，《淮南子·要略》虽是分开各自描述，也不全面和准确，但仍给人们提供了一个法家思想发展的线索。

在20世纪的中国思想史、哲学史研究中，子学占据着核心地位。不过，对法家的认识各不相同。胡适在其著名的《中国哲学史大纲》中，在第十二篇《古代哲学的终局》中将法家列为一章，但他非常肯定地说："古代本没有什么'法家'。""故我以为中国古代只有法理学，只有法治的学说，并无所谓'法家'。"对法家的存在采取一种否定的态度。胡适认为有许多人附会古代政治家管仲、商鞅、申不害之流，造出许多讲法治的书。他所讲的"法家"注重中国古代法理学说，并不限于《汉书·艺文志》所谓"法家"，在"法家"中加入了《墨辩》、无为主义、正名主义、平等主义等等的内容。又认为"中国的政治学说，自古代到近世，几乎没有一家能逃得出老子的无为主义"①。继起的冯友兰的《中国哲学史》第十三章为《韩非及其他法家》，认为法家之学说，以在齐及三晋为盛。法家学说是将当时尊君权、重法治、禁私学的现实政治的自然趋势理论化而已，并将法家分为重势、重术、重法三派，代表人物分别为慎到、申不害、商鞅，韩非为法家之集大成者，对韩非的思想予以特别的重视。②郭沫若的《十批判书》有《前期法家的批判》和《韩非子的批判》。《前期法家的批判》认为法家的产生应该上溯到子产，李悝在严密意义上是法家的始祖，李悝、吴起、商鞅都出于儒家的子夏，慎到和申不害属于黄老。《韩非子的批判》认为韩非是法术家，综合了申不

---

① 胡适：《中国哲学史大纲》，《胡适学术文集·中国哲学史（上）》，中华书局1991年版。
② 冯友兰：《中国哲学史》（上册），华东师范大学出版社2000年版。

害和商鞅思想，而且向前推进了一大段。韩非个人在思想上的成就，最重要的似乎就在把老子的形而上观，接上了墨子的政治独裁的这一点。韩非本人虽身死于秦，但他的学说实为秦所采用。[1] 齐思和《商鞅变法考》认为："故法家者流，则犹通俗所谓政治家也非胶于刑律而已。"[2] 蒙文通《法家流变考》认为"农、兵、纵横皆为法家之事"[3]。

新中国成立后，侯外庐等主编的《中国思想通史》第一卷也将法家分为前期法家和韩非子的思想，认为"法家可以说是中国古代商品关系的理论完成者"[4]。冯友兰《中国哲学史新编》（上）认为管仲在齐国推行了"富国强兵"的政策，法家可以分为晋法家和齐法家，法家思想在齐国、晋国得到特别发展，申不害、商鞅、韩非都是三晋人。齐国的法家思想在《管子》一书中得到了进一步的发展。对秦国的商鞅变法用专章予以论述。[5] 李泽厚《中国古代思想史论》提出由老子的非情感的特征发展而来的韩非的冷酷的利己主义：对世事人情的周密计算。政治犹军事，人生乃战场，揭穿了一切虚情假意而"益人神智"。[6]

在探讨法家思想源流时，除了《汉书·艺文志》所说的法家源于理官外，还有法家源于儒家、黄老刑名、三晋官术、殷政、兵刑等观点。

以上所列举的 20 世纪各位前辈学者的共识是法家思想是春秋战国这个时代的产物，对法家思想的论述各有所重，但对法家思想和秦思想的关系似乎还辨析不够。既对秦国的商鞅变法有所论述，但仍有意无意地显示出商鞅是外来者、法家思想不是秦国本来的思想的看法。从秦思想的发展及内容来看，这样的观点不无可商之处。

首先应该明确一个大家看似不成问题的问题，法家是不是一个学派？应该非常明确地回答：法家不是一般的学术派别，法家思想不是一般的学术思想。所谓的学派，《辞海》的解释是："一门学问中由于学说师承不同而形成的派别。"今天我们所熟识的法家的代表人物多是杰出的政治家、改革家，相互之间虽然有影响，但他们之间很难说存在师承的关系。司马谈在《论六家之要旨》提出的法家最主要的标准是"不别亲疏，不殊贵贱，一断于法"，"若尊主卑臣，明分职不得

① 郭沫若：《十批判书》。

② 蒙文通：《法家流变考》，《古学甄微》。

③ 齐思和：《商鞅变法考》，《中国史探研》。

④ 侯外庐等：《中国思想史》第一卷，第 591 页。

⑤ 冯友兰：《中国哲学史新编》（上），第三章、第八章、第十章、第十七章。

⑥ 李泽厚：《孙老韩合说》，《中国古代思想史论》。

相逾越"。这主要着眼的是他们思想的共同点，但又不是法家思想的全部。法家的思想也不是在"柏拉图学园"一类的学术场所钻研、讨论获得的，而是在实践中总结和成长的。严格说来，法家思想是一个时代的一种主要的社会思想潮流。法家的代表人物们针对最尖锐的社会问题，试图在实践中以最有效的办法加以解决。如果只抓住法家思想的一个方面去追溯源头，视角不同必然得出不同的结论。

明确了法家是一个时代的思想潮流，对法家源头的追溯自然就会放在这个时代的大背景之下。从法家思想发展的主线来看有两条：富国强兵；君主专制。三国曹魏的刘劭在《人物志》中说："建法立制，强国富人（兵），是谓法家，管仲、商鞅是也。"可谓是不易之论，可惜不为人们所重。围绕富国强兵、君主专制积极进行改革和实践，或者进行理论的探讨和阐发，构建新的意识形态，都可以是法家的源头，归入法家思想潮流。在探索法家源头的时候，不能只重视成文法的制定。成文法的制定固然重要，但只是法家思想内容的一个方面，成文法的制定也是为富国强兵、君主专制服务的。将富国强兵、君主专制联系在一起的，是春秋和战国时期的兼并战争。战争需要富国强兵，需要权力高度集中，结果成为法家思想的催生素。

历史进入春秋时期，周王室衰微，诸侯争霸；宗法制动摇，旧的统治模式难以为继。诸侯国要生存、要当霸主则必是大国、强国，在国内要有稳定的统治。春秋时期的诸侯国适应新形势的思路有两条：一是强化旧的礼乐制度，二是积极进行革新。革新酝酿了法家思想的萌芽。沿着法家思想的主线追溯，法家最早的源头是春秋时期齐国的管仲变法。这是改变旧制度的第一次尝试，改革的方向是富国强兵。晋、楚等国也进行过类似的改革。同时，制定成文法的政治实践活动也开始了。春秋末期，由争当霸主向争当霸王的转变，使兼并战争更加激烈。在这个过程中，长江流域的楚、吴、越等国的改革对富国强兵的实践有更重要的启示。长江流域对中原地区的影响至关重要，中原地区的魏国继越国之后谋求霸王的称号，并进行改革，推动了富国强兵、君主专制理论的产生。中原地区的各诸侯国的改革和称王活动从不同的侧面刺激了富国强兵、君主专制理论的探索和实践。所以，法家的产生确实是春秋战国这个时代的产物，它萌芽于春秋早期，正式产生于战国早期的魏国。也就是从这个时期起，出现了一批法家代表人物，如李悝、吴起、商鞅、申不害、慎到、韩非等，不断实践和发展法家思想理论。

法家在秦国的实践和总结，使法思想成为系统化的理论体系。法家之所以被称为法家，首要的是其思想和法思想不可分割。正如大家所认为的那样，李悝、吴起、商鞅等更重视变法实践，在实践中还经历了一个礼法并举的时期。法思想作为一种思想体系的形成主要是在商鞅变法后的秦国，商鞅变法后的秦思想是法家思想发展的主流。商鞅变法确立了军国主义、尚功、君主专制的思想导向。沿着这种思想导向发展，才形成了系统完善的法思想。有一种观点认为，商鞅车裂之后，在秦国有一个商学派，历经数代，不断在政治上提出新见解和新策略，以便应付不同时代的环境和潮流。[①] 实际上，这个商学派也就是法家的主流。在秦国，对新的政治形态的探索，需要有新的意识形态，从而使法思想在秦国的政治实践中得到进一步的完善。

秦国的法思想作为一种意识形态，被认为是一种客观的依据和标准，它围绕富国强兵和君主专制提出了三个最基本的思想原则，即富与贫、强与弱、公与私的原则。富与贫的原则主张国家要有雄厚的经济基础来进行战争，要运用国家的权力使老百姓可贫可富，甚至是国富民贫，其他职业的人口不能比农民富。强与弱的原则主张对外保持国力强大，对内君强民弱，国家力量主要集中在君主的手中。公与私的原则主张严格地区分公私，尚公禁私。公指以君主为代表的国家利益，有时候称为"国利"，凡试图突破政策的规定，影响秦国的大政方针和君主专制的行为就被称为私。这三种原则界定了君、臣、民三者的关系，确定了内外政策有别的思想方针。对涉及内政的，以重刑为主，以赏为辅，禁奸止过，实现有序的统治；对涉及与外国作战的，以赏为主，以刑为辅，鼓励农战，扩张土地。法的本质是统治人民的根本，是区分公私的指针。以法为治的目标是实现治、富、强、王。农战和刑赏是以法为治的具体的政策和手段，要建立和法相适应的新的道德。法发挥着解释、美化和教育的功能。具有权威性、指导性、方向性的特点，对秦国的政治实践发挥了重要的推动作用。

法作为一种意识形态，它解释了君主专制的理论问题。君主专制的最重要的特点是一切权力由君主把持。战国时期，君主专制所需要的官僚制度、郡县制度、法律制度、军事制度等已经建立。经过商鞅变法的秦国，君主已经掌握了国家的权力，实现了君主专制统治。这里就出现了一个问题，为什么国家的权力要归君主所有？也就是政治学中所重视的权力的合法性、合理性问题。秦国的法家思想家对此做了回答。从国家的产生来说，君主是适应大家有序生活的需要而出现的；从历史发展的角度来看，实行以法为治的君主专制统治是历史的必然；从理想君主的人格来看，他们都是圣人，具有实行专制统治的品性；从兼并战争激

---

① 此为郑良树的观点。见郑良树：《商鞅及其学派》。

烈的社会现实来看，只有专制君主才能够实现战争所需要的有序和高效。可以说，法家思想家们的回答主要从历史和现实的角度解释了君主专制的必然性，具有一定的理性因素，对理想君主的描绘又有一定的神秘性。

战争对法家思想的发展的重要性不可低估。战争是富国强兵的最大的驱动力，战争也刺激了法家思想的出现和形成。法家思想对战争有很强的针对性，有关战争的思想是法家思想的最重要组成部分。很多法家人物同时是杰出的将领；商鞅在秦国的变法有很显著的军国主义色彩，价值取向上是绝对的军事功利，形成了军功利益阶层；法家在秦国的实践最直接的效果就是使秦国在兼并战争中取得了绝对的优势地位；战争和法家的相关思想促成了君主权力的高度集中。

法家的实践活动在秦国获得了成功。之所以能够获得成功，一个是主要通过艰苦奋斗崛起的秦国有更强烈富国强兵的愿望；二是秦国的传统中有功利和求变的因素，如德的观念，阴阳五行思想；三是秦国在商鞅变法之前的改革为变法奠定了基础；四是商鞅变法汲取了前人的经验；五是"错法成俗"及新的价值观的培养；六是秦国的商鞅变法更为彻底，完全改变了旧的社会结构，形成了新的社会结构；七是逐步形成的新的意识形态，使秦国发展的方向没有出现偏差。由于秦国在战国晚期的兼并战争中取得了绝对的优势，统一的趋势越来越明显，秦国主导的法思想也成为最有影响力的思想潮流。

秦国的商鞅变法受三晋法家思想的影响，这没有任何疑问，但还有齐法家的问题。冯友兰认为齐法家的思想是管仲思想的发展，又认为黄老之学是道家和法家的统一。黄老之学将保全身体、性命的道理推广到治国，使之向法家转化。① 以《管子》为代表的齐法家的思想与秦思想的差异是非常明显的。一是《管子》在治国方面更加重视道德的作用。《管子·牧民》："国有四维。""何谓四维？一曰礼，二曰义，三曰廉，四曰耻。"《管子·立政》："君之所审者三：一曰德不当其位，二曰功不当其禄，三曰能不当其官。此三本者，治乱之原也。""故德厚而位卑者谓之过，德薄而位尊者谓之失。"作者虽然也重视功、能，但将德放在第一位，显示出对德更为重视。这和《商君书》所主张的"利禄官爵抟出于兵"明显不同。二是《管子》重视顺从民意，兼顾民情。《管子·牧民》："政之所兴，在顺民心；政之所废，在逆民心。民恶忧劳，我佚乐之；民恶贫贱，我富贵之；民恶危坠，我存安之；民恶灭绝，我生育之。""杀戮众而心不服，则上位危矣。"《商君书》认为君主"固见负于世"、"必见螯于民"，必须用强权、重刑威服百姓。

---

① 冯友兰：《中国哲学史新编》（上），第 496 页。

三是《管子》主张富民。《管子·治国》:"凡治国之道,必先富民,民富则易治也,民贫则难治也。"《管子》书中的《海王》、《地数》为盐铁专论,肯定盐铁业和工商业的地位,在一定程度上鼓励盐铁业的发展。《商君书》主张要利用强权使百姓可贫可富,甚至是国富民贫,实行绝对的重农抑商政策,事本禁末。四是《管子》主张用经济的手段处理经济问题,有系统的轻重理论。《商君书》完全主张用超经济的手段实现全面的经济控制。五是《管子》将法的最终依据归结为道。《管子·心术上》:"故事督乎法,法出乎权,权出乎道。"《管子》一书之所以被认为属于法家,就在于书中多有论述法、术、势、农、兵、刑、赏等等的内容。如论法是治国的客观依据与标准。《管子·七法》:"尺寸也,绳墨也,规矩也,衡石也,斗斛也,角量也,谓之法。"《管子·禁藏》:"法者,天下之仪也。"《管子·明法解》:"法者,天下之程式也,万事之仪表也。"关于法的作用,《管子·七臣七主》:"法者,所以兴功拒暴也。律者,所以定分止争也。令者,所以令人指事也。法律政令者,吏民规矩绳墨也。"法具有强制性的特点,《管子·心术上》:"杀戮禁诛谓之法。"这些关于法的论述和《商君书》中法是度量权衡的思想等是一致的。但《管子》将道作为法的最终依据则是《商君书》中没有的。总的来说,《管子》书的内容更加宏富,但相应地也不如《商君书》的单纯统一,而显得比较芜杂,矛盾的地方不在少数,多主题并存。不能忽视的是,《管子》书中的一些论法的思想有一些可能是受秦思想的影响。齐秦两国交往很多,如互相称帝、稷下学者的荀子访秦等,更不用说秦国成功的巨大影响力所产生的辐射作用。战国晚期,秦思想是法家主流,齐法家是支流,这样的地位大概是不可动摇的。

在秦国,法家和纵横家两位一体。纵横家的功利追求和法家是一致的,他们被纳入了秦国的政治体制,利用各诸侯国之间的利益纷争纵横驰骋,为秦国谋取更大的利益,在战争中取得最大胜利。秦国为纵横家提供了表演的舞台,纵横家助长了秦国富国强兵之策的发展。纵横家的思想本身成为秦法思想的重要组成部分。法家的很多代表人物都是杰出的军事家,法家又主张富国强兵,战争直接刺激了法家思想的产生和发展。法家和兵家有密切的关系,但兵家并不等于法家。兵家主要是军事家,思想理论的重点是军事理论和战争艺术;法家是政治家,主要围绕富国强兵、君主专制构建法的意识形态。法家和兵家的这种区分是清楚的。

韩非对法思想有进一步的发展。这种发展是建立在秦法思想的基础之上的,在法、势、刑赏等方面并没有超出秦法思想的范围,在术的方面更为极端。韩非试图为法寻找出更终极的依据,在这方面吸收了齐法家的一些思想,如道论等,提高了法家思想的理论思辨水平。韩非的思想对秦帝国有一定的影响，这些放在下章再论。

法家思想作为秦思想的主体，其影响是无与伦比的，同时，随着战国晚期思想文化的交流，统一融合的趋势越来越明显，法家思想开始受到了挑战，秦思想的内容也变得多样化了。

十、秦思想的综合趋势

战国中后期，秦国的领土不断扩大，每占一地，即设置郡县，使其纳入秦国统治之下。在这种扩张中，文化的交流与融合随之发生。这时，秦与东方六国之间战争频繁，但不是绝对的封闭，相互之间的交流从来没有停止过。秦国有以客出仕的制度，是单纯的以客出仕和单纯的军功出仕的结合体。[①] 这样，多元文化因素随之进入秦国。但是，在秦国任何人要纳入社会体制之中，必须遵从主导思想。多元的思想文化因素对秦思想发展的影响，不可能脱离主导方向，主要是对主导思想的发挥和完善。

（一）秦国的墨家思想

墨家是战国时非常显赫的学派，《韩非子·显学》说："世之显学，儒、墨也。"今本《墨子》是墨家著作的汇编，《四库全书总目提要》说："然其书中多称子墨子，则门人之言，非所自著。"又云："第五十二篇以下，皆兵家言。其文古奥，或不可句读，与全书为不类。"第五十二篇以下即今《墨子·备城门》以下诸篇。清人苏时学认为其为"商鞅辈所为"[②]。现代学者认为"城守各篇或称'公'或称'王'，很可能是惠文王及其以后秦国墨者的著作"[③]。据《吕氏春秋·去私》，秦惠文王时有墨家巨子腹䵍居秦。据《吕氏春秋·去宥》，惠文王时又有"秦之墨者唐姑果"，曾"恐王之亲谢子贤于己"，在王面前谗毁东方之墨者谢子。惠文王时，还有墨家学者田鸠，一名田俅，曾到过秦国。种种事实表明，惠文王时期，秦国成为墨家的一个中心。《墨子·备城门》以下诸篇托子墨子与禽滑釐的对答，陈述了有关守城的技术、器械、战术、战法、组织、号令等。从内容来看，应属于《汉书·艺文志》中的兵技巧家，"习手足，便器械，积机关，以立攻守之胜

---

① 黄留珠：《秦汉仕进制度》，第32—39页。

② 孙诒让：《墨子闲诂》，中华书局2001年版，第586页。

③ 李学勤：《秦简与〈墨子〉城守各篇》，《云梦秦简研究》。

者也"。秦自商鞅变法之后，名将辈出，军力强大，军事思想突出。《墨子·备城门》以下诸篇是墨家在秦国的军事著作。

《墨子·备城门》提出守城的前提条件是"我城池修，守备具，推粟足，上下相亲，又得四邻诸侯之救，此所以持也"。"然则守者必善而君尊用之，然后可以守也。"具体地说，守城时必须做到以下十四个方面：城墙"厚以高，壕池深以广，楼撕修，薪食足以支三月以上，人众以选，吏民和，大臣有功劳于上者多，主信以义，万民乐之无穷。不然，父母坟墓在焉；不然，山林草泽足利；不然，地形之难攻而易守也；不然，则有深怨于敌而有大功于上；不然，则赏明可信而罚严足畏也。此十四者具，则民亦不宜上矣，然后城可守。十四者无一，则虽善者不能守矣。"这些前提条件概括地说就是：城池牢固，粮草充足，上下一心，赏罚严明，外有救兵，善于运用一切有利条件打击敌人。其中特别重视从利害关系把握民心向背，那些有大功于君，有怨仇于敌，或和守城有利益关系的人，是最可信赖的。为了达到守城的目的，平时必须一切从军事目的出发，"安则示之以危，危则示之以安"（《墨子·杂守》）。从思想上常备不懈，做好备战工作。战时则按什伍组织动员所有人员参战，尽最大力量战胜敌人（《墨子·备城门》）。一切手段都为了军事上战胜敌人，这是秦军事主义思想的典型特征。①

《墨子·迎敌祠》等篇有强烈的神秘主义思想。首先，有战争中对阴阳五行思想的运用，即根据敌人来的方向确定服饰、旗帜的颜色，搭配不同的数字，祭祀用牲也不相同。"敌以东方来，迎之东坛，坛高八尺，堂密八，年八十者八人，主祭青旗，青神长八尺者八，弩八，八发而止，将服必青，其牲以鸡。敌以南方来，迎之南坛，坛高七尺，堂密七，年七十者七人，主祭赤旗，赤神长七尺者七，弩七，七发而止，将服必赤，其牲以狗。敌以西方来，迎之西坛，坛高九尺，堂密九，年九十者九人，主祭白旗，素神长九尺者九，弩九，九发而止，将服必白，其牲以羊。敌以北方来，迎之北坛，坛高六尺，堂密六，年六十者六人，主祭黑旗，黑神长六尺者六，弩六，六发而止，将服必黑，其牲以彘。"将《迎敌祠》与《吕氏春秋》中的《十二纪》、《淮南子》的《时则训》及《礼记·月令》关于五行的划分作比较的话，《迎敌祠》关于五行的记载则缺少中央，仅仅分配四方。从五行与方位的搭配划分发展过程来看，《迎敌祠》中的阴阳五行思想早

① 关于《墨子》城守以下诸篇的军事思想可参看郭淑珍：《〈墨子〉城守诸篇军事思想试探》，《秦文化论丛》第八辑，西北大学出版社 2001 年版。

于《吕氏春秋》等书①。其次，望气术是战争中常用的判断吉凶、预测成败的方术。《墨子·迎敌祠》云："凡望气，有大将气，有小将气，有往气，有来气，有败气，能得明此者可知成败吉凶。"战国末到秦汉之际，望气术非常流行。《史记·项羽本纪》中范增对项羽说："吾令人望其气，皆为龙虎，成五采，此天子之气也。"《史记·高祖本纪》中吕后说："季所居上，常有云气，皆为龙虎，成五采，此天子之气也。"《汉书·艺文志·数术略》中有"形法类"："然形与气相首尾，亦有有其形而无其气，有其气而无其形，此精微之独异也。"望气术大概就属于这一类方术。第三，巫、祝、史、卜等人员是军队中的重要成员。这些人员从事祈祷、占卜、望气、敬神等活动，为军事行动服务。《墨子·迎敌祠》云："从外宅诸名大祠，灵巫或祷焉，给祷牲。""举巫、医、卜有所，长具药，宫之，善为舍。巫必近公社，必敬神之。"在战争前，秦国国君"素服誓于太庙"，曰："其人为不道，不修义详，唯乃是王。"曰："予必怀亡尔社稷，灭尔百姓。二参子尚夜自厦，以勤寡人，和心比力兼左右，各死而守。"祝、史等人员则辅助国君的行动，"祝、史乃告于四望、山川、社稷，先于戎，乃退"。 巫、祝、史、卜等人员受到严格的控制，不许惊扰军民，动摇军心，《墨子·号令》说："巫祝史与望气者必以善言告民，以请上报守，守独知其请而已。无与望气妄为不善言惊恐民，断勿赦。"

《汉书·艺文志》将兵家分为"兵权谋"、"兵形势"、"兵阴阳"、"兵技巧"诸家，但也只是略具大概而已，各家多少都存在一定的思想综合，如所谓的"权谋者，以正守国，以奇用兵，先计而后战，兼形势，包阴阳，用技巧者也"。《墨子·备城门》以下诸篇以"兵技巧"为主，也兼融阴阳等思想。神秘主义思想在《墨子·备城门》以下诸篇中的存在，说明这些思想内容在秦国依然很有市场。

（二）对"忠"、"孝"观念的改造

秦在商鞅变法之后着力构建的是君——臣——民三位一体的社会秩序。从君主的角度出发，这种社会秩序又可概括为君臣关系。"臣"本是男性奴婢。春秋战国时又指权贵的亲近侍从之人，如"家臣"。随着官僚制度的发展，臣指在政府任职的官员。从广义的角度来说，君主专制统治之下的所有官员和百姓都是君主之臣。这里所指的就是这种广义的君臣关系。战国中后期的秦国不仅用法度规定君臣上下之别，而且逐渐地发展了君臣伦理原则，以调适君臣关系，发展的趋势是由否定孝、弟向忠、孝并举转化。

---

① ［日］大塚伴鹿:《关于〈墨子〉兵技巧诸篇的研究》,《秦文化论丛》第八辑。

《商君书·画策》引用了一句话："治主无忠臣，慈父无孝子"，否定忠臣、孝子对于以法为治的社会的意义，"欲无善言，皆以法相司也，命相正也"。这种言论实质上是不允许"法"之外存在"忠臣"、"孝子"。但这种完全否定伦理道德的言辞在《商君书》中只是一个时期的观点，"忠"的原则首先被肯定下来，并和当时秦国的农战刑赏相结合，要求"夫民之亲上死制也，以其旦暮从事于农"（《农战》），国家采取的政策则是"授官于爵，不以其劳，则忠臣不进，行赏赋禄，不称其功，则战士不用"（《修权》）。百姓积极从事农作、拼死作战就是君主的忠臣，要予以奖赏鼓励。在肯定"忠"的原则的同时，"孝"仍被极力否定，《去强》、《靳令》将"孝弟"列为影响农战、法治的重要因素极力批判。战国晚期，秦国对"孝"的态度发生了变化。

《画策》否定了仁爱对于治国的意义，但却"忠"、"孝"并举，将其列为"法之常"，试图用法规定"忠"、"孝"。《画策》所体现的"忠"、"孝"思想，无疑是秦国思想发展的一个关键，"忠"、"孝"并举，一起被纳入了法的范畴，变为秦思想的重要内容。《画策》可能作成于昭襄王时期，[1]秦思想的发展变化应该主要是这个时期发生的。对于"仁"的态度，也不是铁板一块，《靳令》说："故执赏罚以壹辅仁者，心之续也"，赏罚被视为实现君主仁爱的辅助工具。

秦国的"忠"、"孝"观念根源于儒家思想。儒家将君臣关系比拟为父子关系，为秦国"忠"、"孝"观念的实践提供了理论参考。《论语·颜渊》齐景公问政于孔子，孔子回答说："君君、臣臣、父父、子子。"孟子发展了孔子的思想，试图用家庭伦理秩序构建社会秩序，《孟子·离娄上》："人有恒言，皆曰，'天下国家'。天下之本在国，国之本在家，家之本在身。"孟子主张君主和百姓的关系应该像父子关系一样："为民父母，行政，不免于率兽而食人，恶在其为民父母也？"（《孟子·梁惠王上》）"如此，然后可以为民父母。"（《孟子·梁惠王下》）君臣关系类似于父子关系，"内则父子，外则君臣，人之大伦也"（《孟子·公孙丑下》），"父子有亲，君臣有义，夫妇有别，长幼有叙，朋友有信"（《孟子·滕文公上》），"无父无君，是禽兽也"（《孟子·滕文公下》）。在这种比拟中，君权和父权得到了双重肯定。君权被建立在父权的基础上，将父子亲情扩展到政治领域。

儒家思想对秦国的影响体现在以下几个方面。第一，李悝、吴起等人从学术渊源上和儒家有关，商鞅受李悝、吴起遗教影响，接受过儒家教育也是有可能

① ①郑良树：《商鞅及其学派》，第 114 页。

的。① 第二，纵横游说之士的活动对"忠"、"孝"观念在秦的发展有很大的推动作用。纵横家广泛地接触到"忠"、"孝"观念，对"忠"、"孝"观念有深刻的了解，看到了"忠"、"孝"观念对强化君臣关系的意义。张仪游说楚国，靳尚向郑袖言道："张仪者，秦王之忠信有功臣也。"（《史记·张仪列传》）范雎向秦昭襄王说："非王稽之忠，莫能内臣于函谷关；非大王之贤圣，莫能贵臣。"（《史记·范雎列传》）陈轸、蔡泽等人也多言说"忠"、"孝"。第三，有个别的儒学之士在商鞅变法后曾到秦国。《史记·商君列传》记赵良见商君，和商鞅的对话中称引孔丘之言、《诗》、《书》之语，可能是位儒学之士。第四，《商君书》中对《诗》、《书》、孝悌极力反对，也说明儒家思想并不是在秦国没有传播。但秦国后来提倡的"忠"、"孝"观和孔孟的已有很大不同。

秦国的"忠"、"孝"观念存在的社会基础是父权制的小家庭。"孝"的观念出现于西周时期，当时的社会基础是宗法制下的宗族社会。"周人德孝并称，德以对天，孝以对祖，《大雅》所谓'有孝有德'。周金常见文法，多'用享用孝'和'享孝'先祖之句，这是'帅型先王'的道律规范。""所谓'追孝'，'以孝以享'，指继序先王的德业。"② 后来的《礼记·中庸》中说："夫孝者善继人之志，善述人之事者也。""忠"，《说文》解释为"敬也"。《周礼·大司徒疏》："中心曰忠，中下从心，谓言出于心，皆有忠实也。""忠"指的是严谨的态度与真挚的情感。孔子发展了"忠"、"孝"观念，但孔子提倡"克己复礼"，他的理想社会仍是西周的宗法制与宗族社会，"忠"、"孝"还是以宗族为基础的，《论语·子路》："宗族称孝焉，乡党称弟焉。"宗族、乡党是孔子念念不忘的社会背景。秦在商鞅变法时离散宗族，推行小家庭，"孝、弟"作为维系宗族社会的一种思想观念被摒弃。商鞅变法后的秦国，父权制的小家庭是社会的细胞，男耕女织的自然经济是主体，各种经济、社会活动需要家庭中的父权、夫权得到保障，专制君主统治下的君臣关系也需调适，这成为"忠"、"孝"观念重新发展的沃土。

秦的功利思想需要"忠"的观念。向君主尽"忠"，为君主建功立业，这是"忠"的观念在秦发展的前提条件。范雎游说秦昭襄王，以周文王任用吕尚为说辞，"故文王遂收功于吕尚而卒王天下。向使文王疏吕尚而不与深言，是周无天

---

① 孔子弟子子夏曾教授于魏之西河，李悝、吴起受其影响。吴起又曾仕鲁，与曾子有交往，《左传》的传习亦与吴起有关。商鞅又多受李悝、吴起遗教。见钱穆：《先秦诸子系年》，第185—186、221—225、263—267页。

② 侯外庐等：《中国思想通史》第一卷，第92—93页。

子之德，而文王无与成其王业也”。然后表明自己希望能够帮助秦王成就功业的愿望与决心，“今臣羁旅之臣也，交疏于王，而所愿陈者皆匡君之事。处于骨肉之间，愿效愚忠而未知王之心也”。“大王信行臣之言，死不足以为臣患，亡不足以为臣忧，漆身为厉、被发为狂不足以为臣耻。”“死者，人之所必不免也。处必然之势，可以少补于秦，此臣之所大愿也。臣又何患哉！”并举伍子胥助吴王为霸以自比：“使臣得尽谋如伍子胥，加之以幽囚，终身不复见，是臣之说行也，臣又何忧？”“假使臣得同行于箕子，可以有补于贤之主，是臣之大荣也，臣有何耻？”同时又说明了自己的担心，“臣之所恐者，独恐臣死之后，天下见臣之尽忠而死，因以是杜口裹足，莫肯向秦耳”。范雎向秦王分析了秦可成就霸王之业的有利条件，认为秦没有成就相应功业“是穰侯为秦不忠，而大王之计有所失也”（《史记·范雎列传》）。范雎所说的“忠”是尽个人所能协助秦王成就功业，为此，他不惜竭尽全力，甚至献出生命。这一表白适应秦王的心理和秦的功利思想，深深打动了秦王，又符合当时秦与关东六国争胜的形势，所以他得到了秦王的信任，取代穰侯，出任秦相。商鞅变法后，秦国快速地向君主专制统治发展，君主的权威和利益是至高无上的，他需要臣下对他的拥护，需要有人为他效力，从而使“忠”的观念受到重视。

秦“忠”、“孝”思想的内容有别于孔孟。首先，秦国重“忠”，孔孟重“孝”。秦国充分肯定了“忠”，然后才提出“孝”的观念，其目的在于推动对君主的忠诚。孔子一开始就将“孝”作为“忠”的前提，认为有“孝”，才会有“忠”，《论语·为政》：“孝慈，则忠。”《孟子》中“孝”出现了28次，“忠”只出现了8次，这绝不是简单的数字差异。① 孟子认为天下父子伦常关系的确定，“此之谓大孝”（《孟子·离娄上》）。“永言孝思，孝思维则”（《孟子·万章上》），“壮者以暇日修其孝悌忠信，入以事其父兄，出以事长上”（《孟子·梁惠王上》），这样就可以无敌于天下了，这与他的“仁者无敌”是统一的。“忠”、“孝”难免有冲突之处，思孟一派主张孝在忠先。郭店竹简《六德》说：“为父绝君，不为君绝父。”② 将父权置于君权之上，体现了与秦完全不同的价值取舍。

其次，秦国所倡导的“忠”，主要是为君主建功立业，尽心竭力为君主服务。孔子所说的“忠”是一种积极为人的态度，如《论语·学而》中曾子所说：“吾

---

① 杨伯峻：《孟子译注》，中华书局1960年，第392、381页。
② 原标题为《六德》，李零校注为《六位》。李零：《郭店楚简校读记》，北京大学出版社2002年版，第131页。

日三省吾身——为人谋而不忠乎？与朋友交而不信乎？传不习乎？"《论语·公冶长》中孔子所说："十室之邑，必有忠信如丘者焉，不如丘之好学也。"《论语·颜渊》："子路问友，子曰：'忠告而善道之，不可则止，毋自辱焉。'"《论语·宪问》："爱之，能勿劳乎？忠焉，能无诲乎？"《论语·卫灵公》："子张问行。子曰：'言忠信，行笃敬，虽蛮貊之邦，行矣。言不忠信，行不笃敬，虽州里，行乎哉？'""忠"的对象可以是朋友，一般人，甚或是蛮貊之邦，对他们都要一视同仁。"忠"是贯彻于言行之中的行为准则，是人在社会实践活动中的必备品质。《论语》中的"忠"也有专指君臣伦理的地方，但要和"礼"等结合起来，《论语·八佾》："君使臣以礼，臣事君以忠。"战国时的思孟学派继承了孔子关于"忠"的观念。郭店竹简《忠信之道》说："不讹不孚，忠之至也。""太久而不渝，忠之至也。""君子其施也忠，故恋亲附也。""忠，仁之实也。"①《忠信之道》将"忠"、"信"放在一起，也是将"忠"作为一种普遍的道德品质而言的。

第三，秦国的"忠"、"孝"观念有更强的道德律令的色彩，强调的是君臣、父子之间的绝对的上下主从关系，是臣对君、子对父的绝对服从。孔孟也承认君臣、父子之间的上下关系，《学而》："其为人也孝弟，而好犯上者，鲜矣；不好犯上，而好作乱者，未之有也。"但秦政是君道独尊，战国时期的孟子却将道放在势（即政统）之上，以道自认。在具体对待君主的态度上，并不愿为君主之臣，从道统而言自认为师，《孟子·万章下》中的孟子说："以位，则子君也，我臣也，何敢与君友也；以德，则子事我者也，奚何以与我友。"郭店竹简《父无恶》说："（君）所以异于父，君臣不相戴，则可已；不悦，可去也；不义而加诸己，弗受也。""友，君臣之道也。"② 这种态度是君道独尊的秦绝对不允许的，与秦国"忠"的观念互相背离。此外，秦国的"忠"、"孝"与功利思想结合在一起，孟子则反功利，"仁义而已矣，何必曰利"，这是两者的又一区别。

"忠"的观念在战国晚期的秦国迅速普遍化，臣下必须竭尽自己的力量为君主效力，方可视之为"忠"。《韩非子·初见秦》说："臣闻不知而言，不智；知而不言，不忠。为人不忠，当死；言而不当，亦当死。"作者还一再强调秦所以还没有成就"霸王之名"，"此无异故，其谋臣皆不尽其忠也"。《墨子·号令》在谈到战争中官吏任用时说："举吏贞廉忠信、无害可任事者"；"请择吏之忠信者、无害可任事者"。"忠"在秦昭襄王时期已被视为臣下应该具备的品质，范雎列举公

---

① 李零：《郭店楚简校读记》，第 100 页。
② 李零：《郭店楚简校读记》，第 147 页。

孙鞅、吴起、文种三人说:"若此三子者,固义之至也,忠之节也。是故君子以义死难,视死如归。生而辱,不如死而荣。士固有杀身以成名,惟义之所在,虽死无所恨。何为不可哉?"(《史记·范雎蔡泽列传》)在范雎眼中,臣下尽忠而死是理所当然的行为,臣下要自觉地恪守这个原则。"忠"作为一种社会荣誉,有独立的价值,"明主爱其国,忠臣爱其名"(《战国策·中山策·昭王既息民缮兵章》)。

战国后期的秦国,将"忠臣"、"孝子"相提并举,"昔者,子胥忠其君,天下皆欲以为臣;孝已爱其亲,天下皆欲以为子"(《战国策·秦策一·陈轸去楚之秦章》)。在"忠"、"孝"并举的过程中,心理情感因素受到重视。"父之于子也,令有必行者,必不行者。曰去贵妻,卖爱妾,此令必行者也。因曰毋敢思也,此令必不行者也。""贵妻已去,爱妾已卖,而必不有欲教之者,人心固有。"(《战国策·秦策三·秦攻邯郸章》)心理情感用于论证"忠"、"孝"行为的必然性,重点在于述说君臣关系的建设。臣下固然要有"忠"、"孝"之心,而君主也应有"慈仁"胸怀,任用"忠"、"孝"之臣,这样才可以做到国、家一体,君、臣一心。"主圣臣贤,天下之圣福也。君明臣直,国之福也。父慈子孝,夫信妻贞,家之福也。故比干忠而不能存殷,子胥智而不能完吴,申生孝而晋国乱。是皆有忠臣孝子而国家灭乱者何也?无明君贤父以听之,故天下以其君父为僇辱而怜其臣子。今商君、吴起、大夫种之为人臣,是也;其君非也。……夫待死而后可以立忠成名,是微子不足仁,孔子不足圣,管仲不足大也。夫人之立功,岂不期于成全邪?"(《史记·蔡泽列传》)君臣应像父子一样,才可成就功业。君臣关系被比拟为父子关系,君臣伦理和家庭伦理合二为一。

从以上几点来看,秦国的"忠"、"孝"观念和孔孟有很大的区别。"忠"、"孝"观念被改造成为秦国需要的思想观念,除了社会背景的区别外,秦更重"忠","忠"与尚功思想紧密结合,"忠"、"孝"是绝对的道德律令,对君主的绝对忠诚。"忠"、"孝"观念在新的环境中获得了新的发展。

(三)蔡泽的思想

蔡泽是燕国人,"游学,干诸侯",曾到过赵、韩、魏等国。秦昭襄王晚年,蔡泽代范雎任秦相。不久,即辞去相位,但仍留居秦国十余年,历事昭襄王、孝文王、庄襄王、始皇帝。秦始皇时,为秦出使燕国,使燕太子丹入质于秦。蔡泽辞去相位后,在秦国号称纲成君,有一定影响。蔡泽的思想在战国晚期的秦国很有典型性,不可忽视。

蔡泽重视事物发展变化的规律,将其称为"道"、"常数"、"常道"等。"质仁秉义，行道施德，得志于天下，天下怀乐敬爱而尊慕之，皆愿以为君王，岂不辩智之期与？"① 规律是从自然现象中总结出来的，推衍到人事上，人应该按照规律行事。"'日中则移，月满则亏'，物盛则衰，天地之常数也。进退盈缩，与时变化，圣人之常道也。"蔡泽所说的规律主要指的是物极必反，事物发展到一定程度，就会走向它的反面。人如果"信（伸）而不能诎（屈），往而不能反"，那就会遭到失败。事物的发展变化还受其自身的特性"理"的影响，"富贵显荣，成理万物，万物各得其所"。"道"与"理"相连，指事物的必然趋势。人不能一味地"乘至盛不反道理"，而要懂得进退之道，才可保全自己。

蔡泽的思想与老子思想有一定联系。"道"是《老子》一书的核心概念，规律是老子"道"的重要意义之一。老子认为事物都有对立面存在，对立面可以互相转化，"祸兮，福之所倚；福兮，祸之所伏"（《老子》五十八章）。事物的运动变化是循环往复的，"反者道之动"（《老子》四十章）。在现实生活中，老子主张按自然规律办事，在成就功业后要退让不居，"功成而不有"（《老子》三十四章），"功遂身退"（《老子》九章），"功成而弗居"（《老子》二章），"致虚极，守静笃"（《老子》十六章）。

但蔡泽思想并不是和老子完全相同的。蔡泽言"理"，《老子》中无"理"的概念；蔡泽重视仁义忠孝，《老子》则说："大道废，有仁义；智慧出，有大伪；六亲不和，有孝慈；国家昏乱，有忠臣"（《老子》十八章），对仁义忠孝的思想予以批评。蔡泽说："四时之序，成功者去，"以四时比喻人生，蔡泽认为人生应该抓住时机，发挥自己的聪明才干，积极建立功业。人生就像季节的变化一样，当机会已逝，时势不再的时候，不能逆时强行，要顺应时势，保全自身。《老子》中虽也有"动善时"之说，但对"时"并无过多的强调和具体的阐释。

蔡泽思想与黄老帛书更为接近。黄老帛书强调掌握时机对事业成败的重要作用，《十大经·观》："圣人不巧，时反是守。""当天时，与之皆断。当断不断，反受其乱。"黄老帛书中将自然运动的各观趋势和法则称为"极"、"当"，认为是不可违反的，《经法·国次》："天地无私，四时不息。……过极失当，天将降央（殃）。""功成而不止，身危又（有）央（殃）。""功成不废，后不奉（逢）央（殃）。""身危有殃，是胃（谓）过极失当。"秦在商鞅变法时就强调"时"的重要性，与黄老帛书重"时"有相同的一面。

---

① 《史记·蔡泽列传》。下面引文出处相同者不再重复注释。蔡泽、范睢的应答又见于《战国策·秦策三·蔡泽见逐于赵章》，文字与《史记·蔡泽列传》略有不同。

蔡泽谈"理"，黄老帛书中也多言"理"，《经法·论度》说："执道循理，必从本始。"《经法·论》说："物各（合于道者），胃（谓）之理。理之所在胃（谓）之（顺）。""理"在《商君书》中也有出现，《画策》说："圣人知必然之理，必为之时势，故为必治之政，战必勇之民，行必听之令。是以兵出而无敌，令行而天下服从。"冯友兰先生指出："理"和"势""这两个概念后来成为中国历史哲学中的两个重要范畴，'理'指历史发展的规律，这是必然的；'势'指某一历史时期的具体情况，所以称为'时势'。在某种情况下，必须作某种事，所以说是'必为'。""在完成统一中国的历史任务上，这种思想起了很大进步作用。"①

在人生方面，蔡泽既重视建功立业，取得尊荣富贵，又希望"性命寿长，终其天年而不夭伤"，个人开创的事业能够传之无穷，泽流千里。蔡泽拜见应侯范雎时，范雎慷慨激昂地陈词："是故君子以义死难，视死如归；生而辱不如死而荣。士固有杀身以成名，唯义之所在，虽死无所恨。"这番话表示了他准备为事业献身的决心。蔡泽的回答则是："身与名俱全者，上也；名可法而身死者，其次也；名在僇辱而身全者，下也。"他列举了商鞅、白起、吴起、文种四人的功业与悲剧结局，希望范雎知道"成功之下，不可久处"的道理，克制自己的名利心，急流勇退，保全个人。战国的功利思想从追求名誉富贵、建功立业到思考个人的生存问题，可以说是一个转变。

就思维方式而言，黄老帛书是以天道推衍人事，蔡泽也是这样。《商君书·禁使》："或曰：'人主执虚、后以应，则物应稽验；稽验则奸得。'臣以为不然。""虚"即虚无的意思；"后"即不敢为人先的意思。"虚"、"后"等道家色彩的思想在秦国受到了明确的反对。蔡泽将"道"、"理"等范畴引入，丰富了秦思想的内容，对提高秦思想的理论思辨水平有很大意义。所以，蔡泽的思想资料虽然很少，但对秦来说是非常重要的。类似于蔡泽思想的人在战国晚期的秦国不是唯一的，这些思想意味着在秦统一大势已经很明显的社会背景下思想的变化。

十一、小结

战国中晚期兴起了关于九鼎的传说，与之相对应的是列国的称"王"和称"帝"活动。这些活动促进了关于新的政治形态的思考和实践，刺激了相关的思想理论的发展。这一时期的功利思想更为流行，并且可以分为功利、功名、功业三个层

---

① 冯友兰：《中国哲学史新编》（上），第 303 页。

次。功利观以追求物质利益为核心，是功利思想的基础部分；功名观要求将名号与功利、精神与物质、个人与社会统一在一起，是功利观的进一步提升；功业观追求可以传承的事业，分为王业、霸业、帝业三种观念，贯穿着对未来政治形态的思考，将个人成功和历史发展结合在一起，是功利思想的最高层次。功利思想还体现了成功就是合理的观念。

在秦国，纵横家大行其道，对秦的发展发挥了重要作用。纵横家以"德"作为处理列国关系的手段。纵横家所推崇的"德"的核心是利益与回报、扩张与土地，反映了他们的功利思想特征。纵横家在秦国被严格地纳入政治体制之内，和一般的"游士"、"言谈"、"辨慧"以及儒家的周游列国有本质的区别。张仪、甘茂、楼缓、范雎等在秦国都获得了很大的成功，他们同样走的是军功出仕的途径，本身成为军功利益阶层的组成者，是商鞅变法思想的发展者。

对统治权力的争夺、对新的政治形态的思考、军功利益阶层的成长，使法这种意识形态在秦国得到了完善。秦法以富强论为核心，以"治、富、强、王"为政治目标，着力论述富与贫、强与弱、公与私等一系列的政治原则。富与贫方面主张国富民贫，或者使用政治权力使百姓可富可贫；强与弱方面主张对外保持强大的国力，对内要国强民弱、君强民弱，国家既要凝聚力量，又要通过战争等方式消耗力量；在公私方面主张绝对的尚公禁私，公指以君主为代表的国家利益，凡试图突破政策的规定，影响秦国的大政方针的行为就被称为私。这些政治原则是秦国自商鞅变法以来的政治实践的总结，也是秦国在当时兼并列国的形势下所坚持的政治导向，被贯彻在秦国的各个方面。这些政治原则被归纳为以法为治。法被认为是权衡度数，君主治国必须以法思想作为指针和行为准则，相关的数据统计、形势判断以及决策被称为"数治"；法是统治人民的根本，以法为治才可以建立君主的稳固统治和相应的社会秩序；法是区分公私的指针，"任法"与"任私"是最严重的对立。法确定了秦国发展的方向，肯定了君主的专制地位，架构了君、臣、民这样的社会结构，概括了最基本的政治原则，具有绝对的权威性、指导性和方向性，成为秦国不可动摇的意识形态。这种法思想和今天的法治有本质的区别。

农战思想是重农重战、农战合一的思想，是法思想的主要内容之一。农战思想认为农业可以为战争提供稳定的经济支持，农民是易于驱使的、性格朴实的兵员，农民一心一意从事农战的具体措施是"作壹"，即国家的官爵只用于奖励农战，此外的任何途径都不能获得官爵。秦的农战思想推动了农业生产的发展，增强了军队的战斗力。

刑赏是以法为治的具体的手段。刑赏的一个作用是强迫和诱导百姓从事农战。刑赏分开论述时，刑的作用更偏重于禁奸止过，维持稳定的社会秩序，维护君主的权威地位；赏的作用则主要用于鼓励百姓勇于作战，取得战争的胜利，或用于告奸立功。在国内统治方面，刑为主，赏为辅。秦国主张实行重刑主义，认为对于轻罪实行重罚，可以使人们产生恐惧的心理，从而预防犯罪。秦国曾发生了"重罚轻赏"和"重赏轻罚"的分歧，应该主要是针对国内的社会统治而言的。在对外战争方面，赏依然是最重要的手段。君主应该积极运用刑赏的手段治国，这是秦国君主专制统治发展的一个表现。

秦国在否定一些道德观念和道德行为的同时，主张建立与法思想相适应的道德观念。以法为治被认为能够给百姓带来恩惠，本身是道德的；刑杀能够减少犯罪，暴力体现了义的原则。从适应法思想、树立新道德出发，《商君书》提出了"以奸民治善民"的极端主张，反对善的行为，反对国家任用善民。在具体的道德规范中，《商君书》特别重视"忠"。这些方面说明，秦国正在努力建立与法相适应的道德秩序。

法作为意识形态主要发挥着解释、美化、教育的功能。对国家的产生，《商君书》认为它是人类社会发展到一定历史阶段的产物，目的是为消除混乱，建立秩序。人类社会的政治规范与准则是从血缘、道德向君主专制统治发展。社会发展变化了，治道也应不同，应该与时俱进，实行变法。在当时的社会形势下，必须实行以法为治，必须以重刑治国。面对战争，只有用战争的手段才能取得胜利，只有刑杀才能适应战争的需要，维护君主专制统治，获得名誉和土地。商鞅变法重视"时"、"事"、"功"的结合，主张将个人和社会发展、历史潮流结合起来，投身于建功立业的行为，实现个人的价值。法思想具有理想性，以圣人政治作为理想的政治类型，鼓励君主追求圣人政治，并将其加以美化。理想中的圣人懂得事物发展的必然规律，了解历史形势的发展变化，根据必然规律和历史形势的发展变化治理国家，并且具有创新精神。秦国"治、富、强、王"的目标都能够被圣人所实现，圣人是以法为治的化身。秦在发展和完善法思想的过程中，非常重视法的教育，这是一种意识形态的教育，试图通过教育达到统一思想、统一意志、统一行为的目的，并且带有强制和命令的性质。

法家是以法思想为标志的。秦国的法思想阐释了法的基本理论，解释了君主专制的必然性，在秦国的实践获得了成功，和战国晚期的齐法家有明显的区别，是战国中晚期法家思想的主体。

战国后期，多元的思想文化因素对秦思想发展有一定影响，但主要是对主导思想的发挥和完善。墨家在秦国很有地位，《墨子·迎敌祠》等篇有强烈的神秘主义思想，有关阴阳五行、望气术以及巫、祝、史、卜等人员在军队中的地位的论述，说明神秘主义思想在秦国并没有消失。儒家的"忠"、"孝"观念在秦国受到了改造。秦国的"忠"、"孝"观念存在的社会基础是父权制的小家庭，并和秦国的功利思想结合起来，提倡为专制君主尽忠。在"忠"、"孝"观念的基本内容方面，儒家主张"孝"为"忠"的基础，秦国主张"忠"在"孝"先；儒家的"忠"是普遍的对人的态度，秦国的"忠"是臣对君的道德准则；秦国的"忠"、"孝"观念有更强的道德律令的色彩，强调的是绝对的上下主从关系。蔡泽的思想和《老子》有一定的关系，与黄老帛书更为接近。蔡泽重视事物发展变化的规律，既论"道"又论"理"，认为要尊重物极必反的规律，在人生方面按照"成功之下，不可久处"的思想，克制自己的名利心，急流勇退，保全个人。蔡泽的思想丰富了秦思想的内容。作为一个跨时代的人物，蔡泽的思想也预示着秦思想的变化。

统一前夕秦思想的双重变奏
——《吕氏春秋》、《韩非子》的思想

公元前246年，秦王政即位。公元前237年，吕不韦免相。在吕不韦任相国期间，吕不韦和门客共同编著了《吕氏春秋》一书。公元前233年，韩非入秦，并被逼自杀。在这之前，韩非的著作已经传到了秦国，得到了秦王政的赞赏。《吕氏春秋》、《韩非子》的思想主题并不相同。在秦统一前夕的关键时刻，它们几乎同时出现，显示出了不同的特点。

一、《吕氏春秋》的思想

公元前 250 年，秦昭襄王卒。昭襄王在位 56 年，是秦国历史上在位时间最长的君主。他在位期间，秦国对六国的战争取得了压倒性的胜利，为秦国最后的统一奠定了坚实的基础。昭襄王死后，继位的孝文王和庄襄王在位时间都很短。公元前 246 年，秦王政继位，他就是后来的秦始皇，但他这时只有 13 岁，秦国的大权主要掌握在相国吕不韦的手中。在君位频繁更迭、新立君主年幼的情况下，吕不韦成为秦国实际权力的掌握者，对秦国的发展和整个的社会形势有举足轻重的影响。

（一）吕不韦和士的流向

吕不韦是卫国濮阳（今河南濮阳）人，后在韩国经商，成为"家累千金"的大商人。吕不韦之所以能当上秦国的相国，不是靠赫赫战功，而是靠其商人的投机本性。据说，吕不韦在赵国国都邯郸的时候，遇到了秦国公子异人。异人是秦国送到赵国为"质"的。由于秦赵之间曾经大战不断，再加之异人的生母并不受宠，所以异人在赵国很不得意，处境困窘。吕不韦以商人对利润的敏感，判断异人是"奇货可居"，他积极结交异人，倾身破家，用金钱为异人四处活动，终于使异人被立为太子安国君柱的嫡嗣。昭襄王死后，安国君继位为孝文王。孝文王死后，异人继位，是为庄襄王。[1] 庄襄王任用吕不韦为相国，吕不韦开始登上秦国的历史舞台。

吕不韦当政期间，秦国的对外战争继续取得胜利。公元前 249 年，秦国灭掉东周君，占领了韩国的成皋和荥阳，建立三川郡。而早在昭王五十一年（公元前 256 年），秦就灭掉了西周君，彻底消除了周天子的存在。吕不韦刚一当政，就亲自率军毫不犹豫地灭掉了周王室最后的残余势力。吕不韦的这一举措，既是对秦以前战略思想的延续，同时也表明了秦国以武力兼并列国的坚定决心。当然，小小的私心是为他个人增加战争经历和战功勋劳。公元前 248 年和公元前 247 年，秦国又掠取了韩、赵、魏的大片土地，设立了太原郡。公元前 242 年，秦在新

---

[1] 对吕不韦助异人即位秦国国君的事情，《战国策·秦策五·濮阳人吕不韦贾于邯郸章》和《史记·吕不韦列传》都有记载，但文字和过程略有不同。此处据《战国策·秦策五·濮阳人吕不韦贾于邯郸章》。

占领的韩、赵、魏的土地上设立东郡。面对秦国咄咄逼人的军事攻势，韩、赵、魏、燕、楚五国在公元前247年和公元前241年两次联合抵抗秦军。公元前247年，五国联军还和秦军相持了一阵；公元前241年的五国联军犹如土鸡泥狗一般不堪一击，很快土崩瓦解。从此，东方各诸侯国再也没能联合起来抵抗秦军，只有等待着被秦军一个个地消灭。

吕不韦是一位商人，他能够当上秦国的相国，本身就是一个很有象征意义的事情。从秦孝公任用商鞅变法以来，秦国一直采用重农抑商的政策，对商人予以排斥、压制、打击，对商品交易活动进行严厉管束，只有为君主立功才可以授予官爵。吕不韦的政治道路完全脱离了常规轨道，他的成功充分显示了商业资本的力量。当然，吕不韦的出现毕竟只是一个个例，在他当政期间延续了秦国的重农抑商政策。《吕氏春秋·上农》：

> 古先圣王之所以导其民者，先务于农。民农非徒为地利也，贵其志也。民农则朴，朴则易用。易用则边境安，主位尊。民农则重，重则少私义，少私义则公法立，力专一。民农则其产复，其产复则重徙，重徙则死处，而无二虑。舍本而事末则不令，不令则不可以守，不可以战。民舍本而事末则其产约，其产约则轻迁徙，轻迁徙则国家有患，皆有远志，无有居心。民舍本而事末则好智，好智则多诈，多诈则巧法令，以是为非，以非为是。

《上农》中的这段话基本就是以往农战思想的重申，强调了治国要"先务于农"，百姓从事农业就会性格朴实，容易驱使，边境安定，君主尊贵，遵守法度，力量专一，重居少徙，没有二心。舍本事末则有种种的弊端，不利于守战，不利于法令的执行。可以说，吕不韦在相当大的程度上延续了秦国的传统政策，但他的某些做法确实冲击了秦国的既定政策，如养士就不合乎秦国的传统。养士为《吕氏春秋》的撰写准备了条件，但也埋下了吕不韦和专制君主冲突的种子。

吕不韦的上台没有改变商人的地位和处境，但这并不妨碍他用商人的手段加强自己的权势和地位。吕不韦当年在结交异人时，一方面"以千金为子西游"，另一方面"以五百金与子楚（即异人，归国后改名子楚）为进用，结宾客"，使异人获得"贤智，结诸侯宾客遍天下"的名声。吕不韦当上秦国的相国后，有了更大的财富，被"封为文信侯，食河南洛阳十万户"。他以自己的权势和财富在秦国掀起了养士之风，"亦招致士，厚遇之，至食客三千人"。他当政时，另一权贵嫪毐"家僮数千人，诸客求宦为嫪毐舍人千余人"(《史记·吕不韦列传》)。

春秋战国时期，社会阶层流动剧烈，贵族阶层沦落，下层人士上升，都汇聚到士的阶层。社会发展对知识、技能的需求，促进了士阶层的发展。士以知识、技能、道德相标榜，成为最有影响力的社会力量。《墨子·亲士》："入国而不存其士，则亡国矣。见贤而不急，则缓其君矣。非贤无急，非士无与虑国。缓贤亡士，而能以其国存者，未曾有也。"有些君主和权贵认识到了士的价值，争相尊士、养士，形成了一种社会风尚。养士之风起于春秋，战国时期发展到登峰造极。所养之士又称门客、宾客、门人、食客等等。战国晚期的四大公子以养士著名，吕不韦就是以他们为目标的。"当是时，魏有信陵君，楚有春申君，赵有平原君，齐有孟尝君，皆下士喜宾客以相倾。吕不韦以秦之强，羞不如，亦招致士，厚遇之，至食客三千人。"(《史记·吕不韦列传》)

吕不韦养士是以富贵和权势吸引各国士人前来投靠，而秦国的强大和即将兼并天下的形势也吸引了渴望建功立业的功名之士前来投奔，李斯就是在这种形势下来到了秦国。他在告辞他的老师时说：

> 斯闻得时无怠，今万乘方争时，游者主事。今秦王欲吞天下，称帝而治，此布衣驰骛之时而游说者之秋也。处卑贱之位而计不为者，此禽鹿视肉，人面而能强行者耳。故诟莫大于卑贱，而悲莫甚于穷困。久处卑贱之位，困苦之地，非世而恶利，自托于无为，此非士之情也。故斯将西说秦王矣。(《史记·李斯列传》)

李斯是楚国上蔡（今河南省上蔡县）人，看到了秦国"欲吞天下"的形势，于是怀着取尊荣富贵、建功立业的目的匆匆来到秦国。《史记·李斯列传》夸大了"游者"的作用，但同时生动地刻画了"游者"追求功利的迫切愿望。吕不韦门下的门客有相当大一部分是这样的功名之士。李斯来到秦国后先是投靠吕不韦，在吕不韦门下任舍人，"不韦贤之，任以为郎"，使得李斯有了接近秦王的机会，他趁机游说秦王：

> 胥人者，去其几也。成大功者，在因瑕衅而遂忍之。……自秦孝公以来，周室卑微，诸侯相兼，关东为六国，秦之乘胜役诸侯，盖六世矣。今诸侯服秦，譬若郡县。夫以秦之强，大王之贤，由灶上骚除，足以灭诸侯，成帝业，为天下一统，此万世之一时也。今怠而不急就，

诸侯复强，相聚约从，虽有黄帝之贤，不能并也。(《史记·李斯列传》)

李斯是汇聚到秦国的士的一个代表，他们渴望功名利禄，希望秦国因时趁势兼并六国，建立帝业，使他们可以攀附骥尾，获得富贵，取得功名。秦王听从了李斯之言，"诸侯名士可以下财者，厚遗结之；不肯者，利剑刺之"(《史记·李斯列传》)①，加快了兼并的步伐。功名之士理所当然地站在秦国统一的立场上，对秦的统一发挥了积极作用。李斯在秦还著有《谏逐客书》，从历史的角度说明客对于秦国富强的重要作用，阐述"是以泰山不让土壤，故能成其大；河海不择细流，故能就其深；王者不却众庶，故能明其德"的道理，说明"士不产于秦，而愿忠者众"，希望秦王取消逐客令，得到了同意 (《史记·李斯列传》)。

吕不韦养士对秦国的君主专制统治逐渐形成了威胁。秦国历史上就有很多的"客"，并有以客出仕的制度。以客出仕的制度在商鞅变法后更为规范，以客入仕和军功入仕结合起来，有功才可得到升迁。吕不韦、嫪毐等人的养士活动无疑是以个人的权势和财富为基础，突破了秦的养客制度和出仕制度，使门下所养之士——门客达到数千人之多。门客还积极寻求成为他们的"舍人"。战国至秦的"舍人"为主人的亲近左右，和主人关系的亲密程度远远超出一般人。"舍人"也可以在主人的推荐下出仕当官。李斯的历史就是"舍人"入仕的典型，他经历了门客——舍人——郎——长史——客卿——廷尉——丞相这样的升迁过程。根据当时秦国的规定，主人"假公"(指借用民有器物)而亡，舍人要接任其"假"(负责赔偿)；主人获罪，舍人也要连坐。②这种上下主从关系使吕不韦等人和门下舍人结成了利益集团，他们之间的关系超越了和专制君主之间的关系。舍人首先效忠自己的主人，与主人一损俱损，一荣俱荣。这样的势力集团对专制君主来说无疑是难于控制的。在这种形势下，秦王政和吕不韦的矛盾与冲突是必然的，后来的事实也证明是这样的。

在吕不韦和秦王政的矛盾和冲突中，他的门客、舍人主要站在他一边，积极为他活动。公元前238年，秦王政平息了嫪毐叛乱。缪毐集团被铲除后，"诸缪毐舍人皆没其家而迁之蜀"。因为嫪毐事件牵扯到了吕不韦，第二年，吕不韦免相。随着吕不韦的失败，他的门客、舍人也受到打击。"王欲诛相国，为其奉先

---

① 《史记·秦始皇本纪》记载大梁人尉缭说秦王："愿大王毋爱财物，赂其豪臣，以乱其谋，不过亡三十万金，则诸侯可尽。"与《李斯列传》所记的李斯的计谋类似。
② 黄留珠：《秦汉仕进制度》，第46—49页。

王功大，及宾客辩士为游说者众，王不忍致法。"吕不韦免相就封国后，"岁余，诸侯宾客使者相望于道，请文信侯"（《史记·吕不韦列传》）。秦王政十二年（前235 年），吕不韦死，偷偷安葬，仍有其舍人临丧。秦王政发命令："其舍人临者，晋人也，逐出之；秦人六百石以上，夺爵迁；五百石以下，不临，迁勿夺爵。"（《史记·秦始皇本纪》）由吕不韦养士引起的政治斗争暂时平息。吕不韦和门下舍人虽在政治斗争中失败了，但他们的思想著作——《吕氏春秋》却留传了下来。

吕不韦的养士活动使很多士来到秦国，使秦国成为战国末期的一个士的活动中心，也成为一个多元思想的汇集之地。魏国人尉缭是一位杰出的军事家，著有《尉缭子》一书。尉缭主张战争要有正义性；战争的胜利本于政胜，政胜本于民心；经济因素是进行战争的重要基础；对战略、战术也有独到的见解。[1]齐国人茅焦在秦王政平了嫪毐叛乱后，因为秦王政囚禁与嫪毐私通的太后、杀死嫪毐与太后所生的两个私生子而劝谏秦王政，指斥秦王政"不慈"、"不孝"，透露出儒家思想的气息（《史记·秦始皇本纪》）。姚贾是魏国人，出身低贱，曾替秦拆散了燕、赵、吴、楚的联盟，表明他可能是一位纵横家（《战国策·秦策五·四国为一章》）。这些人虽然不一定都是吕不韦的门客，但也构成了著作《吕氏春秋》的一个重要的社会背景。

吕不韦推行的养士活动，是模仿魏、赵、楚、齐等国的养士之风进行的。在一定程度上突破了秦国的相关制度。由养士而结成的利益集团动摇了君主专制统治，从而引发了秦王和吕不韦的斗争。《吕氏春秋》作为由吕不韦主持编著的著作，在秦即将统一天下的形势下，提出了什么样的主张，是值得关注的。

（二）"备天地万物古今之事"

《吕氏春秋》是在吕不韦的主持下，由吕不韦的门客著成的。《史记·吕不韦列传》说："吕不韦乃使其客人人著所闻，集论以为《八览》、《六论》、《十二纪》二十余万言，以为备天地万物古今之事，号曰《吕氏春秋》。"书著成以后，"布咸阳市门，悬千金其上，延诸侯游士宾客有能增损一字者予千金"。其中"以为备天地万物古今之事"一语非常重要。"事"当然不是指一般的事情，而是指国家的政事。《吕氏春秋·有始》："天地万物，一人之身也，此之谓大同。众耳目鼻口也，众五谷寒暑也，此之谓众异。则万物备也。天斟万物，圣人览焉，以观其类。"由于《吕氏春秋》提出的总的治国原则是"法天地"，所以，"万物备焉"

---

[1] 关于《尉缭子》一书的问题及其军事思想，可参见郭淑珍、王关成：《秦军事史》，第498—522 页。

是说，天地之间，万物完备，圣人观览其类，取法以治国。"备天地万物古今之事"是《吕氏春秋》撰作的主要宗旨之一，就是试图综合关于万物的所有的知识和思想，为君主提供一本百科全书式的治国大全。

《吕氏春秋》试图"备天地万物古今之事"，书又成于众手，历史上认为该书是杂抄之作的不乏其人，对《吕氏春秋》的重视程度也因之大为减低。但实际上不是这么回事，《吕氏春秋》的结构经过精心设计，编排体例非常严整，内容有很强的系统性，可以说是充分吸收前人思想成果的创新之作。结构、体例、内容方面又都反映了"备天地万物古今之事"的宗旨。

"春秋"是春秋战国时期编年体史书的通名，最著名的就是《春秋》及其三传《左传》、《公羊传》、《穀梁传》。当时的各国都有类似《春秋》的编年体史书，所谓的"百国春秋"，虽不一定是实数，但说明"春秋"体的编年史书很多。"春秋"体的史书是按年记事的，每一年中非常重视春、夏、秋、冬四季，每一季开始的第一个月，纵是无事可记，也要特别标出来，如"春正月"、"夏四月"、"秋七月"、"冬十月"。四季之中，又特别重视春、秋二季，因为一个是播种的季节，一个是收获的季节，"春作秋成"，所以将春、秋二字特别提出来命名编年体的史书。① 但《吕氏春秋》并不是一部编年体的史书，为什么要以"春秋"命名？《春秋》是儒家经典，或以为《吕氏春秋》发挥儒家学说，此不足论。

《吕氏春秋》还有一个名字叫《吕览》。《吕览》的名字是在司马迁作《史记》时出现的。《史记·吕不韦列传》说吕不韦组织门客编完书后，"号曰《吕氏春秋》"。《史记·太史公自序》又说："不韦迁蜀，世传《吕览》。"张守节《正义》云："即《吕氏春秋》。"《四库全书总目提要》认为"不韦迁蜀，世传《吕览》""盖史驳文"，后世不取。大概《吕览》的名字是司马迁为了行文的对称所取。不过司马迁将《吕氏春秋》命名为《吕览》也不是完全没有依据，除了"览"本身是《吕氏春秋》的一部分外，《吕氏春秋》和《吕览》两个书名还反映了该书在结构上的特点，即时间和空间。

《吕氏春秋》全书的结构是时空交互式的，从时间和空间两个维度架构全书，去实现"备天地万物古今之事"的宗旨。《汉书·艺文志》著录《吕氏春秋》二十六篇。今本《吕氏春秋》分纪、览、论三大部分，纪十二、览八、论六，正好是二十六篇。纪、览、论下又分若干子篇。《八览》每览有八篇，《有始览》缺一篇，共六十三篇。《六论》每论六篇。《十二纪》每纪有五篇。加上《序意》，

---

① 参见杨伯峻编著:《春秋左传注·前言》，中华书局 1981 年。

全书共一百六十篇。

《十二纪》主要按自然节律的推移展开论述，是以时间轴为中心的。《十二纪》按春、夏、秋、冬划分，每个季节下又分孟、仲、季三纪，共《十二纪》。每纪的首篇为该月的月令，记述该月的季节、天象、物候、农事、政令，并与五行、五方、五音、五色、五祀、天干等相配合，形成整齐的结构。每纪首篇之后的其他各篇所论述的内容也与自然节律的更替有关。

《八览》、《六论》则主要是以空间轴为中心展开论述的。《有始览》第一篇《有始》分述了九野、九州、九山、九塞、九薮、八风、六川、四极，显然是空间的概念。《开春论》第一篇《开春》的重点是"以此言物之相应也，故曰行也成也"，是指事物的运动变化。

《吕氏春秋》全书虽有明确的时间轴和空间轴，但整体的结构又是时空交互式的，时间中有空间，空间中有时间。在《十二纪》中论述了事物的运动变化，有事物的存在与运动变化必然有空间。《有始》以为"天地有始"，《开春》说："开春始雷则蛰虫动矣"，强调事物的运动变化有时间的起点。《吕氏春秋》这种时空交互式的结构，反映了当时对时空宇宙的认识，并试图以此囊括所有的事物。

体例上，《吕氏春秋》也非常严整。全书都是政论式的短文，除了《十二纪》每纪的首篇外，每篇文章以二字为题，大多能够标明该篇主旨。《十二纪》每纪的首篇之外的其他文章体例可分为两类：一类是论说为主的说理性短文；另一类是首论题义，次举例证，有论有史的史论体短文。前者如《孟春季》的《本生》，首论全生的重要性，次论养性的重要性，再次论全性之道在于"利于性则取之，害于性则舍之"，又论全德之人在于"全其天"，最后从全生、养性的角度强调富贵不如贫贱。全篇结构完整，论说有力。后者如《有始览》的《去尤》，开篇提出"多有所尤"的原因在于"其要必因人所喜，与因人所恶"，即认识的局限性在于先入为主的主观好恶，然后举"人有亡铁者"等三个例子予以说明，最后指出"皆有所乎尤也"。这种按照严格的编写计划和统一体例完成的著作，是我国思想学术史上的开创之作。

内容上，《吕氏春秋》的纪、览、论内的各篇文章之间，在思想上有内在联系，形成了完整的系统。《十二纪》按春、夏、秋、冬排列，每一纪又分为孟、仲、季三季，表现的是"春生而冬死，夏乐而秋刑"，取义春生夏长秋收冬藏。[①]《十二纪》中春主生，各篇主要讲养生健身，由养身及于治国。夏主养，由万物成长联

---

① 余嘉锡：《四库提要辩证》，中华书局 1980 年版，第 818—819 页。

系到人的教育，特别重视音乐对人的教化。秋主收，主论用兵之道，民是兵源，亦讲用贤顺民。冬主藏，引申出死葬之义和人的节操。

《八览》是治国之道，主线是君道、君臣关系问题，有始有终，内容完整。每览一个主题，互相补充，各览之间没有明显的冲突。

《有始览》七篇主要论述一些基本理论。《有始》论说天地的生成、面貌、同异，最后的落脚点是"则万物备也"，圣人"以观其类"。《吕氏春秋》治国的原则是"法天地"，主张官僚制度的设官分职应取法于物类的同异，所以，此篇的核心实际是"法天地"的进一步的具体阐明，也是《八览》的基础。《应同》论说五德相胜、物类感召、祥瑞灾异的理论。特别重视君臣之间"同气贤于同义，同义贤于同力，同力贤于同居，同居贤于同名"，成就帝业必然是君臣同气。《去尤》、《听言》、《谨听》都是和人的认识有关的。《去尤》强调要去除先入为主的主观好恶的蒙蔽；《听言》认为"听言"必察，"不察则善不善不分"，"乱莫大焉"；《谨听》是《听言》的进一步延续，认为对"听言"应有三种态度："故虽不疑，虽已知，必察之以法，揆之以量，验之以数"；"太上知之，其次知其不知。不知则问，不能则学"；要虚心向贤者请教。《务本》认为臣子应先公后私，以功伐获取富贵，有能力、能自省然后再任职。《谕大》阐发小必恃大的道理。《有始览》的理论在以后各览中都有体现，其中《应同》中的物类感召的理论贯穿始终，是《八览》的理论核心。

《孝行览》、《慎大览》、《先识览》的核心是论述治国之要在于得贤、用贤。贤者必贵时、待时、遇时，然后才可得大用，成其大功。贤主要能居安思危，取大利去小利，取大忠去小忠，礼贤下士；贤者应怀报答之意，因时顺势，助君主成功。贤者能够察微知著，由近及远，预先发现事物发展变化的趋势，贤主得到贤者就能得城广地。

《审分览》纯论君道。《审分》要求定君臣上下之分；《君守》论君主宜守之道；《任数》也要求定君臣、分上下、修其数，行其理；《勿躬》在定君臣职分的前提下，提出君主不宜事必躬亲，不宜为人臣之事；《知度》要求君主知百官之要，督名审实，以达"至治"；《慎势》言势；《不二》非常简短，论"一则治，异则乱；一则安，异则危"，要求"一耳"、"一心"、"一众"、"一力"；《执一》继上篇，指出"王者执一，而为万物正"。《审分览》和前边的《孝行览》、《慎大览》、《先识览》并不矛盾，贤者在遇贤主之后也应该遵守君臣上下之分，不能突破君臣之理，这也是《先识览》将《正名》放在最后一篇的原因。

《审应览》主要论述语言的表达。认为人主对语言应该"取其实以责其名，则说者不敢妄言"。至于人主自己的语言，"不可不慎"。对圣人的"精谕"之言，要注意"同恶同好，志皆有欲"，"至言去言，至为无为"。反对"言意相离"，"言行相诡"；赞成理不屈于言。"诚"是言的基础，贤者必具才可成功。《审应览》不仅仅是反对诡辩，仍是从君臣的角度加以分析，君主"执一"，所以应慎言，臣下应做到言意、言行相符。

《离俗览》主要论述治国要以德、义为先，次以赏罚。《离俗》以为"世之所不足者，理义也"，人主必务求崇尚理义的廉士，"因时而为，以爱利为本，以万民为义"。《高义》言"君子之自行也，动必缘义，行必诚义"。《上德》言"为天下及国，莫如以德，莫如行义"，又言"爱利之心谕，威乃可行"。《用民》言"凡用民，太上以义，其次以赏罚"。《为欲》认为人皆有欲，治国要因势利导，"令其民争行义也"。《贵信》言"凡人主必信"。《举难》认为以义衡量人，很难十全十美，"故择物而贵取一也"。

《恃君览》的重点是国家理论和君臣之道。《恃君》论述了君主和国家的产生，认为立君道、明君臣是天下之利。《长利》言天下之士应该追求天下之长利，不以天下为己利，不以天下私其子孙。《知分》言"达士者，达乎死生之分"，面临死亡，"不变其义"，"则利害存亡弗能惑矣"。贤主"使其下也必义，审赏罚"。《召类》论说"类同相召，气同则合，声比则应"的道理，强调"故国乱非独乱，有必召寇"，"召寇则无以存矣"。《达郁》认为"主德不通，民欲不达，此国之郁也"，圣王尊重豪士与忠臣，豪士与忠臣以直言决郁。《行论》以为人主之行与布衣不同，"势不便，时不利，事仇以求存"。《骄恣》以为亡国之主必骄恣，所以必须戒骄，"欲无壅塞必礼士，欲位无危必得众，欲无召祸必完备。三者人君之大经也"。《观表》认为圣人之所以能发现事物发展变化的趋势，就在于圣人注意观察预兆，而人、事、国皆有预兆。

《六论》各篇之间也有联系，以《开春论》为第一，《开春》论物之相应，也是理论的阐发。《六论》最后四篇《上农》、《任地》、《辩土》、《审时》，彰显重农之意，对应冬天农田的整理，农耕的准备，符合农业上春种、夏长、秋收、冬藏的意思。《六论》的其他各篇也主要论国之政事、君臣之道，范围没有超出《八览》，应是对《八览》的进一步申论。

《吕氏春秋》的纪突出的是自然节律的转移、人事的变化、人的生死寿夭；览的重点是君道政事，君臣之道；论进一步对览加以申论。纪、览、论各有重点，又有联系。《吕氏春秋》试图将所有的相关内容编排起来，难免存在着个别的重叠、牵强，但无损于其思想的系统性。

对《吕氏春秋》的主导思想争议颇多。《汉书·艺文志》将《吕氏春秋》列于杂家，其特点是"兼儒、墨，合名、法，知国体之有此，见王治之无不贯，此其所长也"。或认为这正是司马谈《论六家之要旨》中"道家"的特点①："因阴阳之大顺，采儒墨之善，撮名法之要，与时迁移，应物变化，立俗施事，无所不宜，指约而易操，事少而功多。"汉代的高诱总结《吕氏春秋》说："以道德为标的，以无为为纲纪，以忠义为品式，以公方为检格。"② 这是以《吕氏春秋》的主导思想为道家。清代《四库全书总目提要》以为是儒家。清人卢文绍认为《吕氏春秋》宗墨氏之学。③ 其后，关于《吕氏春秋》的主导思想还有阴阳家、黄老、新道家诸说。④ 不仅如此，学者们逐篇研究的结论也不相同，陈奇猷认为："今观吕氏书，《十二纪》每纪之首篇，《八览》首览首篇，《六论》首论首篇，以及《明理》、《精通》、《至忠》、《长见》、《应同》、《首时》、《召类》等篇，皆是阴阳家说，与《史》、《汉》所指阴阳家之特点正合。"⑤ 王范之所著《吕氏春秋研究》一书，认为《吕氏春秋》连一篇阴阳家的著作都没有。⑥

从《吕氏春秋》各篇来看，绝大多数都文义贯通，并无矛盾。所以，在《吕氏春秋》主导思想认识上的分歧，也许正表明《吕氏春秋》是一种综合各家的新思想学说。《吕氏春秋》既论天地宇宙的结构、运动变化，也探讨终极原因；既论君道政事，也探讨全身养生；既论自然物类的区分，也探讨官僚制度的设官分职；从时间到空间，从政治到经济，从社会到自然，从君主到个人，其内容的系统性是毋庸置疑的。

《吕氏春秋》的思想有没有一个核心呢？其实《汉书·艺文志》说得非常明白："杂家者流，盖出于议官。兼儒、墨，合名、法，知国体之有此，见王治之无不贯，此其所长也。及荡者为之，则漫羡而无所归心。"也就是说，杂家是综合各家学说的。《吕氏春秋》当然不属于"漫羡而无所归心"的一类。它按照什么综合各家学说呢？就是"国体"、"王治"。"国体"指国家的政治体制；"王治"是"王者之治"，指的是理想的政治形态。《吕氏春秋》作为杂家的主要代表，它是紧紧

---

① 熊铁基：《秦汉新道家》，上海人民出版社 2001 年版，第 106 页。
② 高诱：《吕氏春秋序》；见陈奇猷：《吕氏春秋校释》，学林出版社 1984 年版。
③ 卢文绍：《抱经堂文集》卷十《书吕氏春秋后》，转引自陈奇猷：《吕氏春秋校释》，第 1846 页。
④ 陈奇猷：《吕氏春秋成书的年代与书名的确立》，《补论》，见其著《吕氏春秋校释》。萧萐父、李锦全：《中国哲学史》上卷，人民出版社 1985 年版。熊铁基：《秦汉新道家》。
⑤ 陈奇猷：《吕氏春秋成书的年代与书名的确立》，见其著《吕氏春秋校释》。
⑥ 王范之：《吕氏春秋研究》，内蒙古大学出版社 1993 年版。

围绕当时国家的政治体制和未来理想的政治形态进行思想的综合的，从而也形成了以"国体"、"王治"为核心的思想体系。这样的核心，使它既关注现实，更加着眼未来，成为一部系统的思想史著作。

《吕氏春秋》虽然以"备天地万物古今之事"为目标，但它真的能够包容一切吗？回答是否定的，人类历史上还没有一部书能够包容一切。问题也许并不在此，重要的是《吕氏春秋》提供了一条完整的"备万物"的思路。《吕氏春秋》是从外在的客观世界观察事物，总结规律，建立理论，然后统摄有关的治国养生之事，追求天地的和谐，认为知识和思想主要是外在的积累、归纳。这种思想和《孟子》中的"万物皆备于我矣"代表了中国古代思想的两种发展趋势。孟子注重内在的道德修养，通过内在的仁德扩张，以达到"万物皆备于我"的境界。徐复观解释说：

> 万物皆备于我，即是《论语》上的"天下归仁"；克己而突破了自己，以与天下为一体，此时天下皆归到自己仁德之中，亦即是自己与人类同其忧乐。天下皆归到自己仁德之中，才可以说"万物皆备于我矣"。才能说"上下与天地同流"。①

《孟子》中的"万物皆备于我矣"主要是一种道德价值的判断；《吕氏春秋》则是一种经验的总结和知识、思想的积累。《吕氏春秋》的"备天地万物古今之事"和《孟子》中的"万物皆备于我"具有同等重要的地位。如果说孟子的"万物皆备于我"代表了战国时期的注重内在道德修养的内在超越的道路；《吕氏春秋》的"备天地万物古今之事"则是追求外在知识和思想积累的外倾型理念。《吕氏春秋》、《孟子》"备万物"的思想，从某种程度上代表了中国古代对待知识和思想的两种不同的态度，一种是"博"，一种是"约"，从而使"博"和"约"成了中国学术思想史的一个重要问题。

"备天地万物古今之事"和思想的统一也没有矛盾。《吕氏春秋》为适应天下一统的形势，要求思想上达到统一。《不二》说："听众人议以治国，国危无日矣。何以知其然也？老耼贵柔，孔子贵仁，墨翟贵廉，关尹贵清……有金鼓，所以一耳也。必同法令，所以一心也。智者不得巧，愚者不得拙，所以一众也。勇者不得先，慎者不得后，所以一力也。故一则治，异则乱。一则安，异则危。"《吕氏

---

① 徐复观：《中国人性论史》（先秦篇），上海三联书店 2001 年版，第 159—160 页。

春秋》自觉地采集众家之长，积极地吸收各家精华，并不随意地根据一己之见抨击批判别家思想，以兼容并蓄的态度总结先秦的学术与思想，以求为己所用。《用众》说："物固莫不有长，莫不有短，人亦然。故善者，假人之长以补其短。"这种开阔的视野比起狭隘之见更为可贵。它破除了成见，以积极肯定、继承发挥为主，成为一个时代的思想经典。

（三）功利主义思想

《吕氏春秋》中有系统的功利主义思想。这种功利主义思想和秦当时统一的形势是相适应的。功利主义是这样一种观点："它认为判断正当、不正当和尽义务的唯一基本标准就是功利原则，它还严格地规定，我们的全部行为所追求的道德目的，对全人类来说，就是使善最大限度地超过恶（或者尽量减少恶超过善的可能性）。"[1]《吕氏春秋》中以"利"与"害"作为判断标准，以追求利益、结果为最终目的，详细地阐述了个人与养生、君主与国家、长利与短利、"利"与"义理"、功业、名誉、义兵等观念及其关系。《吕氏春秋》中的功利主义思想肯定了它的另一个宗旨是为秦的统一服务的。

1. 全生与全性

《吕氏春秋》将人的生命、天性和后天的教育区分开来，"始生之者，天也；养成之者，人也"（《本生》）。对人来说，首要的是要尊重自然的生命和天性，而保全自然的生命和天性，称为全天。全天之人，他的自然能力和精神智慧才可以发展到极致，这样的人称为"全德之人"。"天全则神知矣、目明矣，耳聪矣，鼻臭矣，口敏矣，三百六十节皆通利矣。若此人者：不言而信，不谋而当，不虑而得；精通乎天地，神覆乎宇宙；其于物无不受也，无不裹也，若天地然；上为天子而不骄，下为匹夫而不惛；此之谓全德之人。"（《本生》）

全天可分为全生与全性。全生即保全人的自然生命。对于个人来说，人的存在首先是人的生命的存在，这是不可失而复得的，其重要性是官爵、财富，甚至天子之位都不可比拟的。

> 倕，至巧也。人不爱倕之指，而爱己之指，有之利故也。人不爱崑山之玉、江汉之珠，而爱己一苍璧小玑，有之利故也。今吾生之为我有，而利我亦大矣。论其贵贱，爵为天子，不足以比焉；论其轻重，富有天下，不可以易之；论其安危，一曙失之，终身不复得。此三者，

---

[1] 弗兰克纳著，关键译：《伦理学》，生活·读书·新知三联书店1987年版，第70—71页。

有道者之所慎也。有慎之而反害之者，不达乎性命之情也。不达乎性命之情，慎之何益？（《重己》）

对于人生命影响最大的是人的欲望。欲望是人生下来就具有的本能，《情欲》："天生人而使有贪有欲。"《大乐》："天使人有欲，人弗得不求；天使人有恶，人弗得不辟。欲与恶受于天也，人不得与焉，不可变，不可易。"人的欲望表现出来就是情，《情欲》："故耳之欲五声，目之欲五色，口之欲五味，情也。此三者，贵贱愚智贤不肖，欲之若一，虽神农黄帝，其与桀纣同。"《适音》："人之情，欲寿而恶夭，欲安而恶危，欲荣而恶辱，欲逸而恶劳。"人情也不过是希望长寿、安全、荣光、安逸而已。情欲和人的生命比起来，生命比情欲更为重要。人过分地追求情欲的满足，就会变成贪、恶，危及人的生命。生命不存在，更谈不上情欲了，所以，生命的存在是首要的。

从全生的角度出发，《吕氏春秋》主张将欲望情感努力控制在合理的范围之内，"适欲"，"节情"，"止欲"，免得危害人的生命。"世之人主贵人，无贤不肖，莫不欲长生久视，而日逆其生，欲之何益？凡生之长也，顺之也；使生不顺者，欲也；故圣人必先适欲。"（《重己》）"欲有情，情有节"；"圣人修节以止欲，故不过行其情也"；"圣人之所以异者，得其情也"；"由贵生动则得其情矣，不由贵生动则失其情矣。此二者，死生存亡之本也"（《情欲》）。《贵生》将人对待生命的态度分为尊生、全生、亏生、迫生。"故所谓尊生者，全生之谓。所谓全生者，六欲皆得其宜也。所谓亏生者，六欲分得其宜也。"尊生也就是全生，欲望的表现是适宜的。亏生是指人的欲望一半表现得是适宜的。"所谓迫生者，六欲莫得其宜也，皆获其所甚恶者，服是也，辱是也。"迫生是人的欲望表现得都不适宜。

人怎样"节情"、"止欲"以保全生命呢？任何生命，如果一味损害他，都不会长久。保全生命的具体方法便是为利、去害。《贵生》："耳虽欲声，目虽欲色，鼻虽欲芬香，口虽欲滋味，害于生则止。在四官者不欲，利于生者则弗为。"[1]从对人的生命利、害的角度而言，富贵并不见得是好事，"贵富而不知道，适足以为患，不如贫贱"（《本生》）。所以要养生，养生就是使那些过度的事情能够适中，"凡养也者，瞻非适而以之适者也。能以久处其适，则生长矣"（《侈乐》）。欲望适中就是"胜理"，胜是顺任的意思。"胜理"就可以长生，"胜理以治身则生全以，生全则寿长矣"（《适音》）。

---

[1] 陈昌齐曰："弗"字衍。见陈奇猷：《吕氏春秋校释》，第 76 页校释［五］。

在人性中，人最根本的欲望是长寿。《本生》："夫水之性清"，"人之性寿"。作为人来说，最重要的是发挥长寿的愿望，取利除害，这叫全性。人的物欲应该围绕着长寿的愿望，而不应该损害长寿。人不要受物的驱使，而要使物为人服务。"物也者，所以养性也，非所以性养也。""是故圣人之于声色滋味也，利于性则取之，害于性则舍之，此全性之道也。"（《本生》）

《尽数》中指出对人身体有害的三个方面：饮食上的大甘、大酸、大苦、大辛、大醎；情绪上的大喜、大怒、大忧、大恐、大哀；环境上的大寒、大热、大燥、大湿、大风、大霖、大雾。对身体有利的是聚集精气和运动。"精气之来也，因轻而扬之，因走而行之，因美而良之，因长而养之，因智而明之。""流水不腐，户枢不蝼，动也。"在人的全生上尤其反对巫医毒药，"故巫医毒药，逐除治之，故古之人贱之也，为其末也"。当然，全生、全性也不是追求长生不死，而是完成生命的自然过程。"长也者，非短而续之也，必其数也。"这是一种非常理性客观的人生态度。

战国时期，人性问题是思想家思考的一个热点。孟子主张性善论，认为道德萌发于人心内的善端；荀子主张性恶论，提出用"化性起伪"的方法培养人的道德观念；老庄认为人的本来心性是无知无欲，朴实无华，主张清心寡欲，返璞归真；告子提出人性无善无不善之说；另据《论衡·本性篇》载："周人世硕，以为人性有善有恶"；商、韩一派认为人有利欲之心，要用刑赏的手面诱导百姓，建立君主专制。《吕氏春秋》以保全和延续人的正常生命为目的，承认人有正当欲望，以利、害为判断标准，主张"去害"、"为利"，将欲望节制在适当的程度，通过饮食、运动等养生，形成了独特的人生论，这也是符合客观实际的人生论，应该引起足够的重视。

2. 公与私

对于个人来说，生命存在是首要的，只有保全自己生命的人，才可以考虑治国。全生先于治国，这是《吕氏春秋》提出的一个重要论调。《贵生》："道之真，以持身；其绪余，以为国家；其土苴，以治天下。由此观之，帝王之功，圣人之余事也，非所以完养生之道也。"治国和建立帝王的功业只是"余事"，但这毕竟与杨朱的"拔一毛以利天下，不为也"的态度有很大的不同。《吕氏春秋》没有将全生与治国绝对对立起来，而是统一起来。

《吕氏春秋》认为只有重视个人全生养身的人，才能重视百姓的生命，才可以以天下托付。《贵生》："天下，重物也，而不以害其生，又况于它物乎？惟不以天下害其生者也，可以托天下。"《先己》："凡事之本，必先治身，啬其大宝。""昔者先圣王，成其身而天下成，治其身而天下治。故善响者不于响于声，善影者不于影于形，为天下者不于天下于身。"并进而将其总结为一条规律："故欲胜人者必先自胜，欲论人者必先自论，欲知人者必先自知。"

《先己》还引用孔子的话说："不出于门户而天下治者，其唯知反于己身者乎！"今《论语》中无相同的话。《论语·卫灵公》中有"君子求诸己"的说法，指的是君子首先要注重自身的道德修养，与《吕氏春秋》的主旨完全不同。《先己》中的"反诸己"是"适耳目，节嗜欲，释智谋，去巧故，而游意乎无穷之次，事心乎自然之涂，若此则无以害其天矣"。可见，《吕氏春秋》只是借用孔子的话表达自己的思想，要求人们将个体生命的保全放在首要位置。

从自己的观点出发，《吕氏春秋》为天子下了一个定义："能养天之所生而勿撄之谓天子。天子之动也，以全天为故者也。"（《本生》）天子就是能够保全人的生命而不触犯人的本性的人。在全身养生这一点上，君主和国家、集体利益达成了统一。不仅仅是君主，官僚的功能也是为了全生，"立官者以全生也"（《本生》）。如果官僚队伍的建立只是更多地害生，那就失去了设立官僚队伍的本来意义。官僚队伍的管理也是"贵生之术"，"耳目鼻口，不得擅行，必有所制。譬之若官职，不得擅为，必有所制。此贵生之术也"（《贵生》）。国家法度的建立也和养生是统一的。欲望适中就是"胜理"，"胜理"就可以长寿，"胜理以治国则法立，法立则天下服矣"。"胜理"是顺任道理的意思，"胜理以治国则法立"隐含的意思是国家法度的依据是自然规律。

古代的圣王们已经作出了榜样，他们并不以奢侈为务，而是非常注意节制欲望。"昔先圣王之为苑囿园池也，足以观望劳形而已矣；其为宫室台榭也，足以辟燥湿而已矣；其为舆马衣裘也，足以逸身煖骸而已矣；其为饮食酏醴也，足以适味充虚而已矣；其为声色音乐也，足以安性自娱而已矣。"（《重己》）

以全身养生为基础，《吕氏春秋》提出了"公"的概念。"公"是公共的意思，代表集体利益。君主就是因为集体利益的需要而产生的。《贵生》："凡主之立也，生于公。"《贵生》进一步阐发道：

> 天下非一人之天下也，天下之天下也。阴阳之和，不长一类；甘露时雨，不私一物；万民之主，不阿一人。伯禽将行，请所以治鲁，周公曰："利而勿利也。"荆人有遗弓者，而不肯索，曰："荆人遗之，荆人得之，又何索焉？"孔子闻之曰："去其'荆'而可矣。"老聃闻之曰："去其'人'而可矣。"故老聃则至公矣。天地大矣，生而弗子，成而弗有，

万物皆被其泽、得其利，而莫知其所由始，此三皇、五帝之德也。

人都是大自然的产物，都是秉天地自然之利而生。天地自然对所有的人都是公平、公正的，人间的君主应该公平、公正地对待百姓。《贵生》云："昔先圣王之治天下也，必先公，公则天下平矣。"平出于公，只有公才能平，才能有公平、公正。

破坏了"公"的行为则为"私"，这种"私"又往往是破坏了全身养生之道的行为，"日醉而饰服，私利而立公，贪戾而求王，舜弗能为"（《贵生》）。天地自然是大公无私的，《去私》说："天无私覆也，地无私载也，日月无私烛也，四时无私行也，行其德而万物得遂长焉。"古代圣贤是大公无私的，《去私》列举黄帝之言："声禁重，色禁重，衣禁重，香禁重，味禁重，室禁重"；尧传位于舜、舜传位于禹，"至公也"；祁黄羊推举仇人解狐、儿子午，"祁黄羊可谓公矣"；秦墨者矩子杀犯法的儿子，"子，人之所私也，忍所私以行大义，矩子可谓公矣"。最后总结说："王伯之君亦然，诛暴而不私，以封天下之贤者，故可以为王伯；若使王伯之君诛暴而私之，则亦不可以为王伯矣。"

《吕氏春秋》的目的在于以全身养生为基础论证理想君主的利益与国家利益是统一的，国家利益是"公"，也就是集体利益，破坏"公"的行为是"私"，应该去"私"立"公"，以天下为公。《吕氏春秋》关于这一问题的思考涉及了君主权力的合理性问题，即理想君主应该是集体利益的代表，这不同于孔孟所提倡的理想君主是道德的代表，其思考是非常深刻的。这种君主论的论述角度和《商君书》也不同，特点非常鲜明。

3. 义与利

在《吕氏春秋》中，义有三重含义：一是从君主、国家和社会而言，义是一种法则，是一种律令；二是对行为主体而言，义是一种内在的自觉；三是义利关系，这是义的核心。

义作为一种法则、律令在《吕氏春秋》中有明确的申述，《论威》："义也者，万事之纪也，君臣上下亲疏之所由起也，治乱安危过胜之所在也。"《先识》："天生民而令有别。有别，人之义也，所异于禽兽麋鹿也，君臣上下之所以立也。"义使人类社会有了远近亲疏、君臣上下的区别，这也是社会群体与动物的区别，这表明《吕氏春秋》中的义是界定人际关系的伦理观念，等级伦理是义的重要内容，《义赏》："其所以加者义，则忠信亲爱之道彰。"

《先识》提到"天生民而令有别"，似乎认为义作为一种伦理观念是人类产生以来自然就有的，其实不然，《吕氏春秋》的重点在于说明义是人类社会长期发展中积累的结果。《谕大》：

> 昔舜欲旗古今而不成，即足以成帝矣。[1] 禹欲帝而不成，即足以正殊俗矣。汤欲继禹而不成，即足以服四荒矣。武王欲及汤而不成，即足以王道矣。五伯欲继三王而不成，即足以为诸侯长矣。孔丘、墨翟欲行大道于世而不成，即足以成显名矣。夫大义之不成，即有成矣已。

《谕大》中的这段话在于说明舜、禹、汤、武王、五伯、孔丘、墨翟他们个人都没有完成"大义"，但随着历史的发展，逐步积累，"大义"形成了，充分肯定了义是人类文明发展的结果。《慎行》："凡乱人之动也，其始相助，后必相恶。为义者则不然，始而相与，久而相信，卒而相亲，后世以为法程。"这也是要充分肯定义是历史发展的结果。

义作为一种社会性的法则、律令，有一定的强制性，《去私》列举秦墨家矩子杀掉自己杀人的儿子，引矩子的话说："夫禁杀伤人者，天下之大义也。""墨家之法曰：'杀人者死，伤人者刑'，此所以禁杀伤人也。"这里把义直接等同于法。《诬徒》："达师之教也，使弟子安焉、乐焉、休焉、游焉、肃焉、严焉。此六者得于学，则邪辟之道塞矣，理义之术胜矣。此六者不得于学，则君不能令于臣，父不能令于子，师不能令于徒。"理义是君对臣、父对子、师对徒的命令。但义毕竟不是成文的法律，不是人应该绝对遵守和服从的。义要落实在人的行为规范中，要贯穿在社会伦理关系中，更多地依靠人的自觉。《吕氏春秋》对一味严刑厚赏持反对的态度，《用民》："凡用民，太上以义，其次以赏罚"，明确地将"赏罚"排在义之下。

作为法则、律令的义是一种外在的规范。外在的规范怎样成为人的自觉行为？《吕氏春秋》提出了两种途径：首先是教与学。《劝学》："不知理义，生于不学。""故为师之务，在于胜理，在于行义。理胜义立则位尊矣，……故师必胜理行义然后尊。"人们不知理义的原因是由于不学习，而老师的职责就在于"胜理"、"行义"，老师也因此而获得了至尊的地位，受到了必然的尊重。《尊师》说："君

---

① 奇猷按：旗同旐，《说文》："旐，旗有众铃以令众也"，则旗有号令之义。此文谓舜欲号令今古而不成，号令今古当然不可能，故不成；但其已成帝，则号令于今已成矣。《御览》七十七引作"稽"；稽，同也；亦通。见陈奇猷：《吕氏春秋校释》，第 723—724 页。

子之学也，说义必称师以论道，听从必尽力以光明。听从不尽力，命之曰背；说义不称师，命之曰叛；背叛之人，贤主弗内之于朝，君子不与交友。故教也者，义之大者也；学也者，知之盛者也。"不遵从老师的教诲，不以义为己任，那就意味着背叛，就会不容于贤主、君子。其次，通过音乐感化。《吕氏春秋》中有系统的音乐理论，《十二纪》中的《仲夏纪》、《季夏纪》，共用七篇阐发了音乐思想。关于音乐的产生，《吕氏春秋》认为音乐法乎自然之和声，生于人心之荡动；关于音乐的性质，《吕氏春秋》认为音乐可以调节人的情绪，平和人的心理；《吕氏春秋》还认为音乐与政治、风俗密不可分，可以通过音乐去洞察政治是否清明、民风是否淳朴等。对于音乐的功能，《适音》说："故先王之制礼乐也，非特以欢耳目、极口腹之欲也，将以教民平好恶、行理义也。"也就是说，音乐的主要功能是感染人、熏陶人，使人能够分清好恶，自觉遵行理义。音乐作为一种政治辅助手段在中国古代是完全仪式化的，不同的场合、不同的典礼使用不同的音乐，和当时的政治组织结构、等级制度相辅相成。秦拥有完善的音乐制度，天水放马滩秦简中有《律书》，其关于音律的记载在乐律学史的早期阶段，起到了承上启下的重要作用，反映秦对音乐的重视，也反映礼乐是秦政治制度的重要组成部分。[①] 用音乐感化灌输"义理"应该是所言非虚。

当义成为人的一种内在自觉后，人就会以义自勉，将义作为精神，时刻以义为行动的依据。《高义》："君子之自行也，动必缘义，行必诚义，俗虽谓之穷，通也；行不诚义，动不缘义，俗虽谓之通，穷也；然则君子之穷，有异乎俗者也。"义因此成为君子的人格象征，恪守义的人就是君子。义对于个人来说是非常重要的，个人生存中有"迫生"，"所谓迫生者，六欲莫得其宜也，皆获其所甚恶者，服是也，辱是也。辱莫大于不义，故不义，迫生也，而迫生非独不义也，故曰迫生不若死"（《贵义》）。"不义"是人生中最大的耻辱，"迫生"还甚于"不义"，这样的人生不如死。对于君子来说，应该首先以义要求自己，严于律己。《举难》："故君子责人则以人[②]，自责则以义。责人以人则易足，易足则得人；自责以义则难为非，难为非则行饰；故任天地而有余。"

在《吕氏春秋》中，义被作为认识事物和判断人的行为的一个标准。《知分》

---

① 何双全：《天水放马滩秦简综述》，《文物》1989 年第 2 期。戴念祖：《秦简〈律书〉的乐律与占卜》，《文物》2002 年第 1 期。

② 梁仲子云："此即以众人望人之意。"奇猷按：梁说是。下"人"字谓"为人"。责人以为人，则人易为之，故下文云"责人以人则易足"。见陈奇猷：《吕氏春秋校释》，第 1312 页。

用义反对命定论："命也者，不知所以然而然者也，人事智巧以举错者不得与焉。故命也者，就之未得，去之未失。国士知其若此也，故以义为之决而安处之。"命是难以言说的东西，很难把握，所以，"国士"要以义作为判断的标准，安身于义。

对于君主来说，应该施德行义。《上德》："为天下及国，莫如以德，莫如行义。以德以义，不赏而民劝，不罚而邪止，此神农、黄帝之政也。"《简选》评价武王灭殷说："天下美其德，万民说其义，故立为天子。"正因为万民悦服武王的德义，所以才拥护他做天子。君主还要用义驱使臣下，"故贤主之使其下也必义，审赏罚，然后贤不肖尽为用矣"（《知分》）。恪守义的臣子才是忠臣，"贤者之事也，虽贵不苟为，虽听不自阿，必中理然后动，必当义然后举，此忠臣之行也"（《不苟》）。对于一般人来说，也要看他们的行为是不是符合义的标准，如盗跖回答"盗有道乎"的问题时说："中藏，圣也；入先，勇也；出后，义也；知时，智也；分均，仁也。"（《当务》）盗也应该有圣、勇、义、智、仁，这大约就是"盗亦有道"的答案。

战国中后期，百家争鸣，辩论盛行，各家纷纷宣扬自己的思想主张，孟子曾言："予岂好辩哉，予不得已也。"（《孟子·滕文公章句下》）在《吕氏春秋》看来，辩论言说必须以"义理"为标准才是得当的，"凡君子之说也，非苟辨也；士之议也，非苟语也。必中理然后说，必当义然后议。故说义而王公大人益好理矣，士民黔首举行义矣。义理之道彰，则暴虐奸诈侵夺之术息也"（《怀宠》）。辩论言说成为弘扬"义理"的手段，而那些"辩而不当论，信而不当理，勇而不当义，法而不当务"（《当务》）的人，不仅无助于"义"的实行，而且必然会引起天下大乱。

对于义，孟子认为义与利是对立的，"仁义而已矣，何必曰利"（《孟子·梁惠王上》）。《吕氏春秋》不是将义和利对立起来，而是探究义和利的内在统一，用利去规定义。在《吕氏春秋》看来，义就是大利，"义为利博"（《上德》），"义之大者，莫大于利人"（《尊师》）。这种思想源于墨家，《墨子·经上》："义，利也"，提倡人与人之间要"交相利"。后期墨家在秦国很有影响，《吕氏春秋》吸收墨家思想是自然而然的事情。不过，墨家义与利的思想是以"兼爱"为前提的，《墨子·经说下》："仁，爱也。义，利也。爱利，此也。所爱利，彼也。"在《吕氏春秋》中，义所指称的大利是等级伦理下的国家、百姓之利，是他人之利，不是个人的小利。其中又特别重视百姓的基本生活条件的满足。《慎人》说："禹周于天下，以求贤者，事利黔首"，"汤武修身积善为义，以忧苦于民"。《爱士》说：

"衣，人以其寒也；食，人以其饥也。饥寒，人之大害也。救之，义也。"

《吕氏春秋》认为，人有正当的欲望，都在"为利"、"去害"，利益对人有很大的吸引力，"是故民无常处，见利之聚，无之去"（《功名》），"民之于利也，犯流矢，蹈白刃，涉血盭肝以求之"（《节丧》），"必得所利，相与分之"（《安死》）。君主应该时刻以百姓利益为重，义、利并举，"因时而为，以爱利为本，以万民为义"（《离俗》）。能否做到这一点，是善与不善、能否成功的关键，"故当今之世，有能分善不善者，其王不难矣。善不善本于义，不于爱，爱利之为道大矣"①（《听言》）。这一点也是历代先王总结的经验，"先王之于论也极之矣，故义者百事之始也，万利之本也"（《无义》）。

《吕氏春秋》对士特别推崇，认为士是以义自任的人，"士之为人，当理不避其难，临患忘利，遗生行义，视死如归"（《士节》）。正因为士以义自任，重义轻利，奋不顾身，所以他们才是最值得信赖的人，是贤主孜孜以求的人，"天下轻于身，而士以身为人。以身为人者，如此其重也，而人不知，以奚道相得？贤主必自知士，故士尽力竭智，直言交争，而不辞其患，豫让、公孙弘是也"（《不侵》）。《忠廉》将士与忠臣相提并论：

> 士议之不可辱者大之也，大之则尊于富贵也，利不足以虞其意矣。②虽名为诸侯，实有万乘，不足以挺其心矣。诚辱则无为乐生。若此人也，有势则必不自私矣，处官则必不为污矣，将众则必不挠北矣。忠臣亦然。苟便于主利于国，无敢辞违杀身出生以徇之。国有士若此，则可谓有人矣。

士以义自任，将义看得高于一切。他们的一切行为都以义为准则，富贵不足以动其心，利害不足以摇其志。他们以义为指归，不臣服于任何人，"国君不得而友，天子不得而臣"，"其义不臣乎天子，不友乎诸侯，于利不苟取，于害不苟免"（《士节》）。《吕氏春秋》中所赞赏的这种士成为凌驾于政治体制之上的群体。国君要获得士的拥护，必须对以义自任的士予以足够的尊重，才有可能成功。"汤、武，千乘也，而士皆归之。桀、纣，天子也，而士皆去之。孔、墨，布衣

---

① 《听言》"不于爱"应作"本于爱"，参见陈奇猷：《吕氏春秋校释》，第 700 页校释〔一二〕。

② 此处"议"同"义"，"士议之不可辱者大之也"意为"士以不可辱者为大义"。见陈奇猷：《吕氏春秋校释》，第 589 页校释〔二〕。

之士也；万乘之主，千乘之君，不能与之争士也。自此观之，尊贵富大不足以来士矣，必自知之然后可。"“夫国士畜我者，我亦国士事之。"（《不侵》）

吕不韦在秦国曾掀起了大规模的养士之风，《吕氏春秋》中关于士的思想反映了他养士的思想依据。作为秦国养士之风的主导者，吕不韦试图将士群体凌驾于秦国君主之上，这是秦国君主专制统治所不允许的。所以，吕不韦的失败，是他向秦国君主专制体制挑战的失败。《吕氏春秋》系统地论述了义的特点和内涵，将士视为义的担当者，是对士阶层的重视，希望在士的社会实践活动和秦的统一大业之间找到结合点，然而其现实实践的结果却是失败的。

4. 功名与义兵

功名即功业和名誉，是名和实的统一。《吕氏春秋》极力主张建立功名。"夫欲定一世，安黔首之命，功名著乎槃盂，铭篆著乎壶鉴。"（《慎势》）"故功绩铭乎金石，著于盘盂。"（《求人》）"槃盂"、"壶鉴"、"金石"都是用于记功的，《吕氏春秋》的作者们显然希望能够建立可以铭记史册的丰功伟绩。正以为如此，三皇、五帝、三王、五霸所建立的功业都受到了充分的肯定，"故心得而听得，听得而事得，事得而功名得。五帝先道而后德，故德莫盛焉；三王先教而后杀，故事莫功焉；五伯先事而后兵，故兵莫强焉"（《先己》）。五帝、三王、五伯的治道虽然不同，但都建立了非凡的功业。《长攻》评说越王勾践、楚文王、赵襄子："不备遵理，然而后世称之，有功故也。"“遵理"即今所谓情理。[①] 这三位君主的行为虽然不合情理，但因为有功，受到后世称道。《长攻》如此评说，完全是以成败论英雄，以结果定是非。

《吕氏春秋》中所要建立的功业是"欲定一世"，这表明他们所要建立的功业实际是开创一个新的朝代。在当时，建立这样的功业被认为是大势所趋。《下贤》："帝也者，天下之适也；王也者，天下之往也。"适、往同意，都是表明"天下从之"的意思。[②] 对"帝"、"王"这样的解释并不符合文字原来的意思，但却是作者建功立业的迫切愿望的真实写照。作为秦国的臣下，他们要顺应时势，乘机作为，以建立大功业，获得大功名。《务本》："尝试观上古记，三王之佐，其名无不荣者，其实无不安者，功大也。"“故荣富非自至也，缘功伐也。今功伐甚薄而所望厚，诬也；无功伐而求荣富，诈也；诈诬之道，君子不由。"《上农》更是以不无诱惑的口气说："大夫士皆有功业。"从历史的角度看，三王的臣佐们之

---

① 见陈奇猷：《吕氏春秋校释》，第 801 页校释 [四六]。

② 参见陈奇猷：《吕氏春秋校释》，第 881 页校释 [四]、[五]。

所以获得了荣誉和富贵，名实俱有，就是因为他们的功劳大。没有功劳而想获得荣誉和富贵是"诈诬之道"。《吕氏春秋》中所表现出的这种建功立业的热情和愿望是战国中后期功利思想的延续，也是其在面临秦统一天下的新形势下的又一次迸发。

《吕氏春秋》用长利与短利、大利与小利的对立，来说明对长远利益、核心利益的重视，要求为了长利、大利牺牲短利、小利。《长利》："天下之士也者，虑天下之长利，而固处之以身若也：利虽倍于今，而不便于后，弗为也；安虽长久，而以私其子孙，弗行也。"《权勋》："利不可两，忠不可兼。不去小利则大利不得，不去小忠则大忠不至。故小利，大利之残也；小忠，大忠之贼也。圣人去小取大。"《权勋》还举了晋假虞伐虢之事，用虞公贪小利而亡于晋来说明不可贪小利，更应注重长远利益，"智短害己"。《吕氏春秋》的功名论就是对长利、大利重视的一个体现。《吕氏春秋》的功名论并不是目光短浅之论，相反地，它希望功名能够传之久远，现实和历史能够统一。《当染》称道五霸，"此五君者所染当，故霸诸侯，功名传于后世"。《乐成》称道禹，"事已成，功已立，为万世称"。

对君主来说，建立功名首要的是顺民、用民。顺民即顺应民心，"先王先顺民心，故功名成。夫以德得民心以立大功名者，上世多有之矣。失民心而立功名者，未之曾有也"（《顺民》）。顺应民心的关键是利民，以百姓利益为重，自然会得到百姓的拥护，"圣人南面而立，以爱利民为心，号令未出而天下皆延颈举踵矣，则精通乎民也。夫贼害于人，人亦然"（《精通》）。"故古之圣王，审顺其天以行欲，则民无不令矣，功无不立矣。"（《为欲》）所以，君主要"事利黔首"（《慎人》）、"安黔首之命"（《慎势》）、"忧民之利，除民之害"（《爱类》）。"汤、武通于此论，故功名立。"（《适威》）

用民的最好办法是使之以义，其次是赏罚。《用民》："凡用民，大上以义，其次以赏罚。其义则不足死，赏罚则不足去就，若是而能用其民者，古今无有。民无常用也，无常不用也，唯得其道为可。"虽然《用民》将赏罚放在次要的位置，但实际对赏罚手段的运用还是非常重视的，要求要建立纪纲，充分了解老百姓的利欲之心，因势利导，驱使百姓。"民之不用，赏罚不充也。""用民有纪有纲，壹引其纪，万目皆起，壹引其纲，万目皆张。为民纪纲者何也？欲也恶也。何欲何恶？欲荣利，恶辱害。辱害所以为罚充也，荣利所以为赏实也。赏罚皆有充实，则民无不用矣。"（《用民》）用民不可专恃威权，必须了解人的爱利之心，"爱利之心谕，威乃可行"。"君，利势也，次官也。处次官，执利势，不可不察于此。"（《用民》）懂得用民之道对于希望建立功名的君主是最重要的，"能用非己之民，国虽小，卒虽少，功名犹可立"（《用民》）。《吕氏春秋》的用民之道除了使之以义外，其赏罚的手段，对欲、利、威的论述和秦以往的刑赏手段并无不同。

要建立功名，还要求君主得贤、用贤。得贤、用贤被视为建立功名的关键因素。"立功名亦然，要在得贤。"（《察贤》）"功名之立，由事之本也，得贤之化也。"（《本味》）"凡功之立也，贤不肖强弱治乱异也。"（《慎势》）"故凡立功名，虽贤必有其具然后可成。"（《具备》）"功无大乎进贤。"（《赞能》）《吕氏春秋》所说的贤人，不是道德意义上的表率，而是能够治国理事、协助君主建立功业名誉的人才。《求人》说："身定，国安，天下治，必贤人。""得贤人，国无不安，名无不荣；失贤人，国无不危，名无不辱。"只有贤者能够尽心国事，忧心百姓，辅助君主，忠心不二。《直谏》："言极则怒，怒则说者危，非贤者孰肯犯危？而非贤者也，将以要利矣。要利之人，犯危何益？故不肖主无贤者。无贤则不闻极言，不闻极言则奸人比周、百邪悉起，若此则无以存矣。"贤者地位往往卑贱，如伊尹、傅说等人，君主要主动搜寻。禹当年为求贤者，"欲尽地利"，四处奔走，脸色乌黑，身体生病，疲劳已极，终获成功（《求贤》）。有了贤者之后，还要善于用贤，充分发挥贤者的作用，以获得最好的效果，《博志》："夫去害务与不能去害务，此贤不肖之所以分也。使獐疾走，马弗及至，已而得者，其时顾也。骥一日千里，车轻也；以重载则不能数里，任重也。贤者之举事也，不闻无功，然而名不大立、利不及世者，愚不肖为之任也。"《吕氏春秋》告诫君主，贤者的要务在于去害，不要让贤者沉溺日常事务之中，这是需要加以注意的，否则就发挥不了贤者的作用。《察贤》以总结的口气说："故贤者之致功名也，必乎良医，而君人者不知疾求，岂不过哉？"

《吕氏春秋》提出的建立功名的具体手段是"义兵"。当时二周已亡，合纵战线崩溃，秦国国富兵强，统一形势一目了然。在这种形势下，《吕氏春秋》对当时世无天子、列国争战、毒荼百姓、社会黑暗的现实进行了激烈的抨击。《振乱》："当今之世，浊甚矣；黔首之苦，不可以加矣。天子既绝，贤者废伏，世主恣行，与民相离，黔首无所告愬。"《谨听》："无天子，则强者胜弱，众者暴寡，以兵相残，不得休息，今之世当之矣。"从结束当时的这种社会动荡的角度出发，《吕氏春秋》驳斥了偃兵说，"今世之以偃兵疾说者，终身用兵而不自知悖，故说虽强，谈虽辨，文学虽博，犹不见听"（《荡兵》）。《吕氏春秋》认为："夫兵不可偃也，譬之若水火然，善用之则为福，不能用之则为祸。"（《荡兵》）救万民于水火的关键不在于偃兵，而在于用战争结束战争，给天下百姓带来和平和安宁。对于不问是非的"救守",即救援坚守,《吕氏春秋》驳斥说:"守无道而救不义,则祸莫大焉,为天下之民害莫深焉。""救守之说出,则不肖者益幸也,贤者益疑矣。故大乱天下者,在于不论其义而疾取攻守。"如果"救守"的是无道之君,那只能给百姓带来更大的灾难。

《吕氏春秋》认为必须用战争的手段结束战争,这就是所谓的"义兵"说。"义兵之为天下良药也亦大矣。"(《荡兵》)"兵苟义,攻伐亦可,救守亦可。兵不义,攻伐不可,救守不可。"(《禁塞》)《吕氏春秋》认为,"义兵"是解民于倒悬,救民于水火,给百姓带来厚利的正义之师,对百姓只有好处,没有坏处。"义兵"之"义"是利于百姓的意思。

> 夫攻伐之事,未有不攻无道而罚不义也。攻无道而伐不义,则福莫大焉,黔首利莫厚焉。(《振乱》)
>
> 故兵入于敌之境,则民知所庇矣,黔首知不死矣。至于国邑之郊,不虐五谷,不掘坟墓,不伐树木,不烧积聚,不焚室居,不取六畜。得民虏奉而题归之,以彰好恶;信与民期,以夺敌资。若此而犹有忧恨冒疾遂过不听者,虽行武焉亦可矣。
>
> 先发声出号曰:"兵之来也,以救民之死。子之在上无道,据傲荒怠,贪戾虐众,恣睢自用也,辟远圣制,丑先王,排訾旧典,上不顺天,下不惠民,征敛无期,求索无厌,罪杀不辜,庆赏不当。若此者,天之所诛也,人之所仇也,不当为君。今兵之来也,将以诛不当为君者也,以除民之仇而顺天之道也。民有逆天之道,卫人之仇者,身死家戮不赦。有能以家听者,禄之以家;以里听者,禄之以里;以乡听者,禄之以乡;以邑听者,禄之以邑;以国听者,禄之以国。"故克其国不及其民,独诛所诛而已矣。举其秀士而封侯之,选其贤良而尊显之,求其孤寡而振恤之,见其长老而敬礼之。皆益其禄,加其级。论其罪人而救出之;分府库之金,散仓廪之粟,以镇抚其众,不私其财;问其丛社大祠,民之所不欲废者而复兴之,曲加其祀礼。是以贤者荣其名,而长老说其礼,民怀其德。(《怀宠》)

"义兵"纪律严明,不滥杀无辜,不扰民,不害民,只讨伐无道之君,是百姓之利,百姓之福。《振乱》"先发声出号曰"以下一段尤其值得注意,其行文与语气颇似讨伐檄文,先声明我方的军队之所以来,是为了"救民之死",接着抨击敌国的君主暴虐无道，我们是顺天应人前来讨伐，顺之者昌，逆之者亡。这应与战国晚期的秦统一战争有关。《论威》、《简选》、《决胜》等篇还从军队的战斗力、士兵的训练、战略战术的运用等方面论述了战必胜、胜必果，尽量减少杀戮的义兵之道。秦在战国末期的统一战争中，过去那种斩首为功的政策确有变化，不再进行血腥杀戮。[①] 当然，《吕氏春秋》中预言"义兵"一到，"民之说也，若孝子之见慈亲，若饥者之见美食也；民之号哭而走之，若强弩之射深奚谷也，若积大水而失其壅隄也"（《荡兵》），这样的局面并未出现，只是一厢情愿而已。

《吕氏春秋》中的功利主义思想涉及多个问题，论理深刻、富有逻辑，贯穿全书，是《吕氏春秋》的核心思想之一，它从另一个方面也反映了《吕氏春秋》绝非杂抄之作，而是精心安排、认真思考的具有体系性的著作。《吕氏春秋》对建功立业的热切希望以及对相关理论的阐释，表明了它确实是站在秦国的立场上为秦国思考的。在当时的形势下，只有秦国才可能统一天下，其他各个诸侯国则绝无可能。作为渴望建功立业的作者们，包括吕不韦本人，毫不掩饰他们攀附骥尾、成就功名的期望。

《序意》说："尝得学黄帝之所以诲颛顼矣"，是一种比喻的说法。黄帝是传说中的五帝之首，建立了大一统的统治；颛顼继黄帝而起，成就了大一统的功业。秦国在昭襄王时就有称帝之举。吕不韦主政时，李斯等人已明确地提出"灭诸侯，成帝业，为天下一统"的政治目标，并开始行动。黄帝诲颛顼之说是针对秦国即将统一、建立帝业而言的，寓意秦国将像颛顼继黄帝一样建立大一统的统治，并不是吕不韦以黄帝自比，用颛顼代指秦王政，教训秦王政的。

当然，《吕氏春秋》对全生、求贤、顺民等思想的阐释确实和商鞅变法以来的秦思想有所不同，这又表达了作者群体的愿望。他们以担当统一为己任，希望君主能重视并重用他们，同时也希望在功成名就之后能够安享名誉与富贵。所以，他们力求将个人全生与君主、国家统一起来。这是作者群体的思考，也代表了相当大的一部分人的思想与愿望，绝对不是孤立的现象。

（四）"天地合和"

《吕氏春秋》从对外部世界的观察和描述开始，充分吸收生产生活经验、科学知识和各个学派之长，对天、地、人的世界进行了深入的思考，探讨世界的本源问题，构建了一个完整的世界图式，认为这个世界整体的精神面貌是和谐统一的。

---

① 杨宽：《战国史》，第 448 页。

1. 天、地、人的世界

《吕氏春秋》将宇宙分成天、地、人的世界。《观表》："天为高矣，而日月星辰云气雨露未尝休矣；地为大矣，而水泉草木毛羽裸鳞未尝息也。凡居于天地之间、六合之内者，其务为相安利也，夫为相害危者，不可胜数。人事皆然。"天高高在上，地平实广大，事物的运动、变化、生长无休无止。在天地之间、六合之内，事物之间的利害依存关系不可胜数。人类社会也是一样的。显然，在《吕氏春秋》看来，人类社会是属于天地之间、六合之内的事物的一种。

天、地、人的世界首先是可以观察、可以感知的。《当赏》云："民无道知天，民以四时寒暑日月星辰之行知天。四时寒暑日月星辰之行当，则诸生有血气之类皆为得其处而安其产。"老百姓通过四时寒暑的变化、日月星辰的运行来了解天。这里的天显然具有自然的意思。《贵因》云："察列星而知四时"，"视月行而知晦朔"。这是同样的意思。

《吕氏春秋》通过观察、总结、归纳，认为天地宇宙的精神面貌是统一和谐的整体。天地的四面有"四极"。"极星与天俱游，而天极不移。"（《有始》）极星即北辰，也就是北极星。中国古代认为极星不动，众星围绕极星运动。《论语·为政》："为政以德，譬如北辰居其所而众星共之。"这就是用极星比喻。以极星为中心，根据天上星宿的位置可将天分为九野，地上可相应地划分为九州、九山、九塞、九薮、八风、六川，并且推知"凡四海之内，东西二万八千里，南北二万六千里，水道八千里，受水者亦八千里，通谷六，名川六百，陆注三千，小水万数。凡四极之内，东西五亿有九万七千里，南北亦五亿有九万七千里"（《有始》）。这是一种对世界整体的把握。战国晚期，随着科技的进步，统一大势的出现，人们对世界的探索产生了更大的热情，邹衍以由小见大的思维方法提出了"大小九州说"，以把握世界整体。《吕氏春秋》中的天、地、人的世界观也是当时一种对世界的认识，具有更浓厚的直观性，但也有由小见大的推理。

在《吕氏春秋》看来，天地合和，运动变化，充满生机。《有始》："天微以成，地塞以形。天地合和，生之大经也。"这是说天以微细之物而成，地以凝滞充塞而成。"合和"是天地之间事物产生的根本规律。"合和"有两层意思："合"为离合的意思；"和"为和谐统一的意思。《有始》接着说："夫物合而成，离而生。知合知成，知离知生，则天地平矣。平也者，皆当察其情，处其形。"《吕氏春秋》重视物类感召，《应同》等篇对其加以论述，所谓的"类固相召，气同则合，声比则应"。物类感召，合产生新的事物，离同样产生新的事物。事物离合之后已经是新的事物了，是谓生。"平"是有秩序的意思，与"和"的意思相近。春秋时，有"和实生物"的说法，都是指事物和谐统一的运动变化。总之，我们所处的这个宇宙之间，离合生物，和谐统一，这是《吕氏春秋》的明确认识。

和谐统一的宇宙是有规律的宇宙。宇宙最根本的规律是运动，叫做"天道圜"。"精气一上一下，圜周复杂，无所稽留，故曰天道圜。"（《圜道》）汉代的高诱注曰："杂犹匝。无所稽留，运不止也。"[①] 精气是最细微的物质，《大乐》言："阴阳变化，一上一下，合而成章。""精气一上一下"指的是阴气和阳气的升腾和下降。阴气和阳气的运动变化持续不断，故这种运动又是周而复始的。"日夜一周，圜道也。月躔二十八宿，轸与角属，圜道也。精行四时，一上一下各与遇，圜道也。物动而萌，萌而生，生而长，长而大，大而成，成乃衰，衰乃杀，杀乃藏，圜道也。云气西行，云云然冬夏不辍；水泉东流，日夜不休；上不竭，下不满；小为大，重为轻；圜道也。"（《圜道》）

《吕氏春秋》对天地宇宙的认识完全是自然主义的，不含任何神秘的因素。天无非是日月星辰，地无非是山川河流，人也是自然万物的一类，运动是最根本的规律，整个自然和谐统一。这种天地人的世界观是基于当时知识基础之上的对天地宇宙的整体把握。

2. 世界的本原

《吕氏春秋》对世界的认识并没有仅仅停留在表象上，而是进一步追问世界的本原。在这个问题上，《吕氏春秋》同样采取了自然主义的观点。

在《吕氏春秋》看来，世界上没有什么造物主，天地万物生于"太一"。《大乐》云："万物所出，造于太一，化于阴阳。""太一"化为阴阳。阴阳运动变化，生成万物。人同万物一样是由阴阳二气产生的，《知分》："凡人物者，阴阳之化也。""太一"就是"道"。《大乐》："道也者，视之不见，听之不闻，不可为状。""道也者，至精也，不可为形，不可为名，强为之谓之太一。""道"看不见，听不着，形状不可描述；"道"是"至精"，它始终存在着；"道"是宇宙万物的本原。《大乐》还详细地描述了天地万物产生的过程：

> 太一出两仪，两仪出阴阳。阴阳变化，一上一下，合而成章。浑浑沌沌，离则复合，合则复离，是谓天常。天地车轮，终则复始，极则复反，莫不咸当。日月星辰，或疾或徐，日月不同，以尽其行。四时代兴，或暑或寒，或短或长，或柔或刚。万物所出，造于太一，化

---

① 见陈奇猷:《吕氏春秋校释》，第175页。

于阴阳。

由"太一"生出"两仪"。两仪，指的是事物对立的两个方面。"两仪"生出"阴阳"。"阴阳"就是阴阳二气。"阴阳"的运动变化形成了万物。万物离合变化，这是恒常。天地之间的这种运动变化是周而复始的，又是物极必反的，但没有那种变化不是合乎规律的。日月星辰的运行或快或慢，日月的功能各不相同。四时运转，"或暑或寒，或短或长，或柔或刚"。总的来说，都是"万物所出，造于太一，化于阴阳"。

《大乐》中说"道"是"至精"。"至精"不同于"精气"，应该是比"精气"更细微的、更精华的成分。总之，"至精"的说法在于说"道"是物质实体，并不是纯粹的抽象。《大乐》说："阴阳变化，一上一下，合而成章。"《圜道》说："精气一上一下，圜周复杂，无所稽留，古曰天道圜。"这里似乎认为精气就是阴阳二气。精气是气中的精华成分，万物生成之后，仍不断需要精气，以维持生命和运动。根据《尽数》中的说法，精气必入于物中，精气使动植物有了生命力，使珠玉光洁润朗，使圣人具有了聪明智慧。人体内保持精气，才能有旺盛的生命力，《尽数》说"精不流则气郁"，由此而产生各种疾病，所以，人要不断摄取精气，《先己》说："精气日新，邪气尽去，及其天年，此之为真人。"《明理》说："凡生非一气之化也，长非一物之任也，成非一形之功也。"阴阳二气的运动是有秩序的，如果阴阳失次，出现混乱，那就形成"邪气"，从而导致灾害和疾病。

作为世界本原的"道"是不能把握、不能认识的。《圜道》："以言说一，一不欲留，留运为败，圜道也，一也齐至贵，莫知其原，莫知其端，莫知其始，莫知其终，而万物以为宗。""一"即道。道运行不息，以言语说"道"，在出言之时，道已离言而去；道无形，其原始终极莫能知之；道生万物，故万物以为宗。"道"是万物之源，又是万物之宗。这也不是神秘主义，而是在说道在时间和空间上是无限的，运动是永不止息的。如果可以描述道的形状，那它在空间上就是有限的；如果可以把握它的始终，那它在时间上就是有限的；如果可以谈论，那它可能就有静止的时候，就是有限的。正因为它是绝对的、无限的、运动的，所以才说它是"一"。

"道"还是规律，规律是可以认识和把握的。首先，道是普遍规律。《侈乐》："知其所以知之谓知道。"如果能够把握事物之所以如此的根本原因，就是把握了道的规律。"道"作为普遍规律，人们认识了它，就可以无往而不胜。《论人》："故知一，则应物变化，阔大渊深，不可测也。……故知知一，则可动作当务，与时周旋，不可及也。……故知知一，则复归于朴，嗜欲易足，取养节薄，不可得也。……故知知一，则若天地然，则何事之不胜，何物之不应?"《审分》说："故得道忘人，乃大得人也"，即一切按照规律办事，不因人而异，能获得到更多人的拥护。《君守》："得道者必静"，即按照规律办事则不妄为。其次，"道"还指各类的特殊规律，如"主道约，君守近"，"天道圜，地道方"，"无为之道曰胜天"，"全生之道"等等。作为规律的"道"可以认识，可以学习，也可以言说，《劝学》："故师之教也，不争轻重尊卑贫富，而争于道。""疾学在于尊师，师尊则言信矣，道论矣。"具体事物运动变化的规律又称为"理"，《适音》："四欲之得也，在于胜理。胜理以治身则生以全，生全则寿长矣。"

《吕氏春秋》中的天地是自然的世界，按照自己的规律运动变化，具有"信"的特征。《贵信》："天行不信，不能成岁；地行不信，草木不大。"在《吕氏春秋》看来，自然规律是客观的，是不以人的意志为转移的。《似顺》说："至长反短，至短反长，天之道也。"物极必反，这是自然的规律。人不应该改变自然规律去行事。《功名》说："以狸致鼠，以冰致蝇，虽工不能。以茹鱼去蝇，蝇愈至，不可禁，以致之之道去之也。"以狸吸引老鼠，以冰招致苍蝇，能工巧匠也做不到。用发臭的死鱼驱除苍蝇，苍蝇越多，不可禁止，这是因为用招致苍蝇的办法驱除苍蝇。《孟春纪》："无变天之道，无绝地之理，无乱人之纪。"人应该充分尊重自然规律，依据自然规律去行事，"凡举事无逆天数，必顺其时，乃因其类"(《仲秋纪》)。天地人的世界是和谐的，自然万物是自然而然的，《贵义》："春气至则草木产，秋气至则草木落，产与落或使之，非自然也。"如果破坏了这种和谐，那就是违背自然，必然会招致自然的惩罚。

《吕氏春秋》在世界本原的问题上同样是自然主义的。它综合各家观点，形成了自己的道论，对世界的本源问题做了深入的解析，强调人们通过学习、言说去掌握规律，具有积极意义。

3. 天人关系

人是自然界中的一员，从自然的角度来说，人与天地万物是平等的。但是自然界又是多种多样的，存在着种类繁多的事物，每一种事物都有着自然赋予的属性，从而不同于其他的事物。事物的自然属性，《吕氏春秋》中称为"性"。《贵当》说："性者万物之本也，不可长，不可短，因其然而然之，此天地之数也。"《荡兵》说："性者所受于天也，非人之所能为也，武者不能革，而工者不能移。"事物的自然属性是无法改变的，因之每一种事物又和其他事物不同。自然界又是有规律、有秩序的世界。人处于天地万物之中，怎么处理人与天地万物的关系，这是《吕氏春秋》所着力论述的问题。具体说来，人应该采取以下几种态度。

首先，胜天顺性。"胜天"并不是战胜自然、超越自然的意思。《说文》："胜，任也。""胜天"是尊重自然的意思。"顺性"是尊重人自己的自然属性。《先己》说："无为之道曰胜天"，"顺性则聪明寿长"。"胜天"的态度是自然无为；"顺性"的态度是追求长寿。"胜天"、"顺性"就能使人聪明长寿。

对于人类自身来说，最重要的是"全生"、"全性"，即保全人自身的生命，尽量延长自己的自然生命。《吕氏春秋》认为人之所以存在，是人自身生命的存在，生命延续才能发挥人所具有的聪明智慧。人应该尽量延长自己的寿命，积极发掘自己的才智。这是珍视人的生命价值和精神价值的可贵观点。[1]

人的生命价值在于个体生命的存在，但每个人都有生命的终结。在对待人的死亡问题上，《吕氏春秋》表现出对自然的尊重和科学理性的态度，认为人的死亡是不可避免的。《节丧》："凡生于天地之间，其必有死。所不免也。"《安死》："人之寿，久之不过百，中寿不过六十。以百与六十无为穷者之虑，其情必不相当矣。"虽然人终有一死，但是，"始生之者，天也；养成之者，人也"（《本生》）。人的生命作为一个自然的过程，理所当然应该受到尊重，《贵生》说"故所谓尊生者，全生之谓"。《尽数》："圣人察阴阳之宜，辨万物之利以便生，故精神安乎形，而年寿得长焉。长也者，非短而续之也，毕其数也。""数"是客观必然性；"毕其数"指"便生"、"全生"，利用各种便利的条件，尽可能地延长人的生命，圆满地完成人的生命历程。《吕氏春秋》也提到了所谓"真人"。不过，它所说的"真人"并不是《庄子》里描述的可以水里来火里去而毫发无损的"真人"。《吕氏春秋》提到的"真人"是"及其天年"的人（《先己》）。所谓"得道者"不过"生以寿长"（《情欲》）。《吕氏春秋》的生死观，既不是贪得无厌，追求长生，也不是消极悲观，栗栗危惧，在战国晚期独树一帜，难能可贵。

人的精神价值在于人的认识能力和学习能力。人天生具有认识能力，而只有努力学习，才能发挥人的智能。《尊师》说："且天生人也，而使其耳可以闻，不学，其闻不若聋；使其目可以见，不学，其见不若盲；使其口可以言，不学，其言不若爽；使其心可以知，不学，其知不若狂。"人如果不发挥天生就具有的"闻"、"见"、"言"、"知"的能力，还不如聋子、瞎子、哑巴、疯子。学习就是磨炼激发人天生的认识能力，"故凡学，非能益也，达天性也。能全天之所生而勿败之，是谓善学"（《尊师》）。"全天"即保全生命和天性。《尊师》中说的"全

---

[1] 可参见前节《功利主义思想》中"全生与全性"部分。

天"强调的是保全并进一步发挥天生就具有的认识能力。"全天"之人就是圣人，即聪明才智出众的人。"故圣人之制万物也，以全其天也。天全则神和矣，目明矣，耳聪矣，鼻臭矣，口敏矣，三百六十节皆通利矣。"(《本生》)

《吕氏春秋》将人具有的认识能力和后天的学习区分开来，无疑是深刻精当的。当然，它夸张了人的认识能力，认为只要"达天性"就可以无所不知，无所不能，这自然有过头的地方，但却显示了其乐观主义精神。

其次，审时。孔子曾说："逝者如斯夫，不舍昼夜"，对时间的飞逝感慨不已。《吕氏春秋》中的审时则主要是一种人生哲学，要求人等待、寻找有利的时机，待时而动。

审时的观念来源于人们的生产、生活。秦国重农，战国晚期的农业比较发达。农业生产最主要的一个方面，就是把握自然时间，掌握播种、收割等适宜的季节。《审时》专讲农业生产中审时的重要性，"是故得时之稼兴，失时之稼约"。进而将审时扩展到所有的自然现象，以发现自然界运动变化的规律，以便于按照自然规律行事。《首时》："水冻方固，后稷不种，后稷之种必待春，故人虽智而不遇时无功。方叶之茂春，终日采之而不知，秋霜既下，众林皆赢。事之难易，不在小大，务在知时。"

《吕氏春秋》中所说的"时"首先是适当的社会环境，或是和自己的理想、志向相符合的时代潮流。人要有所成就，必须要有合适的时势。所以，人要审时，"时不合，必待时而后行"(《遇合》)。如果没有合适的时机，不审时，盲目妄动，往往事倍功半，没有结果。《遇合》举孔子之事以说明审时的重要性，"故比翼之鸟死乎木，比目之鱼死乎海。孔子周游海内，再干世主，如齐至卫，所见八十八君，委质为弟子者三千人，达徒七十人，七十人者，万乘之主得一人用可为师，不为无人，以此游仅至于鲁司寇，此天子之所以时绝也，诸侯之所以大乱也"。孔子周游列国，四处碰壁，原因就在于他的理想不符合社会潮流，和现实社会差距太大。

"时"也指时机、际遇。千里马有没有伯乐赏识，能不能得到施展才能的舞台，往往对人生际遇有重大影响，"故有道之士未遇时，隐匿分窜，勤以待时。时至，有从布衣而为天子者，有从千乘而得天下者，有从卑贱而佐之王者，有从匹夫而报万乘者，故圣人之所贵唯时也"(《首时》)。"有道之士"在没有遇到赏识者之前，隐居荒野，劳作待时。时机一到，有一跃而从布衣成为天子的，有以千乘取得天下的，有从卑贱者成为王公大臣的，所以圣人贵时。审时并不是消极地等待时机，而是蓄势待发，以抓住最好时机，"圣人之于事，似缓而急、似迟而速以待时","天不再与,时不久留,能不两工,事在当之"(《遇合》)。

对审时的过分强调,容易助长看风使舵、朝三暮四的投机心理,也容易滋生阴谋诡计、背叛不臣之心,同时又易于将时看做"遇合无常"。所以,审时也有消极的一面。

第三,贵因。"因"是《吕氏春秋》系统说明的观点之一,是代表《吕氏春秋》思想的独立思想观念。"因"不是因循苟且,而是充满了积极主动的意义。"因"指主体对待客体的态度和行为。客体既包括人,也包括天地自然。"因"要求主体充分认识客体的特性和规律,在尊重客体特性和规律的前提下,积极主动地利用客体的特性和规律达到主体的目的。

"因"的观念在《吕氏春秋》中得到广泛应用,特别是在《贵因》、《慎势》、《顺说》等篇中作了系统阐释。关于"因"的具体含义,可以归纳为以下几种:一、观察自然现象,掌握自然规律。《贵因》:"夫审天者,察列星而知四时,因也。推历者,视月行而知晦朔,因也。"二、利用自然现象、遵循自然规律达到人的目的。《顺说》:"顺风而呼,声不加疾也;际高而望,目不加明也;所因便也。"《贵因》:"禹通三江五湖,……因水之力也。"三、因循、顺从的意思。《知度》:"有道之王,因而不为,责而不诏,去想去意,静虚以待,不代之言,不夺之事,督名审实,官使自司。"《任数》:"古之王者,其所为少,其所因多。因者君术也,为者臣道也。为则扰矣,因者静矣。因冬不寒,因夏不暑,君奚事哉。"《贵因》:尧舜"因人之心";汤武"因民之欲"。四、利用对方的力量或客观形势。《顺说》:"善说者若巧士,因人之力以自为力,因其来而自来,因其往而自往。"《决胜》:"凡兵贵因也。因也者,因敌之险,以为己固,因敌之谋,以为己事。能审因而加,胜则不可穷矣。"五、抓住时机。《贵因》:"孔子道弥子瑕见釐夫人。"[1]

"因"的观念同样来源于历史经验、实践经验的总结,同时又有意识地被贯彻到政治、军事、科学、社会等方方面面,具有丰富的多样性,充满了朝气蓬勃的进取精神,所谓的"因则无敌",反映了一种自信和果敢的心理。

第四,天人感应。在天人关系方面,《吕氏春秋》除了"审时"、"贵因"等客观理性的观念外,还归纳了天人感应思想。天人感应思想的基本理论是《应同》、《召类》等篇中所说的"类同相召,气同则合,声比则应"。意思是说同一属性的事物能够互相召致,秉气相同的事物能够相合,同一声调的声音能够共

---

[1] 关于"因"的具体含义参见牟钟鉴:《〈吕氏春秋〉与〈淮南子〉思想研究》,齐鲁书社1987年版,第40—41页。

鸣。在现实政治中，仁者自然仁爱百姓，贤主能够召致忠臣。《应同》和《召类》都举了一个生动形象的例子，"鼓宫而宫动，鼓角而角动"。在这些感应之中，"同气相感"是最重要的。《应同》引用黄帝的话说："茫茫昧昧，因天之威，与元同气。"又云："帝者同气。"元是根本的意思。连贯起来看，实际就是说成就帝业的君主都是秉承元气的，因之能和天产生感应。

帝"与元同气"将现实政治和天联系在一起。在这点上，天人感应的具体表现有两个方面：第一个方面是可以预言人间祸福。当有圣君贤主出现的时候，天会降下种种祥瑞，"凡帝王者之将兴也，天必先见祥乎下民"（《应同》）。黄帝、禹、汤、文王等出现时，都有祥瑞。祥瑞及相应的朝代更替可以总结为五行相胜说，即木胜土，金胜木，火胜金，水胜火，土胜水（《应同》）。周以"天命"说作为代商的依据，这种五行相胜说显然是秦统一天下的依据。当人间政治黑暗、社会动荡、民不聊生或行为不当时，天会降下各种灾异，"上帝降祸，凶灾必丞"（《明理》）。第二个方面是人的行为可以影响天的意志，《制乐》说："见祥而为不善则福不至，见妖而为善则祸不至。"

祥瑞或灾异往往是通过各种天象或怪异的事情传达的。《明理》列举了灾异之云的形状、各种天象以及妖孽等。《开春》说："王者厚其德，积众善，而凤凰圣人皆来至矣。"《应同》还列举了麒麟等祥瑞之物。这些表示灾异和祥瑞的事物，有些是实有的，如星相、日食、月食等自然现象，有些则完全是想象或虚构，如凤凰、麒麟等。

《吕氏春秋》主要从自然的角度解释天人感应的运行机理。《应同》说："祸福之所自来，众人以为命，安知其所。"范耕研注："此言祸福之来，皆由气类召合，各有其故，而众人昧然不知，以为有命。此正驳天命之说也。"[①]阴阳二气运行于天地之间，所有的事物都可分为金、木、水、火、土五类，阴阳二气的上升下降，金、木、水、火、土相生相克，都有一定的秩序。如果人的行为有悖于阴阳五行的正常运转，就会导致阴阳五行的混乱，从而发生灾异，这时人应该立即调整自己的行为，以适应阴阳五行的运转，就会转祸为福。如果人的行为得当，则有助于阴阳五行，自然会致福于人。所以，天人感应思想的重点在于规范人的行为，调动人的主观积极性。《应同》说："天为者时，而不助农于下。"意思是说天地自然是按照自己的规律运动的，它不会主动适应人的行动，人应该积极主动地按照自然规律行事。《任地》说："五时见生而树生，见死而获死，天下时，

---

① 陈奇猷：《吕氏春秋校释》，第 685 页校释 [一九]。

地生财，不与民谋"，即季节的变化是不会与人商量的。阴阳五行思想是《吕氏春秋》天人感应思想的骨干。阴阳五行思想被认为是一种早期科学思想，"阴阳学说在中国的极大成就，显示出中国人是要在宇宙万物之中，寻出基本的统一与合谐，而非混乱与斗争"①。

天人感应思想没有否定神秘主义，而是包容了神秘主义。各种宗教神学、上帝鬼神都被包容在天人感应之中。同类相召、同气相合也被发挥到了玄而又玄的神秘程度，《精通》说："身在乎秦，所亲爱在于齐，死而志气不安，精或往来也。"这种对神秘主义的混合，是在当时人们对天地自然认识的基础上作出的。人们还不能对自然现象进行科学分析，对有些超越感性经验的问题只好用神秘主义的观点去解释。神秘主义使《吕氏春秋》关于天人关系的思想十分驳杂，并成为汉代神学目的论出现的前兆。

由于天人感应思想的要点在于规范、调度人的行为，很多内容都是直接对君主而言的，这一点成为汉代用灾异谴告进行政治批判的先声。《应同》："物之从同，不可为记。子不遮乎亲，臣不遮乎君。君同则来，异则去。故君虽尊，以白为黑，臣不能听；父虽亲，以黑为白，子不能从。"这种说法表现了一种对道义的追求和维护。

4.世界图式

根据天、地、人世界的划分和对天人关系的理解，《吕氏春秋》描述了一个无所不包的图式，主要见于《十二纪》纪首。图式逐月记述每一月的天象、天干、帝、神、虫、音、律、数、味、臭、祀、祭先、物候、服色、节气、五行、方位、政令、农事、阴阳气数、宜忌等，条目繁多，内容丰富。阴阳五行是图式的核心。阴阳气数的升腾、下降等变化贯穿始终，所有的事物都可按五行分类，五行之间又有生克。这是一个企图包括所有事物的世界图式。图式非常注意形式上的整齐划一，但由于只有四季，五行则是五，于是《吕氏春秋》在季夏之末安排了五行中的土及相关内容。土和季节的搭配有硬凑的痕迹，却处于中心地位。

图式中记载了太阳和二十八宿运行，确立了立春、立夏、夏至、立秋、立冬、冬至六个节气的名称，指出仲春、仲秋皆"日夜分"，仲夏"日长至"，仲冬"日短至"，即春分、秋分时昼夜长短相等，夏至白天最长，冬至白天最短。这些都反映了当时天文历法的发展水平，表现出一定的科学性。另外一方面，将帝、神、祭祀等宗教活动也纳入图式，并提出每月的宜忌，反映了图式神秘主义的一面。

---

① ［英］李约瑟:《中国古代科学思想史》，江西人民出版社 1999 年版，第 348 页。

图式是为君主提供的施政依据，君主的居处、车乘、旗帜、衣服、器皿等都有详细的规定，君主的政治活动也被按月记述。农业生产是当时国家最核心的经济部门，图式对农事的记载尤为重视。《孟春纪》："是月也，天气下降，地气上腾，天地和同，草木繁动。王布农事：命田舍东郊，皆修封疆，审端径术，善相丘陵阪险原隰，土地所宜，五谷所殖，以教道民，必躬亲之。田事既饬，先定准直，农乃不惑。"为了不伤害"天地和同"，"禁止伐木，无覆巢，无杀孩虫胎夭飞鸟，无麛无卵，无聚大众，无置城郭"，"不可称兵，称兵必有天殃"。春行夏令、秋令、冬令则会"风雨不时"，"疾风暴雨数至"，"水潦为败"等。《孟夏纪》、《孟秋纪》、《孟冬季》有类似的内容。图式可说是为国家的政治、经济活动制定的法典。

对《吕氏春秋》中制定的这种世界图式，冯友兰认为它是将《管子》中的《幼官》和《大戴礼记》中的《夏小正》汇编在一起形成的。[①]《吕氏春秋》中的《十二纪》纪首后来在汉代被编入《礼记》，即今《礼记·月令》。

不可忽视的是《吕氏春秋》中的这种世界图式和秦国的思想传统与社会实践活动有直接的关系。阴阳五行思想在秦国有深厚的基础。春秋时期的医和已用阴阳等六气和五味、五声、五色、五节等解释人致病的原因；出自秦墨的《墨子·备城门》以下诸篇有浓厚的兵阴阳家的色彩；《日书》中有五行相胜的记载。秦律中的有些内容和《吕氏春秋》图式非常接近，云梦秦简《秦律十八种·田律》："春二月，毋敢伐木山林及雍（壅）隄水。"《吕氏春秋·仲春纪》："无竭川泽，无漉陂池，无焚山林。"《田律》还规定：不到夏季，不准烧草作为肥料，不准采取刚发芽的植物，或捉取幼兽、鸟卵和幼鸟……到七月解除禁令。这些可和《吕氏春秋》中的相关内容互相参看。《孟冬纪》："物勒工名，以考其诚。功有不当，必行其罪，以穷其情。"这被认为是秦制度，从出土文物看，是从商鞅变法后实行的。陈直先生早年于秦宜春苑遗址获一片秦简瓦残片，上戳印"十二二月令"。周晓陆对秦动植物纹瓦当纹样进行了释读，指出四季十二月月令内容在秦瓦当上皆有反映；秦月令瓦当上的动植物，大都是秦岭南北侧、关中地区常见的种群；秦月令瓦当反映了物候学的进展。说明了在《吕氏春秋》之前，月令思想在秦国深入人心。[②] 所以，《吕氏春秋》中的世界图式还主要应该是在对秦国的阴阳五

① 冯友兰：《中国哲学史新编》（上），第 617—618 页。

② 陈直先生发现"十二二月令"简瓦残片和周晓陆的研究，见周晓陆：《秦动植物纹样瓦当的一种试读——略论其与月令之关系》，《考古与文物》2004 年第 2 期。

行思想和经济活动、政治活动总结的基础上形成的，吸收了秦国长期的社会实践活动的经验和成果。

在中国人的观念中，世界是一个完整的、统一的、和谐的有机整体，这是大家都认同的观点。就对这方面的表述来说，《吕氏春秋》最直观、最系统、也最完整，给人留下了深刻的印象。它重视实践经验的系统化和理论化，积极吸收各家学说的长处，体现出了包容一切，又统一一切的雄心。同时，这种思想的指向又是向前的，希望在秦国统一之后构建新的统一和谐的世界。

（五）"法天地"

《吕氏春秋·序意》说："爰有大圜在上，大矩在下，汝能法之，为民父母。盖闻古之清世，是法天地。""法"为效法、模仿的意思。"法天地"是效法天之规律"大圜"、地之规律"大矩"的意思。《序意》又说："凡《十二纪》者，所以纪治乱存亡也，所以知寿夭吉凶也。"从《吕氏春秋》的思想来看，"纪治乱存亡"指治国，"知寿夭吉凶"指"全天"。"法天地"是治国与"全天"的最基本的原则。人在"全天"、治国方面都要以天地自然为榜样，以追求天、地、人的统一和谐。天的特性是"顺"，功能是"生"；地的特性是"固"，功能是"宁"；人的特性是"信"，功能是"听"。按照天、地、人的特性和基本规律，就可以判断是非，去除"私视"、"私听"、"私虑"。《情欲》说："人与天地也同，万物之形虽异，其情一体也。故古之人治身与天下者，必法天地也。"《史记·太史公自序》说："维昔黄帝，法天则地，四圣遵序，各成法度。""法天地"的思想有悠久的历史渊源。对即将建立的秦帝国来说，"法天地"是《吕氏春秋》提出的最重要的政治指导思想，也是实现"天地合和"的最重要的途径。

1. 君主与国家的产生

君主的产生问题体现了"法天地"的原则。《吕氏春秋》认为，天地万物之间体现了"公"的特点。《贵公》："阴阳之和，不长一类；甘露时雨，不私一物；万民之主，不阿一人。"《吕氏春秋》认为理想君主的个人利益与集体利益是一致的，君主自己注重养生，又"能养天之所生而勿撄之谓天子"（《本生》），这样他才能"公"。"公"指的是集体利益，所以，君主是集体利益需要的产物。"凡主之立也，生于公"，"天下非一人之天下也，天下之天下也"（《贵公》）。

《吕氏春秋》用集体利益的需要解释君主权力的起源。在人类历史上，有过没有君主的时期，"昔太古尝无君矣，其民聚生群处，知母不知父，无亲戚兄弟夫妻男女之别，无上下长幼之道，无进退揖让之礼，无衣服履带宫室畜积之便，无器械舟车城郭险阻之备，此无君之患"（《恃君》）。但是，人类面临着两种挑战。

一种是大自然的挑战。"凡人之性，爪牙不足以自守卫，肌肤不足以扞寒暑，筋骨不足以从利辟害，勇敢不足以却猛禁悍，然且犹裁万物，制禽兽，服狡虫，寒暑燥湿弗能害，不唯先有其备，而以群聚邪。"（《恃君》）在大自然的面前，个人的力量实在是渺小的，于是不得不用集体的力量对抗自然。为了集体的利益，于是推举出君主，《恃君》说：

> 群之可聚也，相与利之也。利之出于群也，君道立也。故君道立则利出于群，而人备可完矣。

在无君的社会，另一种挑战来自人类社会自身。"民之有威力，性也。性者所受于天也，非人之所能为也，武者不能革，而工者不能移。兵所自来者久矣，黄、炎故用水火矣，共工氏故次作难矣，五帝固相与争矣。递兴废，胜者用事。"（《荡兵》）在人的天性中，本来就有互相争斗的本能。随着人类社会的发展，这种争斗发展为人类群体之间的斗争，在人类的互相斗争中产生了君主，《荡兵》说：

> 未有蚩尤之时，民固剥林木以战矣，胜者为长。长者犹不足治之，故立君。君又不足以治之，故立天子。天子之立也出于君，君之立也出于长，长之立也出于争。争斗者所自来久矣，不可禁，不可止，故古之贤王有义兵而无有偃兵。

"胜者为长"，不断的战争又强化了君主权力，长、君、天子代表了君主权力提升的阶段。"贤王"所用的"义兵"是代表了百姓利益的正义之师，在战争中产生的君主是百姓利益的化身，是为集体利益而战的。《恃君》："少者使长，长者畏壮，有力者贤，暴傲者尊，日夜相残，无时休息，以尽其类。圣人深见此患也，故为天下长虑，莫如置天子也；为一国长虑，莫如置君也。"天子是统治天下的君主，君是统治一国的君主。要彻底消除战争，则必须用战争的手段推举出统治天下的天子。在秦即将统一天下之时，这种言论具有现实意义，是为秦的统一制造舆论。《执一》说："王者执一，而为万物正。军必有将，所以一之也；国必有君，所以一之也；天下必有天子，天子必执一，所以抟之也。一则治，两则乱。"其目的是显而易见的。

君主是集体利益的代表，必须认识到民是国之根本，重视民众利益。"安危荣辱之本在于主，主之本在于宗庙，宗庙之本在于民。"（《务本》）"欲为天子，民之所走，不可不察。"（《功名》）"自上世以来，天下亡国多矣，而君道不废者，天下之利也。故废其非君，而立其行君道者。君道如何？利而物利章。"（《恃君》）"利而物利章"又见《贵公》："利而物利也"，陈奇猷以"章"为语尾词，意为"以公法利之，勿以私爱利之也"[①]。这与《吕氏春秋》所说的理想君主的利益与国家利益是一致的相符合。理想君主是集体利益的代表，必须时刻关注集体的、民众的利益。《恃君》："置君非所以阿君也，置天子非所以阿天子也，置官长非所以阿官长也。德衰世乱，然后天子利天下，国君利国，官长利官，此国所以递兴递废也，乱难之所以时作也。"正是因为君主是集体利益、民众利益的代表，所以，设立君主并不是为了阿附君主，设立官僚机构并不是为了阿附官长。说到底，"天子利天下，国君利国，官长利官"是常理。在位的君主忽视了民众的利益，所以才出现了乱世，经过斗争，代表民众利益的新的君主上台，出现了盛世。人类社会就是在这样的乱世和盛世交替中发展的。

从利益阐述君主权力的产生和君主权力的合理性基础，这和《吕氏春秋》功利主义思想的主调是完全统一的。强调君主必须时刻重视民众的利益，顺应民心，否则就会"德衰世乱"，就会被推翻，这给那些高高在上，只顾贪图享乐、争权夺利的统治者们提出了警告。在中国古代思想史上，从现实利益、从个人和集体利益统一的角度出发，对君主权力的产生和君主权力的合理性进行深入思考和全面分析，《吕氏春秋》是非常出色的。

同样从现实利益的角度出发，《吕氏春秋》对未来的国家政治形态提出构想。在这方面，《吕氏春秋》并不认为君主专制集权统治和郡县制是最好的，而是认为分封制更符合集体利益的需求。《慎势》："众封建，非所以私贤也，所以便势全威，所以博义。义博利则无敌[②]。无敌者安。故观于上世，其封建众者，其福长，其名彰。神农十七世有天下，与天下同之也。""故以万乘令乎千乘易，以千乘令乎一家易，以一家令乎一人易。尝识及此，虽尧、舜不能。"（《慎势》）从"天子利天下，国君利国，官长利官"（《恃君》）的说法看，《吕氏春秋》所主张的政治形态中既有天子、又有国君，还有官僚，其中的国君应是指诸侯国的国君。这种政治形态是分封制和郡县制、官僚制的结合体，并不完全等于西周时的

---

① 陈奇猷：《吕氏春秋校释》，第48页校释［一七］、第1326页校释［一六］。

② "义博利则无敌"当作"义博利博则无敌"。见陈奇猷：《吕氏春秋校释》，第1113页校释［一一］所引毕注。

分封制。

从社会现实来看，秦在统一之后，在实行分封制还是郡县制的问题上仍然产生过很大争论。当然，结果是彻底推行了郡县制。《吕氏春秋》关于分封制的思想，是战国中后期对未来政治形态思考的延续。在郡县制已普遍推行、君主专制集权已基本稳固的时期，《吕氏春秋》提出分封制，显示出分封制还有很大的市场。从以后的历史发展来看，分封制不管怎样变化，都没有消亡，也许分封制和郡县制的结合更符合现实，两者也并没有矛盾。最难能可贵的是，《吕氏春秋》的思想中有"义博利博"、"与天下同之"的因素，不是单纯地从君主统治的角度思考，和对君主产生的看法是一致的，具有自己的独特性。

2. 政治结构和权力运行

《吕氏春秋》中的"法天地"是在政治结构上模仿天地的结构。《圜道》："天道圜，地道方，圣王法之，所以立上下。"天是圆的，运行不息；地是方的，物类纷繁。天在上，地在下。在人类社会中，也应是君主在上，臣子在下，"主执圜，臣处方，方圜不易，其国乃昌"（《圜道》）。所以，君臣应该有严格的上下之别。根据"地道方"，"万物殊类殊形，皆有分职，不能相为"，官吏也应该有明确的职责划分，"先王之立高官也，必使之方。方则分定，分定则不相隐"。"百官各处其职，治其事以待主，主无不安矣。以此治国，国无不利矣；以此备患，患无由至矣。"（《圜道》）战国时期，官僚制的发展非常迅速，秦国的官僚制度是其中的代表。《吕氏春秋》的这种思想是对官僚制的充分肯定。

"法天地"还是在君主权力的行使方式上效法天地万物生成的方式。《大乐》："先圣择两法一，是以知万物之情。"择、释相通，是弃的意思。[1]"一"是"太一"，是"道"。"择两法一"是抛弃了"两"，而选择了"一"。《吕氏春秋》认为"道"是世界本原，"道"生阴阳二气，阴阳二气的运动变化生成天地万物。"圣王法之，以令其性，以定其正，以出号令。令出于主口，官职受而行之，日夜不休，宣通下究，瀸于民心，遂于四方，还周复归，至于主所，圜道也。"（《圜道》）君主统治国家的方式应像道生万物一样，由君主发布命令，官僚机构按职能运转，将君主命令传达落实下去，最后将结果报告给君主。

由"法天地"的思想出发，《吕氏春秋》将慎势、无为、察名责实等几项具体的政治原则纳入到它的理论体系中加以阐释。

慎势。势指君臣上下严格的等级形势。根据天地上下之别，《吕氏春秋》主

---

[1] 见陈奇猷：《吕氏春秋校释》，第 246 页校释［四二］、第 939 页校释［一一］。

张君主要"慎势"，要始终保持对臣下的强势。《任数》："君臣不定，耳闻不可以听，目虽见不可以视，心虽知不可以举，势使之也。""君臣扰乱，上下不分别，虽闻曷闻，虽见曷见，虽知曷知，驰骋而因而矣，此愚者之所不至也。"没有君臣上下的严格分别，君主就无法驾驭臣下，"权钧则不能相使，势等则不能相并，治乱齐则不能相正，故小大、轻重、少多、治乱不可不察，此祸福之门"（《慎势》）。君主一定要"权轻重，审大小"，"便势全威"，"因其势也"，这样才能使臣下服服帖帖地听从君主。

无为。"无为"思想在各家学说中各不相同。《老子》中的"无为"是指顺应客观，崇尚自然，以柔克刚，反对人以积极主动的态度从事认识活动和社会实践。《庄子》发挥了"无为"思想的另一面，认为"无为"就是无所作为，随波逐流，心如死灰，以求得精神自由。《吕氏春秋》以道为依据，发挥了"无为"思想的积极意义，将"无为"改造为一种"君道"。

《吕氏春秋》认为"无为"是"静"。《君守》："得道者必静。静者无知，知乃无知，可以言君道也。""静"是"道"的特点，《老子》说："清静为天下正。""道"虽"静"，但万物都是"道"所生，运动变化都有规律，"天之用密，有准不以平，有绳不以正；天之大静，既静而又宁，可以为天下正"（《君守》）。君主清静无为，国家机构都在按法规制度运转，君主自然可以为"天下正"。"故曰天无形，而万物以成；至精无象，而万物以化；大圣无事，而千官尽能。"（《君守》）

《吕氏春秋》还认为"无为"是"虚"。君主"虚无"，才能除去个人好恶，才能公正，依据法规办事。《知度》："君服性命之情，去爱恶之心，用虚无为本，以听有用之言谓之朝。凡朝也者，相与召义理也，相与植法则也。上服性命之情，则义理之士至矣，法则之用植矣，枉辟邪挠之人退矣，贪得伪诈之曹远矣。"

《吕氏春秋》中的"无为"是君无为而臣有为。《君守》："大圣无事，而千官尽能。""君也者，以无当为当，以无得为得者也。当与得不在于君，而在于臣。故善为君者无识，其次无事。"《勿躬》："圣王不能二十官之事，然而使二十官尽其巧，毕其能，圣王在上故也。圣王之所不能也、所以能之也，所不知也、所以知之也。"《任数》："故之王者，其所为少，其所因多。因者，君术也；为者，臣道也。为则扰矣，因则静矣。因冬为寒，因夏为暑，君奚事哉？故曰君道无知无为，而贤于有知有为，则得之矣。"《知度》："故曰有道之主，因而不为，责而不诏。"

君主"无为"，可以使诐谀奉承之人无机可乘，可以使奸邪险恶之人无法可使。《勿躬》："凡奸邪险陂之人，必有因也。何因哉？因主之为，人主好以己为，则守职者舍职而阿主之为矣。阿主之为，有过则主无以责之，则人主日侵而人臣日得。是宜动者静，宜静者动也；尊之为卑、卑之为尊，从此生矣。此国之所以衰而敌之所以攻之者也。"

《吕氏春秋》对"无为"思想的改造与发挥主要限于政治领域，它赋予"无为"积极主动的意义可说是一个创造，大大丰富了"无为"思想的内容。

察名责实。察名责实与"无为"思想有密切的联系，但又有一定的区别。《吕氏春秋》的察名责实思想是现实的官僚制度发展的产物，有很强的操作性。察名责实可以分正名审分、督名审实两个内容。

正名审分的名指名号，分指实际的地位，所谓的"正君臣上下之分"就是指此。正名审分要求名号和所处的地位要相称，否则会引起社会的动荡和混乱。《正名》："名正则治，名丧则乱。""凡乱者，刑名不正也。"正名审分还要求君臣各安其位，各处其分，特别提请君主不要自奋智勇，包揽臣下之事。君臣的职能应有明确的区分，才能发挥很高的效力。《审分》用"分地"形象地作了说明，"今以众地者，公作则迟，有所匿其力也；分地则速，无所匿迟也"。这多少有点像农村改革所实行的土地承包责任制，原来大锅饭时，人们没多少积极性，将土地分到各家各户，实行责任制之后，生产的积极性和效率都大大提高。"人主好治人官之事，则是与骥俱走也，必多所不及矣。"（《正名》）人主所要做的就是"正名审分"，发挥臣下的积极性，"王良之所以使马者，约审之以控其辔，而四马莫敢不尽力。有道之主，其所以使群臣者亦有辔。其辔何如？正名审分，是治之辔已"（《审分》）。"夫君人而知无恃其能、勇、力、诚、信，则近之矣。"（《勿躬》）

督名审实指的是按职受任，明确官员的职责、任务，然后审察其实际工作成绩。"故有职者安其职，不听其议。""督名审实，官使自司。"（《知度》）督名审实还指君主要用名实是否相称看一个人言行是否一致。"故按其实而审其名，以求其情；听其言而察其类，无使放悖。夫名多不当其实，而事多不当其用者，故人主不可以不审名分也。"（《审分》）"以其言为之名，取其实以责其名，则说者不敢妄言，而人主之所执其要矣。"（《审应》）

察名责实是现实社会中的名实问题，强调君主不妄为，通过督名审实去发挥臣下的智能，是"无为"思想在现实中的具体运用。

《吕氏春秋》以"法天地"为纲，试图将慎势、无为、察名责实等思想都统一在一起。慎势、察名责实都属于刑名之学，商鞅本人就有刑名之学的背景。范雎入秦曾大谈："臣闻明主立政，有功者不得不赏，有能者不得不官，劳大者其禄厚，功多者其爵尊，能治众者其官大。故无能者不敢当职，有能者亦不得蔽隐。"（《史记·范雎列传》）范雎强调"功"和"能"，"爵"和"官"的区别，对推进官僚制的发展有重要意义。除了吸收一些思想家的思想外，"法天地"和秦国当时的官僚制发展有很大关系。

《吕氏春秋·十二纪》所表现出来的治国法典的意义同样是"法天地"思想的体现。"法天地"要求效法天地，尊重自然规律。一方面强调慎势，正名审分，君臣各处其位，承认并维护现实的君臣上下之别；另一方面则强调法规律令的重要性，提出君主"无为"，一切按照法规律令办，特别要求限制君主个人的爱利好恶之心，这是对君主权力的一种限制。秦国自商鞅变法以来，官僚制度分科分层和法规律令的细密化达到了很高程度，官僚的专门化、职业化，官僚队伍的发展，法规律令的完善，必将对君主专制权力产生反作用力，"法天地"就是这种现实的反映。"法天地"实际提出了君臣权力的分配原则。"法天地"将国家的法规律令与自然规律相比拟，隐含着法出于自然的思想，这又是对战国中晚期以来秦国"法出于君"的思想的反对，"法天地"的思想因之具有重要意义。

3."忠"、"孝"观念

李泽厚认为《吕氏春秋》的主导思想是儒家，又指出其中的"忠孝"观念已与儒家有所不同。"《吕览》强调'孝'是从人君统治的角度着眼的"，"从表面看，它与原始儒学相似，实则大有区别。这区别就在于，一个是从氏族贵族的个体成员和巩固宗法纽带立论，一个是从统一帝国和专制君主的统治秩序着眼。前者具有伦理感情，后者纯属功利。前者建立在氏族成员血缘观念和心理基础之上，是原始儒家。后者是要求服务于皇帝统治的政治目的，渗透着法家精神。"[1]《吕氏春秋》中的"忠"、"孝"观念的确不是儒家的思想，它是战国中后期以来秦的"忠"、"孝"观的延续，与《吕氏春秋》的思想理论结合得浑然一体。

《吕氏春秋》中的"忠"、"孝"观念归属于"义"，强调其为道德律令。《劝学》："先王之教，莫荣于孝，莫显于忠。忠孝，人君人亲之所甚欲也。显荣，人子人臣之所甚愿也。然而人君人亲不得其所欲，人子人臣不得其所愿，此生于不知理义。不知理义，生于不学。""理义"在《吕氏春秋》中，从君主、社会和国家来说具有法则、律令的意义。"忠"、"孝"是"人君"、"人亲"的希望；"显"、"荣"则是"人子"、"人臣"的渴望。言外之意，"忠"、"孝"可以获得"显"、"荣"。"忠"、"孝"作为"理义"可以通过学习获得，这是要将它转化为个人的一种内在自觉。战国后期，秦国已将"忠"、"孝"作为"法"来看待。《吕氏春秋》中的"忠"、"孝"

---

[1] 李泽厚：《中国古代思想史论》，第139页。

观念是秦国"忠"、"孝"观念的逻辑发展。

《吕氏春秋》中的"忠"、"孝"观念功利主义色彩非常强烈。"忠"、"孝"观念强调利人、便主、利国：

> 义之大者，莫大于利人，利人莫大于教。知之盛者，莫大于成身。成身莫大于学。身成则为人子弗使而孝矣，为人臣弗令而忠矣，为人君弗强而平矣，有大势可以为天下正矣。(《尊师》)
>
> 忠臣亦然。苟便于主利于国，无敢违杀身出生以徇之。
>
> 弘演可谓忠矣，杀身出生以徇其君。非徒徇其君也，又令卫之宗庙复立，祭祀不绝，可谓有功矣。(《忠廉》)

《吕氏春秋》将"大忠"、"小忠"与"大利"、"小利"并列在一起评论取舍。《权勋》："利不可两，忠不可兼。不去小利则大利不得，不去小忠则大忠不至。故小利，大利之残也；小忠，大忠之贼也。圣人去小取大。"《权勋》列举的"小忠"的例子是荆（楚）龚王与晋厉公战于鄢陵。楚国的司马子反口渴，要喝水。竖阳谷偷偷给司马子反送上酒，司马子反大醉，不能复战。战后，龚王杀掉司马子反。竖阳谷的行为就是"小忠"，不顾国家之利，其行似忠，反而害了司马子反。"忠"、"孝"观念与功利主义的结合与战国中后期秦的尚功思想和《吕氏春秋》的功利主义相表里。

《吕氏春秋》有《至忠》："至忠逆于耳，倒于心，非贤主其孰能听之？"列举的例子有两个。一个是荆（楚）庄哀王猎于云梦，射中"随兕"。申公子培"劫而夺之"。荆（楚）庄哀王要杀申公子培，经劝谏而止。不出三月，子培得病死了。后来，荆（楚）庄哀王知道杀"随兕"，不出三月就要死掉。申公子培实际是代王而死。申公子培的弟弟说："臣之兄犯暴不敬之名，触死亡之罪于王之侧，其愚心将以忠于君王之身，而持千岁之寿也。"《至忠》的作者评论申公子培的"忠"为"穆行"："穆行之意，人知之不为劝，人不知不为沮，行无高乎此矣。"另一个例子是齐王生病，文挚以触怒齐王的方式医好了齐王的病，齐王盛怒之下，杀了文挚。从《至忠》所举的例子来看，所谓的"至忠"就是不管君主理解与否，一心一意，舍生忘死，为君主尽忠。至忠类似于愚忠。

《吕氏春秋》将"孝"作为"忠"的基础，但目的在于"忠"，更强调"忠"的重要性。

凡为天下，治国家，必务本而后末。所谓本者，非耕耘种植之谓，务其人也。务其人，非贫而富之，寡而众之，务其本也。务本莫贵于孝。人主孝，则名章荣，下服听，天下誉。人臣孝，则事君忠，处官廉，临难死。士民孝，则耕耘疾，守战固，不能北。夫孝，三皇五帝之本务，而万事之纪也。（《孝行》）

《吕氏春秋》提倡"孝"是为了君主荣誉、臣下的忠诚与服从、士民的耕耘与守战，其目的和现实意义超过了作为基础的"孝"的内涵。《吕氏春秋》中关于"忠"、"孝"观念的内容并不多，但占有非常重要的地位，是秦"忠"、"孝"观的再现。

4. 变法论

《吕氏春秋》中有《察今》一篇专论变法。《察今》篇幅不长，但关于变法的思想说得非常透彻。《察今》主张因时变法，重点是先王之法为何不可法："上胡不法先王之法，非不贤也，为其不可得而法。先王之法，经乎上世而来者也，人或益之，人或损之，胡可得而法？"先王之法历经传承，损益增减，早已失去了原来的面貌，怎么能够效法？就是先王之法原样保存下来，也不可效法，因为历史是不断发展的，时势不同，面临的具体问题也不同，"凡先王之法，有要于时也，时不与法俱至。法虽今而至，犹若不可法。"《察今》还说明了百姓、官吏、君主在变法中的地位，进一步强调了君主是变法的主导。"夫不敢议法者，众庶也；以死守者，有司也；因时变法者，贤主也。是故有天下七十一圣，其法皆不同，非务相反也，时势异也。"《察今》列举了"荆人表水"和"刻舟求剑"的故事，嘲弄不知因时变法、墨守成规的人。《察今》是战国中晚期以来变法思想的概括。

《吕氏春秋》的"法天下"的政治思想以即将出现的统一局面为目标，深入地思考了相关的政治问题，完全超越了地域限制，摆脱了某家某学的束缚，以综合的方式创造出自己的政治思想体系。

（六）经验思维论

在思维方面，《吕氏春秋》有经验论的特色。经验论认为"一切知识都发源于感官知觉或经验"[①]。《吕氏春秋》充分肯定了人具有认识能力，人的耳、目、口、心是人获得知识的工具（《尊师》）。但人要真正认识事物，还要积极主动地发挥认识工具的作用，通过直接的接触、观察，达到认识的目的。《知接》："人

[①] ［美］梯利：《西方哲学史》，商务印书馆1999年版，第284页。

之目以照见之也，以瞑则与不见，同①，其所以为照、所以为瞑异。瞑士未尝照，故未尝见，瞑者目无接也。……智亦然，其所以接智、所以接不智同，其所能接、所不能接异。"《吕氏春秋》将人的认识分为两种，即"观"和"察"。

"观"即观察事物的外在表象以认识事物，通过事物的外部表象洞察事物的发展变化趋势，探察事物的本质。《观表》：

> 圣人之所以过人以先知，先知必审征表，无征表而欲先知，尧、舜与众人同等。征虽易，表虽难，圣人则不可以飘矣，众人则无道至焉。无道至则以为神，以为幸。非神非幸，其数不得不然。

圣人之所以能够先知，即不是鬼神相助，也不是凭借侥幸，而是善于观察事物的"征"和"表"。"征"是外部特征，是特异之处，容易观察；"表"指的是事物发展变化时出现的微小变化，难于发现。圣人抓住了"征"、"表"，所以能预先判断事物发展的客观趋势。《吕氏春秋》提出要"观世"、"观乐"等，最典型的例子是"观人"，通过人的外在的行为举止认识人、考验人。《论人》：

> 凡论人，通则观其所礼，贵则观其所进，富则观其所养，听则观其所行，止则观其所好，习则观其所言，穷则观其所不受，贱则观其所不为，喜之以验其守，乐之以验其僻，怒之以验其节，惧之以验其特，哀之以验其人，苦之以验其志，此贤主之所以论人也。论人者，又必以六戚四隐。何谓六戚？父母兄弟妻子。何谓四隐？交友故旧邑里门郭。内则用六戚四隐，外则用八观六验，人之情伪贪鄙美恶无所失矣，……此圣王之所以知人也。

通过对"八观六验"、"六戚四隐"进行综合考察，就可以正确判断一个人的性格品行，这是一种综合考察的方法。

对事物进行综合考察时，《吕氏春秋》提出注意"类"的区别，"天斟万物，圣人览焉，以观其类"（《有始》）。《别类》说："物多类然而不然"，即很多事物表面都是一类，但本质不同，并举例说："小方，大方之类也；小马，大马之类也；小智，非大智之类也。"小方和大方都是方，小马和大马都是马，但小智慧

---

① 高注：同一目也。见陈奇猷：《吕氏春秋校释》，第 970 页。

和大智慧则完全不同。

"察"与"观"有相似的一面，即综合考察事物，如"圣人察阴阳之宜"（《尽数》）；"是故闻其声而知其风，察其风而知其志，观其志而知其德"（《音初》）；等等。但"察"的重点在分析、研究、鉴别，力求透过表象，把握事物的真实，所以"察"实际上是一种分析研究的方法，与"观"有本质的区别。如"圣人不察存亡贤不肖，而察其所以也"（《审己》）；"故虽不疑，虽已知，必察之以法，揆之以量，验之以数"（《谨听》）；"故细人之言，不可不察也"（《去宥》）；"察乘物之理，则四极可有"（《审分》）；"此形名不相当，圣人之所察也"（《精谕》）；等等。"察"要分析研究事物之间的因果关系，用已掌握的规律、准则、度量检验事物，发现和掌握新的规律，判断事物的形名是否相符等。

《吕氏春秋》将"察"作为认识方法在全书普遍运用，以"察"为篇名的有《察今》、《察微》、《察传》、《察贤》四篇。对人类认识事物的过程中容易忽略或导致的几种错误，《吕氏春秋》予以重点总结，这就是"传言"、"疑似"、"微始"、"不疑"①。

其一是传言必察。《听言》："听言不可不察，不察则善不善不分。"社会传闻未经证实不可轻信，除了有人故意造谣外，口耳相传也会造成失误，改变事物的原貌。《察传》："夫得传言不可以不察，数传而白为黑，黑为白。故狗似玃，玃似母猴，母猴似人。""人之与狗则远矣。此愚者之所以大过也。"所以传言必须予以审察，"闻而不审，不若无闻"，"闻而审则为福矣"（《察传》）。如何审察？"凡闻言必熟论，其于人必验之以理"（《察传》），即要用心思索，反复研究，看其是否合乎人情物理，则其真伪可辩。

其二是疑似必察。事物之间，实异形亦异者，不难辨别；而实异形似者，最易使人迷惑。

> 使人大迷惑者，必物之相似也。玉人之所患，患石之似玉者。相剑者之所患，患剑之似吴干者。贤主之所患，患人之博闻辩言而似通者。亡国之主似智，亡国之臣似忠。相似之物，此愚者之大惑，而圣人之所加虑也。（《疑似》）
>
> 事多似倒而顺，多似顺而倒。有知顺之为倒，倒之为顺者，则可言化矣。（《似顺》）

---

① 关于"察"的几点总结参见牟钟鉴：《〈吕氏春秋〉与〈淮南子〉研究》，第77—80页。

在社会实践活动中，某些事物，某些社会活动，其现象与本质不仅不同，而且恰好相反，要能通过现象，发现与现象相反的本质。

其三是微始难察。事物的发展变化，开始之时，征兆甚微，其趋向极不易把握。人的认识于此时易于忽略，难于细察，差之毫厘，将失之千里，这就需要察微的功夫。在社会治乱存亡的问题上，尤其如此。

> 使治乱存亡若高山之与深溪，若白垩之与黑漆，则无所用智，虽愚犹可矣。且治乱存亡则不然，如可知，如不可知，如可见，如不可见。故智士贤者相与积心愁虑以求之，犹尚有管叔蔡叔之事与东夷八国不听之谋。故治乱存亡其始若秋毫，察其秋毫，则大物不过矣。（《察微》）

《慎小》指出，事物是可以转化的，对于小事不可不慎，"巨防容蝼，而漂邑杀人；突泄一熛，而焚宫烧积……"大堤上的一个蚁穴，可能使大堤崩溃；一个小小的火星，可能引发大火。小事不慎，可以酿成大祸，所以要防微杜渐，以免后患。

其四是不疑再察。人的认识往往在不成问题的地方发生闪失，因为凡疑难之处，人能小心翼翼对待；而在自己认为有把握的事情上则易疏忽大意。

> 人主之性，莫过乎所疑，而过于其所不疑；不过乎所不知，而过于其所以知。故虽不疑，虽已知，必察之以法，揆之以量，验之以数。若此，则是非无所失，而举措无所过矣。（《谨听》）

为了保持正确的认识以使举措得当，要对不疑已知之处再三察看，以免发生意料之外的过错。也就是说，认识一个事物，不能满足于一次过程，要反复认识，多次验证，才能获得比较可靠的认识。

《吕氏春秋》认为事物之间有因果关系，认识过程中要特别注重因果关系的认识。《审己》：

> 凡物之然也，必有故，而不知其故，虽当与不知同，其卒必困。先王名士达师之所以过俗者，以其知也。水出于山而走于海，水非恶

山而欲海也，高下使之然也。稼生于野而藏于仓，稼非有欲也，人皆以之也。

人可以通过探求事物之间的因果关系，把握规律，根据已知事物，运用推理，获得新的知识。如《察今》：

有道之士，贵以近知远，以今知古，以（益）所见，知所不见。故审堂下之阴，而知日月之行、阴阳之举。见瓶水之冰，而知天下之寒，鱼鳖之藏也。尝一脬肉，而知一镬之味、一鼎之调。

需要注意的是，这种推理并没有严格的前提和推理过程，仍主要是以生活和生产经验为基础的直觉推理。但由于强调了事物之间的因果关系，所以比那种无类类比、联想类比有一定的科学性。

《吕氏春秋》反对单纯地玩弄名词概念，进行不顾事实的巧言辩解。它批判"淫辞"，列举若干事例。例如：邓析讼狱，"以非为是，以是为非，是非无度，而可不可日变"（《离谓》）。郑国有个富人家有人溺死，"人得其死者。富人请赎之，其人求金甚多，以告邓析。邓析曰：'安之。人必莫之卖矣。'得死者患之，以告邓析。邓析又答之曰：'安之，此必无所更买。'"（《离谓》）邓析用不确定的概念，或从同一事实出发提出两个相互矛盾的判断，造成思想混乱。结果是"郑国大乱"，"子产患之，于是杀邓析而戮之，民心乃服，是非乃定，法律乃行"（《离谓》）。《离谓》还举了齐国事人者的例子，"齐有事人者，所事有难而弗死也，遇故人于途。故人曰：'固不死乎？'故对曰：'然，凡事人以为利也。死不利，故不死。'故人曰：'子尚可以见人乎？'对曰：'子以死为顾可以见人乎？'""故人"本意是嘲弄"齐人"不能为君主死难，有何面目见人，齐人却以看得见人作答，这是典型的偷换概念。《淫辞》篇举秦赵之约："秦之所欲为，赵助之；赵之所欲为，秦助之。"后来秦兴兵攻魏，赵欲救之，秦国责备赵国背约，赵国的公孙龙反过来责备秦国背约，因为如果说赵不助秦攻魏是背约的话，那么秦不助赵救魏亦是背约。《淫辞》还举孔穿、公孙龙关于"藏三牙"的辩论。"藏三牙"或以为是"羊三耳"之误，或以为是《公孙龙子·坚白论》中的"坚、白、石"之论。[①] 该篇还有一个澄子追衣的故事。宋国人澄子丢了件缁衣，在道上见一女人穿着缁衣，

---

① 陈奇猷：《吕氏春秋校释》，第 1188 页校释［六］。

便要索取。妇人辩白说这件缌衣是自己的，澄子则说："子不如速与我衣，昔吾所亡者纺缌也；今子之衣禅缌也。以禅缌当纺缌，子岂不得哉？"本来妇人所穿的禅缌并不是澄子所丢的纺缌，但澄子却不由分说地将妇人窃己衣这个需要证明的论断强加给对方，还认为自己丢的是纺缌，索要的是禅缌，对方占了便宜。

《吕氏春秋》认为语言是表达思想的工具，"言者，以谕意也"（《离谓》）。如果"言意相离，凶也"（《离谓》）。所以语言要有一个确定的是非标准，这个标准就是"理"，"故辨而不当理则伪，知而不当理则诈，诈伪之民，先王之所诛也。理也者，是非之宗也"（《离谓》）。语言要能够准确地表达思想，"夫辞者，意之表也"（《离谓》）；语言应该和行为保持一致，"言行相诡，不祥莫大焉"（《淫辞》）。《吕氏春秋》将言以表意、言行统一贯彻到"刑名"说中，《正名》："名正则治，名丧则乱。使名丧者，淫说也。说淫则可不可，而然不然，是不是，而非不非。故君子之说也，足以言贤者之实，不肖者之充而已矣，足以谕治之所悖，乱之所由起而已矣，足以知物之情，人之所获以生而已矣。凡乱者，刑名不当也。"

《吕氏春秋》中有《去尤》、《去宥》两篇。"尤"同"宥"，即"囿"，指认识的片面性和局限性，它主要是由人的主观好恶引起的。《去尤》："所以尤者多故，其要必因人所喜与因人所恶。东面望者不见西墙，南乡视者不睹北方，意有所在也。"《去尤》讲了一个故事，有人丢失了一把斧子，他猜想是邻人之子所窃，于是看他走路、看他的表情、听他说话都像偷斧子的人。后来他找着了斧子，再看邻人之子，怎么都不像偷斧子的人。邻人之子并没有什么变化，而是丢斧子的人的主观情感发生了变化。《去宥》也举了一个生动的故事，说齐国有个财迷，早晨到市场上，见人拿着金子，他一把抢了过来，结果被抓住扭送到官府。官吏问他朗朗乾坤、大庭广众之下怎敢抢人黄金，他回答："殊不见人，徒见金耳。"《去宥》说："此真大有所宥也。"《去宥》最后总结道：

> 夫人有所宥者，固以昼为昏，以白为黑，以尧为桀，宥之为败亦大矣。亡国之主，其皆甚有所宥邪？故凡人必别宥然后知，别宥能全其天矣。

人必须努力去除自己的主观局限性，否则就会黑白不分、是非颠倒，一般人会败身，一国之主则会亡国。《吕氏春秋》很重视人的学习，将学习作为"达天性"、"知义理"的手段，并因之而提倡尊师。

《吕氏春秋》的经验思维论带有很强的实用性，主要是从现实生活经验中总结出来的，目的在于为君主政治提供方法借鉴，有一定的科学性，但也有一定的局限。《吕氏春秋》的经验思维还是一种狭隘的经验思维，虽然肯定知识来源于经验，但对知识的运用缺乏严格的逻辑，在一些地方又具有感觉主义的特点。这种经验思维论体现了一定的思维理性，但并没有完全排除神秘主义。在超越狭隘的经验层面时，理论思维的欠缺使它的思想又走向了神秘主义，所以，在《吕氏春秋》存在不少祭祀鬼神、天人感应等方面的内容，显示了一种奇特的包容性。

（七）时代的视角

关于《吕氏春秋》的评价，现在多趋于肯定，这对于确立《吕氏春秋》在中国古代学术思想史上的地位具有重要意义。这里试用思想"视角"对《吕氏春秋》的地位再予以探讨。

"视角"所指的是一个人观察对象的方式，指他在这个对象那里觉察到的东西，以及他如何在他的思维过程中解释这个对象。因此，视角对思想结构及思想性质必然产生影响。在知识社会学的研究中，可以获得具有超然性的视角。获得超然性视角的方式如下：一个群体的成员社会地位发生了变化，或者进行了迁移；一个整体性群体的存在基础发生了与他那些传统规范和制度有关的转变；在同一个社会内部，有两种或者更多从社会角度得到肯定的解释方式发生了冲突。相互冲突的思想、理念，是思想融合与创新的源泉。这时就可能获得超然性视角。①

吕不韦本人是卫国濮阳（今河南濮阳）人，从事的又是商业，游走过很多的地方，到赵国的邯郸，又到秦国的咸阳，对各地的风俗民情和相关国家的制度，必然有很多直接的观察和体验，其见闻的广博和人生的经验必非常人所能比拟。在庄襄王即位后，吕不韦平步青云，被任为相国，封文信侯，其地位的变迁令人瞠目结舌。吕不韦门下的门客很多是东方六国之人，他们来到秦国，对社会环境的变化一定印象深刻。他们原来的思想和秦国流行的法思想的激烈碰撞是可以想见的。他们中的一些人后来成了《吕氏春秋》的作者。可以说，吕不韦和他的门客们具备了获得思想的超然性视角的一切可能性。

吕不韦和他的门客们也确实具有思想的超然性的视角。这个超然性的视角就是《吕氏春秋·序意》里所说的："上揆之天，下验之地，中审之人，若此则是非可不可无所遁矣。"也就是说，上以天作为度量的标准，下以地作为验证的依

① ［德］卡尔·曼海姆著，艾彦译：《意识形态和乌托邦》，华夏出版社2001年版，第328、339页。

据，中从人的角度进行审察，探索评判是非与否的普遍原则。这个视角使他们站在由秦国统一天下的立场上，但是又超越了秦国的地域限制，确定了"天地和合"、"法天地"的思想主题，追求天地人的和谐，从普遍性的天地时空、君主政治、个人存在的角度来进行思想的阐述；超然性的视角使《吕氏春秋》更加关注未来的国家理论、施政方针和政治制度的探讨，特别关注自然与人类、社会与个人以及人与人之间的和谐；超然性的视角使《吕氏春秋》的思想具有更多的理性主义的成分，如"天下非一人之天下也"的提出，超越了秦国君主专制统治的立场；也正是这样超然性的视角，使《吕氏春秋》能够博采众长，不限于某一家或某一派，成为具有系统思想和独立地位的思想经典。

《吕氏春秋》的思想视角是一个时代的视角。《易传·系辞下》："易之为书也，广大悉备。有天道焉，有人道焉，有地道焉。"《易传·说卦》："昔者圣人之作《易》也，将以顺性命之理，是以立天之道曰阴与阳，立地之道曰柔与刚，立人之道曰仁与义。"《庄子·天下》："判天地之美，析万物之理，察古人之全，寡能备于天地之美，称神明之容。"《鹖冠子·博选》："道凡四稽：一曰天，二曰地，三曰人，四曰命。"马王堆汉墓帛书《经法·六分》："王天下者之道，有天焉，有人焉，又（有）地焉。参（三）者参用之，[故王]而有天下矣。"《韩非子·八经》："言会众端，必揆之以地，谋之以天，验之以物，参之以人。"当差不多同时代所有的思想著作几乎都有相似的视角时，可以说这是这个时代的思想视角。

天、地、人的思想视角意味着探讨天地自然的规律、人类社会的发展规律和个人的存在以及相互之间的关系成为这个时代不可回避的思想主题，也是代表了历史发展趋势的思想命题。从春秋时代的天人相分到战国末期的天地人视角是思想史的一个逻辑的发展。天地人的视角实际上进一步突出了把握人类社会自身发展规律的迫切愿望，对人的地位、价值和意义更加重视。其中关于君主政治和君臣之道的探讨也是寄希望于建立符合规律的政治模式和政治形态。在列国纷争即将结束、秦国即将统一的历史社会情境中，人类社会的发展和个人的存在再一次激发了思想家们的思想热情。当然，这种思考依然没有摆脱"推天道以明人事"的轨道，在某种程度上以"法天地"的口号进一步予以强化。这不能不说是一个遗憾。

认识到时代的变化，并不表明都能实现总结、融合、创新与超越。战国末期的思想创新比比皆是，但兼具总结、融合、创新与超越的只有《吕氏春秋》，原因可能是《庄子·天下》所感慨的："寡能备于天地之美，称神明之容。"仅凭一管之见很难实现总结、融合、创新与超越。《吕氏春秋》以前的诸子各家思想大都只偏重天、地、人的某个方面。《吕氏春秋》取长补短，形成了当时最为完备的知识和思想体系，从天、地、人的角度对当时的知识和思想进行了系统总结，并试图将它们纳入一个完整的体系中。《吕氏春秋》的编著者们认识到了时代的变化，它的编著汇集了一批优秀的思想家，有系统的编撰计划和目的，有充分的物质基础作为保障，以天地人的和谐为思想主题，才成为"超出诸子之右"的优秀之作。

天、地、人的思想视角和相关的思想主题在西汉时期依然得到延续。《新语·道基》："传曰：'天生万物，以地养之，圣人成之。'功德参合，而道术生焉。"《新书·数宁》："稽之天地，验之往古，案之当时之务。"《淮南子·要略》："夫作为书论者，所以纪纲道德，经纬人事，上考之天，下揆之地，中通诸理。"《史记·太史公自序》："究天人之际，通古今之变，成一家之言。"《春秋繁露·楚庄王》："春秋之道，奉天而法古。"战国末期到秦汉之际，宇宙论特别发达，又产生了《史记》这样伟大的史学巨著，都是和这个时代的思想视角和思想主题分不开的。战国秦汉之际成为中国古代思想史上的又一个黄金时代。

当战国这个烽烟遍地而思想辉煌的时代行将结束之际，思想的总结在哪里呢？学者们所重视的有关先秦学术思想史的文献，如《庄子·天下》、《荀子·非十二子》、《韩非子·显学》，包括《吕氏春秋·不二》和司马谈的《论六家之要旨》，都是简短的关于相关学术思想的评述，难道这就是战国时代百家争鸣的总结？这无论如何是学者们难以满意的。而《韩非子》、《荀子》等著作的学术渊源非常清楚，思想个性非常突出，虽然对诸子有所吸收，但更多的是在既有的思想轨道上的继续发展。《管子》似乎更加驳杂。只有《吕氏春秋》以超然性的视角在超越中进行了总结，在总结中实现了超越。《吕氏春秋》才是真正的战国思想的总结之作！

二、《韩非子》的思想

公元前 238 年，秦王政在雍蕲年宫举行加冕礼，正式亲政。这位年轻的君主不同于他的父亲庄襄王，显得精明强干，雄心勃勃，急于想在政治舞台上大干一场。他迅速铲除了嫪毐集团，削除了吕不韦的势力，独掌大权，不可一世。公元前 234 年，秦王政派出一支军队攻打韩国。这次出兵的目的不同于秦国以往的任何一次出兵，这次出兵的目的竟然是为了一个人——韩非。秦王政对韩非的重视是因为后者是当时著名的思想家，秦王政重视的是韩非的思想理论，希望韩非能够为他的执政提供借鉴。

（一）秦王政的兴趣

韩非是韩国王族的公子，曾经和李斯一起在荀卿门下学习。他口吃，但善于著述。当时韩国弱小，形势危急。韩非屡次上书劝谏韩王，但不被韩王采纳，于是发愤著书，阐述自己的思想。韩非继承了商鞅、申不害、慎到等人的思想，吸收了老子的道论，据说和儒、墨也有关系，并且自成一家之言。[①] 韩非所著的《孤愤》、《五蠹》传到了秦国，秦王政看了大加赞赏："嗟乎，寡人得见此人与之游，死不恨矣!"（《史记·老子韩非列传》）李斯赶忙向秦王政介绍了韩非。于是，秦王政发兵攻打韩国。韩王迫于压力，遣韩非入秦。韩非到秦国之后，并没有得到重用，反而受到了李斯、姚贾等人的陷害，自杀而死（《史记·老子韩非列传》）。[②]

韩非的著述主要见于《韩非子》一书。《汉书·艺文志》著录"《韩子》五十五篇"。今本《韩非子》亦为五十五篇，其中有些篇章可能不是韩非所著。《初见秦》可能为秦昭王时人所著[③]；《存韩》的第二部分为李斯上秦王书，第三部分为李斯上韩王书；《奸劫弑臣》"谚曰：'厉怜王'"以下似为他人之作[④]；《问田》中称韩非为"韩子"；《饬令》见于《商君书》，名为《靳令》。《有度》虽然有人怀疑，但可能是韩非的作品。[⑤] 除此之外，《韩非子》其余的篇章绝大多数基本可以肯定为韩非所著。根据《史记·老子韩非列传》的记载，在韩非入秦之前，秦王政主要是读了《孤愤》、《五蠹》，才对韩非产生了强烈的兴趣，这从某种程度上反映了秦王政的思想取向。

《孤愤》是《韩非子》第十一篇，内容相对比较单纯。《孤愤》主要论述了

---

① 郭沫若：《韩非子的批判》，《十批判书》。

② 另一种说法是韩非被秦王诛杀，见于《战国策·秦策五·四国为一章》。

③ 参见第五章《作为意识形态的法》一节注。

④ "谚曰：'厉怜王'"以下见于《战国策·楚策四·客说春申君章》和《韩诗外传》卷四，均作孙子（荀况）答春申君书。但也有认为这段文字和全文内容关系密切，文意相连，似是韩非原作。《韩非子》校注组编写，周勋初修订：《韩非子校注》（修订本），凤凰出版传媒集团、凤凰出版社2009年版，第102页。

⑤ 胡适认为《有度》说到齐、楚、燕、魏之亡，是韩非死后的事。胡适：《中国哲学史大纲》，《胡适学术文集·中国哲学史（上）》，第246页。另有学者将"亡"释为衰亡，而非灭亡。《有度》中间部分虽然和《管子·明法》相似，但整体思想和韩非一致，当为韩非所作。见《韩非子》校注组编写，周勋初修订：《韩非子校注》（修订本），第34页。

"法术之士""处势卑贱，无党孤特"，不能得进，常常处于危险的境遇。"法术之士"是"智术之士"与"能法之士"的合称。"智术之士，必远见而明察，不明察不能烛私；能法之士，必强毅而劲直，不劲直不能矫奸。"与"法术之士"相对立的是"重人"。"重人也者，无令而擅为，亏法以利私，耗国以便家，力能得其君，此所为重人也。""重人"又称为"贵重之臣"、"当途之人"，可见"重人"是君主周围的权贵。"重人"有"敌国"、"百官"、"郎中"、"学士"四种势力相助，君主习惯信爱"重人"，所以，"法术之士"在和"重人"的斗争中常常处于劣势，"不僇于吏诛，必死于私剑矣"。韩非在《孤愤》中强调，君主和臣下的利益是相反的。"主利在有能而任官，臣利在无能而得事；主利在有劳而爵禄，臣利在无功而富贵；主利在豪杰使能，臣利在朋党用私。"韩非希望君主能够"合参验而行诛"，"见功而爵禄"，以免灭国之祸。

《五蠹》是《韩非子》第四十九篇，和《孤愤》相比，内容要复杂得多。"五蠹"是用害虫比喻五种危害国家的人，依次是"学者"、"言谈者"、"带剑者"、"患御者"、"商工之民"。但《五蠹》全篇的内容又不限于此，而是包括如下方面：第一，与时变化的历史观。韩非将人类社会的发展分为上古、中古、当今三个时代，各个时代的特点不同，"上古竞于道德，中世逐于智谋，当今争于气力"。历史发展变化的原因是人口不断增多，社会财富的总量却没有增多，从而引起了激烈的争夺。针对社会的发展变化，"是以圣人不期修古，不法常可，论世之事，而为之备"，"故事因于世，而备适于世"，即要根据时代的发展变化采取不同的治国办法。第二，仁义不足以治国。"世异则事异"，"事异则备变"，"是仁义用于古而不用于今也"。第三，当今治国应该严刑峻法，以势服人，固术以治。"夫古今异俗，新故异备"，宽缓的治国方法已不适于治理巨变时代的百姓，"且民者故服于势，寡能怀于义"，"故明王峭其法而严其刑也"，"故主施赏不迁，行诛不赦"。"故明主之道，一法而不求智，固术而不慕信，故法不败而群官无奸矣。""故明主之国，无书简之文，以法为教；无先王之语，以吏为师。"第四，贞、廉、贤、能、孝的行为不宜于鼓励。"廉贞之行成，而君上之法犯矣。""贤能之行成，而兵弱而地荒矣。""夫父之孝子，君之背臣也。"第五，儒、侠、仁义、文学之类的人要禁止。"儒以文乱法，侠以武犯禁，而人主兼礼之，此所以乱也。""故行仁义者非所誉，誉之则害功；工文学者非所用，用之则乱法。"第六，公私利益相反。"自环者谓之私，背私谓之公。公私之相背也，乃苍颉故以知之矣。今以为同利者，不察之患也。"第七，总论五蠹之害。

从《五蠹》的内容来看，韩非主张顺应时势，以法、术、势治国，这样才能达到治、富、强的目的，所有和法、术、势相违背的人与其行为都应该被禁止，"五蠹"是其中的重点。《五蠹》关于历史发展变化的观点无疑是非常深刻的。其中对儒家、墨家和纵横家明确地予以反对。《五蠹》列举了"子贡辩智而鲁削"的故事，批评儒、墨所称的"先王兼爱天下"不合时宜，指出"儒以文乱法"。《五蠹》所说的"言谈者"主要是指纵横家。"纵者，合众弱以攻一强也；而横者，事一强以攻众弱也。皆非所以持国也。"追随大国以为横，导致"亡地乱政"；救援小国以为纵，导致"亡地败军"。所以，应该要求境内之民，"其言谈者必轨于法，动作者归之于功，为勇者尽之于军"。

《孤愤》、《五蠹》著成于韩非入秦之前，秦王政对《孤愤》、《五蠹》感兴趣的主要是哪些方面呢？或者更进一步说，《孤愤》、《五蠹》中有哪些内容和秦思想不同呢？与时变化的历史观在《商君书·开塞》等篇中有详细的论述，以法为治更是秦国的基本国策，"势"的思想在《商君书·禁使》中也有反映，公私的区分是秦国所重视的，秦国的"国害"理论包括了《五蠹》中所要禁止的绝大部分人及其行为。比较《孤愤》、《五蠹》和秦思想，差异主要表现在以下几个方面：第一，《孤愤》、《五蠹》更重"术"，秦国更重"数"。《商君书》也谈"术"，但和《孤愤》、《五蠹》中所说的"术"有所区别。"数"是事物发展变化的趋势和规律，"术"则是按规律办事的基本方法。《商君书》中多处言"数"，将"数"和法联系在一起，甚至称之为"数治"。[①] 第二，对墨家和纵横家的批评非常激烈。墨家在战国中晚期在秦国有很大的势力，而纵横家在秦更是得意。[②] 第三，对"侠"的反对是《商君书》所未见的。

通过以上比较，秦王政的兴趣昭然若揭，联系秦王政和嫪毐、吕不韦的斗争，可以肯定地说，秦王政感兴趣的是韩非所大力宣传的"术"。在秦王政亲政前后，嫪毐、吕不韦势力的膨胀，嫪毐的谋反，吕不韦的掣肘，一定给秦王政留下了心理阴影。怎样控制像嫪毐、吕不韦这样的权臣？怎样保证权力的高度集中？应该是年轻的秦王政思考的核心。也正因为如此，韩非的著作，特别是《孤愤》中对"法术之士"的推重，对"重人"的抨击，恰好契合了秦王政的心思。秦王政对韩非思想的赏识，使韩非思想在秦国大行其道，对秦的兴亡产生了巨大的影响。

① 参见第五章《作为意识形态的法》一节。
② 参见第五章《纵横家与秦思想》与《秦思想的综合趋势》二节。

（二）法、术、势的联系及矛盾

韩国是战国七雄中比较弱小的国家，战国晚期又不断遭到强大的秦国的直接攻击，形势岌岌可危。对韩国的处境，《存韩》说得非常可怜："韩事秦三十余年，出则为扞蔽，入则为席荐。""且夫韩人贡职，与郡县无异也。""夫韩，小国也，而以应天下四击，主辱臣苦，上下相与同忧久矣。"在《亡征》中，韩非提出了小国、弱国在当时所应持有的态度："国小而不处卑，力少而不畏强，无礼而侮大邻，贪愎而拙交者，可亡也。"可见韩非对当时韩国的现实有清醒的认识。

《韩非子》一书主要的思想内容并不是针对秦国的统一形势的，也不是为秦国服务的。韩非的思想相当大程度上是为了振兴韩国，对抗强秦和其他大国。对当时韩国国内的形势，韩非痛心疾首："当今之世，大臣贪重，细民安乱，甚于秦、楚之俗，而人主无悼王、孝公之听，则法术之士安能蒙二子之危而明己之法术哉！此世所乱无霸王也。"（《和氏》）韩非在《亡征》里面一口气提出了四十七条亡国征兆，"亡征者，非曰必亡，言其可亡也"。动辄言亡，其紧张、焦虑、不安的心情可见一斑。

韩非提出的政治目标是使韩国成为"霸王"，《奸劫弑臣》："操法术之数，行重罚严诛，则可以致霸王之功。"《六反》："霸王者，人主之大利也。"《奸劫弑臣》中有一段话可以视为韩非对"霸王"理想的描述，目标主要是"强不凌弱"、"边境不侵"、"而无死亡系虏之患"，全然没有当时秦国并吞天下的豪迈气势，和韩国的实际情况是相符的。

> 故其治国也，正明法，陈严刑，将以救群生之乱，去天下之祸，使强不凌弱，众不暴寡，耆老得遂，幼孤得长，边境不侵，君臣相亲，父子相保，而无死亡系虏之患，此亦功之至厚者也。愚人不知，顾以为暴。（《奸劫弑臣》）

韩非对前辈的法家人物申不害、商鞅的思想特点有所评述。《定法》："今申不害言术，而公孙鞅为法。"韩非批评商鞅言法未尽，没有恰当地处理官僚选拔中"勇力"与"智能"的关系，同时说他言法而不言术。韩非批评申不害言术而不言法，朝令夕改，使人无所适从。韩非自己既言术又言法，同时重势，法、术、势并重。

法是国家颁布的政策和法令，具有公开性。《难三》："法者，编著之图籍，设之于官府，而布之于百姓者也。"刑赏是法的主要内容，《定法》："法者，宪令著于官府，刑罚必于民心，赏存乎慎法，而罚加乎奸令者也，此臣之所师也。"韩非主张法要有一定的稳定性，"法禁变易，号令数下者，可亡也"（《亡征》）。

法的功用主要有五方面。第一，制臣，即君主用以控制大臣。"人主不能明法而以制大臣之威，无道得小人之信矣。""人主使人臣虽有智能不得背法而专制，虽有贤行不得踰功而先劳，虽有忠信不得释法而不禁，此之谓明法。"（《南面》）第二，禁奸。"能法之士，必强毅而劲直，不劲直不能矫奸。"（《孤愤》）"圣人之为法也，所以平不夷矫不直也。"（《外储说右下》）第三，治民。"官行法则浮萌趋于耕农，而游士危于战陈。"（《和氏》）"是以赏莫如厚而信，使民利之；罚莫如重而必，使民畏之；法莫如一而固，使民知之。"（《五蠹》）第四，废私。"禁主之道，必明于公私之分，明法制，去私恩。"（《饰邪》）"夫立法令者以废私也，法令行而私道废矣。私者，所以乱法矣。""道私者乱，道法者治。"（《诡使》）第五，强国致霸王。"操法术之数，行重罚严诛，则可以致霸王之功。"（《奸劫弑臣》）"明法者强，慢法者弱。"（《饰邪》）"法所以为国也而轻之，则功不立，名不成。"（《安危》）"治强生于法，弱乱生于阿。""人主者，守法责成以立功者也。"（《外储说右下》）从韩非对法的功用的阐释来看，其目的在于建立以专制君主为核心的统治秩序，并由此而走向富强。

作为法的主要内容的"刑赏"则被视为君主治国的利器。《外储说左上》引申子说："法者，见功而与赏，因能而受官。""刑赏"是君主控制臣下的具体工具。"赏罚者，邦之利器也，在君则制臣，在臣则胜君。""故曰'邦之利器不可以示人。'"（《喻老》）①"明主之所导制其臣者，二柄而已矣。二柄者，刑、德也。何谓刑德？曰：杀戮之谓刑，庆赏之谓德。""人主者，以刑德制臣者也。"（《二柄》）"刑赏"也是强国的主要方法。"赏刑明则民尽死，民尽死则兵强主尊。刑赏不察则民无功而求得，有罪而幸免，则兵弱主卑。"（《饰邪》）刑、赏分而言之，刑主要用于诛"暴乱"，赏主要用于"进贤才劝有功"。"夫有施与贫困，则无功者得赏；不忍诛罚，则暴乱者不止。"（《奸劫弑臣》）"明主之为官职爵禄也，所以进贤才劝有功也。故曰：贤才者处厚禄，任大官；功大者有尊爵，受重赏。"（《八奸》）"君人者不轻爵禄，不易富贵，不可与救危国。"（《用人》）韩非明确主张严刑厚赏。"夫严刑者，民之所畏也；重罚者，民之所恶也。""吾是以明仁义爱惠之不足用，而严刑重罚之可以治国也。"（《奸劫弑臣》）"若夫厚赏者，非独赏功也，又劝一国。"（《六反》）

---

① 《内储说下》亦有类似的说法。

韩非也强调法是"度数"、"尺寸"、"规矩"，具有确定性。"夫悬衡而知平，设规而知圆，万全之道也。""释规而任巧，释法而任智，祸乱之道也。"(《饰邪》)"夫有术者之为人臣也，得效度数之言，上明主法，下困奸臣，以尊主安国者也。是以度数之言得效于前，则赏罚必用于后也。"(《奸劫弑臣》)"使中主守法术，拙匠执规矩尺寸，则万不失矣。"(《用人》)"窃以为立法术，设度数，所以利民萌，便众庶之道也。"(《定法》)法具有公开性，又"必于民心"，这是韩非强调法具有确定性的一个原因。但韩非更多的是从术的角度来认识法的确定性的，"因任授官"，"循名责实"，要求臣下言行统一，重视刑赏必罚，称之为"法术"，和《商君书》中以"数"为基础的法治不完全相同。

关于术，《难三》："术者，藏之于胸中，以偶众端，而潜御群臣者也。"《定法》："术者，因任而受官，循名而责实，操杀生之柄，课群臣之能者也，此人主之所执也。"从韩非对术的定义来看，术是君主操控臣下的方法，具体的内容主要是两方面：一是权术诡计；二是因任授官，循名责实。

术的运用主要有以下几个方面：第一，君主要重用"智术之士"、"法术之士"，打击权贵。"智术之士，必远见而明察，不明察不能烛私。""故智术能法之士用，则贵重之臣必在绳之外矣。"(《孤愤》)君主应该像珍视和氏璧一样珍视"法术"，"则法术者乃群臣士民之所祸也"，"则法术之士虽至死亡，道必不论矣"(《和氏》)。《奸劫弑臣》希望君主能够区别谈说之士、学术之士与法术之士，批评豫让"上不能说人主使之明法术度数之理，以避祸难之患，下不能领驭其众以安其国"。"法术之士"显然是指深通因任授官、循名责实理论的人。

第二，君主要善于运用"七术"。《内储说·七术》所列举的"七术"为："一曰众端参观"，即君主要根据多方面的根据作出正确的判断；"二曰必罚明威"，即通过重罚宣明君主的权威；"三曰信赏尽能"，即通过赏与官职爵禄勉励臣下效力；"四曰一听责下"，"一听则愚智不分，责下则人臣不参"，即不专听一理，避免对臣下愚智不分，要逐一考察，避免臣下浑水摸鱼，典型的例子是"南郭先生"；"五曰疑诏诡使"，使用疑似或诡诈的手段体现君主的神明，使臣下不敢为非；"六曰挟智而问"，"深智一物，众隐皆变"，对一件事进行深入分析，追根溯源，使臣下在其他事上也不敢隐瞒；"七曰倒言反事"，就是我们今天所说的故意说反话，反其事而行之，以诈得奸情。"七术"属于君主"藏之于胸中"、"潜御群臣"的方法和手段，权谋诡诈的成分很重。

第三，君主要察微知著，防微杜渐。《内储说下·六微》列举了"六微"："一曰权借在下。""权势不可以借人，上失其一，臣以为百。故臣得借则力多，力多则内外为用，内外为用则人主壅。"君主要防备臣下窃取君主的权势，使自己的势力得到膨胀。"二曰利异外借。""君臣之利异，故人臣莫忠，故臣利立而主利灭。"君臣利益不同，要防备臣下窃取君主的利益。"三曰讬于似类。""似类之事，人主之所以失诛，而大臣之所以成私也。"君主要防备臣下借用相似的事情达到个人的目的。"四曰利害有反。""事起而有所利，其尸主之；有所害，必反察之。是以明主之论也，国害则省其利者，臣害则察其反者。"君主要明辨利害，防备臣下损害国家利益，谋取个人私利。"五曰参疑内争。""参疑之势，乱之所由生也，故明主慎之。"君主要防备祸起萧墙，由内争引起祸乱。"六曰敌国废置。""敌之所务在淫察而就靡，人主不察，则敌废置矣。"君主要防备敌国在本国找到其代理人，或者行反间计，加害大臣。

第四，君主要表现得高深莫测，使臣下时刻保持紧张状态。"君无见其所欲，君见其所欲，臣将自雕琢；君无见其意，君见其意，臣将自表异。故曰：去好去恶，臣乃见素；去旧去智，臣乃自备。"（《主道》）"是以好恶现则下有因，而人主惑矣；辞言通则臣难言，而主不神矣。"（《外储说右上》）通过用术，君主可以洞察臣下的一切作为，及时了解各种实际情况，使臣下只能尽心尽力，不敢松弛懈怠，也不敢有任何奸伪之事。

势本来是自然形成的上与下、轻与重的形势，韩非所说的势是君主因拥有权力、地位而拥有的权势、位势、威势。权势是主重臣轻；位势是主高臣低；威势是主强臣弱。《爱臣》："万物莫如身之至贵也，位之至尊也，主威之重，主势之隆也。"《人主》："所谓威者，擅权势而轻重者也。"《功名》："故短之临高也以位，不肖之制贤也以势。"《奸邪弑臣》批评游说君主的"学术者"不能劝君主"乘威严之势以困奸邪之臣"。韩非将势比做流水、行船，"得势位则不进而名成。若水之流，若船之浮"（《功名》）。韩非还将势比做"人主之渊"，"势重者，人主之渊也；臣者，势重之鱼也。鱼失于渊而不可复得也，人主失其势重于臣而不可复收也"（《内储说下》）[1]。韩非重人设之势，《难势》："吾所为言势者，言人之所设也。"也就是说，势是君主在政治上有目的地追求所形成的。这种人设之势和兵法中的势有很大的关系。《孙子兵法》中有《势》，专门讲战争中通过奇正、虚实的变化，以形成对我方有利的形势，也是一种人设之势。

对于势，《难势》引用《慎子》的话说："飞龙乘云，腾蛇游雾，云罢雾霁，而龙蛇与蚓蚁同矣，则失其所乘也。""飞龙"、"腾蛇"离开了云雾，就和蚯蚓、

---

① 基本相同的话也见于《喻老》。

蚂蚁一样了。这种比喻形象地说明了势是君主治国所凭依的根本。《八经》就说得更明确了："君执柄以处势，故令行禁止。柄者，杀生之制也；势者，胜众之资也。"正因为如此，势被视为权力的源泉，"威势者，人主之筋力也"（《人主》）。韩非还用车和马的关系比喻势，"国者，君之车也；势者，君之马也"（《外储说右上》）①。拥有势这种权力的源泉，即可控制臣下，取得成功。《外储说右上》："在子夏之说《春秋》也：'善持势者，早绝其奸萌。'"《观行》："故势有不可得，事有不可成。""因可势，求易道，故用力寡而功名立。"从百姓的心理来说，"且民者故服于势，寡能怀于义"（《五蠹》）。所以，"凡明主之治其国也，任其势"（《难三》）。反之，"凡人主国小而家大，权轻而臣重者，可亡也"（《亡征》）。

势作为权力的源泉，是君主行使权力的保证，绝对不可以与臣下分享，也绝对不能受到臣下侵害。《外储说右下》："人主安能与其臣共权以为治？""人主又安能与其臣共势以成功乎？"就像善于驾车的驭手，驾着车子纵横驰骋，得心应手。正在车子奔驰之际，突然从旁边冲出来一头猪，驾车的马受了惊，驭手也控制不了，结果翻了车。不是因为驭手不善于驾车，而是因为猪惊扰了马。侵害君主之势的臣下，就像惊扰马的猪一样，一定要严加防范。赵武灵王英雄一世，但因为"离位"、"无势"，受公子成、李兑围困，饿死在沙丘宫。"无势之谓轻，离位之谓躁，是以生幽而死，主父之谓也。"（《喻老》）

《难势》是《韩非子》中比较重要的论势的篇章。第一部分引《慎子》的观点，提出"贤智未足以服众，而势位足以缶贤者也"，即治国用势不用贤。第二部分"应《慎子》"是对《慎子》观点的反驳，认为弃贤用势不足以治国。贤者用势则可以天下治，不肖者用势反倒会惑乱天下。第三部分"复应之"是对第二部分"应《慎子》"的反驳。"复应之"将势分为"自然之势"与"人设之势"。像尧、舜这样的贤者在位，自然是"势治"，天下必然大治；像桀、纣这样的暴君在位，自然是"势乱"，天下必然大乱。这就是"自然之势"。但像尧、舜这样的贤者和桀、纣这样的暴君都是"千世而一出"，大部分在位的君主都是"上不及尧、舜而下亦不为桀、纣"的"中者"，"抱法处势则治，背法去势则乱"，只能实行势治。所谓的"中者"就是各方面都很一般的中等人才。这些"中者"所实行的势治，就是"人设之势"。在当时的社会背景下，不可能坚持等待尧、舜出现治天下，就像要饿死的人还要等着吃"粱肉"一样，是行不通的。《难势》三部分层层递进，说明了一个问题，势治是时代的要求。

---

① 《外储说右下》有相同的话。

通过以上的考察，我们对韩非的法、术、势的思想可以有一个清晰的认识，即法、术、势是紧紧围绕着君主统治权力这个核心展开的。就君主继承制度来说，当时是世袭制，君主依靠传统习惯登上权力的高峰。但是，在战国晚期官僚制飞速发展的形势下，君主能不能保持并正常行使权力是另一个问题。官僚机构是正式任命的、等级森严的文官所组成的国家机关，等级化、权力非人格化和把任务及程序"公式化"是它的特点。官僚制有它的弊端，会导致形式主义，难以适应新情况，造成领导人与执行者、执行者与公众之间的冲突，而这些冲突又形成能量的巨大消耗。① 从君主权力来说，官僚制的弊端会削弱君主权力，甚至架空君主，使君主大权旁落。韩非的法、术、势的思想就是要以强制的方式保证官僚制能够忠实地执行君主意志，维持君主的权力与地位。法体现的是君主意志，官僚照法行事，百姓"以法为教"、"以吏为师"；君主以术督察和驾驭官僚，掌握官僚的一举一动，并始终保持他的势位。这样，君主就可以宽心无虞了。所以，韩非的法、术、势所要构建的是绝对的君主专制集权统治，"明主者，使天下不得不为己视，使天下不得不为己听"（《奸劫弑臣》）。但也应该看到，这种思考也是当时政治制度发展过程中的一种对形势的适应。

韩非的法、术、势在维持君主权力与地位方面是一致的，但它们三者之间是一种什么关系，是不是达到了完全的统一，还需要具体的分析。

法与术的关系。法与术都是君主行使权力的工具，"人主之大物，非法则术也"（《难三》），术能"烛私"，法能"禁奸"，所以，既要"一法"，又要"固术"。在这个意义上，法与术两者经常连称为"法术"，"今不行法术于内，而事智于外，则不至于治强矣"（《五蠹》）。法与术在对象上又有区别。法治的对象包括臣与民；术主要为君所行，术治的对象主要为臣。"主行术则大臣不得擅断，近习不敢卖重；官行法则浮萌趋于耕农，而游士危于战陈。"（《和氏》）"君无术则弊于上，臣无法则乱于下，此不可一无，皆帝王之具也。"（《定法》）"凡术也者，主之所以执也；法也者，官之所以师也。"（《说疑》）法术两者之间，法亦需要术来推行。《难二》："故行之而法者，虽巷陌信乎卿相；行之而非法者，虽大吏诎乎民萌。今管仲不务尊主明法，而事增宠益爵，必闇而不知术也。""夫刑当无多，不当无少；无以不当闻，而已太多说，无术之患也。"

法与术之间存在着矛盾，并不是完全统一的。首先是法的确定性与术的诡诈性相矛盾。韩非认为"法术"具有确定性，对术而言主要是指"因任授官"、"循

---

① ［法］莫里斯·迪韦尔热著，杨祖功、王大东译：《政治社会学——政治学要素》，第 173 页。

名责实"。《大体》:"寄治乱于法术,讬是非于赏罚,属轻重于权衡;不逆天理,不伤性情;不吹毛而求小疵,不洗垢而察难知;不引绳之外,不推绳之内;不急法之外,不缓法之内;守成理,因自然;祸福生乎道法而不出乎爱恶,荣辱之责在乎己而不在乎人。"但韩非所说的术还具有强烈的阴谋诡诈的成分,甚至赤裸裸地鼓吹阴谋诡诈,"明君使人无私,以诈而食者禁"(《难三》)。阴谋诡诈就必然带有随机性、主观性,特别是在以术行法时,必然会对法的确定性造成冲击。其次,法的公开性和术的神秘性相矛盾。法具有公开性、宣明性,但术是神秘的,"故法莫如显,而术不欲见"(《难三》)。既要推行法治,又要鬼鬼祟祟地耍阴谋,这样的君主要能够治理好国家是很难想象的。

法与势的关系。韩非将势比做"人主之渊",比做驾驶国家这辆车的马,可以说是将势视为政治权力的根本和源泉;将刑赏比做治国的利器,是工具。所以,势和法的关系是体和用的关系。"威者所以行令也","刑罚所以擅威也"(《诡使》)。无势就不能行法,行法可以获得威势。《外储说右下》举了子罕的例子。子罕对宋君说:"庆赏赐予者,民之所好也,君自行之;诛罚杀戮者,民之所恶也,臣请当之。""居期年,民知杀生之命制于子罕也,一国归焉。故子罕劫宋君而夺其政,法不能禁也。"子罕通过诛罚杀戮获得了威势,最后夺取了宋君之权;宋君失掉了威势,所以不能行法。"所谓贵者,无法而擅行,操国柄而便私者也。所谓威者,擅权势而轻重者也。"(《人主》)君主必须防备权势旁落。君主治国仅有势是不够的,势必须有法强化它的影响,"夫处势而不能用其有,而悖不去国,是以一人之力禁一国。以一人之力禁一国者,少能胜之。明能照远奸而见隐微,必行之令,虽远于海内必无变"(《难三》)。

法与势之间的矛盾主要有两方面。一是势和法的冲突。法是公平的,但当出现和势不相容的人时,按照韩非的说法,"势不足以化则除之","赏之誉之不劝,罚之毁之不畏,四者加焉不变,则除之"(《外储说右上》)。法的公平性似乎可以完全弃之不顾。也就是说,势在法之外,这大大影响了法的公平性。二是君主独自擅势的愿望在现实政治中有无可能实现,回答应该是否定的。按照等级组建的各级官僚主要按照法规定的职责去行使权力,有地位、有权力必然会产生位、威、权等势的因素。韩非对这点似乎有所认识,《八说》:"任人者,使有势也。"对臣下之势只能寄希望于以术制之,而不能完全消除。

势与术的关系。势为君主所有,术为君主所行,两者既是体用的关系,更多的是互补的关系。势是君主制臣、用人的根本,但无术则势不能完全发挥作用。《功名》:"夫有才而无势,虽贤不能制不肖。""彼民之所以为我用者,非以吾爱之为我用者也，以吾势之为我用者也。"《外储说右下》："故曰：人主者不操术，则威势轻而臣擅名。"奸臣、权贵之所以能够凭借君主之势擅权，就是因为君主无术。《奸劫弑臣》："夫奸臣得乘信幸之势以毁誉进退群臣者，人主非有术数以御之也。"术和势对君主来说缺一不可，"不任其数，而待目以为明，所见者少矣，非不弊之术也；不因其势，而待耳以为聪，所闻者寡矣，非不欺之道也"（《奸劫弑臣》）。术和势对君主治国来说，是费力少而又能取得显著成效的方式。"故国者，君之车也；势者，君之马也。无术以御之，身虽劳犹不免乱；有术以御之，身处佚乐之地又致帝王之功也。"（《外储说右下》）

法、术、势三者都紧密地围绕着加强君主的专制权力这个核心，以势为体，以法、术为用，形成了系统的专制君主集权理论。[1] 但法、术、势三者并没有完全达到和谐与统一，术与势都为君主所有，相互之间的适应性更多一些，法与术、法与势之间的矛盾则比较明显。势是继承君位后君主自然就拥有的，只不过要借法、术予以强化而已，具有更重要的地位。不继承君位，势就无从谈起。韩非显然将世袭制视为理所当然的事情，对君主的产生问题没有多费笔墨。术为君主所行，法又称为"法术"，带有术的特点，所以，势之后术更重要，法在三者之间排在最后。作为专制君主，为了势、术，随时可能冲破法的规范，也就是君主存在于法之外，这使法的地位和作用大大降低。法在韩非思想中的地位，法和势、术的矛盾，使我们对韩非的法思想不能估计过高，一定要理性地分析对待。

（三）刑名与参验

《史记·老子韩非列传》说韩非"喜刑名法术之学"，可见，刑名之学是韩非思想的重要组成部分。刑名即形名，指名实。《定法》："术者，因任而受官，循名而责实，操杀生之柄，课群臣之能者也，此人主之所执也。"具体地说，刑名之学是韩非术思想的重要组成部分，他阐述的重点是现实政治中的名实问题。术是君主掌控臣下的工具，刑名之学就是有关这种工具的理论。在刑名问题上，韩非总的来说是主张名实相符，"形名参同"，"周合刑名"，"名实相持"。君主要循名责实，统驭臣下。

韩非将政治中的刑名问题分为四类。第一类是言为名，事为实。君主要求臣下言事相符。《主道》："有言者自为名，有事者自为形，形名参同，君乃无事焉，归之其情。""符契之所合，赏罚之所生也。故群臣陈其言，君以其言授其事，事

---

[1] 郭沫若认为韩非是极端的势治派，但又认为韩非是"法术家"。见郭沫若：《韩非子的批判》，《十批判书》，第375、359页。

以责其功。功当其事，事当其言则赏；功不当其事，事不当其言则诛。明君之道，臣不得陈言而不当。"《八经》："有道之主，听言督其用，课其功，功课而赏罚生焉。"君主根据臣言考察事情的效果，效果和臣言相符就予以奖赏，如果不符就予以诛罚。这种言事相符要求很严，效果超过语言所说的不行，没有达到预期的效果也不行。《二柄》："人主将于禁奸，则审合刑名者，言与事也。为人臣者陈其言，君以其言授之事，专以其事责其功。功当其事，事当其言，则赏；功不当其事，事不当其言，则罚。故群臣其言大而功小者则罚，非罚小功也，罚功不当名也；群臣其言小而功大者亦罚，非不说于大功也，以为不当名也，害甚于有大功，故罚。"对君主来说，再亲近的人的话也不能轻信，而必须看其是否名实相符，这样才能免受蒙蔽。《八奸》："其于左右也，使其身必责其言，不使益辞。其于父兄大臣也，听其言也必使以罚任于后，不令妄举。"

　　第二类是职责为名，绩效为实。每名官僚都应该有明确的职责，通过考察官僚的工作绩效看他是否履行了职责，职责要与绩效相符。《扬权》："君臣不同道，下以名祷，君操其名，臣效其形，形名参同，上下和调也。""审名以定位，明分以辨类。""周合刑名，民乃守职；去此更求，是谓大惑，猾民愈众，奸邪满侧。"臣不履行职责有罪，行为不当、越职行事也有罪。韩昭侯有一次喝醉酒睡着了。典冠怕韩昭侯受凉，给他加盖了件衣服。韩昭侯醒来后问左右："是谁加的衣服？"左右回答："是典冠。"结果韩昭侯治了典衣的罪，杀了典冠，理由是典衣失职，典冠越职。"故明主之畜臣，臣不得越官而有功，不得陈言而不当。越官则死，不当则罪。"（《二柄》）"明主之道：一人不兼官，一官不兼事。"（《难一》）为了保证名形相符，在选用官吏时，要注意选拔能力和职责相称的人任职。《扬权》："使鸡司夜，令狸执鼠，皆用其能，上乃无事。"《主道》："群臣守职，百官有常，因能而使之，是谓习常。"《用人》："治国之臣效力于国以履位，见能于官以受职，尽力于权衡以任事。人臣皆宜其能，胜其官，轻其任，而莫怀余力于心，莫负兼官之责于君。"

　　第三类是法为名，行为的结果为实。臣民都应该遵守法的规定，违反了法就一定要治罪，施行相应的刑罚。《主道》："大不可量，深不可测，同合刑名，审验法式，擅为者诛，国乃无贼。"《心度》："故民朴而禁之以名则治，世知维之以刑则从。"从名实相符的角度出发，韩非认为不存在刑多刑少的问题，关键的问题在于刑罪是否相当，"夫刑当无多，不当无少；无以不当闻，而以太多说，无术之患也"（《难二》）。国家的安危取决于是否能通过法确定是非曲直，"安危在是非，不在于强弱；存亡在于虚实，不在于众寡"，"赏罚随是非"（《安危》）。怎样确定"是非"呢？韩非提出，"明主之道忠法，其法忠心，故临之而法，去之而思"（《安危》）。"人主诚明于圣人之术，而不苟于世俗之言，循名实而定是非，因参验而审言辞"（《奸劫弑臣》）。《问辩》强调说："明主之国，令者，言最贵者也；法者，事最适者也。"

第四类，名指名号，实指相应的社会等级地位。名号和社会等级地位要相符。韩非的刑名之学是术的主要内容，是君主操控臣下的工具。《诡使》："圣人之所以为治道者三：一曰利，二曰威，三曰名。夫利者所以得民也，威者所以行令也，名者上下之所同道也。"利是臣民追逐的目标，名是士努力的方向，"利之所在民归之，名之所彰士死之"（《外储说左上》）。臣民对利、名的追逐和努力也就是对君主所设名位的承认、对君主权力的服从。"今臣不得不利君之禄，不得无服上之名。夫利君之禄，服上之名，焉得不服？"（《外储说右上》）君臣的名实是不同的，"名实相持而成，形影相应而立，故臣主同欲而异使"（《功名》）。君臣名实不能混淆，绝对不能允许臣下借用君主之名，《外储说右下》引用孔子的话说："远哉禁偪，虚名不以借人，况实事乎！"

君主一定要用术，防止臣下"擅名"，从而分割君主的威势，"故曰：人主者不操术，则威势轻而臣擅名"（《外储说右下》）。在历史上，曾出现过有君之名而无君之实的情况，"人主掩蔽，无道得闻，有主名而无实，臣专法而行之，周天子是也"（《备内》）。君臣"上下易位"（《备内》），君主权势尽失，这种情况一定要引以为戒。

从名实相符的角度出发，韩非特别反对空言辩说。《亡征》将空言辩说的流行看做亡国的征兆，"群臣为学，门子好辩，……可亡也"；"喜淫刑而不周于法，好辩说而不求其用，滥于文丽而不顾其功者，可亡也"；"不以功伐课试，而好以名问举错，……可亡也"（《亡征》）。韩非反对空言辩说的理由概括了名实相符的各个方面。

首先是空言辩说无益实用。《外储说左上》："人主之听言也，不以功用为的，则说者多棘刺白马之说；不以仪的为关，则射者皆如羿也。"①"今世之谈也，皆道辩说文辞之言，人主览其文而忘有用。""夫不谋治强之功，而艳乎辩说文丽之

---

① "棘刺"：宋国有个人给燕王说他能在多刺的树枝顶端刻母猴，但一定要燕王斋戒三月他才能刻好。燕王后来发现他是骗子，杀了他。一说宋人逃跑了。"白马"：宋国人兒说是善辩者，持"白马非马"之说。韩非认为"棘刺白马"之说没有依据，实际上是欺骗。见《韩非·外储说左上·说二》。

声，是却有术之士而任坏屋折弓也。""人主多无用之辩，而少无易之言，此所以乱也。"君主如果仅仅听信辩说之言，空谈者可能无往而不胜；但是要从言事相符的角度考察一下实际效果，空谈者就欺骗不了一个人，"故籍之虚辞则能胜一国，考实按形不能谩于一人"（《外储说左上》）。君主要"令符言于后，以知谩诚"（《八经》）。

其次是空言辩说难于考实。《显学》："自愚诬之学、杂反之辞争，而人主俱听之，故海内之士，言无定术，行无常议。"①诸子在同一问题上常常各持己见，难于得出确切的结论。所以，"愚诬之学，杂反之行，明主弗受也"（《显学》）。抽象而玄妙的言辞难于准确理解，"微妙之言，上智之所难知也"，更不用说普通老百姓了，"故微妙之言，非民务也"（《五蠹》）。《六反》："明主听其言必责其用，观其行必求其功，然则虚旧之学不谈，矜诬之行不饰矣。"②

第三是空言辩说破坏法治。《五蠹》："其学者，则称先王之道以藉仁义，盛容服而饰辩说，以疑当世之法，而贰人主之心。"《忠孝》："臣以为恬淡，无用之教也；恍惚，无法之言也。"③"恍惚之言，恬淡之学，天下之惑术也。""殆物妙言，治之害也。"韩非的主张是："言无二贵，法不两适，故言行而不轨于法令者必禁。若其无法令而可以接诈应变、生利揣事者，上必采其言而责其实。言当，则有大利；不当，则有重罪。是以愚者畏罪而不敢言，智者殊无以讼。此所以无辩之故也。"（《问辩》）

第四是空言辩说影响君主专制统治。"人主者，固壅其言谈，希于听论议，易移以辩说。为人臣者求诸侯之辩士，养国中之能说者，使之以语其私，为巧文之言，流行之辞，示之以利势，惧之以患害，施属虚辞以坏其主，此之谓流行。"（《八奸》）如果君主喜欢听空言辩说，奸臣们就会收买"辩士"、"能说者"，互相标榜，游说君主，谋取私利，以成其奸。

韩非反对的空言辩说应该说包括了各家学者。这里要说的是韩非特别反对纵横家，但反对的理由则和反对空言辩说的理由有所不同。④《五蠹》："从（纵）者，合众弱以攻一强也；衡（横）者，事一强以攻众弱也。"《存韩》提到了赵是山东六国合纵的中心，"夫赵氏聚士卒，养从徒，欲赘天下之兵，明秦不弱则诸

---

① 愚诬之学：指的是依据先王、肯定尧、舜的儒墨学说，韩非认为这种学说不是愚蠢，就是欺骗。杂反之辞：杂乱矛盾的说法。见《韩非子·显学》。

② 虚旧之学：虚伪陈腐的学说。矜诬之行：自大狂妄的行为。

③ 恬淡、恍惚指的是道家学说。

④ 韩非对纵横家的态度和秦国明确不同。参见本书第五章第三节《纵横家与秦思想》。

侯必灭宗庙，欲西面行其意，非一日之计也"。"且赵与诸侯阴谋久矣。"从实际的效果来看，当时山东各国的纵横活动收效甚微，反而是秦国谋取了大利，"山东之言从（纵）横未尝一日而止也，然而功名不立，霸王不成者，虚言非所以成治也"（《忠孝》）。山东各国的纵横活动没有效果，所以韩非认为纵横家的话也是"虚言"。从更确切的原因来分析，韩非认为不论是纵还是横，都对像韩国这样的国家有害无益，着眼的是实际利益的损害，而不仅仅是"虚言"。"事大未必有实，则举图而委，效玺而请兵。献图则地削，效玺则名卑；地削则国削，名卑则政乱矣。事大为衡未见其利也，而亡地乱政矣。""救小未必有实，则起兵而敌大矣。救小未必能存，而交大未必不有疏，有疏则为强国制矣。出兵则军败，退守则城拔。救小为从未见其利，而亡地败军矣。"（《五蠹》）为横以依附大国，结果是"亡地乱政"；为纵以拯救小国，结果是"亡地败军"。在这种情况下，最好是不从事纵横。此外，从事纵横还容易让国内的一些人钻空子，借用外国势力为自己谋取私利，"是故事强则以外权事官于内，救小则以内重求利于外。国利未立，封土厚禄至矣；主上虽卑，人臣尊矣；国地虽削，私家富矣"（《五蠹》）。

怎样检验名实相符呢？韩非提出的是参验，就是比较验证、综合分析的方法。《八经》提出比较验证的四个方面，即天、地、物、人，"言会众端，必揆之以地，谋之以天，验之以物，参之以人。四征者符，乃可以观矣"（《八经》）。这主要偏重于理论的探讨。在实际的操作中，君主应该主要着眼于考察臣下的功、能、端，其中的"端"指的是臣下行为的苗头。通过这几个方面考察臣下言与功、能与事、行与法是否相符，然后决定赏罚。《八说》："计功而行赏，程能而授事，察端而观失，有过者罪，有能者得，故愚者不任事。""行理同实，下以受誉，上以得非。"《八经》："结智者事发而验，结能者功见而谋，成败有征，赏罚随之。事成则君收其功，规败则臣任其罪。"在比较验证中，君主可以获得一切实情。《备内》："省同异之言，以知朋党之分；偶参伍之验，以责陈言之实；执后以应前，按法以治众，众端以参观。"

君主切忌不经过比较验证而进行赏罚，更不能只看爵位身份，"无参验而必之者，愚也；弗能必而据之者，诬也"（《显学》）。《孤愤》："今人主不合参验而行诛，不待见功而爵禄，故法术之士安能蒙死亡而进其说，奸邪之臣安肯乘利而退其身！"《亡征》："听以爵不以众言参验，用一人为门户者，可亡也。"

韩非认为不能实行刑名、参验的君主"无术"。《难二》："使人又非所佚也；人主虽使人必以度量准之，以刑名参之；以事遇于法则行，不遇于法则止；功当其言则赏，不当则诛。以刑名收臣，以度量准下，此不可释也，君人者焉佚哉！"

《难三》："不任典成之吏，不察参伍之政，不明度量，恃尽聪明劳智虑而以知奸，不宜无术乎！"君主只要认识到刑名问题对治国的重要性，认真实行比较验证，就可以做到虚静无为，使官僚机器按照既定的轨道运转，这样的君主才是理想的君主，是圣人。

> 故虚静以待令，令名自命也，令事自定也。虚则知实之情，静则知动者正。
>
> 明君无为于上，群臣悚惧乎下。明君之道，使智者尽其虑，而君因以断事，故君不穷于智；贤者敕其才，君因而任之，故君不穷于能；有功则君有其贤，有过则臣任其罪，故君不穷于名。是故不贤而为贤者师，不智而为智者正。臣有其劳，君有其成功，此之谓贤主之经也。（《主道》）
>
> 用一之道，以名为首，名正物定，名倚物徙。故圣人执一以静，使名自命，令事自定。
>
> 上以名举之，不知其名，复修其形；形名参同，用其所生。谨修所事，待命于天。毋使其要，乃为圣人。
>
> 虚静无为，道之情也；参伍比物，事之形也。参之以比物，伍之以和虚。（《扬权》）

在官僚制度发展的过程中，韩非对刑名和相关的参验方法进行系统的探讨，是非常有意义的，抓住了官僚制度中非常关键的职责、制度、效率和监察问题，对于官僚制度的完善非常重要。但是，韩非又是从专制君主的角度进行阐述的，目的在于君主能够绝对地掌握权力，控制臣下，使臣下"言、默则皆有责也"（《南面》），实际上是很难实行的，君主也不可能无为，术、势是君主自己掌握的，他要时刻明察臣下的言行。

> 人主有诱于事者，有壅于言者，二者不可不察也。
>
> 其进言少，其退费多，虽有功，其进言不信；不信者有罪，事有功者必赏，则群臣莫敢饰言以惛主。主道者，使人臣前言不复于后，后言不复于前，事虽有功，必伏其罪，谓之任下。人臣为主设事而恐其非也，则先出说设言曰："议是事者，妬事者也。"人主藏是言，不更听群臣；群臣畏是言，不敢议事。二势者用，则忠臣不听而誉臣独任；

如是者谓之壅于言，壅于言者制于臣矣。主道者，使人臣有必言之责，又有不言之责。言无端末，辩无所验者，此言之责也；以不言避责，持重位者，此不言之责也。人主使人臣言者必知其端以责其实，不言者必问其取舍以为之责，则人臣莫敢妄言矣，又不敢默然矣，言、默则皆有责也。(《南面》)

对于一般的刑名问题，韩非也有论述。《扬权》："用一之道，以名为首，名正物定，名倚物徙。"事物的概念要能反映内容，概念要根据事物的发展变化而变化。不过，这方面并不是他思想的重要内容。

(四) 孤独的君主及君臣伦理

韩非认为："闻有吏虽乱而有独善之民，不闻有乱民而有独治之吏，故明主治吏不治民。""故吏者，民之本纲者也，故圣人治吏不治民。""是以圣人不亲细民，明主不恭小事。"(《外储说右下》) 这种观点认为治国的关键是治理好官吏，官吏治理好了，老百姓自然会被治理好，所以君主要将治国的重点放在官吏的治理上。韩非之所以有这种观点，当然是当时官僚制度发展的反映，君臣关系是战国晚期君主治国所要面对的一个重要问题。另外一方面，"治吏不治民"也反映出韩非的思想特点。西周时期，敬天保民的思想就突出了对民的重视。《尚书·五子之歌》："民为邦本，本固邦宁。"春秋时期，季梁说："夫民，神之主也，是以圣王先成民而后致力于神。"(《左传》桓公六年) 战国时孟子进一步提出了"民为本，社稷次之，君为轻"(《孟子·尽心下》) 的思想。从西周到战国，我国形成了传统的重民思想。秦国在商鞅变法之后也是治民、治吏并重，着力构建君、臣、民的社会秩序。韩非则认为，"禹利天下，子产存郑，皆以受谤，夫民智之不足用亦明矣"(《显学》)。总的来说，民意不值得重视。韩非独重治吏，使他的思想显得卓尔不群，独树一格。

在君臣关系上，韩非认为双方的利益是绝对对立的。君主任用官吏时，希望被任用者有能力、有功劳、是人才，这样才有利于君主治国；臣下的想法与君主恰恰相反，他们奢望无能任官、无功富贵、结党获利。"主利在有能而任官，臣利在无能而得事；主利在有劳而爵禄，臣利在无功而富贵；主利在豪杰使能，臣利在朋党用私。"(《说难》)"故君臣异心"(《饰邪》)，"君臣之利异"(《内储说下·六微》)。君主的根本利益在于成为霸王；臣下的利益在于获取富贵。"霸王者，人主之大利也"；"富贵者，人臣之大利也"(《六反》)。对于君主来说，要清醒地认识到君臣利益的对立，如果没有明确的认识，君主的统治就会被颠覆，或者招致

杀身之祸，"知臣主之异利者王，以为同者劫，与共事者杀"（《主道》）。"今以为同利者，不察之患也。"（《五蠹》）

君臣利益对立的观点是建立在普遍的人性论的基础之上的。韩非认为，直观地观察，人都是趋利避害的，在任何时候，人都希望获取最大的利益，最大限度地逃避损害。这是所有的人都具有的心理，也就是普遍的人性。"好利恶害，夫人之所有也。""喜利畏罪，人莫不然。"（《难二》）"人情皆喜贵而恶贱。"（《难三》）韩非进一步分析，人的趋利避害之心是出于生存的需要。为了生存，人充满了对利益的欲望。"人无毛羽，不衣则不犯寒。上不属天，而下不著地，以肠胃为根本，不食则不能活。是以不免于欲利之心。"（《解老》）

人的欲望驱使人斤斤计较于利害，"人有欲则计会乱，计会乱而有欲甚"（《解老》）。正以为如此，所以所有的人都具有"自为心"。所谓的"自为心"就是绝对的利己之心。对自为心，韩非举了两个例子。父子之间是至亲，但因为小的时候父母抚养儿子比较简慢，儿子长大后就不好好赡养父母，这都是只考虑别人对自己的不好的方面。受雇于人而努力耕作，不是爱雇主；雇主用美食招待雇工，不是爱雇工。雇主的目的是让雇工好好干活；雇工的目的在于获得美食和工钱。"皆挟自为心也"（《外储说左上》）。

趋利避害是普遍的人性，人和人之间是纯粹的利害计算关系，这就是"计算心"。父母对待子女，生下男孩就庆贺，生下女孩则杀死，这是为什么呢？这是父母为自己以后的长远利益考虑。父母和子女之间都是这样，何况其他人呢！"故父母之于子也，犹用计算之心以相待也，而况无父子之泽乎！"（《六反》）"故王良爱马，越王勾践爱人，为战与驰。医善吮人之伤，含人之血，非骨肉之亲也，利所加也。故舆人成舆，则欲人之富贵；匠人成棺，则欲人之夭死也。非舆人仁而匠人贼也，人不贵则舆不受，人不死则棺不买，情非憎人也，利在人之死也。"（《备内》）

"计算心"同样存在于君臣之间。《饰邪》："君以计畜臣，臣以计事君。君臣之交，计也。害身而利国，臣弗为也；害国而利臣，君不为也。臣之情，害身无利；君之情，害国无亲。君臣也者，以计合者也。"君臣之间也是赤裸裸的利害计算关系，"且臣尽死力以与君市，君垂爵禄以与臣市，君臣之际，非父子之亲也，计数之所出也"（《难一》）。出于"计算心"，甚至君主的后妃夫人尤不希望君主早死。"丈夫年五十而好色未解也，妇人年三十而美色衰矣。以衰美之妇人事好色之丈夫，则身死见疏贱，而子疑不为后，此后妃夫人之所以冀其君之死者也。"（《备内》）"计算心"使君臣必然走向对立，"臣主之间，非兄弟之亲也，劫杀之功，制万乘而享大利，则群臣孰非阳虎也"(《难四》)。

君主专制集权制度是韩非君臣关系的社会基础。君主专制集权制度的最大特点就是国家的一切权力归君主所有，君主权力不可分割；君主通过各级官僚实现社会控制，官僚是君主的驯服工具。战国晚期的君主专制集权制度已经有了很大的发展，韩非的法、术、势和刑名理论进一步发展了君主专制集权理论。韩非对君主专制集权统治的描述是："事在四方，要在中央。圣人执要，四方来效。"(《扬权》)"群臣守职，百官有常，因能而使之，是谓习常。"(《主道》)作为专制君主，必然将权力视为他个人独占的私有物，提防其他所有人的觊觎。专制君主最不放心的就是作为工具的官僚，害怕他们在贯彻君主意志的过程中窃取权力。从防备官僚窃取权力的角度出发，韩非将臣下看做是君主的对立面。君臣之间的对立可以说是韩非设计的君主专制集权统治体制的必然结果。

"故不相容之事不两立也"是韩非君臣关系的理论基础。"故不相容之事不两立也"语出《五蠹》，指的是相互排斥的两种事物不能同时存在，就像韩非所说的"矛盾"一样，不相容的事物必然产生冲突与斗争。韩非曾讲了一个有名的"矛盾"的故事："楚人有鬻盾与矛者，誉之曰：'吾盾之坚，物莫能陷也。'又誉其矛曰：'吾矛之利，于物无不陷也。'或曰：'以子之矛陷子之盾，何如？'其人弗能应也。夫不可陷之盾与无不陷之矛，不可同世而立。"(《难一》)韩非把他这种理论扩展到一切方面，将其看做一种普遍规律。在自然界方面，"凡物不并盛，阴阳是也"(《解老》)；"夫冰炭不同器而久，寒暑不兼时而至"(《显学》)；"一栖两雄，其斗唶唶，豺狼在牢，其羊不繁"(《扬权》)。在家庭生活中，"一家二贵，事乃无功，夫妻持政，子无适从"(《扬权》)。在现实政治中，"理相予夺，威德是也"(《解老》)。在思想领域，"愚诬之学，杂反之行，明主弗受也"，"杂反之学不两立而治"(《显学》)。在君臣关系方面，韩非将君臣之间的对立看做是理所当然的，君臣不可共权，君臣不可共势，乃至于势不两立。在韩非的眼中，君主是公的化身，臣下是私的代表，因而公私也是不相容的。

《扬权》以总结性的口吻说："道无双，故曰一。是故明君贵独道之容。"道是独一无二的，君主也是孤独无双的。君主的权势不容别人染指。《主道》："臣闭其主则主失位，臣制财利则主失德，臣擅行令则主失制，臣得行义则主失名，臣得树人则主失党。此人主之所以独擅也，非人臣之所以得操也。"凡君位、财政、号令、用人、赏罚等等，都应该是君主独掌。君主不应该相信任何人，"人主之患在于信人，信人则制于人"，"夫以妻之近与子之亲而犹不可信，则其余无可信者矣"(《备内》)。妻子、儿子都不可信，世上也就没有可信之人了。君主吃饭要非常小心，"不食非常之食"（《备内》）。君主睡觉也得睁只眼睛。堂谿公每晋见韩昭侯后，"昭侯必独卧，惟恐梦言泄于妻妾"（《外储说右上》）。君主也不应该亲近任何人。"爱臣太亲，必危其身；人臣太贵，必易主位；主妾无等，必危嫡子；兄弟不服，必威社稷。"（《爱臣》）"有国之君，不大其都；有道之臣，不贵其家；有道之君，不贵其臣。富之贵之，备将代之。"（《扬权》）

君主是神秘的，他的内心世界绝对不能被人所察知，更不能随便说话，因为"事以密成，语以泄败"（《说难》）。人臣给君主的奏议，君主一定不能让周围的人知道（《三守》）。君主不能显露自己的喜好，提防为臣下所乘。"君见好则群臣诬能；人主欲见，则群臣之情态得其资矣。""故越王好勇，而民多轻死；楚灵王好细腰，而国中多饿人。"（《二柄》）君主只能"虚静无为"（《外储说右上》），内心世界和个人喜好才能不为人所察知。韩非引用申子的话说："独视者谓明，独听者谓聪，能独断者可以为天下王。""独视"、"独听"、"独断"的君主就是独自享有权力的独裁者，也是真正的孤家寡人。

韩非将将结党营私的臣下比做虎、狗、社鼠等，他们或者凭借主势，或者招致同类，或者偷食国中，都是在损害君主的权势与利益。"主失其神，虎随其后。主上不知，虎将为狗。虎成其群，以弑其母。"（《扬权》）"弑其主，代其所，人莫不与，故谓之虎。"（《主道》）"夫国宜有狗，有道之士怀其术而欲以明万乘之主，大臣为猛狗，迎而龁之，此人主之所以蔽胁，而有道之士之所以不用也。"社鼠是社中之鼠，它钻在树林中，"熏之则恐焚木，灌之则恐涂阤"。君主左右"收利于民"、"蔽恶于君"的大臣就类似于社鼠，"诛不诛则乱法，诛之则君不安"（《外储说右上》）。这就是我们说的"投鼠忌器"的意思。《外储说上·七术》："若如臣者，犹兽鹿也，唯荐草而就。"对待臣下应像对待"兽鹿"一样，给他们吃一些草就可以了。

《八奸》列举了臣下成奸之八术：在同床、在旁、父兄、养殃、民萌、流行、威强、四方，"君主不可不察焉"。奸臣总是在揣摩君主的心理，以取得君主的信任和喜爱，"凡奸臣皆欲顺人主之心，以取信幸之势者也"，因之有"擅主之臣"，"主必蔽于上，臣必重于下"（《奸劫弑臣》）。《主道》指出有"五壅"："臣闭其主曰壅，臣制财利曰壅，臣擅行令曰壅，臣得行义曰壅，臣得树人曰壅。"《三守》指出"凡劫有三"："群臣持禄养交，行私道而不效公忠，此之谓明劫"；"诸用事之人，壹心同辞，以语其美，则主言恶者则不信矣，此谓事劫"；"至于守司囹圄，禁制刑罚，人臣擅之，此谓刑劫"。《说疑》认为人臣有"五奸"："为人臣者，有侈用财货赂以取誉者，有务庆赏赐予以移众者，有务朋党狥职尊士以擅逯者，有务解免赦罪狱以事危者，有奉下直曲、怪言、伟服、瑰称以眩民耳目者。"《六反》将"贵生之士"、"文学之士"、"有能之士"、"辩智之士"、"磏勇之士"、"任誉之士"称为"奸伪无益之民"。韩非不厌其烦地提到臣下之奸，其核心是对君主地位、权力、尊严、利益的损害与影响，也就是对君主的位势、权势、威势的损害与影响，长期积累，则会给君主招致杀身之祸。《外储说右上》引用子夏的话说："凡奸者，行久而成积，积成而力多，力多而能杀，故明主早绝之。"

君主要充分使用法、术、势洞察、防备、打击、削弱、分割、压制臣下，用赏罚调动臣下，以防止积奸成祸。君主要从细微之处洞察奸情。"圣人见微以知萌，见端以知末。"（《说难》）"天下之难事必作于易，天下之大事必作于细。图难于其易也，为大于其细也。""千丈之堤，以蝼蚁之穴溃；百尺之室，以突隙之烟焚。""此皆慎易以避难，敬细以远大者也。""见小曰明。"（《喻老》）"明君见小奸于微，故民无大谋；行小诛于细，故民无大乱。此谓'图难于其所易'也，'为大于其所细'也。"（《难三》）"事以微巧成，以疏拙败。"（《难四》）

《孤愤》提出人主要越过敌国、群臣、左右、学士察知权贵的奸私。君主要防臣下扩张势力，聚敛财富。"千乘之君无备，必有百乘之臣在其侧，以徙其民而倾其国；万乘之君无备，必有千乘之家在其侧，以徙其威而倾其国。""故诸侯之博大，天子之害也；群臣之太富，君主之败也。"（《爱臣》）对于结党营私、为奸牟利者，君主一定要毫不留情地打击，"主施其法，大虎将怯；主施其刑，大虎自宁"，"欲为国者，必伐其聚"（《扬权》）。"服虎而不以柙，禁奸而不以法，塞伪而不以符，此贲育之所患，尧舜之所难也。"（《守道》）"不杀其狗则酒酸。夫国亦有狗，且左右皆社鼠也。"（《外储说右上》）《难三》中的一段话，可说是君对臣的态度的全面总结：

> 知下明则禁于微，禁于微则奸无积，奸无积则无比周，无比周则公私分，公私分则朋党散，朋党散则无外障距内比周之患。知下明则见精沐，见精沐则诛赏明，诛赏明则国不贫。（《难三》）

韩非笔下的君主是孤独的，是孤家寡人。这种孤独是要求独掌权力的专制君主的自我定位，是从专制君主的角度对人性分析的必然结果，也是从"故不相容之事不两立也"的理论出发对君主权力的认识。君主的这种孤独不同于传统中对于独夫民贼的抨击。《尚书·泰誓》："独夫受洪惟作威。"《孟子·梁惠王下》："闻诛一夫纣矣，未闻弑君也。"明清之际的思想家黄宗羲抨击"独夫"："今也天下之人怨恶其君，视之如寇仇，名之为独夫，固其所也。"（《原君》）那些残暴无道、众叛亲离的统治者被视为独夫民贼。对于独夫民贼的抨击的出发点主要是民意、民心。韩非则完全站在专制君主的立场，从权力的角度出发认为专制君主必须是孤独的。

韩非将君臣关系视为绝对的对立关系，利益的冲突、权力的矛盾是君臣关系的主旋律。君臣之间的对立关系导致君主对臣下的绝对不信任。君主对臣下总是在小心翼翼地防范、鬼鬼祟祟地侦刺、反复无常地压制、残酷无情地打击。韩非虽然也强调以法治国的确定性，重视"因任授官"、"循名责实"、刑赏必罚，但对君臣关系的基本认识及相应的举措，使法的确定性难于保证，专制君主的统治成为一种不受任何约束的人治。

君主专制体制作为一种制度，必要的监察制度对于体制的正常运行和维护是有益的，这主要应从制度的设计上思考，使制度更具有合理性。韩非对这点有所认识，但更主要的是将君主从整个的体制中分离出来，试图依靠君主个人监察整个体制的运转，实际上是难以实行的，也是非常危险的。韩非对专制君主统治理论的阐述，使人想起历史上的那些独裁者的种种神秘的传说，以及由此引起的上下离心离德，君臣之间勾心斗角，各级官员人人自危的后果。最后，随着独裁者被推翻或他的死亡而出现权力的崩溃。韩非的思想本来是为了韩国的生存与强大，但他却走进了一个死胡同。

韩非明确地反对以德治国，他陈述的原因主要有四方面。首先，从历史发展的角度来看，以德治国的时代已经过去了，当时是崇尚强力的时代，以德治国已经不符合时代的需求了。《八说》："古人亟于德，中世逐于智，当今争于力。"《五蠹》："上古竞于道德，中世逐于智谋，当今争于气力。"治国应该与时俱进，"不务德而务法"（《显学》）。如果一味地崇尚道德，那就会脱离现实，后果非常危险。在这方面典型的例子是宋襄公之败，"此乃慕（自亲）仁义之祸"（《外储说左上》）。三晋和秦的治乱兴衰也很有说服力，"夫慕仁义而弱乱者，三晋也；不慕而治强者，秦也"（《外储说左上》）。至于伯夷、叔齐这些道德榜样在当今对治国一点用也没有。《奸劫弑臣》："故有忠臣者，外无敌国之患，内无乱臣之忧，长安于天下而名垂后世，所谓忠臣也。豫让、伯夷、叔齐，此之谓无益之臣也。"《功名》："圣人德若尧舜，行若伯夷，而位不载于世，则功不立名不遂。"所以，贤智不足以治国（《难势》）。同时，韩非认为，"今天下无一伯夷，而奸人不绝世，故立法度量"（《守道》）。像伯夷这样的道德表率已经没有了，当时的君主也只是"中人"、"庸主"，他们在个人能力和道德方面并无超人之处。这个现实的原因使君主也只能实行以法治国，"是仁义用于古而不用于今也"（《五蠹》），"立法非所以避曾史也，所以使庸主能止盗跖也"（《守道》）。①"修孝寡欲如曾、史，曾、史不战攻，则国何利焉？"（《八说》）

其次，功利追求和以法治国的确定性与仁爱道德的不确定性有矛盾。韩非崇尚功利，在他看来，功是可以一件一件计算的，可以衡量出入的，"凡功者，其入多，其出少，乃可谓功"（《南面》）。法是公开颁布的，对所有人都是公平的，刑罚具有可操作性，因而也具有确定性。同时，法不区分亲疏贵贱，对所有的人都是公平的，"不辟亲贵，法行所爱"（《外储说右上》）。仁则主要是基于人心的内在情感，很难计算，具有不确定性。《解老》："仁者，谓其心中欣然爱人也。"君主治国放弃确定性，追求不确定性，则有亡国的可能性。《亡征》："见大利而不趋，闻祸端而不备，浅薄于争守之事，而务以仁义自饰者，可亡也。""世主美仁义之名而不察其实，是以大者国亡身死，小者地削主卑。"（《奸劫弑臣》）"行仁义者非所誉，誉之则害功。"（《五蠹》）在用人方面，如果以道德为标准，道德的不确定性很容易被人钻空子。《二柄》将任贤和妄举看做君主治国之"二患"。"任贤，则臣将乘于贤以劫其君；妄举，则事沮不胜。故人主好贤，则群臣饰行以要君欲，则是群臣之情不效；群臣之情不效，则人主无以异其臣矣。"

韩非用"秦昭王绝爱道"的故事说明以法治国和仁爱道德的矛盾性。秦昭王生病，百姓为秦昭王祈祷。秦昭王知道后，下令对祈祷的人每人罚二甲，理由是："夫非令而擅祷者，是爱寡人也。夫爱寡人，寡人亦且改法而心与之相循者，是法不立；法不立，乱亡之道也。"（《外储说右下》）②在秦昭王看来，仁爱道德与法是不可并存的，行仁爱会破坏以法治国。《内储说上·七术》记载了魏惠王和卜皮的对话，也在于说明以法治国和仁爱道德的矛盾性。魏惠王问卜皮，他的名誉怎么样？卜皮回答，听说魏惠王为人慈惠。魏惠王很高兴，以为他具有了成功的社会基础。卜皮给魏惠王泼了一盆冷水，认为他将要亡国，"夫慈者不忍，而惠者好与也。不忍则不诛有过，好与则不待有功而赏。有过不罪，无功受赏，虽亡不宜可乎！"卜皮认为慈惠破坏了刑赏，会导致亡国，作为君主，绝对不应有仁爱慈惠之心。《难三》："惠之为政，无功者受赏，则有罪者免，此法之所以败也。"《八经》："行义示则主威分，慈仁听则法制毁。"《八说》："母不能以爱存家，君安能以爱持国？"并进一步总结：

---

① 曾指曾参，孔子弟子，以孝著名；史指史鳅，卫国大夫，以廉著名。

② 另一说为仁爱与势相冲突。见《韩非子·外储说右下·说二》。

故存国者，非仁义也。仁者，慈惠而轻财者也；暴者，心毅而易诛者也。慈惠则不忍，轻财则好与；心毅则憎心见于下，易诛则妄杀加于人。不忍则罚多宥赦，好与则赏多无功；憎心见则下怨其上，妄诛则民将背叛。故仁人在位，下肆而轻犯禁法，偷幸而望于上；暴人在位，则法令妄而臣主乖，民怨而乱心生。故曰："仁暴者，皆亡国者也。"

韩非认为君主必须严格按照法来治国。《说疑》："故有道之主，远仁义，去智能，服之以法。"《显学》："明主举实事，去无用，不道仁义者故，不听学者之言。"相对于仁义爱惠，严刑重罚对建立功名更有作用，法的规定应该体现严刑重罚的特点，只要刑罚符合法的规定，也就不存在残暴了。"吾是以明仁义爱惠之不足用，而严刑重罚之可以治国也。""今世主皆轻释重罚严诛，行爱惠，而欲霸王之功，亦不可几也。故善为主者，明赏设利以劝之，使民以功赏而不以仁义赐；严刑重罚以禁之，使民以罪诛而不以爱惠免。"（《奸劫弑臣》）从追求确定性出发，韩非主张摒弃道德，减少不确定性。《主道》："去贤而有功"，"有功则君有其贤"，"是故不贤而为贤者师"。《用人》："故上君明而少怒，下尽忠而少罪。""故至治之国，有赏罚而无喜怒。"以法治国可以勉励臣民，达到"地广主尊"的目的。在这方面成功的例子，韩非举的依然是秦国。《饰邪》："彼法明则忠臣劝，罚必则邪臣止。忠劝邪止，而地广主尊者，秦是也。"

第三，道德名誉对专制君主的权势有冲击。专制君主为了保有自己独有的权势，不信任任何人，也不相信法之外的任何社会名誉，包括道德名誉。在韩非看来，社会名誉如果不出于法，就会削弱君主的权势。臣下如果私行道德，就会得到百姓的拥护，威胁君主的统治。《外储说左下》记载了费仲劝说纣王杀西伯昌之事。费仲认为："今西伯昌，人臣也，修义而人向之，卒为天下之患，其必昌乎！"纣王认为不可："夫仁义者，上所以劝下也，今昌好仁义，诛之不可。"费仲三说不用，西伯昌行仁义获得了民心，最后导致了商的灭亡。《外储说右上》举了师旷教齐景公行德与二弟争民以及田成子有德而民归之的事，评论说："景公不知用势，而师旷、晏子不知除患。"很显然，齐景公二弟与田成子的施德于民的行为被认为是对齐景公权势的分割，应该"早绝奸之萌"。

如果君主不能明法而治，臣下就可能以道德相标榜，朋比为奸，结党营私，请托风行，祸乱君主。《南面》："人主不能明法而以制大臣之威，无道得小人之信矣。人主释法而以臣备臣，则相爱者比周而相誉，相憎者朋党而相非，非誉交争，则主祸乱矣。人臣者，非名誉请谒无以进取，非背法专制无以为威，非假于忠信无以不禁，三者，惛主坏法之资也。人主使人臣虽有智能不得备法而专制，虽有贤行不得踰功而先劳，虽有忠信不得释法而不禁，此之谓明法。""明主立可为之赏，设可避之罚"，"故明主厉廉耻，招仁义"，使百姓明确努力的方向，"如此则上下亲，内功立，外名成"（《用人》）。《饰邪》："治国之道，去害法者，则不惑于智能，不矫于名誉矣。"

第四，一般的道德观念和君主专制统治所要求的道德观念不相适应。韩非认为，社会上流行的道德观念与君主专制统治的要求相去甚远，"夫上之所贵与其所以为治相反也"，"是故下之所欲常与上之所以为治相诡也"（《诡使》）。

> 夫立名号所以为尊也，今有贱名轻实者，世谓之高。设爵位所以为贱贵基也，而简上不求见者，世谓之贤。威利所以行令也，而无利轻威者，世谓之重。法令所以为治也，而不从法令为私善者，世谓之忠。官爵所以劝民也，而好名义不进仕者，世谓之烈士。刑罚所以擅威也，而轻法不避刑戮死亡之罪者，世谓之勇夫。（《诡使》）
>
> 而悍悫纯信，用心怯言，则谓之窶。守法固，听令审，则谓之愚。敬上畏罪，则谓之怯。言中节，行中适，则谓之不肖。无二心私学，听吏从教者，则谓之陋。难致谓之正。难与谓之廉。难禁谓之齐。有令不听从谓之勇。无利于上谓之愿。宽惠行德谓之仁。重厚自尊谓之长者。私学成群谓之师徒。贤静安居谓之有思。损仁逐利谓之疾。险躁佻反覆谓之智。先为人而后自为，类名号言，汎爱天下，谓之圣。言大本称而不可用，行而乖于世者，谓之大人。贱爵禄不挠上者，谓之杰。（《诡使》）

作为君主一定要明确社会上流行的道德观念与自己需要的区别。《五蠹》："夫君之直臣，父之暴子也"；"夫父之孝子，君之背臣也"。《亡征》："不为人主之孝，而慕匹夫之孝，不顾社稷之利，而听主母之令，女子用国，刑余用事者，可亡也。""人主之孝"和"匹夫之孝"不同，不明白这点，严重的可导致亡国。孝于父与忠于君截然对立，不可两存。社会上不符合君主需要的道德观念是"私誉"，"私誉"只会损害君主利益，"匹夫之私誉，人主之大败也"（《八说》）。

韩非反对以德治国主要出于现实的原因。在崇尚强力的时代，道德和能力都不出众的"中者"、"庸者"要建立君主专制集权统治，推行法、术、势，取得功名，就不能以道德治国，不能附和社会流行的道德观念，要防止臣民以道德标榜谋取私利，瓦解君主的权势。社会流行的仁爱等道德观念和君主专制集权统治的法、术、势有矛盾。韩非反对以德治国还有很强的针对性，儒、墨两家的仁爱论是他的批判对象。"儒以文乱法，侠以武犯禁，而人主兼礼之，此所以乱也。"（《五蠹》）"国平则养儒侠，难至则用介士，所养者非所用，所用者非所养，此所以乱也。""言先王之仁义，无益于治。""故明主急其助而缓其颂，故不道仁义。"（《显学》）"是仁义用于古而不用于今也。"（《五蠹》）

韩非虽然反对以德治国，但并没有否定道德的社会功能，所以他不是非道德主义者。相反，韩非在反对社会流行的道德观念、抨击儒、墨仁爱的同时，努力要建立和君主专制集权统治以及法、术、势相适应的伦理秩序。由于韩非主张君主"治吏不治民"，所以，他所要建立的伦理秩序又是以君臣伦理为核心的。在《难一》中，韩非对仁义的观念进行了阐释："夫仁义者，忧天下之害，趋一国之患，不避卑辱，谓之仁义。""仁义者，不失人臣之礼，不败君臣之位者也。"韩非的仁义观重点是国家利益、君臣之义，和以血缘亲情为基础的儒家仁爱观有本质的区别。

韩非所主张的最主要的伦理观念是"忠"。韩非认为君臣之间在利益关系上是对立的，但却毫不犹豫地认为臣应该忠君，理想的君臣伦理关系是主尊臣忠，"人主者，天下一力以共载之，故安；众同心以共立之，故尊；人臣守所长，尽所能，故忠。以尊主御忠臣，则长乐生而功名成"（《功名》）。他本人就以为君主谋划、计算而自诩为忠。《守道》："当今之世，为人主忠计，为天下结德者，利莫长于如此。故君人者无亡国之图，而忠臣无失身之画。"专制君主要求臣下的忠诚是理所当然的，而奸臣、擅主之臣阻拦的恰好是其他臣下的忠诚。《奸劫弑臣》："国有擅主之臣，则群下不得尽其智力以陈其忠，百官之吏不得奉法以致其功矣。"《三守》："人臣有大臣之尊，外操国要以资群臣，使外内之事非己不得行。虽有贤良，逆者必有祸，而顺者必有福。然则群臣莫敢忠主忧国以争社稷之利。人主虽贤，不能独计，而人臣有不敢忠主，则国为亡国矣。此谓国无臣。"所以，君主要防备奸臣、擅主之臣的出现，以免使臣下不能为君主尽忠。

韩非所强调的"忠"的观念与社会流行的忠孝观不同。《忠孝》认为正是世俗的忠孝观导致了天下之乱，"天下皆以孝悌忠顺之道为是也，而莫知察孝悌忠顺之道而审行之，是以天下乱"。世俗的忠孝观推重的是尧、舜、汤、武之道，但"尧为人君而君其臣，舜为人臣而臣其君，汤、武为人臣而弑其主、刑其尸"，在韩非看来，这是"逆道"，他主张的是"常道"。"常道"就是君臣、父子、夫妻之间的等级秩序绝对不可改变，"臣事君，子事父，妻事夫，三者顺则天下治，三者逆则天下乱。此天下之常道也，明王贤臣弗易也"。"所谓忠臣不危其君，孝子不非其亲"。即使君父不肖，做臣下的也绝对不能反对，"则人主虽不肖，臣不敢侵也"。儒家虽然也主张君君、臣臣、父父、子子的伦理秩序，但同时认为君主要像君主。齐宣王曾经和孟子谈论有关"汤放桀"、"武王伐纣"的事情。他问孟子："臣弑其君，可乎？"孟子回答说："贼仁者谓之'贼'，贼义者谓之'残'，残贼之人谓之一夫。闻诛一夫纣矣，未闻弑君也。"（《孟子·梁惠王下》）孟子的回答实际上是说，像纣这样的暴君，臣民可以起来推翻甚至杀掉他。这种态度和韩非"人主虽不肖，臣不敢侵也"的认识有本质的不同。儒家对君主有道德的要求，君主符合道德要求才会得到拥护。韩非则认为专制君主不应该受任何约束，也不需要适应任何的道德要求。这和韩非所主张的君主的位势、威势、权势不容侵犯、不容分割的思想是一致的。

韩非以君主利益为核心，坚持君主的法、术、势不可动摇，要求臣下对君主的绝对忠诚。专制君主希望臣下尽忠，但君臣利益关系是对立的，臣下不可能自觉为君主尽忠。《内储说下·六微》："君臣之利异，故人臣莫忠，故臣利立而主利灭。"怎么办？韩非认为"臣之忠诈，在君所行也"（《难四》），即臣下的忠诚和奸诈完全取决于君主的行为。"君明而严则群臣忠，君懦而暗则群臣诈。知微之谓明，无赦之谓严。""且君明而严，则群臣忠。"（《难四》）"爵禄生于功，诛罚生于罪，臣明于此，则尽死力而非忠君也。君通于不仁，臣通于不忠，则可以王矣。"（《外储说右下》）君主要求臣下忠诚，就不能行仁爱、施小惠，而是要"明"、"严"。"君明"则能掌握臣下的一举一动，使臣下不敢为奸；"君严"则不赦罪，对臣下有强大的威慑力。《难一》辨析"繁礼君子不厌忠信，战阵之间不厌诈伪"，认为晋文公说的"今日之胜在于诈敌；诈敌，万世之利也"才是正确的。归根结底，韩非主张"忠"出于法、术、势，法、术、势的强力迫使臣下不得不忠。道德是善超过恶，道德原则的标准为是否能够体现正义。韩非的"忠"的观念完全站在专制君主立场，不谈正义，道德的意味相对要淡薄得多。

韩非对他的"忠"的观念显然非常有信心。他用"不才子"的例子予以证明。"今有不才之子，父母怒之弗为改，乡人谯之弗为动，师长教之弗为变。夫以父母之爱，乡人之行，师长之智，三美加焉而终不动，其胫毛不改；州部之吏，操官兵，推公法而求索奸人，然后恐惧，变其节，易其行矣。故父母之爱不足以教子，必待州部之严刑者，民故骄于爱听于威矣。"（《五蠹》）韩非得出的结论是"夫严家无悍虏，而慈母有败子"（《显学》），"故使民以法禁而不以廉止"（《六反》）。父母的生气、乡亲们的讥讽、师长的教育都不能改变"不才子"，而在严刑峻法面前，"不才子"马上改头换面。韩非用这样的例子说明行仁爱是短视的行为，严刑峻法才是长久之计，"故法之为道，前苦而长利；仁之为道，偷乐而后穷"（《六反》）。显然，韩非认为他的"忠"的观念追求的才是大利、长利。①

韩非还一再辨析"小忠"和"大忠"。《十过》："一曰行小忠，则大忠之贼也。"《十过》举的"小忠"的例子是鄢陵之战时，楚国谷阳进酒给司马子反，子反醉酒，导致楚共王杀子反的事情。韩非分析说，谷阳进酒给子反，并不是和子反有仇，"其心忠爱之"，结果致使子反醉酒，楚共王杀子反，故曰："行小忠则大忠之贼也。""小忠"出于仁爱；"大忠"出于遵法。②《饰邪》再次举了谷阳进酒给子反的事，说："小志不可使谋事，小忠不可使主法。""小忠，大忠之贼也。若使小忠主法，则必将赦罪，赦罪以相爱，是与下安矣，然而妨害于治民者也。"

韩非的君臣伦理观念是其法、术、势理论和君臣关系论在道德方面的进一步体现，是其思想的必然结果。只是他没有思考到，完全忽视臣民的想法，绝对与臣下对立，一厢情愿地施行高压要求臣下忠诚，是否真地能够取得良好的效果。秦对韩非思想的实践也许是最好的答案。

（五）道理论

《史记·老子韩非列传》说韩非"喜刑名法术之学，而其归本于黄老"。"黄老"是黄帝与老子的结合。正因为韩非思想有这种学术渊源，所以其思想中有系统的道论，但其道论与老子又有根本的区别。"太史公曰：老子所贵道，虚无，因应变化于无为，故著书辞称微妙难识。庄子散道德，放论，要亦归之自然。申子卑卑，施之于名实。韩非子引绳墨，切事情，明是非，其极惨礉少恩。皆原于道德

---

① "长利"的说法也见于《吕氏春秋·长利》。《吕氏春秋·长利》认为士应该考虑天下的长远利益，而不以天下为己利，不以天下利其子孙。《吕氏春秋·长利》的"长利"与《韩非子》名同而实异。参见陈奇猷：《吕氏春秋校释》第 1337 页注。

② 《吕氏春秋·权勋》辨"小忠"和"大忠"、"小利"和"大利"。"小忠"和"大忠"例子举的是"荆龚王与晋厉公战鄢陵"的故事；"小利"和"大利"举的是"假虞伐虢"的故事。这两个故事与《韩非子·十过》的"奚谓小忠"、"奚谓顾小利"的故事基本相同，文字略有差异。《韩非子·十过》举了十个故事，以说明君主应该避免的过失。《吕氏春秋·权勋》举了四个故事，后两个故事为"智伯欲攻仇繇"、"昌国君将五国之兵以攻齐"。智伯之事见于《韩非子·说林下》，"仇繇"作"仇由"。昌国君是乐毅。《吕氏春秋》以《权勋》为篇名，主旨论"圣人去小取大"。《吕氏春秋》中的圣人指"全生"、"全性"，善于学习，能力出众的人。显见，《权勋》的思想内涵和《韩非子·十过》有区别。又，《荀子·臣道》亦辨"大忠、次忠、小忠"。

之意，而老子深远矣。"太史公认为老子道论的重点在于自然无为，韩非道论的重点在于以道为标准、依据，并对相关的理进行了深入的论述。从韩非关于道的阐释来看，一方面是用道来解释有关的思想，另一方面是要为其思想寻找一种普遍原则、终极依据。

老子的道看不见、听不着、抓不住，无色、无声、无形，但又是恍恍惚惚的真实存在；道先于天地而生，在时空上是无限的，又是万物产生的根源。韩非同样视道为万物产生的根源，《主道》："道者，万物之始，是非之纪也。"《解老》："道者，万物之所以成也。"不过，韩非更重视道作为判断是非标准的功用。韩非同样认为道是看不见、不易察觉的，"道在不可见，用在不可知"（《主道》）。道本身体现出"虚静"的特点，"虚静无为，道之情也"（《扬权》），只有通过道的功用才可以把握道的存在，"今道虽不可得闻见，圣人执见其功以处见其形"（《解老》）。"天得之以高，地得之以藏，维斗得之以成其威，日月得之以恒其光，五常得之以常其位，列星得之以端其行，四时得之以御其变气，轩辕得之以擅四方，赤松得之与天地统，圣人得之以成文章"（《解老》）。道及其功用是无所不在的，"道与尧、舜俱智，与接舆俱狂，与桀、纣俱灭，与汤、武俱昌"。"凡道之情，不制不形，柔弱随时，与理相应。万物得之以死，得之以生；万事得之以败，得之以成。"（《解老》）

老子认为德是道在万物中的显现，韩非也有同样的认识。《扬权》："道者，下周于事，因稽而命，与时生死。参名异事，通一同情。故曰：道不同于万物，德不同于阴阳，衡不同于轻重，绳不同于出入，和不同于燥湿，君不同于群臣。凡此六者，道之出也。"韩非进一步把德在具体事物中的表现解释为理。"夫道者，弘大而无形；德者，覈理而普至。"（《扬权》）理为事物的具体形状和特性，"凡理者，方圆、短长、粗靡、坚脆之分也，故理定而后物可得道也"，"短长、大小、方圆、坚脆、轻重、白黑之谓理，理定而物易割也"（《解老》）。理同时是事物运动变化的规律，"故定理有存亡，有死生，有盛衰。夫物之一存一亡，乍死乍生，初生而后衰者，不可谓常"（《解老》）。具体的事物都有盛衰生死，而恒常不变的只有道。道是普遍规律，理是事物的具体规律。"理者，成物之文也；道者，万物之所以成也。""物有理，不可以相薄，物有理不可以相薄，故理之为物所制。万物各异理，万物各异理而道尽。"（《解老》）理作为事物的具体形状和特性、规律，决定了一物之所以为一物，万物之理不同决定了万物各异，万物之理都是道的反映。①

人认识事物不能脱离事物之理主观臆测，脱离事物之理的主观臆测叫做"前识"，"先物行先理动谓之前识，前识者，无缘而忘意度也"（《解老》）。事物之理称为"规矩"，"而万物莫不有规矩"（《解老》）。只有按照事物之理去认识事物才是正确的认识方法，才能获得成功，"得事理则必成功"，"夫缘道理以从事者，无不能成"，"得事理则必成功，必成功则其行之也不疑，不疑之谓勇"（《解老》）。相反，"性邪僻则身死夭，动弃理则无成功"，"夫弃道理而妄举动者，虽上有天子诸侯之势尊，而下有倚顿、陶朱卜祝之富，犹失其民人而亡其财资也。众人之轻弃道理而易妄举动者，不知其祸福之深大而道阔远若是也，故谕人曰：'孰知其极'"（《解老》）。

韩非的道是君主专制集权统治的理论依据。在韩非看来，"能象天地，是谓圣人"（《扬权》）。"道不同于万物"，"君不同于群臣"（《扬权》）。道是唯一的，"道无双，故曰一。是故明君贵独道之容"（《扬权》）。君主也是唯一的。君主应该有意识地将自己与臣下区别开来，保持自己的唯一性。道是万物之源、是非之纪，君主也应该牢牢把握治理国家的依据与准则，以察知成败的征兆，"是以明君守始以知万物之源，治纪以知善败之端"（《主道》）。从道来看，韩非认为实行君主专制集权统治是理所当然的，君主的权势、威势、位势自然地应该凌驾于臣民之上。《爱臣》："万物莫如身之至贵也，位之至尊也，主威之重，主势之隆也。"

韩非的道也是君主术治的理论依据。道是虚静的，君主也要保持虚静的状态，道是无为的，君主也要保持无为的状态。"虚则知实之情，静则知动者正"，"人主之道，静退以为宝"（《主道》）。"权不欲见，素无为也"，"虚而待之，彼自以之"（《扬权》）。君主不要显现自己的欲望，也不要透漏自己的意见，臣下自然会有所表现，"去好去恶，臣乃见素；去旧去智，臣乃自备"（《主道》）。"故去喜去恶，虚心以为道舍"（《扬权》）。君主不要刻意地运用智慧，不要特别地崇尚道德，也不要盲目地显示勇武，而要让臣下无机可乘，只能忠于职守，按照职责努力工作，这样才能"臣有其劳，君有其成功"，"故曰：寂乎其无位而处，漻乎莫得其所"（《主道》）。韩非认为，虚静无为本身就是术。虚静无为，君主的思想意识才不受制约，才能约束臣下，治理好国家。《解老》："所以贵无为无思为虚者，谓其意无所制也。夫无术者，故以无为无思为虚也。夫故以无为无思为虚者，其

① 关于"理"的阐释参见冯友兰：《中国哲学史新编》（上），第769—771页。

意常不忘虚，是制于为虚也。虚者，谓其意所无制也。"老子讲无为，重在自然无为；韩非讲无为，重在无为而无不为，术的意味很重。

韩非从道理的角度进一步对礼治进行批判。《解老》对道、德、仁、义、礼的关系进行了分析，认为"道有积而德有功，德者道之功。功有实而实有光，仁者德之光。光有泽而泽有事，义者仁之事也。事有礼而礼有文，礼者义之文也。故曰：'失道而后失德，失德而后失仁，失仁而后失义，失义而后失礼'"。根据韩非的分析，德是道的功用，仁是德的光泽，事是仁的表现，义是事的规范，礼是义的外在形式。通过这番分析，韩非将道与具体的社会实践活动和制度规范联系起来。

仁是人心中的仁爱情感，"仁者，谓其中心欣然爱人也。其喜人之有福而恶人之有祸也，生心之所不能已也，非求其报也"（《解老》）。义是社会秩序及相应的行为规范，"义者，君臣上下之事，父子贵贱之差也，知交朋友之接也，亲疏内外之分也。臣事君宜，下怀上宜，子事父宜，贱敬贵宜，知交友朋之相助也宜，亲者内而疏者外宜。义者，谓其宜也，宜而为之，故曰：'上义为之而有以为也'"（《解老》）。礼是表达内在情感、体现社会秩序的外在形式，"礼者，所以貌情也，群义之文章也，君臣父子之交也，贵贱贤不肖之所以别也"（《解老》）。

在韩非看来，就内在情感和外在形式而言，应该更加重视内在的情感和品质，"夫君子取情而去貌，好质而恶饰"（《解老》）。如果只追求外在形式而忽视内在情感，"其情恶也"；只注重外在装饰而忽视内在品质，"其质衰也"（《解老》）。事物拥有真正好的品质，什么东西都不足以装饰；一定要进行外在装饰的事物，品质一定是衰敝的。父子之礼是人们最重视的，这正说明了父子情感存在问题。"凡物不并盛，阴阳是也；理相予夺，威德是也；实厚者貌薄，父子之礼是也。"（《解老》）不光是父子之礼，就一般的人之间，"众人之为礼也，人应则轻欢，不应则责怨"（《解老》）。甚至当时的社会动乱，都是由不符合社会的实际情况的礼引起的："今为礼者事通人之朴心，而资之以相责之分，能勿争乎？有争则乱，故曰：'夫礼者，忠信之薄也，而乱之首乎！'"（《解老》）当时的兼并战争与社会动荡的原因当然很复杂，不能说仅仅是礼引起的，但礼治确实不适应当时社会的需要则是有目共睹的。韩非对道、德、仁、义、礼的关系的分析，特别是对礼的分析，其目的是否定当时的礼治，这是非常明确的。最后，他从"缘道理"

的认识路径进行总结:"所谓处其厚不处其薄者,行情实而去礼貌也。所谓处其实不处其华者,必缘理不径绝也。所谓去彼取此者,去貌径绝而取缘理好情实也。""径绝",王先慎注曰:"即妄意度也。'径绝'与'经绝'同意。"① 显然,韩非认为应该注重"情实",这才是符合"缘理"的正确认识。

韩非对占卜鬼神等行为予以批判,表现出强烈的理性精神。《饰邪》:"龟策鬼神不足举胜,左右背乡不足以专战。然而恃之,愚莫大焉。""故恃鬼神者慢于法,恃诸侯者危其国。"《亡征》:"用时日,事鬼神,信卜筮而好祭祀者,可亡也。"

韩非的道理论实现了对狭隘的经验主义的超越。韩非从道理的角度进一步分析人性是趋利避害的,趋利避害的人性促使人们追求缘理以从事,循理以成功。"人有祸则心畏恐,心畏恐则行端直,行端直则思虑熟,思虑熟则得事理。"(《解老》)所谓的祸福相依指的就是缘理而得全寿富贵,产生骄心、行动违理而有死夭之难,这对所有的人都是一样的。人们所要警惕的就是不要忘记所要追求的是全寿富贵,迷失人生的方向,"凡失其所欲之路而妄行者之谓迷,迷则不能至于其所欲致矣"(《解老》)。对于迷路的人来说,应该主动地问路;对于不知道理的人来说,要"肯听习问知","即不成迷也"(《解老》)。人有认识事物的能力,但不能仅仅依靠目视、耳听、心审来认识事物,有时候认识能力越强,得到的认识错误越大,"故视强则目不明,听甚则耳不聪,思虑过度则智识乱"(《解老》)。所以,不能夸大个人的经验性认识,反而要"事天","所谓事天者,不极聪明之力,不尽智识之任",要"啬之","啬之者,爱其精神,啬其智识也"(《解老》)。"啬"就是静,少费精神;"能啬"就是从道服理。"众人之用神也躁,躁则多费,多费之谓侈。圣人之用神也静,静则少费,少费之谓啬。啬之谓术也,生于道理。夫能啬也,是从于道而服于理者也。"(《解老》)认识的关键不在于个人的认识能力有多强,而在于是否能够从道服理。从道理的途径认识事物已初步摆脱了只通过目视、耳听认识事物的狭隘的经验主义。

专制君主也应该虚静无为,服从道理。"虚无服从于道理,以称早服。故曰:'夫谓啬,是以早服。'""早服"既不耗费自己的精神,又能在虚静之中不断吸收新的"和气",叫做"重积德"。"知治人者,其思虑静;知事天者,其孔窍虚。思虑静,故德不去;孔窍虚,则和气日入。夫能令故德不去,新和气日至者,早服者也。故曰:'早服是谓重积德。'"(《解老》)在这里,韩非将养生与治国联

———————————

① 王先慎:《韩非子集解》,中华书局 1998 年版,第 135 页。

系起来，他所说的德是储存于体内的精气一类的物质。人需要不断地吸收外在的"和气"予以补充。"德者，内也；得者，外也。上德不德，言其神不淫于外也。神不淫于外则身全，身全之谓得。得者，得身也。"(《解老》)只有虚静无为，才能不断地吸纳新的和气，"凡德者，以无为集，以无欲成，以不思安，以不用固"。反之，"为之欲之，则德无舍；德无舍则不全。用之思之则不固，不固则无功，无功则生有德。德则无德，不德则有德"(《解老》)。虚静无为的君主一定能够体道，从而既保其身，又有其国。"夫能有其国保其身者，必且体道。体道则其智深，其智深则其会远，其会远众人莫能见其所及。唯夫能令人不见其事极，不见其事极者为能保其身，有其国。"(《解老》)冯友兰指出，所谓的黄老思想就是将治国和养生结合起来①，这大概是韩非的思想被认为是"归本于黄老"的重要原因。

君主服从道理，就要对变法持慎重的态度，"故以理观之，事大众而数摇之则少成功，藏大器而数徙之则多败伤，烹小鲜而数挠之则贼其宰，治大国而数变法则民苦之。是以有道之君贵虚静而重变法"(《解老》)。韩非主张与时变法，同时主张"重变法"，这两者之间是不是有矛盾呢？应该说没有。与时变法主张与时俱进，根据时代不同实行不同的治国方法，反对盲目地以道德治国和以礼治国。"重变法"则在于重点说明法要合于道理，不要从主观愿望出发朝令夕改，人为地制造混乱。《定法》对申不害在韩国的变法进行了批评。"韩者，晋之别国也。晋之故法未息，而韩之新法又生；先君之令未收，而后君之令又下。申不害不擅其法，不一其宪令，则奸多，故利在故法前令则道之，利在新法后令则道之。"结果，徒增混乱，难收成效。"重变法"在韩非的思想中是一贯的，和与时变法并不矛盾。

专制君主要服从道理，法要合于道理，实际上是将道理置于专制君主之上。也就是说，专制君主也不能为所欲为，应该受道理的约束，道理作为普遍原则对专制君主有制约的作用。韩非作为一个杰出的思想家，主张一切权力集中在君主手中，建立专制君主集权统治，但他不可能完全没有思考到君主权力的制约问题，对道理论的阐释隐含着他对这一问题的思考，不过，表达仍然是隐晦的，似乎主要将希望寄托在君主的自觉认识和自我约束上。另外，这种思考只停留在理论的层面，在制度和实践层面则完全没有涉及，再加上表达的隐晦性，甚至不能引起人们的注意，更不要说发挥作用了。

① 冯友兰:《中国哲学史新编》，第 496、499 页。

韩非从道理论对法治进行了阐释。在他看来，有道之君在上，必循道理以治。循道理以治就会虚静无为，减少欲望，从而也引导老百姓减少欲望，"圣人在上而民少欲，民少欲则血气治而举动理，举动理则少祸害"（《解老》）。老百姓减少欲望，举动循理，自然就会少犯法，法就不会对老百姓造成伤害。"民不犯法则上亦不行刑，上下不行刑之谓上不伤人，故曰：'圣人亦不伤民。'"（《解老》）老百姓也应该自觉地循道理、守法令，以避免受到伤害。如果老百姓"事上不忠，轻犯禁令，则刑法之爪牙害之"；"好用其私智而弃道理，则网罗之爪牙害之"（《解老》）。"兕虎有域，而万害有原；避其域，塞其原，则免于诸害矣。"（《解老》）韩非明确主张重刑，但在他看来，假如能够虚静无为，减少欲望，循道理而守法令，法令也不会伤害老百姓。所以，在这里，他将问题并不归结于重刑，而归结于人的行为是否合乎道理，是否遵守法令。韩非用爱子、爱身、爱方圆来作比喻。爱自己的孩子，就要养育孩子；爱自己的身体，就要遵守法度；尊重自然的方圆，就要懂得规矩，"慈于子者不敢绝衣食，慈于身者不敢离法度，慈于方圆者不敢舍规矩"（《解老》）。不明白这点，那就是害孩子、害自身。所以对每个人来说，"事必万全而举无不当，则谓之宝矣"（《解老》）。

韩非的道理论是一种形而上学的理论思考，理论思维达到了很高的水平，和他的整体思想基本也是统一的。韩非自己的总结是："所谓有国之母，母者，道也。道也者，生于所以有国之术，所以有国之术，故谓之有国之母。"（《解老》）

（六）两个比较

系统地考察了《韩非子》的思想后，将《韩非子》和以《商君书》为主的秦思想进行比较，可以全面地了解它们之间的内容的差异；将《韩非子》和《吕氏春秋》的思想加以比较，可以看到它们思想主题的不同。这种比较便于更深刻地观察秦帝国时期的思想实践。

《韩非子》和以《商君书》为核心的法思想之间有一些相似的内容。一是都有与时俱变的思想。《商君书·开塞》、《更法》、《画策》等篇系统地论述了"世事变而行道异也"（《开塞》），坚决主张变法，以法治国，兼及国家起源、君主产生、历史发展等问题。《韩非子》这方面的思想主要集中在《五蠹》，《八说》也有论说，主张"世异则事异"，"事异则备变"（《五蠹》）。二是都强调法具有确定性，是治国的依据和标准。三是都注意到了法要具有稳定性。变法之后要注意维护法的一贯性，避免由于朝令夕改而造成人们思想的混乱。四是都有强烈的功利思想。商鞅变法之后的秦思想继承了商鞅变法时所主导的功利思想，并有了进一步的发展。《韩非子》也明确地认识到功是一件一件计算的，可以衡量出入、多少，特别注重"功当其事，事当其言"（《二柄》）。五是都将刑赏作为最主要的治国手段。轻罪重刑可以使人们轻易不敢犯罪，起到预防犯罪的作用，这是一致的认识。秦又有重赏、轻赏的争论，主要是针对国内统治而言的。《韩非子》则是典型的重刑厚赏。六是都反对旧的或世俗的道德观念，主张建立新的、适应统治需要的新的道德秩序。

《韩非子》和《商君书》有如此多的相似的内容，既有时代的原因，但更多的应该是《韩非子》受以《商君书》为主的秦思想的影响。相似的内容容易使人们将两者看做一体，实际上两者有着根本的区别。

第一，《商君书》的思想是以富强论为核心的；《韩非子》的思想是以权力论为核心的。《商君书》从始到终都贯穿着一个思路：国家要强大就要有力量，要有力量就要治和富，其他的一切思想都主要围绕着治、富、强、王进行阐释，君主的专制权力由此得到加强。《韩非子》思想的重点则放在了君主怎样把握权力，君主怎样行使权力，这是其最重要的思想中心，国家的富强则处于从属的地位。

第二，《商君书》主张治国以法为本；《韩非子》主张法、术、势并用。秦思想将富与贫、强与弱、公与私的政治原则以及农战、刑赏、道德都纳入到法的体系之中，形成了系统的法的意识形态。《商君书》也提到了势，但并不占重要的地位。至于《商君书》中的术，和《韩非子》中的术根本不是一个意思。《商君书》中的术是以"数"为基础的，是在对人性和事物发展的客观趋势准确把握的基础上采取的治国策略。《韩非子》极力将法、术、势融为一体。从重要性上来说，势是第一位的；从内容上来说，术占的分量更大①。势是君主的位势、权势、位势；术是循名责实和阴谋权术。法的确定性和术、势之间不可避免地存在着矛盾。

第三，《商君书》主张凝聚力量；《韩非子》则认为一切对立。秦思想认为农战是国家的富强之路，影响农战的一切因素都在打击之列，要严格地区分公私，尚公禁私，这一切都着落在法治，"言不中法者，不听也；行不中法者，不高也；事不中法者，不为也"（《君臣》）。法是"君臣之所共操也"（《修权》）。这样才能"抟力"、"合力"，即凝聚一切力量。《韩非子》虽然也提到了要重视农战，但它将矛盾论贯穿到一切方面，认为对立是普遍存在的。君臣关系是矛盾和冲突的，君主将一切臣下都视为对立面，必须自觉地将自己孤立起来，用术防备、打击、压制

<hr>

① 郭沫若认为《韩非子》关于"术"的陈述和赞扬，占了百分之六十以上。见郭沫若：《韩非子的批判》，《十批判书》第369页。

臣下。这样只能使君臣离心离德，分散力量，没有强大的希望。

第四，《商君书》的思想推动了君主专制的形成；《韩非子》认为君主专制集权理所当然。《商君书》认为君主是能够把握事物发展变化趋势的人，为了凝聚力量，主张将一切权力掌握在君主的手中，并实行与之相应的种种制度，客观上推动了君主专制的形成。从《商君书》思想的发展可以观察到君主专制的形成过程。《韩非子》认为当时的君主都是"中者"，即各方面都很一般的人，只有实行君主专制集权统治才能符合现实的需要。

第五，以《商君书》为主的秦思想和秦国的政治实践结合得更为紧密；《韩非子》则更多地体现了理论思辨的色彩。《韩非子》关于刑名理论、矛盾论、道理论的论述达到了很高的理论水平，这是以《商君书》为主的秦思想所不及的。

《韩非子》和《商君书》思想的差异，使它体现出另一种面貌，显得偏激、狭隘、极端，但同时又非常深刻，这成为《韩非子》一书的个性特征，同时也表现了韩非本人的个性特征。如此鲜明的个性特征可能跟韩非的成长环境、人生经历、学术渊源、国家命运有密切的关系。

《韩非子》和《吕氏春秋》的思想内容差异很大。对《吕氏春秋》即使是逐篇研究，也只有个别的篇章被认为可能和《韩非子》有关[①]，所以，两者的内容并没有逐点比较的必要。但是，它们两者都是在秦统一前夕出现的，思想主题截然不同则昭示着其影响的不同。

《吕氏春秋》的思想主题是天、地、人的和谐。在秦国即将统一的前夕，《吕氏春秋》的编著者们思考了秦统一的若干主要问题，从天、地、人三方面论述了秦统一的必然性。同时，《吕氏春秋》也展望了秦统一的未来，寄希望于统一的秦能够继续遵循天道、地道、人道，构建新的"和谐社会"。天、地、人和谐的思想主题是《吕氏春秋》对秦即将统一的社会形势的反映，也倾注了编著者们对秦统一的强烈的感情色彩，更是他们对当时的整体的知识思想所作的全面综合的结果，在思维上则带有经验论的色彩。

《韩非子》的思想主题是君主专制集权统治。在韩国面临强国攻击、危机四伏的情况下，怎样避免灭亡的命运，改变积贫积弱的现状，这是韩非注目的焦

---

① 王范之认为《吕氏春秋·权勋》和《韩非子·十过》有关。另外，《吕氏春秋·慎势》可能和慎到的学说有关。见王范之：《吕氏春秋研究》，第162—165页。其他学者有不同的认识，但总的说来，《吕氏春秋》中被认为和法家思想有关的篇章并不多，和《韩非子》有关的更少。

点。韩非将满腔的热情寄托在君主的专制集权统治，从法、术、势、刑名理论、君臣关系、君臣伦理、道理论等各方面对其予以申述，似乎只要君主掌握权力、控制一切，就可以改变韩国的形势。作为一个韩国的宗室后裔，韩非的真诚是确凿无疑的；作为当时最出色的思想家，韩非对人情物理的剖析是深入透彻的；在思维上则是以唯理为特点的。在《韩非子》深刻而系统的理论后面，是韩非焦虑不安的心情。

《吕氏春秋》和《韩非子》是不同环境中形成的作品，它们又是同一个时代的产物。在秦统一之后，受到了秦的统治者的审视和选择，对帝国时期的精神生活和政治实践产生了重要影响。

三、小结

吕不韦以商业运作的方式，凭借商业资本的力量登上了秦国相国的高位。他掌权期间，并没有改变秦国的基本国策，秦继续在对外战争中取得胜利，重农抑商的政策一如既往。吕不韦在政治上失败的原因是他试图运用商业手段强化自己的权势与地位，兴起了养士活动。前来投奔吕不韦的士渴望建立功名，理所当然地站在秦国统一的立场上。同时，吕不韦和他的门客结成了一损俱损、一荣俱荣的利益集团，形成了专制集权统治的离心力量，不可避免地和秦王政产生了冲突和矛盾，最后遭到了失败。

《吕氏春秋》是吕不韦和他的门客的作品，撰作的主要宗旨之一，就是试图为君主提供一本百科全书式的治国大全，即"备天地万物古今之事"。《吕氏春秋》在结构上是时空交互式的，从时间和空间上架构全书，体例上非常严整，内容上相互联系，绝大多数篇章文义贯通，重点内容是"国体"、"王治"。"备天地万物古今之事"表明《吕氏春秋》采取的是注重经验的总结和知识、思想积累的外倾形理念，对先秦时期的知识和思想以兼容并蓄的态度进行总结，并自成体系。

《吕氏春秋》有系统的功利主义思想。对于个人来说，要注重全生与全性。全生即节制欲望，保全生命；全性是取利除害，争取长寿。全生与全性才可以使人的聪明才智发挥到极致，叫全天。君主、官僚的功能之一就是满足人们全生、全性的愿望。《吕氏春秋》进一步论述了义利问题。从君主、社会和国家而言，义是一种律令；对于个人来说，应该追求义的自觉；在义利关系上，义是国家、百姓、他人之利。《吕氏春秋》认为只有士才是真正的以义自任的人。《吕氏春秋》的编著者们充满了建功立业的渴望，他们希望君主注重长远利益，顺民、用民，使之以义，得贤、用贤，用义兵统一天下。秦就是当时用义兵统一天下的理想的担当者。《吕氏春秋》的功利主义思想将个人、社会、国家统一在一起，也充分说明编著者们是站在秦国的立场上思考问题的，对士的推崇则是对吕不韦养士的回应。

《吕氏春秋》将宇宙分成天、地、人的世界，通过观察、总结、归纳，认为天地宇宙的精神面貌是统一和谐的整体。"道"，即"太一"，是宇宙万物的本原。阴阳的运动变化形成了万物。"道"还是规律，规律是可以认识和把握的。天地合和，运动变化，充满生机，并具有"信"的特征。人对待天地宇宙的态度应该是胜天顺性、审时、贵因、重视天人感应。"胜天"是尊重自然的意思；"顺性"是尊重人自己的自然属性。具体地说，胜天顺性就是人应该重视生命历程，充分发挥人的认识能力和学习能力，要能够正确对待生命的终结。审时是人要准确地把握时机，待时而动。贵因要求主体认识客体的特性和规律，在尊重客体特性和规律的前提下，积极主动地利用客体的特性和规律达到主体的目的。天人感应认为同一属性的事物能够互相召致，秉气相同的事物能够相合，天人之间存在感应。天人感应既是阴阳五行的运动变化，又包容着神秘性的因素。根据天、地、人的世界和对天人关系的理解，《吕氏春秋》描述了一个以阴阳五行的运动为骨干、无所不包的世界图式，作为君主施政的依据。《吕氏春秋》中的这种世界图式和秦国的思想传统与社会实践活动有直接的关系。

"法天地"是《吕氏春秋》提出的最重要的政治指导思想，也是实现"天地合和"的最重要的途径。君主的产生问题体现了"法天地"的原则。天地万物之间体现了"公"的特点。"公"是集体利益。君主是集体利益需要的产物，"天下非一人之天下，天下之天下也"，所以，君主必须重视民众利益。秦统一之后理想的政治形态是分封制和郡县制、官僚制的结合体。在政治结构上模仿天地的结构，君在上，臣在下；在君主权力的行使方式上效法道生万物的方式，君主发布命令，各级官僚按职能运转。《吕氏春秋》将慎势、无为、察名责实等政治原则纳入了"法天地"的体系之中，强调"忠孝"观念在于利人、便主、利国。

在思维方面，《吕氏春秋》是典型的经验论者，注重"观"和"察"的认识方法。"观"是通过观察事物的外在表象以认识事物；"察"的重点是通过分析、研究、鉴别，把握事物的真实。《吕氏春秋》还反对单纯地玩弄名词概念，进行不顾事实的巧辩，重视语言能够表达思想的真实。《吕氏春秋》的经验思维论既有一定的科学性，也有一定的局限性。在超越经验的层面，又采取了神秘主义的态度。

吕不韦和他的门客们以超然性的视角，站在由秦国统一天下的立场上，超越了秦国的地域限制，确立了"天地和合"、"法天地"的思想主题，追求天地人的和谐，从普遍性的天地时空、君主政治、个人存在的角度来进行思想的阐述，实现了思想的总结、融合、创新与超越，使《吕氏春秋》成为"大出诸子之右"的优秀之作。

《韩非子》的绝大部分篇章是韩国王族公子韩非的著作。《韩非子》一书的思想主要是为了振兴韩国，当《韩非子》中的《五蠹》、《孤愤》等篇章传到秦国时，其中的"术"和打击权臣的思想引起了秦王政的兴趣。

《韩非子》总结前人的思想，主张法、术、势并重。法是国家颁布的政策和法令，具有公开性、确定性。术是君主操控臣下的方法，包括权术诡计和因任授官、循名责实。势是君主因拥有权力、地位而拥有的权势、位势、威势，这是君主专制权力的源泉，绝对不允许分割和侵犯。法、术、势三者都紧密地围绕着加强君主的专制权力这个核心，相互之间既有联系，又有矛盾。法与术都是君主行使权力的工具，但法的确定性和术的诡诈性相互冲突。势和法是体和用的关系，但势又使君主存在于法之外。势和术都为君主所有，缺一不可。韩非以势为体，以法、术为用，形成了系统的专制君主集权理论。相对而言，在韩非的思想中，势和术更为重要，法则处于次要的地位。

刑名之学是韩非思想的重要组成部分。韩非将政治中的刑名问题分为四类。第一类是言为名，事为实。君主要求臣下言事相符。第二类是职责为名，绩效为实。官僚职责要与绩效相符。第三类是法为名，行为的结果为实。臣民都应该遵守法的规定，违反了法就一定要治罪，施行相应的刑罚。第四类，名指名号，实指相应的社会等级地位。名号和社会等级地位要相符。从名实相符的角度出发，韩非特别反对空言辩说，认为空言辩说无益实用，难于考实，破坏法制，影响君主专制统治。当时流行的纵横家，对韩国这样的国家没有什么好处，应该坚决反对。韩非提出检验名实相符的方法是参验，就是比较验证、综合分析的方法。

韩非主张治国的重点是治吏不治民，而君臣之间是绝对的利益对立关系。君臣利益对立的观点是建立在普遍的人性论的基础之上的。人都是趋利避害的，具有"自为心"、"计算心"，君臣之间也是同样的。君主专制集权制度是韩非君臣关系的社会基础。专制君主最不放心的就是作为工具的官僚，害怕他们在贯彻君主意志的过程中窃取权力。"故不相容之事不两立也"是韩非君臣关系的理论基础。韩非将矛盾看做一种普遍规律，君臣之间的对立是理所当然的。专制君主要自觉地认识到自己是孤独的，权势不能被别人染指，内心不能被别人察知，要防备臣下的奸私，运用法、术、势打击、压制臣下。韩非明确反对以德治国，认为以德治国的时代已经过去了，仁爱道德和功利追求、以法治国的确定性有冲突，道德名誉对专制君主的权势有影响，一般的道德观念不能适应专制君主的要求。但韩非并不完全否定道德，而特别重视"忠"的观念，主张用高压手段要求臣下绝对忠于专制君主。

韩非用道理论作为他思想的终极依据，并对他的思想进行解释。道是无双的，专制君主是孤独的；道是万物之源、是非之纪，专制君主应该牢牢把握治理国家的准则；道是虚静无为的，专制君主也应该保持虚静无为的状态。德是道在万物中的显现，理是万物的形状和特性。人认识事物不能脱离事物之理主观臆测，从这个意义上说，事物内在的品质比外在的形式更为重要，而当时的礼已经不能真正表达人内在的情感。君主治国要以虚静无为的态度服从道理，法要合于道理，实际上是将道理置于专制君主之上，隐含着用道理约束专制君主的意思。

《韩非子》和以《商君书》为主的秦思想有一些相似的内容，但两者的精神面貌完全不同。《商君书》是以富强论为核心的，《韩非子》的思想是以权力论为核心的；《商君书》主张治国以法为本，《韩非子》主张法、术、势并用；《商君书》主张凝聚力量，《韩非子》认为一切对立；《商君书》的思想推动了君主专制统治的形成，《韩非子》认为君主专制集权统治理所当然；以《商君书》为主的秦思想和秦国的政治实践结合得更为紧密，《韩非子》则更多地体现了理论思辨的色彩。

《韩非子》和《吕氏春秋》的思想主题截然不同。《吕氏春秋》的思想主题是天、地、人的和谐，属于和谐论；《韩非子》的思想主题是君主专制集权统治，属于权力论。作为同一时代不同环境中形成的思想经典，它们都对秦帝国产生了重要影响。

帝制之始
——秦帝国时期的思想

公元前221年，秦兵临齐国，齐王建出降，秦王政称帝而治，建立了君主专制集权统治的统一帝国。仅仅过了15年，公元前206年，刘邦率军进逼咸阳，秦王子婴"系颈以组，白马素车，奉天子玺符"（《史记·秦始皇本纪》）出降，秦帝国灭亡。15年的时间在历史的长河中只是短短的一瞬，但短命的秦帝国并不是没有其主导思想的。秦帝国的政治实践昭示了这个时期的思想主题主要是皇帝和帝国统治的合理性、合法性问题，具体来说就是皇帝的权威性和帝国统治的依据。围绕着这一思想主题，秦帝国形成了国家理论——天下国家观念。

一、皇帝与帝国

秦王政二十六年（前221年），秦灭掉了齐国。秦王政下令"议帝号"。丞相王绾、御史大夫冯劫、廷尉李斯等与博士议上尊号："古有天皇，有地皇，有泰皇，泰皇最贵。"请秦王政称"泰皇"。秦王政曰："去'泰'，著'皇'，采上古'帝'位号，号曰'皇帝'。"（《史记·秦始皇本纪》）中国历史上的第一位皇帝由此产生，相应地，皇帝的"命为'制'，令为'诏'，天子自称曰'朕'"。秦始皇制曰："朕为始皇帝。后世以计数，二世三世至于万世，传之无穷。"（《史记·秦始皇本纪》）从此以后至清王朝灭亡的两千多年时间里，历代君主都称皇帝，再没有改变。

国家的最高统治者称皇帝是秦的创举。《尚书·吕刑》有"皇帝"这个词："上帝监民，罔有馨香，德刑发闻惟腥。皇帝哀矜庶戮之不辜，报虐以威，遏绝苗民，无世在下。乃命重黎，绝地天通，罔有降格。群后之逮在下，明明棐常，鳏寡无盖。皇帝清问下民，鳏寡有辞于苗。德威惟畏，德明惟明。乃命三后，恤功于民。"文中的"上帝"为天帝；"皇帝"旧注以为是帝尧[1]；"群后"、"三后"为人间的君主。"群后之逮在下"，相对而言，"皇帝"是在上的，所以这里的"皇帝"应该是在天庭随侍天帝的神帝尧，不是人帝尧。这里出现的"皇帝"还被怀疑为汉代人所为[2]，存在着真实性的问题。

"皇帝"是"皇"和"帝"的合称，原来是各自单独表意的。中国古代文字具有明显的象形意义。从字形上说，"皇"字的上部为羽冠之形。著名的浙江余杭良渚文化反山墓地出土的玉琮、玉钺上刻有所谓的"神徽"，为一位头戴羽冠者骑伏猛兽的图像。在良渚玉器中还有一种三叉形冠饰，出土时都在死者头部，每墓一件，其基本形制是下端呈圆弧状，上端为对称的方柱体平头三叉，正面有线雕或浮雕的神徽。玉三叉形冠饰与金文"皇"字正相暗合，是中国最初的皇冠。[3]"皇"可能最早指头戴王冠的最初的君主，但这一点似乎并不为战国和秦

---

① 孔安国传，孔颖达疏，廖明春、陈明整理，吕绍刚审定：《尚书正义》，北京大学出版社1999年版，第536页，注曰："君帝，帝尧也。"校勘记说："'君帝'原作'皇帝'。"

② 吕思勉说："而《书·吕刑》有皇帝清问下民之辞，盖汉人之所为也。"见吕思勉：《秦汉史》，上海古籍出版社1983年版，第6页。

③ 此为任式楠的观点。转引自彭林：《文物精品与文化中国十五讲》，北京大学出版社2007年版，第110页。

时所知。

疑古学派曾对中国古史进行过梳理。在战国以前的器物和文献中，"皇"只当形容词和副词用，偶然也用作动词，或是有人用它作名字，绝没有用作一种阶位的名词的。用作形容词的"皇"有光美之义，形容人和神的尊严伟大。《离骚》中有"西皇"、"东皇"，《九章》中有"后皇"，是关于上帝的称谓。战国末期，出现了三皇说。在《吕氏春秋》的《贵公》、《用众》、《禁塞》、《孝行》中，"三皇"与"五帝"并列，"三皇"变成了人王。《庄子·天运》中也一再称"三皇五帝"，但有菲薄的意味。[①] 这些文献都没有说"三皇"究竟是哪些人物。[②]"三皇"为什么会居于"五帝"之前？《管子·兵法》说："明一者皇，察道者帝，通德者王，谋得兵胜者霸。"《庄子·在宥》："得吾道者，上为皇而下为王。"可见，皇对"一"、"道"的把握要比帝高明，治道也因之高于帝。

汉代对于"皇"的解释就全是溢美之词，"皇天上帝"的说法更为流行。《春秋纬·运斗枢》："皇者，天，天不言，四时行焉，百物生焉，三皇垂拱无为，谨言而民不违，道德玄泊，有似皇天，故称曰皇。皇者，中也，光也，弘也。含弘履中，开市布纲，上含皇极，其施光明，指天画地，神化潜通，煌煌盛美，不可胜量。"[③]《白虎通·号》："皇，君也，美也，大也。天人之总，美大之称也。时质，故总称之也。"《钩命决》曰：'三皇步，五帝趋。三王驰，五伯骛。'号之为皇者，煌煌人莫违也。烦一夫，扰一士，以劳天下，不为皇也。不扰匹夫匹妇，故为皇。"汉代对"皇"的解释与美化当然不可能全部是秦时的意思。不过，顾颉刚认为战国末的"天皇"是从"皇天"倒转来的，"地皇"是从"后土"翻译来的，原来是天地之神。"泰皇"是《楚辞·九歌》中的东皇太一。[④]"太一"在先秦时代就已经是一种兼有星、神和终极物三重含义的概念，"道"、极星、天神中的至尊者是"同出而异名"。[⑤] 这些情况至少说明秦时的"皇"具有至高、至尊、至贵的含义，并与天密切相连。

---

① 顾颉刚：《三皇考》，见《二十世纪中国史学名著·古史辨自序》（上），河北教育出版社2000年版，第213、218、221、222、223、225页。

② 我国古代史书中的三皇说总共有六种组合，秦的三皇说是天神组合，共七种。见于战国末期和秦时的三皇说只有秦的天神组合，其他六种组合都是汉代及其以后出现的。见刘起釪：《古史续辨》，第106—116页。

③ 见应劭：《风俗通义·皇霸·三皇》。

④ 顾颉刚：《三皇考》，见《二十世纪中国史学名著·古史辨自序》（上），第227页。

⑤ 李零：《"太一"崇拜的考古研究》，见《中国方术续考》，东方出版社2000年版，第237页。

"帝"字的甲骨文字形或解以为花蒂之形，花蒂是生命的象征，具有根本的意义；或解释为束茅以供，束茅形象成为神灵偶像，然后据此形象创造了象形文字。[①] 商代的帝既是上帝，又是死后在天的祖先神灵；西周时上帝和祖先神分立而又配合，是不同的。[②] 商周时期的帝主要指天神，黄帝也是上帝，"黄""皇"通假，黄帝就是皇帝。在春秋战国时期的神话历史化过程中，形成了系统的古史系统，原来的天神帝转化为人间的君主，《史记·五帝本纪》则是它的定型。[③]神话历史化是春秋战国时期思想的新动向，但秦在秦献公以前似乎保留了更多的传统，如秦的時祭与天命思想、秦的白、青、黄、炎等的天帝系统。秦孝公变法后，秦才更多地受神话历史化的影响，先是惠文王称王，后在秦昭王时谋求称帝。显然，秦已经接受了关于帝的古史传说，战国晚期关于以帝为最高统治者的政治形态的思考也是以秦为核心的。

秦王政称皇帝而治，将"皇"和"帝"结合在一起，既有一定的历史传统作为基础，但是又没有停留在传统中，而是试图超越历史传统，给最高统治者以全新的定位，从而出现了帝之上的皇帝，这是战国以来称王、称帝活动的进一步发展。这里还要说的是，秦王政称皇帝而治虽然有一个过程，最终由秦王政自己裁定，但不能抹掉的就是《吕氏春秋》的影子。"三皇五帝"的说法出现在《吕氏春秋》中不是偶然的，和其立场是相关联的。在秦汉以后的历史进程中，"帝"和"皇帝"的区分并不是非常明显，"帝"就是"皇帝"，"皇帝"就是"帝"。这可能是"帝"和"皇帝"所对应的实际的政治形态并没有什么实质性的变化，使人们从心理上模糊了"帝"和"皇帝"的区分。

秦建立的是君主专制集权统治的统一帝国。皇帝是秦帝国最高的统治者，也是最高权力的掌握者。《汉书·百官公卿表》："秦兼天下，建皇帝之号，立百官之职。"皇帝之下的中央政府以三公九卿为中心。三公是指丞相，"金印紫绶，掌丞天子助理万机"；太尉，"金印紫绶，掌武事"；御史大夫，"位上卿，银印紫绶，掌副丞相"，负责监察。九卿是一种惯称，实际数不止九。奉常，"掌宗庙礼仪，有丞"；郎中令，"掌宫殿掖门户，有丞"；卫尉，"掌宫门卫屯兵，有丞"；太仆，"掌舆马，有两丞"；廷尉，"掌刑辟，有正、左、右监"；典客，"掌诸归义蛮夷，

① 前者为吴大澂首先提出；后者为丁山之意。参见冷德熙：《超越神话——纬书政治神话研究》，东方出版社1996年版，第28—29页。

② 侯外庐等：《中国思想通史》第一卷，第68、76页。

③ 冷德熙：《超越神话——纬书政治神话研究》，第30、38页。

有丞"；治粟内史，"掌谷货，有两丞"；少府，"掌山海池泽之税，以给供养，有六丞"；中尉，"掌巡徼京师，有两丞"。三公九卿之外还有其他职官，有些也是独立设置的机关，如将作少府，"掌治宫室，有两丞"；詹事，"掌皇后、太子家，有丞"；典属国，"掌蛮夷降者"；内史，"掌治京师"；主爵中尉，"掌列侯"；等等（《汉书·百官公卿表》）。

秦在统一之后，在全国实行郡县制。郡置郡守、郡尉、监御史。郡守是一郡的长官，郡尉协助郡守负责一郡的军事，监御史负责监察。县设县令（长），掌治一县，有丞、尉。县下有乡，"乡有三老、有秩、啬夫、游徼"（《汉书·百官公卿表》）。此外，秦还设有亭的机构，大致十里一亭，亭有亭长，由县主吏掾直接统辖。亭的职责有两方面，一是发挥政府驿站交通的作用，接待使者，传递公文；一是负责所辖地区的治安。此外，还设有市亭。

秦帝国的官僚制度和郡县制中的某些具体的官职可以追溯到西周时期，但其主体是春秋战国以来政治社会变革的结果。秦统一之后，在秦制的基础上，吸收各个诸侯国制度中合理的成分，构建了帝国的政治体制和系统的官僚组织。秦帝国的疆域东至海，南至今广东、广西以南，西南囊括了今四川、云南、贵州，北至阴山、辽东，西至临洮、羌中。皇帝和帝国总体来说是一个全新的政治形态，皇帝制度、官僚制度、郡县制度和空前辽阔的疆域，这些在中国历史上是此前从所未有的。

皇帝的出现和秦帝国的建立首先是秦在战争中取得完全胜利的结果。诗人李白《古风》："秦王扫六合，虎视何雄哉！"战争的胜负成败决定了秦和其他各诸侯国的不同命运，这是最直接和最关键的因素。战争中的胜者目空一切，颐指气使；战争中的败者倾国覆族，身亡名裂。秦以战争的方式灭亡了六国，建立了秦帝国，确立了皇帝的统治。从相反的方面来说，没有秦完全的战争胜利，就不可能出现皇帝和秦帝国。其次，秦在商鞅变法中所确立的战争模式、社会结构和价值导向发挥了非常重要的作用。这种导向作用可以归结为一句话：一切为了战争，战争的胜利就是一切。秦在商鞅变法之后，对其他的诸侯国始终以战争为主。为了战争而发展农业，战争的胜利显示了秦国的强大，这更加坚定了秦对外战争的决心，激发了百姓的战争热情。《吕氏春秋》虽然用"义兵"给秦的战争披上正义的外衣，但不能掩盖其暴力的实质。

任何一种形式的统治都不得不考虑到和社会标准、社会价值观以及人们的信仰相适应。以战争方式建立起来的全新的秦帝国和皇帝制度，在战争逐步结束以后面临的是能否被人们所接受、帝国的广大百姓是否认同的问题。在秦统一之前，各个诸侯国并立，制度、风俗和文化存在很大的差异性，思想领域百家争鸣，现在都被包容在帝国的统治之中。皇帝和秦帝国又是通过战争方式确立的，面貌是全新的。在战争的硝烟散去之后，人们开始审视、认识皇帝和帝国的统治。帝国的统治者们当然不是无动于衷的，他们清楚地知道这直接关系到帝国统治的合理性、合法性问题，虽然当时没有用这样的词，但问题是明显的。为此，他们采取了一系列的行动，来对这个问题进行说明、论证。围绕着皇帝权威和帝国统治的合理性、合法性问题，有四个方面形成了帝国时期思想的主要内容：一是知识和思想资源的挖掘；二是知识和思想的综合与运用；三是相关的制度和实践的思想内涵；四是人们对问题解释的反应。

二、博士制度与诸子命运

秦的博士制度是其官僚制度的组成部分之一。博士属九卿之一的奉常的属官。《汉书·百官公卿表》："博士，秦官，掌通古今，秩比六百石，员多至数十人。""秩比六百石以上，皆铜印黑绶，大夫、博士、谒者、郎无。"博士是官，但是无印，主要以其所掌握的知识、思想和技能为皇帝提供咨询和服务，人数较多。

战国时期，一些诸侯国出现博士。《史记·循吏列传》："公仪休者，鲁博士也。"《史记·龟策列传》记载宋元王召博士卫平占梦。《说苑·尊贤》有齐博士淳于髡。《汉书·贾山传》：贾山"祖父祛，故魏王时博士弟子也"。战国时期的博士，文献记载很少，更多的情况难于确知。[①] 博士大约以学问通达、学识渊博而得名。秦在统一前很可能就有博士。《史记·秦始皇本纪》记载，秦始皇二十六年（前221年），秦初并天下，令群臣议帝号，李斯说"臣等与博士议曰"，有博士参与。但可以肯定地说，秦即使在始皇二十六年（前221年）以前设立博士，其时间也必然很短。

秦时的博士定制为七十人。《史记·秦始皇本纪》：始皇三十四年（前213年），"始皇置酒咸阳宫，博士七十人前为寿"。始皇三十五年（前212年），"侯生、卢生相与谋曰：'博士虽七十人，特备员弗用'"。二世皇帝时还有待诏博士。现在

---

① 《战国策·赵策三·郑同北见赵王章》记载："郑同北见赵王，赵王曰：'子南方之博士也，何以教之？'""博"，他本或作"儒"，或作"傅"。见何建章：《战国策注释》（中），中华书局1990年版，第747页。论者多以郑同为博士，从校勘来看，则郑同可能非博士。

可以考知的秦时的博士只是很少的一部分。[①]

秦的博士应该包括各家各派。[②] 现在可以考知的博士有儒家、名家、神仙等。[③] 战国中晚期，墨家在秦国很有影响，今《墨子·备城门》以下是秦墨的作品。纵横家和秦政、秦思想有密切的关系。蔡泽的思想近于道家黄老一系。秦统一之后，阴阳家的五德终始说大为流行。《吕氏春秋》的编撰有各家学者参与，其中应还有像李斯一样的飞黄腾达者。秦帝国的选官制度中有征士，所征召的士包括诸子各家，叔孙通就是以文学被征召为待诏博士的。汉承秦制，汉代在五经博士设立之前，所设立的博士包括诸子。到汉武帝时，才罢诸子，置五经博士。秦的博士中有一些方士。方士也叫"有方之士"，是掌握方术的人。中国古代的方术包括"数术"（也叫术数）和"方技"两个方面。"数术"主要和"天地之道"有关；"方技"和医药养生有关。秦时的方士主要占星候气，寻仙访药，"候星气者至三百人"，博士中的卢敖为神仙方士。秦设立的博士试图囊括当时所有的知识、思想和技能，为帝国和皇帝提供咨询服务。

秦设立博士的原因和《吕氏春秋》、《韩非子》的思想有关。《吕氏春秋》主张"备万物"（《有始》），《史记·吕不韦列传》称之为"备万物古今之事"，就是以"国体"、"王治"为核心，试图通过外在的经验总结和各种知识、思想和技能的综合，为君主治国施政提供参考。这种"备万物"的主张出现在秦统一前夕，既显示了秦的雄心，又表明了对各种知识、思想和技能的态度。战国时期是百家争鸣的时代，各家各派思想活跃，观点迥异。战国时期也是经济发展的时代，人们的生产和生活方式有了很大的变化，各方面的新知识层出不穷。秦本身在水利、交通、机械发明、动力革命、农学、医学等技术层面具有优越性，使得秦在兼并战争中具有优势地位。[④] 以客观的、理性的态度对所有的知识、思想和技能进行吸收和总结，显然是符合时代潮流的。

士是知识和思想的传承者，《吕氏春秋》重士。《孟秋纪》各篇阐述了义兵思想，其中处处体现对士的推崇。《振乱》："世有贤主秀士，宜察此论也，则其兵为义矣。"《怀宠》："凡君子之说也，非苟辨也；士之议也，非苟语也。必中理然后说，必当义然后议。"作者认为士洞察了社会形势的发展，提出了符合理义的

---

① 马非百《秦集史》（下）《博士表》考证出 17 人；张汉东《论秦汉博士制度》认为是 12 人。

② 吕思勉："当时治百家之学者，皆可为博士。"见吕思勉：《秦汉史》，第 18 页。

③ 张汉东：《论秦汉博士制度》。见安作璋、熊铁基：《秦汉官制史稿》，齐鲁书社 1984 年版。

④ 王子今：《秦统一原因的技术层面考察》，《社会科学战线》2009 年第 9 期。

义兵理论。《仲秋纪》有《爱士》，《季秋季》有《知士》。《知士》将士比做千里马，等待贤能的君主发现，"夫士亦有千里马，高节死义，此士之千里也。能使士待千里者，其惟贤者也"。《仲冬纪》中的《忠廉》说："士议之不可辱者大之也，大之则尊于富贵也，利不足以虞其意矣。""议"是士所坚持的精神价值之所在，不会被物质利益动摇的士就是"忠臣"、"国士"。《季冬季》之《士节》说："士之为人，当理不避其难，临患忘利，遗生行义，视死如归"，正是这样的人，"大者定天下，其次定一国"，是君主所应该特别重视的。《不侵》借用豫让的话说："夫国士畜我者，我亦国士事之。"

《吕氏春秋》重视教育和知识思想的取长补短。《孟夏纪》各篇专论教育。《劝学》强调人生最重要的是懂得"理义"，不懂"理义"是由于不学。老师的要务在于"胜理"、"行义"、"争于道"，这是老师获得尊重的原因。《尊师》论述人要"尊师"、"善学"。《诬徒》批评"不能教者"和"不能学者"。《用众》则说："物故莫不有长，莫不有短。故善学者，假人之长以补其短。"士和老师都是能够把握"理义"的人，他们实际上是一类人。

《韩非子》对设立博士的影响则在于它的君主观。《难势》认为当时的君主既不是像尧、舜那样的圣贤，也不是像桀、纣那样的暴君，而是"中人"，即知识、才能、道德都很一般的人。从为君之道来说，君主应该保持虚静无为的状态，不应该显示任何的喜好和才干，"使智者尽其虑"，"贤者敕其才"，"臣有其劳，君有其成功"（《主道》）。《韩非子》所论述的君主观，要求臣下是智者、贤者。

《吕氏春秋》的"备万物"和《韩非子》的君主观提出了国家对博士一类人的需要。《吕氏春秋》重士、重教育指出了士的价值和应有的地位。《吕氏春秋》、《韩非子》虽然都没有提到博士，但设立博士的思想已经具备了。《吕氏春秋》的完成和《韩非子》在秦国的流传距秦的统一都很近，秦博士的设立也许就在这期间，所以才有秦统一之初，博士参与议帝号的事情。有一种看法认为秦博士和齐国的稷下学士有历史渊源。一是"博士"为"博通之士"，稷下之学以"博杂"著称。二是稷下学士"不治而议论"，秦汉博士则有议政之职。三是稷下先生和秦的博士人数相近。四是汉代对博士有"稷嗣君"、"棘下生"等称呼，"棘下"即"稷下"。五是秦博士多为齐鲁之人。① 其实，这些相似的方面多是一些表面现象，其中不

---

① 王克奇：《齐鲁文化与秦汉的博士制度》，《东岳论丛》1997 年第 1 期。钟肇鹏亦认为秦的博士制度渊源于稷下之学，除王文所说的理由外，又强调两者待遇同样优厚，人们对他们的称呼基本相同。钟肇鹏：《秦汉博士源出稷下考》，《管子学刊》2003 年第 3 期。

乏汉代儒学兴盛之后的夸饰成分，而缺乏思想的依据。《吕氏春秋》和《韩非子》有关思想的结合，使博士成为君主专制集权统治制度的一个内容，突出了君主专制集权统治的特性，即君主专制集权统治下知识、思想和技能的综合问题。

秦帝国时期博士的职责、作用和稷下学士的"不治而议论"有本质的区别。首先，稷下学士不是官。《史记·田敬仲完世家》："宣王喜文学游说之士，自如驺衍、淳于髡、田骈、接予、慎到、环渊之徒七十六人，皆赐列第为上大夫，不治而议论。"《史记·孟荀列传》："自如淳于髡以下皆命曰列大夫，为开第康庄之衢，高门大屋尊宠之。"稷下学士只是享有"上大夫"、"列大夫"一类的待遇，并不在当时齐国的官僚系统之中。其次，"议论"并不完全相当于现代的"商议"、"讨论"，含义近乎我们所说的"批评"。《孟子·滕文公下》："圣王不作，诸侯放恣，处士横议，杨朱、墨翟之言盈天下。"[①]稷下学士因为"不治而议论"拥有话语权，对政治和社会有很强的影响力。秦博士是官。秦对于博士，则是愿意咨询就咨询，不愿咨询就不咨询；对于其意见，愿意听就听，不愿听就不听。除此之外，博士只能规规矩矩，不能乱说乱动。《史记·秦始皇列传》记载侯生、卢生议论"博士虽七十人，特备员弗用"，这就是对秦博士职责和作用的最好说明。如果说秦帝国博士的职责和作用相当于齐稷下学士，那就近乎笑话了。

博士在秦帝国的政治活动中实际发挥的作用很小。在秦的专制集权统治体制中，博士作为知识、思想和技能的掌握者，一直处于被动的地位，只有当君主需要时，才向博士咨询。博士只是提供参考的意见，没有决定权。在整个社会中，以博士为代表的知识阶层也没有独立的话语权，只能服从于专制君主和官僚机器的意志。《史记·秦始皇本纪》记载，在始皇二十六年（前221年）议帝号中，博士虽然参与其中，但最后是由王绾、冯劫、李斯等人将商定的名号上奏给秦王政，秦王政自己决定采取皇帝的名号。在这期间，博士的意见究竟是什么，在商议的过程中发挥了什么作用，并不清楚。《史记·封禅书》记载，始皇二十八年（前219年），始皇东巡郡县，决定封禅，"于是征从齐鲁之儒生博士七十人，至乎泰山下"。但是儒生博士的意见"各乖异，难施用"，始皇"由此绌儒生"，封禅的礼仪没有采纳儒生博士的意见。《史记·秦始皇本纪》记载，始皇三十四年（前213年），"始皇置酒咸阳宫，博士七十人前为寿"。博士齐人淳于越趁机建议实行分封，丞相李斯提出颁布焚书令，"以古非今者族"，"若欲有学法令，以吏

---

① 有关稷下学士的"不治而议论"参见余英时：《士与中国文化》，上海人民出版社1987年版，第56—61页。

为师"。《史记·叔孙通列传》记载，陈胜起义爆发后，二世皇帝召博士诸生询问对策。博士诸生建议发兵击之，二世皇帝"怒，作色"。叔孙通以谄谀二世才得脱身。在以上四次有关博士的政治活动中，一次博士的意见不明，一次博士的意见互相矛盾，两次博士的意见没有被采纳。

在始皇的求仙和其他的活动中，博士的意见似乎发挥了一些作用。《史记·秦始皇本纪》记载，在始皇二十八年（前219年）的巡游归途中，始皇在湘山祠遇到大风，问博士："湘君何神？"博士对曰："闻之，尧女，舜之妻，而葬此。"结果始皇大怒，"使刑徒三千人皆伐湘山树，赭其山"。始皇三十六年（前211年），始皇使博士为《仙真人诗》。始皇三十七年（前210年），"始皇梦与海神战，如人状。问占梦，博士曰：'水神不可见，以大鱼蛟龙为候。今上祷祠备谨，而有此恶神，当除去，而善神可致。'乃令入海者赍捕巨鱼具，而自以连弩候大鱼出而射之。自琅邪北至荣成山，弗见。至之罘，见巨鱼，射杀一鱼。遂并海西。"博士给秦始皇的这些建议和服务只是助长了其贪奢的欲望，很难说有什么真正的价值和意义。

秦帝国时期，和博士相关的另一事件就是焚书坑儒。焚书坑儒实际上是两件事：焚书和坑儒。焚书发生在始皇三十四年（前213年）。这年，"始皇置酒咸阳宫，博士七十人前为寿"。仆射周青臣进颂曰："他时秦地不过千里，赖陛下神灵明圣，平定海内，放逐蛮夷，日月所照，莫不宾服。以诸侯为郡县，人人自安乐，无战争之患，传之万世。自上古不及陛下威德。"博士齐人淳于越建议分封，指责周青臣当面谄谀，不是忠臣。始皇下其议，丞相李斯建议焚书，得到了始皇的同意。李斯的话非常重要：

五帝不相复，三代不相袭，各以治，非其相反，时变异也。今陛下创大业，建万世之功，固非愚儒所知。且越言乃三代之事，何足法也？异时诸侯并争，厚招游学。今天下已定，法令出一，百姓当家则力农工，士则学习法令避禁。今诸生不师今而学古，以非当世，惑乱黔首。丞相臣斯昧死言：古者天下散乱，莫之能一，是以诸侯并作，语皆道古以害今，饰虚言以乱实，人善其所私学，以非上之所建立。今皇帝并有天下，别黑白而定一尊。私学而相与非法教，人闻令下，则各以其学议之，入则心非，出则巷议，夸主以为名，异取以为高，率群下以造谤。如此弗禁，则主势降乎上，党与成乎下。禁之便。臣请史官非《秦记》皆烧之。非博士官所职，天下敢有藏《诗》、《书》、百家语者，悉诣守尉杂烧之。有敢偶语《诗》《书》者弃世。以古非今者族。吏见知不举者与同罪。令下三十日不烧，黥为城旦。所不去者，医药卜筮种树之书。若欲有学法令①，以吏为师。（《史记·秦始皇本纪》）

李斯的话包含着这么几层意思：第一，与时俱变的观念。这种观念不是李斯的独创，而是秦国从商鞅变法以来一直坚持的传统观念。第二，秦帝国的建立是秦始皇的最大功业，这是不能否定的。仆射周青臣称颂的也正是秦始皇的功业。功业观是战国中晚期以来功利思想的最高层次。第三，秦始皇、秦帝国要以"法令""别黑白而定一尊"，统一价值观、思想和行为。法的思想是秦战国中晚期的主导思想。第四，禁止"游学"、"私学"的流行。"诸生不师今而学古"，对法令"各以其学议之"，诽谤皇帝和帝国，削弱皇帝的威势，自己结党营私。对文学游说之士的反对也是秦国的传统。第五，颁布焚书令。焚烧的对象主要是《秦记》以外的各国史记，"博士官所职"以外私人收藏的《诗》、《书》、百家语，"医药、卜筮、种树之书"不烧。第六，"若欲有学法令，以吏为师。"

对李斯的话，有几个方面是需要注意的。第一，李斯坚持的是秦国的传统思想。这些思想在原来秦国的统治范围之内是主导思想，但在原来六国的统治地区则不是。秦统一之后要在整个的帝国统治范围内贯彻原来秦国的主导思想。第二，分封制和郡县制并不是新问题。战国中晚期的霸业、王业、帝业讨论涉及分封制和郡县制。现在讨论这些问题直接涉及皇帝和帝国统治的合理性、合法性，会造成对帝国建立的方式、途径以及皇帝本人功业的质疑，是不能允许的。第三，"游学"、"私学"的风气在原来六国的地区非常流行，"私相议论"，即私自对帝国政治的评论、批评，会对帝国统一思想形成冲击，影响皇帝的权威地位。第四，从战国晚期到秦帝国时期，秦思想的延续和发展是一个整体的过程，秦思想的某些连续性是不容忽视的。第五，李斯特别强调，博士官由于职掌的原因，他们所收藏的《诗》、《书》、百家语可以不烧。

"非博士官所职"一语体现出博士官的特殊之处。由于博士"通古今"的职掌，所以他们需要学习《诗》、《书》、百家语，因而可以收藏此类书籍，但在社会上这一类书籍是不允许流行的。这就好像后来的内部印刷资料，可以在一定的范围内阅读参考，但决不允许公开出版发行，让社会大众阅读。即使你是属于官

---

① 《集解》徐广曰："一无'法令'二字。"吕思勉认为：《李斯传》无之。法令二字盖注语，或混入本文，或传写夺漏。吕思勉：《秦汉史》，第11页。

吏，但你不在划定的范围之内，你也不可以收藏和阅读相关的书籍。《汉书·惠帝纪》：惠帝四年（前191年），"除挟书律"。张晏曰："秦律，敢有挟书者族。"所以，博士收藏《诗》、《书》、百家语是一种特殊例子，在帝国不具有普遍意义，但《诗》、《书》、百家语毕竟在一定的范围内还留存着，并不是全部烧毁。另外，"所不去者，医药卜筮种树之书"，说明有益于实用的技能方面的书不在查禁之列。这些书在今天的考古中也有发现，如王家台秦简中有易占的内容，还有式盘、算筹、骰子等占卜的用具①。

博士的职掌是"通古今"，博士包括诸子百家，但这并不意味着博士可以宣传和坚持自己的思想。他们的知识和思想主要是为皇帝和帝国服务的，是绝对服从性的，不能越雷池一步，绝不能影响皇帝的权威和帝国的统治。这又是秦帝国博士官的一个特殊之处。博士的设立和博士的特殊之处，再次说明帝国思想所维护的核心是皇帝的权威和帝国的统治，知识、思想和技能的综合也是以皇帝和帝国的需要而进行的，不允许跨越雷池一步。不论是哪类书籍，书中的知识、思想和技能只要适合皇帝和帝国的需要，就有可能被吸收，不适合就会被摒弃。知识、思想和技能的取舍标准是皇帝和帝国的需要，而不是知识、思想和技能本身的价值和意义。博士官的特殊之处也显示了《吕氏春秋》"备万物"和《韩非子》君主专制集权统治思想的结合，"备万物"要求所有的知识和思想都进入专制君主的视野，但专制君主用不用和怎样用是另外一回事，需要根据实际的政治情况决定。

坑儒事件发生在始皇三十五年（前212年）。坑儒事件和焚书有联系，和博士、儒生也有联系。坑儒事件的起因是为始皇求仙药的方士侯生、卢生对始皇的抨击及他们的逃跑。侯生、卢生对始皇的抨击包括四个方面：首先，"始皇为人，天性刚戾自用，起诸侯，并天下，意得欲纵，以为自古莫及己"。其次，"专任狱吏，狱吏得亲幸。博士虽七十人，特备员弗用。丞相诸大臣皆受成事，倚辨于上。上乐以刑杀为威，天下畏罪持禄，莫敢尽忠。上不闻过而日骄，下慑伏谩欺以取容"。第三，"秦法，不得兼方，不验，辄死。然侯星气者至三百人，皆良士，畏忌讳谀，不敢端言其过"。第四，"天下之事无小大皆决于上，上至以衡石量书，日夜有呈，不中呈，不得休息。贪于权势如此，未可为求仙药"（《史记·秦始皇列传》）。侯生、卢生对始皇的抨击，第一方面影响最为严重，是对始皇政治权威和对帝国统治的不满。第二方面是对秦的重刑和皇帝专权的批评，其

---

① 荆州地区博物馆:《江陵王家台15号秦墓》,《文物》1995年第1期。

中"博士虽七十人，特备员弗用"，涉及了博士，也透露了博士们的失落和不满。第三方面是侯生、卢生的害怕和不服。求仙药毕竟是虚无缥缈的事情，多是对皇帝的欺骗，但秦的法律却要求一定要应验，否则处死。这大概使侯生、卢生心怀恐惧，寝食难安。第四方面是侯生、卢生逃跑的借口。

侯生、卢生对始皇的抨击牵连到了"妖言以乱黔首"者，其中包括儒生。侯生、卢生的话很有可能在此之前在一定的范围内就有谈论，这个范围就是博士、儒生、方士这个知识阶层的圈子，他们发泄过不满和失望。侯生、卢生逃跑后，秦始皇没有放过这件事情，"卢生等吾尊赐之甚厚，今乃诽谤我，以重吾不德也。诸生在咸阳者，吾使人廉问，或为谣言以乱黔首"（《史记·秦始皇列传》）。秦始皇根本就不相信侯生、卢生的话只是他们两个说的，结果一追查，"诸生传相告引，乃自除"（《史记·秦始皇列传》），总共抓了四百六十余个同案犯，全部在咸阳坑杀。这就是坑儒事件。

坑儒事件坑杀的对象主要是"妖言以乱黔首"者。对这一事件的任何情绪化的夸大或遮掩都不是客观的态度。[1] 这件事本身是由神仙方士引起的，被坑杀者中间应该有相当一部分这类人，但"妖言以乱黔首"者也包括一定数量的儒生。儒生追求道高于势，孟子就坚持不应"枉道而从彼'势'"（《孟子·滕文公下》）。[2] 在被纳入秦的政治体制之内后，儒生必须屈从于势，如果不能很好地调整心态，顺应时势，而是满腹怨言，发发牢骚，讲讲怪话，那是肯定会被抓住把柄的。从侯生、卢生的话来看，对秦始皇的攻击和对帝国统治的不满，更像儒生的语言。在秦始皇看来，这些妖言的危害性比什么都大，对"妖言以乱黔首"者予以严厉的镇压是必然的。坑儒并不是专门针对儒家的反儒事件，所以，坑儒事件之后，没有牵连在其中的儒生并没有受影响，博士里面也依然有儒家存在。

秦设立了博士以"备万物"，对知识、思想和技能资源进行了深入挖掘，但在实际的政治实践中变成了所有的知识、思想和技能怎样为专制君主和帝国统治服务的问题。在对知识、思想和技能的选择方面，专制君主占据着主动权，而所有的知识、思想和技能的掌握者处于被动的、被选择的地位。任何知识、思想和技能都不能和皇帝的权威、帝国的统治发生矛盾。焚书事件的起因是博士用分封制挑战帝国的郡县制，坑儒事件的主因则是"妖言以乱黔首"者对皇帝和帝国的

---

[1]《汉书·儒林传》引卫宏《诏定古文尚书序》说：秦冬种瓜于骊山坑谷中温处，以拜郎为诱，伏机以待，诸生贤儒至者皆射杀之。这种说法富于传奇色彩，不可取。

[2] 余英时：《士与中国文化》，第 106 页。

诽谤。这一方面说明皇帝的权威和帝国统治的合理性在这个时期最为敏感，任何触动都可能引起激烈的反击。另一方面，通过焚书和坑儒，皇帝和帝国也表明了态度，不论是什么知识、思想和技能都只能围绕着加强皇帝的权威、巩固帝国的统治进行发展。就是那些和皇帝权威、帝国统治没有直接关系的知识技能也只有尽可能地向中心靠拢，否则，只能是受到冷落，自生自灭，没有前途。这种情况在价值一元的专制社会中也是无可奈何的。知识、思想和技能的发展也因之深受统治者选择的影响，在秦帝国时期，神仙方士大行其道，与秦始皇本人的求仙热情是分不开的。

在秦帝国时期，知识阶层并没有完全屈服于权势的高压，在秦末的动荡中，不少知识阶层的人物都站到了帝国的对立面，包括孔子的后代、鲁地的儒生。《汉书·儒林传》："陈涉之王也，鲁诸儒持孔氏礼器往归之，于是孔甲为涉博士，卒与俱死。"但这不表明知识阶层对知识、思想和技能在价值一元的专制社会中的出路没有思考，他们也清楚要想在这个社会取得相应的地位，必须体现出相应的价值和意义，于是也有部分人主动地调整自己的思想，迎合专制君主和帝国统治的需要。汉承秦制，汉建立后，叔孙通就是这方面的代表。来自专制君主的高压和知识阶层的迎合，使知识、思想和技能围绕着君主专制集权统治的核心构筑，从而使知识阶层成为皇权的附庸，知识思想成为对君主专制集权统治的解读，科学技术不能获得独立的发展。

秦时，各家学说大部分在社会上还有一定的传习，焚书坑儒后也没有断绝，其中儒家和道家最为典型。秦的博士中可以考知的属于儒家的有淳于越、李克、伏胜、圈公、羊子，待诏博士有叔孙通。[①] 博士和待诏博士中的儒生肯定还不止此。《史记·秦始皇本纪》记载扶苏劝谏秦始皇的话说："天下初定，远方黔首未集，诸生皆诵法孔子，今上皆重法绳之，臣恐天下不安。"《史记·叔孙通列传》记载二世时，陈胜起义，二世召博士诸生询问。这两处提到的"诸生"，都是指儒生。郭沫若认为在焚书坑儒之后，儒者的动向可以分为三类：一部分人还在秦朝任官；一部分人在埋头研究或著书；另外一大部分人参加了革命。[②] 秦楚之际的陆贾、郦食其都是儒生。《汉书·楚元王传》：刘交"少时尝与鲁穆生、白生、申公俱受《诗》于浮丘伯。伯者，孙卿门人也。及秦焚书，各别去"。汉初，传《诗》的浮丘伯、申公、穆生、白生，传《书》的伏生，传《易》的田何，传《礼》

① 张汉东：《论秦汉博士制度》。

② 郭沫若：《秦楚之际的儒者》，见郭沫若：《中国古代社会研究》（外二种）之《青铜时代》。

的高堂生，传《春秋》的公羊子，他们都经历了秦帝国时代和秦楚之际的动荡。《史记·儒林列传》："及高皇帝诛项籍，举兵围鲁，鲁中诸儒尚讲诵习礼乐，弦歌之音不绝，岂非圣人之遗化，好礼乐之国哉？"

对于道家的传习，《史记·乐毅列传》："而乐氏之族有乐瑕公、乐臣公，赵且为秦所灭，亡之齐高密。乐臣公善修黄帝、老子之言，显闻于齐，称贤师。"太史公给黄老之学列举了一个比较详细的师承关系："乐臣公学黄帝、老子，其本师号曰河上丈人，不知其所出。河上丈人教安期生，安期生教毛翕公，毛翕公教乐瑕公，乐瑕公教乐臣公，乐臣公教盖公。盖公教于齐高密、胶西，为曹相国师。"在秦帝国时代，道家的传承也没有中断。

在诸子中，墨家和名家逐步消亡。墨家在先秦时显赫一时，但在战国晚期和秦汉之际悄无声息地退出了历史舞台。对于墨家学派的衰落，学者们各有所见。胡适认为墨家的兼爱和非攻的学说与时代的需要不适应，在秦朝，它的书与儒家一起被焚毁，因而无法复兴。① 但墨家主张功利、尚同等，与秦思想有契合的地方，墨家的著作也没有被完全焚毁。葛兆光认为墨家在传续上更多地带有人身依附性和团体封闭性，用近乎苛刻的朴素限制人的欲望，后来又转变成一种单纯的行动和技术，这些方面限制了人们思想的兴趣，于是渐渐消退。② 墨家的消亡确实应该和秦联系在一起。墨家曾经在秦国很有影响，秦国墨家消亡的原因应该从两方面考虑。一方面，墨家那种严密的组织和秦的政治体制是冲突的。冯友兰认为墨家为一有组织的团体，甚至是"铁的组织"，行为和侠相似。③ 这样的组织和行为在商鞅变法后的秦国是不允许存在的。另一方面，《墨子·备城门》被认为是秦墨之作。那么有可能在秦国的墨家是被逐步消解的，开始是用技术为秦服务，最终融入到秦的社会体制之中，消失不显。墨家的消亡可以说是著作在，但是人没了。

至于名辨之学，由于过分着迷于利用中国古代语言的模糊性进行语言游戏，难于建构起科学、规范、逻辑的语言体系，虽然有后期墨家的努力，但不足以弥补其缺陷，再加之墨家本身难于保全，在注重实用的战国晚期消亡几乎是必然的。墨家、名家退出历史舞台和他们自身的不足有很大的关系，不完全是秦帝国

---

① 胡适：《胡适学术文集·中国哲学史》（下），第823—824页。

② 葛兆光：《七世纪前中国的知识、思想与信仰的世界·中国思想史》第一卷，复旦大学出版社1998年版，第196—197页。

③ 冯友兰：《中国哲学史》（上册），华东师范大学出版社2000年版，第68—70、188页。

焚书坑儒的原因。

秦曾试图综合所有的知识、思想和技能，但马上发现没有一个核心是不行的，于是通过焚书坑儒这种霹雳手段表明了核心。这种高压使知识阶层一时噤若寒蝉，特别是对私学的限制，使诸子在民间的传播与发展陷入低潮，战国时期那种百家争鸣的状态一去不复返了。对君主专制集权统治核心的强调为新建王朝提供了参考，新建王朝进一步引导知识、思想和技能围绕核心发展，所以在汉初虽然有墨家、名家之外的诸子的短暂复兴，但诸子逐步失去了发展的社会土壤，知识、思想和技能出现了以君主专制集权统治为核心的综合。这种综合仍然是取长补短，注重实用，体现的是政治实用性。汉代的思想构建就是这种思路，法、儒、道等诸子思想和各种知识逐步被混溶在一起，形成新的体系。

三、皇帝的权威

秦帝国实行的是君主专制集权统治，这种统治制度首先使皇帝本人成为焦点。皇帝是一个社会角色，他的行为模式的体系构成文化。"政治文化的一个重要因素是与整体社会文化相适应。""一切文化都趋向于共同同意，也就是说，集体的所有成员都接受构成角色和行为模式的标准和价值。""一个现存权威要颁布新的标准，就需要集体的成员甘愿服从它们。"[①]秦帝国的君主专制集权统治不同于西周的宗族宗法制度，皇帝也不同于周天子。皇帝的角色定位及相应的价值和标准必须被帝国的臣民所接受，皇帝的权威性才能得到认同。秦帝国时期，围绕着皇帝的角色定位及相应的价值和标准形成的文化模式，反映了这个时期主要的思想内容。

（一）皇帝的功与德

在国家的形成和发展过程中，不同时期的政治权威有不同的标准。最早的政治权威可能是文化英雄，在人类社会的早期，他们带领人们和自然进行抗争，在战争中取得胜利，有许多和生产、生活相关的发明和创造，推进了人类文明的进步。我国古史传说中的远古帝王大概就是这一类人物，人们对他们的评价主要是他们对社会群体的贡献。历史进入三代之后，政治权威的标准发生了变化。在夏商时期，宗教祭祀的权力是君主权威性的重要体现，《左传》成公十三年："国之

---

① ［法］莫里斯·迪韦尔热著，杨祖功、王大东译：《政治社会学——政治学要素》，第65、71、79、81 页。

大事，惟戎与祀。"西周时期，对政治权威的衡量标准又增加了德。将这些对政治权威的衡量标准归纳起来，主要是功、德、宗教祭祀三个方面。

西周、春秋时期的功与德和祭祀结合在一起，《国语·鲁语》："夫圣王之制祀也，法施于民则祀之，以死勤事则祀之，以劳定国则祀之，能御大灾则祀之，能扞大患则祀之。非是族也，不在祀典。"祭祀又主要表现了祖先崇拜观念，具有宗族、宗法社会的特点。《礼记·祭法第二十三》几乎照搬了《国语·鲁语》中的这段话。《礼记》是儒家经典，反映了其思想取向，即亲亲，尊尊，有德，慈孝。《礼记·祭义第二十四》："先王之所以治天下者五，贵有德，贵贵，贵老，敬长，慈幼。"《礼记·祭义》："君子反古复始，不忘其所由生也。是以致其敬，发其情，竭力从事，以报其亲，不敢弗尽也。"对先祖的追念本身是孝的行为，《礼记·祭统第二十五》："铭者，论谋其先祖之有德善，功烈、勋劳、庆赏、声名，列于天下，而酌之祭器，自成其名焉，以祀其先祖者也。显扬先祖，所以崇孝也。"

秦帝国时期的功德观和《国语·鲁语》、《礼记》中的功德观有所不同。帝国时期，个体小家庭是社会的细胞，亲亲观念相对淡薄，所以，秦帝国时期的功德观更多的是战国时期功利思想的发展与延续。秦在商鞅变法后确立了绝对的功利价值观，并在战国中晚期发展出了系统的功利观、功名观、功业观。秦原就有"德"的观念，被纳入秦政治体制的纵横家对其运用得更加纯熟。[1]秦帝国时期的功德观和其功利思想、功业观是一脉相承的，是功利思想的新的发展。在儒家典籍中出现的《五帝德》等则是儒家思想的异数，是对功利思想的认同。

秦帝国时期的功主要指皇帝所建立的功业。在秦初定天下，秦王政令丞相、御史"议帝号"时，就明确地表达了其功业思想："寡人以眇眇之身，兴兵诛暴乱，赖宗庙之灵，六王咸伏其辜，天下大定。今名号不更，无以称成功，传后世。其议帝号。"(《史记·秦始皇本纪》)秦王政这时还比较谦虚，自认为是渺小的，依赖祖宗的庇护，兴正义之师，平定了天下。但又认为平定天下是前所未有的成功，需要以帝号来标明，并传给后世。丞相绾等提议分封时，始皇再次提到："赖宗庙，天下初定。"秦始皇不认为平定天下只是他个人的成功，历代先祖的功劳不能抹杀。《史记·封禅书》云：秦始皇"即帝位三年，东巡郡县，祠驺峄山，颂秦功业"。这里也只笼统地称"秦功业"。在臣下的口中，"秦功业"变成了秦始皇个人的功业，《史记·秦始皇本纪》中李斯称颂始皇："今陛下创大业，

---

[1] 秦的"德"的观念、功利思想可参见第三章、第四章、第五章的有关内容。

建万世之功。"李斯等人将功业归结为秦始皇个人的。

秦始皇的功业首先是灭六国而一统。《史记·秦始皇本纪》及所记载的始皇巡游各地的刻石称之为"天下大定"、"平定天下"、"初定天下，罔不宾服"、"兼有天下"、"并一海内"、"阐并天下"、"德并诸侯，初一泰平"、"平定海内"、"天下已定"、"平一宇内"。始皇二十六年（前221年），还向天下统一发布诏书，诏书的主要内容之一就是宣扬秦统一天下、始皇称帝的事情。始皇二十六年诏书加于统一前使用的标准器上，如商鞅方升、高奴禾石权之上，也加在统一后制作的标准度量衡器上，但大多数制成二十六年诏版。始皇诏铜方升铭文："廿（二十）六年，皇帝尽并（併）兼天下诸侯，黔首大安，立号为皇帝。"二世元年（前209年）发布诏书，也加于度量衡和诏版之上，二世元年诏书的主要内容是称颂秦始皇的成功。此外，还有合刻两种诏书的器物和诏版。① 秦十二字砖文说："海内皆臣，岁登成熟，道无饥人。"② 这说明，在秦帝国短暂的统治时期，灭六国而一统始终是君臣津津乐道的"成功"。

秦始皇功业的第二方面是"海内为郡县，法令由一统"（《史记·秦始皇本纪》）。秦统一之后，在全国实行郡县制，统一法令制度。《史记·秦始皇本纪》："禅梁父。刻所立石，其辞曰：'皇帝临位，作制明法，臣下修饬。……治道运行，诸产得宜，皆有法式。'"琅邪台刻石："端平法度，万物之际。""皇帝之功，勤劳本事。上农除末，黔首是富。普天之下，抟心揖志。器械一量，同书文字。""除疑定法，咸知所辟。方伯分职，诸治经易。举错必当，莫不如画。""今皇帝并一海内，以为郡县，天下和平。"之罘刻石："大圣作治，建定法度，显著纲纪。""普施明法，经纬天下，永为仪则。"周青臣称颂始皇："以诸侯为郡县，人人自安乐，无战争之患，传之万世。"会稽刻石："秦圣临国，始定刑名，显陈旧章。初平法式，审别职任，以立恒常。"郡县制最初有强烈的军事色彩，战国中晚期以来有了很大的发展。秦统一以后，在全国推行郡县制，实行法治，以取代分封制，在中国历史上影响深远。

秦始皇功业的第三方面是重建了社会秩序。《史记·秦始皇本纪》："禅梁父。刻所立石，其辞曰：'贵贱分明，男女礼顺，慎遵职事。昭隔内外，靡不清净，施于后嗣。'"琅邪台刻石："尊卑贵贱，不踰次行。奸邪不容，皆务贞良。细大

---

① 王辉：《秦出土文献编年》，第122、270、271、272页。

② 马非百：《秦集史·金石志》引《有怜大观》，见《秦集史》（下），第773页。秦十二字砖文有实物，字体为小篆，"道无饥人"为"道毋饥人"。

尽力，莫敢怠荒。远迩辟隐，专务肃庄。端直敦忠，事业有常。"之罘刻石东观："职臣遵分，各知所行，事无嫌疑。黔首改化，远迩同度，临古绝尤。"碣石刻石："男乐其畴，女修其业，事各有序。"会稽刻石："运理群物，考验事实，各载其名。贵贱并通，善否陈前，靡有隐情。饰省宣义，有子而嫁，倍死不贞。防隔内外，禁止淫泆，男女絜诚。夫为寄豭，杀之无罪，男秉义程。妻为逃嫁，子不得母，咸化廉清。大治濯俗，天下承风，蒙被休经。皆遵度轨，和安敦勉，莫不顺令。"重建的社会秩序包括社会等级秩序、伦理秩序、政治秩序。

灭六国、为郡县、行法令、重建社会秩序被认为是秦始皇的功业。秦帝国君臣正是通过对秦始皇功业的赞扬肯定了秦始皇的权威性，即秦始皇的政治权威性来自于其功业。

首先，通过对六国暴政的抨击，肯定了秦始皇功业的正义性。秦在战国晚期虽然越来越强大，但论起政治地位来，和六国一样，都是并立的列国，但是历史的发展恰恰是由列国之一的秦灭掉了六国，统一了天下。在秦统一之初，秦始皇将秦灭六国的主要原因归结为六国"倍约"、"倍盟"、"畔约"等（《史记·秦始皇本纪》）。诸侯之间的会盟在春秋时期非常流行，会盟的各方通过"誓"、"约"明确权力、责任和义务。战国时期，诸侯之间虽然也缔结盟约，但盟约的实际作用更小，所以诸侯之间经常用交换人质约束对方，甚至有时候人质也不发挥作用。在这种情况下，指责六国违背盟约，显然并没有很强的说服力。正因为如此，对六国违背盟约的指责随之变为对六国暴政的抨击，以彰显秦灭六国的正义性。之罘刻石说："六国回辟，贪戾无厌，虐杀不已。皇帝哀众，遂发讨师，奋扬武德。义诛信行，威燀旁达，莫不宾服。烹灭强暴，振救黔首，周定四极。"碣石刻石："遂兴师旅，诛戮无道，为逆灭息。武殄暴逆，文复无罪，庶心咸服。"会稽刻石："六王专倍，贪戾慠猛，率众自强。暴虐恣行，负力而骄，数动甲兵。阴通间使，以事合从，行为辟方。内饰诈谋，外来侵边，遂起祸殃。义威诛之，殄息暴悖，乱贼灭亡。"峄山刻石："讨伐乱逆，威动四极，武义直方。戎臣奉诏，经时不久，灭六暴强。"[①]在这些刻石中，六国的统治是贪婪、暴戾、无道、悖乱的，秦统一六国则是正义的，"义诛信行"，"义威诛之"。这可以说是《吕氏春秋》"义兵"说的实际运用。

其次，通过历史的比较，肯定了秦始皇功业的伟大性。秦帝国的建立是中国历史上从来未有的事情，将秦帝国的建立放在历史的长河中，可以凸显秦始皇功

① 峄山刻石原文《史记》未载，此据《史记会注考证》所录，以下所引峄山刻石相同。

业的伟大性。丞相王绾、御史大夫冯劫、廷尉李斯上帝号时说："昔者五帝地方千里，其外侯服夷服，诸侯或朝或否，天子不能制。今陛下……自上古以来未尝有，五帝所不及。"（《史记·秦始皇本纪》）琅邪台刻石："功盖五帝，泽及牛马。"仆射周青臣进颂说："自上古不及陛下威德。"（《史记·秦始皇本纪》）峄山刻石："自泰古始，世无万数。他及五帝，莫能禁止。及今皇帝，一家天下。"五帝建立的帝业是秦始皇功业的参照标准，秦始皇的功业被认为远超帝业，三王建立的王业更不在话下。秦有追求"大"和"多"的风尚①，对其功业伟大性的标榜也是体现之一。

第三，通过对"作"的描述，肯定了秦始皇功业的创造性。"作"有兴起、创造的意思。《易·乾》："圣人作而万物睹。"《诗经·周颂·天作》："天作高山。"秦始皇的功业被认为是创立了秦帝国的各种制度，虽然事实上并不都是如此，但并不妨碍帝国君臣对秦始皇功业不遗余力的颂扬。泰山刻石："皇帝临位，作制明法，臣下修饬。"琅琊台刻石："维二十八年，皇帝作始。"之罘刻石："大圣作治，建定法度，显著纲纪。"之罘刻石东观："作立大义，昭设备器，咸有章旗。""作"也有劳作、勤劳的意思，秦始皇的创造力被认为来自于他勤劳的工作，不懈的努力。秦始皇大概是中国历史上最为勤政的皇帝之一，《史记·秦始皇本纪》记载方士侯生、卢生的话说："天下事无小大皆决于上，上至以衡石量书，日夜有呈，不中呈，不得休息。"这样的工作量，大致一天阅读的文字超过三十万，工作时间达十二小时。② 秦始皇当然不是一个单纯的工作狂，他这样疯狂的工作是创造功业的需要，就是秦帝国建立之后，仍然不能有丝毫的懈怠。泰山刻石："皇帝圣躬，既平天下，不懈于治。夙兴夜寐，建设长利，专隆教诲。"琅邪台刻石："皇帝之功，勤劳本事。"之罘刻石东观："皇帝明德，经理宇内，视听不息。"会稽刻石："皇帝并宇，兼听万事，远近毕清。"

第四，通过人格的神异性，肯定了秦始皇功业的神圣性。《史记·秦始皇本纪》记载廷尉李斯等议分封说："今海内赖陛下神灵一统。"仆射周青臣进颂也说："赖陛下神灵明圣，平定海内。"可见，在秦统一之后，帝国的臣下们开始不断称颂始皇在人格上具有神异的特性，神异性使得他聪明、睿智，能够洞察一切。类似的神异性在《大戴礼记·五帝德》中记述的五帝的身上有同样的表现，如黄帝"生而神灵，弱而能言，幼而慧齐，长而敦敏，成而聪明"；帝尧"其仁如天，其

---

① 林剑鸣：《从秦人价值观看秦文化的特点》，《历史研究》1987 年第 3 期。

② 王子今：《秦始皇的阅读速度》，《博览群书》2008 年第 1 期。

知如神，就之如日，望之如云"。因为具有这种神异性，远古的帝王才被认为具有远超一般人的能力和创造力，也才具有神秘性和凝聚人心的力量，最后成就了功业。帝王人格上的这种神异性使他介于宗教和世俗之间，既是人们崇拜的偶像，服从的权威，又是立足于现实的君主。这种神异性既有人为夸大的因素，又有神灵崇拜的影子，成为古代政治权威不可或缺的人格要素。秦始皇具有神异性，所以获得了"圣"的称号。泰山刻石说："皇帝躬圣，既平天下，不懈于治。"之罘刻石说："大圣作治，建定法度，显著纲纪。"会稽刻石："秦圣临国，始定刑名，显陈旧章。"秦始皇的意志被称为"圣志"、"圣意"，秦始皇之德被称为"圣德"，秦帝国的政治法度被称为"圣法"。秦统一之后，秦始皇热衷于追求成仙，也和他被赋予人格上的神异性有关。

秦始皇的功业具有正义性、伟大性、创造性、神圣性，并给天下百姓带来了实实在在的利益，这被认为是秦始皇对天下百姓的恩惠，是秦始皇之德。秦始皇巡游各地的刻石除了称颂秦始皇的功业外，就是称颂秦始皇之德。《史记·秦始皇本纪》记载，始皇二十八年（前219年），"始皇东行郡县"，"与鲁诸儒生议，刻石颂秦德，议封禅望祭山川之事"。泰山刻石："从臣思迹，本原事业，只颂功德。""登之罘，立石颂秦德焉而去。""作琅邪台，立石刻，颂秦德，明得意。"琅邪台刻石："皇帝之德，存定四极。""功盖五帝，泽及牛马。莫不受德，各安其宇。""群臣相与诵皇帝功德，刻于金石，以为表经。"之罘刻石东观："皇帝明德，经理宇内，视听不怠。""群臣嘉德，只诵圣烈，请刻之罘。"仆射周青臣进颂也称："自上古不及陛下威德。"始皇三十七年（前210年），始皇"上会稽，祭大禹，望于南海，而立石刻颂秦德"。会稽刻石："皇帝休烈，平一宇内，德惠修长。""圣德广密，六合之中，被泽无疆。"

秦始皇之德是和平与秩序，这是秦始皇给天下百姓带来的最大恩惠。泰山刻石："治道运行，诸产得宜，皆有法式。"琅邪台刻石："诛乱除害，兴利致富。节事以时，诸产繁殖。黔首安宁，不用兵革。六亲相保，终无寇贼。欢心奉教，尽知法式。"碣石刻石："地势既定，黎庶无繇，天下咸抚。男乐其畴，女修其业，事各有序。惠被诸产，久并来田，莫不安所。"会稽刻石："皆遵度轨，和安敦勉，莫不顺令。黔首修絜，人乐同则，嘉保太平。"秦帝国君臣希望这种和平与秩序能够永远保持下去。泰山刻石："大义休明，垂于后世，顺承勿革。""昭隔内外，靡不清净，施于后嗣。化及无穷，遵奉遗诏，永承重戒。"之罘刻石东观："常职既定，后嗣循业，长承圣治。"会稽刻石："后世奉法，常治无极，舆舟不倾。"

秦始皇的功与德紧紧联系在一起，合称"功德"。泰山刻石："只颂功德。"

琅琊台刻石："群臣相与诵皇帝功德。"二世刚即位时，"尽刻始皇所立刻石，石旁著大臣从者名，以章先帝成功盛德焉"。显然，其中蕴涵的逻辑关系非常明确，秦始皇有功从而有德。这种德与道德修养没有关系，体现的是功利色彩。秦帝国的君臣从现实出发，论证了秦始皇功业的正义性；从历史的角度出发，论证了秦始皇功业的伟大性；以君主的勤奋努力论证了秦始皇功业的创造性；以人格的神异性论证了秦始皇功业的神圣性；肯定这样的功业带给百姓的是和平与秩序，是秦始皇之德。这样的功德，大大增强了秦始皇之"威"。之罘刻石东观："武威旁畅，振动四极，禽灭六王。"碣石刻石："皇帝奋威，德并诸侯，初一泰平。"周青臣进颂说："自上古不及陛下威德。"秦始皇之"威"是无与伦比的威力，是此前所有的君主无法企及的威风，是人人敬服的威严。秦始皇因此有高于所有人的地位，大于所有人的权力，超越所有人的威势。秦始皇的权威性被表现得淋漓尽致，他的权威地位理应是不可动摇的，秦始皇超越历史上所有的帝王而称"皇帝"也是理所当然的。秦始皇不可逾越的"威"甚至使他膨胀到和作为神的"湘君"斗法，"使刑徒三千人伐湘山树，赭其山"，"梦与海神战"，射杀巨鱼（《史记·秦始皇本纪》）。秦帝国的功德观是对秦始皇称"皇帝"的具体解释，这种解释贯穿了君主个人、社会现实和历史发展。

秦帝国的功德观作为一种政治权威的评价标准，在帝国时期得到了充分的运用和宣扬。从价值取向上来说，秦帝国的功德观具有典型的功利特征。这种功德观可能在秦统一之前就已经充分酝酿了。《大戴礼记·五帝德》实记黄帝、颛顼、喾、尧、舜、禹六位帝王，历述各帝降生的神异，各人的德行，成就的功业，特别强调各帝建立了大一统的统治，天下无不顺从。《大戴礼记·五帝德》是战国时期关于"帝业"的具体描述，彰显的也是各帝的功德。秦始皇在各地巡游的刻石纪功中对秦帝国的疆界等的描述，与《大戴礼记·五帝德》的辞句极为相似。

> 日月所照，舟舆所载。皆终其命，莫不得意。
>
> 六合之内，皇帝之土。西涉流沙，南尽北户。东有东海，北过大夏。人迹所至，无不臣者。（《史记·秦始皇本纪·琅琊台刻石》）
>
> （颛顼）乘龙而至四海，北至于幽陵，南至于交趾，西济于流沙，东至于蟠木。动静之物，大小之神，日月所照，莫不祗励。
>
> （帝喾）执中而获天下，日月所照，风雨所至，莫不从顺。
>
> （帝尧）其言不贰，其行不回，四海之内，舟舆所至，莫不说夷。
>
> （禹）四海之内，舟车所至，莫不宾服。（《大戴礼记·五帝德》）

《大戴礼记·五帝德》是一篇儒家文献。这里反映出两个问题：一是在秦帝国建立之前，有部分儒家学者自我调整并认同社会现实，吸收功利思想，对帝业予以阐释；另一方面，秦帝国建立之后，根据实际的需要吸收了包括儒家在内的各种思想资源，系统地实践了功德观。由此可见，战国中晚期和帝国时期的思想的综合性表现得更为复杂，界限远不那么清晰。秦帝国的功德观作为一种文化模式影响深远，汉代及其以后的王朝无不重复。汉代贾谊《新书·数宁》："'祖有功，宗有德。'始取天下为功，始治天下为德。"这点结合帝王的庙号、谥法等被固化下来，使功德观成为一种普遍的思想共识，对功与德的追求也成为一种普遍的追求。

（二）封禅与祭祀

秦思想在政治和战争中发展出了很强的实用理性，但这种理性仍然主要存在于狭隘的经验层面。在精神生活方面，秦帝国还是依靠神秘的宗教力量。功德观立足于现实肯定了皇帝权力、地位的合理性，但它还需要得到至上神天帝的肯定。封禅、祭祀所反映的思想观念说明了这点，同时也肯定了宗教祭祀权力是皇帝权力不可或缺的组成部分。

始皇二十八年（前219年），秦始皇到泰山封禅。《史记正义》解释说："此泰山上筑土为坛以祭天，报天之功，故曰封。此泰山下小山上除地，报地之功，故曰禅。言禅者，神之也。"并进一步引用《白虎通》的说法："或曰封者，金泥银绳，或曰石泥金绳，封之印玺也。"据此，封禅是祭祀天地的礼仪。"封"是筑土为坛以祭天，"禅"是铲除草木、平整场地以祭地。在祭祀时，封也指用石函封藏玉蝶以告神。

《史记·封禅书》引《管子·封禅篇》追述封禅的历史，认为封禅自古有之，"古者封泰山禅梁父者七十二家"。《管子·封禅篇》已亡佚。《史记·封禅书》记载秦始皇、汉武帝封禅都遇到不明礼仪的困境。秦始皇征齐鲁博士儒生七十余人议封禅，莫衷一是。汉武帝与公卿诸生议封禅，"封禅用希旷绝，莫知其仪礼，而群儒采封禅《尚书》、《周官》、《王制》之望祀射牛事"。封禅礼仪的困境也许显示出在这之前封禅并不存在，后人对此也多存疑。《后汉书·祭祀志上》："封禅不常，时人莫知。"实际上，真正将封禅付诸实施的是秦始皇，关于以前封禅的历史是子虚乌有一类[①]，故《晋书·礼志下》："封禅之说，经典无闻。"《新唐

---

① 黄留珠：《试论秦始皇对祭祀制度的统一》，见黄留珠：《秦汉历史文化论稿》。

书·礼乐志四》："《文中子》：'封禅，非古也，其秦汉之侈心乎？'盖其旷世不常行，而于礼无所本，故自汉以来，儒生学官论议不同，而至于不能决，则出于时君率意而行之耳。"《文献通考·郊社考十七》引《文中子》，直言古封禅七十二家"非事实也"。

今论者多以封禅源于齐地，《史记·封禅书》记载齐桓公葵丘之会想要封禅，管仲举古代封禅十二家，劝齐桓公不要封禅，齐桓公乃止。应该说封禅源于齐地没有什么依据，齐桓公想要封禅亦非事实。《史记·封禅书》还提到孔子"传略言易姓而王，封泰山禅乎梁父者七十余王矣"，但又说："其俎豆之礼不章，盖难言之。"作者大约也不相信七十余王封禅泰山的历史。《大戴礼记·保傅》记周成王封禅，同时有"秦为天子，二世而亡"的话，显见是秦以后的话。西周到春秋、战国时期，在泰山有一些宗教祭祀活动。《左传》隐公八年（前715年）："郑伯请释泰山之祀而祀周公，以泰山之祊易许田。三月，郑伯使宛来归祊，不祀泰山也。"《论语·八佾》："季氏旅于泰山。子谓冉有曰：'女弗能救与？'对曰：'不能。'子曰：'呜呼！曾谓泰山不如林放乎？'""旅"或以为是祭名，或以为是陈列的意思，但肯定不是封禅一类的大典。《礼记·礼器》："齐人将有事于泰山。"此外的儒家经典不见关于秦以前封禅的记载。

祭天的传统历史悠久。新石器时代的红山文化、良渚文化中都发现有祭坛，但祭祀的详细情况难于确知。周代的祭天，《史记·封禅书》引《周官》说："冬至日，祀天于南郊，迎长日之至；夏至日，祭地祇。"《史记·封禅书》还记载了舜祭祀五岳，夏商时的符瑞与灾异，西周时对名山大川的祭祀。祭天礼仪不等于封禅礼仪。

秦的封禅并不是周代祭天的复制，而是自有其传统，秦的封禅是将其畤祭在新的形势下加以发展而形成的一种新的祭祀礼仪。太史公《史记·封禅书》记载的秦的畤祭显示了和封禅的直接关系。秦的畤祭是从祭地发展而来的，以坛祭天，并借以表达其政治诉求和对土地扩张的愿望，灭掉六国之后，这种祭祀演变成了封禅。从形式上来说，封禅和畤祭都是在山头筑坛祭天，不同于周代的在都城南郊举行的郊祭。《史记·封禅书》记载秦封禅的礼仪采用的是在雍祭祀上帝的礼仪，"其礼颇采太祝之祀雍上帝所用，而封藏皆秘之，世不得而记也"。

封禅所反映的思想内涵不同于郊祭。封禅的目的在于向天报告成功，这是秦功德和天命、天人感应思想的结合。秦有强烈的天命和天人感应思想，在秦统一六国之后，作为对天命和天人感应的回应，举行了封禅。《史记·封禅书》一开篇提出的封禅的条件包括天命、符瑞、功、德、时间，缺一不可。符瑞是天人感应的表现，主要是在春秋战国时期逐步发展起来的，秦的功德观更是有其特定的内涵。在封禅的条件中，符瑞和功德，特别是功德又是最为重要的，封禅本身也有彰显功德的意义，故《史记正义》引《五经通义》说："易姓而王，致太平，必封泰山，禅梁父，何？天命以为王，使理群生，告太平于天，报群神之功。"《五经通义》为汉代刘向所作，强调"易姓而王"、"致太平"，但"天命以为王"、"报群神之功"还是符合封禅的原则。封禅所昭示的思想与西周时期天命思想有很大的区别。西周天命思想的主要内容是受命于天，天命无常，天意在民，敬德保民，永保天命。封禅除了昭示天命外，功德、天人感应思想是西周天命思想所没有的内容。

封禅选在泰山进行是为了融合东西方的宗教文化。秦崛起于西方，但东方一直是三代以来的政治文化中心，《史记·封禅书》中的一段话说得特别清楚：

> 昔三代之居皆在河洛之间，故嵩高为中岳，而四岳各如其方，四渎咸在山东。至秦称帝，都咸阳，则五岳、四渎皆并在东方。自五帝以至秦，轶兴轶衰，名山大川或在诸侯，或在天子，其礼损益世殊，不可胜记。及秦并天下，令祠官所常奉天地名山大川鬼神可得而序也。

从历史发展的实际情况来看，夏、商的政治文化中心都在东方。西周则是东西并重，宗周在西，成周在东。春秋以来，周王室衰落，诸侯势力日益强大。战国时期，在秦经历了商鞅变法之后，逐步形成了秦和山东六国对抗的局面。诸侯称霸和征战时期，地域文化得到发展，诸侯控制了其统治范围之内的宗教祭祀权力。如在齐地，有所谓的八神祠，第一位就是天主，祠天齐。《史记·封禅书》说："齐所以为齐，以天齐也。"春秋战国时期，东方的齐、鲁文化又特别发达。秦统一之后，显然不能坐视原来各诸侯国形成的宗教祭祀传统继续流传，更不能允许借用祭天、祭名山大川的名义分割宗教祭祀的权力，统一宗教祭祀是必然的。

《史记·封禅书》将秦帝国的宗教祭祀从地域上分为分为东、西。东是殽以东，有五名山，分别是太室、恒山、泰山、会稽、湘山；立大川祠二，分别是济水和淮水。秦在东方的宗教祭祀涵盖了原来山东六国的地域内的名山大川。在东方祭祀的名山中包括湘山，联系《史记·秦始皇本纪》所记载的秦始皇毁原来旧有的湘山祠的举动，其思想昭然若揭。泰山是东方名山，东临大海，西依黄河，耸立于齐鲁大地，显得特别雄伟。《孟子·尽心上》记载孔子有"登泰山而小天下"的感慨。秦在泰山封禅，对统一宗教祭祀自然能够产生广泛的影响力。至于西则是指华山以西，有所谓的名山七，名川四，除华山、黄河真正有名外，其他山水并不著名，但涵盖了关中、巴、蜀，中心是雍。通过泰山封禅，秦帝国的宗教祭祀东西统一而平衡。

封禅重申了皇帝的宗教祭祀权力，这种祭祀又是和土地占有相关的。《礼记·王制》："天子祭天下名山大川，诸侯祭名山大川之在其地者。"《史记·封禅书》："天子祭天下名山大川，五岳视三公，四渎视诸侯，诸侯祭其疆内名山大川。"对名山大川的祭祀是天子的权力，同时也宣布了对名山大川所在的土地的占有。这种具有象征意义的宗教祭祀权力是皇帝不可分割的权力的重要组成部分。在秦的历史上，畤祭的一个特点是随着秦的都城的迁移和土地的扩展而迁移。秦统一后，将畤祭上升为泰山封禅，使泰山成为东方的宗教祭祀中心，并祭祀东方的名山大川，从宗教上宣布了对东方六国土地的占有。相应地，祭祀的对象不再是方位神，而是昊天上帝。封禅的形式是在泰山顶为坛祭天，本身就有借以增高，尽量接近天帝的意思。

在举行封禅大典前后，秦统一了宗教祭祀。宗教祭祀中心有三个，西为雍，东为泰山，再就是都城咸阳。祭祀的对象为天帝及其日月星辰、天帝之臣，名山大川，祖宗，再加上各种杂祀。秦的祭祀非常繁多，但也是秩序化的国家祭祀。在秩序化之中，又体现了包容性，原来秦的传统祭祀和各诸侯国的一些祭祀被包容在内，如秦的陈宝祭祀，对齐地的八神将，"皆各用一牢具祠，而巫祝所损益，珪币杂异焉"（《史记·封禅书》）。皇帝掌握着帝国宗教祭祀的权力，他也就是帝国的宗教权威了。

（三）成仙的渴望

秦始皇在吞并六国、一统海内之后，曾经屡次求仙，表达了成仙的强烈愿望。根据《史记·秦始皇本纪》、《封禅书》等记载，秦始皇的求仙活动主要有以下几次：

第一次，始皇二十八年（前219年）东巡，一直到海。齐人徐市上书始皇，说海中有三座神山，名字叫蓬莱、方丈、瀛洲，是仙人居住的地方。始皇于是派徐市入海求仙药。徐市诈称神仙责备礼物菲薄，不给延年益寿之药，必须献上童男女和百工、礼物，才能得到仙药。始皇信以为真，于是派遣徐市带领童男女三千人以及五谷种子和百工入海求仙。徐市等以遇到大风为由，没有找到仙药。①

第二次，始皇三十二年（前215年）到碣石，派燕人卢生寻找仙人羡门、高誓等。卢生等人回来，谎称遇到仙人，仙人说："亡秦者胡也。"始皇于是派蒙恬率大军三十万人北击匈奴。同年，始皇还派韩终、侯公、石生等人寻找仙人，求不死之药。卢生等人耗费几年时间，仍找不到不死之药。始皇三十五年（前212年），卢生等人上奏秦始皇说找不到不死之药是因为恶鬼妨害，只有微行避鬼，真人乃至。于是始皇自称"真人"，行居不定。不久，卢生等人潜逃。始皇大怒，坑杀方士诸生四百六十余人。

第三次，始皇三十六年（前211年），始皇让博士作《仙真人诗》，巡游各地时，令乐人弹唱，希冀遇仙。

第四次，始皇三十七年（前210年），方士徐市入海求仙药不得，害怕始皇治罪，于是诈称"为大鲛鱼所苦"，故不得至。始皇于是派人携带渔具和连弩出海，在之罘射杀一鱼。

神仙说的核心是通过养生或服食药物等，使人可以长生不死。《释名·释长幼》："老而不死曰仙。"《汉书·艺文志·方志略》中有神仙家，"神仙者，所以保性命之真，而游求于其外者也。聊以荡意平心，同死生之域，而无怵惕于胸中"。死亡是人最根深蒂固的恐惧，如果真能长生不死，突破时间和空间对人的限制，人无疑将获得最大的自由。当然这是不可能的，只不过是一种想象与愿望。

在秦始皇求仙之前就已经有不死的传说了。《史记·封禅书》说："自威、宣、燕昭使人入海求蓬莱、方丈、瀛洲。此三神山者，其传在渤海中，去人不远；患且至，则船风引而去。盖尝有至者，诸仙人及不死之药皆在焉。其物禽兽皆白，而黄金白银为宫阙。未至，望之如云；及至，三神山反居水下。临之，风辄引去，终莫能至云。世主莫不甘心焉。"也就是说，齐威王、齐宣王、燕昭王都曾经有寻找三神山的举动。《韩非子·外储说左上》："客有教燕王为不死之道者，王使人学之，所使学者未及学而客死。"《战国策·楚策四·有献不死之药于荆王者章》讲了一个有关不死之药的有趣的故事。有人给荆王献不死之药，荆王的侍

① 《史记·秦始皇本纪》："三十一年十二月，更名腊曰'嘉平'。"《史记集解》引《太原真人茅盈内纪》说是秦始皇听到了茅盈的曾祖父茅濛乘云驾龙，白日升天的故事，"乃有寻仙之志，因改腊曰'嘉平'"。在"更名腊曰'嘉平'"之前，秦始皇就已经开始求仙，《太原真人茅盈内纪》显系后来的神仙家附会之作。

臣中射之士"夺而食之"。荆王大怒，要杀中射之士。中射之士辩解说："且客献不死之药，臣食之，而王杀臣，是死药也。"荆王于是赦免了这个中射之士。这说明不死的传说在楚国也有流传。

关于神仙说的起源，闻一多认为，齐人本为西方的羌族，羌族流行火葬，火葬后死者的灵魂就升天了。齐人到东方时带来了西方的灵魂不死观念，受当地土著思想的影响，演变为纯粹的肉体不死。海与神仙并无因果关系，三山与神仙只是偶然的结合而已。① 顾颉刚认为，巫师们传来的西方昆仑区的神奇故事和不死观念，于是激起了"海上三神山"的传说和求仙的欲望，而有了"方仙道"。东方的仙岛本由西方的神国脱化而出，及其各自发展之后，两种传说又被人结合起来。② 他们两位都认为神仙说源于西方，东方海滨的奇幻景致、海市蜃楼的神奇传说等只是诱因。不过从神仙思想的根源来说，还需要进一步从思想和技术两个层面进行分析。思想上有追求长生和自由的愿望，技术上为实现这种愿望提供了可能。

以长寿为福是中国人最基本的观念之一。闻一多指出，青铜器铭文中"祈眉寿"一类的嘏辞最为多见。③ 在西周到春秋战国时期，追求长寿是一种普遍的观念。《尚书·洪范》所列的"五福"中第一位就是"寿"，第五位是"考终命"；"六极"中第一位是"凶短折"。《洪范》是所谓的箕子献给周武王的天地之大法，虽有人怀疑它成书可能较晚，但如此郑重其事地将"寿"列在"五福"中第一位，可见对长寿的重视。在《诗经》中，这种追求长寿的愿望以一种对长生祝福的形式出现。《诗经·豳风·七月》："跻彼公堂，称彼兕觥，万寿无疆！"《诗经·小雅·天保》："君曰卜尔，万寿无疆。""如南山之寿，不骞不崩。如松柏之茂，无不尔或承。"祝福"万寿无疆"和祝福永生已经差不多了。彭祖、巫咸等长寿者的传说流行一时。老子和孔子也重视长寿，并将长寿和他们的思想结合起来。老子本人据说也是个长寿者，《老子》第七章："天地所以能长且久者，以其不自生，故能长生。"《老子》主张人要以自然、清净、不争、寡欲、柔弱而求长生。《论语·雍也》记载孔子的话说："知（智）者乐，仁者寿。"他认为有仁爱之心的人才可以长寿。普遍的长寿观念体现了人们的主观愿望，是神仙思想的基础。这种期盼长

① 闻一多：《神仙考》，见闻一多：《神话与诗》，华东师范大学出版社 1997 年版，第 165—194 页。

② 顾颉刚：《〈庄子〉和〈楚辞〉中昆仑和蓬莱两个神话系统的融合》，《中华文史论丛》1979 年第二辑，上海古籍出版社 1979 年版。

③ 闻一多：《神仙考》。

寿的愿望演变成了不死的传说，《山海经》中有"不死之山"、"不死之国"、"不死之药"、"不死民"、"不死树"。《山海经·海外南经》："不死民在其东，其为人黑色，寿，不死。"

战国时期的庄子和屈原都追求自由，试图摆脱各种对人的限制和束缚。《庄子》语言华丽，想象奇特，描写了可以无待无累、自由周游的"神人"、"真人"。《逍遥游》："夫列子御风而行，泠然善也，旬有五日而后反。""若夫乘天地之正，而御六气之辩，以游无穷者，彼且恶乎待哉！""藐姑射之山，有神人居焉，肌肤若冰雪，淖约若处子。不食五谷，吸风饮露。乘云气，御飞龙，而游乎四海之外。其神凝，使物不疵疠而年谷熟。"《齐物论》："至人神矣！大泽焚而不能热，河汉沍而不能寒，疾雷破山飘风振海而不能惊。若然者，乘云气，骑日月，而游乎四海之外。死生无变于己，而况利害之端乎？"《大宗师》中的"真人"是"登高不慄，入水不濡，入火不热"。屈原屡受挫折，政治理想难于实现，本人遭到放逐之后，也曾经展开想象的翅膀，自由翱翔。《离骚》描写了作者乘龙御凤，上下求索，羲和驾车，云霓飘飘。"前望舒使先驱兮，后飞廉使奔属。鸾皇为余先戒兮，雷师告余以未具。吾令凤鸟飞腾兮，继之以日夜，飘风屯其相离兮，帅云霓而来御。"庄子和屈原形象而神奇的描述，给人留下了深刻的印象，激起人无限的向往。秦始皇求仙时曾说："吾慕真人，自谓'真人'，不称'朕'。"他又使博士作《仙真人诗》（《史记·秦始皇本纪》）。其受《庄子》等的影响非常明显。

神仙思想追求的是肉体的永生，是肉体和精神的永远结合，这又和灵魂观念有关。先民们认为人死之后还有灵魂存在，只不过进入了另外一个世界，所以形成了"侍死如生"的观念。神仙思想最初追求的就是灵魂的升天和永生，活着的肉体是暂时的，死去之后所余的灵魂是永久的。《史记·封禅书》说："而宋毋忌、正伯侨、充尚、羡门高最后皆燕人，为方仙道，形解销化，依于鬼神故事。""形解销化"，《史记集解》引服虔的话说："尸解也。"张晏说："人老而解去，故骨如变化也。今山中有龙骨，世人谓之龙解骨化去也。""尸解"是解开尸体，放出灵魂，所谓神仙不过是升天的灵魂而已。① 最初的神仙思想和灵魂观念是直接相关的。

战国末期，功业与保身被结合在一起，对神仙思想的发展也有一定的推动作用。人既要建功立业，又要性命寿长，功成名就之后，还要富贵寿考。蔡泽曾居留于秦国，他的思想中就有这方面的内容。《吕氏春秋》注重全生全性。《韩非子》

---

① 闻一多：《神仙考》。

的功利思想众所周知，《韩非子·解老》也认为："人莫不欲富贵全寿，而未有能免于贫贱死夭之祸也。心欲富贵全寿，而今贫贱死夭，是不能至于其所欲至也。"《解老》因而主张"身以积精为德"，这是受《管子·内业》篇中的"精气"思想的影响。《内业》认为"精气"是人生命和精神的根源，人如果能保有精气，"乃能穷天地，被四海。中无惑意，外无邪灾。心全于中，形全于外。不逢天灾，不遇人害，谓之圣人"。《汉书·艺文志》著录的神仙家的著作，书名多依托黄帝，如《黄帝杂子步引》、《黄帝岐伯按摩》、《黄帝杂子芝菌》、《黄帝杂子十九家方》等。这些书有些可能成书于汉代以前。传说中的黄帝建立功业、长生久视、飞升成仙，书名依托黄帝也说明对功业与保身的并重。

长寿、自由、灵魂、功业与保身等思想观念成为神仙思想产生的理论依据。人有长寿乃至永生的主观愿望，有摆脱死亡恐惧实现自由的强烈要求，灵魂观念给人以启发，功业与保身是现实的土壤。但成仙仅有理论是不够的，人能不能永生还需要相关的技术使它变得具有可行性。在这方面，巫术、医药、养生等为追求成仙提供了支持。

成仙可以升天，而巫能够与上天交通。《山海经》所记登葆山、昆仑之虚、肇山、青要之山、灵山等，就是群巫与上帝交接的通道。[1]《山海经·海外西经》："巫咸国，在女丑北，右手操青蛇，左手操赤蛇，在登葆山，群巫所从上下也。"袁珂注："登葆山盖天梯也，'群巫所从上下'者，'上下'于此天梯也。"[2] 巫沿着天梯，上下交通于天人之间，给人以到达天神世界的希冀。

巫和不死药有直接的关系。《山海经·海内西经》："开明东有巫彭、巫抵、巫阳、巫履、巫凡、巫相，夹窫窳之尸，皆操不死之药以距之。"《山海经·大荒西经》："有灵山，巫咸、巫即、巫肦、巫彭、巫姑、巫真、巫礼、巫抵、巫谢、巫罗十巫，从此升降，百药爰在。"巫同时具有医的职能。《山海经·海内西经》对巫彭等人有所描述，郭璞注："皆神医也。《世本》曰：'巫彭作医。'"[3] 巫能够交通天人，又能掌握不死药，具备了使人成仙所需的某些技能。

战国秦汉之际，医药养生有了很大的发展，对成仙也有一定的作用。《汉书·艺文志》将神仙归于《方技略》。《方技略》除了神仙外，还包括医经、经方、房中，所谓的"皆生生之具"。可见，战国秦汉时期的医药与神仙并没有完全区

① 袁行霈：《〈山海经〉初探》。

② 袁珂：《山海经校注》，上海古籍出版社 1980 年版，第 219 页。

③ 袁珂：《山海经校注》，第 301 页。

分开来。医药包括医经与经方，医经偏重于医学理论方面，经方属于处方类。房中是通过男女交接之术来养神炼形。属于这一类的方技还有服食、行气导引。服食又称服饵，是通过服食外物与外部自然界进行物质交换以达到强身健体。行气导引是以呼吸吐纳、俯仰屈伸来养神炼形。^① 这些方技都是为了使人能够长生久视，和神仙家关系密切。

秦时专门的求仙事业称为"方仙道"，从事"方仙道"的人称为神仙方士。从知识和技能的角度看，神仙方士们是巫、医的结合体，兼有数术、诸子方面的知识，以寻访不死仙药为主。秦时的神仙方士主要来自燕、齐滨海地区。这些人将相关的思想、知识和技能综合起来，加上种种奇闻，刻意描绘所谓的神仙世界，以投合秦始皇的心理，并鼓动秦始皇求仙。《史记·封禅书》："及至秦始皇并天下，至海上，则方士言之不可胜数。"神仙方士的鼓吹和秦始皇的渴望形成了强烈的社会效应，《盐铁论·散不足》："当此之时，燕、齐之士，释锄耒，争言神仙。方士于是趣咸阳者以千数，言仙人食金饮珠，然后寿与天地相保。"应该说，不死的传说此前已有，成型的神仙说这时才开始大行其道。秦时的神仙说的主要内容是对神仙世界的描绘，寻访不死仙药和其他成仙的途径。神仙说的成型不是孤立的，它也是对相关的思想、知识和技能综合的产物，神仙方士是进行这种综合的人物。

秦始皇求仙多被认为是穷奢极欲心态的产物，对相关的思想、知识和技能的综合则重视不够。结合思想、知识和技能的背景，可以察知秦始皇求仙不仅仅是要满足其无穷的欲望，还表现了非常明显的政治心态。求仙和巡游、封禅这样的具有强烈政治、宗教色彩的事情交织在一起，说明秦始皇试图以生命永存的形式超越前人，超越传说中的三皇五帝。他试图超越自然生命的限制，冲破时空的界限，变有限为无限，真正成为前所未有的第一帝王，彰显其伟大的功业与个体的神异。

神仙说是后来道教的一个重要内容，而道教是最有中国特色的宗教，追溯其根源不得不将目光投射到战国和秦时的不死说与神仙说及其相关的思想、知识和技能的综合。神仙说所包含的功业与保身并重等思想内容对汉初的黄老思想也有一定的影响，它提出的是功成名就之后的个人生存问题，而汉代的黄老道、神仙说的进一步发展也是与战国、秦时的不死说、神仙说一脉相承的。

---

① 李零:《战国秦汉方士流派考》将战国时的方技分为医学、服食、行气导引、房中。见李零:《中国方术续考》，102—104 页。

（四）韩非的学说

秦帝国的功德观是对皇帝权威的阐释，但功德只是衡量政治权威的标准。在君主专制集权统治的政治体制下，君主作为政治权威，还必须在实际的权力操作层面能够掌控和行使权力。为了达到这个目的，秦帝国时期，皇帝将韩非的学说奉为经典，将韩非的思想作为行使帝国权力的指导思想。就韩非的思想来说，最初引起秦王政兴趣的是其操控权力的"术"，而随着帝国的建立，韩非思想的影响更大，但其核心无非是综合运用法、术、势维护皇帝的权力与地位。

首先是"刑杀为威"。秦国在商鞅变法时就有重刑的主张，韩非更加强调君主用重刑立威，这一点被秦帝国的统治者所遵循。《史记·秦始皇本纪》记载侯生、卢生抨击始皇"专用狱吏，狱吏得亲幸"，"上乐以刑杀为威"，绝非虚言。坑儒事件中始皇大开杀戒是最著名的例子。始皇三十六年（前211年），因为出现了"始皇死而地分"的刻石，"遣御史逐问，莫服，尽取石旁居人诛之"。这些刑杀事件是因为触犯始皇的威严而导致的，完全是由始皇的个人意志所决定的。始皇三十四年（前213年）还发生了一件事，"适治狱吏不直者，筑长城及南越地"（《史记·秦始皇本纪》），那些有徇私行为的狱吏都被发配去修长城和戍守南越。二世皇帝即位之后，感觉到大臣和诸公子不服。赵高曾为二世出主意说："今上出，不因此时案郡县守尉有罪者诛之，上以振威天下，下以除去上生平所不可者。今时不师文而决于武力，愿陛下遂从时无疑，即群臣不及谋。"于是，二世诛杀了一批大臣、郎官，"而六公子戮死于杜"，公子将闾昆弟三人自杀（《史记·秦始皇本纪》）。《史记·李斯列传》亦有相似的记载，赵高的话里有"严法而刻刑"之语，所杀的公子、公主人数不同，并且提到了公子高主动要求从死。[①] 二世、赵高将统治者的权威的树立完全寄托在赤裸裸的暴力手段上，于是一再地"申法令"，"用法益刻深"（《史记·秦始皇本纪》）。

其次是刻意用术。韩非主张君主要用术控制臣下，君主要表现得高深莫测，要能够察微知著，防微杜渐。秦始皇也曾刻意营造这种神秘的形象。《史记·秦始皇本纪》："令曰：'行所幸，言其处者，罪死。'"始皇三十五年（前212年），始皇幸梁山宫，从山上看见丞相的车骑众多，很不高兴。随侍"中人"偷偷告诉了丞相，丞相减少了车骑。始皇大怒："此中人泄吾语。""案问莫服。当是时，

---

① 秦始皇陵东侧的上焦村西有十七座陪葬墓，发掘了八座。据推测，这可能是被二世所杀的公子、公主之墓。始皇陵内城西部发现的一座中等甲字形墓，可能是公子高之墓。袁仲一：《秦始皇陵兵马俑研究》，文物出版社1990年版，第38—40页。

诏捕诸时在旁者，皆杀之。""自是后莫知行之所在。"作为最高的统治者，秦始皇不愿意让臣下知道自己真实的想法，也不想让人知道自己的行踪，以保持自己的威严。秦二世时取消廷议也是要保持君主的神秘性。廷议是相关官僚对皇帝指定问题进行公开讨论，皇帝最后对讨论结果行使决定权的一种会议形式。在廷议中，皇帝的最终决定权显示了皇帝的权威和至高无上的地位，但廷议对于皇帝充分听取各方面的意见，对事情作出正确的判断还是有好处的。赵高劝秦二世取消廷议，理由是："天子所以贵者，但以闻声，群臣莫得见其面，故号曰'朕'。且陛下富于春秋，未必尽通诸事，今坐朝廷，谴举有不当者，则见短于大臣，非所以示神明于天下也。且陛下深拱禁中，与臣及侍中习法者侍事，事来，有以揆之。如此，则大臣不敢奏疑事，天下称圣主矣。"（《史记·秦始皇本纪》）撇开赵高弄权的因素，他实际上想把二世皇帝塑造成一个权术家和孤家寡人。赵高还给二世建议："明主收举余民，贱者贵之，贫者富之，远者近之，则上下集而国安矣。"（《史记·秦始皇本纪》）权力运用的神妙莫测完全演变成君主的随心所欲。

第三是以势示强。二世刚即位时，曾对赵高说道："先帝巡行郡县，以示强，威服海内。"（《史记·秦始皇本纪》）可见始皇巡行天下，到处称颂秦的功德，就是要制造出秦始皇无与伦比的威势、位势、权势，以势威服天下。在帝国的统治体制内部，对于臣下来说，秦始皇之势也是丝毫不能触犯的。李斯在提出"焚书令"时说："如此弗禁，则主势降乎上，党与成乎下。"这样的话几乎就是韩非语言的翻版。韩非认为臣下结党营私，对君主最大的害处就是分割君主之势，损害君主利益，这是绝对不能允许的。

第四是庆赏为德。《韩非子·二柄》："二柄者，刑德也。何谓刑德？曰：杀戮之谓刑，庆赏之谓德。""庆赏"一般认为指的是奖赏，是君主行使权力的一种手段。在一个社会中，为了使一种标准和相应的价值获得认同，需要社会制约，奖惩是最主要的方式。秦帝国的"刑杀为威"反映了惩罚的方面，奖赏的方面同样需要关注。秦帝国的奖赏除了奖励立功外，还有一种普遍的奖赏，即皇帝普遍的赐爵、赐物等。《史记·秦始皇本纪》：二十七年（前 220 年），"是岁，赐爵一级"；三十一年（前 216 年），"赐黔首里六石米，二羊"；三十六年（前 211 年），"迁北河榆中三万家。拜爵一级"。《史记·六国年表》：二十八年（前 219 年），"赐户三十，爵一级"。以上的赐爵、赐物，除三十六年（前 211 年）的"拜爵一级"是给移民的外，其他三次是普遍的赏赐。赐爵、赐物不是孤立的事件，和二十七年（前 220 年）的赐爵对应的是始皇巡陇西、北地；和二十八年（前 219 年）的赐爵对应的是始皇东行郡县，封禅泰山；三十一年（前 216 年），据《史记集解》，始皇有寻仙之志。始皇巡行的一个目的是为了颂秦功德，所以，普遍的赐爵、赐物应该是与此相联系的，是秦"德"，即对天下百姓的一种普遍的恩惠。①事实上，这种普遍的赐爵、赐物有明确地称为"恩德"的例子。《汉书·高帝纪》：高祖二年（前205年）"二月癸未，令民除秦社稷，立汉社稷。施恩德，赐民爵"。

普遍地给予百姓恩惠，在秦有一定的传统，《史记·秦本纪》："孝公于是布惠，振孤寡，招战士，明功赏"；"庄襄王元年，大赦罪人，修先王功臣，施德厚骨肉而布惠于民"。带有补偿性质的赐爵在秦昭襄王时期就有。《史记·秦本纪》：秦昭襄王二十一年（前286年），"魏献安邑，秦出其人，募徙河东赐爵，赦罪人迁之"。秦昭襄王时期还有激励性质的赐爵，《史记·白起列传》：秦昭襄王四十七年（前260年）的长平大战中，"秦王闻赵食道绝，王自之河内，赐民爵一级。发年十五以上，诣悉长平，遮绝赵救及粮食"。秦帝国时期普遍的赐爵赐物，不属于补偿和激励性质，而是在传统的给予百姓恩惠的基础上，以韩非的"庆赏之谓德"为指导，将其发展为一种对天下百姓的普遍奖赏。秦帝国时期普遍的赏赐也不是无缘无故的，其目的是要获得百姓对秦帝国的支持，这大约是在新的社会环境中刑德思想的进一步运用。秦帝国时期的"刑杀为威"和庆赏为德是相互关联的两个方面。当然，相对而言，"刑杀为威"更为重要。

第五是独掌权力。韩非认为专制君主应该独掌权力，秦始皇是这种思想的忠实实践者。泰山刻石提到秦统一之后，皇帝"不懈于治"，"夙兴夜寐"；琅邪台刻石说皇帝"勤劳本事"；之罘刻石东观说皇帝"视听不怠"；会稽刻石说其"兼听万事"。这不只是单纯的歌功颂德，秦始皇的勤政实际上是对权力的追求，就是侯生、卢生所指责的"天下事无大小皆决于上"，"贪于权势至如此"（《史记·秦始皇本纪》）。皇帝将一切权力极力地掌握在自己的手中，从丞相以下的各级官吏只不过是执行者而已。

第六是督责之术。二世即位之后，李斯曾向二世上书，劝二世行"督责之术"。《史记·李斯列传》："督责之，则臣不敢不竭能以徇其主矣。此臣主之分定，上下之义明，则天下贤不肖莫敢不尽力竭任以徇其君矣。是故主独制于天下而无所制也。"《索隐》："督者，察也。察其罪，责之以刑罚也。"也就是说，"督责之术"的核心是督察臣下，责以刑罚，以达到君主独掌权力的目的。"督责之术"源于申不害、韩非的思想，所以李斯说："夫不能修申、韩之明术，行督责之道，……

---

① 日本学者认为秦汉普遍的赐爵在于把上至皇帝下到编户之民都纳入到二十等爵中，形成爵制秩序。[日]西嶋定生著，武尚清译：《二十等爵制》，第396—397页。

何足贵哉！"（《史记·李斯列传》）"督责之术"首要的是重刑，李斯引用韩非子"慈母有败子而严家无格虏"①，主张轻罪重罚。"彼唯明主为能深督轻罪。夫罪轻且督深，而况有重罪乎？故民不敢犯也。""督责之术"的核心是君主独断，"是以明君独断，故权不在臣也"，"若此则帝道备，而可谓能明君臣之术矣。虽申、韩复生，不能加也"。"督责之术"其实也不是什么新鲜的东西，不过是韩非"术"的重申而已。

第七是以吏为师与以法为教。这点后面还要专门论述，此不赘言。

韩非思想在秦帝国时期的大行其道，表明了以富强论为核心的《商君书》的思想完全被以权力论为核心的《韩非子》的思想所取代。《商君书》和《韩非子》思想的相似之处，如功利、与时俱变、法治、刑赏等，使帝国思想的这种变化显得不是那么分明，但其实质已经完全不同。这种变化在秦二世即位后有进一步极端化的趋势。二世曾跟随赵高学习法令，熟悉韩非的思想，不时称引《韩非子》的相关内容，如他责问李斯时说："吾有私议而有所闻于韩子也，曰'尧之有天下也，堂高三尺，采椽不斫，茅茨不翦，虽逆旅之宿不勤於此矣。冬日鹿裘，夏日葛衣，粢粝之食，藜藿之羹，饭土塯，啜土铏，虽监门之养不觳于此矣。禹凿龙门，通大夏，疏九河，曲九防，决渟水致之海，而股无胈，胫无毛，手足胼胝，面目黎黑，遂以死于外，葬于会稽，臣虏之劳不烈于此矣'。"（《史记·李斯列传》）② 黄留珠先生认为，秦帝国时期的刑法思想经过了两次转变：一是秦始皇在位时期，以焚书坑儒为标志，向思想文化专制主义的转变。二是秦二世时期，以实施督责之术为标志，向极端主义、绝对主义的转变。③ 这个论断是极为准确的。

韩非的思想中的"庆赏之谓德"表现为秦帝国时期普遍的赏赐。秦帝国给予帝国臣民恩惠以获得支持本身也成为皇帝的功德，这也是秦帝国功德观的内容。正因为秦帝国时期有"庆赏之谓德"的思想，所以李斯从狱中上书说："缓刑罚，薄赋敛，以遂主得众之心，万民戴主，死而不忘"，这是符合实际的。一般都认为秦崇尚法治，法令细密，刑罚残酷，其实，秦德的观念也是帝国思想的重要内容，秦政有其宽缓的一面。不过，作为专制君主行使权力的手段，刑德的互动和帝国整体的思想、君主的主观意志有很大关系。所以，秦始皇在位时，德有更多

---

① 此句《韩非子·显学》作"夫严家无悍虏，而慈母有败子"。

② 并见《史记·秦始皇本纪》，文字略有不同。此段文字亦见《韩非子·五蠹》，文句有差异。

③ 黄留珠：《秦刑法思想初探》，见黄留珠：《秦汉历史文化论稿》。

的体现。二世时"法令诛罚日益刻深"《史记·李斯列传》），德就鲜有体现了，即使有，也是赵高所说的"此则阴德归陛下"（《史记·李斯列传》）的"阴德"，只是君主的不受约束的意志，破坏的则是法的确定性和宣明性。君主的为所欲为使法、术、势的内在矛盾暴露无遗[1]，这也是帝国思想的内在矛盾。

秦帝国对皇帝权威的肯定，既有历史继承的内容，又有在新的背景下的新的思想发挥，而这种新的思想发挥又是最主要的，表现出强烈的时代特点。

四、帝国统治的依据

秦帝国是地域国家，皇帝是秦帝国的最高统治者，他拥有最高的地位、绝对的权威，并通过官僚制、郡县制实现对帝国的统治。"封建体制的瓦解，遂使家、国趋于两分。"[2]这样一种全新的政治形态和家国一体已有区别，皇帝并不完全等同于国家，就像皇室财政不能完全等同于帝国财政一样。对于这种全新的政治形态，同样需要思想理论上的阐释。

（一）"法天地"

"法天地"就是人事与社会法则模仿和效法自然现象及其规律，其中蕴涵着对自然及其规律的尊重。关于"法天地"这种思维模式，一种看法认为它是道家的特点，"由天道推衍人事的思维方式由道家所创始"，"人事启发于自然现象及其规律的思维模式，乃源于老子，发扬于黄老道家"。[3] 不过，就秦帝国时期的关于"法天地"的实践来说，它主要是直接来源于《吕氏春秋》。《吕氏春秋》从"法天地"的角度出发论证了君主与国家的产生、政治结构与权力运行，成为秦帝国政治实践的思想依据。[4]秦帝国在都城修建、陵墓营造等方面，都极力模拟天象，或者遵从自然节律，以附和天意。

秦孝公十二年（前350年）徙都咸阳，经过历代国君的修建，到秦统一时，咸阳已经具有相当的规模。秦统一后，秦都咸阳的修建进入了一个新的阶段，而这个时期咸阳修建的主导思想是法天。《史记·秦始皇本纪》：始皇二十七年（前220年），"焉作信宫渭南，已更命信宫为极庙，象天极"。始皇三十五年

---

[1] 法、术、势的内在矛盾参见上章《韩非的思想》。

[2] 阎步克：《士大夫政治演生史稿》，第154页。

[3] 陈鼓应：《易传与道家思想》，生活·读书·新知三联书店1996年版，第21、25页。

[4]《吕氏春秋》"法天地"的思想参见第六章的有关论述。

（前 212 年），"为复道，自阿房渡渭，属之咸阳，以象天极阁道绝汉抵营室也"。《史记·天官书》："中宫天极星，其一明者，太一常居也；旁三星三公，或曰子属。""太一"在先秦时代就已是一种兼有星、神和终极物三重含义的概念，是天象中的极星，天神中的至尊者。[①]在咸阳建极庙"象天极"，显然是秦始皇以极星、最尊贵的天神自比。

秦直道的修筑，从甘泉宫北上，沿陕、甘两省交界的子午岭北上。"子午"是确定正南正北的方位基线。在秦咸阳的修建计划中，有南行的重要通道，包含有贯通南北、联系子午的意识，在秦汉之际形成了子午岭—直道、子午道—直河这样纵贯南北千里的中轴线。[②]

始皇三十七年（前 210 年），秦始皇崩于沙丘（今河北广宗县西北），随后葬于即位时就开始在骊山营造的陵墓中。秦始皇陵工程浩大，修建时间漫长。现在，发现的遗迹遗物丰富，数量众多，有陵墓封土、陵墓周围的内外城垣、寝殿、便殿遗址、园寺吏舍建筑基址、陪葬坑、陪葬墓、修陵人墓、修陵建筑遗址以及各种珍贵精美的文物等等，其中陪葬坑有兵马俑坑、铜车马坑、石铠甲坑、百戏俑坑、马厩坑、珍禽异兽坑、文吏俑坑等。秦始皇陵营造所体现的一个主导思想就是要建设一个阴间的天人世界，事死如生的传统得到了淋漓尽致的体现。《吕氏春秋》主张节葬、节丧，对厚葬久丧进行了批评，《安死》："世之为丘垄也，其高大若山，其树之若林，其设阙庭、为宫室、造宾阼也若都邑，以此观世示富则可矣，以此为死则不可也。"《安死》的意思是说世俗君主的陵墓营建得像都邑，阙庭、宫室等一应齐备。秦始皇陵的营造远超《安死》所说的世俗君主，看看气势宏大的兵马俑、模拟现实世界的铜车马、姿态各异的珍禽异兽、生动活泼的百戏俑、恭谨严肃的文吏俑等等，就知道秦始皇陵的营造实际是想把现实的天人世界照搬到地下，这一点倒是符合《吕氏春秋》"备天地万物"的思想，现实的天人世界中有什么，始皇陵中也有什么。在这其中，"法天地"思想仍然是最重要的内容。《史记·秦始皇本纪》："以水银为百川江河大海，机相灌输，上具天文，下具地理。""上具天文"可能是在陵墓地宫中绘有天文星象图，以象征天；"下具地理"可能是在陵墓地宫中有模拟山川地理的模型，以象征地；"以水银为百川江河大海"应该是真的，因为以始皇陵封土为中心，有一个含汞量很高的强汞区。秦始皇生前的至尊地位也通过高大的封土、恢弘的陵墓反映出来。

---

① 李零：《"太一"崇拜的考古研究》，见李零：《中国方术续考》。
② 有关子午道的看法参见王子今：《秦直道的历史文化关照》，《人文杂志》2005 年 5 期。

秦帝国在都城修建、陵墓营造方面如此大张旗鼓地"法天地"，其实就是要昭示一个观念：秦帝国这种政治形态符合天意、符合规律，帝国统治的权威性来自于天，帝国统治的依据来自于天。天在秦帝国的观念中是宗教之天和自然之天的结合体。虽然春秋时期就产生了天人相分的观念，战国晚期的荀子又主张"明于天人之分"，各种怪异现象，"是天地之变，阴阳之化，物之罕至者也。怪之，可也；而畏之，非也"，认为人应该"制天命而用之"（《荀子·天论》）。但是，荀子并不主张对自然之天进行研究和探索，"唯圣人为不求知天"（《荀子·天论》），为天道难测的观念保留了余地。在认识方面，荀子主张"缘天官"，"耳目鼻口形能，各有接而不相能也，夫是之为天官"（《荀子·天论》），具有经验主义的色彩。战国晚期和秦帝国时期，人们的生产和生活方式，特别是农业生产，对自然的依赖性很强，在没有对自然之天进行全面的科学研究和阐释的背景下，仅依靠人们的狭隘经验还无法消除天的权威性，而传统的宗教鬼神观念、巫术思想依然很有市场。另外，天人之间还被视为有机联系的有机整体的思想很牢固。所以，天是宗教之天和自然之天的结合体的观念一直存在着。汉代董仲舒的思想中，天是道德之天、宗教之天和自然之天的结合体[①]，这是帝国时期天的观念的逻辑发展。如果忽视了秦帝国时期天的观念，只强调天人相分，那董仲舒天的观念的出现就是思想发展的断裂了。

秦帝国将天视为宗教之天用以论证帝国统治的权威性，反映在秦的封禅和祭祀之中。这里只涉及与道理相关的一些内容，与五德终始说相关的内容放在下节论述。

秦始皇巡游各地的刻石中，一再地提到道、理、法、法式、法度、纪、纲纪等名词。泰山刻石："皇帝临位，作制明法，臣下修饬。""治道运行，诸产得宜，皆有法式。""训经宣达，远近毕理，咸承圣志。"琅邪台刻石："端平法度，万物之纪。""圣知仁义，显白道理。""除疑定法，咸知所辟。""欢欣奉教，尽知法式。""昭明宗庙，体道行德，尊号大成。"之罘刻石："大圣作治，建定法度，显著纲纪。外教诸侯，光施文惠，明以义理。""普施明法，经纬天下，永为仪则。"之罘刻石东观："观望广丽，从臣咸念，原道至明。圣法初兴，清理疆内，外诛强暴。"（《史记·秦始皇本纪》）

《吕氏春秋》将道视为宇宙的本原，道还是规律，规律是可以把握的。《韩非子》中有非常精深的道理论，强调道是依据与标准，理是事物的形状、特性与运

[①] 关于董仲舒天的观念可参见金春峰：《汉代思想史》，第 143 页—153 页。

动变化的规律，并用道理论解释君主专制集权统治。结合《吕氏春秋》与《韩非子》，秦刻石表达的思想就非常清楚了。秦始皇具有非凡的创造性，他创立了秦帝国这种政治形态和相关的制度。他并不是主观臆想，他依据的是道和理，所以，秦帝国这种政治形态和相关的制度具有合理性，相关的制度和规范是法、法式、法度，是纪、纲纪，应该无条件的遵守和服从。

秦帝国对"法天地"思想的实践试图证明帝国的统治是符合天意的，帝国这种政治形态和制度体系是符合规律的，因而帝国的统治是合理的。秦帝国"法天地"的实践也是全面系统的，值得进一步深入研究。

（二）五德终始说

五德终始说是阴阳五行思想在政治、历史领域的发展和运用。五德终始说据说是齐国人邹衍的创造，他大约生活在前305—前240年[1]，距秦的统一已经不远。《汉书·艺文志》著录的邹衍的著作有两部，分别是《邹子》四十九篇和《邹子终始》五十六篇。另有《主运》，《史记·封禅书·索隐》："《主运》是邹子书篇名也。"根据《史记·孟子荀卿列传》，邹衍的思想主要有五德终始说和大小九州说。《史记·孟子荀卿列传》："齐人颂曰：'谈天衍，雕龙奭。'"《史记集解》引刘向《别录》："邹衍之所言五德终始，天地广大，尽言天事，故曰'谈天'。邹奭修衍之文，饰若雕镂龙文，故曰'雕龙'。"《史记·孟子荀卿列传》还谈到了邹衍著述的目的："邹衍睹有国者益淫侈，不能尚德，若《大雅》整之于身，施及黎庶矣。乃深观阴阳消息而作怪迁之变，《终始》、《大圣》之篇十余万言。"可见，邹衍虽然号"谈天衍"，其思想还是面向现实的。

邹衍有独特的思想方法，"必先验小物，推而大之，至于无垠"（《史记·孟子荀卿列传》)。这种方法大概就是以小见大、由近及远、从已知到未知的推测，虽然有一定的依据，但还远谈不上科学。他的大小九州说认为世界由九个大州构成，每个大州又由九个小州构成，中国只是八十一小州中的一个，名叫"赤县神州"，州与州之间有海洋相隔。齐国近海，面对浩瀚的大海，聆听神奇的传说，大概启发了邹衍的思维，形成了大小九州说这种关于世界的想象。大小九州说是关于空间地理的，五德终始说则是关于时间历史的。关于五德终始说的内容，《史记·孟子荀卿列传》说：

> 先序今以上至黄帝，学者所共术，大并世盛衰，因载其机祥度制，

---

[1] 钱穆：《先秦诸子系年》附《诸子生卒年世约数》。

> 推而远之，至天地未生，窈冥不可考而原也。……称引天地剖判以来，
> 五德转移，治各有宜，而符应若兹。

按照邹衍的五德终始说，人类历史上的每一个王朝都对应一德，每一个王朝崛起时，都有种种的符应出现。德为金、木、水、火、土五德。五德的运转的次序是五德相胜，即后面出现的一德胜过前一德，对应的是新兴起的王朝取代旧王朝。《史记·封禅书·集解》引如淳注说："今其书有《五德终始》，五德各以所胜为行。"《文选·魏都赋》注引《七略》："邹子有《终始五德》，从所不胜，土德后木德继之，金德次之，火德次之，水德次之。"五德相胜的顺序是土、木、金、火、水。邹衍的《五德终始》一书已佚，《文选·古安陆昭王碑》注引《邹子》："五德从所不胜，虞土，夏木，殷金，周火。"《吕氏春秋·应同》保留了五德终始说的一些内容。

> 凡帝王之将兴也，天必先见祥乎下民。黄帝之时，天先见大螾大蝼。黄帝曰："土气胜！"土气胜，故其色尚黄，其事则土。及禹之时，天先见草木秋冬不杀。禹曰："木气胜！"木气胜，故其色尚青，其事则木。及汤之时，天先见金刃生于水。汤曰："金气胜！"金气胜，故其色尚白，其事则金。及文王之时，天先见火，赤乌衔丹书集于周社。文王曰："火气胜！"火气胜，故其色尚赤，其事则火。代火者必将水，天且先见水气胜。水气胜，故其色尚黑，其事则水。（《吕氏春秋·应同》）

从《吕氏春秋·应同》的相关内容来看，五德相胜首先是天意的体现，在"帝王之将兴"的时候，天意表现为祥瑞，这就是符应。其次，天意是通过气的运动变化表现出来的，其中应该有阴阳之气消长、五行之气运转的内容。这样看来，邹衍所说的天也是宗教之天和自然之天的结合体。第三，邹衍善于谈天，《吕氏春秋·应同》保留的五德终始说的内容提示我们，邹衍是从天人宇宙的角度推演历史的发展变化，不是对历史发展本身进行总结。

五德终始说在秦统一以前就已经传入了秦。《史记·秦始皇本纪》将采用五德终始说系于秦刚统一的公元前221年。《史记·封禅书》说："自齐威、宣之时，邹子之徒论著终始五德之运，及秦帝而齐人奏之，故始皇采用之。""邹衍以阴阳主运显于诸侯，而燕齐海上之方士传其术不能通，然则怪迂阿谀苟合之徒自此兴，不可胜数也。"这和五德终始说出现在《吕氏春秋》中、秦刚统一就采用五

德终始说不合。从历史的真实情况来说，燕齐海上方士只是对邹衍的学说进一步做了发挥，扩大了五德终始说的影响。秦采用五德终始说，大概主要出于吕不韦及《吕氏春秋》的主张，只不过吕不韦是政治斗争的失败者，所以避讳不提而已。

《史记·秦始皇本纪》始皇二十六年（前221年）：

> 始皇推终始五德之传，以为周得火德，秦代周德，从所不胜。方今水德之始，改年始，朝贺皆自十月朔。衣服旄旌节旗皆上黑。数以六为纪，符、法冠皆六寸，而舆皆六尺，六尺为步，乘六马。更名河曰德水，以为水德之始。刚毅戾深，事皆决于法，刻削毋仁恩和义，然后合五德之数。于是急法，久者不赦。

《史记·封禅书》：

> 于是秦更名河曰德水，以冬十月为年首，色上黑，度以六为名，音上大吕，事统上法。

五德终始说要求新兴起的王朝的相关制度要与其德相适应。秦帝国为了体现水德，也制定了一系列的制度，并予以实行，各种制度都设法与"六"这个数目相符，如分天下为三十六郡；一切行事也尽可能与神秘的"六"相配合。[1] 不过，这些制度和行事大多是形式上的，并不是实质性的改革体制。西汉初也自认为是水德，但贾谊热于改制，《史记·屈原贾生列传》记载其事说："贾生以为汉至孝文二十余年，天下和洽，而固当改正朔，易服色，法制度，定官名，兴礼乐，乃悉草具其事仪法，色尚黄，数用五，为官名，悉更秦之法。"可见，后来的改制主要限于改正朔、易服色、法制度、定官名、兴礼乐、尚色、用数等范围。当然，要将所有相关的内容在形式上整齐划一，在短时间内也非易事。另外，秦兵马俑坑出土的秦俑服饰五颜六色，一种看法认为秦始皇统一全国后把黑色作为最尊贵的颜色，有重大的祭典活动皇帝要穿黑色衣服。兵马俑坑秦俑的服色属于流行色，要将时尚色和流行色区别开来。时尚色含有政治、道德、伦理等方面的因素，流行色则主要反映人们的审美情趣。[2] 这种例证提醒我们，对秦帝国实践五

---

① 参见林剑鸣：《秦史稿》，第369—370页。
② 袁仲一：《秦兵马俑坑》，文物出版社2003年版，第200—201页。

德终始说的理解不能过于僵化。

秦帝国对五德终始说的实践，是努力使帝国这种政治形态及制度在形式上合乎五德终始说，并用五德终始说解释帝国统治及其制度，其目的是说明帝国统治及其制度是合乎天意、规律和历史发展的必然性。这点是确定无疑的。

（三）对臣民的道德要求

秦统一前夕，已经看到了伦理道德和伦理秩序的重要性。在帝国时期，对各级官僚和天下百姓提出了系统的道德要求。这种道德要求和君主专制集权统治相适应，是自上而下的道德教育，带有很强的强迫性，目的在于建立新的伦理秩序。同时，秦帝国积极为伦理道德寻找基础和依据，以使道德要求具有更强的说服力和感染力。

秦帝国道德要求的核心是忠和孝。忠是臣事君的道德规范，要求臣下尽心事君和绝对服从；孝是子事父的道德规范，要求儿子尽心事父和绝对服从。忠维护君权，孝维护父权，两者在秦帝国的道德实践中得到了统一。

秦始皇死后，赵高等人发动了沙丘之变，逼扶苏自杀，夺取了帝位。在这个过程中，双方迷惑和以之为据的都是忠和孝。《史记·李斯列传》记载了这个过程。赵高劝胡亥夺取帝位时，双方有一番对话。胡亥说："废兄而立弟，是不义也；不奉父诏而畏死，是不孝也；能薄而材谫，是不能也。三者逆德，天下不服，身殆倾危，社稷不血食。"赵高对答说："臣闻汤、武杀其主，天下称义焉，不为不忠。卫君杀其父，而卫国载其德，孔子著之，不为不孝。夫大行不小谨，盛德不辞让，乡曲各有宜而百官不同功。故顾小而忘大，后必有害；狐疑犹豫，后必有悔。断而敢行，鬼神避之，后有成功，愿子遂之。"胡亥初闻赵高之谋，囿于义、孝、能而不敢轻举妄动。赵高以诡辩说服了胡亥。赵高等人伪造始皇诏书，逼迫扶苏和蒙恬自杀，用的罪名竟然是"不孝"、"不忠"。诏书说："扶苏为人子不孝，其赐剑以自裁！将军恬与扶苏居外，不匡正，宜知其谋。为人臣不忠，其赐死，以兵属裨将王离。"蒙恬劝扶苏"复请"，而扶苏却言道："父而赐子死，尚安复请！"即自杀。沙丘之变的波诡云谲固然使人惊心，而双方围绕着忠、孝的对话和表现更使人感慨万端。司马迁详细地记述这件事情，大概是要表现胡亥的无能、赵高的奸险、扶苏的刚烈，但反映的秦帝国的忠孝观念基本接近事实。胡亥即位为二世皇帝，对诸公子公主大开杀戒。公子高为保全其族上书二世说："臣当从死而不能，为人子不孝，为人臣不忠。不忠者无名以立于世。臣请从死，愿葬骊山之足。"（《史记·李斯列传》）可见，秦帝国对忠和孝的观念何等重视。

秦帝国是专制集权统治，皇帝的权力通过各级官僚贯彻到帝国的每一个角落，各级官僚必须尽心死力为皇权服务，才能够为专制集权统治提供保证。官僚任何玩忽职守和违背皇帝、有损皇权的行为都被视为不忠。始皇三十四年（前213 年），博士仆射周青臣等称颂始皇威德，齐人淳于越就指责说："今青臣等又面谀以重陛下之过，非忠臣也。"（《史记·秦始皇本纪》）赵高想要诛杀蒙毅，加给蒙毅的罪名是"不忠"，"若知贤而俞弗立，则是不忠而惑主也"（《史记·蒙恬列传》）。

秦帝国的法律、法令是皇帝意志的体现，官吏不认真执行法律、法令，或者对抗法律、法令，就是违背了忠的要求。云梦秦简《语书》严厉地指责那些对百姓"犯法为奸私"、"私好、乡俗不变"的行为睁一只眼闭一只眼的令、丞，"为人臣亦不忠矣"。

秦帝国的各级官僚都应绝对服从皇帝的命令，遵守和执行帝国的法律。各级官吏应把忠作为首要的道德准则去遵守，甚至不惜自身生命以成就忠臣之名。李斯虽然在关键的时刻首鼠两端，但仍振振有词地说："夫忠臣不避死而庶几。"（《史记·李斯列传》）云梦秦简中有《为吏之道》，"为吏之道"要求官吏要"宽容忠信"，"吏有五善"中"一曰中（忠）信敬上"。秦成语印多有发现，时代约为战国晚期至秦代，其中有许多是关于忠的观念，如"忠仁思士"、"中仁"、"中壹"、"忠信"、"忠信喜治"等①，是当时各级官吏积极实践忠的规范的实证。

秦帝国的法律、法令、各级官吏都极力维护孝的规范。李斯说："孝子不勤劳而见危。"（《史记·李斯列传》）云梦秦简《封诊式》有"告子"的案例。一位父亲向官府控告他的儿子不孝，请求处以死刑。令史将他的儿子捉拿归案，经县丞审讯，其子是其父的亲生儿子，确实不孝。对这个不孝子最后处以什么刑罚，没有记载，但此案例肯定了当时不孝是重罪。《封诊式》中还有"迁子"的案例。一位父亲请求官府将他的儿子迁到蜀郡边远县分，叫他终生不得离开流放地点。虽然"迁子"没有说明父亲控告儿子的理由，但官府支持其父的控告，将其子迁到蜀郡。这充分说明官府是维护父权的。

秦帝国以忠和孝为中心，以个体小家庭的伦理关系和官僚的行为准则为基础，以建立统一的伦理秩序为目的，试图将皇帝、官僚、百姓统一到伦理秩序中。

秦统一后，对家庭伦理秩序表示出了极大的关注，对于家庭中的男女关系提出了明确要求。泰山刻石云："贵贱分明，男女礼顺，慎遵职事。昭隔内外，靡

---

① 王辉：《秦出土文献编年续补》，《秦文化论丛》第九辑，西北大学出版社 2002 年版。

不清净，施于后嗣。"（《史记·秦始皇本纪》）男女之间有贵贱之别，应该严格遵守相应的礼仪；男女之间在生产上有分工，应该慎重地对待自己的工作。只有严格地区分男女关系，才能有一个平静安宁的环境，并遗留给后代。碣门刻石云："男乐其畴，女修其业，事各有序。"（《史记·秦始皇本纪》）男耕女织被视为一种秩序。对于任何破坏家庭秩序、违背家庭伦理的行为，秦帝国都要求予以打击。会稽刻石云："饰省宣义，有子而嫁，倍死不贞。防隔内外，禁止淫佚，男女絜诚。夫为寄豭，杀之无罪，男秉义程。妻为逃嫁，子不得母，咸化廉清。"（《史记·秦始皇本纪》）在父子关系方面，父亲则居于绝对的主导地位。云梦秦简《法律答问》：

> "子告父母，臣妾告主，非公室告，勿听。"可（何）谓"非公室告"？主擅杀、刑、髡其子、臣妾，是谓"非公室告"，勿听。而行告，告者罪。告者罪已行，它人（又）袭其告之，亦不当听。

秦简规定家主擅自杀死、刑伤、髡剃其子和奴婢，作为儿子的控告父母，作为奴婢的控告主人，这叫"非公室告"，官府不予受理。如果再控告，控告者有罪，官府还是不受理。这实际上是禁止儿子告父母，奴婢告主人。还有"父盗子，不为盗"。父亲对儿子是拥有特权的。但秦简对控告不孝却表现出另一种态度。《法律答问》："免老告人以为不孝，谒杀，当三环之不？不当环，亟执毋失。"老人控告不孝，要求判以死刑，应否经过三次原宥的手续？不应原宥，要立即拘捕，勿令逃走。可见，秦所倡导的家庭伦理是关系子从父母、妻子从夫、奴婢从主这样一种以父权为核心的伦理秩序，上下主从的界限不可逾越。

秦帝国要求通过官僚的行为准则体现官吏的上下级关系，构建官僚伦理秩序。云梦秦简中的《为吏之道》被认为是"嬴秦宦学道德教材"，"详陈作为官吏所应具备的道德规范与行为准则"。① 从《为吏之道》来看，下级对上级、官吏对君主的行为准则是要求的重点。下级官吏对君主和上级要忠、敬，以维护其尊严。《为吏之道》中有"敬上勿犯"、"中（忠）信敬上"等话。下级冒犯上级则会受到严惩。"非上，身及于死。"也就是说，非议上司甚至会遭到处死的结果。"吏有五失"中有"受令不偻"，即接受上司命令而不鞠躬，属于过失。

在君主专制集权统治之下，官僚队伍的廉洁及效率始终是个核心问题。《为

---

① 吴福助：《睡虎地秦墓竹简论考》，第180页。

吏之道》要求居官及处理公务要廉洁公正、认真细致、严格执法、赏罚适当。

> 凡为吏之道，必精洁正直，慎谨坚固，审悉毋（无）私，微密纤察，安静毋苛，审当赏罚。严刚毋暴，廉而毋刖，毋复期胜，毋以忿怒夬（决）。宽俗（容）忠信，和平毋怨，悔过勿重。（《为吏之道》）

此外还有"精廉毋谤"、"举事审当"等。对于官吏不应犯的过失规定得更为具体，"不安其朝"、"居官善取"、"安家室忘官府"、"不察所亲"、"不智（知）所使"、"兴事不当"等均为过失。

秦帝国对官吏的职业道德要求虽然苛细，但也有中心。中心实际上就是云梦秦简《语书》后半篇所强调的"良吏"与"恶吏"之别。"良吏"除了"明法律令"、"事无不能殹（也）"外，最重要的是"廉絜（洁）敦愨"，"有公心"，"能自端"。也就是说"良吏"既有能，又有德。"恶吏""不明法律令"，"不智（知）事"，"不廉洁"，"毋（无）公端之心"，既无能，又无德。看来，秦帝国对官吏的职业道德的要求，核心是公正和廉洁。只有公正和廉洁，才能保证官僚机器的正常运转，才能保证社会秩序的正常。云梦秦简《为吏之道》中，将对官吏的各种道德要求系统化为"五善"、"五失"，并反复宣明，一再强调"戒之戒之"、"谨之谨之"、"慎之慎之"，显得郑重其事，非同一般。

秦帝国重视官吏的个人修养，要求官吏能够为民表率。《为吏之道》："凡戾人，表以身，民将望表以戾真。表若不正，民心将移乃难亲。"《为吏之道》还列举了很多官吏的处世哲学和修身之道。"反赦其身，止欲去愿。中不方，名不章，外不圆。""怒能喜，乐能哀，智能愚，壮能衰，勇能屈，刚能柔，仁能忍，强良不得。""安乐必戒，毋行可悔。以忠为干，慎前虑后。""毋穷穷，毋岑岑，毋衰衰。临材见利，不取苟富；临难见死，不取苟免。"秦成语印中有"兼（谦）仁"、"慎守"、"我思"、"安身"、"可思"等。这些都反映出官吏们的精神世界。

又秦成语印中有"日敬毋治（怠）"、"思言敬事"、"敬事"、"正行治事"、"正行"、"壹心慎事"、"慎愿恭敬"、"正众"、"和众"、"宜民和众"、"敬事相思"、"敬长慎官"、"敬上"等[①]。这些内容正好和《为吏之道》等中的内容相印证，这也说明秦帝国对官吏的道德要求是普遍的，不存在地域性或特别性。

秦帝国的道德要求与以前学者所论及人们普遍的印象有两点不同。一是强调

---

① 王辉：《秦出土文献编年续补》，《秦文化论丛》第九辑，西北大学出版社 2002 年版。

除害兴利，重视民力。以这个原则为前提，要求官吏"审智（知）民能，善度民力，劳以率之，正以桥（矫）之"。官吏对百姓要"施而喜之，敬而起之，惠以聚之，宽以治之，有严不治"（《为吏之道》）。二是强调慈爱、仁爱。《为吏之道》中多处提到为官要"兹（慈）"、"兹（慈）爱"，"除害兴利，兹（慈）爱万性"。秦成语印中有"中仁"、"栖仁"、"交仁必可"、"仁士"等，这说明仁的观念当时是非常流行的。讲求仁慈，爱惜民力，这和人们印象中的秦政苛暴、徭役繁重的反差太大。这显然是将君臣关系和父子关系相比拟而提出的，试图将人的自然情感作为帝国道德要求的基础，进而将道德要求的依据上升到天道自然，使之成为纲纪、恒常。秦刻石有纲纪这类字眼，意思也很明确。另外，联系《史记·李斯列传》李斯所说的："缓刑罚，薄赋敛，以遂主得众之心，万民戴主，死而不忘"，大概秦帝国确曾有过这种举措，并对官吏有相应的道德要求，所以才一度形成了讲求仁慈、爱惜民力的理念。这也反映出秦政、秦思想的复杂性。

秦帝国对父权与皇权相统一、家庭伦理秩序与官僚伦理秩序相统一的重视是为了维护秦的政治等级秩序。"邦之急，在体级，掇民之欲政乃立。上冊间阽，下欲虽善独可（何）急？"（《为吏之道》）"体级"即体制等级。国家的急务在于建立完善的体制等级，只有制止百姓的欲念才可以做到这一点。在上位的人要努力使自己的行为和道德完善，没有漏洞，在下的百姓会自然向善。在帝国统治者的思想中，政治等级秩序和伦理等级秩序是相辅相成的两个方面，不可偏废。

秦帝国的伦理观念中也存在着矛盾。一是处于政治等级和伦理等级顶端的皇帝几乎不受道德规范的约束。虽然《为吏之道》也有"君鬼（怀）臣忠，父兹（慈）子孝，政之本殿（也）"的话，但皇帝在现实中似乎不用遵守任何的道德规范。秦始皇被人指责为"意得欲纵"（《史记·秦始皇本纪》），二世皇帝更是"欲悉耳目之所好，穷心志之所乐"（《史记·李斯列传》），这可以作为证明。处于伦理等级顶端的皇帝脱离了伦理秩序，这种伦理秩序的意义必然受到怀疑。二是秦帝国的道德要求与功利思想有矛盾。秦帝国将忠、孝等视为恒常不变的纲纪，但功利思想崇尚时变。"时"很容易破坏忠、孝的恒常性。赵高劝胡亥谋取帝位时就说过："时乎时乎，间不及谋！赢粮跃马，唯恐后时！"（《史记·李斯列传》）忠孝完全被置之脑后，只剩下时机的把握。秦帝国是个短祚的朝代，没有解决伦理观念中存在的矛盾和问题，而将问题留给了以后的王朝。

（四）巡游与天下国家观念

秦始皇非常热衷于巡游。在秦统一后的第二年，即公元前220年，秦始皇就开始了第一次巡游，到始皇三十七年（前210年）死于巡游途中，短短的十年时间，秦始皇巡游五次。秦始皇的巡游伴随着封禅、祭祀、宣扬功业、显示威德、求仙等等的活动，内容非常丰富。秦二世即位后，也曾经东巡郡县，刻石碣石，"以示强，威服海内"，"以章先帝成功盛德焉"（《史记·秦始皇本纪》）。

秦始皇的巡游被认为和以前的君主巡游有很大的相似性，甚至有人直接称之为巡狩。巡狩的狩本身是狩猎的意思，巡狩是君主对各地诸侯或部落的巡行、视察，常常伴随着军事活动、武力威慑。如果从带有军事性质的田猎的角度出发思考，巡狩的历史非常悠久，可以追溯到史前时期。不过，田猎更多的是一种军事训练，不能等同于巡狩，史前时期的巡狩的真实面貌仍然非常模糊。《尚书·舜典》记载了舜的巡狩，狩作守字。"岁二月，东巡守，至于岱宗，柴，望秩于山川，肆觐东后。协时月正日，同律度量衡。""五月南巡守，至于南岳，如岱礼。""八月西巡守，至于西岳，如初。""十有一月朔巡守，至于北岳，如西礼。五载一巡守，群后四朝。"由于其中有"同律度量衡"一类的说法，使人疑虑万分，进而怀疑当时的巡狩活动是否如此。《史记·五帝本纪》记载了黄帝的巡游，"东至于海，登丸山，及岱宗。西至于空桐，登鸡头。南至于江，登熊、湘。北逐荤粥，合符釜山，而邑于涿鹿之阿"。如果把黄帝的名字换成秦始皇，倒和秦始皇的巡游基本一致，而黄帝时是否形成了这样的地域国家不能确定。

甲骨文、金文中并无"巡狩"一词，但从个案的分析来看，商周时期的巡狩面貌似乎要清楚一些。商代帝辛十祀征夷方，历时二百余日，行程两千余里，正面战争不多，应是帝辛以经营东土为目的的巡狩活动。① 晋侯苏钟铭文记录了西周晚期周王与"夙夷"的一场战争，铭文中的周王"遹省"即是周王的巡狩。周王"遹省"东国南国，足迹从宗周到成周，从成周继续往东，历时两月有余。周王与晋侯苏分行，令晋侯苏包抄"夙夷"。晋侯苏取得初步胜利，周王又"亲远省师"，并令晋侯苏继续追击，直至大获全胜。② 战国时的孟子重视巡狩。《孟子·梁惠王下》："天子使诸侯曰巡狩，巡狩者，巡所守也。诸侯朝天子曰述职，述职者，述所职也。无非事者，春省耕而补不足，秋省敛而助不给。"《孟子·告子下》除了重提巡狩的定义外，还说："入其疆，土地辟，田野治，养老尊贤，俊杰在位，则有庆；庆以地。入其疆，土地荒芜，遗老失贤，掊克在位，则有让。一不朝，则贬其爵，再不朝，则削其地；三不朝，则六师移之。是故天子讨而不伐，诸侯伐而不讨。"很显然，商周时期的巡狩个例突出的是军事威慑，孟

---

① 李凯：《帝辛十祀征夷方与商王巡狩史实》，《中国历史文物》2009 年第 6 期。
② 李凯：《晋侯苏编钟所见的西周巡狩行为》，《文物春秋》2009 年第 5 期。

子所说的巡狩强调的是分封制下的诸侯与天子的关系，虽然也突出了天子征讨的权力，但其中贯穿着他的王道政治。秦始皇的巡游也有军事镇抚的意义，他的每次出行都有主要大臣随行，有军队拱卫，抨击六国不道，宣扬秦的功业，安抚当地百姓，所以说秦始皇的巡游也具有巡狩的特点，但其丰富的内容又不限于巡狩。

战国时期还形成了一种"行县"制度，是国君、相国和郡守到所属的县进行巡视和考察，具有考核地方行政和了解民情的作用。如《战国策·赵策二·王立周绍为傅章》记载赵武灵王"行县"，过番吾（今河北磁县北），了解到周绍是"父之孝子，君之忠臣"，于是予以奖赏，并任命他为教导王子的"傅"。当时的秦国同样有"行县"制度。《史记·范雎列传》记载范雎入秦，在湖关（今河南灵宝西北）遇见秦相魏冉"东行郡县"，王稽将其藏入车中，躲过魏冉，顺利进入秦国。秦始皇的巡游不同于"行县"制度。他在巡游的过程中几乎从不召见郡县官吏。可见，巡视和考察郡县不是他巡游的目的。

秦始皇的巡游是如此频繁和引人瞩目，但不是单纯的巡狩，也不同于"行县"，其中的深意是什么？

秦始皇的五次巡游可分为五个地区。第一次巡游的是帝国的西部地区。《史记·秦始皇本纪》："二十七年（前220年），始皇巡陇西、北地，出鸡头山，过回中。"陇西即陇西郡，郡治在狄道（今甘肃临洮）[1]，范围大致相当于今天的甘肃南部和东南部。北地即北地郡，郡治在义渠（今甘肃宁县西北），范围大致包括甘肃的平凉、庆阳、宁夏南部地区。秦始皇从咸阳出发，沿渭水西行，经雍城，翻越陇山，到达陇西郡，然后向北，到达北地郡，翻越鸡头山，驻跸回中宫[2]，沿泾水返回咸阳。陇西、北地是秦最初崛起的地方，也是秦帝国西部最西的地区。

---

① 秦各郡郡治等参见林剑鸣《秦史稿》，第361—365页。秦郡的划分非常复杂，有三十六郡、四十郡、四十二郡、四十八郡之说。据最新研究，秦始定天下时是四十二郡；始皇二十六年（前221年），重新划分为三十六郡，以符合五德终始之说；以后又增加到四十八郡。参见辛德勇：《秦三十六郡新考》，见辛德勇：《秦汉政区与边界地理研究》，中华书局2009年版。

② 回中宫所在争议较多，《史记·秦始皇本纪·集解》引应劭说："回中在安定高平。"孟康说："回中在北地。"《史记正义》引《括地志》说："回中宫在岐州雍县西四十里。"又据《广州日报》2008年9月15日报道，在宁夏泾源县文管所收藏有巨型的夔纹瓦当，泾源县香水镇果家山遗址可能是回中宫所在。

第二次巡游的是帝国的东部地区。始皇二十八年（前219年），秦始皇东巡，先到峄山刻石记功，在泰山封禅，然后向东过黄（今山东黄县）、腄（今山东烟台福山区），沿着渤海边一直到成山（在今山东荣成市），登之罘（今山东烟台芝罘山），向南登琅邪（今山东胶南境内），作琅邪台，刻石颂德。也就是在这个时候，派遣徐市入海求仙。之后，秦始皇由琅邪到彭城（今江苏徐州市），在泗水搜寻周鼎未果。于是，向西南渡过淮河，到衡山、南郡（郡治在郢，即今湖北江陵），浮江而行，在湘山毁湘山祠，最后经由武关返回。第二次巡游的主要是帝国的东部地区，一直到达最东的海边，成山、之罘都是滨海之山。彭城、衡山、南郡、湘山似乎是返回途中路过的地区。

第三次巡游的仍然是帝国的东部地区。始皇二十九年（前218年），秦始皇再次东巡。这次走的路线与上次基本相同，不过，一路并不平静，在阳武县博浪沙（今河南中牟）遭到刺客袭击。这次巡游，秦始皇再登之罘，有之罘刻石和之罘东观刻石歌功颂德，然后过恒山，经上党（郡治在长子，即今山西长子县）返回。

第四次巡游的是帝国的东北和北部地区。始皇三十二年（前215年），秦始皇巡游到了碣石[①]。派燕人卢生等求仙，刻碣石门，"坏城郭，决通隄防"[②]，刻石记功。碣石到达了帝国东北部的海边，随后始皇沿北部各郡一路向西，到上郡（郡治在肤施，今陕西榆林市东南）后返回咸阳。与这次巡游相关的是始皇随后派蒙恬率军三十万北击匈奴。

第五次巡游的是帝国的东南地区。始皇三十七年（前210年），秦始皇最后一次出巡。他先到云梦，朝着九疑山的方向遥祭虞舜，然后沿江东下，至钱塘（今浙江杭州），上会稽山，祭大禹，刻石纪念。之后，在江乘（今江苏镇江）乘船，沿着海岸北上，到达琅邪，受方士的煽动，到海中捕杀巨鱼，一直到荣成山、之罘，才射杀一鱼。随之登陆西归，在平原津（今山东平原县南）一病不起，最后崩于沙丘（今河北广宗县西北大平台）。秦始皇死后，李斯、赵高为了威慑扶苏和蒙恬，制造秦始皇巡视北部地区的假象，从井陉（今河北井陉）抵九原（今

---

① 碣石所在亦争议多多。20世纪80年代在辽宁绥中县发现大型秦行宫遗址，稍后在河北北戴河金山嘴也发现了秦汉建筑遗址，两地相距不过40公里，碣石应在这一带。参见金家广：《论秦汉碣石宫的兴建及其对巩固帝国统一的历史作用》，《河北大学学报》1994年第2期；华玉冰：《试论秦始皇东巡的"碣石"与"碣石宫"》，《考古》1997年第10期。

② 意思为决通原魏、韩、赵、齐边界阻塞交通的城郭和"以邻为壑"的隄防。见林剑鸣：《秦史稿》，第398页。

内蒙古包头市西），从直道回到咸阳，方才发丧。

秦二世即位后，在二世元年（前209年）模仿秦始皇东巡。根据《史记·秦始皇本纪》的记载，二世皇帝先到碣石，然后沿着海岸一直到会稽。一路上，凡是秦始皇刻石的地方，二世皇帝也都留下了简短的文字。

秦始皇的巡游，除去表面可以看到的那些活动外，实际上主要进行的是声势浩大的思想宣传活动。面对疆域辽阔的秦帝国，面对刚刚统一于帝国的原来六国的民众，在当时的条件下，再没有什么样的宣传形式能比皇帝本人的巡游影响更大，收效更快，这也是秦始皇巡游中经常刻石的重要原因。前面已经对与巡游有关的一些思想作了讨论，此处主要论述三个相关问题：一是秦帝国建立了完备的交通体系和通信体系，这是秦始皇频繁出游的前提，也是对帝国实行有效统治的基本条件。二是通过巡游向百姓展示了秦始皇的个人形象，使秦帝国的政治权威走进社会现实，使百姓切身感受到了权威的存在。三是在思想观念方面，与交通通信、政治权威相联系的是，秦帝国极力使天下国家观念深入人心。

秦始皇巡游的地区几乎覆盖了整个帝国。除了巴蜀外，秦始皇没有巡游的岭南地区大概晚一些才归入帝国的版图。这样，秦始皇的巡游给人留下了一个深刻印象，就是帝国的每一个地方都是皇帝可以及时到达的地方，帝国能够对各地实行有效的统治。这种信心和秦帝国建立的非常完备的交通体系和通信体系是分不开的。

秦帝国在过去各诸侯国道路交通的基础上，建成了全国性的道路交通网，主要的交通干线有三川东海道、南阳南郡道、邯郸广阳道、陇西北地道、汉中巴蜀道、直道、北边道、并海道。三川东海道由关中向东直达海滨。南阳南郡道出武关东南向，经南阳至南郡，沟通关中和江汉平原，然后通过水陆交通可以到达长江中下游。邯郸广阳道经河东、上党，或由河内北上至邯郸、广阳、右北平，贯通原燕、赵都城。陇西北地道通向西北。汉中巴蜀道向南跨越秦岭。直道以林光宫为起点直抵边防重镇九原。北边道沿长城横贯东西。并海道沿渤海、黄海海岸延伸。[1] 秦的内河航运非常发达，驿传、烽燧等通讯也很便捷。这些陆地交通、航运、通讯等将秦帝国连成了一个整体。

秦帝国正是依赖完备的交通体系和通信体系实现了对整个帝国的有效统治，这一点是帝国的刻意追求，驰道和直道的修建最能说明问题。驰道是可以高速驱驰的道路，"驰"是车马疾行的意思。《史记·秦始皇本纪》记载，始皇二十七年

---

[1] 参见王子今：《秦汉交通史稿》，中共中央党校出版社1994年版，第28—32页。

（前 220 年），"治驰道"。《史记集解》引应劭："驰道，天子道也，道若今之中道然。"又引《汉书·贾山传》说："秦为驰道于天下，东穷燕齐，南极吴楚，江湖之上，滨海之观毕至。道广五十步，三丈而树，厚筑其外，隐以金椎，树以青松。"驰道路面宽阔，路基坚实，是当时名副其实的高速公路。秦修建的高速公路还有直道，《史记·秦始皇本纪》："三十五年（前 212 年），除道，道九原，抵云阳，堑山堙谷，直通之。"直道是从林光宫直达九原郡的道路。林光宫在今陕西淳化，汉武帝时改称甘泉宫；九原郡的郡治在今内蒙古包头市西南，是秦抗击匈奴的前线。《史记·六国年表》："三十五年（前 212 年），为直道，道九原，通甘泉。"公元前 210 年，秦始皇死于沙丘，赵高、李斯一直到九原，然后从九原走直道到咸阳。可见，这时直道已经建成。

对于驰道和直道的修筑，《史记·李斯列传》记载李斯狱中上二世皇帝书说："治驰道，兴游观，以见主之得意。"李斯的上书名为请罪，实为表功，书中历数他"立秦为天子"、"以见秦之强"、"以固其亲"、"以明主之贤"、"以树秦之名"、"以见主之得意"、"以遂主得众之心"等，希望二世皇帝能够明察。李斯以治驰道为功，说明帝国君臣对治驰道等的重大意义当时是理解的，不然，李斯也不会身处危难之中以此表功。司马迁撰写《史记》时对秦修直道不无微词，在《史记·蒙恬列传》中，太史公曰："吾适北边，自直道归，行观蒙恬所为秦筑长城亭障，堑山堙谷，通直道，固轻百姓力矣。夫秦之初灭诸侯，天下之心未定，痍伤者未疗，而恬为名将，不以此时强谏，振百姓之急，养老存孤，务修众庶之和，而阿意兴功，此其兄弟遇诛，不亦宜乎？何乃罪地脉哉？"从太史公的评议看，当时大概蒙恬等自认为他们兄弟的被杀，是因为修直道和长城亭障时破坏了地脉。司马迁则认为天下刚刚平定，百废待兴，民力疲惫，蒙恬兄弟只知阿附皇帝之意，兴修如此大的工程，轻视民力，导致败亡。司马迁的看法在汉代很有代表性，但这样的看法只看到了问题的一个方面。

驰道和直道等交通干道和通信体系的建设体现了非常强的政治和军事理念。从军事上说，可以使皇帝和中央最大可能地对战争的爆发作出及时的反应，随时掌握战争的信息和动态；从行政上来说，可以使皇帝的意志和诏令快速便捷地下达到各地，方便上级对下级的检查和考核，下级可以及时将情况报告给上级；从政治上说，将全国连接成一个整体，强化了帝国臣民的国家观念；从经济文化上来说，便利了各地的交流与融合，促进了经济文化统一体的形成。秦帝国的疆域空前广阔，在当时的条件下建设驰道和直道等交通干道和通讯体系，是帝国统治的需要，也是非常先进的理念。秦始皇之所以能够五次巡游，就是借助了秦帝国完备的交通和通讯体系。

在巡游中，秦始皇还极力展示帝国权威的无处不在。秦始皇巡游各地，不见召见各地郡县长官的记录，但并不回避百姓，似乎要刻意向百姓展示皇帝的威仪。《史记·项羽本纪》记载秦始皇"游会稽，渡浙江"，项梁与项籍"俱观"。然后项籍就说出了那句著名的话："彼可取而代也。"刘邦也见过秦始皇。他在咸阳服役时，恰好遇到了秦始皇出行，刘邦不由感慨："嗟乎，大丈夫当如此也！"（《史记·高祖本纪》）可见，秦始皇出行是允许百姓观瞻的，联系秦始皇巡游各地的刻石中对秦功德的宣传，实际上就是要表明他是帝国不可动摇的最高权威。据说，秦始皇常说："东南有天子气"，"于是东游以厌之"（《史记·高祖本纪》）。厌即厌胜之术，是通过行法术诅咒、祈祷以战胜敌人或妖魔。秦始皇显然不允许对他的权威性有任何损害和冲击。秦始皇在巡游中对个人形象的展示可能还有端正视听、消除谣言的目的。《史记·秦始皇本纪》记载尉缭对秦始皇形象的描述，说他"蜂准，长目，鸷鸟膺，豺声"，给人一个凶狠残暴的印象。这一类的传说大概当时流传甚广，严重损害了帝国统治者的形象。秦帝国政治权威的个人形象和帝国的统治紧密联系在一起，绝不是无关紧要的小事，但又无法禁绝这种传说，所以只有让百姓亲眼看到，才能止住谣言。秦始皇对皇帝威仪和个人形象的展示效果如何，可以另行评判，但展示本身构成了巡游的一个内容。

会稽刻石说秦始皇巡游是"亲巡天下，周览远方"。秦始皇的巡游达到了帝国的绝大部分地区，巡游体现了帝国统治的有效性，展示了皇帝的权威性，结合相关刻石的内容的分析，秦始皇的巡游实质上体现和宣传了一种天下国家观念。天下国家观念是秦帝国的国家理论，也是一种新的意识形态。

"天下"的观念最初大概与人对天的直观观察有关，而将"天下"与国家联系在一起则是西周时期，《诗经·小雅·北山》："溥天之下，莫非王土。率土之滨，莫非王臣。""溥"是广大的意思，诗的意思是说周王的土地广大，周王的臣子众多。孟子对此有专门的解释："是诗也，非是之谓也；劳于王事而不得养父母也。曰：'此莫非王事，我独贤劳也。'故说诗者，不以文害辞，不以辞害志。"（《孟子·万章上》）在西周时期，将"天下"与国家联系在一起主要具有象征意义，但这种象征意义得到很大的文化认同，《论语》里面就提到了 23 次"天下"[1]，多指称当时的周王室和中原诸侯。

战国时期，"天下"一词是使用频率最高的词。《孟子》里面提到了 172 次"天

---

[1] 杨伯峻：《论语词典》，见杨伯峻：《论语译注》，第 223 页。

下"①。《墨子·尚同中》提出："明乎民之无正长以一同天下之义，……立以为天子，使从事乎一同天下之义"，将天下和君主的产生及其功能联系起来。《战国策》分析形势多用"天下"，有时笼统地指天下之人，更多地泛指各个诸侯国，"并天下"、"吞天下"、"天下必听"、"令天下"、"正于天下"、"天下服"、"天下从"等等的说法不绝于耳。战国中晚期，以"天下"为对象，主张统一成为各家各派的共识。孟子见梁襄王。梁襄王问他："天下恶乎定？"孟子回答说："定于一。"（《孟子·梁惠王下》）《商君书》、《易传》、《庄子·天下》、《韩非子》等也提到"王天下"、"定天下"、"取天下"、"匡天下"、"兼天下"等。战国中晚期的统一天下主要指兼并各个诸侯，在这种背景下，《吕氏春秋·贵生》提出"天下非一人之天下，天下之天下也"就显得尤为可贵。《吕氏春秋》针对当时的统一形势，主张由秦国进行统一，但明确要求区分"公天下"和"私天下"之别。可见，"天下"不是没有明确的界限，而是指以各个诸侯国为中心的区域，兼指这一地区的文化共同体。

秦适应当时统一的形势和要求，统一了天下，并将天下等同于国家，构建和宣传天下国家观念。秦帝国的天下国家观念具有如下内容：

第一，皇帝是帝国的象征。皇帝的功德确立了皇帝的权威性，皇帝的权威性确立了他不可动摇的最高地位和权力，皇帝本人又具有神异性，是宗教权力的掌握者，这些使他成为帝国的象征。皇帝的继承是世袭制的，"二世三世至于万世，传之无穷"（《史记·秦始皇本纪》）。

第二，天下国家是政治实体。秦刚统一时所宣传的"天下大定"、"平定天下"等就是指灭六国而一统。随之秦帝国将天下划定为三十六郡。《史记·秦始皇本纪》描述帝国的疆界："地东至海暨朝鲜，西至临洮、羌中，南至北向户，北据河为塞，并阴山至辽东。"琅邪台刻石："六合之内，皇帝之土。西涉流沙，南尽北户。东有东海，北过大夏。"秦帝国统一岭南地区，"天下"也包括这一地区。此外，作为一个政治实体，天下国家也包括秦帝国所建立的各项制度及生活于这片土地上的百姓，即"黔首"。疆域、制度、百姓是天下国家的基本要素。

第三，天下国家是统一的、不可分割的整体。秦在统一以后全面实行郡县制，取消了分封制，一个非常重要的目的就是要避免分封制长期发展带来的离心倾向，避免诸侯割据。为此，在实行郡县制的同时，秦帝国还实行了一系列强化统一的措施，如统一货币、统一度量衡、统一文字等等，目的在于加强全国的经济、社会、文化一体化。这些措施本身也带有宣传性，秦帝国统一制作的度量

---

① 杨伯峻：《孟子词典》，见杨伯峻：《孟子译注》，第 358 页。

衡器上刻有始皇诏书："廿六年，皇帝尽并兼天下诸侯，黔首大安，立号为皇帝。乃诏丞相状、绾，法度量则不壹，歉疑者，皆明壹之。"二世元年诏版上也肯定了秦始皇的这一举措："法度量，尽始皇帝为之，皆有刻辞焉。"云梦秦简《工律》规定：县和工室由有关官府校正其衡器的权、斗桶和升，至少每年应校正一次。加强全国经济社会一体化的措施还包括"车同轨"、"人同伦"等。秦始皇巡游各地的刻石，对端正各地的风俗和伦理表现出异乎寻常的重视，就在于把"人同伦"看做经济社会一体化的一个重要方面。刻石中一再强调"明法"、"法度"、"法式"、"纲纪"等。琅邪台刻石说："普天之下，抟心揖志。器械一量，同书文字。"之罘刻石："普施明法，经纬天下，永为仪则。""群臣诵功，请刻于石，表垂于常识。"碣石刻石："群臣诵烈，请刻此石，垂著仪矩。"这些都是对天下国家经济、社会、文化统一体的强调。

第四，秦帝国虽然是以战争方式建立的，但符合天下百姓的利益，帝国的政治形态及其统治符合天意与天道，符合正义原则和历史发展的必然。秦帝国实践"法天地"、五德终始说就是对天意与天道、历史发展的必然的证明。

第五，帝国可以实行有效的统治。面对天下，帝国是否能够实现有效的统治是个问题。帝国的疆域内山川地理复杂，边远地区因为路途遥远、山川阻隔、信息不畅、沟通不便，非常容易边缘化，使帝国天下一统的思想落空。帝国的统治者在这方面显然具有远见卓识，非常迅速地建立了完备的交通和通信体系，使帝国政令能够及时到达最边远的郡县，各地的信息也能够及时汇集到中央。秦始皇巡游的来去自如就是对帝国有效统治的最好说明。

第六，皇帝和帝国的统治是为了天下人的福祉，所有的臣民都应该无条件地服从皇帝，忠于帝国，遵守帝国的政治制度、法律法令和伦理秩序。

天下国家观念作为一种国家理论，阐释了国家的特点、政治制度、统治形式、伦理意义等，是秦统一后在实践活动中所表述的一种国家理论。天下国家观念不是由思想家进行系统阐释的，而是通过秦始皇的巡游天下予以表述的，是战国以来国家理论的总结，所表现的系统性和逻辑性很强，而且影响持久不衰，在中国古代被普遍接受，是秦及其以后王朝国家理论的主导，成为一种不言自明的思想观念，是一种新的意识形态。在中国古代不同的时期，对它的某些方面有所修补，或从不同的角度对它进行阐释，但从未再对这种理论进行系统的论证，除了个别时期的个别人，如黄宗羲，没有人对它进行质疑和反驳。天下国家观念是中国古代的金科玉律，经过长期的积淀，成为中华民族心理结构的重要内容，表现为符合天下国家观念的都被认为是正确的，不符合的都是错误的。

秦帝国的天下国家观念意义重大。从积极的方面说，为统一的多民族国家的形成和发展奠定了基础，促进了中华文化共同体的形成；从消极的方面说，它完全摒弃了《吕氏春秋·贵生》提出的"天下非一人之天下，天下之天下也"，成为君主专制集权统治的依据。天下国家观念并未过多强调民族问题，而是认为"六合之内，皇帝之土"，"人迹所至，无不臣者"，这些说法虽然有一些自大和狂妄，但也显示出更大的胸怀和包容。汉代大为流行的《公羊传》推崇"大一统"，同时过分地重视华夷之辨，突出中国和四夷的对抗，则显得有些偏激和狭隘。

（五）以吏为师与以法为教

始皇三十四年（前213年），李斯上奏秦始皇实行"焚书"，提出"若欲有学法令，以吏为师"。始皇制曰："可。"（《史记·秦始皇本纪》）秦帝国由此掀起了一场轰轰烈烈的文化运动，烧毁了各国史记、《诗》、《书》、百家语，不烧的只有博士官收藏的《诗》、《书》、百家语及"医药卜筮种树之书"。以吏为师与以法为教成为帝国最重要的思想之一。

以吏为师与以法为教语出《韩非子·五蠹》："故明主之国，无书简之文，以法为教；无先王之语，以吏为师；无私剑之捍，以斩首为功。"此外，《韩非子·说疑》："法也者，官之所师也。"《韩非子·定法》："法者，……此臣之所师也。"《韩非子·诡使》："无二心私学，听吏从教。"这些都是以吏为师与以法为教的意思。韩非的思想肯定是秦帝国实行以吏为师与以法为教的理论依据。但有理由认为，这并不是唯一的根源，另一个更重要的根源是秦自商鞅变法以来的政治实践与思想总结。《商君书》中曾系统地阐释了与时俱变、以法为治的思想，明确地提出了"壹赏"、"壹刑"、"壹教"，将《诗》、《书》等先王之语视为国害，严厉压制打击。《商君书·慎法》中有"教令"；《商君书·定分》："为置法官，置主法之吏，以为天下师"；《韩非子·和氏》指出商鞅变法时"燔诗书而明法令"。这些内容都属于以吏为师与以法为教。就韩非的思想和秦思想的关系来说，是韩非吸收了秦思想的相关内容，用更加具有冲击力的语言表达出来。换句话说，在秦统一前，以吏为师与以法为教就是当时秦国的基本国策。

以吏为师的"吏"，或以为"吏盖指博士而言"，"博士乃政府之命官，故谓之吏"。[①] 这种认识与"吏"的实际情况有较大偏差。"吏"有两种意思。一种吏指文吏，也称文法吏，汉代贬义的称呼是"俗吏"、"刀笔吏"。这种文吏是按照专制集权统治的需要培养的职业官僚，具有工具理性，掌握必备技能，通晓法律

---

① 马非百：《秦集史》（下），第735页。

制度，坚决执行君主意志。从春秋后期开始，行政事务的复杂化和专门化，促成了官僚制度的衍生，作为新式官僚的"吏"的群体也日益扩张。战国时期各国的变法活动导致了官僚制度的进一步发展，使吏道脱离了"礼"秩序的束缚而获得了相当程度的自主性。官僚制在商鞅变法后的秦国迅猛成长，超过了其他诸侯国。秦帝国吏道独尊，君主专制下的文吏政治，构成了帝国体制的基本形态。[①]以吏为师的"吏"主要指这种文法吏。吏的另一种意思是泛指官府掾属一类的低级吏员，此处不作专门讨论。

秦的仕进制度中有吏道、通法入仕等，就是专门针对文吏的选拔录用而设置的仕进途径。要想成为文吏，必须先经过学习、考试合格、试用之后方才能够正式得到任用。[②]云梦秦简《秦律十八种·内史杂》："非史子殹（也），毋敢学学室，犯令者有罪。""史子"是史一类官员的弟子；"学室"实际上就是培养"史"一类文吏的专门学校；"学室"中的老师大概多是史、令史一类的文吏。《内史杂》律文的意思是说：不是史子，不能在专门的学室中学习，违犯这个法令的人有罪。云梦秦简《编年记》记载：始皇三年（前 244 年）八月，"喜揄史"，即喜被进用为史，于第二年除安陆御史。按照《编年记》所记喜的生年计算，始皇三年他被进用为史时，是 19 岁，与汉《尉律》关于"学僮十七以上始试"的规定正相吻合。喜出身当为"史子"，经过学室培训，被进用为史，又经过试署一年，才得以正式任用。[③]以后喜又曾为"鄢令史"、"治狱鄢"、"从军"，死后随葬大量的法律文书，是一个典型的文吏。

以吏为师首先是一种文吏的培养制度。要想成为文吏，必须具备几个必备条件。一是"讽"，"讽"即"诵"，也就是我们今天说的识字。汉许慎《说文解字·叙》规定"讽籀书九千字乃得为史"，秦的规定可能相去不远。二是书，即能写各种书体。许慎记汉试学僮用八体，即大篆、小篆、刻符、虫书、摹印、署书、殳书、隶书。三是明习法令制度。四是要遵守为吏之道。在考试考核中成绩优异者称为"文无害"，是对文吏综合能力的衡量。《史记·萧相国世家》云："萧相国何者，沛丰人也，以文无害为沛主吏掾。"云梦秦简《秦律十八种·置吏律》："官啬夫节（即）不存，令君子毋（无）害者若令史守官，毋令官佐、史守。""毋（无）害"即"文无害"，律文的意思是说如果官啬夫不在，"文无害"者可以代理，

① 参见阎步克：《士大夫政治演生史稿》，第 133、224、225 页。

② 参见黄留珠：《秦仕进制度考述》，《中国史研究》1982 年第 1 期。

③ 参见黄留珠：《"史子"、"学室"与"喜揄史"》，《人文杂志》1983 年第 2 期。

但不允许一般的佐、史代理。《史记·张释之列传》说:"且秦以任刀笔之吏,……陵迟而至于二世,天下土崩。"可见秦时文吏之盛。

文吏是秦帝国官僚队伍的主体,他们还承担起了整个社会的思想教育工作,单纯培养文吏的以吏为师的制度,进而扩展成为整个社会的以吏为师。文吏对整个社会的思想教育主要是"法"的教育,这就是以法为教。正如有学者指出的那样,"秦'以吏为师'之制,并不仅限于对刀笔之吏的训练和法律令文的传习,而是旨在使专制政府全面控制文化教育"。[①] 李斯提请秦始皇"焚书"的奏书将舆论、私学与以法为教相对立,凸显出以吏为师与以法为教思想教育的特点。《商君书·定分》记述了秦的法官法吏制度。按照《定分》的记载,法官法吏的设置分中央和地方,主要职责是学习法令,向吏民解释有关法令方面的问题,核对法令。云梦秦简中有《法律答问》,主要内容是对有关法令的解释,这反映了秦的法官法吏制度确实是实施了的,联系墓主喜文吏的身份,以法为教的情况一清二楚。[②] 秦帝国通过文吏队伍的培养和建设,建立起了一支从中央到地方的完整的思想教育队伍。

秦帝国在始皇三十四年(前213年)大张旗鼓地申述以吏为师与以法为教,是要在整个帝国统治区域内进一步落实秦的法律制度。秦统一后,各地的吏、民在遵守帝国的法令、制度方面存在着大打折扣的情况。云梦秦简《语书》前半篇是秦王政二十年(前227年)南郡守腾发布的一道文告,虽然文告发布时间是秦统一前夕,但文告反映的问题大约在秦统一后的原六国地区是普遍存在的。《语书》前半篇的内容主要可分为五部分。第一部分申述"法度"的功能主要是矫端民心,去除邪僻,改革恶俗,使民为善。第二部分指出在法律令已经完备的情况下,"吏民莫用","乡俗淫失(泆)之民不止"。第三部分告诉南郡各地,郡守腾再次颁发帝国的法律令、田令以及惩办奸私行为的法令,"令吏明布,令吏民皆明智(知)之",不要犯罪。第四部分分析"吏民犯法为奸私者不止,私好、乡俗之心不变",重要原因是令、丞以下有不忠、不智、不廉的行为,这都是大罪。第五部分部署巡行视察,要求检举"不从令者",同时考核县官,重点是官吏多有犯令而令、丞没有察处的。《语书》前半篇明确指出吏有明布法令制度使民知之的职责,而百姓违犯法令制度也与令、丞以下工作不力有关,突出了文吏在落实法律制度和以法教民中的作用。

---

① 张金光:《秦制研究》,第711页。

② 法官法吏参见黄留珠:《略谈秦的法官法吏制》,《西北大学学报》1981年第1期。

秦帝国的以吏为师与以法为教还发挥着意识形态的教育作用。在始皇三十四年（前213年）以前，秦始皇的巡游已经进行了四次，秦帝国的天下国家理论已经成熟，但社会舆论、私学教育并不完全赞同帝国的统治，有必要进行从上到下的思想教育，统一各种认识。韩非子主张治吏重于治民，统一各级官吏的思想，然后通过官吏教育百姓，这是从上到下、从官到民的思想教育方式。其教育的内容不限于法律，应该包括帝国天下国家理论包含的所有观念、制度和道德教育等，是一种完全的意识形态教育，核心是天下国家理论，价值取向是君主专制集权统治下的皇权独尊。

　　从皇帝、各级官吏到百姓，形成了完备的意识形态教育体制，文吏队伍的庞大及其深入社会底层，能够使意识形态扩展到社会的各个方面。这一套体制完全排除了其他对体制无用的知识和思想，在充分发挥作用时，意识形态的功能会得到淋漓尽致的展示。当然，这只是就其理想状态而言。当这种体制本身发生问题时，如君主与官吏的分裂、对立，附着于体制的意识形态也会随之崩溃坍塌。韩非子虽然吸收了秦思想的相关内容，但他主张君臣对立，秦帝国恰好推崇韩非子的思想，秦二世更是走向了绝对的孤家寡人，最后众叛亲离。其间体制和意识形态的分裂令人深思。

五、《日书》反映的思想观念

　　《日书》是一种选择时日的书。战国秦汉时期，人们对时日的吉凶宜忌非常重视，事事都要选择时日，所以这类书也很流行。王充《论衡·讥日》说："世俗既信岁时，而又信日。举事若病、死、灾、患，大则谓之犯触岁、月，小则谓之不避日禁。岁、月之传既用，日禁之书亦行。世俗之人，委心信之；辩论之士，亦不能定。是以世人举事，不考于心而合于日，不参于义而致于时。"王充虽然是东汉时期人，但他所批评的这种风气也适合战国秦汉之际。专门从事选择时日的人，叫做"日者"。司马迁在《史记》中，专门给"日者"立传，即《史记·日者列传》。《太史公自序》云："齐、楚、秦、赵为日者，各有俗所用。欲循观其大旨，作《日者列传》第六十七。"今《史记·日者列传》只存褚少孙所补的司马季主之事，倒是"褚先生曰"中提到了武帝时日者的活动。"孝武帝时，聚会占家问之，某日可娶妇乎？五行家曰可，堪舆家曰不可，建除家曰不吉，丛辰家曰大凶，历家曰小凶，天人家曰小吉，太一家曰大吉。辩讼不决，以状闻。制曰：'避诸死忌，以五行为主。'"从褚少孙的记述看，当时日者分为许多流派，遇事多有分歧，最后由皇帝决定以五行家为主。《日书》属于《汉书·艺文志》所说的数术类的资料，后世多亡佚，使人们难于详细了解其内容。

1975年，湖北云梦睡虎地11号墓出土一批竹简，其中有《日书》甲种和《日书》乙种。云梦睡虎地《日书》甲种和《日书》乙种汇编成书的时间约在秦昭襄王二十八年（前279年）以后不久，而墓主喜下葬的时间是始皇三十年（前217年）。①1986年，在甘肃天水放马滩秦墓又出土了一批《日书》竹简，同样分甲、乙两种抄本。放马滩秦墓的时代也在战国晚期至始皇三十年（前217年），其中的《日书》甲种的成书年代可能还要早一些。②湖北江陵王家台秦墓也发现《日书》。王家台秦墓的时代不晚于秦代。③这些《日书》的发现为研究秦的社会与思想文化提供了宝贵资料。

关于云梦睡虎地《日书》的体例，《日书》研读班认为分为两组。第一组主要是历法、天象与人事的关系，是《日书》的总纲。第二组是有关具体行事的吉凶，是对第一组总纲的解释。④另外一种看法则认为上述分类不准确，《日书》甲种的内容可归纳为如下几部分：一是择日部分，又可分为以时间为线索类、以行事为线索类、择日原理以及意义不明的几篇；二是非择日部分，又可分为相宅类和解除、祈福类。⑤《日书》乙种的内容多见于甲种。放马滩《日书》的内容与云梦睡虎地《日书》的内容大同小异。

《日书》是以人生为中心的，举凡人的生老病死、婚丧嫁娶、衣食住行、升官发财、五谷种植、六畜饲养、福禄祯祥等等，无不通过选择时日趋吉避凶，与之相关的是时空环境、鬼神世界。如云梦睡虎地《日书》的众多禁忌中，直接或间接涉及婚姻生育的简文约占《日书》简文的三分之一⑥；在云梦睡虎地《日书》的425只竹简中，直接涉及出行归返、即"行归宜忌"者达151支⑦。所以，《日书》

---

① 《日书》研读班：《日书：秦国社会的一面镜子》，《文博》1986年第5期。

② 何双全：《天水放马滩秦简甲种〈日书〉考述》，《秦汉简牍论文集》，甘肃人民出版社1989年版。

③ 荆州地区博物馆：《江陵王家台15号秦墓》，《文物》1995年第1期。

④ 《日书》研读班：《日书：秦国社会的一面镜子》。

⑤ 刘乐贤：《睡虎地秦简日书研究》，文津出版社1994年版，第419—421页。

⑥ 吴小强：《秦人婚姻家庭生育观念新探》，见吴小强著：《秦简日书集释》附录二，岳麓书社2000年版。

⑦ 王子今：《睡虎地秦简〈日书〉秦楚行忌比较》，见《秦文化论丛》第二辑，西北大学出版社1993年版。

具有典型的民间性。现在一般认为，放马滩《日书》是更为纯粹的秦地流行的《日书》，云梦睡虎地《日书》则混杂了秦、楚两地《日书》。《日书》对研究当时的社会和秦、楚两地的民间风俗具有很高的价值。这里主要对《日书》所反映的民间的知识和思想观念进行讨论，最主要的是关于禁忌和法术的基本原理。

第一，天人观念。

战国秦汉之际，人们关于天文星象观测的主要观念是仰观天象，以达人事。天文星象运行变化反映的人事吉凶被称为"天变"、"天数"。当时最受人们关注的是北斗、日、月、五大行星、二十八宿。《史记·天官书·正义》引张衡的话说："文曜丽乎天，其动者有七，日月五星是也。日者，阳精之宗；月者，阴精之宗；五星，五行之精。众星列布，体生于地，精成于天，列居错峙，各有所属，在野象物，在朝象官，在人象事。其以神著有五列焉，是有三十五名：一居中央，谓之北斗；四布于方各七，为二十八舍；日月运行，历示吉凶也。"

云梦睡虎地《日书》中的《除》、《秦除》、《玄戈》、《岁》、《星》、《天李》等篇集中反映了天文星象与人事的关系[①]。《日书》甲种《除》的第一部分是张表，以十一月为首，至十月止，与二十八宿中的十二宿斗、须、营、奎、胃、毕、东、柳、张、角、氐、心相对应，十二宿皆有所主，下又对应十二地支循环所代表的日，日又对应建除十二神。这样，月、星、地支、日、神相互对应，相互联系，形成了一个复杂的时空运行系统。"编制该表的目的无非是为了说明什么是濡（结）日，什么是赢（阳）日，什么是建（交）日……"[②]《除》的第二部分具体说明结日、阳日、交日等的吉凶宜忌。《秦除》未列十二宿，只描述了十二个月中建除十二神与日的对应，接下来与《除》的第二部分相似，说明结日、阳日、交日等的吉凶宜忌。《除》主要是应用于楚地的建除；《秦除》主要是应用于秦地的建除。《玄戈》再次出现了月和十二宿的搭配，不过是以十月为首，至九月止。每月的后面用二十八宿中的八宿两两组合，说明吉凶。关于本篇的解释不同，一种认为是以星宿与地支十二辰的对应互换关系为根据来占卜吉凶的；二是认为这是一种纪月法或太岁纪年法；三是认为这是以每三个月为单位，以说明方位吉凶。[③]《岁》，一说岁为岁星，一说为太岁。当以后者为是。《岁》通过太岁

---

① 《日书》有些无篇名，研究者给它们加上篇名。这里以刘乐贤《睡虎地秦简日书研究》中的篇名为准。

② 刘乐贤：《睡虎地秦简日书研究》，第28页。

③ 刘乐贤：《睡虎地秦简日书研究》，第78—85页。

运行的方位说明吉凶。① 本篇还记载了楚月名，为研究秦楚历法的异同提供了线索。《星》将二十八宿与相关的吉凶宜忌相对应。《天李》，天李即天理，也叫天狱，主凶，是一个很重要的禁忌项目。②

从《日书》的相关内容来看，天人关系密不可分，天文星象的运动变化和时间、节律、方位、人事相联系。其中对天文星象运行的观测和认识包含着科学的内容，天文星象的运行和时间、节律、方位等的搭配及推算非常复杂。天人之间的关系又是非常神秘的，这包括星宿本身的神化，建除十二神、太岁等神祇的出现以及天文星象所表示的吉凶宜忌。在《日书》的相关篇章中，少见气一类的概念，天人感应的色彩也不突出，表现了天人关系的朴素性。

第二，五行观念。

《日书》中的五行观念非常突出。云梦睡虎地《日书》甲种、乙种都有《五行》，记载了五行相胜，即五行相克，"金胜木，火胜金，水胜火，土胜水，木胜土"。放马滩秦简《日书》乙种《五行书》中记载了五行相生，"土生木，木生火，火生土，土生金"，《律书》"讲述五行、五音、阳六律、阴六律及变六十律相生之法"。③

《日书》中的五行配物也相当完备。五行与方位，云梦睡虎地《日书》甲种《五行》云："东方木，南方火，西方金，北方水，中央土。"五行与季节，《帝》以春三月的庚辛、夏三月的壬癸、秋三月的甲乙、秋三月的丙丁为四废日，由此反推，则四季与五行的搭配必为：春木、夏火、秋金、冬水。五行与天干，云梦睡虎地《日书》乙种《五行》云："丙丁火"，"戊己土"，"庚辛金"，"壬癸水"。五行与地支、六十甲子、数字也有搭配。五行与颜色，《四向门》关于门与生（牲）的颜色搭配是：北向门，其牲赤；南向门，其牲黑；东向门，其牲白；西向门，其牲青。五行与五色人，《病》：甲乙有疾，青色死；丙丁有疾，赤色死；戊己有疾，黄色死；庚辛有疾，白色死；壬癸有疾，黑色死。五行与五木，云梦睡虎地《日书》乙种《诸良日》将榆、枣、桑、李、漆与甲乙、丙丁、戊己、庚辛、壬癸相配，说明当时已经将五行与五木相配。五行与五祀，云梦睡虎地《日书》乙种《祭祀》有五祀与天干相配的内容。此外，云梦睡虎地《日书》乙种《有疾》有火日、土日，也应与五行有关。在《日书》中，有些神煞是根据五行设立的，如四废日完全是根据五行相克的原理设置的；做事情的很多宜忌也是根据五行判定的。《日

① 刘乐贤：《睡虎地秦简日书研究》，第 101—104 页。

② 刘乐贤：《睡虎地秦简日书研究》，第 298—299 页。

③ 何双全：《天水放马滩秦简综述》，《文物》1989 年第 2 期。

书》中几乎不明确地谈阴阳，但《艮山》与《周易》的艮卦有关，也透漏出一些阴阳学说的痕迹。①

《日书》中的五行观念反映出五行学说在民间有深厚的土壤。

第三，鬼神观念。

在古人的脑海中，人的世界之外还存在着鬼神的世界。《日书》有关鬼神的资料非常集中，反映了人们的鬼神观念。②《日书》中的神、鬼可分为三个层次。第一个层次是天神；第二个层次是职能神、杂神；第三个层次是鬼、妖。

天神。《日书》中提到的天神主要是帝、天、星宿。云梦睡虎地《日书》甲种《朔望弦晦》："五丑不可以为巫，帝以杀巫咸。"《帝》记述"帝为室日"，其他人都不能建房屋，否则就会有人丧生。《行》："凡是日赤帝恒以开临下民而降其英（殃），不可具为百事，皆毋（无）所利。"赤帝临日是赤帝降下灾祸的日子，不可做事。《求人》说戊子是求人的日子，就是求告于帝，也一定成功。《诘咎》："鬼恒从人女，与居，曰：'上帝子下游。'"《娶妻出女》："壬申、癸酉，天以震高山，以娶妻，不居，不吉。""壬申会癸酉，天以坏高山，不可娶妇。"《十二支避忌》："毋以子卜筮，害于上皇。"上皇也可能是天神。《除》提到了"上下群神"；《诘咎》提到有"上神"。上和下相对，上神应是指天神。星宿主要有二十八宿、玄戈、招摇、岁、天李、牵牛、织女等。这些星宿之神和人的吉凶利害直接相关。《星》系统地描述了二十八宿所表示的吉凶。"角，利祠及行，吉。不可盖屋。取妻，妻妒。生子，为吏。""心，不可祠及行，凶。可以行水。取妻，妻悍。生子，人爱之。"

职能神、杂神。这一类神多是主管某一方面或与人们的生产生活关系密切的神祇。云梦睡虎地《日书》甲种《农事》提到了田亳主、杜主、雨师、田大人的死日。他们都是农业神，死日不宜种植或收获。《梦》有食梦神，人做了噩梦，可以祈祷食梦神，转祸为福。《土忌二》："正月申，四月寅，六月巳，十月亥，

---

① 五行观念一节多参照刘乐贤：《睡虎地秦简日书研究》，第431—439页，他已经说得非常完备了。

② 这方面的研究主要有李晓东、黄晓芬：《从〈日书〉看秦人鬼神观及秦文化特征》，《历史研究》1987年第4期；林剑鸣：《秦汉政治生活中的神秘主义》，《历史研究》1991年第4期；吴小强：《论秦人的多神崇拜特点》，《文博》1992年第4期；吴小强：《论秦代神权》，《秦文化论丛》第三辑，西北大学出版社1994年；刘乐贤：《睡虎地秦简日书研究》；连劲名：《云梦秦简〈诘〉篇考述》，《考古学报》2002年第1期；王子今：《睡虎地秦简〈日书〉甲种疏证》。

是胃（谓）地枸神以毁宫，毋起土攻（功），凶。"《马禖祝》中有马禖神。云梦睡虎地《日书》乙种《祭祀》有"祠室中日"、"祠户日"、"祠门日"、"祀行日"、"祀五祀日"、"祀史先龙丙、望"、"行祀"、"行行祀"等，祠祀皆有神。此外，《日书》还有禹娶涂山女的记载。

鬼、妖。人死为鬼，《日书》反映一般人将死去的祖父母、父母也视为鬼。云梦睡虎地《日书》甲种《祭祀》有"祠父母良日"。但在《病》提到王父（祖父）、王母（祖母）、父、母有时会作祟，使人生病。《诘咎》记载了形形色色的不下二十余种鬼，如刺鬼、不辜鬼、阳鬼、哀鬼、鬼婴儿、游鬼、饿鬼、暴鬼、遽鬼等等。妖指能说话的鸟兽。雷、云气、野火、寒风、票（飘）风等也都具有灵性。鬼妖作祟，常常害人，使人生病，所以要予以驱除。

《日书》反映的鬼神观念主要有三个方面：一是敬畏神祇，厌恶鬼妖。因为敬畏，所以对神祇多用祭祀、祈祷。这里要说的是，普通百姓虽然没有祭祀上帝的权利，但对帝、天仍然非常敬畏，对帝、天多予以避忌。除祖先外，对鬼妖虽然不得已时也祭祀，但更多地是采取法术，予以驱除。二是多神崇拜。民间崇拜多属于"淫祀"，有神就拜，没有明确的区分和严格的规范。三是功利色彩。祭祀崇拜、驱妖除鬼都是和人的利害、吉凶联系在一起，有事才求神，缺少精神信仰。

第四，人生观念。

《日书》围绕着人的生产和生活，力求使人能够趋吉避凶、趋利避害，虽然不是系统地论述人生的目的和意义，但《日书》使用非常广泛，仍然反映出一种普遍的人生价值观。

《日书》本身是帮助人对未来进行预测、对事物发展变化进行预判的，吉、凶、利、英（殃）是《日书》使用最多的词语。前景美好，进展顺利，有所获得，能够成功，为吉，为利；遇到挫折，遭到失败，受到损害，死伤病夭，为凶，为英（殃）。人要追求的是吉、利，围绕吉、利体现了系列的人生观念。

富、昌、贵的观念。发财致富、兴旺发达是普通人最强烈的愿望，生育孩子、修房造屋等等都要祈求富贵，注意吉日良辰。云梦睡虎地《日书》甲种《星》："生子，富。"《置室门》："辟门，成之即之盖，廿岁必富，大吉，廿岁更。""屈门，其主昌富。""云门，其主必富三渫（世）。""不周门，其主富。""曲门，前富后贫。""起门，八岁昌。""徙门，数富数虚。""刑门，其主必富。""获门，其主必富。"《生子》："辛巳生子，吉而富。""庚寅生子，女为贾，男好衣佩而贵。"《人字》："其日在首，富难胜殹（也）。夹颈者贵。在癸者富。在掖（腋）者爱。"《梦》：

"赐某大幅（富），非钱乃布。"《相宅》："宇多于东南，富。""为池西南，富。""圈居宇西南，贵吉。圈居宇正北，富。""井当户牖间，富。"《日书》乙种《为圈》："凡癸丑为屏圈，必富。"《嫁子刑》："正北吉富"，"正东吉富"，"正南吉富"，"正西吉富"。《失火》："乙失火，大富。""申失火，富。"

追求官爵的观念。步入仕途、升迁高位对人生的境遇是很大的改变，也成为人的普遍追求。云梦睡虎地《日书》甲种《稷辰》："以为啬夫，必三徙官。徙官自如，其后乃昌。"《星》："生子，为吏。""生子，必有爵。""生子，为大夫。""生子，为大吏。""生子，为吏。"《生子》："必为吏。"《吏》中记述了求见长官、汇报、请示等事，因时辰不同而吉凶有异。《入官》中指出做官上任时要选择时日。

祥瑞的观念。凡事预卜，祥则为吉，为利，要千方百计驱除不祥。云梦睡虎地《日书》甲种《除》："兑（说）不羊（祥）。"《岁》："以北大羊（祥）"，"以东大羊（祥）"，"以南大羊（祥）"，"以西大羊（祥）"。《置室门》："大伍门，命曰吉恙（祥），十二岁更。"

成、得的观念。做事情追求成功，有所获得。云梦睡虎地《日书》甲种《除》："作事不成"，"百事顺成"。《秦除》："成日，可以谋事"，"兴大事"。《稷辰》："小事果成，大事有庆。"《除》："邦君得年，小夫四成。"《秦除》："请谒，得。言盗，得。"《稷辰》："秀，是胃（谓）重光，利野战，必得侯王。"《十二支占行》："日中南得"，"东必得"，"西得"，"南得"，"东得"，"北得"。《生子》："癸未生子，长大，善得。"

良的观念。做事情注重是否适宜，良为适宜。云梦睡虎地《日书》甲种《农事》："禾良日"，"困良日"。《诸良日》有人、马、牛、羊、猪、市、犬、鸡、金钱、蚕等各种"良日"。《衣》："衣良日。"《日书》乙种《见人》有"见人良日"。

将人生的希望寄托在孩子身上，在中国有非常悠久的历史，《日书》表现得更为直白。除了希望孩子将来能够当官发财、富贵发达之外，《日书》中还有一些其他的对孩子的愿望。美，希望孩子长得高大漂亮。云梦睡虎地《日书》甲种《除》："以生子，男女必美。"《稷辰》："以生子，既美且长。"巧，希望孩子有双巧手。《生子》："丁亥生子，攻（工）巧，孝。"武、勇。在自然经济为主、战争比较频繁的时代，孩子，特别是男孩子是否孔武有力、勇敢刚强，对家庭和个人都特别重要。《生子》："武而好衣剑。""武有力。""且武而利弟。""武而贫。""愿（勇）。""有疵于体而愿（勇）。""武以攻（工）巧。""武以圣。"孩子将来能够顾家、孝顺、长寿。《生子》："好家室。"《日书》乙种《方向占生子》："生东乡（向）者贵，南乡（向）者富，西乡（向）者寿，北乡（向）者贱，西北乡（向）者被刑。"

　　《日书》注重家庭的和睦。个体小家庭是社会的细胞，而妻子对一个家庭又特别重要。在男权社会中，对妻子的希望或要求反映出人们的家庭观念。云梦睡虎地《日书》甲种《星》："心，不可祠及行，凶。""取妻，妻悍。""妻悍"，也就是娶个妻子是泼妇。《星》："箕，不可祠，百事凶。取妻，妻多舌。""妻多舌"，妻子是长舌妇。《星》："取妻，妻不宁。""妻不宁"，妻子不安分。"妻悍"、"妻多舌"、"妻不宁"显然不利于家庭和睦，《日书》多将其归于选择不当的结果。

　　《日书》反映的这些人生观念，其价值取向是功利的，是人们出于对美好生活的向往而提炼出来的，显得非常质朴和直白。其中有些观念和今天也相差不多。

　　第五，禁忌与法术。

　　《日书》多见巫觋。云梦睡虎地《日书》甲种《朔望弦晦》："五丑不可以为巫。"《星》："斗，利祠及行贾、贾市，吉。取妻，妻为巫。""翼，利行。……生子，男为见〈觋〉，女为巫。"《置室门》："屈门，其主昌富，女子为巫，四岁更。""大吉门，宜钱金而入易虚，其主为巫，十二岁更。"《十二支占卜》："酉，巫也。"《日书》乙种《十二支占卜》："巫为姓（眚）"，"巫亦为姓（眚）"。另外，禹在《日书》出现较多，显示出他的不同地位。《日书》甲种有《禹须臾》，是关于出门喜数的专篇。《日书》甲种和乙种分别提到了"禹步"、"禹符"，"禹步"是一种巫舞。放马滩《日书》甲种《亡者》："辰，虫也。以亡盗者……外人也。其为人：长颈，小首，小目。女子为巫，男子为祝名。"[1]可见，民间巫术文化的氛围还是非常浓厚的，《日书》中的禁忌与法术和巫术也有非常密切的关系。

　　《日书》是供人们选择时日的。人们相信，时日选择不当会给人带来凶险、灾祸、疾病，为了避免这些后果，从而形成有关禁忌。时日禁忌可以说是《日书》最主要的内容。云梦睡虎地《日书》甲种以"忌"为名的有《室忌》、《土忌》[2]。《室忌》是关于造房建屋的时日禁忌；《土忌》是关于动土兴作的时日禁忌。另外，由研究者根据内容拟定的有关"忌"的篇名有：《十二支避忌》、《避忌》、《忌杀》、《忌徙》[3]、《弦望五辰五丑忌》、《澍木为床燔粪忌》、《行忌》（一）、《行忌》（二）、《入寄者忌》、《田忌》[4]。其他不以"忌"为名的各篇，篇中的内容也多属于禁忌。从

---

① 何双全：《天水放马滩秦简甲种〈日书〉考述》，《秦汉简牍论文集》。

② 指原简有的篇名。

③ 以上四篇篇名见刘乐贤：《睡虎地秦简日书研究》。

④ 后六篇篇名见王子今：《睡虎地秦简〈日书〉甲种疏证》。

巫术的角度说，禁忌最初是由于人敬畏超自然力量而采取的一种消极的态度。《日书》中的时日禁忌当然也是一种消极的态度，但已经不仅仅是出于对超自然力的敬畏，其中有关于天人关系的把握与认识、五行生克及配物的学说、对鬼神的迷信与崇拜、对美好生活的向往与功利追求等等，所以，《日书》中的时日禁忌早已经不是原始禁忌了，而是在原始禁忌的基础上发展出来的具有复杂体系的、综合性的时日禁忌，体现的是当时人的生活样式、精神世界。

禁忌是消极的，法术则是积极的。面对鬼妖，人也会采取法术予以驱除。云梦睡虎地《日书》甲种《诘咎》是使用法术驱除鬼妖的专篇。针对不同的鬼，驱除鬼的法术有："以桃为弓，牡棘为矢，羽之鸡羽，见而射之"；取故丘之土，做成人、犬形，置墙上，五步一人一犬，环绕房屋一周，鬼来时，扬灰，敲打簸箕，大声呼喊；以桑木心做杖，鬼来击之；以"棘椎"、"桃秉（柄）"敲其心；以"弇矢"射之；以牡棘之剑刺之；"取女笔以拓之"；以动物的粪便泼之；以屦投之；以桃梗击之；以白石投之；以水沃之；披散头发；等等。《诘咎》中有相当一部分是关于人的疾疫的，疾疫的原因被认为是鬼妖作祟。人的精神方面出现问题或做了噩梦，也被认为是鬼妖作祟。《诘咎》中提出的相应的治病方法也是运用法术驱鬼辟邪。这些法术中的一些逐步成为习俗，如桃木具有禳除凶邪的作用，灰具有厌胜避鬼的神力，动物粪便能使鬼妖原形毕露等；法术中的另外一些内容则具有科学的成分，如人无故伤心可在一定的时间给他服食一定的桂[1]，灭蝗用黄土掩埋，发生火灾"以白沙救之"[2] 等。法术笼罩着浓厚的巫术氛围，一方面形成了习俗，一方面包含着科学，齐头并进，不断变异。

通过以上的分析，可以得出关于《日书》时日禁忌原理的基本的结论，即时日禁忌是在天人观念、五行观念、鬼神观念、人生观念的共同作用下形成的。《日书》这种具有复杂体系的、综合性的时日禁忌必然经过了一个发展和综合的过程。法术主要是针对鬼神作祟的，可能具有更多的原始性，它显示出的巫术氛围和科学成分的混融是一个特点。在战国秦汉之际，像《日书》这样的民间通俗文化，由于它立足于人生，有着更广泛的影响力，达官贵人，甚至皇室，都可能迷信《日书》，它对精英文化的影响也是毋庸置疑的。

---

① 食桂见刘乐贤:《睡虎地秦简日书研究》，第263页。

② 灭蝗、白沙救火见王子今:《睡虎地秦简〈日书〉甲种疏证》，第431、437页。

六、"秦失其鹿，天下共逐之"

《商君书·定分》说："一兔走，百人逐之，非以兔可分以为百也，由名分之未定也。""名分已定，贫盗不取。"秦帝国时期的思想，其目的是对皇帝和帝国统治的合理性、合法性进行解释、论证，期望得到天下人的认同，以保证帝国统治的长治久安。但事与愿违，后来出现的局面恰恰是"秦失其鹿，天下共逐之"（《史记·淮阴侯列传》）。秦帝国统治的崩溃直接源于大规模的反秦战争。陈胜、吴广举起了反秦战争的大旗；项羽、刘邦继起其后，推翻了秦帝国的统治；刘邦最后又战胜了项羽，建立了西汉。这几个人可以说是反秦战争的代表人物，他们的思想观念也具有一定的代表性。

陈胜、吴广是在走投无路的情况下，决定起兵反秦的。他们在被征发去戍守渔阳（今北京密云）的过程中，遭遇大雨，延误日期。按照秦帝国的法律，不能及时赶到戍守地，延误日期者一律斩首。为了活命，他们揭竿而起，打出来的旗帜是"大楚兴，陈胜王"。陈胜称王后的国号为"张楚"，即张大楚国之意。《史记索隐》引李奇的说法："欲张大楚国，故称张楚也。"随后，陈胜等提出的口号是："伐无道，诛暴秦。"

从思想观念来考察，在陈胜、吴广起兵的过程中，他们首先质疑的是二世即位的合理性。二世是秦始皇的小儿子，不应当即位，公子扶苏应当即位，却无罪被杀。其次，充分利用楚国人思念故国的心情进行反秦号召。项燕作为楚国大将，屡立战功，在抵御秦军的战争中兵败自杀，民间传说他还活着。楚地的反秦意识最为强烈，将秦公子扶苏和楚国大将项燕联系在一起，激起人们对二世皇帝的不满，发动反秦战争。第三，功利追求。陈胜攻占陈之后，三老、豪杰皆曰："将军……功宜为王。"而在这之前，陈胜、吴广的功利思想就非常强烈。陈胜曾在为人傭耕时，对伙伴们说："苟富贵，无相忘。""嗟乎，燕雀焉知鸿鹄之志哉！"在商议起兵时，陈胜、吴广也说过："今亡亦死，举大计宜死，等死，死国可乎？"占卜时，占卜者知道他们的意思，说："足下事皆成，有功。"他们对戍卒的鼓动也是："且壮士不死即已，死即举大名耳，王侯将相宁有种乎！""燕雀焉知鸿鹄之志哉！""王侯将相宁有种乎！"这些无非是举大事、求大富、有大名、居高位而已。第四，鬼神观念。利用民间普遍的鬼神观念鼓惑戍卒。占卜者对陈胜、吴广说："然足下卜之鬼乎！"陈胜、吴广大喜，认为鬼神表示他们可以成事，藏书鱼腹中，说："陈胜王。"吴广在鬼神所凭依的丛祠中"夜篝火，狐鸣呼曰：'大楚兴，陈胜王。'"第五，对秦政的抨击。陈胜说："天下苦秦久矣。"三老、豪杰说："将军披坚执锐，伐无道，诛暴秦。""当此时，诸郡县苦秦吏者，皆刑其长吏，杀之以应陈涉。"（《史记·陈涉世家》）这些方面反映了陈胜、吴广起兵反秦的思想原因是复杂的，对秦法、秦政的抨击只是其中之一而已。陈胜称王则是因为反秦有功。

项羽和他的叔叔项梁出身于"世世为楚将"的项氏家族，项羽的爷爷、项梁的父亲就是抵御秦军、兵败自杀的楚将项燕。项氏叔侄起兵反秦是有准备的。项梁、项羽避仇吴中，《史记·项羽本纪》说："吴中贤士大夫皆出项梁门下。每吴中有大徭役及丧，项梁常为主办，阴以兵法部勒宾客及子弟，以是知其能。"在陈胜、吴广举事后，项氏叔侄趁机起兵，国仇家恨是他们起兵的最主要的原因。项氏叔侄势力的发展和他们的家族名望有很大关系。在众人推举东阳令史陈婴为王时，陈婴母亲反对："自我为汝家妇，未尝闻汝先古之有贵者。今暴得大名，不祥。不如有所属，事成犹得封侯，事败易以亡，非世所指名也。"于是，陈婴对众人说："项氏世世将家，有名于楚。今欲举大事，将非其人，不可。我倚名族，亡秦必矣。"于是将兵交给项梁，壮大了项氏叔侄的声势。项氏叔侄起兵后，范增为他们指明了政治方向，"楚虽三户，亡秦必楚"。于是，项梁立楚怀王，以顺应楚国人的心理。至此，陈胜、吴广首先发动的反秦战争，完全演变为关东六国的复国运动。陈胜、吴广"立张楚意味着以楚击秦，这就不可避免地导致诸侯王在反秦旗帜下效尤竞立，以至于动摇刚刚树立的统一的政治观念"①。以复兴六国号召反秦是项氏叔侄最重要的政治理念。在灭秦之后，项羽分封诸侯王，除了个别因私人恩惠封王、复立六国之外，项羽所依据的最主要的标准是反秦之功。对义帝，他的看法是"义帝虽无功，故当分其地而王之"，但最后还是杀掉了"无功"的义帝。他不想在诸侯王之上还有一个义帝。"韩王成无军功，项王不使之国，与俱至彭城，废以为侯，已又杀之。"项羽本人看见秦始皇，曾有过"彼可取而代也"的话，在灭秦之后似乎没有称帝而治的想法，有人劝他以关中为根基称霸，他的回答是："富贵不归故乡，如衣绣夜行，谁知之者！"并杀掉了讥笑"楚人沐猴而冠"的人（《史记·项羽本纪》）。所以，论功封赏、复立诸侯、荣华富贵是项羽的根本思想。

刘邦是起兵反秦的响应者。在陈胜等起兵反秦时，刘邦因为释放解往骊山之

① 田余庆：《说张楚》，《历史研究》1982 年第 2 期。

徒，亡命芒砀山。陈胜等起兵后，刘邦被萧何、曹参等迎回沛县，起兵响应。刘邦先是归属景驹所立的楚王，后归属楚怀王。刘邦号召沛县父老反秦时说"天下同苦秦久已"；郦食其对刘邦的说辞也是"足下必欲诛无道秦"；刘邦进入关中后，召诸县豪杰说"父老苦秦苛法久矣"（《汉书·高帝纪》）。可见，抨击秦法苛酷、秦政无道是这时候反秦的统一认识。汉元年（前205年）① 五月，刘邦进军关中。汉二年（前204年）三月，听新城三老董公的劝说："顺德者昌，逆德者亡"；"兵出无名，事故不成"；"明其为贼，敌乃可服"，抨击项羽放杀义帝是大逆不道。汉四年（前203年）十月，列举项羽十大罪状，负约、矫诏、擅杀、暴虐、贪财、弑主、不平等，核心是项羽"为人臣而杀其主，杀其已降，为政不平，主约不信，天下所不容，大逆无道"（《汉书·高帝纪》）。汉五年（前202年）十一月，刘邦灭项羽。正月，诸侯劝刘邦即皇帝位。

> 先时秦为亡道，天下诛之。大王先得秦王，定关中，于天下功最多，存亡定危，救败继绝，以安万民，功盛德厚。又加惠于诸侯王有功者，使得立社稷。地以分定，而位号比拟，亡上下之分，大王功德不著，于后世不宣。昧死再拜上皇帝尊号。
>
> 大王起于细微，灭乱秦，威动海内。又以辟陋之地，自汉中行威德，诛不义，立有功，平定海内，功臣皆受地食邑，非私之也。大王德施四海，诸侯王不足以道之，居帝位甚实宜，愿大王以幸天下。（《汉书·高帝纪》）

刘邦起兵反秦过程中，激烈地抨击秦政无道。在楚汉之争中，刘邦最主要的是以义帝为正统，抨击项羽大逆不道。最后，刘邦即皇帝位的依据是"功盛德厚"，无与伦比。

陈胜、项羽、刘邦等人思想中的共同点是功利思想。陈胜、吴广等人对功名富贵的追求，陈胜因发动反秦之功称王，项羽以反秦之功作为分封的依据，刘邦以"功盛德厚"即皇帝位，都是功利思想的表现。这种功利思想是战国时期功利思想，特别是秦功利思想的延续。绝对的功利思想为人追逐功名富贵指出了明确的途径，激发了人的热情，但单一的、人人可见的途径和方式也化解了崇高和庄严，陈胜等的"王侯将相宁有种乎"，项羽的"彼可取而代也"，刘邦的"大丈夫

---

① 汉初使用的是颛顼历，汉元年以十月始，五月已到公元前205年。

当如此也",无不显示出对功利的觊觎。当秦实现天下统一之后,绝对的功利思想继续滋长和蔓延,并且出现了失范的趋势,在秦二世即位不合理、思念故国的情感强烈、秦的刑罚严酷、徭役繁重等等因素的作用下,终于爆发为一场反秦战争。所谓的"一兔走,百人逐之","秦失其鹿,天下共逐之",在很大程度上是指作为诱因的功利追求。在秦亡原因中,功利追求的失范是一方面。

刘邦即皇帝位时的功德观,基本就是秦帝国功德观的照搬。不过就其具体内容来说,秦始皇的功德与刘邦的功德有所不同。秦始皇的功德是灭六国、为郡县、行法令、重建社会秩序,以及由此为天下百姓带来的恩惠;刘邦的功德是推翻了秦的统治,平定海内,封赏诸侯。功德内容的差异,掩盖不了均追求功利的实质。

在反秦战争的过程中,陈胜、刘邦等对秦帝国最严厉的抨击是天下苦秦,这点主要是指秦帝国徭役的繁重使天下百姓不堪忍受。根据《史记·秦始皇本纪》等的记载,秦统一后修建阿房宫、始皇陵的人数达到七十余万人,常年屯驻北方防御匈奴有三十万人,南戍五岭有五十万人,再加上修筑长城、驰道、直道的人数,总数达到一百八九十万人。这么庞大的人数,粮草给养的运输供应是个大问题。《孙子兵法》说当时战争期间粮草给养的运输供应成本是战争本身消耗的二十倍①,即使按十倍的成本消耗来计算,供应一百八九十万人的粮草必须有二千万人奔走于路途。秦帝国时期的总人口不过三四千万人,二千余万人常年劳作奔走,不得休息,必定天下骚动,百姓苦不堪言。至于对秦刑罚严酷的抨击,可能有过多的夸张之词。秦律体系严密,程序严格,不可能完全随意施刑。秦也有慎刑的主张,刑法原则中有区分故意与过失、区分有无犯罪意识、自首从轻、规定刑罚时效、以财产刑代替身体刑等等。②张家山汉简发现后,学者指出,汉初的法律全部承秦律而来。③汉代对肉刑的改革主要在文帝、景帝时期。

反秦战争中,对秦帝国时期皇帝的权威性、帝国统治的依据没有直接的批判。项羽分封诸侯在客观上对秦帝国所建立的天下国家的观念是一种反对,但其存在的时间很短。刘邦以功德为依据即皇帝位,本身就是对秦帝国思想的肯定,反映了秦帝国思想的影响深入人心。不过,刘邦即皇帝位后,确实对秦帝国思想

---

① 李零:《兵以诈立——我读〈孙子〉》,中华书局 2006 年版,第 103 页。

② 崔向东:《简帛文献与古代法文化》,第 224—230 页。

③ 高敏:《汉初法律系全部继承秦律说——读张家山汉简〈奏谳书〉札记之一》,《秦汉史论丛》第六辑,江西教育出版社 1994 年版。

有所修正。首先是轻徭薄赋，减轻百姓负担，这是众所周知的。

其次是明确提出"共天下"的理念。所谓"共天下"，就是不独占权益，而是与部下共同分配所得利益。① 秦帝国推崇韩非的思想，韩非认为君臣关系是绝对对立的利益关系，为了维持绝对权力，君主本身应该是孤独的。"共天下"的理念则在于弥合君臣关系，使君臣重新成为共同利益的结合体。汉高祖诏书说："今吾以天之灵，贤士大夫定有天下，以为一家，欲其长久，世世奉宗庙亡绝也。""与天下之豪士贤大夫共定天下，同安辑之。其有功者上致之王，次为列侯，下乃食邑。……吾于天下贤士功臣，可谓亡负矣。其有不义背天子擅起兵者，与天下共伐诛之。"（《汉书·高帝纪》）"天下"是国家的代称，"共天下"也意味着国家的统治是君臣共治。

第三，抑制绝对化的功利思想，重新确立血统的高贵。这点反映在所谓的白马之盟中。《史记·吕太后本纪》记载，惠帝即位之初，吕后欲王诸吕，王陵争之曰："高帝刑白马盟曰：'非刘氏而王，天下共击之。'今王吕氏，非约也。"《史记·绛侯周勃世家》记载，窦太后想让景帝封王皇后之兄王信为侯，周亚夫反对说："高皇帝约'非刘氏不得王，非有功不得侯。不如约，天下共击之'。今信虽皇后兄，无功，侯之，非约也。"白马之盟对功利思想的抑制在于限定了奖赏功劳的上限，异姓之人，功劳再大，也只能封侯，不能封王。刘氏之所以能王，不是因为功劳，而在于其血统具有高贵性。刘邦出生的神秘化，赤帝子杀白帝子的传说，都在于肯定刘邦即皇帝位是天命所归，刘姓血统因之具有其他人所没有的高贵性，这不是人力所能企及的。《史记·淮阴侯列传》记载蒯通之言："秦之纲绝而维弛，山东大扰，异姓并起，英俊乌集。秦失其鹿，天下共逐之，于是高材疾足者先得焉。"韩信的看法则是："且陛下所谓天授，非人力也。"汉对功利思想的抑制是要消除蒯通一类的思想，确立韩信一类的看法，明确皇帝之位、皇室血统是天授，不是一般人可以追求的。通过这样的修正，皇帝和整个的臣下、和刘姓宗族紧密地结合在一起，不像秦帝国时期君臣对立，皇帝是孤家寡人。

汉初仍将皇帝的权威和地位看做是至高无上的。刘邦刚做皇帝不久，依然以儿子的身份五日一次朝见他的平民父亲刘太公。刘太公的家令对刘太公说："天亡二日，土亡二王。皇帝虽子，人主也；太公虽父，人臣也。奈何令人主拜人臣！如此，则威重不行。"下一次，刘太公就以人臣的身份对待刘邦，并且说：

---

① "共天下"的理念参见李开元：《汉帝国的建立与刘邦集团——军功受益阶层研究》，第139—143页。

"帝，人主，奈何以我乱天下法。"后来，刘邦尊刘太公为太上皇，才改变了父子之间的尴尬。在这个过程中，始终围绕的问题是皇帝的"威重"。萧何主持修建未央宫，大兴土木。刘邦看见壮丽的宫殿，非常生气。萧何的解释是："天下方未定，故可因以就宫室。且夫天子以四海为家，非令壮丽无以重威，且亡令后世有以加也。"萧何修建未央宫时，重视的是能够通过壮丽的宫殿体现皇帝的"重威"（《汉书·高帝纪》）。

汉代的统治者和思想家对秦政进行了激烈的批判。这些批判一方面重在反思秦亡的原因，探讨治乱兴衰的规律；另一方面重在彰显汉代统治的正义性，进而歌功颂德，或提倡以史为鉴。冯友兰以"过秦"和"宣汉"对其加以概括，是非常恰当的。①

陆贾最早对治乱兴衰的规律进行了总结，其中涉及了对秦政的批判。《新语·道基》："德盛者威广，力胜者骄众。齐桓公尚德以霸，秦二世尚刑而亡。"《无为》："秦非不欲治也，然失之者，乃举措太众、刑罚太极故也。"

贾谊在他著名的《过秦论》中，对秦亡的原因进行了深刻的剖析，具体有三个方面。首先是"安危之统相去远矣"。秦帝国时期君臣对立，关系分裂，使秦二世失道无助。"当此时也，世非无深虑知化之士也，然所以不敢尽忠拂过者，秦俗多忌讳之禁，忠言未卒于口而身为戮没矣。故使天下之士，倾耳而听，重足而立，拑口而不言。是以三主失道，忠臣不敢谏，智士不敢谋，天下已乱，奸不上闻，岂不哀哉！""秦王怀贪鄙之心，行自奋之智，不信功臣，不亲士民。"其次是"仁义不施而攻守之势异也"。秦只知道行暴虐之政，无视天下百姓的疾苦。"二世受之，因而不改，暴虐以重祸。""二世不行此术，而重之以无道，坏宗庙与民，更始作阿房宫，繁刑严诛，吏治刻深，赏罚无当，赋敛无度，天下多事，吏弗能纪，百姓困穷而主弗收恤。""蒙罪者众，刑戮相望于道，而天下苦之。"第三是"取守不同术也"。秦崇尚诈力，无视攻守之势的变化。"先诈力而后仁义，以暴虐为天下始。"贾谊并不是对秦政一味否定，重点在于说明秦亡主要是没有根据形势的变化及时调整治国策略，从而走向了灭亡，对于严刑峻法、崇尚诈力都是这样看的。"故秦之盛也，繁法严刑而天下震；及其衰也，百姓怨望而海内畔矣。""夫并兼者高诈力，安定者贵顺权，此言取与守不同术也。"

晁错在贤良对策中，对答"吏之不平，政之不宣，民之不宁"时，特别"以秦事明之"。"及其末途之衰也，任不肖而信谗贼；宫室过度，嗜欲亡极，民力罢

---

① 冯友兰：《中国哲学史新编》（中），第3—13页。

尽，赋敛不节；矜奋自贤，群臣恐谀，骄溢纵恣，不顾患祸，妄赏以随喜意，妄诛以快怒心，法令烦憯，刑罚暴酷，轻绝人命，身自射杀；天下寒心，莫安其处。奸邪之吏，乘其乱法，以成其威，狱官主断，生杀自恣。上下瓦解，各自为制。"（《汉书·晁错传》）晁错的对策中，将秦政之弊归结为赋敛不节，刑罚暴酷，吏治腐败，上下离心离德。

西汉文帝时，贾山上书言治乱，"借秦为谕，名曰《至言》"。《至言》的主要内容仍是批判秦的暴政，文学色彩更为浓厚。"至秦则不然。贵为天子，富有天下，赋敛重数，百姓任罢，赭衣半道，群盗满山，使天下之人戴目而视，倾耳而听。"《至言》历数秦修宫室、为驰道、建陵墓，认为秦"兵破于陈涉，地夺于刘氏者，何也？秦王贪狼暴虐，残贼天下，穷困万民，以适其欲也"。"秦皇帝居灭绝之中而不自知者何也？天下莫敢告也。"之所以如此，是因为"纵恣行诛，退诽谤之人，杀直谏之士"。贾山希望汉文帝以史为鉴，并趁机歌颂汉政，"功业方就，名闻方昭，四方乡风"（《汉书·贾山传》）。

在文帝以后，对秦政的批判基本上形成了定式，批判的内容集中在秦的刑罚残酷、徭役赋税沉重，批判的形式是借秦政以言事。吾丘寿王："于是秦兼天下，废王道，立私议，灭《诗》《书》而首法令，去仁恩而任刑戮，堕名城，杀豪杰，销甲兵，折锋刃。其后，民以钁鉏棰梃相挞击，犯法滋众，至于赭衣塞路，群盗满山，卒以乱亡。"（《汉书·吾丘寿王传》）主父偃："暴兵露师十有余年，死者不可胜数"，"男子疾耕不足于粮饷，女子纺绩不足于帷幕"（《汉书·主父偃传》）。徐乐："由民困而主不恤，下怨而上不知，俗已乱而政不修，此三者陈涉之所以为资也。"（《汉书·徐乐传》）严安："丁男披甲，丁女转输，苦不聊生，自经于道树，死者相望。"（《史记·平津侯主父列传》）伍被："昔秦绝圣人之道，杀术士，燔《诗》《书》，尚诈力，任刑罚，转负海之粟致之西河。当是之时，男子疾耕不足于糟糠，女子纺绩不足于盖形。遣蒙恬筑长城，东西数千里，暴兵露师常数十万，死者不可胜数，僵尸千里，流血顷亩，百姓力竭，欲为乱者十家而五。"（《史记·淮南衡山列传》）在汉武帝及以后，这种对秦政的批判定式一直延续，内容和形式却没有什么大的突破，语言越来越文学化，这是典型性的暴政和暴君形象脸谱化。

汉代对秦政的批判虽然看起来很激烈，实际上还是流于表面，在批判中缺乏更深层次的探讨，思想的创见也不多。其中的一个很重要的原因就是"汉承秦制"。"汉承秦制"首先是汉代继承了秦所创立的各种制度。其次，汉代也继承了秦帝国关于皇帝权威性和帝国统治依据的论证，以及相关的天下国家的观念。汉虽然对秦帝国的统治策略有所修正，但是以继承为主。第三，汉代的功德观、改制问题、五德终始、天人感应、谶纬、三纲五常、大一统等思想观念是秦帝国思想的延续和发展，即使是韩非的思想遭到了普遍的批判，王霸并用、儒法交融也可看见其影响。

陈胜、项羽、刘邦对皇帝及其权威性非常羡慕。陈胜、项羽虽没有称帝，但其功利追求及其目标和秦思想是一致的。刘邦到汉中后改楚制为秦制，后来又称帝而治，则认同了秦帝国的制度及其思想文化。从反秦到汉代政论家、思想家对秦政的批判，主要集中在功利追求失范、刑罚严峻、徭役繁重等，对其他方面则涉及不多。汉对秦帝国思想文化的修正也主要围绕着这些方面，汉初的黄老思想和武帝时的"独尊儒术"都可以看做汉代对秦思想的修正。汉代的思想修正中也自然地吸收了秦思想。秦帝国时期的思想构成了中国古代思想发展史上最为重要的一环。

七、小结

秦统一之后，秦王政称皇帝，建立了专制集权统治的统一帝国。皇帝是秦帝国最高的统治者，也是最高权力的掌握者。帝国在全国实行郡县制，建立了完整的官僚队伍，疆域空前辽阔。这些都是中国历史上前所未有的，因而，皇帝的权威性、帝国统治的依据随之也成为问题。

在秦帝国的官僚队伍中，专门设有博士的官职。博士设立的依据是《吕氏春秋》的"备万物"和《韩非子》的君主为"中人"的思想。博士包括各家各派，其中有相当一部分人为方士。秦帝国通过设立博士试图囊括当时所有的知识、思想和技能，为帝国和皇帝提供咨询服务。博士在秦帝国的政治活动中实际发挥的作用很小，和博士相关的重要事件是焚书坑儒。通过焚书和坑儒，皇帝和帝国表明了态度，不论是什么知识、思想和技能都只能围绕着加强皇帝的权威、巩固帝国的统治进行综合，不允许知识、思想和技能独立发展。焚书坑儒后，儒家、道家等还在民间传习，而墨家、名家逐步衰亡。墨家原来在秦国很有势力，开始是用技术为秦服务，最终融入到秦的社会体制之中。名家由于自身的缺陷，逐步退出了历史舞台。秦帝国时期，知识、思想和技能以君主专制集权统治为核心进行综合是主要趋势。

秦帝国时期，围绕着皇帝的角色定位及相应的价值和标准形成的文化模式，反映了这个时期一个主要的思想内容。首先是功德观。灭六国、为郡县、行法令、重建社会秩序被认为是秦始皇的功业，并具有正义性、伟大性、创造性、神圣性，给天下百姓带来了和平与秩序，这是秦始皇给天下百姓带来的最大恩惠，也就是秦始皇之德。其次是封禅与祭祀。封禅是秦的时祭在新的形势下发展而形成的一种新的祭祀礼仪，目的在于向天报告成功，这是功德和天命、天人感应思想的结合。封禅重申了皇帝的宗教祭祀权力，在举行封禅大典前后，秦统一了宗教祭祀。宗教祭祀中心有三个，西为雍，东为泰山，再就是都城咸阳。皇帝是帝国的宗教权威。第三是神仙思想。秦始皇的求仙活动是对长寿为福、渴望自由、灵魂观念、功业与保身、巫术与医药、养生等思想、知识与技能的综合，具体的综合者是神仙方士。求仙活动也是进一步强化秦始皇的神圣性的追求。第四是韩非的思想。韩非的思想被皇帝作为行使权力的指导思想，表现为"刑杀为威"、刻意用术、以势示强、庆赏为德、独掌权力、以吏为师、以法为教、"督责之术"。通过这些方面，秦帝国肯定了皇帝具有最高的地位、最尊贵的身份、最大的权力和最强的威势。

秦帝国是地域国家，皇帝并不完全等同于国家，对于这种全新的政治形态，同样需要思想理论上的阐释。一是"法天地"。通过人事与社会法则模仿和效法自然现象及其规律，证明秦帝国的统治符合天道与天意。二是五德终始说。以土、木、金、火、水五德相胜证明帝国统治及其制度合乎历史发展的必然。三是道德要求。以忠和孝为中心，以个体小家庭的伦理关系和官僚的行为准则为基础，以建立统一的伦理秩序为目的，试图将皇帝、官僚、百姓统一到伦理秩序中。四是巡游天下。秦始皇的巡游范围涵盖了帝国的绝大部分地区，通过巡游展示帝国对各地实行统治的有效性，使秦帝国的政治权威走进社会现实，使百姓切身感受到了权威的存在。

综合以上方面，秦帝国构建和宣传一种国家理论，即天下国家观念。天下是国家的代称，主要指秦帝国统治的疆域。天下国家是政治实体，疆域、制度、百姓是其基本要素。天下国家是统一的、不可分割的整体。秦帝国虽然是以战争方式建立的，但符合天下百姓的利益，帝国的政治形态及其统治符合天意与天道，符合正义原则和历史发展的必然，可以实行有效的统治。皇帝是帝国的象征，具有无与伦比的权威性。皇帝的继承是世袭制的。皇帝和帝国的统治是为了天下人的福祉，所有的臣民都应该无条件地服从皇帝，忠于帝国，遵守帝国的政治制度、法律法令和伦理秩序。秦帝国的以吏为师既是一种文吏培养制度，同时文吏又担负整个社会的思想教育工作。文吏一方面宣明落实帝国的法律法令，另一方面又要用天下国家观念教育百姓，这就是以法为教。

秦帝国时期，通俗文化对精英文化有一定影响，《日书》体现了这一点。《日书》立足于人生，以选择时日、趋吉避凶为核心，反映了普通人所具有的思想观念。一是天人观念。仰观天象，以达人事，这是一种普遍的认识，天文星象的运动变化和时间、节律、方位、人事相联系。二是五行观念。五行相胜、五行相生在《日书》中都有，五行配物也相当完备，说明五行学说在民间有深厚的土壤。三是鬼神观念。敬畏神祇，厌恶鬼妖；多神崇拜，多属"淫祀"；功利色彩重，缺少精神信仰。四是人生观念。追求富贵，追逐官爵，祈求祥瑞，盼望成功，注重适宜，寄希望于孩子，注重家庭和睦，这些都是普通人的人生观念。五是禁忌与法术。人们相信，时日选择不当会给人带来凶险、灾祸、疾病，为了避免这些后果，从而形成有关禁忌。面对鬼妖，人也会采取法术予以驱除。《日书》中的禁忌和法术与巫术有非常密切的关系，民间巫术文化的氛围还是非常浓厚的。

陈胜、项羽、刘邦是反秦战争的代表人物。陈胜、吴广起兵反秦的思想原因是复杂的，对秦法、秦政的抨击只是其中之一。项羽的根本思想是论功封赏，复立诸侯，荣华富贵。刘邦是起兵反秦的响应者，以"天下苦秦"为号召。刘邦灭项羽后，以"功盛德厚"即皇帝位，反映出对秦帝国思想的认同。汉代对秦政的批判主要集中在功利追求失范、严刑峻法、徭役繁重方面，但从未质疑过皇帝的权威性、帝国的统治依据和天下国家观念。汉代的一系列思想主题是秦帝国思想的延续和发展。这些都反映出汉对秦帝国思想是以继承为主，但也有所有修正。

"百代都行秦政法"
——秦思想的历史影响

　　秦建立了君主专制集权统治的统一帝国，并形成了相关的国家理论。后来的王朝继承了秦帝国建立的政治形态和国家理论，历代的君主称帝而治，不同时期的思想家从不同的方面对国家理论加以完善。秦帝国的国家理论是帝制国家理论的源头。

一、秦思想的内容与特点

秦的发展经历了秦族、秦国、秦帝国。在漫长的发展历程中，秦思想的内容是多元而复杂的，经历了多个思想主题。

巫术文化与史官文化。在秦的早期曾经有一个巫术文化及其思想占据主导地位的时期。在西周到春秋初期，秦文化经历了一次转型，史官文化取代了巫术文化的主导地位，标志性的事件是秦文公时史官的设立。也就是在这一时期，秦开始逐步崛起，在公元前770年正式立国，成为诸侯。与立国相应，秦有强烈的天命思想，重视礼作为社会规范的强制性。宗族组织的普遍存在是这个时期秦的社会特点，但秦建立了比较严格的君位继承制度，不实行分封制，没有形成分封制下的权力的层级结构，表明了宗族、宗法制度本身也正在转型。

"子孙饮马于河"。秦德公定都雍城。雍城时代，秦的战略思想是"子孙饮马于河"，将关陇连为一体，实现了多元文化整合。在文化整合的冲击下，思想观念方面主要是对阴阳五行思想进行综合，以及以"德"为代表的深层次的价值观念的变化。前者可以看做是周文化的进一步发展，后者可以看做是更多地受战争环境和戎狄文化的影响。

"错法成俗"。春秋末期和战国初期的"霸王"之争，催生了"富国强兵"的思想。各诸侯国内部的权力斗争与"富国强兵"思想交织在一起，形成了君主专制思想。秦在简公、献公时期进行了一系列改革，成为商鞅变法的先声。与时俱变是这时期最重要的思想观念，商鞅变法从"错法成俗"开始，即建立法度，改变风俗，进而统一整个社会的行为模式和价值观念，从思想上将秦国导向了三个方面：军国主义、尚功、君主专制统治。商鞅变法改变了整个的社会结构，改造了人们的价值观念和心理结构。

富强论与法的意识形态。战国中后期，功利思想的发展、统治权力的争夺推动了对新的政治形态的思考。在秦国，军功利益阶层不断成长，使法这种意识形态得到完善。秦法以富强论为核心，以"治、富、强、王"为政治目标，着力论述富与贫、强与弱、公与私等一系列的政治原则。法被认为是权衡度数，相关的数据统计、形势判断以及决策被称之为"数治"，君主治国必须以法思想作为指针和行为准则；法是统治人民的根本，以法为治才可以建立君主的稳固统治和相应的社会秩序；法是区分公私的指针，"任法"与"任私"是最严重的对立。法包容了农战与刑赏，主张树立与其相适应的道德观念，肯定了君主的专制地位，架构了君、臣、民这样的社会结构，具有绝对的权威性、指导性和方向性，发挥着对现实的解释、美化、教育功能，成为秦国不可动摇的意识形态。秦国法思想是战国中后期法家思想的主体。战国后期，秦国出现了以法思想为主导，融合墨、儒、黄老、阴阳五行、巫术等思想的趋势。

和谐论与权力论。《吕氏春秋》和《韩非子》是秦统一前夕出现的思想主题完全不同的两部著作。《吕氏春秋》以和谐论为中心。吕不韦和他的门客们以超然性的视角，站在由秦国统一天下的立场上，超越了秦国的地域限制，以功利主义思想为主导，围绕"天地合和"、"法天地"，追求天地人的和谐，试图取长补短，包容诸子，总结所有的知识和思想，为君主治国提供依据。《韩非子》以权力论为中心。《韩非子》以建立君主专制集权统治为目的，系统地论述了法、术、势、刑名、道理，从人性论、矛盾论、道理论的角度出发将君主定位为孤独的权力操控者。《韩非子》的权力论也不同于秦国以前的富强论。

帝制国家理论。秦帝国时期面临的主要问题是皇帝的权威性和帝国统治的依据。以主要问题为核心，秦帝国设立博士，对知识、思想和技能进行了综合；通过功德观、封禅与祭祀、求仙、韩非的学说肯定皇帝的权威性；通过"法天地"、五德终始说、道德要求、皇帝巡游、以吏为师与以法为教寻找帝国统治的依据。同时，秦帝国构建了一种国家理论，即天下国家观念。天下是国家的代称，主要指秦帝国统治的疆域。天下国家是政治实体，也是统一的、不可分割的整体；帝国的建立符合天下百姓的利益，符合天意与天道，符合正义原则和历史发展的必然，可以实行有效的统治；皇帝是帝国的象征，皇帝的继承是世袭制的；皇帝和帝国的统治是为了天下人的福祉，所有的臣民都应该无条件地服从皇帝，忠于帝国，遵守帝国的政治制度、法律法令和伦理秩序。秦帝国时期，通俗文化对精英文化有一定的影响，《日书》反映民间巫术文化的氛围还是非常浓厚的。

汉代在继承秦制的同时，对秦帝国的思想文化也予以认同、接受、继承，但也有修正。汉代的功德观、改制问题、五德终始、天人感应、谶纬、三纲五常、大一统等思想主题都是秦思想的延续和发展。

纵观秦思想的发展历程，它主要表现出三个方面的特点：

一是发展性。在不同的时期，面对不同的社会形势和问题，秦思想有不同的主题，分别经历了早期的巫术思想；立国前后史官文化与天命、礼乐、宗法制度；雍城时代的"子孙饮马于河"的战略思想、阴阳五行与德的观念；商鞅变法的"错法成俗"与三种思想导向；法的意识形态；《吕氏春秋》的和谐论；《韩非子》的权力论；秦帝国时期的天下国家观念。秦思想的内容可谓多姿多彩，内容丰富。上述每个阶段的思想主题并不是在新的思想主题出现后就消失了，而是被融入到新的思想主题中，或者是退居到次要的地位，如巫术思想、天命思想、阴阳五行、德的观念等一直延续到秦帝国时期。礼乐制度及其思想在商鞅变法后也没有消亡，礼乐制度作为新的国家制度的重要补充一直存在。在秦思想的发展中，新的思想主题的出现又实现了对旧的思想主题的超越。

二是实践性。秦思想不是单纯地由思想家创造和传承的，在秦的历史上也不存在独立的知识阶层。商鞅变法之后，士被纳入到了秦的政治体制之中。秦统一前夕，虽然出现了吕不韦养士的个例，但存在的时间很短。秦思想主要来自于社会实践的总结，又用于指导社会实践，具有很强的实用性。实践性使秦思想具有经验主义的特色，有时候甚至是狭隘的经验主义。在超越经验的层面，经验无法解决的问题，往往又采取神秘的态度，包容宗教鬼神思想。实用性又使秦思想表现出功利的特点，雍城时代德的观念已经具有功利的取向，商鞅变法使功利思想绝对化，并且一直是秦思想的主要内容之一。秦思想的表现形式也是多样的，不局限于纯粹的理论阐释。

三是综合性。秦思想一直在不断地吸收新的内容，不断地进行综合。之所以说是综合，是说秦一直用主动的态度对新思想予以吸纳。当然，这种新思想对秦是有用的，可以取长补短。所以，在秦思想中，既有巫术、天命、鬼神、礼乐、方技、数术、神仙等内容，也有战国诸子的思想，如儒、道、名、墨、阴阳、农家等等。明确了这一点，有任何新的考古发现都大可不必大惊小怪。但也不能说这些被综合的思想内容原封不动地保留了本来面貌，实际上都经过了改头换面，围绕秦思想的主题或多或少地做了改造，与本来面貌有一定的差距。以一个核心进行思想综合是中国古代典型的思想综合方式。

二、帝制国家理论的演变

中国古代国家的起源可以追溯到新石器时代中晚期，但真正完整的国家理论的形成则在战国时期。秦建立的是君主专制集权统治的国家，其国家理论也是关于君主专制集权统治的国家理论。

君主专制集权统治是指国家所有的权力集中于君主手中。对秦来说，秦帝国时期形成了典型的君主专制集权统治。皇帝是国家权力的掌握者，皇帝以下的各级官僚都是皇帝统治国家的工具；皇帝掌握着所有的国家资源，权力通过中央和郡、县、乡、亭、里实现了对帝国每一个地区的统治，并通过法令、户籍、税收、徭役、兵役等将权力延伸到每个个人。由于郡、县、乡、亭、里等都有明确的管理范围，共同构成了秦帝国统治的疆域，所以，实行君主专制集权统治的秦帝国是血缘色彩淡薄的地域国家。

美国学者卡尔·A.魏特夫提出了著名的"治水社会"理论，认为处于干旱和半干旱地区的东方，专制社会起源于浩大的治水工程所需要的组织和领导。治水者也是伟大的组织者，在治水过程中，组织要素得到发展，组织工作更加细密，治水的领导者掌握了独断决定和统一指挥的权力。治水的组织者在治水结束后继续从事组织活动，成为各级官僚。"治水社会"税收沉重，并通过财政、司法、法律和政治措施限制私有财产，再加上财产分割，使私有财产持有者在组织上软弱无能，宗教也从属于国家，使治水政权具有多种功能。"治水社会"形成的专制权力不受限制，个人在管理上和思想上受到控制。治水专制主义具有仁慈的形式、暴虐的实质，公然承认"刑罚是最高的主宰"，公开使用暴力和恐怖。统治者不相信任何人，是绝对的孤独者。中国在公元前一千年后半期形成了这样的专制主义。[1] 卡尔·A.魏特夫在书中就中国古代所举的多数例子和时间限定显然是指秦的专制统治。

卡尔·A.魏特夫关于专制社会的某些特点的描述和商鞅变法后，特别是秦帝国统治时期的某些特点有相似的地方。但要说秦帝国的君主专制集权统治是源于治水，则是我们无论如何不能同意的。很明显的证据是秦所修建的都江堰、郑国渠、灵渠等大型的水利工程都是在商鞅变法后进行的。

秦君主专制集权统治的形成有一个过程，表现为君主权力逐步集中。在商鞅变法之前，秦由于没有实行分封制，因而没有形成相应的权力的分层，在秦国的边缘地区设县，使君主能够直接统治。商鞅变法强化了君主对资源和人身的支配权和控制权，普遍推行了县制，建立了官僚体系，并从经济和思想文化上弱化百姓，实行愚民，强调重刑，以统一社会成员的价值观念和行为模式。商鞅变法后，秦国完善了法的意识形态，对君主专制统治进一步进行理论解读。在此基础上，秦统一了六国，建立了君主专制集权的统治帝国。

君主统治权力的问题在春秋时期就已经提出来了，推动秦君主权力日益集中，最后形成君主专制集权统治的最主要的动因是战争。秦的发展是一个从小到

---

[1]　［美］卡尔·A.魏特夫著，徐式谷、奚瑞森、邹如山等译：《东方专制主义——对于集权力量的比较研究》，中国社会科学出版社1989年版。

大的过程。之所以能够成为强秦，直接的表现就是在战争中不断胜利，直至用战争的方式统一六国。商鞅变法的最直接的目的是使秦国强大，从而形成了军国主义、绝对的功利价值观和君主专制统治相结合的战争模式。战争是主导，军国主义是特色，君主专制是内容。秦实行的郡县制最初带有强烈的军事特点，获得军功爵位的人才具有做官的资格。重视农耕不是为了百姓生活的富裕，而是为了战争有坚实的经济基础。百姓在经济、人身自由和思想文化上都受到削弱和控制。战争模式使君主的权威地位由此得以树立，权力绝对集中，宗教祭祀的权力也掌握在君主手中。秦君主专制集权统治的形成每一方面都具有战争的特点。在秦帝国建立后，皇帝利用手中掌握着的绝对权力大兴功作，致使徭役赋税繁重，怨声载道。

秦国的改革被认为是"自强型改革"，"是通过提升政府的行政能力来增强军事和经济实力的各种努力。经过'自强型改革'的国家能较好地动员战争资源，解决后勤问题，制定更明确的战略，巩固侵占来的领土和从被征服人民当中汲取额外的资源"。"由于拥有对国家资源进行总动员的能力，秦国的权力和财富飞跃到一个新高度"。"'自强型改革'与国家形成过程是互构关系"，"国家形成过程的主要元素包括强制手段的垄断化、税收的全国化和行政的官僚化"。"'富国强兵'措施促进行政的官僚化和权威的中央化"，"同时促进统治者汲取资源的能力和强迫国民顺从的能力"。① 这种观点虽然是从国际关系的层面研究得出的，但基本接近于事实。

在秦君主专制集权统治的形成过程中，相关的国家理论也逐步完善。从墨家、《商君书》、《吕氏春秋》、《韩非子》到秦帝国时期，论述各有所重，构成了君主专制集权统治国家理论演变的完整轨迹。

秦惠文王时期，秦国是墨家重要的活动中心。经过商鞅变法，秦国的君主专制统治得到发展，《墨子》中的国家理论对秦国有所影响也是理所当然的。《墨子》中的国家理论集中在《尚同》。《尚同》认为君主起源于"一同天下之义"的需要。在君主出现之前，"天下之人异义"，"是以一人一义，十人十义，百人百义"，"人是其义，而非人之义"，"皆有离散之心，不能相和合"（《尚同中》），结果引起了天下大乱。为了结束混乱，所以选出了天子。天子从"一同天下之义"的需要出发，立三公，封诸侯。诸侯国国君置左右将军大夫，置乡长、里长。里长一同其

① ［美］许田波著，徐进译：《战争与国家形成：春秋战国与近代早期欧洲之比较》，上海世纪出版集团、上海人民出版社 2009 年版，第 72、75、161、162 页。

里之义，以尚同于乡长；乡长尚同于国君；国君尚同于天子。天子要实行"兼爱"、"尚贤"、"兴天下之利，除天下之害"（《兼爱》）。所以，《墨子》实际主张君主起源于集体利益的需要。"尚同"要求所有人的思想、行为、价值观念都统一于天子，这具有君主专制的特点，也适应当时秦国的需要。在天子之上，天是最高的权威，天子之下又分封诸侯，反映了墨子所处的时代的特点。

《商君书》中的《君臣》、《画策》、《开塞》等篇论述了国家理论。《商君书》同样认为在君主出现之前有一个天下大乱的时期。《开塞》："民众而无制，久而相出为道，则有乱。"《君臣》："古者未有君臣上下之时，民乱而不治。"为了结束混乱，于是出现了君主。但《商君书》不认为君主是选出来的，而认为君主本身是"圣人"，具有非凡的聪明睿智，具备结束混乱、重建秩序的才干能力。君主根据实际，制定了制度、法律，设立了各级官僚，明确了君臣上下之义，这是法出于君的观点。时异世变，治国要与时俱变，实行变法，以法为治。君主是变法的主导，在当时要用农战、刑赏治国。

《吕氏春秋》响亮地提出了"天下非一人之天下也，天下之天下也"（《贵公》），认为君主之立是出于公。在人类社会的发展过程中，不断的战争强化了君主权力，直至出现了天子。"胜者为长"（《荡兵》），长、君、天子代表了君主权力不断提升的三个阶段。《吕氏春秋》主张统一和从上到下的同一，"一则治，两则乱"（《执一》）。君主是集体利益的代表，必须认识到民是国之根本，重视民众利益，以"法天地"为指导思想治理国家，实现天、地、人的和谐。

《韩非子》主张君主通过法、术、势掌握专制权力，实行专制集权统治，反对以德治国，要求刑赏并用，严刑峻法。

墨家、《商君书》、《吕氏春秋》、《韩非子》的国家理论的共同点在三个方面。一是君主源于集体利益的需要；二是君主的统治是稳定和秩序的保证；三是为了稳定和秩序，必须将权力集中在君主手中。君主权力、稳定和秩序是这个时期国家理论的核心，也是其价值取向的核心。君主虽然源于集体利益的需要，但君主产生的具体形式是什么，《墨子》明确地说是选举，《商君书》认为君主本身是"圣人"，《吕氏春秋》说是"胜者为长"。这个关键环节上的分歧，反映了这些国家理论各自取向的不同，然而，秦国有严格的君位继承制，不允许对这个问题进行更深入的讨论。

秦帝国时期的天下国家观念是战国以来国家理论的逻辑发展，因为其核心价值仍然是稳定和秩序。秦始皇灭掉了六国，结束了动乱，重建了秩序，给百姓带来了稳定的生活，这是秦始皇的功德；秦的统治得到了上天的肯定，皇帝本人具有神异的特征；秦帝国的建立符合天下百姓的利益，帝国的政治形态及其统治符合天意与天道，符合正义原则和历史发展的必然；皇帝通过郡县制和官僚制，以韩非的思想为指导，可以实现对帝国的有效统治；从稳定和秩序出发，秦帝国必须是统一的，所有的臣民都应该无条件地服从皇帝，忠于帝国，遵守帝国的政治制度、法律法令和伦理秩序。

秦的国家理论以现实为基础，阐述了君主的产生、权力、职责、国家的伦理意义、统治形式等问题，其现实的针对性，思想的系统性和逻辑性，不是禅让、孟子的"仁政""王道"、荀子的"明分使群"、老子的"小国寡民"、庄子的"至德之世"等可比的。

西方中世纪时期，经院哲学认为一切人类政府的目标是福利，人民最高的福利是精神上的福利。教会来源于上帝，事关人们的信仰。一个君主拒绝接受基督教教义，甚至与教会对立，那将危及人民真正的福利，人民有理由起来反对。因此，归根结底，国家应该屈从于教会。文艺复兴和宗教改革时期，世俗的政权激烈地反对这种思想，出现了尼可洛·马基雅维利（1469——1527 年）的《君主论》，要求把意大利建成一个统一、独立和自主的国家，在政治、宗教和科学方面摆脱教会的统治，绝对的专制政体才能实现强盛而独立的国家的理想，所以，公民的自由必须被牺牲。只要能实现这种国家主义的理想，君主无论采取什么手段都是正确的。建立新的主权国家，必须要有新的政治理论，沿着这样的思路，在西方发展出了霍布斯的国家理论和洛克、卢梭的国家理论。①

托马斯·霍布斯（1588——1679 年）认为在自然状态之下，"人对人像狼一样"，"一切人反对一切人"，于是害怕受到伤害的理性训诫人们应该有和平。理性的第一道告诫，或自然规律，是人要保全。第二道告诫是要人放弃天赋人权。权力的相互转让就是契约。第三道告诫就是人要执行所缔结的契约。这是正义的源泉和开端。此外，还有其他的规律，都可以概括为：己所不欲，勿施于人。为了维持契约，通过大多数人投票把全体人的意志化为一个意志。群众这样联合在一个人格里就叫做国家，那就是伟大的"利维坦"。体现这个人格的人是元首，他有至高无上的权力。谁也不能抗议和反对元首。霍布斯的国家理论实际主张君主专制统治。

约翰·洛克（1632——1704 年）反对君主专制。他认为自然或理性的规律

① 马基雅维利、霍布斯、洛克的国家理论参见［美］梯利：《西方哲学史》，第 269、301—304、362—365 页。

教导说，所有的人类都是平等独立的，谁都不能损害别人的生命、自由和财产。自然状态中，每个人都有权惩罚侵犯自然规律的人。自然状态是和平、友爱和互助。当一些人结成社会时，会放弃各自执行自然规律的权利，委之于社会，就形成了政治和市民社会。人结合成为国家的最大且主要的目的是彼此都保全自己的生命、自由和财产。所以社会权力不能超出公共福利以外。国家的立法权和行政权分开。国家的灵魂是立法者，立法的权力在于人民。卢梭进一步发挥了洛克的思想。

秦的国家理论对中国古代影响深远；马基雅维利、霍布斯、洛克和卢梭的国家理论在近代西方国家得到实际应用。秦的君主专制集权统治的国家理论是战争的结果，马基雅维利的极权主义是世俗政府和教会对抗的产物。从内容上看，秦的国家理论更加接近于霍布斯的国家理论，差别在于霍布斯的国家理论更加强调选举，秦的国家理论更加重视功德、天意、天道。但有一点是共同的，在结束了自然状态之后，国家必须代表绝大部分人的利益，为绝大部分人谋福祉，中西都是这样认识的。这是国家的意义所在。秦虽然建立了统一的帝国，阐释了天下国家观念，但在实际的政治中，特别是秦二世时期，完全忘记了国家的意义，导致了秦帝国的覆亡，给后人留下了深刻的历史教训。

秦建立了君主专制集权统治的统一帝国，并形成了相关的国家理论。后来的王朝继承了秦帝国建立的政治形态和国家理论，历代的君主称帝而治，不同时期的思想家从不同的方面对国家理论加以完善。秦帝国的国家理论是帝制国家理论的源头。对于帝制国家理论的完善，促进了中国古代哲学中宇宙论的发展，特别是在汉代，因为思想家们试图在宇宙自然规律中为帝制国家理论寻找终极依据。国家对于人们的道德生活具有决定性的影响，秦所建立的道德秩序和忠、孝观念决定了中国古代的伦理道德趋势。这些方面使秦思想在中国古代思想史上具有重要的地位。

1973 年 8 月 5 日，毛泽东作《七律·读〈封建论〉呈郭老》："劝君少骂秦始皇，焚坑事业要商量。祖龙魂死秦犹在，孔学名高实秕糠。百代都行秦政法，十批不是好文章。熟读唐人封建论，莫从子厚返文王。"[1]"百代都行秦政法"可谓抓住了历史的本质，秦所建立的帝制及其国家理论，包括忠、孝观念，是中国古代国家的两轮，历代都不偏废。但历代对秦政持否定和批判的态度。《庄子·齐物论》："丘也与女，皆梦也；予谓女梦，亦梦也。是其言也，其名为吊诡。"历史

---

[1]《建国以来毛泽东文稿》第 13 册，中央文献出版社 1998 年版，第 361 页。

的吊诡就是这样让人觉得不可思议。

三、秦的精神气质

从西周后期秦的崛起到秦帝国灭亡的公元前 206 年，秦的历史跌宕起伏，思想文化丰富多样，展示出了个性鲜明的精神气质。

一是进取。秦经历了一个由小到大，由弱到强，直至建立统一帝国的漫长的历史过程。这个过程不是一帆风顺的，而是金戈铁马，烽烟连绵，充满了艰难与曲折。秦的对外战争取得了最后胜利，也曾屡屡失败；秦内部的政治斗争风波迭起，变故屡生。但秦一直保持着一种锲而不舍、开拓进取的精神，都城由西向东逐步迁移，蚕食的领土不断扩大。《商君书·赏刑》："圣人治国也，易知而难行也。"《赏刑》是商鞅变法以后的作品，作者论述的中心是"壹赏"、"壹刑"、"壹教"。对于知与行的关系，《赏刑》没有作深入的辨析，只是指出容易认识的事情，做起来是很难的。在春秋战国时期，图霸、富强是每个诸侯国都渴望的，有些诸侯国一度保持了强盛的势头，最后却失败了，在遭受重大挫折之后一蹶不振，只有秦取得了成功。这是艰难中的奋起，曲折中的前进。

进取是一种前进的动力。西周末期到春秋初期，秦以立足关中为目标；迁都雍城后，秦以"子孙饮马于河"为目标；孝公重申"以河为界"，任用商鞅全面变革，使秦国强大起来；《商君书》以"治、富、强、王"为目标；昭襄王有称帝之举，秦王政时明确表达了统一天下的雄心，《吕氏春秋》提出了"因则无敌"等观念。秦围绕着各个时期的战略目标不懈努力，即使是战国初期的厉公、躁公、灵公、简公等，也没有放弃和魏的争战，并开始进行改革。进取之心促使秦寻求变革，奋发图强，直至统一天下。

二是创新。创新是一种创造与发明，也是一种改变与更新。创新使秦在发展中保持了活力，也使秦在与对手的竞争中占据了优势。秦的创新精神表现为思想文化的创新、制度创新、技术创新等。

秦思想的主题可以被归纳为思想文化的三次转型。第一次是西周晚期到春秋初期，巫术文化被史官文化所取代，秦的政治理性大大加强；第二次是商鞅变法到秦统一前夕，史官文化被法文化所取代，法作为一种总体的意识形态，确立了秦国的政治原则，包容了农战、刑赏，解释了现实问题；第三次是秦帝国时期，法文化被帝制国家理论所取代，主题是皇帝的权威性和帝国统治的依据。每一次思想文化的转型，都是一次思想文化的改变与更新，并包容了相关的思想内容。

制度方面，秦早期是聚族而居；立国前后，秦逐步建立起礼乐和宗法制度，礼乐强调强制性和规范性，宗法强调严格的君位继承，史官系统得到发展；商鞅变法后，秦全面推行什伍制度、军功爵制、郡县制、官僚制等一系列制度；秦统一之后，秦始皇称帝而治，在全国实行郡县制，建立了前所未有的君主专制集权统治。春秋战国时期，是官僚制发展时期。从源头来说，秦的官僚制度既有秦原有的制度，又有周的制度，还有吸收的其他诸侯国的制度，最后统一到秦的君主专制集权统治体制中。秦的制度创新比比皆是，总的说来，各种制度的创建和设立具有针对性、现实性。秦积极地进行制度变革，注重秩序和高效，并逐步体系化。

技术方面，秦所表现的创新精神也毫不逊色。秦的水利事业非常发达，并将在关中地区兴修水利事业的成功经验推广到巴蜀地区；"水利"一词的最早使用，见于成书于秦国的《吕氏春秋》①。铁器的使用、交通的发达、兵器的精良、牛耕的推广、科技的先进，这些使秦和其他诸侯国相比具有更多的优势。

三是功利。秦思想文化的功利特点是学者们一致认同的。雍城时代德的观念以恩惠与回报为主要内容，具有功利的特征。商鞅变法实行斩首为功，使功变成精确的、可计算的东西，并将对功的精确计算和追求一直延续到社会生产和生活的方方面面，变为一种普遍性的、绝对的功利价值观念，养成了百姓的功利性格。商鞅变法之后，功利思想更为流行，可以分为功利、功名、功业三个层次。功利观以追求物质利益为核心，是功利思想的基础部分；功名观要求将名号与功利、精神与物质、个人与社会统一在一起，是功利观的进一步提升；功业观追求可以传承的事业，分为王业、霸业、帝业三种观念，贯穿着对未来政治形态的思考，将个人成功和历史发展结合在一起，是功利思想的最高层次。功利思想还体现了成功就是合理的、有用的观念。《吕氏春秋》有系统的功利主义思想；《韩非子》以功利价值观为主导。秦帝国时期，功德观念大为流行。功利贯穿了秦发展的始终，成为秦最主要的精神气质之一。

秦强烈的功利精神与其独特的发展道路有关。秦的每一次发展，占领的每一块土地，攫取的每一份利益，都是通过战争获得的。战国时期的合纵与连横，是处于战争状态的双方组织的同盟阵营，可以看做是战争的另一种形式。战争事关国家命运和军队的生死存亡，总是使人更加趋于理性，对战争双方的实力进行客观的比较，追求胜利的战果并进行细致详实的计算，容易发展出经验性的功利观

---

① 王子今：《秦统一的技术层面考察》，《社会科学战线》2009 年第 9 期。

念。秦的斩首为功的制度就具有典型性。经验性的功利观念又具有客观性，可以用数量进行比较，量的多少往往和价值评价的高低成正比。因此，"追求'大'和'多'就成为秦人的时尚，审美观的重要标准，也成为秦文化的重要特征"[①]。对普通百姓来说，他们注重的是生活、生存，在功利思想引导下，对功名富贵的追求显得更为直接。

四是兼融。随着秦的发展，秦所控制的地域不断扩大，越来越多的其他文化因素被兼融进来。西周、春秋时期，秦文化和周边的戎狄文化有较多的交流和相互影响，巴蜀、吴、楚等地的文化因素也出现在秦文化之中。战国时期，特别是商鞅变法之后，秦日益强大，兼并的诸侯土地越来越多，具有地域特点的各诸侯国的文化被纳入到秦的控制范围。秦帝国时期，秦曾大规模地征伐岭南，吸纳了众多的特质各异的民族文化。

秦的发展的方向是由西向东，再向南，对于西和北，主要采取了防御的姿态。秦为什么坚持向东发展呢？从现在的考古发现看，秦在西周时期已经从事农业生产。秦向东进入关中，自然环境有利于农业。除此之外，一个很重要的原因就是文化认同。秦自认为是从东方迁到西方的，属于中国，自认为是"受天命"而建国，西周末到春秋时期构建了完备的礼乐制度。这说明东方的文化对秦有非常强的吸引力。战国时期的"富国强兵"思想同样来自东边的魏国；秦对来自于东方的人才一向重视；战国晚期秦国出现了思想综合的趋势；秦帝国时期设立博士，试图"备万物古今天下之事"，包容所有的知识、思想和技能。可以说，正是东方的文化吸引着秦向东发展，这是一种文化引力的结果。秦也按照自己所需，对所有的思想文化采取了取长补短、予以兼融的态度。

秦对多元文化的兼融主要是通过战争方式实现的，表现的是实用理性，并不意味着允许多元文化的长期存在，而是要用秦的主导文化融化和吸收各种异质文化，以形成一个统一的文化体。

五是同一。《孙子兵法·计第一》："道者，令民与上同意，可与之死，可与之生，而不危也。"《墨子·尚同》主张"一同天下之义"。同一意味着价值、观念、行为的高度一致。商鞅变法通过"错法变俗"将秦国导向了军国主义、功利追求、君主专制。商鞅变法后，秦国的法作为"权衡度数"，是衡量价值、观念、行为的标准和依据，实行"以法为治"，"抟力"、"合力"，即凝聚力量。秦帝国时期，通过统一度量衡、"车同轨、书同文、人同伦"等，进行文化统一。秦的所有的

[①] 林剑鸣：《从秦人价值观看秦文化的特点》，《历史研究》1987 年第 3 期。

这些方面，都是要求所有的臣民和君主在价值、观念、行为上保持一致，实际上就是文化上的同一。这种同一的精神气质仍然是长期战争的结果。在战争中，上下是否团结，能否保持一致，对战争的胜利有直接的影响。上下离心离德必然会导致战争的失败。在长期的战争中，秦对同一肯定有非常深刻的体会，进而转化为一种精神。追求高度同一对于君主权力的集中和君主专制集权统治的形成起了推波助澜的作用。

秦所表现的进取、创新、功利、兼融、同一的精神气质，是一种弱小者奋发自强的精神气质，是一种在长期的战争中养成的精神气质。这种精神气质伴随着秦的统一有了更大的影响，而且在不同的时代以各种形式被反复倡导，从某程度上成为中华民族的精神气质。进取、创新、功利、兼融、同一和"重孝、亲人、贵民、崇德"[1] 相比较，恐怕还是前者在民众之中影响更大，因为秦是从改造人的价值观入手进行变革的，普通民众为了生存，也更加注重进取和功利，而中国古代的知识阶层总是试图建功立业。帝国政治形态的延续，使历代的统治者对兼融和同一情有独钟。

进取、创新、功利、兼融、同一的精神气质有其长处，但也有不足之处，最受非议的就是对功利的追逐。战国时期的儒家和道家对功利的批判非常尖锐。《孟子·梁惠王上》记载，孟子谒见梁惠王。梁惠王说："叟！不远千里而来，亦将以利吾国乎？"孟子的回答是："王！何必曰利？亦有仁义而已矣。王曰，'何以利吾国？'大夫曰，'何以利吾家？'士庶人曰，'何以利吾身？'上下交争利而国危矣。万乘之国，弑其君者，必千乘之家；千乘之国，弑其君者，必百乘之家。万取千焉，千取百焉，不为不多矣。苟为后义而先利，不夺不厌。未有仁而遗其亲者也，未有义而后其君者也。王亦曰仁义而已矣，何必曰利？"从孟子的话来看，绝对的功利追求会让人没有任何底线，从而导致下对上的颠覆。孟子重视的是人的行为的动机是否符合仁、义、礼、智，不追求结果。孟子认为人的欲望是功利之源，会蒙蔽人心中善的萌芽，所以主张寡欲。《孟子·尽心下》："养心莫善于寡欲。"《老子》反对有为，批判权威、专制，反对扩张，主张自然无为，功利的追求会破坏人心的自然素朴，引起天下的动荡，所以，"圣人之治，虚其心，实其腹，弱其志，强其骨，常使民无知无欲"（三章），"不欲以静，天下将自定"（三十七章），"见素抱朴，少私寡欲"（十九章）。显然，孟子、《老子》等将不受

---

[1] 陈来:《古代宗教与伦理——儒家思想的根源》，生活·读书·新知三联书店 1996 年版，第7页。

约束的功利追求看做是有害无益的，会破坏秩序，蒙蔽理性，戕害人性，扭曲心灵，给个人和社会带来更大的灾难，所以要求克制和减少欲望。

功利追求还会使人目光短浅，只顾眼前利益，缺乏长远的眼光和宽阔的视野。在战国晚期，秦国对此问题是有所认识的。秦国致力提倡以忠孝为核心的伦理观念，《吕氏春秋》、《韩非子》对"大忠"、"小忠"进行了区分，《吕氏春秋》中有《长利》，都是着眼于这一问题。《长利》："天下之士也，虑天下之长利，而故处之以身若也；利虽倍于今，而不便于后，弗为也；安虽长久，而以私其子孙，弗行也。"《长利》的作者忧虑地看到："今赏罚甚数，而民争利且不服，德自此衰，后世之乱自此始。"贾谊的《过秦论》中讲"取守不同术也"，对进取和守成的策略进行了区分，认为进取之时要"尚诈力"，守成之时应"施仁义"。

在以后的历史时期中，只有南宋时期的叶适、陈亮提倡功利主义，绝大部分的思想家都反对追求功利。欲望被普遍地认为是功利之源，通过克制、内省等方式修养，尽量减少欲望，可以抑制人的功利之心。无功利之心，就无私欲，就可以"反身而诚"，达到天人合一、内圣外王的境界。这种思想主要在知识阶层流行。无视普通民众生存和生活的艰辛，一味地要求他们克制欲望，自我满足，麻木不仁，等待施舍，这是人们对这种思想反感的主要原因。在社会大众的层面，功利思想依然是最普遍的。

弗兰克纳的《伦理学》将功利主义分为三类，行为功利主义、一般功利主义、准则功利主义。他认为三种功利主义作为道德上正当与否的唯一基准，都不能令人满意。为此他提出一种更接近功利主义的混合义务论，以仁慈原则和正义原则为基础，并与平等相一致。[1] 也就是说，功利必须以仁慈、正义、平等为前提。这给我们一个启发，大可不必反对功利，但功利追求也需要仁慈、正义、平等。秦提倡功利，却要建立一个缺乏仁慈和正义的等级森严的社会，结果功利追求的无所不用其极酿成了社会的动荡，成为导致秦帝国的崩溃的原因之一。功利要和仁慈、正义、平等相协调，这应该成为一种普遍的观念，这也是历史给我们的启示。

功利进取和欲望抑制的博弈从某种程度是中国传统社会的精神痛苦。大抵在一个王朝的建立过程中，总是鼓励功利进取；在统治天下时，总是提倡欲望抑制。无功利进取则不能建功立业，无欲望抑制则不能修身齐家。宋明及其以后，理学以"存天理，灭人欲"作为修身之大要，试图统一建功立业和修身齐家，使

---

[1] 弗兰克纳著，关键译：《伦理学》，第 90—108 页。

中国知识阶层的精神世界向另外一个方向发展。本书不准备对这个问题进行讨论，只是肯定功利进取和欲望抑制的博弈不能忽略秦的精神气质及秦的兴亡带给人们的思考。

总之，秦思想是春秋战国剧烈的社会变革的产物；帝国思想是连接战国诸子和汉代思想的中间环节；秦的思想综合形式、帝制国家理论和精神气质对我们国家和民族具有非常深刻的影响。

参 考 书 目

1.《十三经注疏》整理委员会整理，李学勤主编：《十三经注疏》（标点本），北京大学出版社 1999 年版。

2. 上海师范大学古籍整理研究所校点：《国语》，上海古籍出版社 1998 年版。

3. 杨伯峻编著：《春秋左传注》，中华书局 1981 年版。

4. 杨伯峻译注：《论语译注》，中华书局 1980 年版。

5. [清] 孙诒让撰，孙启治点校：《墨子闲诂》，中华书局 2000 年版。

6. 李零著：《〈孙子〉十三篇综合研究》，中华书局 2006 年版。

7. 陈鼓应著：《老子注译及评价》，中华书局 1984 年版。

8. 杨伯峻译注：《孟子译注》，中华书局 1960 年版。

9. 陈鼓应著：《庄子今注今译》，中华书局 1983 年版。

10. 高亨注译：《商君书注译》，中华书局 1974 年版。

11. 蒋礼鸿撰：《商君书锥指》，中华书局 1986 年版。

12. 张觉校注：《商君书校注》，岳麓书社 2006 年版。

13. [清] 王先谦撰，沈啸寰、王星贤点校：《荀子集解》，中华书局 1988 年版。

14. 黎翔凤撰，梁云华整理：《管子校注》，中华书局 2004 年版。

15. 何建章注释：《战国策注释》，中华书局 1990 年版。

16. [清] 王先慎撰，钟哲点校：《韩非子集解》，中华书局 1998 年版。

17. 陈奇猷校注：《韩非子集释》，上海人民出版社 1984 年版。

18.《韩非子》校注组编写，周勋初修订：《韩非子校注》[修订本]，凤凰出版传媒集团，凤凰出版社 2009 年版。

19. 陈奇猷校释：《吕氏春秋校释》，学林出版社 1984 年版。

20. [清] 王聘珍撰，王文锦点校：《大戴礼记解诂》，中华书局 1983 年版。

21. ［汉］司马迁撰：《史记》，中华书局 1982 年第 2 版。

22. ［汉］班固撰，［唐］颜师古注：《汉书》，中华书局 1962 年版。

23. 王利器撰：《新语校注》，中华书局 1986 年版。

24. ［汉］贾谊撰，阎振益、钟夏校注：《新书校注》，中华书局 2000 年版。

25. ［汉］刘向撰，向宗鲁校正：《说苑校证》，中华书局 1987 年版。

26. ［汉］刘向编著，赵仲邑注：《新序详注》，中华书局 1997 年版。

27. 刘文典撰，冯逸、乔华点校：《淮南鸿烈集解》，中华书局 1989 年版。

28. 王利器校注：《盐铁论校注》（定本），中华书局 1992 年版。

29. 黄晖撰：《论衡校释》（附刘盼遂集解），中华书局 1990 年版。

30. ［清］顾炎武著，［清］黄汝成集释：《日知录集释》，岳麓书社 1994 年版。

31. ［清］孙楷撰、徐复订补：《秦会要订补》，中华书局 1959 年版。

32. 袁珂校注：《山海经校注》，上海古籍出版社 1980 年版。

33. 安作璋、熊铁基：《秦汉官制史稿》，齐鲁书社 1984 年版。

34. 卜宪群：《秦汉官僚制度》，社会科学文献出版社 2002 年版。

35. 马非百：《秦集史》，中华书局 1982 年版。

36. 马承源：《中国青铜器》，上海古籍出版社 1988 年版。

37. 马王堆汉墓帛书整理小组：《马王汉墓帛书·经法》，文物出版社 1976 年版。

38. 马王堆汉墓帛书整理小组：《马王堆汉墓帛书·战国纵横家书》，文物出版社 1976 年版。

39. 蒙文通：《古学甄微》，巴蜀书社 1987 年版。

40. 蒙文通：《古史甄微》，巴蜀书社 1999 年版。

41. 牟钟鉴：《〈吕氏春秋〉与〈淮南子〉思想研究》，齐鲁书社 1987 年版。

42. 冯友兰：《中国哲学史》（上、下册），华东师范大学出版社 2000 年版。

43. 冯友兰：《中国哲学史新编》，人民出版社 1999 年版。

44. 樊志民：《秦农业历史研究》，三秦出版社 1997 年版。

45. 滕铭予：《秦文化：从封国到帝国的考古学观察》，学苑出版社 2003 年版。

46. 冷德熙：《超越神话——纬书政治神话研究》，东方出版社 1996 年版。

47. 雷依群、徐卫民主编：《秦都咸阳与秦文化研究》，陕西人民教育出版社 2003 年版。

48. 栗劲：《秦律通论》，山东人民出版社 1985 年版。

49. 李学勤：《东周与秦代文明》，文物出版社 1984 年版。

50. 李学勤：《缀古集》，上海古籍出版社 1998 年版。

51. 李学勤：《简帛佚籍与学术史》，江苏教育出版社 2001 年版。

52. 李泽厚：《中国古代思想史论》，安徽文艺出版社 1994 年版。

53. 李零：《中国方术考》，东方出版社 2000 年版。

54. 李零：《中国方术续考》，东方出版社 2000 年版。

55. 李零：《郭店楚简校读记》，北京大学出版社 2002 年版。

56. 李零：《兵以诈立——我读〈孙子〉》，中华书局 2006 年版。

57. 李开元：《汉帝国的建立与刘邦集团——军功受益阶层研究》，生活·读书·新知三联书店 2000 年版。

58. 李玄伯：《中国古代社会新研》，上海文艺出版社 1988 年影印本。

59. 梁启超：《中国学术思想变迁之大势》，见《饮冰室合集》，中华书局 1989 年版。

60. 林剑鸣：《秦史稿》，上海人民出版社 1981 年版。

61. 林梅村：《古道西风——考古新发现所见中西文化交流》，三联书店 2000 年版。

62. 林惠祥：《文化人类学》，商务印书馆 1991 年版。

63. 刘宝才：《求学集》，陕西人民出版社 2004 年版。

64. 刘海年：《战国秦代法制管窥》，法律出版社 2006 年版。

65. 刘起釪：《古史续辩》，中国社会科学出版社 1991 年版。

66. 刘泽华：《中国政治思想史》，浙江人民出版社 1996 年版。

67. 刘乐贤：《睡虎地秦简日书研究》，文津出版社 1994 年版。

68. 刘乐贤：《简帛数术文献探论》，湖北教育出版社 2003 年版。

69. 刘军社：《先周文化研究》，三秦出版社 2003 年版。

70. 刘信芳、梁柱：《云梦龙岗秦简》，科学出版社 1997 年版。

71. 鲁迅：《中国小说史略》，见《中国现代学术经典——鲁迅　吴宓　吴梅　陈师曾卷》，河北教育出版社 1996 年版。

72. 陆学艺主编：《社会学》，知识出版社 1991 年版。

73. 吕思勉：《秦汉史》，上海古籍出版社 1983 年版。

74. 吕大吉：《宗教学通论新编》，中国社会科学出版社 1998 年版。

75. 甘肃省文物考古研究所编：《秦汉简牍论文集》，甘肃人民出版社 1989 年版。

76. 高敏：《云梦秦简初探》，河南人民出版社 1979 年版。

77. 高敏：《秦汉史论集》，中州书画社 1982 年版。

78. 顾颉刚等：《古史辩》第一至第七册，上海古籍出版社 1982 年版。

79. 顾颉刚：《秦汉的方士与儒生》，上海古籍出版社 1998 年版。

80. 郭沫若：《十批判书》，东方出版社 1996 年版。

81. 郭沫若：《中国古代社会研究》（外二种），河北教育出版社 1989 年版。

82. 郭淑珍、王关成：《秦军事史》，陕西人民教育出版社 2000 年版。

83. 葛兆光：《七世纪前中国的知识、思想与信仰世界》，复旦大学出版社 1998 年版。

84. 康世荣、南玄子主编：《秦西垂文化论集》，文物出版社 2005 年版。

85. 韩伟：《磨砚书稿：韩伟考古文集》，科学出版社 2001 年版。

86. 何晋：《战国策研究》，北京大学出版社 2001 年版。

87. 侯外庐等：《中国思想通史》第一卷、第二卷，人民出版社 1957 年版。

88. 洪家义：《吕不韦评传》，南京大学出版社 1995 年版。

89. 胡适：《胡适学术文集·中国哲学史》（上、下），中华书局 1991 年版。

90. 黄留珠：《秦汉仕进制度》，西北大学出版社 1985 年版。

91. 黄留珠：《秦汉历史文化论稿》，三秦出版社 2002 年版。

92. 黄留珠主编：《周秦汉唐文明国际学术研讨会论文集》，三秦出版社 2001 年版。

93. 翦伯赞：《秦汉史》，北京大学出版社 1999 年第二版。

94. 金春峰：《汉代思想史》，中国社会科学出版社 1997 年第 2 版。

95. 齐思和：《中国史探研》，湖北教育出版社 2000 年版。

96. 钱穆：《先秦诸子系年》，商务印书馆 2001 年版。

97. 秦俑博物馆：《秦文化论丛》第一辑到第十四辑，西北大学出版社。

98. 秦俑考古队：《秦始皇陵铜车马发掘报告》，文物出版社 1998 年版。

99. 谢端琚：《甘青地区史前考古》，文物出版社 2002 年版。

100. 辛德勇：《秦汉政区与边界地理研究》，中华书局 2009 年版。

101. 熊铁基：《秦汉新道家》，上海人民出版社 2001 年版。

102. 徐复观：《中国人性论史（先秦篇）》，上海三联书店 2001 年版。

103. 徐复观：《两汉思想史》，华东师范大学出版社 2001 年版。

104. 徐卫民、贺润坤：《秦政治思想述略》，陕西人民教育出版社 1995 年版。

105. 徐卫民：《秦都城研究》，陕西人民教育出版社 2000 年版。

106. 徐卫民、雍际春主编：《早期秦文化研究》，三秦出版社 2006 年版。

107. 徐旭生：《中国古史的传说时代》，文物出版社 1985 年版。

108. 徐日晖：《秦早期发展史》，中国科学文化出版社 2003 年版。

109. 许倬云：《西周史》，三联书店 2001 年版。

110. 张天恩：《周秦文化研究论集》，科学出版社 2009 年版。

111. 曹旅宁：《秦律新探》，中国社会科学出版社 2002 年版。

112. 常金仓：《穷变通久》，辽宁人民出版社 1998 年版。

113. 陈鼓应：《易传与道家思想》，生活·读书·新知三联书店 1996 年版。

114. 陈来：《古代宗教与伦理——儒家思想的根源》，生活·读书·新知三联书店 1996 年版。

115. 陈来：《古代思想文化的世界——春秋时代的宗教、伦理与社会思想》，生活·读书·新知三联书店 2002 年版。

116. 陈平：《关陇文化与嬴秦文明》，江苏教育出版社 2005 年版。

117. 陈启天：《商鞅评传》，商务印书馆 1934 年版。

118. 崔永东：《简帛文献与古代法文化》，湖北教育出版社 2003 年版。

119. 陕西省考古研究所：《秦始皇兵马俑一号坑发掘报告》，文物出版社 1988 年版。

120. 陕西省考古研究所：《陇县店子秦墓》，三秦出版社 1998 年版。

121. 睡虎地秦墓竹简整理小组：《睡虎地秦墓竹简》（平装本），文物出版社 1978 年版。

122. 睡虎地秦墓竹简整理小组：《睡虎地秦墓竹简》（精装本），文物出版社 1990 年版。

123. 张分田：《秦始皇传》，人民出版社 2003 年版。

124. 张金光：《秦制研究》，上海古籍出版社 2004 年版。

125. 张光直：《考古学专题六讲》，文物出版社 1986 年版。

126. 张光直：《中国青铜时代》，生活·读书·新知三联书店 1999 年版。

127. 张光直：《考古人类学随笔》，生活·读书·新知三联书店 1999 年版。

128. 张光直：《美术·神话与祭祀》，辽宁教育出版社 2002 年版。

129. 张林祥：《商君书的成书与思想研究》，人民出版社 2008 年版。

130. 张岂之主编：《中国思想学说史》（先秦卷），广西师范大学出版社 2007 年版。

131. 张岂之、黄留珠主编：《中国思想学说史》（秦汉卷），广西师范大学出版社 2007 年版。

132. 张文立：《秦始皇帝评传》，陕西人民教育出版社 1995 年版。

133. 张文立：《秦学术史探赜》，陕西人民出版社 2003 年版。

134. 郑良树：《商鞅及其学派》，上海古籍出版社 1989 年版。

135. 郑良树：《商鞅评传》，南京大学出版社 1998 年版。

136. 中华书局编辑部：《云梦秦简研究》，中华书局 1981 年版。

137. 朱凤瀚：《商周家族形态研究》（增订本），天津古籍出版社 2004 年版。

138. 朱绍侯：《军功爵制研究》，上海人民出版社 1990 年版。

139. 祝瑞开：《先秦社会与诸子思想新探》，福建人民出版社 1981 年版。

140. 祝瑞开：《两汉思想史》，上海古籍出版社 1989 年版。

141. 祝中熹：《早期秦史》，敦煌文艺出版社 2004 年版。

142. 祝中熹、李永平：《遥望星宿——甘肃考古文化丛书·青铜器》，敦煌文艺出版社 2004 年版。

143. 周桂钿：《秦汉思想史》，河北人民出版社 2000 年版。

144. 饶宗颐、曾宪通：《云梦秦简日书研究》，香港中文大学 1982 年版。

145. 任继愈主编：《中国哲学发展史》（先秦），人民出版社 1983 年版。

146. 任继愈主编：《中国哲学发展史》（秦汉），人民出版社 1985 年版。

147. 杨宽：《西周史》，上海人民出版社 1999 年版。

148. 杨宽：《战国史》，上海人民出版社 1998 年第 3 版。

149. 杨宽：《战国史料编年辑证》，上海人民出版社 2001 年版。

150. 杨向奎：《宗周社会与礼乐文明》，人民出版社 1997 年版。

151. 阎步克：《士大夫政治演生史稿》，北京大学出版社 1996 年版。

152. 阎步克：《乐师与史官》，生活·读书·新知三联书店 2001 年版。

153. 阎步克：《品位与职位》，中华书局 2002 年版。

154. 于首奎：《两汉哲学新探》，四川人民出版社 1988 年版。

155. 余嘉锡：《四库提要辩证》，中华书局 1980 年版。

156. 余英时：《士与中国文化》，上海人民出版社 1987 年版。

157. 余英时：《中国传统思想的现代诠释》，江苏人民出版社 2003 年版。

158. 袁仲一：《秦始皇兵马俑研究》，文物出版社 1990 年版。

159. 袁仲一：《秦兵马俑坑》，文物出版社 2001 年版。

160. 闻一多：《神话与诗》，华东师范大学出版社 1997 年版。

161. 王国维：《观堂集林》，中华书局 1984 年版。

162. 王范之：《吕氏春秋研究》，内蒙古大学出版社 1993 年版。

163. 王辉：《秦出土文献编年》，新文丰出版公司 2000 年版。

164. 王辉：《秦铜器铭文编年集释》，三秦出版社 1990 年版。

165. 王晖：《商周文化比较研究》，人民出版社 2000 年版。

166. 王学理、梁云：《秦文化》，文物出版社 2001 年版。

167. 王学理：《咸阳帝都记》，三秦出版社 1999 年版。

168. 王学理等：《秦物质文化史》，三秦出版社 1994 年版。

169. 王子今：《秦汉交通史稿》，中共中央党校出版社 1994 年版。

170. 王子今：《睡虎地秦简〈日书〉甲种疏证》，湖北教育出版社 2003 年版。

171. 吴福助：《睡虎地秦简论考》，文津出版社 1994 年版。

172. 吴山：《中国新石器时代陶器装饰艺术》，文物出版社 1982 年版。

173. 吴小强：《秦简日书集释》，岳麓书社 2000 年版。

174. 吴永琪、杨绪敏、邱永生主编：《秦汉文化比较研究——秦汉兵马俑比较暨两汉文化研究论文集》，三秦出版社 2002 年版。

175. [德] 克劳塞维茨著，中国人民解放军军事科学院译：《战争论》，商务印书馆 1978 年版。

176. [德] 罗曼·赫尔佐克著，赵荣恒译：《古代的国家——起源与统治形式》，北京大学出版社 1998 年版。

177. [法] 爱米尔·涂尔干著，渠东、汲哲译：《宗教生活的基本形式》，上海人民出版社 1999 年版。

178. [法] 莫里斯·迪韦尔热著，杨祖功、王大东译：《政治社会学—政治学要素》，华夏出版社 1987 年版。

179. [美] 梯利著，伍德增补，葛力译：《西方哲学史》，商务印书馆 1999 年版。

180. [美] 本杰明·史华兹著，程钢译：《古代中国的思想世界》，江苏人民出版社 2004 年版。

181. [美] 卡尔·A. 魏特夫著，徐式谷、奚瑞森、邹如山等译：《东方专制主义——对于集权力量的比较研究》，中国社会科学出版社 1989 年版。

182. [美] 许田波著，徐进译：《战争与国家形成：春秋战国与近代早期欧洲之比较》，上海世纪出版集团、上海人民出版社 2009 年版。

183. 弗兰克纳著，关键译：《伦理学》，生活·读书·新知三联书店 1987 年版。

184. [日] 大庭修著，林剑鸣等译：《秦汉法制史研究》，上海人民出版社

1991 年版。

185.［日］崛毅:《秦汉法制史论考》，法律出版社 1988 年版。

186.［日］井上聪:《先秦阴阳五行》，湖北教育出版社 1997 年版。

187.［日］西嶋定生著，武尚清译:《二十等爵制》，国际文化出版公司 1992 年版。

188.［英］麦克斯·缪勒著，陈观胜、李培茱译:《宗教学导论》，上海人民出版社 1989 年版。

189.［英］爱德华·伯纳特·泰勒著，连树声译:《原始文化》，上海文艺出版社 1992 年版。

190.［英］詹·乔·弗雷泽著，徐育新、汪培基、张泽石译:《金枝》，大众文艺出版社 1998 年版。

191.［英］李约瑟著，陈立夫等译:《中国古代科学思想史》，江西人民出版社 1999 年版。

后　记

　　这本书是在我博士论文的基础上修改而成的，主要是将博士论文的第一章扩充为前三章，并增加了最后一章，内容和篇幅比原来多了许多。

　　写作的过程非常地纠结，一度竟然有一种吃夹生饭的感觉，百味杂陈，进退两难，连我自己都产生了厌弃的心理，鼓不起劲，所以就拖了下来。但是，我们每个人都是生活在社会中的，不能只顾自己的感受。同时，你得承认每个人的头顶都有一片蓝天，太阳不光是照耀别人的。以一种积极的态度对待迷茫和烦恼，多一点智慧和勇气，把握好心中的准绳，脚踏实地，奋力前行，水流花开的境界就会更近一些。很早的时候看过一篇小说《成长如蜕》，作者已经忘记了，大致是说完美主义者的成长是一种不断的蜕变，总是越来越现实，也越来越庸俗。在今天这个冰冷的功利社会中，我还是愿意在世俗了的心灵角落保留一点温情和自由，希望能够不时体验人鱼之乐，庄周梦蝶。

　　黄留珠先生对我博士期间的学业给予了悉心指导，本书出版之际又蒙他赐序，王磊先生对本书的出版给予了帮助，宝鸡文理学院给予了支持，人民出版社的田园先生对本书提出了中肯的修改意见，师友们对我都非常关心。我对他们表示衷心感谢！

　　秋风萧瑟，红叶如火。历史从来不会抛弃我们，我们却经常漠视历史。谨以记。

田延峰

2010 年 11 月 12 日于古陈仓

责任编辑:田　园
装帧设计:东昌文化

图书在版编目(CIP)数据

中华帝制的精神源头——秦思想的发展历程/田延峰 著.
　-北京:人民出版社,2011.5
ISBN 978－7－01－009809－8

I.①中…　Ⅱ.田…　Ⅲ.①政治制度-历史-研究-中国-古代②皇帝-研究-中国
　Ⅳ.①D691.2

中国版本图书馆 CIP 数据核字(2011)第 058673 号

中华帝制的精神源头

ZHONGHUADIZHI DE JINGSHEN YUANTOU

——秦思想的发展历程

田延峰　著

人民出版社 出版发行
(100706　北京朝阳门内大街166号)

北京中科印刷有限公司印刷　新华书店经销

2011 年 5 月第 1 版　2011 年 5 月北京第 1 次印刷
开本:710 毫米×1000 毫米 1/16　印张:29
字数:500 千字　印数:0,001-3,000 册

ISBN 978－7－01－009809－8　定价:52.00 元

邮购地址 100706　北京朝阳门内大街 166 号
人民东方图书销售中心　电话 (010)65250042　65289539